叢書・ウニベルシタス　917

サバタイ・ツヴィ伝（上）

神秘のメシア

ゲルショム・ショーレム
石丸昭二 訳

法政大学出版局

Gershom Scholem
SABBATAI ZWI
Der mystische Messias

This book is published in Japan by arrangement
with Suhrkamp Verlag, Frankfurt am Main
through The Sakai Agency, Tokyo.

妻ファニアへ
目標を共にせし
全歳月を偲ぶよすがに

背理が真理のひとつの特徴であること、一般的な意見《コムニス・オピニオ》などはたしかに真理のどこにも存在しないこと、それは一般化する生半可な理解の基本的な表われ、真理と比べれば、閃光のあとに残る硫黄臭い煙のようなものであること……

ヴィルヘルム・ディルタイとポール・ヨーク・フォン・ヴァルテンブルク伯との往復書簡一八七七―一八九七年より。

上巻／目次

凡例

一　本訳書では一巻本の原著を上下二巻に分け、上巻には原著の「英語版へのまえがき」と第一章から第四章までを、下巻には第五章から第八章までを収めた。原注も、原著では各章の末尾に付されているが、訳書では上下巻に分け、まとめて巻末に置いた。しかし注のページ番号は上下巻通しになっている。人名索引については、上下巻本文のページ数が通し番号になっているので、各巻の巻末に同じものを掲げた。但し、現われる人名ならびにそのページ数挙示は本文のみに限り、原注部分については割愛した。

二　下巻の巻末に掲げた文献目録の表示形式は便宜上本書英語版に拠っている。

三　本文ならびに注の文中に挿入されている〔　〕内の記述はすべて訳者が付した注釈である。

四　原著では作品名、引用文、強調表現等に対して一律に≪　≫が使用されているが、本訳書ではそれを踏襲せず、訳者の裁量において『　』、「　」〈　〉などを適宜使い分けた。［　］の使用は原著のままである。

五　注及び文献目録（一部）に掲げられている書名のうち英語とヘブライ語以外のものには注では（　）に、文献目録では『　』に入れて仮の訳を付した。

六　固有名詞のカナ表記はなるべく各言語の発音に近づけるよう心がけた。その際依拠した主な発音辞典は Duden（ドイツ語）、Warnant（フランス語）、固有名詞英語発音辞典（三省堂）である。

七　聖書の引用文は日本聖書協会訳（一九五五年改訳）と旧約聖書翻訳委員会訳（全四巻岩波書店）にしたがった。

サバタイ・ツヴィ伝（上）

1666年にスミルナで目撃者が描いたサバタイ・ツヴィの肖像.
トーマス・クーネン『ユダヤ人の空しい期待…』（アムステルダム，1669）より.

1667年にスミルナで目撃者が描いたガザのナータンの実写像.
トーマス・クーネン『ユダヤ人の空しい期待…』（アムステルダム，1669）より.

英語版へのまえがき

I

ユダヤの歴史記述には、第二神殿破壊以降のユダヤ教における最も重要なメシアニズム運動であるサバタイ主義運動の詳細な歴史がながらく欠けていた。三五年まえにわたしは『罪による救済』というヘブライ語の随筆を書いた。それはいま英語にも訳されて拙著『ユダヤ教におけるメシア思想』に収録されているが、その折わたしはこの運動の性格を決定づけた理念や、この運動がサバタイ・ツヴィの棄教後と、とりわけ死後にどのような発展をとげたかを理解するための基礎を提供したいと思った。ところが資料に直接触れてみて、わたしは歴史家たちが、知識不足のためか、それともはなから知識欲に欠けていたせいか、ユダヤ史におけるこの大きな悲劇的な章を公平に扱っていないことを認識するにいたった。メシアニズムの発生とメシアの棄教までの事実、サバタイ・ツヴィの生涯と、危機に達するまえの運動の発展については少なくとも十分なことがわかっていると、わたしは無邪気にも思った。自分はただ、現存する文献に明らかに欠けているとみられる正しい歴史的パースペクティヴをあたえればいいのだと考えた。ところがやがて、こういう期待ですら非常に楽観的すぎることがはっきりした。資料に深入りするにつれ、以前の学者たちは重要かつ決定的な資料を見逃しているばかりか、利用された資料すらしばしば正しく解釈されていないという確信が、優勢になった。わたし自身、自分で発見した、サバタイの発展過程に新しい光をあてる未知の資料の豊富さに驚かされた。この運動の歴史全体を最初から新たに構築し直さねばならないことがやがて明らかになった。爾来わたしは、このテーマに重要な一連の資料や研究を公にしてきた。そのうえ、他の者たちもわたしに続き、このなおざりにされていた分野での研究に手をつけた。これらすべての準備作業からしだいにサバタイ主義運動全体の包括的な、生き生きした像が生ずることとなった。

本書は、サバタイ・ツヴィの死と彼の預言者ガザのナータンの死までの運動の包括的な歴史をえがく、ひとつの総合である。のちのちには、サバタイ・ツヴィの死後におけるいろいろなかたちのサバタイ主義の歴史——彼の葛藤、変容、そして彼の残した影響——を論ずる続編を完成できればと思っている。

本書でわたしは、歴史家たちがことさら軽蔑の念をこめて取り扱った資料こそこの時期の理解に本質的な貢献をなしうる資料にほかならないのだということを証明したいと思う。このばあいわたしの念頭にあるのは、カバラー文学の記録とサバタイ・ツヴィの信奉者たちの神学的著作である。この文学は「啓蒙された」ユダヤ人たち（むろん歴史家たちは普通このなかにはいるだろう）には注目に値するものとはみなされなかった。サバタイ主義者の異端文学の大部分は一八世紀の分派活動者迫害のあいだに破棄されてしまい、その重要な部分が残存していることは知られていないにひとしい。神秘的な秘密、象徴、表象など、秘義の世界とカバリストの錯綜した思弁の一切合切にかんする不明瞭な表現は、わたしの目の前で、重要な歴史的プロセスを理解するための大事な鍵、詳しい分析と真剣な論議に値する内容に変じた。以前には歴史文学になじまなかったこの種の資料や記録にも本書では、わたしが同様に多くの新しい情報をえるもととなった古文書館記録や写本、あらゆる種類のチラシなどと同等の注意が払われる。ある種の資料が別種の資料に光をあてることがよくある。あらゆる種類の資料を歴史的批判に照らして結合分析してこそあの時代の真の像がえられるのである。

わたしはこの本をユダヤ人の歴史とそのなかにはたらく諸力の特別な弁証法的視点に基づいて書いた。だが始めから、この視点のみにとどまらぬそれ以上のものがはたらいて、わたしの叙述を導いた——視点そのものは資料を何度も何度も熟読しなおすことから生まれる。資料を改めて読みなおしてみて、記録ないしはそのなかに映し出された歴史的プロセスの新たな解釈が必要になったとき、わたしは以前の出版物で個々の点について表明した見解をためらうことなく変えた。ユダヤ史の出来事を固定した独断的な観点から眺め、これこれの現象は「ユダヤ的」であるとかないとかいうことを事細かく知っているあのじつに大勢のひとたちとはわたしは考えを異にする。それにわたしは、明確に定義された不変のユダヤ教の「本質」なるものがあると思っている学派の信奉者でもない。歴史的出来事を評価しなくてはならないばあいはことにそうではない。とくにラビ的伝統による過去の内部検閲は、多くの発展を軽視するか秘匿してしまう傾向をもっていた。こんにちの歴史家からみれば、それらが基本的にユダヤ的性格を有するものであることは否定するまでもないのだが。これらの発展のなかにあるバイタリティの度合いや、思考の大胆さと過激さに、わたしたちはしばしば驚かされる。最近の二世代は注意深くて、正統的ユダヤ人の伝統が全力挙げて非難した諸現象のなかにもユダヤ人の生活の火花と建設的な努力を認めることができた。

サバタイ主義研究の注目すべき特徴のひとつは、この運動の規模を矮小化し、その意義を歪曲する傾向を有することである。かかる立場が正統的ユダヤ人のあいだにあるのはわかるとしても、驚きなのは、根本的な歴史的出発点が伝統主義者たちのそれとはまるで隔たった学者までもが深く考えずにその立場を取っていることである。ほかの重要な問題では非常に注意深いあの批判能力が、サバタイ主義運動とその変遷のこととなると、ほとんど眠って、目が見えなくなるようである。この鈍感さはどうやら、合理主義的見方から生じているらしい。こうした見方は歴史的パースペクティヴを狭め、このような現象やユダヤ教における神秘主義運動の先入観にとらわれない理解を妨げる。狭隘な知覚はすでにカバラーやハシディズムの分野で破壊的な作用をなし、歪曲や誤解、一般的な無関心を惹き起こしたのであるから、サバタイ主義運動の評価にたいしてはもっと不利にはたらいたことは怪しむに足りないだろう。学者たちの客観性の欠如は一方では彼らが研究した出来事のいわば完全な非合理性によって、他方では運動の結果と多くの指導者たちにたいする彼らの手厳しい道徳的批判によって生み出された。この健全な判断力の合理主義的転倒はとくにハインリヒ・グレーツ、ダヴィド・カハナ、シュロモ・ロザーネスらの著書のサバタイ主義にかんする章に見られる。わたしたちはこれらのサバタイ主義研究に多大の恩恵をこうむっているにもかかわらず、彼らの論証には多々誤りがあり、批判的吟味に耐えられぬことを認めざるをえない。以下の章によって展開される光景は個々の点でも全般的にも彼らのものとは根本的に違っている。たとえある幸運な事情によって想像力と心理的洞察力をそなえた著者がサバタイ・ツヴィの歴史に取り組んだとしても、限られた資料しか知らず、歴史的内容不足によって生じた空白を甚だ漠然とした心理的フィクションで埋め合わせるしかなかった。ヨーゼフ・カスタインの著した『イスミルのメシア』(一九三一年)はこれのお手本のようなもので、これまでこのテーマについて二〇世紀に公刊された唯一の書である。

わたしはつとめて先人たちから学んだが、それでも彼らの誤謬を避け、同じ轍を踏まぬよう心がけた。本書が書かれたのは弁明としてでも、非難としてでもなく、サバタイ主義として知られている複雑きわまりない現象を解明するためである。このテーマについては形而上学的、神学的、非歴史的観点から書くこともたしかに可能であろう。しかしながら、本書は神学にかんするトラクトとしてではなく、あくまでユダヤ民族の歴史の理解に寄与するものとして書かれている。歴史的理解に資するかぎりでは、神学も扱われる——そしてこのテーマには非常にたくさんの神学が含まれる。イスラエルという家を土台から揺さぶった運動、ユダヤ民族のバイタリティばかりか、メシア思想に潜む深遠な、危険かつ破壊的な弁証法をも出現させた運動は、下部の土台にまで達している問題を論ずることなくして理解しえない。かかる考察では歴史的プロセスの本質をなす要素とみなされるものを見る歴史家の基本的姿勢に基づく面が多いことは認める。この点で慎重のうえにも慎重を期してあえて言わせてもらえば、ユダヤの歴史記述はいったいに、ユダヤ民族がメシア思想のために非常に高価な犠牲を払ったという事実を無視する腹でいる。本書をメシアニズムがどのような犠牲を払ったかという大きな問題、わたしたちの現存在と生き残りの根本にかかわる問題にたいするささやかな貢献とみなすことが許されるならば、こうした観点のもとに本書を学ぶ読者は、みな報われるだろうと思う。この問題の難しさがわかる読者なら、どうしてわたしが本書のテーマから必然的に生ずるこんにちの問題にたいして意見を述べたり結論を引き出したりすることを控えているかも理解してくださるだろう。

II

一九五七年に本書をヘブライ語で刊行してから、それと関連してこれまで知られていなかった一連の資料が明るみに出た。それらは新知識の重要な集成であり、それによってわたしは前の発言を修正し、まったく新しい詳細を——そのなかにはきわめて重要なものがいくつかある——呈示することができた。きわめて印象深いこの種の記録は、サロニキの、サバタイと同様イスラム教を受け容れ、いくつもの時代を超えてとくべつなアイデンティティを保持してきたデンメーのサバタイ派の記録保管所に一九二四年まであった写本集に含まれていた。この記録保管所は部外者には公開されず、一般には、とくに一九一七年の大火災で焼失したものと思われていた。少なくとも記録保管所の一部がこの火事で燃えてしまったことは知られていた。わたしの本がヘブライ語で出版されたあとになってからわかったことだが、一九二五年、ギリシアとトルコのあいだで住民交換が行なわれたとき、トルコに入植していたデンメーの一グループが一連のことのほか貴重な写本をサロニキの故ラビ・サウル・アマリリョに委譲したのである。このひとはサロニキのユダヤ人の歴史に旺盛な関心を持っていたかたで、この至宝を大事にしまっていたが、学界にはそのことをひとことも洩らさなかった。それはアテネに秘匿されて、ナチスのギリシア占拠の時代を生き延びた。所有者のご子息、アブラハム・アルベルト・アマリリョ氏がイスラエルに移り住み、拙著の出版後に秘蔵された文書のことを思い出されて、一九六〇年に貴重な寄贈としてエルサレムのヘブライ大学に附置されているベン・ツヴィ東方ユダヤ人コミュニティ歴史研究所に譲渡された。そこにはわけてもこの運動の傑出した人物たちの手書きの書簡、年代記が含まれており、よもやこんなものが存在するとはだれしも夢想だにしなかったろうが、思いがけぬことにサバタイ・ツヴィの性格と心裡について、本書で述べるような新理解を示している。

英語版を準備するにあたってはすべての新しい資料が考量されたので、これは純然たるヘブライ語からの翻訳ではなくして、最新の研究の諸成果を盛り込んだものとなった。

英訳本はエルサレムのヘブライ大学比較宗教学教授R・J・ツヴィ・ヴェルブロフスキー博士のご功労である。氏は数年にわたって訳書の作成に多大の時間と労力を注がれた。文学的なヘブライ語は周知のように英語には訳しにくい。本書のオリジナル版はヘブライ語を話す読者——ということは事の性質上主としてユダヤ人読者を意味するが——を対象としていた。それゆえ、著者は一定の理念、概念、伝統、制度、儀式、祭事、歴史的事件と名前については、よく知られていることを前提にすることができた。英語の読者のばあいは既知であることが自明とするわけにはいかなかった。それゆえ、翻訳はヘブライ語を英語の特性にかなうように書き換えることであるばかりか、ときにはパラフレーズしたり、拡大解釈したり、説明を付け加えたりすることでもあった。この点でのヴェルブロフスキーの能力とこのテーマについての深い造詣により、彼はこの真に困難な任務を遂行することができた。ヴェルブロフスキー教授にたいし心からなる謝意と恩義の念を表したい。氏のご助力がなければ、本書は読者にお勧めできるような読みやすさにはとうてい達しなかっただろう。

ラビの美文調スタイルで書かれている多くの記録文書は、内容が明瞭になるように、逐語的な翻訳になじみそうもない修辞的な文飾を省いて圧縮してある。テーマがときに技術的になりすぎて、ヘブライ語の記録文書中の語や文の事細かい分析に頼るようなばあいには、考えをかいつまんで述べ、専門知識のある読者にはオリジナル版の詳しい記述を参照していただくこととした。聖書の引用は、内容上別の訳が必要となるまれなケースを除いて、標準版もしくはアメリカユダヤ出版教会の版によっている。ヘブライ文学では聖書の字句はしばしば遊び感覚で解釈されたり、神秘的に解釈されたりするので、それらの字句がそのために使われているはずのカバラー的ないし神学的釈義とのつながりを明らかにする必要のあるところでそれらを文字通りの意味にしたがって訳出するとかえってまぎらわしいだろう。

それからもう一度わたしが英語の原稿全体を始めから終りまで点検し、多くの箇所で補筆した。完成稿に目を通し、ヴェルブロフスキー教授とともに大変な校正の労をお引き受けくださったリーザ・マグロー嬢にも感謝せねばならない。このまえがきをしめくくるにあたって、長年本書の準備に多大の関心をお寄せくださったボリンゲン基金に感謝申し上げるとともに、幾多の苦難をくぐり抜けて最後まで本書の進展を見守ってくださった会長ジョン・D・バレット氏の友情と関心に言及しておきたい。同様に、ボリンゲン叢書の共同発行者として数多くの出版上の問題にたいし雅量をもってまことにありがたいご助言を賜ったウイリアム・マグワイヤー氏にも御礼申し上げる。

なお図書館や記録保管所からいただいたご援助も多としたい。所蔵する資料の利用と閲覧にこころよく同意された公共の機関のうち以下に掲げるものにはとくに恩義を感じている。エルサレムのユダヤ国立大学図書館、同じくベン・ツヴィ研究所、同じくショッケン研究所図書館、ロンドンの大英博物館、同じく公立記録保管所、オックスフォードのボードリアンライブラリー、アムステルダム大学図書館のローゼンタール文庫、アムステルダム・ポルトガル系ユダヤ人コミュニティ図書館（エッ・ハイーム）、クラクフ大学図書館、ニューヨークのユダヤ神学校、同じくコロンビア大学図書館、シンシナチのヒブル・ユニオン・カレッジ、チューリヒ中央図書館、オスロー国立記録保管所。これら諸機関の多くには仕事中格別の便宜を図っていただいた。最後になったが大事なことをひとつ。現イスラエル国大統領ザールマン・シャザール氏は、氏が所蔵しておられる稿本、一七一七／一八年にアムステルダムのアシュケナージコミュニティの公証人レイーブ・ベン・オーザーによって書かれた *Beschreibung fun Shabsai Zwi* から詳しく引用することを許可された。

エルサレム、一九七一年九月

ゲルショム・ショーレム

第一章　サバタイ主義運動の背景

I　サバタイ主義運動とその欠陥の歴史的社会学的説明

サバタイ主義のメシア思想に先立つ時代のユダヤの歴史を概観することは本研究の枠を越え出るものであり、許されないだろう。それでもこのメシア運動が生まれたあの世代を理解しようとするなら、触れないではすまされない問題が多々存在する。以下のページに述べる出来事の発生には多くの要因が与っていた。それらの限定された意味を分析することは、運動の開始はいつかという大問題に答えるにさいして歴史家たちですら意見の一致に達していないだけに、緊急の課題である。メシアニズムの勃発を決定的に惹き起こすにいたった要因とは本当に何なのか。

普通なされている、いささか事を単純化する解答は、サバタイ主義運動を同時代のあるほかの出来事と歴史的に直接関係づける。それによれば、メシアニズムの勃発は、一六四八／四九年に（一〇五―一一一ページ参照）ポーランドのユダヤ人の身に降りかかって、ポーランドの大きなユダヤ人共同体を土台から揺さぶった恐るべき破局の直接の結果であった。破壊は実際に、これまで知られているほかの国々でのどんな迫害をもはるかに超えるものであった。サバタイ主義はサバタイ・ツヴィが初めてメシアであるという要求を掲げて登場した一六四八年にはすでに大衆運動として始まっていた、と言えるかぎりでは――実際こんにちまではそう言われている――この説明は納得のいくものであった。サバタイの信奉者たちは宣伝活動のなかでどんどん信者を獲得していき、かくして運動は一六六六年に頂点に達した、と考えられたのである。この見解にはなんら根拠がないことを以下に説明するけれども、まずは恐ろしい、具体的な歴史的事実を出発点とすることができる。かなり大きな破局があって、そのあとすぐメシア思想が起こったのである。一方が他方の発生の理解に実際どのくらい重要であるのか、それは話が進むにつれて明らかになってくる。

前述の説明はそれ自身の前提からしても事実の半分、それも少ないほうの半分しか明かしていない。サバタイ主義の勃発とそれ以前のメシアニズム運動の違いを考えてみるなら、一六四八年の大虐殺を原因として過大評価することに決定的な反論が生ずる。この相違はサバタイ主義の――空間的時間的――広がりにある。それ以前のメシアニズム運動は、紀元一三二年から一三五年までローマ人にたいするユダヤ人の蜂起を導いたバル・コクバからすべて、一定の地域に限られていた。どこかに預言者か、ことによってはメシアさえもが登場し、間近に迫っている終末を告げ、特定の地域ないし国に限定された運動を起こしたのである。それ以前にはイスラエル国全体を包括する運動はなかった。たとえその地ではどんなに重要ないし意味深かったにせよ、ひとつの地域でしか有効でなかった要因によってこの広範な運動を説明するのは賢明ではないだろう。サバタイ主義運動がポーランドではなくパレスチナで始まったということを考慮に入れるなら、いっそうの慎重さが必要である。一六四八年の大虐殺がなんらかの点で主原因だったのなら、なぜメシアはポーランドのユダヤ人のなかに現われなかったのだろうか。またそういうメシアがいたのなら、どうして大衆を扇動しえなかったのか。なぜメシアは忘れられてしまったのか。サバタイ主義運動は、イエーメン、ペルシア、クルディスタンからポーランド、オランダ、イタリア、そしてモロッコまで、ユダヤ人の住むところ全域に広がった。モロッコのユダヤ人が一六四八年の大虐殺にとくべつ打撃をこうむったとはとても考えられない。そうでなくても、彼らはことによるとそのことをほとんど知らなかっただろうから。同様に、運動のきわめて重要な宣伝者たちのなかにポーランドのユダヤ人はとくに現われなかったという事実も注目に値する。

わたしたちの考え方にさらに重要なのは、それ以前のメシアニズム運動が失望により崩壊したことである。当初の報告は虚偽だとわかり、メシアは失踪するか殺害されて、運動は鎮静した。これが通例の経過であり、その時代の個々の年代記作者や手紙の書き手がいなかったら、多くの運動はけっしてわたしたちのところまでこだますることはなかっただろう。ときにはそういう勃発についての言い伝えが集団の記憶のなかにとどまることもあっただろうが、一、二世代あとにはすっかり忘れられてしまった。サバタイ主義運動はこの通則の大きな例外である。その運動の使命が嘘であったことは歴史から見て明らかだったばかりではない。幻滅も、もともとそれが運動の枢に打ち込まれた最後の釘であったに相違ないと思われるほど、すこぶる大きかった。メシアは背教者となり、みずからの使命を公然と裏切った。もし運動がまさにその時その場所で死滅してしまわず、致命的と思われた危機に耐え、のちの世代までもいろいろな形姿を取って生きつづけたなら、その根は局地的な状況や事情のなかなどよりもっと深いところにあるに違いない。その根は一七世紀のユダヤ人の姿勢全体が基づいていた民族共通の遺産の層にまで届いていたに相違ない。一六四八年の大虐殺がそれなりに与っていたことは疑いないが、歴史的要因としてはそれにはもっぱらサバタイ主義運動の理解を可能にする深い次元が欠けている。それゆえわたしたちはもっと広い、もっと深い有効性をもつ別の要因を探さなければならない。

ポーランドや他のユダヤ人共同体に共通する別の特殊条件を探してみてもおそらく無駄であろう。多くの国々に実際に、あるいは潜在的に迫害状況があった。救済の報せが民衆の耳に届くことを期待すべき理由があった。ペルシア、イエーメン、モロッコなどがそうした例である。ところがこの運動は、平和と繁栄を享受していたユダヤ人の中心地で少なからぬ活力を示しているのである。したがって、これらの地区をも破局の感情が襲ったのであれば、この感情は人びとの直接的体験のなかにではなく、もっと深い、もっと特殊ならざる原因に根ざしていたのである。

同じ理由から、サバタイ主義の成功を単純に社会学的に説明したり経済的に説明しようとするすべての努力もおおいに疑問視してよい。この運動はけっしてユダヤ人内部の社会的もしくは階級に基づく緊張の爆発としてえがかれはしないだけに、なおさらである。経済的状況という点では、まことに驚くべきことに、メシアの報せにたいする反応はポーランドのような悲惨な貧しいコミュニティでも繁栄をきわめた裕福な中心地でも酷似していた。コンスタンチノープル、サロニキ、リヴォルノ、アムステルダム、そしてハンブルクのユダヤ人コミュニティは暫時上昇気運のなかにあったが、やはりサバタイ熱の最前列に立っていた。同時代のキリスト教徒はサロニキ、リヴォルノ、アムステルダムのユダヤ人が受けていた特権と自由に一再ならず憤慨したものである。それなのに、これらのユダヤ人たちは経済的な顧慮をいっさい無視して、確認しうるかぎりでは、一点の翳りもないサバタイ熱に没頭したのである。メシアニズム勃発の間におけるこれら三つのコミュニティとその姿勢についてはかなり詳しく知られている。トルコのユダヤ人はしっかり根をおろして、最盛期を迎えんとしていた。パレスチナのユダヤ人は依然として貧窮のどん底に沈んでいたが、しかしその貧困は、ほかの膨張しつづけるオスマン帝国圏におけるユダヤ人の地位を評価するのになんら影響しない。ここでは反ユダヤの迫害はきわめてまれで、支配者の調和の取れた政策に反するものであった。サバタイ主義運動の最も重要な担い手であるスペイン系ユダヤ人の大半がこの帝国内に定住していた。アムステルダムとハンブルクのユダヤ人コミュニティのめざましい興隆はよく知られている。だが、マラノの子孫であるこれらのコミュニティの成員たちの反応は、ほとんど恒常的な抑圧と迫害に苦しんでいたモロッコの同胞たちのそれと変わらなかった。

社会的内部事情の問題はもっとデリケートかつ不明瞭で、綿密な検討が必要である。特定のコミュニティのサバタイ主義にたいする態度を一般化することがいかに正当であっても、わたしたちは富者と貧者、支配階級と大衆の態度における個人的、社会的相違を問うべきであろう。サバタイ主義の支持者と反対者はのちに続く論議において問題を非常に複雑にした。サバタイの棄教後に来た大きな失望の年月に反対者たちはふたたび立ち上がり、「賤民たち」がいやがるラビや学者たちを無理矢理参加させるか、でなければ少なくとも黙視させたのだ、と主張した。翻ってわたしたちは、サバタイ主義者たちがラビや富者、すなわち社会的エリートたちにたいして、運動に反対したと非難したことを知っている(1)。サバタイ主義運動にたいする反応は社会的要因に関連しているのではないかという疑いは、したがって、両サイドから証明され、片やヤコブ・サスポルタスやヨセフ・ハ＝レーヴィ、片やアブラハム・ミヒャエル・カルドーゾといった異なる目撃者たちから支持されているかに見える。しかしながらこの意見の一致は誤りであり、その真実味は見た目よりも少ない。これらは結果論であって、根拠は相反するが、どっちの側にも都合よくはたらいているのである。それはユダヤ人コミュニティの指導者たちには――わけても彼らが反サバタイ主義者だったばあい――都合のよい言い逃れを提供した。彼らは、自分たちが不承不承協力したのは「賤民」の圧力によって押しつけられたからだと主張することによって、自己と同僚たちを正当化することができた。他方、運動挫折の釈明を必要としたサバタイ主義たちは反対者たちの言うことに首肯し、彼らに真の信仰が欠けていたことがメシアの敗北につながったのだと、彼らをスケープゴートにすることができたのである。

だが、双方の釈明はいずれも運動の最盛期に書かれた記録によって支持されない。真実なのは、サバタイ・ツヴィの反対派に富裕な商人、長老、ラビ、すなわち支配階級のメンバーたちがいたという事実だけである。これは驚くにあたらない。神学者は「メシア」の人間性と振舞いには宗教的にも知的にもまったくついていけなかった。彼らの思案が一転して反対に変わるのはたやすいことだった。金持ちはメシアが導入せんとした新しい秩序のもとではかなりのものを失わねばならなかった。「小人」はメシアニズムの宣言によって惹き起こされた渦にいとも簡単に巻き込まれた。彼には反対する理由も力もなかった。それだけにいっそう意外なのは支配階級内部における支持者と反対者の実際の関係である。のちのすべての主張に反して、支配階級の大半は支持者の陣営に属していた。そして彼らの多くが並外れた活発な役割を果たしたということは、信ずべきすべての記録が証している。もちろん下からの圧力もあったが、しかしたいていのコミュニティの長たちはこの圧力を待ってはいなかったし、当時の事情では、行動を促されるのに圧力を必要ともしなかった。一種の自己検閲を行なって朗読された出来事の「純正」本でさえこうした様相の真の核心部分を論駁できない。この様相はむしろ、とっくの昔にそれまでの希望をいっさい棄ててしまい、ことさら自己弁護もせずに、受けた印象を淡々と述べたのちの二、三の作家たちによって証明される。彼らの報告はおしなべてまえの資料の真実性を証明している。この運動には階級差はなかった。アブラハム・ペレイラのように全財産をメシアに捧げたアムステルダムの富豪もいれば、ディアスポラの惨めな境遇にいる極貧の乞食も含まれていた。社会的階層では実際の力関係を説明できない。これは社会的本能ないしは利害のみを指標とするすべての期待に反するからである。経済的理由が多くの金持ちをためらわせた公算は大きい。彼らが現状を維持したがるのはよくわかる。だが、大多数の者が利益と称するものに反した行動をするのはどうなっているのだろうか。メシアニズムの復興はすべての階級を乗り越えた。個人の社会的可動性と頻繁に起こる急激な資産変動が「階級」の強化をほとんど許さなかったユダヤ人社会にそもそも階級という概念を用いることができるなら。

内的緊張を示す一七世紀中頃のユダヤ人の生活像をえがくことは可能であろう。個人やグループの利益のために権威や非ユダヤ人支配者との縁故が利用されたこと、地方自治体の問題で贈賄やときには収賄が行なわれたこと、小規模手工業者や商人の困窮——これらは資料が十分保存されているのだから、社会史家なら難なく証明できる事実である。説教者やモラリストたちの憤りと批判にたとえ甚だしい誇張があろうと、彼らの告発内容は記録保管所に保存されている資料によって多方面から証明することができる。(2) コミュニティ内の特殊な社会的条件、個人と集団のあいだにある関係がメシア運動にたいする反応にそれなりに影響を及ぼしたことは疑いない。一六六五年にサバタイが天啓を受けた時期とのスミルナのラビたちの個人的な緊張関係がそういうケースの数あるなかのひとつである。ほかのものにはあとでお目にかかるだろう。地方の事情が各地での運動に特有の形と色合いをあたえた。それでも、現象全体を明らかにしようとするならば、地方の事情の役割を一般的な要因として過大評価することはつつしまねばならない。といっても、それの意味を減じようというのではないが。サバタイ運動の明白な統一性の根底につねに一般的な要因があったとすれば、それは独自の自律的法則にしたがった本質的に宗教的なものであった。この自律的法則はこんにちではしばしば社会学的長広舌の霧に隠れてしまっているが。宗教と社会は交錯し、相互に影響し合うが、両者は結局のところ同じではないということを忘れてはならない。なぜなら、この宗教的要因は特別な精神的緊張をつくり出し、その緊張のなかでサバタイ主義的メシアニズムが生まれ、イスラエル全土とディアスポラの数ある枝のいくつかに歴史的力として浸透することができたからである。宗教的要因は孤立した単位ではないし、真空地帯ではたらくのでもない。社会的状況と相俟ってこの宗教的要因がいろいろな集団、とくに指導者階級を動かして、メシアニズム運動に参画させたのである。ある偶然のおかげでわたしたちはこの宗教的要因を同定し名指すことができる。それはほかでもない、ルーリアのカバラー、すなわち一六世紀のあいだにガリラヤ地方のサーフェードで発展し、一七世紀にユダヤ人の宗教心を支配したカバラーのあの形式である。

サーフェードから発し、急速にユダヤ世界に広がった巨大なカバリスト運動はユダヤ史における、中心地と周辺地域の相互関係性を示す恰好の、おそらく類のない例であろう。それまでとくべつな地位または意味をもっていなかったサーフェードは一六世紀に離散地から移住者がたえず流入したおかげでユダヤ人の重要な中心地となった(3)。この新しい中心地を築いたのは主としてスペインからの追放者たちであるが、まもなくほかのコミュニティの熱狂者たちが彼らに続き、かくしてサーフェードは全ユダヤ人ディアスポラの一種の小型溜出物となった。このガリラヤの中心地の創造的精神はその強さをディアスポラから引き出し、そしてその地から逆に影響力を放って、いたるところでユダヤ人の精神性を変えたのである。サーフェードの学校で繰り広げられた教えはどうやら基本的かつ普遍的な、場所によるすべての変化を超えたユダヤ人気質、亡命ユダヤ人の歴史的経験のエッセンスのようなものを具現したものであったらしい。そうでなければ、ユダヤ人の宗教性の伝統的宇宙に新しい次元をひらくことはまずできなかっただろう。大きなメシアニズムの緊張をはらんだカバリストの運動がサーフェードから広がって、ディアスポラを征服したとき、それはまたのちにこの緊張が爆発する礎も築いた。この点にわたしたちの初めの問いにたいする部分的解答がありそうだ。すなわち、あの時代のカバラーはすべてのユダヤ人共同体に共通する精神的遺産だったのである。それはひとつの歴史解釈と豊かな理念と実践の宝庫を用意していたのであり、これなくしてサバタイ主義運動は考えられないであろう。

Ⅱ　ユダヤ史におけるメシアニズムとその相反する二つの傾向。破局的 - ユートピア的形式と合理主義的形式

だが、ルーリアのカバラーが一七世紀の精神的風土にたいしてなした特殊な貢献を正確に規定するまえに、ユダヤ史におけるメシアの理念の性質とはたらきについて、二、三付言しておこう。メシアの理念の源と、それが発生の決定的な時期にユダヤ民族にあたえた影響を論ずることは、本書の課題とするところではない。本書の限定された直接の意図は、追放という条件下で生存した中世のユダヤ民族にたいしてメシアの理念がいかなる影響を及ぼしたかを理解することである。[4] それには幾世代のメシア希求が結晶した二つの根本的傾向を区別することができる。通俗的 - 神話学的伝統と哲学的 - 合理主義的伝統である。この二つは併存し、たびたび接近し、融合することすらあったけれども、両者は根本的に相違したものとして扱ってよい。

聖書の預言以外にも数多くの、よく知られた民間伝説や黙示録的なミドラーシムに希望を培われた素朴なユダヤ人にとってメシアの理念はいかなる意味をもっていたか、と問うことができよう。[5] 伝統的な民間のメシアニズムは破局的かつユートピア的な期待にいろどられていた。二つの要素はメシア信仰の力学において重要な役割を果たしている。両方とも聖書の預言に根ざしている。一方は（イザヤ書におけるような）時代の終りのヴィジョンに、他方は（アモス書におけるような）主の日のイメージに。この二つの傾

向は平均的中世ユダヤ人の価値体系や実生活において、彼の直接の生活環境にかんしても、彼のラビ的伝統の宇宙にかんしても、異なったはたらきをした。

メシア伝説は救済の破局的様相について空想をほしいままにする。それは、一部は古い神話からもってきたものとして、一部は自分たち自身の民衆神話が新たに創り出したものとして、大混乱の有様、戦争、ペスト、飢餓、神とその律法からの一般の離反、姦淫、異端のようすをえがく。現在の時代とメシアの時代のあいだに連続性はない。メシアの時代はそれ以前の発展の結実ではなく、いわんやそれが徐々に展開することでもない。救済はけっして歴史的プロセスの結果なのではなく、メシアの時代の「産みの苦しみ」のなかで崩れ落ちる歴史の廃墟のなかから生まれ出るのである。外国人支配、抑圧、そして隷属という重い軛を体験した多くの世代の苦い経験は、第二神殿の時代の黙示文学に根をもつこのタイプの終末論の強大な力をほとんど和らげることができなかったのだろう。ユダヤの黙示文学の連続性を否認するのは、当今の「ユダヤ学」(英語版でもドイツ語)の奇妙きわまる誤りのひとつである。指導的学者が黙示文学をラビ的ユダヤ教から切り離し、それをもっぱらキリスト教と結びつけようとしたことは、ユダヤ史を歪め、その強力な――建設的かつ破壊的――力の多くを隠蔽することに寄与した。民衆の黙示文学の連続性と中世の数多くのメシアニズム運動の歴史は、そのような、願望にあふれた過去の歴史記述の素材を十分に提供している。神殿破壊後の数千年間におけるユダヤ人の経験は、タルムードの有名な一節にアウトラインがえがかれていたこの終末論的光景の破壊的特徴をただもう強めずにはいなかった(6)。救済とは歴史における革命のことであった。黙示文学の空想は、慰めと恐怖が同じように生ずるさま、そして追放され抑圧された民族が自分たちを苦しめる連中と決着をつけるさまを、克明にえがいた。この世の終りを告げる戦争のあらゆる局面が描写された。そのなかではイスラエルも、あらゆる不自由を忍んだすえにようやく民族の偉大さを取り戻したとはいえ、最後の変革の苦しみを共に耐え忍ばねばならなかった。エルサレムの入口で異教徒との戦いに倒れるであろう、ヨセフ家から出たメシアの姿は新しい神話的特徴を示しており、カタストロフィのメシアとユートピアのメシアを区別するはたらきをもっていた。

伝統的な終末論のユートピア的観点には中世ユダヤ人の世界においてとくべつな任務がつけ加わった。なぜなら、それはたんに道徳的完成と人間的自由をともなった安穏な生活への希望だけにとどまらぬ、もっとそれ以上のものを意味したからである。そこには奇跡の発現や自然の根本的な改造を含め、黄金時代のあらゆる特徴がそなわっていた。この希望と表象は未来のエルサレムと理想的な瞑想生活の精確な描写をもって表現された。ラビの学者たちは律法の研究にいそしみ、メシアの学院でトーラーの秘義を啓示されよう、と。だが、メシアニズムのユートピアは剣呑な要素も隠しもっていた。それがおおっぴらに意図するところは疑いなく、伝統的な律法（ハラハー）の支配の完成と実現、ならびに亡命地では適用できなかった生活領域へそれを広げることであった。「メシアの時代のハラハー」というラビ的概念はそこに由来する。ところが、メシアニズムのユートピアにはほかならぬこの意図を危うくするのに役立つ力も潜んでいるのである。限局されたユダヤ人の存在の閉塞した世界ではメシアニズムのユートピアは何か根本的に異なった不可思議なものの可能性を意味していた。それは伝統的なハラハーが隠したがっていた展望をひらいたのである。中世の多くのメシアニズム運動ではこの傾向が一度ならず明白な反律法主義の兆候をおびて現われた(7)。メシアへの期待がもっぱら抽象的に、ただ想像力にとってのみ現実的に存在していたかぎりでは、伝統的な律法と「メシアの律法」とのあいだの溝を埋めることは比較的容易だった。後者は要するに伝統的な律法をメシアの時代の生活に適用することだったのだ。民衆の信仰心においてはこうした見解は疑いなく自明のことであった。だが、メシアへの期待がいつしか現実性をもちだしたとき、ラビ的伝統との緊張が感じられるようになった。積極的なメシアニズムと宗教的革新の勇気とのあいだには独特の関係があるように思われる。メシアニズム運動はしばしば、ラビ的ユダヤ教の安定した権威に挑むことができるくらいのカリスマ的権威をもった個人を輩出させた。メシアの夢を実現しようという試みは畢竟この隠れた緊張を浮かび上がらせることとなった。つまり、それはこの緊張を明らかにし、増幅したのである。

ラビの権威とメシアの権威とが衝突するのは避けられなかった。たしかに、神をうやまう多くの敬虔な人びとはメシアニズムの誓言のひとつひとつがもたらす危険な緊張を少しも意識しないで暮らした。他方、真相を感知し、メシア時代における「刷新されたトーラー」という表象のなかにある革命的な面に心惹かれた人びとが若干いたという事実を出発点にすることができる。大衆的な終末論文学がこんにち伝えられているようなかたちを取るまでに徹底的な編集検閲を通ってきたことはまったく明らかで、そのなかにこのことを証する典拠はだれしも認めるとおり、多くはない。しかし、カバリストの書『ラーヤ・メヘムナー』（忠実なる牧夫）の終末論にはこの緊張がじつに端的に現われている。(8) このゾーハルの一章を書いた著者は見たところ少々ひねくれてはいるが有能なタルムード学者で、メシアの世界で主の掟がもちうる意味について自分が、そしてまたおそらく他の者たちが考えることを、わかりやすい象徴的な形象で表現している。『ラーヤ・メヘムナー』の著者はこの点について十中八九、いっしょに戦うカバリスト仲間の意見を再現しているのではない。彼の思弁はけっして一定の社会的傾向ないしは運動を代弁するものではない。わたしとしてはこの点で若干疑問をもっているけれども。おまけにこの変わったテクストは作成後もずっとさしたる影響力をもたなかったようだ。でも、この著者が自分の考えのみならず、ほかの、あまり表現力のないひとたちの考えも表明していることは明らかである。他のカバリストたちと同様、彼もまたトーラーの明かされた面と隠れた面とを区別するが、彼らとは違って、この区別は彼に極端な結論を引き出させた。トーラーは、「生命の樹」と「善悪の認識の樹」という二つの相で現われる。第二の相は追放の時代に特徴的なものである。認識の樹が善と悪を含んでいるように、それから起こるトーラーは許可と禁止、清浄と不浄をもたらす。換言すれば、トーラーは聖書とラビ的伝統の律法なのである。だが、救済の時代にはトーラーは生命の樹という相を取るだろう。そのときには従来の区別はすべてなくなるだろう。それゆえ、トーラーが肯定的に生命の樹として現われることにより、追放の時代に不可欠の権威と有効性をもったすべての律法と規程は廃止されるだろう。そのときトーラーの純粋な内実が現われ、その外殻を脱ぎ捨てるだろう。この構想の注目すべき点は、カバリストにとって神の聖なる御名の表われに劣らぬものであった絶対の有効性をもつトーラーの内部におけるありうべき矛盾と諸価値の再評価とを明確に意識していることである。

終末論の通俗神話的解釈のなかでは文学と聖人伝の伝統が亡命の苦い経験と結びついた。外典の聖人伝は人びとに直接語りかけ、そしてメシア思想のカタストロフィとユートピアの描写はひそかな欲求と憧れを癒した。それは民衆の心のみならず、サアドヤー・ガーオンの信仰と意見の書の第八章（「救済について」）にも明らかなように、指導的なラビの権威の著作にさえこびりついたのである。(9) それにひきかえ、他のラビたちは黙示録的空想のたくましい増大をあからさまな猜疑心をもって眺め、その影響力を弱めようとした。彼らが黙示録の伝統を引いた教義をほのめかすとき、声の調子は明らかに敵意をおびていた。メシア思想自体のなかにいまにも爆発しそうな緊張があったことを、彼らははっきり感じ取っていたのかもしれない。ユートピアは希望や期待を喚起するばかりでなく、現存の伝統的構造を脅かしもするのである。新しい世界と生命の樹への渇望がひとたび人心をとらえると、次はどうなるかわかったものではない。

抽象的な決まり文句にとどまらぬユートピアはすべて革命的な刺をもっている。反黙示録的傾向の断固たる代表者であるマイモーニデスが、信心深い民衆の心のなかに生きていたすべての神話を拒否したことは驚くにあたらない。彼はこの民衆をさげすんで「賎民」とも言っている。この「賎民」が希望と慰めを汲み取った聖人伝の旺盛な伸び放題の膨張にたいして、マイモーニデスはユートピア的要素をできるだけ排除した終末論的教義を作り上げた。伝統の神聖な性格からしてそれを完全に抑えつけることはできなかったので、彼は入念に選び抜くことでなんとかしのいだ。昔の教師がこのテーマについて述べたことは、神学的には権威のないものと説明された。救済の細部は救済そのものが出来してからようやくわかるかもしれない。この反黙示録的傾向はマイモーニデスの大法典『ミシュナー・トーラー』の第一四書「王国の法」の第一一章、第一二章におけるよく知られた表現に決定的な表われを見た。

だが、メシアはしるしと奇跡をもたらすに違いない、あるいはセンセーショナルな行為をなしとげるか、死者を甦らせるとか、そんなふうなことをなすに違いない……などと思わぬこと。そうではなくて、真実はこうである。トーラーとそのすべての法規や指示はいつまでも有効なのであって、それにつけ加えたり、それから除いたりするものは何もないだろう。もしダビデの家から王が出て、念入りに法を学び、先祖のダビデのように成文法や口伝の法にしたがってせっせと善い行いをなし、イスラエル全体がこの法のなかを歩むよう仕向け、……主の戦いを最後まで戦いぬくならば、彼こそメシアであると推測できるかもしれない。彼が功しき者たることを示して、神殿を再建し、もろびとを亡命地から呼び集めることに成功したら、そのときこそ彼がメシアであることは確かである。彼はもろびとが主に仕えるように世界を改めるだろう。……だが、メシアの日々には世の常の成り行きから外れるようなことがあったり、宇宙の秩序に何か変化が生じたりするなどと思ってはならない。イザヤ書（一一、六）に預言されていること、「おおかみは小羊と共にやどり、ひょうは子やぎと共に伏すだろう」というのは、たとえ話、文彩にすぎないのである。……メシアにかんする同様の預言についても同じことがいえるだろう。それは比喩なのだ。しかし、メシアのような王の治世になって初めてこの比喩の正確な意味と意図がわかるだろう。……これらの事柄がどんなふうに行なわれるのか、いまはきっとだれも知るまい。……なぜなら、学者でさえこの問題においては［はっきりした］伝承をもたず、書物を自分なりに解釈しているだけなのだから。それゆえ、彼らのあいだにも意見の相違がたくさんある。とにかく、出来事の順番も信条の詳細もない。このテーマについて聖人伝やミドラーシムを研究しない習慣をつけるべきだろう。……それらは神の怖さにも神の愛にも行き着かないのだから。……賢者や預言者がメシアの時代を渇望するのは世を支配し、異教徒を統治するため……ではなく、拘束されたり邪魔されたりしないで自由にトーラーに没頭し、そうして永遠の生をかちえるためなのだ。……世がなすべき唯一の仕事は主を知ることであろう。そのため、イスラエル（の子ら）はみな偉大な学者になるだろう。彼らは隠された事柄を知り、神についての知識をおよそ人力の及ぶかぎり獲得するだろう。

このマイモーニデスの引用は、メシアニズムの、それゆえ本質的にユートピア的な教義を言葉で言い表わすと同時に、このユートピア的な要素を排除すべく努めることが、いかに困難であるかを示している。その試みからそれが成功するのを期待することはまずできなかった。それでマイモーニデスの言葉のなかにははっきり妥協が認められる。しかし、マイモーニデスは黙示録的要因を完全に抑え込むことに成功した。

歴史の天変地異による終焉の兆候はなんら存在せず、カタストロフィもなければ、奇跡も絶対にない。読者はこうも考えるかもしれない。メシアの王の出現によって始まったプロセスはたえず少しずつ変わりながら理想的な状態へ、つまり完全な瞑想生活――マイモーニデスのユートピア観――へ到達するのだろう、と。マイモーニデスはメシアニズムに内在する危険な弁証法を非常にたくみに覆い隠しており、トーラーや古くから伝わる律法を維持するさいのメシアの保守的な役割を強調する彼の言葉が慎重に選び取られていることは自ずと明らかである。マイモーニデスは先代の人びとの、さらにはまた当代の人びとの心を揺り動かしたメシアニズム運動を十分知り尽くしていた。彼の『イエーメンのユダヤ人への回状』(10)は、彼がそのような運動のなかに潜む伝統宗教にとっての危険について思い違いをしていないことを示している。ある意味では「賎民の信仰」にたいするマイモーニデスと彼の支持者たちの闘いも、ユートピア的な理想に触発されていた。それはもちろん、哲学的な神秘が歴史的発展にとって代わった貴族的な理想であった。歴史的力としてのメシアニズムを無くすことを眼目とした彼の反黙示録的な言説はのちに、メシアの現実化に抵抗するすべてのひとたち、および社会生活における原動力としてのメシア思想に不信感を抱くすべてのひとたちによって呼び起こされた。「大いなる鷲」と呼ばれたマイモーニデスの権威はたしかに相当なものであったが、しかしその権威も彼の終末論の根本的な弱点を覆い隠すことはできなかった。メシアニズムというテーマについては古典的な二人の著者、スペイン追放直後の一五世紀に書いたドン・イサアク・アバルバネルと一六世紀末に書いたプラハのR・レーヴは、マイモーニデスの極端な立場を放棄した。彼らはこのうえなく恐ろしい悲惨と迫害の時代に生きていたので、黙示録的伝統とそれが伝えるカタストロフィの報せを無視することはできなかった。どちらも自分なりに、マイモーニデスが払拭しようとしたあの要素をふたたび導入した。両著者が救済において頂点に達する歴史的プロセスの連続性を守ろうと努めたことは公正を期するために付言しておかねばならない。両者とも終末論的な聖人伝のアレゴリックな解釈のなかで意見を述べるとき、多分に常識を保っている。だが、両者が黙示録と民衆神話を再認せざるをえないと感じたことは、これらの要素が当時いかに強かったかを十二分に証明している。アバルバネルとラビ・レーヴの終末論的著作はのちの世代に大きな影響を及ぼした。サバタイ主義運動の信奉者ですら自分たちの立証を支えるためにそれを引用した。ある点では、この両著者の著作をつらぬくユダヤ終末論の二つの主潮流は互いに融合しており、それにともなう結果として、だれもがそれらのなかに自分の気分にいちばんかなうものを見つけだすことができたのである。

Ⅲ　カバラーにおけるメシア思想

スペイン追放に続いて起こった宗教的革新にカバラーがどの程度かかわったのか、このことはメシアニズムの伝統にたいしてカバラーが取った新手の態度を考慮するときにのみ正しく評価できる。初期段階ではカバラーはメシアニズムにあまり関心をもっていなかった。最初のカバリストたちは古いグノーシスの伝統と、彼らを神秘的象徴的な世界認識へもたらした哲学的理念に依っていた。これらの理念が、神への「付着」ないしは「粘着」（デベクース）を精神的上昇の階梯の最終段階とする瞑想的な神秘家の内的経験と相俟って、神とトーラーの秘義を理解し、完全なデベクースの道を選ばれた人びとに伝授する、という二重の目的をもった瞑想的なカバラーを形成した。考え方からすればカバリストたちは保守的であった。そして伝統的な宗教と期待や見解を同じくしていた。彼ら自身の精神的インパルスははっきりしたメシアニズムの特徴をもっていなかった。神といっしょになった瞑想生活という彼らの理想を実現するのにメシアニズムの世界は不要だったのである。その理想は亡命生活と完全に調和しうるものだった。他の神秘主義運動と同様にカバラーもまた個々人または個々人の集団のための精神的改新の道として始まったが、それはもちろんカバラーが社会的力になることを妨げるものではなかった。救済、すなわち魂の救済は、私的な、個人的な問題であって、それゆえ、伝統的なメシアニズムが対象としていた民族の救済という活動範囲とは一線を画していた。

カバリストの教義は終末論を超えて発展した。なぜならそれはもともと世界の終焉よりも創造の原初に注意力を集中したからである。このことが本来、セフィロースの教義に包含されているようなカバリストの神概念の本質をなしているのである。カバリストの用語ではエン・ソーフ（無限なるもの）として知られている隠れた神はすべての被造物から遠く離れている。それは明らかではなく、顕現しないというか、知られない。高次の世界と低次の世界の創造においてはたらくその力の流出のみがエン・ソーフを創造者・神に変える。流出のいろいろな段階は神がそれを通して行為する隠れた潜勢力と諸々の属性を示しているが、これらは神の統一性において本質的にひとつなのである。ちょうど「炎が石炭と結びついているように」。一〇個あるそのような段階、いわゆる「セフィロース」が、神の内的生活を構成している。それらのなかに主は人格神として顕われる。それらは、理解や瞑想によって直接到達することはできないけれども、天上界における創造の始めから最後の最も低い被造物にいたるまでのあらゆる存在の構成を通して知覚することができる。宇宙の神秘的瞑想は宇宙の象徴的性格をあばく。創造はそれ自身のためにあるのではなく、創造をくまなく照らしている神的流出に人びとの注意を促すためにあるのである。創造と律法と掟の内的意義は神秘的な象徴体系の秘密を理解することによってカバリストに明かされる。「いっさいは一者から出て一者に帰る。」換言すれば、存在の連鎖全体、一環一環は創造神がそのセフィロースのなかに顕現することから生まれるが、ちょうどそれと同じように、最後にはいっさいはふたたびその本源に帰っていくだろう。

カバリストはしかしこの宇宙のリズムを飛び越し、近道をする。とくに祈りのあいだとか宗教行為をなすさいに真に瞑想に集中することによって、人間は神の意志とセフィロースの世界に付着するだろう。ここに真の魂の上昇がある。それは具体的な忘我的な天界遍歴を経験するようなものではなく[11]、純粋に精神的な瞑想の過程でなされるのである。神秘家として瞑想による上昇のさいにあらゆる存在の根源との合一までに達した者は、それによってまた彼個人の救済の道の終点にも到達したのである。カバリストの瞑想は終末論的メシアニズムを個人的に先取りしている。カバリストたちには、伝統的メシア信仰の歴史的な公の性格が、それと個人的な瞑想による上昇という彼ら自身の神秘主義的理想との合致ないしは混和を妨げるのだということがよくわかっていた。だから、彼らには伝統的なメシアニズムにかかわり合う理由はなかった。もっとも、彼らは伝統的なメシアニズムを彼らなりに神の内的生活の一出来事として解釈することには躊躇しなかった。彼らの解釈は、ゾーハルの著者が「シェキーナーの追放」という古い概念にになわせた新しい意味をすでに前提としている。この概念の源は、たとえイスラエルがどこに追放されようと、シェキーナーがいっしょに行くだろうというタルムードの一文にさかのぼる[12]。タルムードにとってシェキーナーはとりもなおさず神の現在を意味している。しかし、カバリストにとってはそうではない。彼らにとってはシェキーナーは最後の一〇番目のセフィラーを表わす専門用語であり、「聖なる一者讃むべきかな主は」という表現（神を表わす通常のラビの成句）は六番目の、ティーフェレースとしても知られているセフィラーに関係している。現今の追放のあいだは、シェキーナーまたは「花嫁」は夫である聖なる一者讃むべきかな主はから引き離され、追放されているのである。このように神が二つの相に分かれていることは、現状において神的属性の統一性があたえられていないことを明らかにする。メシアの救済の到来とともに初めて神のセフィロースの完全なる統一が永続的に回復されるのである。そのときに、カバリストの象徴言語でいえば、シェキーナーは夫との恒常的合一に復するのである。

ゾーハルの主要な部分はその終末論の教義においてマイモーニデスが警戒するように強く注意した黙示録的なユートピアの伝統を継続する。以前の黙示録的ミドラーシームに比べて若干の変更はあるが、姿勢は根本的に同じで、メシアの出来事はすべて超自然的な性格をもっている。ゾーハルのあとの部分、『ラーヤ・メヘムナー』と『ティックーネ・ゾーハル』に見出される「メシア的トーラー」というユートピア的概念についてはすでに語った。スペインのカバラーに見られる多くの潮流のとくべつな、特異な特徴は、近づく救済とカバリストの秘義の知識の増加とのあいだの密接な結びつきが強調されていることであった。追放生活の日々においては人心はかたくなで、秘教の知識を受け容れられなかったが、時代の終りが近づいているいまはカバラーの秘義がますますもって明らかになる。この教義はカバリストの思弁の大胆さが正しいことを証明するもので、ゾーハルの著者やその他大勢のひとたちによって解釈された。しかし、それはけっして終末論的理念の完全な新解釈にはいたらなかった。最初のカバリストたちの創造的独創性はもっぱら創造の秘義と「神の御召し車」の秘義、すなわち神秘的宇宙論とセフィロースの教義に向けられた。カバリストのグループからはこれといって重要なメシア運動は生まれなかった。個人が天使による啓示や実際の預言を引き合いに出したりした例もわずかながらあったが、まともな反響を呼ばなかった。カスティリャのアヴィラーの預言者たちをめぐる騒ぎ（一二九五年）やほぼ同じ頃のアブラハム・アブーラーフィアをめぐる騒ぎは広範なメシア騒動にまでいたらなかった。黙示録的メシア主義とカバラーは宗教生活の別々の領域にとどまった。

スペインからの追放（一四九二年）はそのなかにも急激な変化を惹き起こした。民族の大部分の生活を根底から変えたトラウマのような変革は宗教固有の領域でも不可避的に然るべき反動を呼び起こした。亡命者たちは新しい岸辺に漂着し、新しいディアスポラを造った。それは実際、少なくとも部分的には、急速に栄えた。しかしセファルディームのユダヤ民族がどうやらショックから立ち直ったように見えたあとも、多くの者はなお、自分たちを襲ったカタストロフィの意味を探しつづけた。スペインから亡命した最初の世代のひとたちは黙示録的な嵐の波をともなった出来事に反応した。スペインでの挫折は「メシア誕生の陣痛」[13]の始まりであった。まもなく終末論的パースペクティヴをもった他の同時代的事件が出来した。最も重大なのは一四五三年のコンスタンチノープルのケースで、これはおまけにゴグとマゴグの戦いの序曲としていささか象徴的な意味をもちうることとなった。いまや黙示録は、たとえばドン・イサアク・アバルバネルの著作におけるような因習的な形式でのみならず、典型的なカバリストのかたちでも栄えた。アバルバネルが著書『イエシュホース・メシホー』（メシアの救済）を著した当時に、無名のカバリストが詩篇を黙示録戦争の戦いの歌として解釈する注釈書『カフ・ハ＝ケトレース』（乳香の匙）[14]を書いた。北イタリアのアスヘル・レムライン[15]やマラノ人サロモン・モルコの著作には黙示録的カバラーと思弁的カバラーとが混ざり合っていたが、彼らのようなカバリストのおおっぴらな登場はメシア主義運動を惹き起こした。

一五三〇年へのメシアの預言が偽り[16]とわかったのち、終末論的緊張は衰えた。とくにエルサレム出身のカバリストたちの熱心なメシア宣伝は完全な失敗に終った。しかし、メシアニズムはカバラーの中心部に浸透していて、なおもカバリストの発展にいろいろな具合に影響しつづけた。ユダヤ人の新しい宗教的中心がサーフェードに形成されたことがすでに追放にたいする明確な積極的反応であった。サーフェードから出た宗教的道徳的改革運動はユダヤ人の心の最奥から発したものであった。生き生きとした経験と最悪のかたちをした追放の思い出に培われて、運動はこの追放の「履行」、救済の準備をめざした。この過程で黙示録は消えた。少なくともそれは秘匿され、変更された。禁欲的な信仰心がサーフェードでは最高の地位を占めた。禁欲がさしあたって神秘主義的エリートの宗教的理想にすぎなかったとすれば、いまやそれは個人と一般の、新しいカバラーに基づいたモラルと結びつき、集団の意識に深く根をおろした。二、三の終末論的テクストによれば、メシアはまずガリレアに現われるはずだった。おそらくこの期待とそれに類する期待が、聖徒の共同体がサーフェードに住みつくことに寄与したのかもしれない。ここには霊感を受けた熱狂者、熱烈に神秘的な救済を求める者たちが、ほかのどの町よりもたくさん見られた。メシアはサーフェードから来なかったけれども、多くの者がそこから発したカバリストの教義のなかに、近づく救済のはばたく音を聞いた。サーフェードの偉大なタルムードの学者たちの純粋にハラハー的な成果は根本的に新しいメシア主義的カバラーから影響をこうむっていた。ラビ・ヨセフ・カロはその偉大なラビ的法典『シュールハン・アールーク』のなかで意図的にカバラーを無視したが、彼の構成のひそかな動機となっているのが終末論であることはほぼ疑いを容れない。神秘主義的な日記『マッギード・メスハーリーム』(正道の説教者)についてはカロの著作であることにいたずらに異を唱える者もあったが、そのなかで著者は天の指導者、またはマッギードの再来をえがいている。それはミシュナーそのひとにほかならなかった。[17] この再来にサーフェードのカバラーの本質的に保守的な性格とそれがラビ的伝統にしっかり根付いていることへの示唆が認められる。人格化されたミシュナー、すなわち口伝の律法が表わしているものは歴史的ユダヤ人全体にほかならなかった。ひとえにその保守的な性格とラビ的伝統のあからさまな継承により、新しいカバラーはポピュラーな魅力を獲得し、己れの翼に乗って——あるいはひょっとすると翼の陰に隠れて――いくつかの思いもよらぬ、これまでになく新しい理念を推し進めることができたのである。ユダヤ人の宗教生活のあらゆる血管が合流するサーフェードにおいてカバラーはひとつの社会的歴史的力となった。カバリストでもなんでもなかった人びとの宗教的意識をカバラーが支配するにいたったプロセスは若干の説明を必要とする。カバリストたちは要するにその孤独な秘義のなかから姿を現わし、大衆に感化する方途をさぐったのであろうが、彼らのセンセーショナルな成功はいまなおひとつの歴史的問題である。哲学とカバラーは主に知的精神的エリートを引きつけた高踏的な分野だった。哲学者たちは失敗したのに、カバリストはなぜ、どのようにしてユダヤ民族の宗教的意識を決定的にかたちづくることができたのか。カバラーの無敵の進軍が一六世紀であったことは疑いない。ただこの事実の解釈に異論の余地があるだけである。グレーツその他の合理主義的歴史家は見事なくらい単純明快にそれを説明する。迫害と苦悩が理性の光を暗くし、神秘主義的な反啓蒙主義の出現に道をあけたのである、と。かくも傾向はっきりした「説明」に多言を弄する必要はあるまい。この問いにたいする本当の答えはその性格上肯定的であるべきで、否定的であってはならないだろう。カバラーが台頭したのは、あの時代の大きな問題に有効な答えを呈示したからである。追放の事実とその実存的な脅威が恐るべき緊急の問題となっていた世代にたいして、カバラーはヴィジョンの深さと広さにおいて並ぶもののない答えをあたえることができたのである。カバリストの答えは、追放と救済の意味を明らかにし、イスラエルの類のない歴史的状況の理由を創造という、もっと広い、宇宙的な文脈のなかで説明したのであった。

一般大衆にカバラーが共感を呼んだのはスペインからの追放以前には考えられないことだったが、追放後まもなくそれは始まった。もちろん、敵意や抵抗はあった。その連中は「カバリストの書を学ぶことを嘲笑し、学んでいる人びとを筆舌に尽くしがたいほど中傷し、罵り、……そして、何かカバラーや預言者や幻視のことを聞くや、（嘲って）『この気違いはきみになんて言ったんだい』と互いに聞き合う[18]」。他方、追放後の正統派世論の典型的な代表者であるヨセフ・ヤーベス（またはヤーベツ）は、民衆のあいだにおけるカバラーの度外れた人気を嘆いている。彼の嘆きはのちのモラリストたちに共感を呼ぶ。彼らは大衆、ラビ的教育を受けていないひとたちに及ぼすカバリストの教義の魅力が増大するのを心配していた。「当今、無知な者たちが大勢いる。彼らは高慢のために盲目になり、これまで一度も（ラビの）教育を受けたり、善い行いを心がけたりしたこともなくて、トーラーの秘義を知ったと思い込んでいる[19]。」ヤーベスと彼の同類たちは、ユダ・ハ＝レーヴィの『クーザリ』からマイモーニデス、ゲロナのヨナ、サロモン・ベン・アドレース、そしてハスダイ・クレスカスを経由する保守的な神学的思考の線を引き継いでゆく。カバラーにたいする彼の姿勢（カバラーの秘密など無知の時代には「考察すべきではなかろう」）はマイモーニデスの哲学にたいする姿勢と同様、極端なくらい冷ややかである[20]。そのくせ、周知のように、ヨセフ・ヤーベスは、表向き冷ややかな態度を示しているにもかかわらず、マントヴァ時代にスペインからの道連れであるユダ・ハイヤートに、カバラーの原理について論文を書いてくれるよう依頼しているのである[21]。もちろん当時、カバラーが伝統的な、秘教的ではない教義の研究を抑えるかもしれぬなどとは、だれひとりあからさまに予測しなかっただろう。しかし、カバリストの研究の熱心な宣伝は効を奏した。一六世紀のあるカバリストは当時の支配的な感情を示す貴重な証言を遺している。

おおっぴらにカバラーの研究をすることを禁ずる天の命令が有効なのは二五〇〇年（紀元一四九〇年）末までであると書かれているのをわたしは見た。それによれば彼ら（あの時代に生きている世代）が［決定的な救済まえの］最後の世代といわれた。命令は廃止され、ゾーハルを研究する許可があたえられた。それどころか、『ラーヤ・メヘムナー』に報告されているように、三〇〇年（紀元一五四〇年、サーフェードにおけるカバリスト運動の開始）から、［カバラーを］おおっぴらに学ぶことが老若を問わず格別の功績とみなされている。[22]メシアの王は（研究の）功績により、ほかのなにものにもよらずして現われるのだから、研究をやめないことがわたしたちの義務である。[23]

カバラーの研究そのものが救済の到来を早めるという原則は一般に認められた教えとして浸透した。それは前述した、カバラーの秘密は日々の終りに改めて明かされるという観念の重要な発展を表わしている。このときから、カバリストの秘教とメシア主義的終末論とが織り合わされ、いっしょに作用したのである。

Ⅳ　ルーリアのカバラーとその追放ならびに救済の神話

自分たちの教義を法典に編纂しよう、あるいは少なくとも定式化しようという一六世紀の、とくにサーフェード出身のカバリストたちの試みは、二つの観点のもとに現われる。一方において、カバリストたちは追放まえのスペインのカバリストの古い伝統を継承し、他方において彼らは霊感を受けた大家の教えのなかにその思弁的独創性が表われている神秘主義的改新を証明する。彼らの理念は基本的な問題においてさえ大きく相違している。それら全部をいっしょくたにすることは、それらにたいして不当なことをするというだけではすまないだろう。以前の古典的テクストの注釈のなかで教義を展開する大家もいれば、むしろ以前の権威をもっぱら自分自身の思索の種に利用した体系的な思想家もいた。多くの者は本質的に思弁的な態度を取り、別の者はその理念を幻視から、そして神秘的な瞑想によって獲得した観想的な認識から引き出した。

だいたいにおいて、比較的古い世代のカバリストは断然思弁的な姿勢を取っていたようだ。彼らの教義はカバラーの神秘的な象徴を概念的な衣で包もうというものだった。これにあてはまるのは、サロモン・アルカベーツ、『パルデス・リモニーム』と『エリマー』の著者モーセス・コルドヴェロ、そしてシェフテル・ホーロヴィッツ、『シェーファ・タール』の著者である。だが、もっと若い世代では象徴的な要素とそれにともなう、神話的な形象で考える傾向が、前面に出ている。思弁的傾向と神話学的傾向のあいだの緊張および相互の引き合いと反発がカバラーの歴史をかなりの程度規定している(24)。カバリストの大きな成果が真正な象徴を創造したことであったとすれば、そのなかに神話的な要素があっても驚くにあたらない。現実が象徴形式で理解されるときにはつねに神話が不可避的に現われる。カバリストは自分が生きている歴史的事実の象徴的形象を創り出すばかりでなく、その形象に真正な神話の生命力をも吹き込む。象徴は歴史的社会的経験から創り出され、培われる。初めから神話をはらむカバラーの象徴は単純で無教養な大衆に直接はたらきかけた。大衆の「民間宗教」にはいつも神話を受け容れる余地があったし、だからこそいつも哲学的神学者たちから拒否されたのである。カバリストにその象徴的形式でひらかれた内的世界は第一義的にはなんらかの社会的イデオロギーとはならなかった。しかし、カバラーは民間宗教のためにひとつのイデオロギーを提供したことによって、いっぺんに社会的機能を果したのである。カバラーは基本的に貴族的性格をもつにもかかわらず、この機能を果たすことができた。それはグループの歴史的経験を反映するカバラーの象徴が大衆の信仰にひとつの理論的根拠をあたえたからである。サーフェードのカバラー主義が発揮した巨大な衝撃力はその神秘的幻視の深さ――これがカバリスト自身にとってどれほど大きく、重要であったとしても――からというよりも、その社会的、すなわちイデオロギー的機能から生まれたのだった。

このことがとくにいえるのは偉大なサーフェードの「獅子」、イサアク・ルーリア・アシュケナージ（一五三四―七二）のカバリスト教義についてである。彼が早世したため、彼の教えはまだ広まっていなかったが、それでも彼は神の聖者として高い名声を受けた。[25]サーフェードで発展したいろいろなカバリストの体系のうち、最初にコルドヴェロのそれが大きな影響力をかちえた。コルドヴェロはルーリアの師で、彼より二年先に死んだ。コルドヴェロの著作は、サーフェードから発してカバリストの思考をおよそ半世紀のあいだ支配した運動とともに広がった。独創性と斬新さにより他のすべてのカバリストの体系と異なるルーリアの教義は、サーフェード、エルサレム、そしてダマスカスのひと握りの選ばれたひとにしか知られていなかった。彼の幻視と瞑想から生まれた教義はサーフェードの弟子たちに口伝えに伝えられたが、[26]公刊されることはなかった。ルーリアの二人の弟子、ハイーム・ヴィタールとヨセフ・イブン・タブールがこの口伝の教義を書き記したとき、彼らは嫉妬深くその記録を監視し、人目に触れさせなかった。一六世紀の終り頃になってようやくヴィタールの著作のコピーが部分的にまったく彼の意志に反してパレスチナその他の場所に出回った。特異な人物であったヴィタールは長い生涯（一五三四―一六二〇）の大半を、師の教えを同時代人たちにひた隠しにして過ごした。彼らはまだそれを受けるに値しないとみたのである。だが当時、ほかの弟子たちが集めていたルーリアの教義の完全な記述が筆写でヨーロッパに達していた。これがラビ・モーセス・ヨナの書『カンフェイ・ヨナー』（鳩の翼）である。

そうこうするうちに、ルーリアの教義はヴィタールと、ヴィタールまたはイブン・タブールの記録を学んだ他のカバリストらによってさらに発展した。ルーリアの教義が――最初は写本だったが、一六三〇年以降は印刷本でも――知られるまで、元の教義が増補され修正されていた。この本物の伝統とのちの加筆との混淆物はこのときから「聖なる獅子の著作」（すなわちルーリアの著作）という名で流布した。以前のカバリストたちがルーリアのために土壌を用意していたのだ。ヴィタールの死後三〇年間に新しいルーリアのカバラーはユダヤ教を征服し、それ以前のすべての体系に打ち勝った。それはとくに宗教改革の真の担い手だったあのサークルにおいて顕著であった。ルーリア主義はカバリストの真理の最後の決定的な示現とみなされた。この体系の信奉者たちはここにえがかれたセフィロースの神的世界における秘密のプロセスを、コルドヴェロやほかのひとたちのカバラーに表現されているよりもずっと奥深い神の国の平地に関係するものと感じた。彼自身の啓示とそれ以前の、とくにコルドヴェロの教義との関係について尋ねられたとき、ルーリアはこう答えた。後者は「無秩序や混乱の世界(27)」をえがくのであろうが、自分は「ティックーンすなわち調和の世界」の構造を啓示するために来たのである、と。サーフェードから発する宗教改革の影響がますますルーリア特有のかたちを取ったとき、それはどこでもユダヤ宗教に独特な特徴を刻印した。サーフェード出身のカバリストの祭儀や典礼やその他の実際的な改革は著しくルーリア的な特徴をおびて公的財産となった。一六五〇年、ルーリア主義普及のわずか一世代後には、この体系はほぼ文句なしに優勢になった。ルーリアのカバラーは、当時のユダヤ神学の明確に表現された、一般に受け容れられた形式だったのである。

ルーリアの理念を広めるにあたって最も活動的だった媒介者のひとりはイスラエル・ザールークであった。彼は一六世紀末頃イタリアに現われ、そこでルーリアの弟子を自称したが、そうでなかったことは確かである、あるいはせいぜい比喩的な意味でそうであったにすぎない(28)。ザールークはイタリアで、ヨーロッパのほかの国々でしたように、カバラー研究の学校を創設し、彼みずから著した版で新しい教義を宣伝した。彼の布教的熱意はヴィタールの控えめな態度とは好対照をなしている。ザールークの播いた種はイタリアの豊饒な土壌で実を結んだ。彼は何人かの指導的な学者、とくにメナヘム・アザリヤ・ファーノ（一五四八―一六二〇）、アアロン・ベラキヤ・モデナ（一六三九年歿）といった空想力と感覚能力をそなえた学者を育て上げた。イタリア（すなわちザールーク）派の著作はパレスチナ（すなわちヴィタール）派の著作とほぼ同じ時期に他のヨーロッパ諸国に達した。時とともに両伝統が融合し、この結合した新しい形式はパレスチナのカバリストにすらルーリア教義の真正な、権威ある形式として認められた。

ザールークの布教活動とヴィタールの控えめな態度とのコントラストは、ヴィタールが一六一〇年から一六一二年のあいだのいつかあるときに本として著した自伝的な覚書を読んでみるといっそう興味深い。『幻視の書』と呼ばれたこの本はわたしたちが所有している最も特異な、そして最も本音を明らかにしている記録のひとつである。なぜなら、ごく内密の思想や感情をこのようにびっくりするほどあけすけに打ち明けた著者はわずかしかいないからである。[29] ヴィタールは見たところメシアの威信を尊いとみなしたばかりか、自分自身メシア的生涯を送る定めと思っていたらしい。四〇年間以上も彼はひそかにメシアの期待を抱きつづけ、そのためにほかの人たちの夢や幻視から証言やヒントを集めた。ところが、彼はこの期待をなにかひとつでも達成しようとはせず、あまつさえ、メシア待望の緊張にあふれた師の教義の宣伝をすることとすらこばんだ。わたしたちの知るかぎりでは、当時「隠れメシア」が大勢いたようだが、彼らはヴィタールと違って自伝的覚書を遺さなかった。他方、自分ではなんらメシアらしいことは言わなかったザールークはルーリアの教義――多分ほかのどれよりも民衆のなかにメシア待望の緊張を高めることのできた教義――を広めることに生涯を捧げた。

ルーリア主義の多くの教理は、ルーリア派の著者たちが解釈の技を駆使して以前のカバリストたちの考えをゾーハルに読み取ろうとしたけれどもそこになかったという意味で疑いなく新しいものだった。だが、当時ルーリア主義の魅力の秘密をなした決定的な新しさは、追放と救済という中心概念を歴史的次元から宇宙的、いやそれどころか神的な次元へ移し替えたことであった。異民族の弾圧からの救済という終末論的なヴィジョンは拡大され、被造物全体ばかりか神の国まで含められた。追放と救済とは、ルーリアの体系をつらぬく軸の両極である。深い意味ではそれらは精神的現実を表わす名状しがたい象徴として強調される。歴史的な追放と救いはたんにその具体的な表われにすぎないのである。ルーリア自身は「イデオローギッシュ」な意図をもたずにその体系を発展させた。彼が打ち明けたのはもっぱら、彼のいうところによれば、「天の」光の領域における巨大なプロセスの神秘的現実なるものであった。だが、彼がひとたび発展させた体系はユダヤ人の新しい神話と呼びうるものになった。彼の神秘的な象徴の現実的性格がそれに直接的な歴史的意義をもつイデオローギッシュな機能をみたしたのである。

ルーリアの象徴表現の性格はひとつのとくべつな問題である。カバリストに向けられた擬人化という非難は古くからある。彼らがその言語で精神的な事柄を物質化したことはしばしば、純然たる冒瀆以外のなにものでもないと思われた。だが、そうしたところではっきりするのはすべての象徴表現がもつ根本的な逆説性だけである。人間の話では象徴は本来表現できないものを言い表わす。だから、それはいつも物質的で擬人化されている。神秘主義者はそれを自分の理解不足を支えるための松葉杖としか見ていないけれども。カバリストの神秘的思考は象徴形式での表現を追求するが、しばしば「いわゆる」とか「あたかも」、「いわば」などといった限定的な言い回しを用いることによって、自分が用いた象徴の責任を回避した。この限定をつけることにより、用いられた象徴の実際の意味を減じようというのである。カバリストは非常にいやらしい物質的な、いやそれどころか肉体的、性的なイメージに言及するが、しかしすぐに、真剣な注意を行なって発言内容を制限する。「彫像やブロンズ像を造る者に災いあれ」と。これは象徴的な表現を現実ととらえる者のことをいっているのである。(30) カバリストはより高い神学的な立場から論証し、自分たちの象徴を物質的に解釈することは誤解だと主張することができたが、しかしまさにこの創造的な誤解こそカバリストの象徴表現の公的な意味を決定したものにほかならないのである。このような問題で理解と誤解のあいだに境界線を引くには、実際、なにがしかの勇気が必要だった。この象徴表現にはどうしても避けられない弁証法がカバラーの歴史的社会的機能の適切な評価の中心になければならない。なにしろ、それはカバリストとその反対者のあいだで交わされた大部分の論争の根底にもあるのだから。

ルーリア主義は厳密な意味で神話学的である。それは神の行為と出来事の歴史を語り、世界の秘密を神自身のなかで起きるが最後には「外的」物質的な創造を生み出す内的、神秘的プロセスと説明する。カバリストにとって外的なものはすべて、実際には、わたしたちが知覚する外的現実を規定している内的現実の象徴ないし暗示にほかならない。ルーリア主義の主要概念はすべて神の秘密に関係しているが、しかしそれらの概念はどの次元でも、対応する現実の宇宙の局面をも指し示している。

ルーリアのカバラーがサバタイ主義運動の背景をなしていた。その根本的な特徴とその根底にある神話を手短に概観しようとする試みは誤謬と誤解を招くリスクを秘めている。サバタイ主義運動の本源とのちの発展を然るべく理解してもらうためには、それもいたしかたない。そこで、要するにルーリアのカバラー全体を包含する基本的な考えを手短に眺めてみよう。それは「制限」、「容器の破損」、「修復」（もしくはティックーン）そして「火花を拾い上げる」という概念である。

後退説は単純な、それどころか少々粗っぽい自然主義的な推測に基づいている。もし全にして、すべてのものをみたす無限の神であるエン・ソーフのほかに何もないとしたら、世界はそもそもいかにして存在しうるのか。もしエン・ソーフまたは「エン・ソーフの光」がすべてのもののなかにある全であるなら、エン・ソーフでないものはいかにして存在しうるのか。ルーリアの答えは見間違うほど単純で、以前のカバリストだったら言ったであろう答えとは著しく異なっている。ほかの者ならこの問いに流出説で答えただろう。神はその創造力を自身のなかから投影するのだ、と。神の隠れた精髄、すなわち神の精髄から発する光輝から、神はセフィロースを、神的光を放つのである。これらのセフィロースは、神がそのいろいろな属性でもって自己自身を顕わす段階である。それらは存在するすべてのものの原型を含んでいる。神の流出の流れが遠くへ行けば行くほど、その流れは精神性、精緻さを失い、ますます物質的な、粗雑なものになる。それゆえ、すべての世界はあらゆる根の隠れた根から神的力が衰退することによって生まれる。わたしたち自身の物質界はこの——ゾーハルの表現を用いれば——「神の衣装」のいちばん外側の、最後の殻にほかならない。存在のもっと高いレベル、神的セフィロースですら、エン・ソーフの隠れた光を包む衣装にすぎず、その光とはいわば肉体と魂のような関係に立っている。セフィロースは存在の序列の下位にある魂で、エン・ソーフのほうは創造者、セフィロースの「魂の魂」なのである。創造のプロセスは、以前のカバリストたちから見れば、徐々に粗くなっていく過程、つまり「光」の物質化、の予備段階で起こる。それは根本的に神から世界および人間へと向かう方向のプロセスなのである。

サーフェードのカバリストたちにとっては事態はこれほど直截簡明ではなかった。ルーリア以前にすでに流出の教義はもっとずっと複雑になっていた。流出のどのレベル、どの段階にも流出の原初の輝きの「直射」光ばかりか、その反転、「反射光」もあって、さらに下方へ進むかわりに、元の天の始源へ戻っていこうとする。それゆえ、どのセフィラーのなかにも二重の行為がある。それは上から受け取る光を「濾過」し、それをさらに次の下位組織へ伝えるが、鏡のようにその一部を反射もする。流出の神的世界の全構造とその各部分は、それゆえ、「直射光」と「反射光」の同時活動によって構成されている。この流出プロセスの弁証法的理解によってコルドヴェロとアルカベーツの体系に緊張の要素が生じた。ルーリアはこの弁証法に逆説をつけ加え、ツィムツーム、すなわち「引き返し」、「退却」の説を打ち出した。彼の説によれば、創造者の最初の行為は何か別の物へ示現することではなかった。第一歩はけっして外へ出ること、隠れた自己が「現われ出ること」ではなく、むしろ退却ないし引っ込むことであった。神は「自己自身から自己自身のなかへ」引っ込んだのである。自分のなかの一領域を空っぽにしたこの行為によって神はのちの世界の場所をつくったのだ。エン・ソーフの光の内部の一点で神的精髄、「光」が消えた。周囲のエン・ソーフの深部へ退却することにより、中心に空洞が残ったのである。無限のエン・ソーフに比べてこの空間は限りなく小さい一点にすぎなかったが、創造に比べるとそれはすでに宇宙空間全体であった。神は最初に引っ込み、みずからを「制限」したからこそ、自己自身を顕現することができたのである。

ルーリアの著作では流出と創造のすべてのプロセスがのちに遂行されることになる空間はテヒルーと呼ばれる。この表現はゾーハルから採られたものだが、そこでは正反対の意味をもっている(31)。すなわち、それは永遠の昔からエン・ソーフを包んでいる光または輝きに関係しているのである。ルーリアの体系ではこの輝きが神のツィムツームの結果消えてしまい、この退却はテヒルーの真空を創り出した。このようにして創られた原初の真空のなかには神的充溢と光のかすかな跡ないし残余、レシームが残った。カバリストたちは下方へ広がるテヒルーの神的宇宙を言い表わすのに空間概念を用いたけれども、テヒルーと流出を純粋に精神的なプロセスと説明することによって、用語のもつ単純な意味を取り去ろうとした。空間カテゴリーが適用できるのは流出プロセスのいちばん最後の段階、すなわちわたしたちの物質的宇宙にのみである。空間概念の使用がカバリストの象徴体系に気になる擬人的性格をもたらしたことは疑いなく、実際、象徴体系の逆説性を表わすのにルーリアの退却説ほど適切な図示はない。カバリストたちは臆することなくさらに先へ進み、彼らの大胆な言説を「いわゆる」とか「いわば」といった限定で中和した。この形式的な限定によって彼らはその象徴体系を仮象におとしめたが、現実にはそれを救ったのである。一三世紀のゾーハルの著者から一八世紀の偉大なハーシードのツァッディキームにいたるまで、すべての創造的なカバラーの思想家たちは、彼らのときとして衝撃的な象徴表現から刺を取り去るために、この信ずるに足る確かな方法を援用したのだった。

ツィムツームという観念は反射光の概念と関係がある。神的精髄の原初の無限の光にはのちに顕現することになるあらゆる力、光、属性が――そして恩寵と厳格な裁きという相対する諸力も――未分化の状態で、「いまだ区別されない統一」をなしてであったけれども、すでにそなわっていた。エン・ソーフの内部では恩寵と厳格な裁きはもちろん、世界に顕現し「存在」するようになる当該諸力の隠れた、もしくは潜在的な根にすぎない。神の裁き、厳格さ（ヘブライ語でディーン）の根は、それゆえ、そういうものと認識することができなかった。それはちょうど塩粒が海に溶けているように神的精髄の果て知れない深淵に溶け込んでいたのである。だが、「ディーンの根」の凝集した力は圧縮と結晶化によりエン・ソーフ内部で他の光(32)の同様な退却を惹き起こした。サーフェードのすべてのカバリストが制限ないしは否定の――したがってディーンの――原理の機能とみなすこの退却、この後退は、反射光の性質にかかわりがある。どちらが先かという重要な問題ではルーリア派のひとたちのあいだでもまったく意見が一致していない。「神の厳格な裁きの根」がツィムツームをもたらしたのか。それともツィムツームが「ディーンの根」を出現させたのか。初めの解釈のほうが可能性ありそうだ。それがあとから意図的にやわらげられ、その結果、ツィムツームと流出のプロセス全体はディーンの諸力をまるで神の精髄から出た一種の産廃物みたいにして取り除くために始められたのだ、という大胆な推測が後退したのである。このプロセス全体はしたがって一種の神的浄化と理解されよう。この説の残響はのちのサバタイ主義者の神学と、とくにガザのナータンの「思慮深い光」と「思慮のない光」にかんする説になお聞かれる。

ツィムツームの行為は追放の神的変種、前形式ではなかろうか。類似は誰が見ても明らかなようだけれども、カバリストははっきりそうとは言わなかった。示現するかわりに、神は世界から隠れた弧絶した存在へ自己を「閉じ込め」、引き籠る。それにしてもこのツィムツーム説が、一三世紀のゲロナのカバリストたちのもとで最初にそれらしきものが現われ、追放の問題が宗教的意識の中心に押し出してきた後代になってようやく根づき花ひらくことができたのは、偶然ではない。

エン・ソーフの光が退いたあとに残る空っぽの空間テヒルーのなかへ神は一条の創造の光を送り込む。この光線は創造の原空間を照らし、そのなかに滞留している光(レシーム)にはたらきかける。それは宇宙的プロセスを一〇個のセフィロースの構造上の秩序に応じて動かす組織原理でもある。引っ込むことと流出とは、したがって、神がそれによって示現する二つの原理である。流出プロセスのどの段階でもこれら二つの原理がはたらき、互いに反応し合う。なぜなら、存在の次の段階をもたらすためには流出のさらなる拡大が必要なばかりか、わけてもさらに引っ込むことが必要で、それが必定新たな存在の可能性を生み出すからである。すべての存在は弁証法的な、二重の運動を前提としている。単一の直線的行為によってはなにものも存在しえない。すべては収縮と流出の結びつきによって生ずる。活動する神のリズムは人間も含めた有機体のリズムと同様、吸気と呼気の二重のプロセスということができる。有機的生命とのアナロジーは、神を何よりも「活動するもの」、つまり不活発でも静的でもないまとまりをなす一種の完全な有機体と見るユダヤの神秘家にとって、まったく自明のことだった。神の活力が有機的アナロジーで現われる。実際、神は低次の世界に顕われるすべての有機的構造の根であり、源なのである。退行と流出の二重のリズムが、存在するすべての事物の始めにある。

半ば象徴で、半ば具体的な現実である原空間内で、流出セフィロースの構造がはっきりしたかたちを取りはじめる。そのさいそれぞれが神的光の世界の独自の様相をあらわにする。被造物にたいする神の自己表明は実際には原空間のなかで自身の光を顕示することである。なぜなら絶対的なエン・ソーフは、原空間とは違って、思考と理解を超えているからである。最初の光線、つまり原空間をつらぬく「直射光」による最初の示現は原人間（アダム・カドモン）といわれる。原空間テヒルーにおける天の光の存在様式にほかならないこの存在からいろいろな光が発し、それらの光はルーリア主義の核心たる、象徴的概念で「容器の破損」とか「王の死」と表現されるあの中心的決定的な出来事をもたらす。

この表現の理解のために、ここで「容器」と訳されているヘブライ語の意味を手短に説明しておかなくてはならない。ヘブライ語のケリは、職人が一定の目的のために用いる器具ないし道具を表わし、さらにまた中身を擁すると同時に限ってもいる容れ物ないし容器の謂でもある。古いカバリストたちは、「容器」としてのセフィロースについて語ったとき、前者の意味、すなわち創造の過程でデミウルゴスによって使用された器具を考えた。ところがまもなく二番目の意味が通用しだした。その理由はとくに、セフィロースは——通常の器具と違って——器具を用いる職人の存在と違いがなかったからである。それどころか「それと一体」であった。セフィロースは神の実体なのか、それともたんに神の器具にすぎないのか、という問題は結局サーフェードにおいてひとつの定義によって解決された。のちのルーリア派が使用した表現はもっぱらこの定義によっている。すなわち、セフィロースとはそのなかにエン・ソーフの実質が広がる、そしてそれによってエン・ソーフが行動する容器なのである。ひとつひとつのセフィラーはそれゆえ、実質と容器という二重の観点から見ることができる。その特殊な個々の性格は容器としてのその特性に基づいているが、それにひきかえ、神的実質はつねに、変わることなく同じで、ゆえに超個人的である。ひとつの不変な神的実質がどうして実際にはさまざまな形式で現われることができるのかということをカバリストたちは比喩を用いて説明しようとしたが、その比喩はたいてい「容器」の観点を強調した。ケリのもうひとつの意味──「器具」──が無視されたわけではないが。モーセス・コルドヴェロは古典的な解答を次のように要約している[33]。

流出体のなかには神が一〇のセフィロースに分かれているという主張を是認するような変化も分割もない。変化や分割があてはまるのは神にではなく、外側［の、神の容器であるセフィロース］に［だけ］である。思慮深い人にはこのことをひとつの比喩を用いて説明すれば理解してもらえるだろう。すなわち、白、赤、緑などのさまざまな色をしたつながっている容器にはいった水である。これらの容器のなかに水が広がれば、それは容器の色調に染まって見えるが、実質は変わらない……セフィロースとて同様で、それは容器であり……その中身である流出体の光はそれ自体もともと色をもたない水なのである。

ルーリアは「容器」という表現を同じ意味で用いている。原人間のなかに現われることになる最初の光は非常に繊細かつ霊的で、ほとんど容器とはいえないしろものであった。彼の耳や鼻や口からほとばしり出る光ですら融合して、個々のセフィロースへの分離を、いろいろな容器を必要としたであろう分離をいまだ知らぬ、ひとつの全体をなしていた[34]。直射光と反射光とは完全に平衡をなしていた。だが、原人間の目から発する光は細かく砕かれた「点状の」分離をなして流れ出し、しかもかなり強い、かなり抵抗力のある光で成り立っていたので、とくべつな殻か容器で受けて保たねばならなかった。これらの容器は二重のはたらきをすることになっていた。一方ではそれらは、そのなかにはいる神的精髄の殻か衣服になることになっていた。このことは、霊的実在はいわば「裸」では存在しえないというカバラーの原理にしたがっている。他方これらの容器は、厳格な裁きの「固い」光からそのなかに含まれている燃え滓を取り除く用途ももっていた。燃え滓は選別され、神の流出の領域から排除されねばならないのである。

いよいよ光の流出が始まってみると、その作用が容器には強すぎることがわかった。容器は光を収めきれずに壊れてしまったのである。解放された光の大部分は天の源へ登っていったが、いくつかの（ルーリアによれば二八八個の）火花は割れた容器の破片にくっついたままだった。これらの破片は神の光の火花をくっつけたまま原空間に「落下した」。それらはそこでタイミングよくケリパー[35]の諸力を生んだ。これはカバリストの用語では「裏側」として知られている。容器の破損にかんするこの教義のヒントをルーリアはゾーハル[36]の創世記第三六章第三一節の解釈のなかに見出した。「イスラエルの人びとの王がそこを支配するまえにエドムの地を治めたのは次の王たちである。」エドムの七人の王たちはいかなる憐れみによってもやわらげられない厳しさの国を意味している。彼らが「死んだ」のは、世界はこの二つの原理の均衡と調和によってのみ保たれるからである。ディーンの純粋な力の産物であるこれらの「王」たちはゾーハルによれば、わたしたちが生きているいまの宇宙の創造以前に創られ破壊されたと古いミドラーシュ[37]が伝えている原初の世界と同一である。したがって、「族長イスラエル」――もちろん生身のヤコブのことではなく、霊的な天の祖型――の国と呼ばれる、均衡の取れた調和した宇宙が創設されるまえには、エドムの王の死、すなわち純粋なディーンの領域の死があったのである。

容器の破損は神の秘義に劇的な要素をもたらした。カバリストの幻想では原人間から発する光は神の領域に属していた。それは神の一部であった。容器の破損は、したがって、神自身のなかで起こった出来事だった。その衝撃はルーリアの宇宙論の隅々に現われている。容器の破損が起こらなかったら、すべての事物は割り当てられた場所にきちんと収まっていただろう。ところがいまやすべての事物はばらばらになってしまった。セフィロースでさえ、流れ込む天の光を容器で受けとめ、それを、流出の法則にしたがって、存在のより低次な秩序へ渡すことになっているのに、もはや本来あるべきはずの場所にいない。その時から、すべてのものは不完全で、不十分であり、いわば「壊れ」、「堕落して」しまっている。本来なら自分に割り当てられた然るべき場所にいたはずのものが別の方向へ動いている。居るべき場所にいない、適正な場所から離れているこの状況こそ、「追放」という表現で意図されているものにほかならない。実際、容器の破損以来、追放は隠れたとはいえ、基本的な選ばれた存在の仕方である。ルーリア主義では歴史的な追放観念が宇宙的象徴になった。ルーリア自身は容器の破損を一定の、精確に定められた法則にしたがうプロセスとしてえがいている。ルーリアは出来事のいわゆる自然な因果関係なるものを指摘してその破滅的な性格をやわらげようとはしなかった。そのため、どうしてそのような惨事が起こったのだろうか、という批判的な疑問が生ずる。ルーリアの弟子たちは少なからず苦心して、破損を説明しようとした。結局みなの説明は、聖なる領域からケリパーが排除されるのは暗黙の必然性なのだということに帰着した。つまり、潜在的な悪の芽が現実の人間と個々のアイデンティティへ分かたれるのである。多くのカバリストたちは、破損は不幸な偶然なのではなく、人間に自由に善悪の選択をさせるために周到に計画された出来事なのだ、と主張した。別のカバリストは、容器の破損の深い意味は神自身にかんして決定されねばならないのであって、人間にかんしてではないと感じていた。神がひとたび生きた有機体とのアナロジーで見られたからには、この有機体がエン・ソーフの深玄へ根の先を伸ばした厳しい裁きの凝縮した残滓を体内から排出するという考えに到達するにはもうひと足でよかった。流出のプロセス全体はこのように創造の目的のみならず、神的光から「不純物」を取り除くことにも役立っているのである。

ルーリアの二とおりの説明のうちどちらが本来の見解なのかは、わたしたちの企図には重要な問題ではない。[38]大事なのは、二つの叙述がルーリアの文献に現われることである。神的有機体に内在している法則は破損を必要とした。「それゆえ、神の空間は畑のようなものであることを知るがよい。一〇の点（つまりセフィロース）がそのなかに播かれている。［種の］粒がそれぞれの能力に応じて生長するように、これらの点もおのおのその能力に応じて成長する。種粒は元の存在にとどまっていれば完熟しないが――その成育はもっぱら偶然によっている――これらの点とて同様である……神の形成物［パルツーフィーム］は破損あってこそ完全なものになるのだ。[39]」別のカバリストは麦粒の比喩に少し異なる言い回しをした。低次の七つのセフィロースはそれによれば、「混乱の世界」ないしは「無秩序」（トーフー）[40]を構成するといわれる。なぜなら、それらは「絶対の白」に、つまり最高のセフィラーの未分離の純粋な霊性に根ざしているけれども、それでも「色」の、すなわち容器のなかにあるさまざまな性格や属性の分化の始まりを含んでいるからである。この無秩序の世界は「ちょうど小麦が挽きつぶされることによって小麦粉と糠に分かれるように、こなごなに壊され砕かれるためには、高い頂きから地獄へ落ちねばならなかった。おまけに落ちることによって不浄な力が聖性から分離する[41]」。ヴィタール自身はこのテーマについて述べるにあたって非常に慎重であるが、それでも、破損は天上の世界に調和が欠如していることから起こるということを示唆している。いろいろなセフィラーはいまだ、たとえば人間の形姿のような、ひとつの有機的全体またはパルツーフ（「形像」、文字どおりには「型」）として構成されてはいない。「流出当初においては一〇のセフィラーはまだ上下に並べられていないので、ひとつのセフィラーが他のセフィラーから［天の流出」を受けることはできなかったし、またそれらのセフィラーは「定まった位置」に配列されていなかった。それぞれが他の全部を含んでいたが、これ全体ではそれぞれが他の全部と秩序も体系もなしに混ぜ合わされていた。そのために七人の王は死んだのである。[42]」

理想的に統合された完全な秩序の光は、破損があって初めて現われることができた。ルーリアによれば、これらの光は原人間の額から流れ出し、妨げられた調和を回復する。より正確にいえば、事前に破損がなければ達成されないあの調和を創り出す。この「喜ばしい落下」以来、額の光はパルツーフィームと呼ばれる複雑な構造をなして並べられている。光のひとつひとつが神性の個々の相と神の創造力を表わしている。[43]この時から神の流出は原人間から分かれた存在領域として存在する。その五つの形像（パルツーフィーム）は、トーラーが神秘的に明らかにしているような神性の秘義を表現する。アツィールース（「流出」）の世界と呼ばれるこの領域から、存在の大きな鎖がベリーアー・イェツィーラーとアジーヤーの低次な世界へと降りていく。この世界はもはや神の流出の物質から成り立ってはおらず、むしろそこを支配する神の力にほかならない事物の内なる魂を被い包む「衣服」なのである。

ティックーンは「治療」、「回復」、「再統合」を意味する。それは理想的な秩序が回復されるプロセスであるが、神の流出の光はこのプロセスを自分から完遂することはできない。たしかに落下したセフィロースのいくつかはふたたびある段階へ持ち上げられたが、しかしそれらが、簡単にいえば、本来実現する定めであったにもかかわらず、実際には全然実現していなかった在り方へ回復されることはなかった。神はその叡知をもってこの任務を人間に命じた。それで人間には回復、ティックーンの大いなるドラマにおいて重要な役割があたえられているのである。[44]アダムの本来の役目をルーリアはこのように理解した。初めに高い霊的価値をそなえた四つのすべての世界の在り方があった。実際、最高位の「流出の世界」（アツィールース）から出た世界は、そのなかには最も低い「生産の世界」（アジーヤー）もあったが、どれもみな本質的に霊的であった。これらの世界のおのおのに、段階的に下降する、つまりだんだん物質的になる光の形像で現われる人間の「形像」も、それぞれの世界の特殊な性質を反映した霊的形式であった。それゆえ形像は「ベリーアーのアダム」、「アジーヤーのアダム」などとして現われる。容器の破損のあとに突然起こった下降ないし落下は、したがって、アジーヤーの世界がもはやあるべき場所になくて、悪の「殻」にして領域であるケリパーに近い危険なところにあるという結果を招いた。アジーヤーの世界の本来の状態は純粋な存在の状態であった。そしてその「素材」、その「からだ」は粗い物質でつくられていたわけではなかった。最初の人間アダムが創造されたとき、天の光と形像のティックーンのプロセスはほぼ終りに近づいていた。ほとんどすべての物はふたたび正しい場所に「置かれ」ていた。そして存在の聖なる霊的鎖の最後の環であるアダムはティックーンの最後の仕上げのワンタッチをしさえすればよかった。彼は己れの任務に最もふさわしい者であった。なぜなら、彼の純粋な霊的存在は天のすべての形像を含み、それと相関関係に立っていたからである。彼の身体部分は天の構成部分（つまり光）を反映し、彼の手足の一本一本はそれに対応する、宇宙の天つ人とでもいうべきものの四肢に作用を及ぼした。アダムは自分の存在全体を天の根につなげた神秘的霊的努力によってティックーンを完成し、すべての事物をその適正な場所に戻すことができたかもしれない。この行為には自由な選択と決断が、神との完全な連帯が、そして善と悪、アジーヤーの世界に依然として残り滓が混じっている「小麦粉と糠」からの訣別が、必要だった。

アダムが己れの使命を果たしていたら、聖性の領域は滓を残らず取り除かれていただろう。ケリパーはアジーヤーの世界の下に沈み、真実な存在の源から切り離されて無力になっていただろう。そして宇宙全体は神の光と永遠に結びついた状態に達していただろう。神の流れはなんら支障なくスムーズに下へ流れ、元へ復していただろう。神の流出の魂は内側から創造のすべての段階をくまなく照らし、創造者と被造物とのあいだの分裂はなくなっていただろう。宇宙の追放は終りを告げていただろう。アダムは世界の統一を回復する救い手となっていただろう。歴史のプロセスは始まるまえからユートピアを打ち立てて終結していただろう。

だが残念ながら、アダムは失敗した。結びつけねばならぬものを結びつけ、分かたねばならぬものを分かつかわりに、アダムは結ばれているものを引き裂いた。創世記第三章の堕落の話にヒントをえたカバリストのメタファーはこれを次のように言い表わしている。アダムは「果実を木からもぎ離した」。そしてそれによって「彼は園を破壊した」(45)。彼の意図はよかったが、結果はひどかった。高次な領域とのアダムの結びつきは断たれ、そのかわり彼はいまや低次な世界と「裏側」の悪の諸力に属する身となった。歴史的アダムの罪は人間学的心理学的次元で、容器の破損が原人アダムの存在論的次元で惹き起こした荒廃を繰り返し、再発させる。アダムがエデンの園に足を踏み入れた時点では、世界は上昇してその理想的位置を取りはじめていたのに、彼がそこから追放されたとき、世界は「無秩序の世界」の容器が太初の大惨事のさいに落下したのとちょうど同じように、ふたたび「落ちた」のである。でも、今度はもっと深く沈んだ。それというのも、アジーヤーの世界全体がそれを構成している一〇のセフィロースとともにケリパーの国へ落ち、善と悪とがふたたび分かちがたく混ざってしまったからだ。この時からアジーヤーの世界のすべての生き物は、もちろん人間も、本来の繊細な精緻な物質、すなわち霊的身体のかわりに、粗い物質を、すなわちケリパーから生まれた肉体的身体をまとった。アダムの大きな任務はいまでは比べものにならないほど複雑かつ困難になって、子孫に引き継がれたのである。

しかし、問題はここで終らない。アダムの堕罪によって、いまや壊れた容器の飛散した破片のなかに囚われの身となった神的シェキーナーの運命は人間の魂の「火花」から分かたれる。両者ともケリパーの虜囚なのである。堕落まえ、アダムの魂はアジーヤーの世界全体をみたしていた。人間の魂は六一三個の部分、伝統的なラビの解剖によれば人間の身体と同数の部分から成り立っている、とルーリアは説いた。ひとつひとつの部分が総体ないしは形態（英語版でもドイツ語 Gestalt）で、それがさらに六一三個の部分ないしは根に分けられる。ほとんど「魂の手足」といってもいいようなこれらの根は、いわゆる主根ないしは大いなる魂から成り立ち、後者はいくつかのもっと小さい根または火花に分かれている。こうした火花のひとつひとつが個体的な聖なる魂である[46]。アダムが自分の任務を果たしていたら、すべての魂と火花はその形態を保っていただろう。それらはアダムの一部として救済の大いなる業に加わり、引き続く永遠の至福に達していただろう。アダムの罪がすべてを台無しにしてしまった。崇高な魂のいくつかは、アダムと、つまり彼の超‐魂や彼の罪とかかわりをもたされるのをこばんだ。そして彼を見捨て、もっと高い領域へ昇っていった。これらの魂は「天の輝き」として知られ、メシアの時代になるまでこの世に戻らないだろう。他の魂は原罪とかかわりがあるにもかかわらず、なんとかアダムのなかにとどまった。だが、大半の魂の根と魂の火花はアダムからケリパーの国へ落ち、そこで悪い面で聖なる領域の原‐アダムに相当する悪魔の反アダムを補強した。アダムの形姿は著しく小さくなり、完全に物質的になった。

こうした理由から、救済の回復（ティックーン）は二つのことを含んでいる。壊れた容器の破片とともにケリポースの国へ落ちた神の火花を拾い集めること、および「殻」のなかに捕えられ、アダムの堕罪以来ベリアルの反アダムのいいなりになっている聖なる魂を拾い集めることである。このティックーンの二つのプロセスは「火花の回収」というシンボルで要約される。このシンボルは人類、とりわけイスラエルの真の意味と秘義を表わしている。異教徒たちはアダムに課された任務を引き受けなかった。彼らも、ケリパーのすべての物と同様、拾われ回復されるのを待っている落ちた聖なる火花をいくつか蔵しているとはいえ、実際には彼らの魂はケリパーから出たものであって、聖性の国からではない。アダムの堕落以降、ティックーンをなしとげ、落ちたすべての火花を拾い集め、善を決定的に悪と分かつことができた幸運なチャンスがわずかながらあった。ところがこのチャンスは一度も利用されることがなかった。シナイ山でトーラーの啓示が行なわれたとき世界は完全に回復されようとしていたが、黄金の仔牛の罪がすべてをふたたびカオスにおとしいれてしまった。そののち、ティックーンを掟によって広げようとする律法が発せられた。律法の六一三の掟のそれぞれが原－アダムの神秘なからだ《コルプス・ミスティクム》の六一三の部分のひとつを回復するのである。

人間をその完全な霊的姿で回復するのは複雑な、時間のかかるプロセスである。各世代にいくつかの魂がケリパーを脱し、浄化とティックーンのサイクルに達する。そこでそれらの魂は四つの自然界によって、ティックーンが完了するまでひとつのからだから別のからだへと移動する。ルーリアの容器の破損説と伝統的な自然観との結びつきをイスラエル・ザールークは次のように言い表わしている。

「壊れた容器」の破片に神の光の痕跡が火花か滴のようにくっついた。これは油のいっぱいはいった容器にたとえられるかもしれない。容器が壊れ、なかの油がこぼれると、少しばかりの液体が滴状に破片にくっついているだろう。われわれのばあいもいくつかの光の火花はそうなった……そして破片がアジーヤーの［最後の四つ目の］世界の底に沈んだとき、それらはそこに四つの元素――火、空気、水、そして土――をもたらしたが、これらの元素のほうはさらに鉱物の形、植物の形、動物の形、人間の形という四つの段階をもたらした。これらすべてが完全に物質化されたとき、二、三滴がなおも元素に残った。だから、すべてのユダヤ人の目的はこれらの滴を「囚われて」(47)いるところからこの世界へ引き上げて、みずからの魂の力によって聖なるものにすることであろう。

人間の魂はいろいろな光または相から成り立っており、これらのものがいっしょになってそれぞれの人間の「個性的な火花」をかたちづくっている。この関連で魂がネフェシュ、ルーアハ、ネシェマー（「魂」、「精神」、「超魂」）に分かれることはことに重要である。これらの分離はひとつひとつの火花のなかで繰返される。この三種の魂は上方へ段階的に並んでおり、そのため人間はネフェシュを完成して初めて自分のルーアハに気づく。以下同様で、そしておのおのは全体が六一三の「肢」からなる構造をしている。その先の二つの階ハイヤーとイェヒダーには、わずかな選ばれた魂しか到達できず、それのみが神的流出の最高の形態の光に照らされるのである。それゆえ、イェヒダー——その光は（聖なる老人として知られる）最高のパルツーフの光である——はアブラハムとダビデ王にしか授けられなかったが、著者によっては、それはメシアの王専有の勲章なのだから彼らにすらあたえられなかったとする者もいる。魂の五段階理論は五つの異なった表現を利用しており、ミドラーシュの言葉(48)によれば、それらによって魂が描写できるという。これら五つの表現は同義語だとするミドラーシュと違って、カバリストはそれぞれの表現を魂のいろいろな相に関係づける。人間の課題はすべての段階で己れの個性的火花を完成させることである。これらすべての段階ないし相は必ずしも一回の生で統一されるわけではない。それゆえティックーンは、多くの生や魂の遍歴の経過のなかで努力して少しずつ実現していかねばならない。カバリストたちは自分の魂の根を見つけだそうと努力した。人間というものはそれを知ることによってこそ己れの魂の天の根を回復することができる、もしくはティックーンを完成するのになお足りないものを知ることができるからである。サバタイ・ツヴィの預言者であるガザのナータンの最初の使命は、贖罪者と探求者たちに彼らの魂の根を啓示し、ひとりひとりにティックーンの指導をあたえることにあった。サバタイ・ツヴィと同時代のひと、イタリアの偉大なカバリストで詩人のモーセス・ザクートは、この教義を的確に表現し、次のように書いた。(49)「己れの魂を完成し、魂の根源を回復することができるように、丹念に己れの魂の根を探求し、それを知ることは各人のつとめであり、それがそのひとの存在の本質なのである。ひとが自己を完成すればするほど、そのひとは自分自身に近づくのだ」と。

魂の遍歴の法則は天のパルツーフィームのティックーンの法則と同じくらい複雑である。ここでは委曲を尽くす必要はない。しかしながら、一点だけ付言しておかなければなるまい。カバリストの道徳神学のなかで重要な位置を占めていることなので。同一の根から発するすべての火花をひとつにする魂の内的絆、共感のようなものがある。(50)それ――それのみ――が、そのときそのときのティックーンにさいして互いに支え合い、影響し合うことができるのである。

「下方の」地上に住むイスラエルの民の、歴史の世界における追放は、したがって、天のイスラエル、すなわちシェキーナーの追放を反映しているにすぎない。イスラエルの状態は全創造の状態を象徴しているのである。ユダヤ人は世界のティックーンの鍵を握っていて、トーラーの掟を果たすことによってますます善を悪から解放していく。ティックーンは、したがって、宇宙の内側へ向けられた、本質的に精神的な作用である。しかし、ティックーンがその目的を達成すれば、そのときには隠れた精神的完成が外側からも見えるようになるだろう。外的現実はつねに内的現実の象徴だからである。追放のあいだは霊的活動と神秘的集中(カッヴァーナ)は宇宙の内部の層にのみ作用するが、「[外部]世界は一般に、自力で立ち上がろうとしても、メシアの到来までは高められない。いまのところは世界はその内面でのみ高まりを経験する……追放の現時期においてはわれわれは——安息日にさえ——世界の内側を高めることしかできず、世界の外面を持ち上げることはできないのだ。なぜなら、もし外的現実も持ち上げられるなら、われわれはこの目で全世界の高まりを安息日に見ることができるだろうから[51]」。聖性があとかたもなくケリパーから吸い出されて、神の火花がもうそのなかに存在しなくなったら、そのときにはティックーンの世界が明らかになる。これが救済の意味である。

シェキーナーの追放と救済の意味にかんするルーリアの教義は、ヴィタールに最も明確に言い表わされている。

> アダムの罪によってすべての魂は、エドムの王たちが死んだときに聖性から引き離された不純物と滓の残りであるケリポースの深みへ落ちたのである。これらのケリポースは「死の位」と呼ばれ、それにたいし聖性は「生ける神にして不滅の王」と呼ばれる。それゆえ彼ら［ケリポース］は「生」と呼ばれる聖性を迫害し、それから生と存続を奪う。なぜなら聖性を少しでも含んでいるかぎり、彼らはそれで養われ、生きるからである。しかしながら聖性が全然ないと、死なざるをえない。そのため彼らは聖性を見つけ［とらえて］人間の敬虔な魂に罪を犯させようとする……さながら、生きるのに必要な食物を懸命に見つけようとするひとのように。「飢えた魂を駆逐するために盗みをはたらく泥棒をだれも軽蔑したりはしない。」そして見よ、神殿が破壊されたとき、シェキーナーはケリポースのもとへ追放された。そこへ追放された魂はその罪によって自分自身を解放する力をもはや十分にもたないからである。そのためシェキーナーはケリポースのただなかへ降りていった……魂の火花を集め

に……それを「ケリポースから」ふるい分けるために、それを聖性の域へ持ち上げ、一新し、そしてふたたびこの世の人間のからだのなかへ戻すために。シェキーナーの追放の秘義はこのように理解してさしつかえない。神殿の破壊以降、御業を終えられるまでに神がなさることは、ベリアルの反アダムのケリポースへ落ち、頭から足の先までそれに浸かっているすべての魂を集めることである。神は「このケリパーのアダムの」勢力下へ落ちたこれら「最後の最も低い魂」でさえもお集めになるが、それが終らぬうちは、メシアは来られず、イスラエルは救済されない……しかしながら、シェキーナーは下界の善き行いと祈りに助けられてこそそれを集めることができるのである――「力を神に帰せよ」という詩句（詩篇六八、三五）の秘義によれば。[52]

魂と火花の解放はイスラエルがこの世でなした善行に相応する……すべての魂が「ケリポースの国を」去ったら、シェキーナーもそこから立ち去ることができる。そうしたらケリポースの生命力は衰え、死ぬだろう。そして「すべての悪は煙のように消えてしまうだろう」。これが（イザヤ書二五、八）「神は死を永遠になくされる」の秘密である。これは「死」と呼ばれるケリポースが、神のシェキーナーとすべての魂の火花が離れてしまうために一瞬のうちに呑み込まれてしまうことを意味する……だが「いまは」、シェキーナーは「救い出されねばならぬ」魂のためにケリポースのもとへ追放されるのである。[53]

V　ルーリアのカバラーの歴史的役割と社会的意味

以上が、要するに、ルーリアの神話学の根本的特徴である。この神話を正しく評価するために、それがもつ二重の機能を、すなわち歴史の解釈ならびにユダヤの歴史における要因としての機能を理解せねばならない。この歴史神話は、悪、すなわちケリパーあるいは「裏面」は空想力の産物ではなくして、著しい効力をもった現実である、という想定から出発している。カバリストたちはこの巨大な力の根を隠れた神のドラマのなかに求め、それを非常に写実的な用語を用いて叙述した。悪とは、神自身の内深くにその力学が根ざしているプロセスの結果である、と彼らは教えた。その構想はすこぶる大胆であり、のちのひとたちが少なくとも危険な考え方や含意を包みかくすかやわらげようとしたのも無理からぬことであった。カバラーの教義はある意味では、神のプロセスには災いや破局はもとよりいかなる欠陥もなく、むしろ神の創造力に内在する確たる法則の有機的展開があったとする考えを含んでいる。ところが、一六世紀と一七世紀の民衆説教師とモラリストたちが大衆にルーリアの理念を伝えたとき、むしろ秘義のドラマチックな壮観な面がますます前面に押し出されるのは避けられなかった。民衆の理解では、世界の歴史は根本的には、自分の真の姿と「形態」をより完全なものにしようとする神と、善い行いによってこの目的を支援しようと努力する人間のドラマなのである。カバラーの文学にこのことの明白な表明を求めても無駄であろうが、この意図は明瞭にルーリアの体系の基礎に横たわっている。

これらの理念の歴史的重要性は明白である。それらは時代の差し迫った問題——イスラエルの追放生活にたいし直接答えるものであった。カバラーの象徴は、おまえの苦悩はおまえを罰するだけでなく、それを超えて深い秘密の義を含んでいるのだという確信を、ユダヤ人にあたえた。ユダヤの苦悩は創造の本質そのものに根ざし、宇宙がケリパーから自由になろうとして闘うプロセスを象徴するものだった。イスラエルの苦い経験は、創造の核心における戦いの象徴——痛ましいほど具体的なものであるが——にすぎなかった。まさにユダヤ人の生存は、その現在の苦悩においても未来の救済においても、深く象徴的であった。ユダヤ人はその行いによって世界の病を治し、ばらばらになった破片をつなぎ合わせた。たしかに、この統一をなしとげるのはユダヤ人にしかできぬことであった。ある指導的なカバリストの言葉を借りるなら、[54]「天のティックーンをなしとげられるのは人間だけである。なぜなら人間だけが神の似姿によってつくられており、高い秩序と低い秩序を一身に含んでいるからである」。カバリストたちは、善行がティックーンを促進するという一般的な確認だけでは満足せず、ひとつひとつの掟は神秘的宇宙にどうかかわっているのか、それは「天の形態」のどの部分にその根をもっているのか、そしてその霊的性質はそれの出所である「光」にどのように作用するのか、そのことを詳しく示した。

追放にはこのように理由があったのである。そしてこの理由は創造の本質にあった。追放をわたしたちの信仰の試練、わたしたちの罪にたいする罰とみなすばかりでなく、何よりも使命とみなすカバリストの説明はびっくりするほど斬新なものをもっている。飛散した聖なる火花を持ち上げ、神の光と敬虔な魂をケリパーの国——地上の歴史的次元では圧政と抑圧に代表される——から解放することが使命の目的なのである。

王たちが失墜したとき、多くの者は鉱物の国へ落ちた。その数が七人だったので、金属も七種ある。鉱物は成長するが、それは聖性の火花を含んでいるからである。ほかの者たちは植物の国へ落ちた。それゆえ七種の木がある。さらに別の者たちは七〇の国家へ落ちた。エジプトは「地の裸」で、ケリポースが主として付着した場所なので、多くの火花がそこで捕えられた。イスラエルもそこで隷属していた。シェキーナーですら、そこにあった火花を持ち上げるために、イスラエルとともに追放されていた……イスラエルがエジプトを出たとき、すべての聖性はその地から選別（つまり完全に解放）された。この理由で、イスラエルは七〇の国家に隷従すべく定められていたのである。その真ん中に落ちた聖なる火花を引っ張りだすために。わたしたちの賢者はこう説いている。

ひとつの国家にひとりのユダヤ人が捕えられれば、それで十分なのだ……このひとつひとつの国家に落ちたすべて［の火花］を持ち上げるために全イスラエルがそこで隷属していたかのようにみなされる。だから、イスラエルは四方八方へばら撒かれねばならなかったのだ。すべてを持ち上げるために。(55)

この点に追放と救済の伝統的な意味の深甚な変化が表われている。救済の使命という新種の概念は一九世紀の「改革」ユダヤ教のそれとは非常に違っていた。カバリストにとっては、イスラエルの任務はもろもろの民族にたいして光であることではなかった。それどころかまったく逆で、諸民族から聖性と生の最後の光を引き抜くことであった。したがって、ティックーンのプロセスは、本質的には建設的であるけれども、ケリポースとその歴史的代表者である非ユダヤ人が奪っているあの力によって破壊的な側面ももっている。二、三の、とくにイタリアのカバリストは、ケリパーも日々の終りに変形されて再起すると信じた。しかしルーリアと弟子たちの真正な教説は、ひとたびティックーンが成就され、ケリパーをその生命力の源から奪い取ってしまったら、ケリパーの極度の分裂、崩壊、そして死が訪れることを預言しているように見える。神のパルツーフ、「顔」が世界に再建されるや、ケリパーの影響は消える。宣教という考えよりもっと革命的なのは、メシア思想の伝統的に破局的な理解が棄てられたことである。救済は突然来るのではなく、ユダヤの歴史の論理的必然的結果として現われる。イスラエルのティックーンの労苦は定義すればメシア的性格をもっている。最終的な救済はそれゆえ、それに先立つ歴史的プロセスからもはや切り離されてはいない。「イスラエルの救済は段階的になしとげられる。浄化は順次、美化は順次なされるのである。[56]」メシアの王はけっしてティックーンをもたらすのではなく、ティックーンによってもたらされるのである。王はティックーンが完了すると現われる。火花を拾い上げることによる宇宙の救済はイスラエル民族の救済と融合している。「追放された者たちを拾い集める」という象徴は両方の意味を含んでいるのである。[57]

サーフェードのカバリストの終末論的理念が以前のラビ的ハッガーダーのそれといかにかけ離れていたかを、次の例はわかりやすく説明している。ゲネーシス・ラッバーⅫの6にラビ・ベラキヤが次のように言ったと報告されている。「すべての物は十全な存在で（つまり完璧な状態で）創造されたのだが、アダムの罪によってぶち壊されてしまい、メシアが来たときにようやく完全なかたちで再建される。」ラビ・ベラキヤは完全性の全般的修復を救世主の到来とはっきり結びつけている。ルーリア以前の時代のパレスチナかエジプトでさる有力なカバリストによって書かれたテクストではそれと正反対のことがいわれている。メイール・イブン・ガッバイが魂の移動説を論議するさいにこう書いている。「何もかも汚れた、だから浄化と美化が必要なのだ……なぜなら、不純の精神が世界に広がり、すべての秩序が破壊された……純と不純がいりまじり、罪人が神聖な場所に恥辱をもたらしたからだ……それで浄化と美化が必要とされている。すべてを元の状態で再建するために。甘い物を獲物のようにしっかり握っている辛い物からそれを引き離さねばならない。すべてが完全になるように、辛い物は［呑み込んだ］甘い物を吐き出すだろう。だが、こうしたことが完了しないかぎり、メシア王の到来は不可能である。[58]」この二つのテクストはメシアの機能の理解における深甚な変化をわかりやすく説明している。魂の浄化とティックーンはイブン・ガッバイの理解では超自然的な干渉に基づくユートピア的な出来事ではない。それは世界において遂行される長い浄化プロセスの結果なのである。古いハッガーダーによれば、メシアの到着を待たねばならないテイックーンがいま真っ先に行なわれねばならない。なぜなら、それがなければ「メシア王の到来はありえないからだ」。当然カバリストたちはこの二つの構想のあいだを揺れ動く。イブン・ガッバイは、すべての魂のティックーンを救世主到来の前提と強調したのち、メシアによるあらゆる物の復興について述べる次章をこういう言葉で結んでいる。

そしてこれが世界のティックーンであり、あらゆるものをアダムが罪を犯す以前にあった元の状態に修復することなのである。なぜなら、すべての世界は互いにバランスを保って完全に結ばれていたし、大いなる名（すなわち神）はそのすばらしいシェキーナーと完全に一体化していたからだ。だがアダムの罪によって、この統一が壊れ、建物は破壊され、世界はめちゃめちゃになった。その結果、内奥の物が裏返され、外側の物［ケリポース］が内部に侵入した。人類はさらなる罪を犯し、綺麗な草花を踏みにじり、神聖な統一をずたずたに引き裂いた……しかし、メシア王のお出ましによって、すべての物はふたたび組み合わされる……なぜなら、隔て［あらゆる物と神との一体化を］妨げるカーテンがひらかれ、創造の目的がそのとき達成されるからだ。(59)

イブン・ガッバイの一見矛盾しているようにみえる言は実際には補完的なのである。カバリストたちはたしかに伝統的なメシア的世界像からそのユートピア的特徴を奪うつもりはなかった。彼らはたんに、この世界はあらかじめ人間によってティックーンが全うされないかぎり存在しえないだろうということを強調したにすぎない。魂の浄化は、決定的な救済の直前にある歴史の最終段階に起きる出来事ではなく、歴史それ自体にともなうプロセスなのである。古いハッガーダーはそういうことは知らなかった。ゆっくりと進行する救いの啓示について語るところでさえ、たとえば有名なラビ・ヒヤの対話のように、言及されているのはどうやら終末論的解決のようであった。「ラビ・ヒヤとラビ・シモン・ベン・ハラフタは日の出どきにアルベラの谷に行き、夜明けの光が差すのを見た。そのときラビ・ヒヤがラビ・シモンに言った。イスラエルの救済はこんなふうだ。ラビ・シモンは答えた。『わたしが暗闇に座しているとき、神はわたしに差す光です』と聖書がいっているのはこのことです。最初それ［救済］は小股でやってきます。それからぱっと差し、しだいに増え、倍になり、ついにはそこらじゅうに広がるのです(60)。」

ルーリアのカバラーはさらにその上を行った。メシアはそもそも「選び」と浄化と元の状態への光の復帰がすべて終ったあとでないと来れなかった。メシアの到来はイスラエルがその使命を果たしたしるしである。このしるしは「涙の谷(61)」を横切り、「諸国民のあいだを通り抜ける途中で、刺のなかに散らされた敬虔な魂の薔薇を拾い集めた」。タルムードには、メシアの時代には改宗者たちは受け入れられないといわれている。ハイーム・ヴィタールの説明によれば、改宗者はいないだろう、なぜなら異教徒のなかには敬虔な魂は残っていないのだし、定義上メシアは聖性の最後の火花が彼らから抜き取られてからでなければ来ないのだから。以上でルーリアの真の意図は明らかだ。もっとも、ルーリアの文学は別のもっと穏やかな表現も用意している。「なぜなら、［容器の破損のさいに死んだ］王たちはメシアの日々が始まったときようやく最終的に選ばれるからだ。なぜなら、そのときにこそ彼らは完全に清められ、ごみ屑がみな消えるだろうから。彼らのなかの善きものが、時の経過とともに毎日少しずつ選り出される聖性とひとつになる。その選出はメシアの到来でもって完成するだろう(62)」メシアの時代には容器の破損とともに始まったプロセスが完成するだろう。このプロセスは途切れなく続く。救済の到来は必ずしもそれがまえもって完成していることに基づくわけではないが。とにかくたしかにいえることは、カバラーのテクストはおしなべて追放中にイスラエルに課された救済の任務を強調していることである。メシアの王はただイスラエル自身がその「救済の仕事」によって書いた自由の手紙にあとから封印を押すだけである。

ルーリアの体系は、ティックーンが最終段階に達し、救いがすぐ間近に迫っているという前提のもとに完成した。この想定は最初のアダムのからだの修復がえがかれる形象世界に現われている。アダムの手足から落ちてアダム・ベリアルの四肢と混ざったすべての光はすでにアダムのからだの然るべき箇所に復元され、ティックーンはすでにベリアルのアダムの踵まで進行していた。残る問題は最後の火花の抽出だけだったが、任務のこの部分がいちばん難しいことがわかった。踵の火花と厳しい裁きの要素、つまり潜在的な悪の根との混合が非常に強かったので、これらの火花の天上の根を回復するにはとくべつな努力が必要だった。踵から出る火花という魂の独特な性質は、現時代が無恥にあふれているわけも説明している。「メシアの到来まえは無恥がふえる」というタルムードの言葉はメシアの到来まえにティックーンしておかねばならないこの踵をさすものと解釈された。ティックーンの最終段階はしたがって、最も困難な段階である。これについてはルーリアの著作は黙示録的ハッガーダーの破局的特徴を保持している。だが、最後まで残った「混乱の世界」とケリパーの魂でおおむね成り立っているこの世代にも、「ティックーンの世界」のすぐれた魂がわずかながら降りてきている。この最後の世代が終りに遭遇する迫害の苦しみに耐えぬくのを支えるために。それらはティックーンの報せをもたらし、新しいカバラーに含まれた神の秘義を啓示した。

この物事の秩序において、すべてとはいわないまでも多くのことが敬虔な神秘家たちに依存している。彼らだけが正しい「志向」と瞑想を知っており、したがってもっぱら帰依の行いで非常にたくさんの聖性の火花を拾い上げることができるのである。「わたしたちに全き信仰心と贖罪の意志があるならば、わたしたちはすべての善良な魂を一瞬のうちにケリパーから解放することができるだろうし、さすればメシアはただちに現われるだろう。」[63] しかし、わたしたちはふさわしい人間でなくても、少なくとも祈りのあいだの神秘的瞑想のルールを知っている。なぜなら精神的世界の位置はたえず変わり、そのため毎時間にふさわしい神秘的「志向」があるからだ。すべからく神秘的「志向」ないしカッヴァーナは光を然るべき天上の形態に導き、壊れた容器から火花を取り上げる。同様に、どんな宗教的要請も内的意味の全き世界を含んでいる。だが、儀式行為や祈禱のこうした神秘的再解釈にもかかわらず、伝統的な宗教的実践はサーフェードのカバリストたちのティックーンの贖い行為への強い欲求を満足させなかった。それで彼らは、心の赴くままに、新しい儀式や慣習をつけ加えた。伝統的な実践、とりわけ典礼暦には拡張や創作の余地が十分にあった。カバリストたちは毎日特殊な個人的な秘義を見つけ、それに適当な儀式や礼拝を捧げた。新しいカバラー、とくにそのルーリア版が離散《ディアスポラ》を征服したとき、それは同時に典礼や祈禱において多くの改良を行なった。そのなかにはミサ執行もあれば、贖罪や哀悼の勤行もあり、完全な典礼もあれば、取るに足らぬ性癖にすぎないものもあった。しかし、すべてに或るメシア的緊張がそなわっていて、それは必然的にそれ固有の象徴をつくり出した。サーフェードでは安息日は新たな性格をおびた。そしてそこのカバリストたちは、毎回新月に先立って行なわれる小贖罪の日とか、新規の嘆きの時間とか、規則的な真夜中の祈りなどを考え出した。[64]

　新しいカバラーはユダヤ精神を征服したが、それは偉大な思索家たちの思弁的著作によるばかりではなかった。いわゆるルーリア派の著作、たとえばヴィタールの（多くのいろいろな版の）『生命の樹』、イスラエル・ザールークやメナヘム・アザリヤ・ファーノの作品などは、明らかに印刷に付されるずっとまえから丹念に複写され、研究された。だが、これらの理論的体系的著作とともに、サーフェードからさらに少なからず影響力をもった文学が広まり、人心をとりこにした。敬虔な信心会の禁欲的道徳主義的著作、たとえばエリヤ・デ・ヴィーダスの『知恵の始まり』、エリエーゼル・アジクリの『帰依の書』、モーセス・イブン・マキールの『日課』のような実践の手引き、である。禁欲的な帰依への増大する熱狂は二重の源泉から流れ出ていた。なぜなら、この熱心な信仰心は救いの前夜に生きる者たちにとってふさわしい態度であったばかりか、それに内在する神秘的な力によって、それは伝統的にメシアの時代の「産みの苦しみ」として知られる、つらい過渡期も縮めることができたからである。悪の勢力にたいする戦争、神とそのシェキーナーとの敬虔な合一の神秘的促進、そして苦い追放の杯を最後の一滴まで味わう禁欲的な行——これらすべてが「終末」を早めるカバリストたちの戦いにおいて武器となったのである。あるタルムードの言葉[65]によれば、ダビデの子は「どこまでも罪深いか、あくまでも正しい」世代にのみ現われるだろうという。サーフェードのカバリストたちは、メシアが罪深い世代のひとつに現われるだろうなどという考えは一瞬たりとも抱かなかった。そのかわり彼らは、自分たちの世代を完全に正しいものにしようと努力したのである。

魂の移動説がカバリストの宣伝によってかちえた大きな人気は、疑いなくあの時代のきわめて深い感情をなにがしか反映している。魂が自然の四つの王国を渡ることは、いまや魂の追放としても肉体の追放としても現われる追放に、死との戦いという色合いを追加した。実際に、トーラーでさえ追放をこうむる。「神殿が破壊され、トーラーが燃やされた日から、その秘義や秘密が悪魔にさらされた。これはトーラーの追放といわれる[66]。」これは暗にキリスト教の聖書解釈をさしているのかもしれない。

特徴的な終末論的緊張をもつこの体系のきわめて驚くべきメルクマールは、メシア像が曖昧な点である。ルーリアのカバラーは救済思想に基づいている。それは、救済された宇宙の第一に神秘的な現実が最終的には外的現実に移され、明らかになるだろう、と期待している。しかし、このプロセスで演じるメシアの役割は希薄で曖昧である。高度に発展した確固たるメシア伝統がなかったら、カバリストはおそらくメシアをすっかり放棄していたであろう。何かテーマが心にかかっているときにはっきり現われる彼らの独創的な想像力がメシアにかんしてはまったく欠けている。概してメシアが言及されるときは、伝統的なテクストの標準的な、いささか使い古された言い回しがなされる。昔からメシアのものとされた救済の任務の多くが歴史的国家としてのイスラエルに委ねられたことによって、黙示録文学に示されたようなメシアのとくべつな個人的特徴がなくなった。他方、カバリストたちはメシア的苦悩とそれに続く救済の伝統的な描写はあらかたそのままにしておいた。こうしてカバラーの終末論には二つの流れが並行して存在した。神秘主義的再解釈の坩堝のなかでいまだ改変されていない黙示録的伝統と、新しいカバラー的ティックーン観とである。この二つの流れはそれなりに、異なった社会環境で、サバタイ主義運動に貢献した。大衆はその後も旧来の黙示録的伝説の考えに固執した。そのことは出来事の進展にも、彼らが進めたメシア思想の宣伝の仕方にも表われている。それにひきかえ、精神的エリートは、すべてをティックーン説の意味で解釈し、それによって結局彼らの終末論から大衆的要素をことごとく消し去る傾向を示した。

この二つの流れはルーリアの文学でははっきり区別されている。実際、具体的な歴史的苦悩とメシア時代の「産みの苦しみ」についてはあまり語られないし、メシアという人間のこととなるとなおさらである。このつながりで、メシアの自己認識の問題を提起したヴィタールの見解はとくに興味深い。この問題はのちにサバタイ主義の思考で、以前のキリスト教においてもすでにそうだったが、格別の重要性をおびた。

メシアは男と女から生まれた義しいひとであるだろう。そして日々の終りまで正義のなかで成長するだろう。彼は聖なるネフェシュとルーアハとネシャーマーを習得するだろう。それから、終りと定まっている日に、これまで楽園にしまわれていた彼のネシャーマーのネシャーマー［イェヒダーと呼ばれる最高の魂－光］がこの義しいひとにあたえられ、そして彼は救世主になるだろう……これが「彼はガリレアで目覚めるだろう」という（ゾーハルの）文の意味である。それまで眠っていたかのように、彼はネシャーマーのネシャーマーが流れ込むと同時に目を覚ますだろう。彼はさらに預言の力をあたえられ、眠りから起き上がり……そしてそのときメシアであることをさとるだろう。彼のメシア魂はそれまで［彼に］知られていなかったが、いま［彼に］明かされる。しかし、ほかの者たちは彼のことを識らないだろう……モーセが生きたまま天へ昇り、一四日間そこにとどまったように、このメシアも、自分だけは知っていてもほかの者たちには知られぬまま……「そしてモーセは雲のなかにはいった」［と聖書にいわれているモーセの］ように身を隠しているだろう。それから彼はモーセが天に昇ったように、天へ引き上げられ、しかるのちメシアが完全に姿を顕わし、全イスラエルが彼を識り、彼のもとに集まるだろう。[67]

この示唆深い部分で、ヴィタールはメシアの自己認識をヨセフ家出身のメシアという問題とは結びつけていない。ルーリアの弟子たちはおそらくルーリアという人間にかんする彼らのメシア的解釈のためであろうか、この問題にはほとんど触れていない。ゾーハルのラーヤ・メヘムナーの章で二人の――ダビデ家出身とヨセフ家出身の――メシアの魂について、彼らの魂と時代の終りにおける彼らの定めの根について神秘的な考えが述べられる。しかし、これらの考えは秘密に包まれており、そのためこうだとはっきり規定しにくい――二人のメシアがモーセとなんらかの関係があって、彼といっしょに最後の世代に現われるだろうという主たるモチーフ以外は。

同じ関連で、『ラーヤ・メヘムナー』はイザヤ書五三にも短く言及している。タナイートの時代には「苦悩する下僕」はときにメシアを指すものと解釈されたが、のちのハッガーディストも中世の注釈者も別の解釈を好んでした。苦悩する下僕をキリストと同一視したキリスト教の聖書釈義の表現をやわらげるために、それはモーセか、それともイスラエルか信仰者の姿と解釈されたのである。ユダヤ人とキリスト教徒の論争のさい、ユダヤ人発言者はつねに、この箇所はメシアにかかわるものだと反駁した。こうした釈義政策とは異なり、のちのミドラーシムの多くは、とりわけペシクター・ラッバティの印象深い終末論の章は、下僕にかんする章をメシア的に理解するタナイート派の伝統を守った。ポルトガルのマラノ、サロモン・モルコはこの伝統に新たな刺激をあたえた。ユダヤ人のスペイン追放からおよそ三〇年後に執筆活動をしたモルコは著作のなかで、ヨブに一種のメシアを見る伝統的なキリスト教的予型論を採用した。彼の聖書聖訓『メシアとヨブについて』では、本質的には反キリスト教的な、論争的な言い回しながら、イザヤ書五三は無条件でメシアを指すものと解釈される。サーフェードのカバリストたちは下僕の章のメシア的解釈は採らなかった[68]。ハイーム・ヴィタールは依然として、イザヤ書五三はモーセか義人一般にかかわるものと説明している。ところが、ヴィタールの師のひとりモーセス・アルシェイクは多くのひとに読まれた預言者にかんする注釈『マルオース・ハ゠ツォベオース』(見る鏡)でこの章のメシア的解釈を広めた。

実際にはヴィタールもときどき、苦悩する下僕の姿のメシア的解釈を利用し、それを彼の師イサアク・ルーリアと結びつけた。ヴィタールの最後の弟子のひとり[69]、アレッポのハイーム・ハ゠コーヘンはイザヤ書五三のメシア的意味を拡大し、「病気と親しい苦しみの男」という表現にこんな注釈を付している。「わたしはわたしの師である誉れ高い神のカバリスト［ラビ・ハイーム・ヴィタール］からこの解釈を受け取った。イスラエルの救い主は二つのしるしでわかるだろう。彼は病気と親しい苦しみの男であるだろう。〈苦しみの男〉とは、いつも苦しんでいるということ、いつもたえず一定の病気を患っているということを意味している。これが〈病気と親しい〉［の意味］であり、彼［ヴィタール］の誉れ高い師イサアク・ルーリアがそうであった。[70]」メシアが慢性的な病気を患っているという考えはのちのサバタイ主義の発展を判断するうえでことのほか興味深い。ヴィタールは師ルーリアのメシア的性格を確信していた。他のカバリストと同様彼も一五七五年を定まった日付として「終末」と思っていたようだ。時代がそれにふさわしかったら、ルーリアは疑いなくその年にメシアとして顕現しただろう。だが、時代はふさわしくないことがわかったので、「聖なる契約の櫃は隠さ」れ、ルーリアは救済に定められた年の三年まえに、男盛りの年齢でなくなった。あとになって、弟子たちは彼がヨセフ家のメシアであったことに気づいた。ヴィタールはこう報告している。「わたしたちが一度シェマヤとアブタリヨンの墓に詣でたとき[71]、師はわたしたちに熱心に幾度も、『そして貴方の下僕ダビデの玉座』という［一八の祈りの］文句を朗唱するよう請われた。それはとくにヨセフ家のメシアが存命で死なないようにするためであった……当時わたしたちは彼の言葉を理解しなかった。しかし神は隠れた事情をご存じである。彼の最期は彼のスタートによって説明されていた。わたしの尊師はわたしたちが犯した数多くの罪のために亡くなったからである[72]。」

すべての著者が勝利の英雄ダビデ家のメシアと戦いに倒れた英雄ヨセフ家のメシアを綿密に区別するわけではない。メシアの苦悩についてのハッガーディストの言説や文書による示唆はさまざまに評価できたが、真に意図するところはなんであったのかについては意見が一致しなかった。タルムードに含まれているメシア的ハッガーダー（B. Sanhedrin 97–98）はヨセフ家のメシアには触れていない。「君主ラビ・ユダ家の癩病者」というメシアの描写（B. Sanhedrin 98b）やローマの城門の前に座すメシアをえがく伝説は、明らかにダビデ家のメシアを指している。キリスト教とは違い、ユダヤ教はメシア像をつくるのに人間メシアの具体的な経験を引合いに出すことはできなかった。それゆえ、その像は曖昧な、漠然としたものにとどまった。サバタイ・ツヴィがヴィタールの定義にぴったり一致したのは歴史の奇妙な偶然のひとつである。

神は王ヒゼキヤを救世主になさろうとされた、というタルムードの証言はカバリストたちにとって、神はどの世代においてもメシアの魂の火花をこの世に送られたということを意味した。その光が負っている任務は「人びとに贖罪の意志があれば［イスラエルを］救済すること、あるいは［ハドリアヌスの］大迫害の世代のように悪い時代にある世を守ること、そのほか、追放の時代にある世をトーラーによって明るくすることである」[73]。サバタイ・ツヴィの時代に多く読まれた書にはこう書かれている。「この国に安息日が示されたからには[74]、神はイスラエルが悔いて、救われるのを待っておられる。どの世代にも神は完全で正しい、モーセのようにふさわしい人間をつくられる。その者には、世代もそれにふさわしければ、シェキーナーが宿る……彼はイスラエルを救うだろう。しかし、すべては魂の移動と魂の浄化にかかっている。魂の創造を遅らせるか早めるか、それは神の手中にある。これが『最初のアダムのグフ［「からだ」］また は「形態」］に含まれているすべての魂がなくならぬうちはダビデの息子は来ないだろう』という［タルムードの言葉に表現されている］秘密である。この日になるまでわたしたちは神を待つ……神が彼［メシア］をふたたび創造し、わたしたちの目をトーラーで明るく照らし、イスラエルの国をイスマエルの手から奪ってくださるように[75]。」ルーリアの弟子たちは『ティックーネ・ゾーハル』のなかにも次のような示唆を見つけた。「ヨセフ家のメシアはいつの世代にも新しく生まれるだろう。同じ世代に正しい人間がいて、「その功績によって」メシアを死から救えるなら「万事よし」。だが、メシアを救う者がいなければ、メシアは死なざるをえない[76]。しかし、毎世代こうむる度重なる死によって、メシアは自分自身の罪を償うので、卑劣なアルミルスの手にかかって死なずともよく、毎回神の接吻を受けて死ぬことが許される[77]。」

　メシアの魂の火花は全世代を通じていつも何人かの正しい、すなわち「メシア的な」人間のなかに存在しているという考えは、しばしばサーフェードのカバリストたちの著作に現われる。魂の最高の部分イェヒダーは世の中一般のティックーンがなしとげられてこそ来るのであって、魂の移動によって到達できるものではない、という点ではみなの意見が一致している。実際に、いつの日かそこへ到達するのは真のメシア以外にいない[78]。他方、サーフェードの学派は初期のスペインのカバリストに由来するモーセス・デ・レオン以来の伝統を守っていた。それによれば、メシアはアダムとダビデ王の転生である。ヘブライ語の「アダム ADaM」をかたちづくる三つの子音は、アダム Adam とダビデ David とメシア Messias の頭文字をとった沓冠体《くつかぶり》〔各行の頭字または各節の頭語を集めると特別な意味をもつ語や語句になる詩形〕と読むことができる。『バーヒール』の著者のような最古のカバリストたちは、メシアは魂の移動に影響されない、メシアの魂は下降するとまったく新しいものになるのだ、と信じていた。ルーリアの体系は二つの相反する伝統を結びつけた。メシアの、あるいはばあいによってはメシアの魂の根から発する火花のネフェシュとルーアハとネシャーマーは魂の移動をまぬがれず、族長や他の聖人の魂と同様にケリパーから救い出されねばならなかった。しかし、メシアの魂の、メシアをメシアたらしめる最も高い部分イェヒダーは、世の中一般のティックーンが成就して初めて彼に授けられる。そのときイェヒダーは「天の輝き」のなかから、すなわちアダムの堕落に加担せず、堕罪まえに彼のもとを離れて天上の、アツィールースの圏内にある源へ昇っていった魂たちの国から、彼の上に降り注ぐだろう。

ここで触れておかねばなるまいが、メシアにだって少しは「悪い面」が付着するのは避けられないという考えは、正統的カバラーにまったくなじまぬものではなかった。このことはモーセス・デ・レオンのすぐれた弟子であるラビ・モーセス・ガランテ（一五八〇年頃）によって証明されている。「周知のように、わたしたちは自分の行い全般において一部を悪の力ケリパーに渡している。そうすることによって［天の裁きのさいに］告発されるのを防ごうとしているのだ……だから、彼のなかにケリパーの力がいくらかあるに違いない。なぜなら、ケリパーの諸力は、この事［メシアの救済］のなかに自分自身の力がはたらいているとわかれば、告発者としてしゃしゃり出はしないからだ。［この秘義を］心得ておきなさい。[79]」

これまでルーリアのメシア観の特徴をいくつか述べてきた。ここで、メシアの時代の苦しみまたは「産みの陣痛」のこれまでにない新しい考え方と思われるものに目を転じてみよう。このテーマにかんする伝統的な考えの確固としたもとがサーフェードにあることは言を俟たない。モーセス・コルドヴェロはこう書いている。「イスラエルの苦しみは極度に高まり、彼ら［イスラエルの民］は切羽詰まって、山に向かいて『われらに覆いかぶされ』といい、丘に向かいて『われらの上に落ちよ』という……そのわけはこうだ、シェキーナーは自分の家［イスラエル］を裁き、救済のためにその不純物を取り除くだろう……そして、かたくなな態度を崩さず後悔せぬ者は破滅するだろう。だが、悔いの軛にこうべを垂れ、あらゆる苦しみを喜んでになう者は浄められ、ふさわしい者とみなされるだろう……［イスラエルは］浄化を次つぎに果たし、混じりけのない純粋な銀［のよう］になるだろう。この浄化は裁きのこのうえない厳格さでもって遂行される。[80]」しかし、ヴィタールの描写はもっと細かくて、メシア到来の試練と苦しみを経なくてはならぬ者たちとそうする必要のない者たちとをはっきり区別している。カバリストたちは第二の範疇にはいるという。

善い行いの秘義で身を飾り、掟の遂行に努め、澄んだ穢れない心で秘義の流儀にのっとって［つまり神秘的なやり方で］祈った人たちは疑いなく生命の樹の輝きにあずかるだろう。それというのも、その者たちはアツィールースの魂の側にいたからで、彼らは救済の時代に試されることはない。なぜなら、試練はもっぱら善悪の認識の樹の側からトーラーを解釈する秘法にかかわった者たちだけのためにあるからである。なぜなら、彼らの魂は「悪人が徘徊する」［すなわちケリパーの力に囲まれている］ベリーアーとイェツィーラーとアジーヤーの側から出たものだからである。彼らは善を奉ずる者か悪に与する者かを示すために、試されねばならない。だが、生命の樹の側にいる者たち［すなわちカバリストたち］は……通常の罪人たちとは違い、追放の試練に苦しむことはないだろう。(81)

メシア到来の苦悩と苦難はまったく文字どおりに理解さるべきものであるが、宗教を字義どおりにではなく、霊的に理解するカバリストは文字どおりのメシア的苦悩をまぬがれる。カバリストは黙示録の大惨事を超越しているという考えは、カバリストの優越感を示す雄弁な証であり、この感情がカバラーの教義を宣伝するさいに有力な要因としてはたらいたことは疑いない。

この優越感をサーフェードのカバリストたちはルーリアの出現まえにはぐくんでいた。実際、こういうものは聖者や霊感を受けた法悦者の仲間内でも期待される。宗教史にはこれに類したものがたくさんある。この優越の姿勢の極端な表われが、貧しく控えめながら精神高邁なカバリスト、ラビ・ソロモン・トゥリエルの著作に見られた。彼の『救済にかんする聖書聖訓』(82)はおおよそ一五六〇年から一五七〇年のあいだにおそらくサーフェードで書かれたものだろう。ソロモン・トゥリエルはラーヤ・メヘムナーで生命の樹と認識の樹について若干発言しており、メシアはもっぱら、善悪の認識の樹とかかわった者たち、すなわち解釈者、律法の法典の大家、タルムーディストを支配するだろう、と説明した。メシアは彼らに「穏やかに、驢馬に乗って」現われるだろう。生命の樹にしたがって、つまり肉体的にではなく、霊的に律法に没頭したカバリストたちのばあいは違っていた。彼らは神秘的な行によって二本の樹を統一しており、そのためメシアなどはまったく必要としなかった。彼らは楽園に住むだろう。「そして彼らのメシアはモーセであるだろう。」ダビデの子ではない。彼らは優越しているのだから服従することはないのだ。さらに、時代（トゥリエルの見解によれば彼自身の時代）の終りに聖地に住んでカバラーを学ぶ者たちは特別高い地位に引き上げられ、律法を神の口からじかに聞くだろう。先生から話を聞く「学校の子供たちのように」。非ユダヤ人によるイスラエルの征服以外に現在の時代と「未来の世」のあいだに違いはないというタルムードの言葉が関係した相手はもっぱら字義どおりの解釈者であった。彼らはただ他民族による征服をメシアによる征服と取り換えるだけであろうが、霊的エリートはまったく異なった存在領域へ移されるであろう。

わたしたちはすでに折りに触れて、一六世紀に併存した終末論の二つの形式、神秘主義的形式と黙示録的形式について語った。サーフェードのカバリストたちは二つの見解が衝突する可能性は認めなかった。彼らは救済の外的形式よりもその霊的な面のほうを好んだ。といっても、彼らは前者を省いてしまうのではなく、それを霊的な変換プロセスの象徴と解釈した。象徴と象徴化された現実のあいだに深い溝ができるかもしれないとは考えもしなかった。カバリストたちが彼らのメシア思想の引力の中心を外界から内的霊的領域へ移し替えたとき、自分が何をしているのか、まだ考えてもいなかった。自分たちが深い宇宙的変化の外的象徴と考えたイスラエルの国民的救済は必然的に自分たちにとって特別関心の深いあの神秘的なプロセスにしたがうものと彼らは考えた。説教学的解釈と寓意的解釈の世界には不適合性も矛盾もない。

ある古いラビの諺によれば「文字は七〇の顔」をもっている、つまり種々の、どれも一様に有効な観点と解釈があるのである。宗教的象徴の文字どおりの意味と神秘的な意味とのあいだを区別することは、神秘的象徴表現の粉飾で根本的に新しい概念が形成されたという事実を隠蔽してしまった。メシア思想が歴史的経験の坩堝で検証されていなかったあいだは、さまざまな概念が併存し、終末論の宣伝はそのすべてを利用することができた。だが、試練の時に弁証法的矛盾が明らかになった。サバタイの出現まで、いやそれどころか彼の棄教までこの逆説は知られぬままだった。大衆の政治的メシア思想とカバリストの神秘主義的メシア思想とはひと組みの理念複合体をなしているように思われた。二つの潮流が相次いで現われたサバタイ主義運動の内部ですら初めはなんら問題ないように見えた。政治的メシア思想が当然のごとく先頭に立ち、やがて歴史的挫折と失望によりしだいに純粋に神秘主義的なメシア思想という新しい解釈にとってかわられたのである。

サーフェードにみなぎっていたメシア的雰囲気はルーリアのカバラーに最も適切な体系的表現を見出した。だがほかにも、独自のやり方で魂と火花の移動説を終末論的思弁と結びつけた、少なからず極端なメシア精神の表現形式があった。一五五二―五三年頃にサーフェードのカバリストサークルの一員とみられる、ある匿名の作家によって書かれたその種のテクストが一例とみなせるかもしれない。いくつかの写本では、また同様に印刷された抜粋版でも、著者はアブラハム・ハ゠レーヴィ・ベルキームだとされている。このひとはサーフェードの聖者仲間のひとりで、その禁欲行や勤行に根本的な影響を及ぼしたひとである。(83) 彼が著者であるかどうかはいまだに不確かで、この浩瀚な書物にはコルドヴェロの、いわんやルーリアのカバラーの痕跡は認められない。しかし、『ガリー・ラーザーヤー』(啓示された秘義)が一七世紀始めとサバタイ主義運動勃発まえの年には広く流布していたことは確かだとわかっている。それの抜粋が多くのカバラーのアンソロジーに現われ、カバリストの説教に話題を提供した。[84]

著者はひとつの問題をいろいろなかたちで論じており、ことのほかそれに魅力を感じたようだ。なぜ多くの聖書のヒーロー――イスラエルの理想的な聖人――たちは「異国の女」を愛し、厳格にいえば禁ぜられている契りを結んだのか。ユダとタマル、ヨセフとポテペラの女、モーセとツィポラ、サムソンとデリラ、ボアズとルツ、ヨシュアとラハブ（ラビの伝説ではヨシュアと結婚した）等々のケースは、イスラエルの聖人ヒーローたちと「反対側」（これには説明を要する）とのあいだに秘密の関係を推測させる。ここに著者が発見する秘密――いうなればカバラーの心理分析の非常に特異な部分――がある。「異教徒に復讐をするために、神が王やヒーローを目覚めさせようとするとき、聖書が実現されるためにはどうしても異教民族とユダヤの王とのあいだに一種の関係みたいなものが生まれざるをえない。『あなたをこわす者とあなたを荒らした者はあなたから出ていく』（イザヤ書四九、一七）……なぜなら、イスラエルの敵を倒すために生まれた者はある程度〈左側〉と親交をもたねばならないからだ。[85]」この原理は世界の自然の付随物である。宇宙全体に男の世界と女の世界の二分法がある。ティックーンのプロセスはそれを再統一しようとする。女性的なものは「反対側」によって支配されている。この状況が宇宙の経済に広範な影響を及ぼしている。その影響は宇宙の法則のひとつだからである。すなわち、「〈純粋な側〉の子孫たちはみな女を通じて〈不純な側〉に一部属している……」「……女はすべて〈左側〉に属している[86]」。そして「左側」は周知のようにケリパーの源である。この法則は、ケリパーの呪縛に陥り、浄化されねばならない追放されたシェキーナーから、浄化の因果律にしたがって移動する人間の魂まで、あらゆる次元にはたらいている。このプロセスのなかで「異国の女たち」、敬虔な異教徒の娘たちは重要なはたらきをする。なぜなら、彼女たちはイスラエルの大いなる魂と「反対側」のあいだをつなぐ、なくてはならぬ接点となるからである。著者はこう説明する。[87]「二、三の女とイスラエルのヒーローや聖人のあいだで婚姻を結ぶことが〈反対側〉に許されていることをしかと知りなさい。これらの女たちの魂は敬虔な非ユダヤ人から降りて、それによって敬虔な非ユダヤ人は未来の世界に参与する。なぜなら、（このようにして）彼らはイスラエルと交わるからである。したがって、もし〈反対側〉がイスラエルの宗教を破壊してイスラエルを抑圧すべく己れの不純な軍勢をさしむけるなら、異教の神の娘（異教徒の女）を通じて〈不純な側〉と接触をもっているイスラエルの王ないし英雄はそれに立ち向かわねばならない。」その結果、ユダヤ国内の歴史はイスラエルのヒーローを「反対側」に結びつけている隠れた絆の性質にしたがって展開する。これらの絆は全部がネガティヴというわけではない。主人公の置かれた状況が出生か（モアブ女のルツの子孫であるダビデのばあいのように）それとも結婚によって生じた基本的な両義牲を特徴としないような重要な行動はなされない。サバタイ主義運動の一〇〇年以上もまえに、のちのサバタイ主義者のいくつかの教えと驚くほどの類似性を示している、神秘主義的心理学に基づいた歴史哲学が見出される。『ガッリ・ラーザーヤー』がサバタイ主義の思弁の直接の出所ではないことを考えれば、この類似性はいっそう驚きである。両体系の相違ははっきり看て取れる。ティックーンの説とケリパーから火花を取り上げるという説は非常に大胆であるけれども、この著者はそれをメシア到来のための積極的な準備とは結びつけない。彼は非常に慎重で、過去を説明するのに成功した理論を未来にあてはめようとはしない。こうして彼は「反対側」との不必要に緊密な広範囲に及ぶ関係からメシアを救ったのである。

にもかかわらず、この著者は「異教の神々の娘たち」の魂を拾い上げるというイデーを「神聖なる欺き」というおなじみのモチーフと結びつける。この考えはかたちをかえてルーリア文学にも見られる。このモチーフはルーリア文学を通じてサバタイ主義の思考にかなりの影響を及ぼしたのである。「反対側」

の君主サマエルは聖性が「左側」の女性原理に近いことを知っている。サマエルはまた、とりこにしているいくつかの女性の魂をこの世に送る許しを天に請う権利が自分にあることも知っている。それゆえ、彼は大きな魂がまだ生まれていない指導者イスラエルのもとへ降りていこうとしていることを聞くや、自分の権利を要求する。天から許しをもらうと、サマエルは暗闇の「外的［どこまでも邪悪な］力」に不純な魂を送ってイスラエルの指導者を誘惑し、その使命を失敗させようとする。しかし最後の瞬間に暗闇の「内なる［本質的には神聖な］力」からひとつの魂が、つまり敬虔な異教徒の魂のひとつが不純な魂にかわって生じ、新生児のなかへはいる。サマエルは自分の勝ちと勘違いして喜び、この交代のことは何も知らないが、これは実際は浄化作用を助けるのである。ティックーンは聖性の女性的な面を「反対側」の呪縛から解放してこそ可能になるからである。

ルーリアの体系も似たような考えをもっているが、「反対側」への墜落を女性のことばかりに限らない。種々様々な根から出たあらゆる種類の敬虔な魂は、完全に義しい聖人の火花も含めて、ケリパーに落ちる。するとケリパーはそれをしっかり捕えて、ティックーンの神の掟にしたがって、おいそれとは手放さない。魂が敬虔であればあるほど、それを「反対側」の手からもぎ取ることは難しい。敬虔な魂が生まれるには、目に見える欠陥か隠れた欠陥があるふりをしなくてはならない。「ときおり、地位の高い崇高な魂がケリポースの深みにとどまることがあり、とくべつな功績でもないかぎりそこを出られない……ときどきケリポースは、人間がこの世で罪を犯すと、その人間を破壊したり惑わせたりしようとする。すると彼らはケリポースの深い沼に沈んでいた魂をその人間自身の根からその人間の上へ引き降ろす。彼らはこの魂を［ケリポースから］取り出して、罪を犯した人間のなかへ送り込むのである。そのためその人間はさらに多くの罪を犯す。しかし彼らが罪人の上に下らせたこの魂は往々にして偉大な魂である……が、「罪人という人間に結びつけられたがゆえに」ケリポースは、この魂は永遠に見捨てられ、二度とふたたび元の「聖なる」状態に戻れない、と思う。しかし神が手助けをし、魂はケリポースを振り捨て、みずからの強さと聖性を示し、あまつさえ人間［つまり、それが結びつけられた罪人］が善に向かうのを助けるのである[88]。」ヴィタールが断言しているところによれば、「もし魂が偉大［神聖］すぎると、悪知恵や策略でも用いないかぎり、ケリパーから救い出すことはできなくなる。」ヴィタールの魂は彼自身の証言によればこのようなものであった。「わたしのばあいにも、悪の諸力はそれ（わたしの魂がこの世に来ること）にたいして反対ではなかった。わたしはもう見捨てられたものと思ったからである。しかし神はわたしを彼らの手から奪われた……彼らはそれ（わたしを自分たちの目的のために利用すること）が自分たちに有利だと考えたが、しかしわたしは彼らの敵になった[89]。」まことに致命的な見込み違いをしたものである。ケリパーは「偉大な魂」がその出生により——ことにその誕生が罪深い合歓によるものなら——悪事や罪業をなし、他の者たちを罪におとしいれるだろうと期待して、行かせる。サマエルは、人間が偉大であればあるほど、誘惑は大きい、という古いタルムードの規則をあてにしているが、この期待は裏切られる。彼が行かせた魂はすべての悪を、魂自身の出生のなかにあるものをすら打ち負かし、ティックーンの偉大な行いをなしとげる。ルーリアはアブラハムのそうでなければショッキングな出生の理由、たとえば彼をみごもったのは月経中の、すなわち不浄の女だったという事実や、あるいはそれとは別のいかがわしい仔細があって宿されたダビデ[90]の出生の理由をこんな具合に説明する。実際、神は彼らが宿ったときに、ケリパーをだまし、彼らを解放させるためにありとあらゆる策略を考えた。このようにして、ヴィタールが心惹かれた神聖なる欺きという概念は始めからサバタイ主義の教義の基礎となったのである。ヴィタールは自分自身を、すでに見たように、潜在的なメシアと考えており、彼の魂がケリパーの深みから上昇するさまを詳しく描写した。彼はそれによってはからずもガザのナータンの教義を人間の魂についての彼のイメージで一杯にしたのである。それと同時に、カバラーの心理学のこうした逆説的なテーゼのなかにあらかじめ非常に現代的な心理分析の考え方が多々形象化されていることに驚かずにはいられない。

ルーリアのメシア思想が救済理念に惹き起こした深甚な変化の概略を手短に述べた。つまるところ、終末論の図式のなかで進化が革命にとってかわったのである。最後にはケリポースが消滅するという新しい理解のなかにはたしかに黙示録的大惨事という伝統的な考えの影響がなお残っていたが、しかしもっと重要なのはとどのつまり、救済への因果関係によって決定している不断の前進という考え方であった。わたしたちは同様に、因果関係に支配されたティックーンのプロセスというルーリアの考え方と『ガリー・ラーザーヤー』の著者の理念とのあいだにある注目すべき類似も見た。ルーリアと彼の同時代人であるプラハのラビ・ユダ・レーヴの見解には少し差異はあるが少なからず興味深い対応が現われている。ラビ・レーヴの思考においてはカバラーと哲学がいりまじっている。両者の上に滔々たる説教師の弁舌が流れている。その冗長さに危うくその深さを見落としてしまうところである。(91) 終末論にかんする彼の著作『ネツァッハ・イスラエル』(イスラエルの名声、一五五九年)ではこの救世主の人物像は救済のテーマの傍らで影が薄く、意味のないものになっている。ラビ・レーヴは広さと深さを兼ね合わせて追放と救済のテーマを中心に神学的体系を立てようと努力している。哲学的前提に基づく彼の体系と本質的にグノーシス的前提をもつルーリアの教義とのあいだには驚くほどの類似性が見られる。

ラビ・レーヴにとっても追放と救済は宇宙的法則の体系に関係している。追放は歴史の自然の秩序を妨げるものであり、すべての妨げは秩序の回復を要求する。「イスラエルの追放とわれわれの神殿の破壊は宇宙の秩序の「道を外れた」例外であり、周知のごとく、宇宙の秩序からの逸脱と例外はすべて一時的なものにすぎない。」さらに彼いわく、「時間は世界に現存すべきものをすべて現在化する。なんとなれば、すべては時間に依存しているからである。そしてすべては時の経過に依存しているのだから、然るべき時に現在となる[92]」。存在の完成とあらゆる事物の最終的実現である救済は、それゆえ日々の終りに行なわれねばならない。世界のすべての完全なものと同様に、救済は実在に先立って非‐在があるというアリストテレスの法則を証明する。実在は「徐々に現存在になる」のであって、突然なるのではない。ラビ・レーヴが歴史の最終目標とみなす救済された世界の統一についても同じことがいえる。メシアが到来するまえに世界は真の統一に達することはできない。なぜなら、そうなると、すべては完成と統一の実現に向かって一歩一歩進展するというあらゆる存在の根本的な法則に反するからである[93]。ラビ・レーヴは、これらの法則に則するなら追放と救済のあいだに直接の連続性はないと推定する。中間段階、すなわちメシア時代の「産みの苦しみ」は、論理的必然性なのである。「メシアが示現するまえに存在は根絶される。なぜなら、すべての新しい存在はそれに先立つ存在の崩壊を意味するからであり、そのときこそ（古いものの崩壊とともに）新しい存在が始まるだろう。」彼はさらに言葉を続ける。「世界には古いものの崩壊があって、いろいろなものを変化させるように見える。古い存在の崩壊によって変化が起こるように、世界には新しいものが生じたのだから違いがあるだろう。崩壊はすべて変化を意味するように、すべての存在は世界の変化である――これがメシアの産みの苦しみと呼ばれるものである……このように新しい現実が現存するようになれば、それはメシアの時代、新しい存在の実現であるだろう――実際、世界は一変するだろう。メシアの産みの苦しみは陣痛が始まっている女性と同じように起きるだろう。新しい存在と新しい被造物が世に生まれ出るのだから[94]。」ここには救済の悲惨な性格もまだ残っているが、それはもはや上からの摩訶不思議な介入によるものではない。終末の大惨事は真の完全性をめざす、自然に根ざした発展の法則に十分基づいたことなのである。この点で、ラビ・レーヴの見解とルーリアのカバラーの同様の考え方のあいだには非常に大きな類似性がある。

VI　一六六五年までのルーリアのカバラーの伝播

これまでの分析で、サバタイ主義の運動の時代に地理的境界と階級の枠を越えてイスラエル全体に広がったなんらかの宗教的民族的要因があったかどうかという出発点の問題にある程度答えられた。わたしたちは経済的地方的要因を、その影響力は限られていたものの、等閑視するわけにはいかない。問題の時代に、ポーランドのような重要な中心地において、二、三のユダヤ人グループの経済的繁栄へのめざましい向上とユダヤ人大衆の貧困化とが重なった。概してこうした展開がユダヤ人の根本的な不安定感を強めた。不確かという感情が広がり、深く根づいていた。少なくともこの点では富者も貧者も経験するところは異ならなかった。それどころか、ユダヤ人共同社会の裕福な成員たちは、強請、支配者たちの勝手気儘な、思いもよらぬ金銭的要求、経済的変動、政治的出来事の好ましからざる影響など、およそ考えられるあらゆる不幸にさらされていた。一七世紀はその点でこれまでの世紀と比べ、なんら進歩していなかった。スミルナやシラスの裕福なユダヤ人の心配憂慮はヴェネツィアやリヴォフやアムステルダムの同胞たちのそれと本質的に異ならなかった。こうした根本的な不安定さによって、いろいろな離散共同社会の社会心理学に重要な相違はなかった。ユダヤ人世界全体で当時の終末論的気分が表われている著作が注意深く読まれたのは怪しむに足りない。

この社会学的心理学的文脈で、サーフェードの宗教的革新、とくにルーリアのカバラーは、その主唱者の宗教的意識をはるかに超えたイデオロギー的はたらきをなした。その幻想の深さは広範囲に及ぶ公衆の欲求と問題を衝いていたようだ。ルーリア主義をそれ単独に切り離してひとつの活発な歴史的要因として論ずるのはたしかに重大な誤りであろう。しかし、ユダヤ人の離散生活の文脈において、カバラーの神秘家のグノーシス神話は大きな原動力をもつ民族神話になりえた。ルーリアの教義がどのようにかたちをかえて大衆に届いたにせよ、それらはすべて同じ結果を生むことに貢献した。ルーリア主義はどこへ行ってもメシア的緊張を生み出し、大なり小なりそれに反応するグループがいたるところにいた。しばしばこれらのグループは、たとえばイタリアやトルコでのように、神をうやまう敬虔な男たちの信心会として組織され、サーフェードから宣伝された断食や勤行を熱狂的に採り入れた。それとは別にこれらのグループがむしろ緩やかに、組織的な枠なしに結ばれたところもあった。要するに、ルーリアのメシア思想がそこからユダヤ民族全体に影響を及ぼした重要な中心地は、熱狂的なカバリストの学校ならびに生徒たち、とりわけ民衆説教師たちであった。

多くの説教師は言葉を飾らずにカバラーの福音を告げた。またほかの者たちはルーリア主義の特殊な用語を避けて、むしろ素人にもわかりやすい言葉でその定理を広めた。このグループと、大衆にカバラーの理念を伝えたいという彼らの真摯な願いをよく表わしているのが、プラハのラビ・レーヴの『ゲブロース・アドナーイ』(神の大いなる御業、一五八二年)や、パドヴァのラビ・メナヘム・ベン・モーセス・ラーヴァの『ベース・モーエド』(集いの家、一六〇五年)などの作品である。他方、ラビ・イェザーヤ・ホーロヴィッツは啓示された異教的伝統のあらゆる糸を『二枚の戒律の板』(*Shenei Luchoth ha Berith*, 1620–30、略して SHeLaH)に拾い集め、それらを編み合わせてユダヤ人の生活すべてを包む幅広い織物となした。この浩瀚な作品全体を規定するものは神秘主義的パースペクティヴで、彼が触れるテーマにはどれもカバラーの光があたっている。読者をカバラー流に聖人の生活へいざなおうという目的と同時に、ユダヤ人の学習を理論的に説明しようという目的が混ざり合っている。

初め、ルーリアのカバラーはパレスチナから口伝えや写本でヨーロッパへ伝播した。その後一六三〇年から一六六〇年のあいだに、ルーリアの作品が印刷で刊行される。この時代に印刷された作品にはラビ・イェザーヤ・ホーロヴィッツのSHeLaH、クレタのヨセフ・ソロモン・デル・メディゴの著作『タアルモース・ホクマー』(隠れた知恵)と『ノベロース・ホクマー』(知恵の実)、メナヘム・アザリヤ・ファーノの『ヨナス・エレーム』、クラクフのナータン・シャピラーの『メガレー・アムコース』(深遠な事の啓示者)、ヴィタールの弟子アレッポのハイーム・ハ＝コーヘンが著したカロのラビ法典『シュールハン・アールーク』へのカバラー的注釈、そしてエルサレムのナータン・シャピラーとアブラハム・ヘレラの著作がある(95)。これらの著作はルーリア文学の小さいながら、最も代表的にして最も影響力のあった選集である。これらの著者のなかではフランクフルト・アム・マインのナフタリ・ベン・ヤコブ・バハラハが最も進んでおり、ルーリアの秘義を無制限に明かした。彼の『エメク・ハ＝メレク』(王の谷、あるいはもう少し意訳すれば、王の神秘的深さ、一六四八年)はイスラエル・ザールークの解釈に基づいて、ルーリア体系を完全かつ詳細に叙述しているが、そのさい著者はあらゆる機会をとらえてこの教義のメシア的役割を強調する。

こうした集中的な著作活動が繰り広げられたのは偶然ではない。一七世紀の終り頃、カバリスト、モーセス・プラーガーがこう書いている。

三三三五年［一五七五年］からティックーンの世界から魂が光りだし、流出者(神)が彼［イサアク・

ルーリア」にトーラーの秘義でもって天の源泉と水路をひらく許しをあたえられた。そして彼［ルーリア］はわたしたちに、以前は公教の知識であったものが現在は異教の知識になったことをはっきり語った。ルーリアの弟子たちは三三三五年から三九〇年まで［一五七五―一六三〇年］の、純粋な油の秘義とは何かという彼の教えを秘していたけれども。[96]……三九〇年という年は、ゼーイール・アンピーンと随臣たちとの不変の契りであるダビデ家の王国の頭に純粋な油を垂らすという秘義を含んでいる。[97]それは救済と自由の秘密、これらの魂が三九〇年になしとげた程度、そしてわたしたち「カバリスト」が知っている程度に応じてティックーンの世界から魂が光りだすことである。三九〇年からはわたしたちひとりひとりに、己れの魂のティックーンをネフェシュ、ルーアハ、ネシャーマーの面からなしとげ、そして自分自身のティックーンといっしょに全世界のティックーンを完成し……（かつ）ゾーハルとティックーネ・ゾーハルをルーリアの解釈にのっとって研究することによって聖なる火花を洗練し純化する義務があるのである。[98]

この文章の著者はサバタイ主義の信者ではなかった。それだけに彼の証言は、ルーリアの教えは「メシアを引き降ろす」手段として実行されるという信念がカバリストのサークルのなかにサバタイの登場以前から用意されていたことを証明するもので、とくに貴重である。[99]ルーリア主義の伝播とともに「シェキーナーが破壊の世界の陰鬱な黒装束を脱ぎ捨て、ティックーンの世界の火花でできたきらびやかな衣装をまといはじめた」[100]のである。

同じ雰囲気が一六四八年のポーランドにおける大虐殺の直前に書かれたバハラハの『エメク・ハ＝メレク』にもっと強く現われている。著者が繰り返し読者に印象づけようとするのは、ルーリアが本当にヨセフ家から出たメシアであったこと、「そして彼がいた日々にはエドム（キリスト教）とイシュマエル（イスラム教）のケリパーの軛の重圧が少し減ったこと」である。「なぜなら、わたしたちは彼の時代と、同じように敬虔なひとであった彼の父の時代以前のように追放と迫害と苦しみの軛をこらえる必要はないからだ。彼の功績は同世代のひとたちにとって楯のようなものだった。その後数年間はケリポースが静まり、エドムとイスマエルには友好的な王たちがいた。彼の没後は彼のすぐれた弟子ラビ・ハイーム（ヴィタール）が仕事をした……だがそのあと、イスラエルの迫害がふたたびふえ、わたしたちには慰めてくれるひとがだれもいなかった。不幸が相次ぎ、あまりにも多くの戦争やペストがあり、剣と飢えがイスラエルを襲った。メシアが来るための［準備としての］悔い改めを説くひとがいないからである。[101]」著者によれば、一六二〇年にヴィタールが死ぬと、「ポーランドで一〇人の殉教者[102]の火花の苦しみが始まった」。「彼ら（ユダヤ人）が、陽（ルーリアの教えの光）がまだ輝いているうちに、悔い改めをしなかったからだ……鉄の隔壁がいまやイスラエルを天の父から分けてしまった……それゆえ、この聖なる火花は名の聖化のために命を犠牲にし、隔壁を突き破らなくてはならない……わたしの故郷ドイツでも多くの神聖な町がわたしたちの数多くの罪のために剣とペストと飢餓によってこれらの邪悪な戦争で破壊された。見よ、魂が耳に聞こえるものを深く悲しんでいる。[103]」『エメク・ハ゠メレク』は一六四八年にはすでに印刷されていたのだから、ポーランドの殉教者たち――彼らの魂はラビ・アキバと彼の仲間、ユダヤ伝説の有名な一〇人の殉教者たちの火花を含んでいた――の示唆が一六四八年の夏に始まったフミェルニツキイの虐殺を指していることはありえそうもない。著者は一六三七年のクラクフでの虐殺かそれに類した事件を考えていたのかもしれない。「これらの邪悪な戦争」の示唆は間違いなく、ドイツの大部分が破壊され、ユダヤ人コミユニティがひどく苦しめられた三十年戦争をさしている。

この浩瀚な書物のなかでは二つの声が競い合っている。ひとつは著者が、同時代のひとたちが悔い改めて、「すでにわたしたちの壁の向こうまで来ている」救済にふさわしい人間になれるようにと、人びとに知らせる手伝いをしたルーリアの秘義の啓示とティックーンの世界の法を喜ぶ晴れやかな気分である。もうひとつは「救済の陣痛」のこらえがたいつらさにたいする苦々しい思いである。この苦々しさは外的な困窮や迫害よりもむしろユダヤ人社会内部の悪によって増幅された。彼らの不満と社会批判は救済の敷居ぎわまで来ていると思っていたカバリストたちを苦しめ消耗させた。カバリストたちはためらうことなく自分たちの感情をはっきり言い表わした。ここでは二つも例を挙げれば十分であろう。

『エメク・ハ＝メレク』の著者はティックーネ・ゾーハルの誹謗の言葉を何度も賛同しつつ引用している。この言葉はあやまってゾーハルの主文（I、二五a）に採り上げられたもので、そこでは「雑多な群衆」(104)をなす五つの人間階級が辛辣な皮肉をこめて数え上げられている。それらはアマレキーター、巨人、権力者、レファイム、アナキームといい、著者の言によれば、彼の同時代の人びとを襲うという。彼らにたいして著者は怒りをぶちまけるが、そのさいゾーハルのあらゆる誹謗の言葉を使用する。ことに彼が怒るのは町の金持ちの指導者たち、自分の地位を利用する高慢な長老たちにたいしてである。彼らの日々は祭りのようであり、シェキーナーの憂慮心配には鈍感である。彼らは不正直で腐敗しきっているから、自分の現在の地位に飽き足らず、「自分たちの敵に正義が行なわれたり、何か気にくわぬものが、たとえトーラーの掟にせよ、自分や身内の者に害をあたえたりすることのないように、アカデミーの長や裁判官になろうとする。ラビも裁判官もトーラーの掟をつらぬけるほど強くはない……地上は暴力にあふれているからである」。彼らは地の埃のような貧乏人にたいして威張りくさる。そして「シナゴーグや学校を建てるなど、いくらかいいことをしても、動機はほかにあり、それで自尊心を満足させるためなのである。課税のさいにぶったくったり[105]、判決を自分に有利なように変えさせたりすることは言うに及ばない。彼らは学者を軽蔑するばかりか、こんにちまでトーラーの学生たちを杖と暴力で抑えつけ、自分自身はというと、ラーヤ・メヘムナーで「つとに非難された」ように、税負担を負っていると言いながら、軛を避けている。そのうち主の油を注がれたおかたがわたしたちを慰めに来て、高きところからわたしたちの上へ精神を注がれるだろう……聖書は的中するだろう。「彼らは山の麓に立っていた。」すると神は山を樽のようにひっくり返し、彼らに言うだろう。牛が軛を、驢馬が荷を負うように、おまえたちが学者［の権威］を受け容れるならば、すべてはよくなるだろう。だが、そうでないばあいには、おまえたちの墓は亡命地にあるだろう、と[106]。聖書は的中するだろう。「そしておまえたちがイスラエルの地へ戻ることはないだろう。」メシアはわたしたち亡命者を拾い集めるときに彼らを解放しないだろう……預言者も彼らのことを「愚かな牧者」と呼ぶ。日々の終りに神は、民衆の前でお偉方ぶって金を使いまくっているこれらの牧者をお裁きになるだろう。彼らはヤコブを滅ぼした。彼らに反対できる立場にありながらそれをしない者は釈明をせねばならない……わたしたちの師モーセおんみずからおいでになり、彼らひとりひとりにトーラーの名誉を傷つけた仕返しをなさるだろう。そして未来のこの日は彼らを燃やし尽くすだろう[107]。

ラビ・ナータン・シャピラーは富者にたいしさらに激しい批判をあらわにしている。彼は一七世紀にルーリア主義の旗幟を掲げ、いわゆるルーリアの著作の大半を刊行したエルサレムのカバリストたちの一般的な雰囲気を表現している。サバタイ主義運動に先立つ数年間、このグループはユダヤ人の生活において、一六世紀にサーフェードのカバリストたちが果たした役割と同じ役割を果たした。『エメク・ハ゠メレク』の著者は彼らについて次のように書いている。「嘆きの壁で涙ながらに祈りを捧げる、偉大な禁欲者にして聖人ぞろいであるひとたちの祈りがエルサレムになかったら、世界は――とんでもないことに――もはや存在しないだろう。彼らについてこう書かれている。『そしてシオンの山上に解放があるだろう』と。これはそこに居住し、未来世界の生活に一身を捧げているユダヤ人のことである。[108]」

ナータン・シャピラーはクラクフからパレスチナへ送られるまで、当地で暮らした。彼の著作には富者にたいする社会批判と、派手な生活を送り、パレスチナへ来ようとしない離散ユダヤ人にたいする貧しく、小さい、そして「霊的な」喜捨を集めにイタリアへ来て、生涯の終りにエルサレムのコミュニティからコミュニティのとくべつな嘆きとがいりまじっている。ナータン・シャピラーの聖なる大地を讃える『トゥーヴ・ハ＝アーレツ』（地の慈しみ）はゾーハルとルーリアの教義に基づいており、サバタイ主義が勃発する一〇年まえに初めてヴェネツィアで公刊された。パレスチナのユダヤ人と離散ユダヤ人の終末論的関係についてはこういわれている。

このことを心得ておきなさい。わたしたちの伝統によるなら、メシアが亡命の民を集めにパレスチナへ来る日には七〇〇〇人のユダヤ人が［パレスチナに］いるだろう。この日には死者たちがパレスチナで甦り、炎の壁はエルサレムから遠のくだろう……この日にはパレスチナの死者たちは以前の生活をふたたび獲得し、新しい霊的被造物になるだろう。そして［メシアが来るときに］そこで生活している七〇〇〇人は新しい被造物に、すなわち堕罪まえのアダムの肉体やモーセの身体のような霊的な身体になり、鷲のように空中を飛ぶだろう――これらはすべて帰還する亡命者たちの目の前で起こるのである。帰還する亡命者たちは、［パレスチナの］同胞たちが新しい被造物になり、下方の楽園に向かって空中を飛び、そこで神の口から掟を学ぶのを見たら、悲しみと失望で心が重くなり、メシアの王に苦情を言うだろう。「わたしたちだってほかのひとたちと同じユダヤ人ではないですか。どうして彼らは霊的存在になり、わたしたちはそうではないのですか」と。するとメシアは彼らに答えて言うだろう。「ひとも知るように、神は正義を分相応に分けあたえられる。離散のあの者たちは純粋な魂をえるためにパレスチナへ行こうと努力した。金も労力も惜しまず、水路や陸路でやってきた。海で溺れ死んだり、残忍な男たち（海賊）に捕まるのを恐れなかった。彼らにとって何よりも大事だったのは精神と魂であり、肉体や金ではなかった。だから、彼らは霊に変えられたのだ——それ相応に。しかしおまえたちは、その気があれば彼らと同じようにパレスチナへ来れたのに、物欲から来なかった。それどころか、自分の富と肉体を最高善とし、魂や精神にはあまり関心がなかった——それ相応に。だがおまえたちが欲した金については、神はおまえたちに富をおあたえになるだろう……しかし、肉体や所有物には無頓着で、精神にしか関心がなかったあの者たち、神は彼らを新しい被造物にし、楽園へ連れていかれるだろう[109]。」

離散ユダヤ人から金を集めるために聖地から送られてきたメシアのこの大胆な言葉は、異なる感情を明確に表現し、社会的相違を場所と精神の違い、脳裏に浮かぶこんにち的概念を用いていえば、「シオニスト」と「離散している人びと」との違いに関係づけているという点で注目される。引用文はソロモン・トゥリエルの『救済についての説教』にすでに表明されているのと同じ優越感を示している。ナータン・シャピラーは彼の誹謗演説のしめくくりの部分をヴィタールの作としている。これはまったくありえないことではないが、さりとて、さほどありえそうにも思われない。むしろ、ディアスポラからパレスチナへやってきた、貧しいけれども霊感を受けた禁欲者のひとりが、当地で生まれ、晩年の三〇年間をほぼ国外で暮らした人間として、この文章を書いたのであろう。しかし著者がだれであろうと、その報せは『エメク・ハ゠メレク』のそれと同様、メシア的ユートピアがカバリストの歴史的意識のなかに深く根づいていたことを示している。彼らのユートピアはユダヤ人社会の支配階級にたいする純粋に社会的革命的姿勢を具現するものであったが、しかしまたそれをはるかに超えていた。実際、それによってユダヤ人の全生活と全行動はメシア的内容にみたされたのである。ユダヤ人の存在の本質と意義についてのこのとくべつな観念がひとたび形成されてしまうと、たまりにたまっていた緊張が一、二世代後に爆発しようとしたのは当然のことにほかならなかった。

正統的ルーリア主義はティックーンの複合性とゆっくりしたプロセスを強調したけれども、すでに見たように、終末と救済がいっぺんに、すなわち強力な集中的な瞑想行為（カッヴァーナ）によって、実現する可能性も認めた——世代がそれにふさわしいことを前提として。こうした考えはルーリアの体系内では副次的な事柄にすぎなかった。その考えの源は思弁的カバラーというよりむしろ民間伝説であった。しかし、それはかなりのカバリストたちを引きつけた。それどころか、「実践的カバラー」の行為によるなら、つまり聖なる名とカバリストの（魔術的）呪文を用いるなら、終末をむりやり惹き起こすことも可能だと考える者もいた。実際には、実践的カバラーは、全体的に見てルーリア主義の有機的な部分をなしてはいない。現代の著作家たちはルーリア主義を「実践的カバラー」として——まるでサーフェード以前のカバラーは純粋に理論的だったかのように——記述する誤解を招きやすい言葉づかいによって、多くの混乱を惹き起こした。実際にはカバリスト自身は神と創造にかんするすべての教義を「理論的」ないしは「思弁的」と呼んでおり、それにたいし「実践的」カバラーは魔術的カバラーと同義であるが、いうまでもなくこれは本来のカバラーのずっと以前にあったものである。超自然的な変化を世界に惹き起こすためにとくべつ神の秘義を使用することが「実践的カバラー」と呼ばれる。ルーリア主義には全般的に見てカバラーのかかる側面は全然なかったが、それでも時代の意識のなかでは優勢であった。サバタイが登場する数年まえに、エルサレムのカバリストサークルの一員であったイタリアのカサーレのサロモン・ナヴァロが『ラビ・ヨセフ・デッラ・レイナの恐ろしい物語』を著した。半ば民俗童話で、半ばカバラー伝説であるこの物語は、一四七〇年頃のあるスペインのカバリストが実際に行なった、実践的カバラーによってメシアを呼び寄せようという試みのかつての報告に基づいていた。彼は厳しい苦行と呪文使用によって悪魔サマエルをおびき出し、鉄の鎖につなぎ止めることに成功した。もし彼が軽率にもサマエルの願いを聞き入れて、捕われている彼に彼の通常食である乳香をあたえるようなことをしなかったら、彼の試みはほぼ成功していただろう。サマエルは永遠につながれ、縛りつけられたままだったろう。不幸なことにラビ・ヨセフはサマエルが大嘘つきで、自由の身になりたいために嘘をついただけであることを忘れたばかりか、神のため以外に乳香を燃やすことは偶像崇拝にひとしいことも忘れてしまったのである。サマエルは香煙をかぐや、元の力を取り戻し、鎖をひきちぎった。ラビ・ヨセフの下手な試みは追放がこの先何年も続く結果をもたらしただけであった[110]。

サロモン・ナヴァロはいくらかファウスト伝説を挿んでこの物語をドラマチックに書き換えた。彼はストーリーをサーフェードに移し替えたが、別の著者はのちに物語をヘブロンに置き換えた。ナヴァロでは主人公は最初の失敗のあと悪魔に身を売る。「彼は未来の世界を蔑視し、悪魔の女王リリトと契りを結んだ。彼は彼女に身をゆだね、彼女の情夫となった。」彼は自分が知っている聖なる名を邪悪な目的[111]に使用し、あげくの果てにシドンの近くで海に墜落した。メシア思想は魔術的企てになってしまっていた。悪魔を呼び出し、鎖につなぐことができた者が、悪魔の力を破り、メシアをもたらすことができるのであった。

これはケリポースとの戦いの神話的単純化にほかならない。ラビ・ヨセフ・デッラ・レイナの伝説の新版がエルサレムのカバリストのサークルで書かれたという事実は、ポピュラーな神話のモチーフがルーリア主義の影響下でもその魅力を少しも失っていなかったことを示している。この物語はサバタイの棄教後の時代にとてもよく知られていて、大方の感じではほぼ成功を収めかけたと思ったのに土壇場で失敗したこの運動を象徴するにふさわしいものだったかもしれない。救いをもたらすとうそぶいた男が悪魔に身を売ってしまったのである。アナロジーを完全なものにするために、物語の著者サロモン・ナヴァロはサバタイの預言者ガザのナータンの父であるラビ・エリシャ・アシュケナージとともにモロッコへ行き、その地でパレスチナの市町村への喜捨を集めた。ところが、ラビ・エリシャは「集めた金をすべて失ってしまった。同行者の学者にしてカバリストであるサロモン・ナヴァロが、イタリアのレッジョへ来たときに異教徒の女を愛してしまい、彼女と結婚し、自分の宗教と手を切ってしまったからである」(112)。ナヴァロが一六六四年に老齢で信仰を棄てたとき、同じ町レッジョには彼のエルサレム出身のカバリスト同志であるラビ・ナータン・シャピラーが暮らしていたが、数年後、サバタイ運動の最盛期に敬虔なユダヤ人として亡くなった。

Ⅶ　ポーランドにおけるカバラー。一六四八年へのメシア的期待。この年の大虐殺にたいする同時代の人びとの反応

一七世紀中頃、サーフェードから発した運動、とくにルーリア主義は、離散の全地域に広がっていた。影響が最も強かったのはイタリアとポーランドで、このことはもう少し詳しく考察してみる価値がある。

イタリアの学者シモーネ・ルッツァットはカバラーがきらいで、あらゆる手段を講じてその価値をおとしめようとしたが、一六三八年に状況をこう要約している。「ユダヤ人に彼ら（カバリストたち）の教義を受け容れねばならぬ義務はないのだ。この民族の多くのひとたちは、とくに東方諸国やポーランドにおいて、それを喜んで受け容れているけれども。[113]」ルッツァットは都合よく自分の国を省いているが、ポーランドのカバラーがイタリアとパレスチナの影響をこうむっていることはつとに知られている。ポーランドのカバリストのなかで聖地に行けなかった者はイタリアへ行って、そこの師のもとで学んだのである。一六世紀後半ではクラクフのマッターティアス・デラクロットとルブリンのモルデカイ・ヤッフェがポーランドにおけるカバラー宣伝の双璧であった。彼らの手になる、昔のスペインの著者たちの古典的作品への注釈は、彼らがイタリアのカバリストの忠実な弟子であったことを証明している。ヨセフ・ギカティッラの『シャアレイ・オーラー』（光の門）へのデラクロットの注釈とメナヘム・レカナーティの『モーセ五書への注釈』へのモルデカイの注釈は当時出版されたポーランドカバラーの初の所産であった。一六世紀末以降クラクフとルブリンの印刷機を通った数多くのカバラーの著作は、本当にこの文献が求められたことを証するものである。カバラーへの一般大衆の関心は、ラビ・モーセス・イッセルレスが一五七〇年にカバラーの教理にたいする「無知な群衆」の熱狂に猛然と抗議せずにはいられなくなったほど旺盛なものだった。

無教養な大衆の多くがカバラーの研究に飛びついている。カバラーの研究、とくに教理を明確にくわしく述べている後世の大家たちの教えは、目の保養となるからだ。とくにいまは、ゾーハル、レカナーティ、「ギカティッラの」シャアレイ・オーラーといったカバラーの書が印刷で手にはいるものだから、だれでもそれを読んで研究し、その意義を解明したと思うことができる。しかし実際には、大家から口で説明されるのでないかぎり、これらのことを理解するのは不可能である。それらを研究しようとしているのは学者ばかりではない、単純な連中までもがカバラーの研究に飛びつき、右も左もわからずに暗中模索している。モーセ五書の一節ないしはその一章［すら］もラシの注釈で説明できないくせに。……硬貨ひとつでも筒のなかではでかい音をたてる。だれもがちょっぴり［カバラーを］齧っただけでそれをとくとくとしてひと前で語っている――だが、そいつらは［裁きの日に］申しひらきをせねばなるまい。

一世代あと、ラビ・サムエル・エーデレスは「若輩の身でありながら、カバラーの研究で時を過ごしている人びと」にたいして注意をしながら、さらに言葉をついで「ひと前でその［カバラーの］話をするひとたちに抗議するのはわたしたちのつとめである」[114]と言っている。

イッセルレスとエーデレスの抗議はさほど効き目がなかったようで、二、三の有力なラビたちによって促進されたカバラーはポーランドで深く根を張ることができた。コルドヴェロの『パルデス・リモニーム』（石榴の園）の初版は一五九二年にクラクフで出版された。イッセルレスの後継者であるコミュニティの学者たちはこの作品の研究に没頭し、高名なタルムード学者ラビ・ヨエル・シルケスは注釈書を著した。[115]コルドヴェロの体系はルーリア主義の登場後もポーランドのカバリストのあいだで堅持されており、ルーリア主義はイサアク・ルーリアの死亡直後にポーランドを征したという広く知られた見解は明らかに誤りである。イスラエル・ザールークのポーランドにおける活動とルーリアの教義を教えるためにサロモン・ルーリアを訪れたことにする伝説も、歴史的根拠をもたない。[116]一六世紀の終りまでには新しいルーリアの教義のかすかな反響がポーランドまで届いていた。聖地からの使節によってルーリアやヴィタールの著作の一部があちこちにもたらされていただろうが、理論的影響力や社会的影響力をもちそうな完全な作品ないしは体系的な教えがもたらされたことはけっしてない。ザールークがポーランドを訪れたのは一六〇〇年以後で、ルーリアの死後三〇年以上たっていた。彼はしばらく腰を落ち着けて、ポーランドのラビに多大の影響を及ぼした。彼はラビたちに転生の秘義と魂の根を明かした。これはつとにイタリアでしていたことである。[117] ほぼ同じ時期にメナヘム・アザリヤ・ファーノの著作とそのほかのイタリア派のカバリストたちの著作がポーランドに達したが、このうちいくつかはすでにルーリアの作とされていた。同時にヴィタールの著作の重要部分が出回りはじめ、ポーランドのカバリストは両文献をどちらも同じ本物のルーリアの教義として受け容れた。疑いなく一七世紀前半にはポーランド、とくにガリシアの南部、ポドーリエンとヴォリニアが著しいカバラー改革の舞台であった。[118]

ポーランドのカバラーにはきわだった思弁的独創性は見られなかった。そのとくべつな性格は別の特性にあった。なによりもまず、コルドヴェロないしはルーリアのカバラーの諸要素のほぼ完全な融合——混合といったほうがより適切かもしれない——があった。こうした混合を罪深いことと思うカバリストもいた。異なるカバラーをないまぜにしてひとつの体系として扱うのは許されぬことだったからだ。[119] ところがポーランドのカバリストたちが熱をあげたのはまさにこのことだった。ありとあらゆるもの、スペインの古典的伝統やドイツのハッシーディームの教義などが彼らの水車に水を導入したのである。当時の有力な二人のポーランドのカバリスト、アルイエー・レイーブ・プリルクとクラクフの上級ラビ、ナータン・シャピラー（一六三三年歿）[120] の著作にこの折衷的傾向が明瞭に現われている。シャピラーはこの関連でとくに興味をひく。彼はだれもが認めるタルムードの権威で、同時代のひとたちは彼の知恵の広さと深さに驚嘆したと伝えられている。いつも安息日には「蜜よりも甘い言葉で」説教し、ゾーハルや他のカバラーの作品から導き出した大きな［信仰］原理を説いたものだった[121]。彼の説教学の手法は『メガレー・アムーコース』（深遠な事柄の啓示者[122]）で学ぶことができる。これは何代にもわたって知られた有名な書だが、厳密な意味でのルーリア的作品とはいいがたい。彼は理論的体系を方法論的に適用してモーセ五書の章句——とくに申命記三、二三、彼はこれに二五二とおりもの異なった解釈をほどこしている——の釈義を展開するのではない。むしろひとつのテクストを、典拠の異なるいろいろな、ときには相矛盾するカバラーの原理を拠りどころとするいくつもの解釈や聖書聖訓によって「説明」することで満足している[123]。彼は自分が結びつける諸要素の矛盾性に全然気づいていない。説教を重んずるあまり、純粋に理論的な関心が欠如し、それによって異なる体系の諸特性が混じり合う。すべての体系や伝統がひとしく有効性をもち、玄奥な秘義の理解への扉をひらく。これは正統派ルーリア主義の立場ではない。シャピラーはいまは遺失した作品のなかでレビ記の最初の語にあるアレフの文字について一〇〇〇とおりの解説を行なっているが、彼の方法は彼の国に広まっていたタルムード研究の特別な方法のなごりと理解するのがいちばんいいようだ。彼の「モーセの祈り」のいろいろな解釈は形式的には、タルムードの律法本文に使用される、ピルプル〔洞察力鋭い論争。ヘブライ語ピルペル胡椒の謂から〕として知られる弁証法的方法に相似している。ポーランドのカバラー文学のもうひとつの特徴は、聖書釈義や解釈中の語や文字の数値を計算するゲマトリアというシステムがひときわ目立つことである。半ば説教学的、半ば思弁的な考え方に向かう理念を数遊びの援用と結びつけたのはもとよりポーランドのカバリストが初めてではない。ゲマトリアの方法は以前のドイツのハシディストによって開発され使用されたものであるが、その後ふたたびメナヘム・アザリヤ・ファーノが、当時優勢なルーリアのカバラーの主要原典のひとつとなったモーセス・ヨナの『カンフェイ・ヨナー』（鳩の翼）についての解釈のなかで採り上げた。しかしこれら初期の作者たちにおけるゲマトリアの淡々とした、さしてエキサイティングではない使用と、『メガレー・アムーコース』の意表を衝く、ときとして幻想的な数の構築とのあいだには大きな差異がある。この書の著者が「数に酔った」といわれているのもむべなるかなである。(124)

偉大なポーランドのカバリストの著作のさらに驚くべき特徴は、ケリパーの教義と、世界の暗い悪魔的な面である「裏側」に、精力的に取り組んでいる点である。他の問題でもそうだが、ここでも彼らの独創性は根本思想の表現にはなかった。ケリパーや世界におけるケリパーの力、ケリパーと戦う必要性などについての考えはゾーハルから、そしてのちにはルーリアのカバラーから出たものである。だが、ポーランドのカバラーに特徴的なのは、悪の領域とはっきり人格化された悪の表象の独特な魅力であった。秘義についての教えの理論的な面や詳細にたいしてはまったくといって関心を示さなかった。退却、容器の破損と修復にかんするルーリアの教義の範囲全体からは、いろいろな、いわば個性的なケリポースとの人間の個人的戦いを強調する要素だけが有効な決定的価値をもつこととなった。しかし、個々のケリパーを消滅させる神秘的な任務を遂行するにはまず当のケリパーの性質と名前を正確に知る必要がある。このことが奇妙きてれつな悪魔学を異常に膨張させる結果となった。この悪魔学をわかりやすく説明する好例といえば現代ではイサアク・バシェヴィス・シンガーの物語をおいてほかにあるまい。世界の悪魔的な面が、他のカバラーの伝承には見られぬことだが、人間生活の表われ全体にその影を落としている。一七世紀のポーランドのカバラーのテクストを読む者は、それ以前のテクストには存在しない見知らぬ神話の宇宙から突如出現する無数のケリポースを目のあたりにすることになる。

この点で最も注目すべき人物はオストロポールのラビ・サムソン・ベン・ペサッハであった。彼はウクライナのポロノイイェのコミュニティを率いて一六四八年の大虐殺の間に殉教死をとげた。ラビ・サムソンはいまなお解けぬ謎である。存命中、彼は国内で最も偉大なカバリストのひとりであった。偉大なカバリストとしての名声は死後何年にも及んだ。彼はヨセフ家から出たメシアであり、「メシアの産みの苦しみ」のなかで殺されたのだという噂が流布した。他の傑出したカバリスト（たとえばヨセフ・カロなど）と同様彼についても、彼にはマッギードが、つまり天上界の、天使のような指導者がいて、毎日現われては彼にカバラーの秘義を伝授した、と報じられている。ときには預言者エリヤや他の天上界からの訪問者による天与の啓示がこれまでにない大胆な思弁を許すお墨付きになることがあった。古くからの口承を引き合いに出す通常のやり方にかわって天の啓示が引き合いに出された。心理学的に見れば、これらのマッギーディームは心理の無意識の次元が生み出したもので、カバリストの思考の意識的次元で心理的実体へと結晶したのである。マッギーディーム、聖なる天使、あるいはカバリストにたいして、もしくはカバリストの口を通して——しばしば普段の彼の声とは違う声で——語った死んだ聖人たちの魂は、「裏側」のディッブクス、悪魔ないしは不幸な人間や病気の人間に取り憑いた邪悪な魂、に対応するものだった。同時代のひとたちは、ラビ・サムソンが彼のマッギードから大虐殺が迫っていることを注意され、マッギードの言いつけでたびたびシナゴーグで説教し、人びとに贖罪するよう促したことを知っていた。実際に「すべてのコミュニティでさかんに贖罪が行なわれたが、［神の］命令がすでに確定していたために、効を奏さなかった。敵が襲来し、町が包囲されたとき、カバリスト（ラビ・サムソン）はコミュニティの三〇〇人の男たちをしたがえてシナゴーグへ行った。みな偉大な学者たちで、全員白装束にタリスをまとっていた。彼らは敵が町に侵入するまでそこにとどまって祈禱を続け、全員シナゴーグの神聖な床の上で殺された」[125]。

ラビ・サムソンはポーランドにおけるルーリア主義カバラーの主たる代表者とみなされているが、残存する彼のカバラー的言説は大きな謎を投げかける。そのなかにルーリア派の教義との接点が見出されないからである。[126] 彼の関心事はとくに「裏側」の諸力の名前と、それをもってすれば多分それらの諸力を打ち負かし、消し去ることができるであろう聖なる力を識ることであった。この新しい、ときとして極度に技巧的な神話の織物は、文字の組合せと数の操作を使って作られている。この悪魔学以上に神性や神秘的宇宙の不思議の徹底した理解を示す痕跡は見当たらない。[127] このカバラーはルーリア主義とはまったく無関係であるというわたしたちの主張は、ラビ・サムソンがしきりに「ルーリアの著作」を引き合いに出しているることからみて奇異に思われるかもしれない。しかしよく見ると、これらの引用はすべて――彼がいうようにルーリア本人から出たものであれ、別の「ルーリアにかんする典拠」に依ったものであれ――本物ではなく、オリジナルテクストのどこにも見当たらない。それどころか、しばしばその主旨はルーリアの真説の全般的性格と明らかに矛盾しているのである。

これは十中八九偽書と関係している。その性質から推測するに、それはパレスチナでもイタリアでもなく、ポーランドで書かれたものである。その意図は明白と思われる。現存しない書物の名や「ルーリアの著作」(その実際の枠組みや内容は当時まだ知られていなかった)という漠然とした言い方に隠れて、ポーランドのカバリストたちは自分のつくりごとや心の夢想や、彼らの生活をいろどっていた感情――あるいはむしろ不安――を表明することができたのである。ルーリアの名が随意に使用された。ルーリアの伝説ならびにポピュラーな聖人伝『シブヘイ・ハ゠アリ』が当時広く知られていたからである。それにたいし、ルーリアの理論はいまだ大半のカバリストに知られていなかった。他国の空気をすべて不純とみなしたパレスチナのカバリストたちが真正なルーリアの著作に流出禁止令を敷いたためにルーリアの著作は入手できなかったけれども、ポーランドに達していたわずかなルーリアのトラクトを勝手に増補して、現地で簡単に代用品をこしらえることができた。この増補がポーランドのカバリストたちの独創的な寄与だった。自分たちの考えを古い権威のものとすることで彼らは自分たちの独創性の本当の大きさを隠し、かくして彼らの特殊な貢献はいわゆるルーリアのカバラーの大海に没してしまったのである。ここで、ラビ・サムソンの著作に見られる偽書からの引用と彼のマッギードとの関係が問われねばならない。なぜなら、わたしたちの知るかぎりでは、このテクスト借用それ自体がマッギード出現を頂点とする彼の心的活動の一部だからである。このばあいわたしたちは、ケリパー[128]にかんする新説の主な典拠である『セーフェル・カルナイム』〈角の書〉はラビ・アアロン・カルディーナの名で書かれているが、ラビ・サムソンみずから著したものだといわざるをえないだろう。彼はそれの注釈書『ダン・ヤディーン』も書いている。サムソンはすでに早くからテクスト本体の著者とみなされていたようだ。一八世紀の注釈者ストリゾフのエリエーゼル・フィッシェルは、ラビ・サムソンは「『セーフェル・カルナイーム』の本文を書いてから、〈彼の壮大な王国の富〉［つまり彼のたいそうな学殖］を注釈書『ダン・ヤディーン』で示し、〈自分の周りを飾る金の額縁〉をこしらえたのである」という「風説」に異議を唱えた[129]。これらの著作、本文と注釈は、ヴィタールの『エツ・ハイーム』〈生命の樹〉の精神的雰囲気とも、イスラエル・ザールークとその弟子たちのイタリア学派の著作とも大きく隔たっている。そのうちどのくらいがわたしたちのあまり知らないウクライナやヴォリニアのユダヤ人の民間信仰とその異質な悪魔学を反映し、どこまでが作者個人の寄与であるのか、それはわからぬままである[130]。

ひとつの推論がそこからはっきり出てくる。ポーランドのカバラーは黄金時代、すなわち一七世紀初期には、ポーランドのカバリスト自身によって育てられた新しいオリジナルな構想の幹に接ぎ木されたルーリアのイデーで成り立っていた。それが広く受け容れられたことには明らかに民俗的な、ほとんどフォークロア的ともいえる性格が関与しており、コルドヴェロやルーリア、ザールークの緊密に結びついた体系とそれをはっきり分かっているのもこの性格である。とくに非体系的で説教風であったために、ポーランドのカバラーは長年のあいだカバラーの理論にたいして影響力をもちえなかった。サバタイ主義運動はポーランドで散発的にカバラーの根本思想に体系的に取り組もうという努力を呼び起こしたが、こうした試みが完全にサバタイ的性格を示していることは明白である。それでもポーランドでカバラー研究が大人気だったことは疑うべくもない。一六六〇年、カバラー研究の人気に反対してモーセス・イッセルレスが長広舌をふるってからほぼ一〇〇年後、長年ヴォリニアで教えていたひとりのカバリスト、ラビ・ヤコブ・ベン・モーセス・テーメルルレスが、コルドヴェロとルーリアの教義の広まりに次のようなコメントを述べた。「それ［カバラーの秘義］は四方八方に広まっている……それは街の隅々まで知られている……そして地上は知識にあふれている。ほんとうに、だれもが、大人も子供も、主の秘義をよく知っている。この隠れた叡知を知ろうとする同胞たちの大きな努力や欲求を見ることでわたしの苦しみは慰められる。だれもが――民衆も僧侶も、子供も大人も――主の秘義に精通し、それに倣って生きることを欲している。間違いなくこのことはわたしたちの救いが近いことを意味している。(131)」ラビ・モーセス・イッセルレスは当時ユダヤ哲学の合理主義的伝統とカバラーの教義を融和させ、その根本的な一致を強調しようと骨折っていた。(132)しかし、時代は変わっていた。カバラーはもはや哲学の庇護を必要としなかった。一六四八年の恐るべき大惨事が一にこの傾向を強めたのである。

カバラーの理念、とくに神秘的メシア思想は偉大なポーランドの説教者のメッセージにいつも繰り返される基調となった。実際、民衆への説教は祈禱書や道徳的な信心書などよりも広い聴衆のあいだにカバラーが普及するのに貢献した。一六四八年の直前から直後に最も名高かった説教者、ラビ・ベラキヤ・ベラッハは説教ではたしかにまだある程度自粛していたが、カバラーの教義、とくに魂の移動説を著作のなかで宣伝することはためらわなかった。セラー・ベラッハ（祝福された種子）というタイトルで刊行された彼の説教集は、大虐殺のまえに出版された第一部と一六六二年に出た第二部のあいだにこの点で驚くべき違いを示している。第一部は作者の師であるラビ・ナータン・シャピラーの「公言どおりカバラーの原理に」基づいた説教を評価しているが、第二部はがらりと変わる。ラビ・ベラキヤがこの恐ろしい災難の責任は弁証家とタルムードの決疑論者にあると思っているのは本当であるが、同時に彼は一般のカバラーへの関心を、ヤコブ・テーメルレスの熱狂的に心情を吐露する言葉をわかりやすく補足するようなやり方で批判している。ラビ・ベラキヤはこう書く。

わたしは、カバラーの研究のことで、みっともないものを見た……なぜなら、カバラー（「伝承」）という名前がすでに、それは個人的に伝えられたものであり、［公に］あからさまにしてはならないということを示しているからである……ところがいま、思い上がった連中が現われ、［天の叡知の］王冠を濫用し、己れの身すぎ世すぎの道具にしてしまっている。彼らはカバラーの主題について本を書き、印刷許可をもらって、それを「ヤコブに分ける［つまり分配する］」ために売りに出している……彼らは大人や子供の前で隠れた秘密の事柄をあからさまにし、あまつさえ胸三寸ででっちあげたことと［真正な］カバラーの教義とを、カバラーの大家の言葉と彼らがつけ加えたものとの区別がつかなくなるまでにごちゃまぜにしている……このように、彼らは神がお隠しになったものを［あばきたてて］神をないがしろにしている。でも、たとえ彼らがカバラーの大家の言葉を忠実に写し取ることで満足していても、彼らの罪は耐えがたいほど重いだろう。なぜなら、彼らはこの知恵をおおっぴらにし、それをありきたりの無駄話に変えてしまうからだ。彼らが至聖所に向かって手を差し伸べているだけに、なおさらのことだ。わたしは知っているが、昔のラビたちは、資格のない人間の手によって歪められてしまうことを心配して、事実またそういうことがあったのだが、この知恵には近づかなかった……当今の賢明なかたがたにお許し願って言うなら、この濫用の責任は彼らにある。彼らは［この本の］印刷に同意と許可をあたえ、それどころかそれを推奨し、擁護し、ほめちぎって、しかも嘘つきの肩をもつ偽りの証人のように振舞っているのだから(133)。

こうした怒りが噴き出すきっかけになったのはおそらくナフタリ・バハラハの『エメク・ハ＝メレク』の出版であろう。この書は他のカバリストたちからも猛烈な批判を浴びていた。一点の濁りもない純粋なヴィタールの伝統を守っているアレッポのラビ・ハイーム・ハ＝コーヘンは、バハラハが書き加えたために――その多くは実際はイスラエル・ザールークとその一派に由来するものである――真のルーリアの教義は台無しになってしまったとさえいっている(134)。

ベラキヤ・ベラッハの抗議は当時のカバリストの宣伝がいかに効いていたかを示す雄弁な証である。しかし雄弁ではあったけれども、べつだん効果はなかったようである。彼自身にかんしてさえそういえる。彼の怒りの告発を聞いたあとで、そういう彼の説教が多くゾーハルの教義や彼の師であるナータン・シャピラーの著作からの引用に基づいていることを知ると、驚きを禁じえない。生涯の終り頃、ベラッハはサバタイ・ツヴィの熱烈な信奉者になり、ガリポリのメシアを詣でた折りのことを熱狂的に記している。他のポーランドの説教者たち――その多くはドイツやオランダへ行った――の著作にはまったくとくべつな種類のカバラーが混じっており、ポーランドの伝統をなす独自の要素と、当時すでにその著作があまねく行き渡っていたサーフェードのカバラーの要素とを結びつけている(135)。

一六四八年の大惨事とそれに続く——一六五五年まで続いた——騒擾と大虐殺は、ポーランドのユダヤ人を打ちのめした。一六四八年という怒りの年が救済への熱い期待の燃焼点であったことは、歴史の痛ましい皮肉のひとつである。ゾーハルやその他の初期の文献に述べられたメシアのデータがことごとく消されてしまったのち、カバリストたちはゾーハルのある箇所に注意を集中した。それは、ゾーハルの言によれば一三〇〇年後まもなくと期待されたメシアの来臨にかかわるものではなかったけれども、一六四八年に死者が決定的に甦えることを約束していた。「六〇〇〇年目の四〇八年［一六四八年］に塵のなかに横たわっているひとたちが甦えるだろう……聖書は彼らのことを〈ヘスの息子たち[136]〉として語っている。なぜなら、彼らは四〇八年に目覚めるだろうからだ。〈このヨベル[137]の年にはおのおのその所有の地に帰らねばならない〉［レビ記二五、一三］と書かれているように、この年の終りにはおのおのその所有の地に、つまり［真の］所有地にして相続財産である場所に帰らねばならないのである[138]。」この箇所はのちにその直接の意味を超えて解釈された。サーフェード、イタリア、ポーランドの二、三のカバリストは四〇八年を救済の最終的、決定的な日付とした。モーセス・コルドヴェロも彼らと見解を同じくし、どうして人びとは近づく救済にたいしてかくも鈍感なのかという問いに、こう答えている。「〈われらは自分たちのしるしを見ません〉［詩篇七四、九］とあなたがたが言うとき、あなたがたはそのことを全然不思議だとは思わない……これはわたしたちの罪のせいだからだ。わけても［最近の］迫害で［キリスト教へ改宗したことによって］神の名を穢した連中の。これによって救済の時点が延びることはないものの、彼らはそれを隠してしまった。それでその光は予定された時まで見えないのである。しかし、それが四〇八年よりもあとになることはないだろう。多くのことがそれよりまえに起こるかもしれない。たとえば聖地における［死者の］復活も、パレスチナ国外での復活よりも四〇年まえに起きるだろう。救済［でさえ］も、神がそう思し召すなら、早まるかもしれない。[139]」

メシア的出来事の順番についてナフタリ・バハラハはほかにも興味深い詳細を挙げている。彼からすでに聞いたように、どの時代にもメシアたるにふさわしい聖人[140]が生きており、メシアの顕現は転生のプロセスと魂の選びいかんにかかっている。『エメク・ハ゠メレク』の伝えるところによれば、わたしたちは「この日まで主なる神を待つ。神は光をお示しくださるだろう〔詩篇一一八、二七参照〕。神はその聖なる息吹をわたしたちの上に注がれ、彼を〔メシアを〕新たに造られるだろう。神はその律法でわたしたちの目を輝かせ、イスラエルの国をイシュマエルの手から奪われるだろう。なぜなら、彼〔イシュマエル〕についてこう書かれているからだ。〈わたしは彼をおおいにふやすだろう。わたしは彼を大いなる民としよう〉〔創世記一七、二〇。二一、一八〕。〔ヘブライ語で〕〈わたしは彼を〔……〕しよう〉の数値は四〇七なので、彼は四〇七年（一六四七年）までに大いなる民となるであろうが、そのとき彼は割礼によってえた利得を使い果してしまっているだろう〔創世記一七、二三以下参照〕……それで四〇八年にメシアは王国を彼から取り上げてしまうだろう。これは復活の時点であると〔ゾーハルに〕いわれているけれども、それは異議を意味しているのではない。わたしたちの罪ゆえに〔メシアが来ぬまま〕月日が流れてしまったのだから〔それでいまメシアの来臨は復活と重ならざるをえないのである〕……〈このヨベルの年にはおのおのその所有の地に帰らねばならない〉――これは四〇八年である。恩寵の時、そしてイシュマエル[141]の王がコンスタンチノープルを占拠した日から数えた終末の日付のひとつである――これが〈これはとこしえにわが安息所である〉〔詩篇一三二、一四〕の秘義である」。四〇八年には「自由と歓喜の光」が現われ、不純なるものの軍勢を「ことごとく潰走させ、かくして不正の子らはもはやこれまでのようにイスラエルを苦しめはしないだろう[142]」。このときすべてのイスラエル人は己れの家族と一族を知るだろう。そしてトーラーの秘義はもはや隠されたままになってはいないだろう。ほかならぬメシアのトーラーである「救いの泉」が明かされる。それは「日の老人が隠していた秘義で、神の命により救世主が来臨するまえに明かされてはならないものである……闇と盲目の苦しみから、わたしたちを［より高い世界から］隔てているとばりからわたしたちを救ってくれるのはだれであろうか。」日の老人の秘義がひとたび明かされると、その「明かりで下が明るくなる……それゆえ、秘義も［天上の］世界も〈ほどよい時〉になるまで明かされてはならないと定められたのである……それゆえにまた、秘義を見下した尊大な態度で学び、熱望も欲求も憧れももたず、［ハイーム・ヴィタールがイサアク・ルーリアを学んだときにしたように］涙し、食を断ち、大きな恐れを抱くこともしない多くの者たちは罰せられた……［まったくありもしない知識をひけらかす］当今の学者連中とは違い……［教師たるものは］トーラーの秘義をひと前に出さぬようにすべきだろう。たとえそれが世の大物に属するひとたちであっても。いわんや彼［弟子］に涙と強い意欲をもって神秘な教義を吸収するようすが認められないかぎりは。というのも、わたしたちにはあまり気高くない魂の［完全さの］程度はわからないからである(144)」。

だが、救いの日と定められた「ほどよい時」は挫折の時であることがわかった。フミェルニツキイの反乱の一五年まえに死去したラビ・ナータン・シャピラーは第一回十字軍遠征の大虐殺に関連して同様のパラドックスを指摘していた。というのも、「四八五六年（一〇九六年）も〈ほどよい時〉で、〈あなたがたの所有したどのような土地でも、その土地の買い戻しに応じなければならない〉という文言［レビ記二五、二四］が示唆するように(145)、終末と定められた［可能性のある］日付のひとつだったからである。それで当時ドイツとフランスで、［民衆を］贖罪へと目覚めさせるために、大きな迫害があったのである。ところが彼らは贖罪をしなかったので、救われなかった(146)」。救済の好機が挫折の時に変わるかもしれないという考えは、スペイン追放後に書かれたカバリストの著作にすでに現われている。著者たちは昔の預言を、たとえば一四世紀の『ペリーアー』の書などから引用した。救いはヨブ記三八、七に「明けの星がこぞって歓びの声をあげるとき」と示唆されているように、五二五〇年（一四九〇年）に来るだろう、とその預言は述べている[147]。かわりにベロンの年（一四九二年）は追放をもたらしたのだった。

一六四八年の大虐殺を生き延びたカバリストたちは、しばしば繰り返されるゾーハルのモチーフのなかに、この救済の日付の逆説的な変形を表わす格好の象徴を見出した。ゾーハル[148]はアラム語の形 *kes ha-jamin* とヘブライ語の形 *kes ha-jamin*（「日の終り」）とを区別している。ダニエル書一二、一三にも現われるアラム語は「右手の終り」とも言い表わすことができ、そのばあい神の恩寵の属性である「右」手の支配のもとに開始される日の終りを指している。もうひとつの、左手による終りの支配は悪の諸力の活動と厳しい裁きの性質を象徴している。それは創世記四、三のアベル殺しの描写を皮切りに聖書の数多くの不幸と苦難の物語が始まる *Mikkes Jamim* という表現によって示唆されている。ゾーハルではこの象徴的な語呂合せは歴史的ないし時間的意味をもっていない。ところがまさにそれをポーランドのカバリストたちはゾーハルのなかに見出したのである。起こったことを表わす恰好の象徴がここにあった。右手のもとに始まる終りが左手のもとに始まる終りに逆転した。不純の諸力が勢いをえ、恐ろしい不幸を惹き起こした。「〈これ〉が日の終りと呼ばれ、その数値は四〇八［一六四八］である。それゆえ、それはあくまで救いにふさわしい時であったが、わたしたちの四つの大罪のために——わたしはそう言われた——*ha-jamin* の終りが *ha-jamin* の終りに屈し、かくして〈すべての肉の終り〉がやってきた[149]。」一六四八年の殉教者のひとり、ネミーロフのラビ・イェヒエル・ミカルは、ハマンによって企てられた大虐殺はイスラエルの贖罪のために起こらなかったが、一六四八年に延期されただけであって、そのことはすでにエステル書に示唆されている、と言ったそうだ。[150] 他方、恐ろしい受難が救済の到来を早めたのだとも信じられた。それは本当にメシアの産みの苦しみだったのだ、と。「あの時の殉教者たちの苦しみによって魂はケリパーからふるい分けられ、〈救いの魂〉となった。それによって救済もいちだんと近づいた。[151]」ある指導的なラビの権威がエレミヤ書三〇、七を解釈するさいにゲマトリアによって計算したところによれば、「それはヤコブの悩みの時である」という言い回しは一六四八年を指していたが、「ヤコブはそれから［つまり悩みの直接の結果として］救われるだろう[152]」。

メシアの時代の「産みの苦しみ」は大虐殺とともに始まったという感情はこの事件にかんする多くの報告に表われている。敵の名前すら「メシアの〈産みの苦しみ〉が世に現われている」というヘブライ語の文の沓冠《くつかぶり》として解釈された。実際に「メシアの産みの苦しみ」というヘブライ語の数値は四〇八になる。[153]「［ゾーハルがその年にと預言した］死者の復活は行なわれなかったばかりか、その反対に一万人のひとが殺され、埋葬されぬまま、犬に肉を食いちらされた……だが、復活は行なわれなかったにもかかわらず、メシアの産みの苦しみが始まった。[154]」有名なSHeLaHの著者の息子ラビ・サバタイ・ホーロヴィッツは彼の悲歌でこう嘆いた。

六〇〇〇年の四〇八年に
わたしは自由になる希望を心に抱きましたが、
［そのかわり］彼らはあなたの民を滅ぼす奸策を考え出しました。[155]

イタリアのラビたちも同様の考えを表明している。ラビ・ユダ・アサーエル・デ・ブオーノは一六五二年に、「世界の隅々でいろいろな時期に、いろいろな方法で束ねられて、わたしたちを襲った［エレミヤ哀歌一、一四参照］苦難は……わたしたちを追放から救う報せをもたらすわれらがメシアの使いなのである」(156)と書いた。

一六四八年の大虐殺と苦難のあとに続いた興奮は長いこと消えなかった。スウェーデン－ロシア戦争（一六五五―五六年）のあいだに起きた新たな迫害が危機感を強めた。一六七四年に有名な説教者ラビ・イサアク叱責者（ラビ・オストロポールのサムソンの義父）が同時代の人びととの経験を次のように要約している。「亡命生活の［通常の］苦しみとメシアの産みの苦しみとの違いは、前者は〈竈と竈のあいだにスペースをおく〉［つまり前者には間隔がある。創世記三二、一七参照］という点にある。それにひきかえ、メシアの産みの苦しみは絶え間がない。わたしたちは実際に一六四八年からこんにちまで心安らぐときもなかった。(157)」サバタイ・ツヴィの登場後、ロブセンスのヤコブ・ベン・サロモンはさらに、ゼカリヤ書六、一二に一六四八年と一六五六年の騒乱との関連を見出した。「見よ、その名を枝（ツェマッハ）というひとがいる。なぜなら、彼のいるところに枝が生えるからである。」ヘブライ文字の操作によってこの文はツヴィ到来を預言するものと解釈できたのである。そうした預言は当時の窮状から芽生えたのだった。(158)別の説教者は苦い失望を味わったあと、カバリストの預言の明白な意味を取り除こうとし、この預言は「祈禱と贖罪と慈悲」の革新に関係しているのだ、それらに相応するヘブライ語の概念は四〇八の数値をもっているのだから、と論証した。したがって、「四〇八」という数字は特定の年を指しているのではなく、祈禱と贖罪を指しているのである。(159)だが、そのような説教は、サバタイ・ツヴィが登場するまえの数年にポーランドとドイツのユダヤ人がひしひしと感じた、危機と「追放の軛」の増大する圧力の意識をやわらげることはできなかった。(160)あの当時の大いなるメシア待望論に寄与したさまざまな流れや要素を分析、叙述してみると、ひとつだけ謎が残るようだ。どうしてメシアはポーランドかドイツのユダヤ人コミュニティから出なかったのであろうか。

Ⅷ　キリスト教におけるユートピア的メシア思想。千年至福説と千年至福運動

サバタイ主義運動の背景にかんする研究のしめくくりとして、別の視点から黙示録的メシア思想の革命的側面の問題に立ち戻ろう。わたしたちはサバタイ主義運動以前のユダヤの終末論における革命的傾向の言説を手短に検討し、それと、メシア思想をユートピア的革命的性格から切り離そうとする反対傾向との対決を論究した。ここでキリスト教内部における同様な葛藤を一瞥しておくのも無駄ではあるまい。類似のキリスト教徒の論争を顧慮することはサバタイ主義の勃興とその影響を理解するのに役立つだろう。実際に、二、三の著者はサバタイ主義運動と、同時代のキリスト教世界における一定の千年至福運動とのあいだに因果関係があることを、わたしの見るところ根拠十分とはいえないが、想定した。しかし、たとえそのような関係がなかったとしても、見たところ似ている「時代精神」（英語版ドイツ語）の表われは詳しく検討してみる価値がある。

公的なキリスト教は、カトリック教会もプロテスタント教会も、伝統的にユダヤ民族のメシア願望を、自分たちの精神的考え方に比べていくらか軽蔑的に、物質的、肉体的であると評した。ユダヤ人のほうはこの欠陥といわれるものをむしろ誇りにする傾向があった。彼らは、歴史の領域と訣別し、救済を霊と肉をそなえてこの世に顕現する公の行為とはみなさないメシア観に精神的進歩を認めなかった。彼らは自分

の理想を裏切ることをほこらしげにこばんだ。そして天にも地にも実現しない救済を主張する精神主義を信用しなかった。しかし実際には、キリスト教世界にもメシア的ユートピアの歴史的実現をあきらめない流れがあった。そのような流れはキリスト教のスポークスマンによって「ユダヤ的」とか「ユダヤ化している」という烙印を押されたけれども、それでもけっして無視できぬ影響力と重要性をもった。

この非正統的傾向はもちろんキリスト教の歴史的開始と、天の王国の到来が間近に迫っているというイエスの報せにその根をもっている。この報せの正確な意味は初代のキリスト教徒にも、また長いあいだ曖昧にされ、公的神学によってないがしろにされてきた終末論の問題をふたたび採り上げたこんにちの研究にも、いくつかの問題を課した。現代の研究の重要な成果のひとつは、初めは受け容れがたいものとして斥けられた「ユダヤ化している」考えに、ときには幾分気恥ずかしそうに、こっそりと戻ったことであった。イエスの報せはいま救済された人間存在の個々の次元に関係していたのか、それとも天の王国の到来が間近に迫っているという報せや天の王国がわたしたちの心のなかやわたしたちのもとに現在しているという報せは、そもそも歴史的世界へ影響を及ぼすのか。福音書とパウロ書簡中の多義的な矛盾した言説にかんする聖書釈義の細かい点をここで検討する必要はない。このテーマはきわめてセンセーショナルな歴史的研究書のひとつ、アルベルト・シュヴァイツァーの『歴史的イエスの問題』に扱われている。シュヴァイツァーによれば、イエスの黙示録的メシアニズムは完全にユダヤ的であり、地上における天の王国というユートピア的ヴィジョンからそれを抹殺しようとするすべての試みは失敗に終らざるをえなかった。ここで興味が惹かれるのは、メシア思想的な信仰観がのちのキリスト教の歴史において果たした役割である。その信仰観は「再来」と「千年王国」という二つの見出しでそこに表われている。

古い教会はキリスト再来を確信していた。最初に現われたときのキリストが死にいたる受難の下僕であったとすれば、二度目に現われるときは（パロウシア、アドヴェントゥス）勝者として、世界の審判者として登場するだろう。再来の描写はダニエル書七、一三―一四によればこのように表わされた。「見よ、人の子のような者が、天の雲に乗ってきて、日の老いたる者のもとに来ると、そのまえに導かれた。彼に主権と光栄と国とを賜い、諸民、諸族、諸国語の者を彼に仕えさせた。その主権は永遠の主権であって、なくなることがなく、その国は滅びることがない。」問題は、この預言がユダヤ人の終末論に想定されているような現世的性格をそなえた現世的人物を告知しているのかどうか、それともそのなかでは政治的、歴史的、現世的要素はすべて放棄されているのか、ということであった。新約聖書の作者にしてからがこの点についてはまったく意見が分かれていた。使途行伝、パウロ書簡、それとともに最初の三つの福音書は「ユダヤ人の」見解を呈示しており、それにたいし第四の福音書の著者が提供しているのは反対の見解の最も初期の表現である。メシアの現世的現われとしての再臨をきわめて感動的に表出したものはヨハネの作とされる黙示録に見出される。この新約聖書の最後の書と、使徒行伝一、六によれば復活したキリストになお「主よ、イスラエルのために国を復興なさるのは、この時なのですか」と問うことのできた使徒第一巻の始めの素朴な信仰とのあいだには、長い道のりがある。黙示録の著者はもはやイスラエルの国には関心がなかったけれども、イスラエルの国がメシアの国とその聖人たちに変わったことは、彼の終末論的ヴィジョンにおいて大きな意味をもっていた。黙示録には現世の支配者と娼婦バビロン、すなわちローマ帝国にたいする憎悪がはっきり印されているけれども、それは最も革命的な文学書のひとつとなった。皇帝ドミティアヌスによる迫害のあいだに書かれたこの書はキリスト教の殉教者を励まし、力づけるはずであった。著者の熱狂的なヴィジョンはキリスト教の要素がつけ加わったユダヤの黙示録的伝統と一致していた。それは「キリスト教的愛」といえるようなものでは全然なかった。キリスト教会の支配下でそれはすべての革命的夢想家にとって欠くことのできないインスピレーションの源であった。最終戦争の預言、ゴグとマゴグの戦争にかんするエゼキエルの預言をさらに発展させること、反キリスト（最初は疑いなくローマの教会迫害者を表わしていた）の登場、これらは注目すべきことに、だれでも権力の座についている者、あるいはだれであれ黙示録の注釈者が逆らおうとする者にうまく適用できた。ヨハネ黙示録の解釈の推移はメシア的ユートピアの物語において最も重要な章のひとつである。(161) 過激な改革派と運動が、反キリストとは教皇とバビロンの娼婦、すなわちカトリックのローマとカトリック教会にほかならないと説明したとき、この書は危険な爆発力をもった。

ヨハネ黙示録の終末論では明らかにダニエルの第四の獣にかんする幻から派生したものである千年王国のヴィジョンが重要な役割を果たしている。ダニエルはこの獣の滅びについてこう語っていた。「ついに日の老いたる者がきて、いと高き者の聖徒のために審判をおこなった。そしてその時がきて、この聖徒たちは国を受けた」（ダニエル書七、二二）。黙示録の作者は、最後に悪魔が底知れぬ地獄に千年のあいだつながれる最終戦争をまずシンボリックにえがいてから、さらに言葉をついで、「また見ていると、数多くの座があり、その上に人びとがすわっていた。そして、彼らにさばきの権が与えられていた。また、イエスのあかしをし神のことばを伝えたために首を切られた人びとの霊がそこにおり……彼らは生きかえって、キリストとともに千年の間、支配した」（ヨハネの黙示録二〇、四）。このヴィジョンが示しているのはメシア的千年王国である。それはメシアの勝利と最後の審判——そのまえにふたたび悪魔がしばらくのあいだ獄から解放される——のあいだの過渡期と理解されている。悪魔が力をもたぬあいだ聖徒たちがメシアといっしょに支配する地上の国の建設は再臨のクライマックスである。この期待がメシアの時代というユダヤの伝統的観念と近いことは明々白々である。

ヨハネ黙示録の第一九章から第二二章までは教会の歴史においてつねに躓きの石であった。最初、これらの章は地上における天国を指すものと解釈され、それどころかパウロがローマ人への手紙で語っている、キリストへ改宗したのちのイスラエルの再建ともつながっていたのである。だが、紀元三年から、この文字どおりの解釈を放棄し、天国の至福千年を未来のイエスの出現からではなく、イエスの最初の啓示の時から数えようとする傾向が強まった。[162] 暫らくのあいだ、キリスト再臨の遅れにたいする深い悲痛な失望から生まれた、「ユダヤ化論者」と「心霊主義者」のあいだの、黙示録の解釈をめぐる論争がかまびすしかった。「こんにちまでの〈キリスト教〉の全歴史、その真の内的歴史は、〈再臨の遅延〉すなわち再臨が起こらぬこと、終末論の放棄、およびそれと結びついた宗教の脱終末論の進展と完了、に基づいている。[163] 教会が優勢になったとき、その指導者たちは黙示録の革命的な含意とユートピア的危険性に敏感に反応した。そこで彼らはいま異端と断定された千年至福の傾向を克服すべく全力を尽くした。初期の教父のなかでも最も卓越した逐語的解釈の擁護者であるテルトゥリアヌスはマルツィオンに反論して、「キリスト復活のあと一〇〇〇年間地上へ降りてくる天のエルサレムに……地上の国が約束されていることをわたしたちは信じ告白する」と主張し、「神の下僕が神のために苦しんだ［地上の］場所で喜びを感ずることは当然であり、神にたいしてふさわしいことなのだ[164]」と論拠を述べることができた。中世のラビたちも同じ感情から詩篇九〇、一五の「あなたがわれらを苦しめられた多くの日と、われらが災いにあった多くの年とにみあうだけ、われらを楽しませてください」を引用し、メシアの時代は苦しみと追放の期間とちょうど同じ長さになるはずであることを論証した。しかし、このような見解と論証はやがて主だったキリスト教神学者たちにきらわれることとなった。彼らは現世的メシア思想と聖徒たちの国の信仰を「千年至福説《キリアズム》」、その信奉者を「千年至福論者《キリアスト》」（ギリシア語キリアス〈一〇〇〇〉から）と呼んだ。黙示録になんら愛着を示さなかったギリシア思想の継承者とユダヤ教の継承者とのあいだの古い対立は、キリスト教会内部で千年至福説論争によって新たな頂点に達した。「ギリシア的」メンタリティをもつ神学代表者は千年至福説を「ユダヤ的異端」とおとしめ、年限の限られた国は宗教的価値がない、と主張した。千年至福説はエフェススの公会議（紀元四三一年）で公に「誤謬にして幻想」と断定された。だが、千年至福説の公的拒否も千年至福説の伝統が個々のいろいろなグループや分派のなかで生きつづけるのを妨げることはできなかった。千年至福説の決定的な問題はもとより千という数ではなく、メシアの預言の文字どおりの理解に執拗にこだわることである。キリスト教の千年至福説には、広く知られたユダヤの黙示録と同様、メシア的終末論の破局的な面とユートピア的な面とが保たれている。時のたつうちに、このメシア信仰の周りに宗教的、政治的、社会的要素がさまざまに結びついてできた別の希望や理念が結晶した。教会の権威はそのような希望や期待のもつ革命的性格を十分意識していた。そしてそれらに応分の抵抗をした。とにかく公の反対は千年至福説の傾向を抑圧したが、一面ではその秘められた力と影響力を、とくに危機の時代において強めることにも貢献したのである。

千年至福説は多くの変更と発展を経験した。それが取ったきわめて重要な興味深い形態のひとつはカラブリアの大修道院長フィオーレのヨアキム（一二〇二年歿）の説に見られる。ヨアキムと中世後期における彼の信奉者の多くにとって、「地に住む者、すなわち、あらゆる国民、部族、国語、民族に宣べ伝えるために、永遠の福音をたずさえて」来る（ヨハネの黙示録一四、六）御使のヴィジョンは、三位一体の三人の人物を映したものとして三つの時期に分かたれている歴史の新しい理解のための秘密を含んでいた。神の隠れた性質が歴史の時代の経過とともに完全に明らかになる。アブラハムからイエスまでの第一の時期は父と法の支配の時代である。イエスの生誕とともに始まる第二の時期は、ひとの子と、教会の支配と、教会の秘跡の時代である。ヨアキムが一三世紀半ばに始まると期待した第三の時期は精神のみが支配する聖霊の時代であり、すべての外的形式や風習は消え、福音の神秘的意味が明らかになるだろうという。熱狂者やラジカルな改革者が「永遠の福音」という概念をヨアキムや他のひとたちの著作に見出される新しい啓示のスローガンに変えたとき、ヨアキムの説にこめられていた爆発力があからさまになった。神の子らの自由という無政府主義的な考えは、すべての外的形式や法を脱ぎ捨てた福音の権威を拠りどころとすることができた。これらの傾向はフランシスコ修道会の急進グループのなかに結晶した。それを抑えつけようとするカトリック教会の闘いは中世の宗教史における最もドラマチックなエピソードのひとつである。ヨアキムの信奉者たちはみずから心霊論者《スピリトゥアレス》と称し、「霊的人間」として彼らは「肉に従う」教会の欠陥と腐敗を鋭く批判した。彼らの批判は、千年王国という初めの「物質主義的な」考えをもうまえから問題にしていない雰囲気のなかにすら生きつづけていたユートピア的理想の生命力を具体的に示している。(165)しかし同時にまた、千年至福説の素朴な大衆的な形式も存続しつづけた。フス派の運動、だがとりわけその過激派であるタボル派において、この地上に完全なるものを希求する千年王国的憧れが、初めて社会革命の性格をおびたのである。(166)タボル派は一五世紀前半において、使途行伝に述べられているような、エルサレムの最古の教会の理想的共産主義を引き合いに出して、共産主義的教義を説いた最初のキリスト教宗派であった。

一六世紀初頭の宗教改革とともに始まった世間一般の興奮において千年至福説はその感化力と同時に破壊力も示した。メシア主義的な千年至福説は三つの重要な歴史的運動において革命的な形式を取った。それは一五二五年のドイツの農民一揆の精神的指導者で、いみじくも「革命の神学者」といわれたトーマス・ミュンツァーを導いた原動力であった。(167)それはまた、宗教改革の最初の一〇年間に巨大な影響力をもった再洗礼派内の絶えざる争いのもとでもあった。穏健派と急進派の綱引きは、政治的メシア主義の歴史において最も有名なエピソードのひとつで終りを告げた。一五三四年、オランダの急進グループのメシア主義的行動主義によりヴェストファーレンのミュンスターにシオンの国が宣され、黙示録的恐怖政治の支配が打ち立てられるにいたった。このメシア主義的革命の挫折はその後長いあいだ千年王国のプロパガンダに水を差し[168]、オランダ人ダーヴィット・ヨリス（一五五六年歿）を中心とする神秘主義的千年王国「地下運動」を促進することとなった。この運動は多くの点でサバタイ・ツヴィの棄教後のサバタイ主義的地下組織を思い出させる。興奮した再洗礼派の千年至福説はダーヴィット・ヨリスそのひとをメシアに仕立て上げた。それはまた、サバタイ・ツヴィとは違って、預言者であり、神学者であり、運動の使徒でもあった[169]。たしかに、再洗礼派のメシアのインパクトはサバタイ主義運動のそれとかなり近かった。それでも、これまで述べてきたことから十分明らかになるように、千年至福論者とその反対派のあいだの長い暴力的な抗争を抜きにして初期プロテスタンティズムの歴史を理解することは不可能である。（同じことはロシアのギリシア正教教会についてもいえるだろう。）それゆえ、一六世紀の千年至福論者が、カトリック教会における彼らの先駆者たちのたどった一〇〇〇年まえの運命を分かちもったのは怪しむに足りない。農民蜂起の鎮圧に果たしたルターの役割は十分知られている。一五三〇年のアウクスブルクの信条書、フィリップ・メランヒトンが作成したこの最も重要なルター主義の信仰告白は、いと高き者の聖徒たちの地上支配を信ずる千年至福信仰をはっきり「ユダヤ人の説」ときめつける。わたしたちはメランヒトンがアウクスブルクの信仰告白を起草するほんの一週間まえにしたためた手紙から、彼がユダヤ人のあいだにかくも大きな興奮を呼び起こしたサロモン・モルコの好戦的な黙示録宣伝を聞き知るに及んでひどく苛立っていたことを知っている[170]。ルター信仰の最も権威ある声明書にユダヤの千年至福説にたいする断固たる批判を盛り込んだのは、おそらくモルコのメシア気取りの扇動に反発したのであろう。しかし、英国の清教徒運動と大陸での同様の運動、とくにベーメンの修道士たちにおいて初めて千年至福説は歴史的力としてその最大の活力を示したのである。一七世紀における英国の大規模な戦争のあいだ、千年至福派の過激グループはますます大きな影響力と成功をかちえ、いっとき第五王国派(171)は議会を牛耳ることができた。一六五三年、クロムウェルが彼らと衝突し、「神に選ばれた者の議会」を解散したのちも、彼らの意見は依然としてかなりの影響力をもった。クェーカー運動は第五王国派内で生まれ、スタート時にはまだ、のちに弱まったが、完全な千年至福運動のあらゆる特徴的な兆候を示していた。サバタイ主義が大々的に勃発するわずか数年まえの一六五六年、ひとりの平凡な農民ジェイムズ・ネイラーがホザンナ〔もとはヘブライ語で「われらを助け給え」の謂。旧約聖書の祈りや喜びの叫び。キリスト教の典礼に受け継がれた〕を称呼しながら、イスラエルの王、正義の太陽、預言者の長、神の長子として、ブリストルに入城した(172)。個人的な幻視の経験と聖書の預言とが結びついて、固有の政治的ユートピアをもつ千年至福の預言者や先導者たちにインスピレーションをあたえた。千年至福派の宗徒がいっしょになってキリスト教としては初めて公にユダヤ人の権利を守り、イスラエル国の再建こそ千年至福の成就の主要部分であると宣言した。オランダに住むベーメン修道士グループの誉れ高い指導者ヨーハン・アモス・コメニウス、ペーター・セラリウスといった幾人かのひとたちは、その土地に住んでいるユダヤの学者と接触をもつことに成功した。

さりながら、千年至福説がサバタイ主義運動にあたえた影響を、多くのユダヤの学者たちがしたように、過大評価してはならないだろう。メシア思想の発生は内部から培われたのである。あの時代、千年至福説を公事の重要なファクターとして語ることのできるプロテスタントの国々に住んでいたユダヤ人はごく少数であった。本来、かかる影響を感ずることができたとすれば、それは北ドイツとオランダのユダヤ人だけであった。ロシアの千年至福派が抱いた、そしてのちにモスクワの正教会と離教者（ラスコルニキ）間の分裂のもととなった一六六六年への期待が、ロシアの（数少ない）ユダヤ人たちに知られていたかどうか、ましてや影響力が強かったわけではないなら、おおいに疑問である。ロンドンのひと握りのマラノ・ユダヤ人は重要な歴史的要因とはとうていみなしえない。同時代のキリスト教の千年至福説が救世主到来に向けてのユダヤ人の心の準備になんらかの役割を果たしたという証拠はない。そして、若いサバタイのメシアの夢がスミルナでイギリスとオランダの商人たちの千年至福の確信からインスピレーションを受けたというグレーツその他の仮説を裏づける証拠もない。真実は逆のようだ。多くの千年至福派は一六六六年のキリスト再臨を期待していた。この計算の基礎となったのはヨハネの黙示録一三、一八に六六六と述べられた「獣の数字」である。カバリストがゾーハルに述べられた四〇八年（一六四八年）に憶測を向けたように、キリスト教の終末計算者は、自分たちのメシアの数字にこだわり、それはこの獣が倒され、聖徒の支配が打ち立てられるであろう一六六六年を示していると解釈した。この計算が一六六五年のサバタイ主義の勃発になんら影響を及ぼさなかったことはあとでわかるだろう。時期が同じになったのはたまたまである。しかし、同じような宗教的状況に直面して見られるたんなる類似性であるにしても、啓発されるところが多い。千年王国運動は、ユダヤ的観念に影響されていると教会がつねづね邪推していたまさにこのような形式のメシア思想に内在する革命的可能性を十分に示している。この革命的傾向はキリスト教の歴史において少なくとも、幾世代にもわたってラビの権威が十分に厳しい規制を行なったユダヤ教と同じくらい強く現われた。サバタイ主義の勃発は、類似の千年至福運動がキリスト教に特徴的であるのと負けず劣らずユダヤ教に特徴的な出来事であった。実際には、ユダヤ教のほうがずっと深く困惑した。メシアの期待がユダヤ人の心に深く根づけば根づくほど、勃発の影響はますます重大かつ広範にならずにはいなかったのである。

第二章　サバタイ・ツヴィ（一六二六‐一六六四）のスタート

I　サバタイの生まれと青少年時代。彼のカバラー研究と「神性の秘義」

サバタイ・ツヴィの人柄を理解しようとするばあい、真っ先に問わねばならないことは、自分の名を冠するあのメシア運動を呼び起こした人間とはそも何者なのか、ということである。彼はどういう人間だったのか。彼は何をしたのか。彼はこの運動でいかなる役割を果たしたのか。これらの問いに答えを見出そうとすることによって、わたしたちはおそらく彼と結びついた出来事の性質と経過を、ならびにまたメシア復興の発端とセンセーショナルな伝播をもたらしめるにいたった理由をも、はっきりさせることができるだろう。

最初わたしは、サバタイ・ツヴィの伝記は歴史家によってあますところなく論ぜられているだろうと思っていた。いまさらすることはもうあまりない、少なくともそう思われた。カバラーの専門家でもないかぎりは。彼にはなおサバタイ主義運動の理論的側面を解明できる余地はあった。それもおそらく歴史家たちがこころよく示したよりももっと好意的な理解をもって。しかし、わたしは自分の間違いにすばやく気づいた。なぜなら、運動のイデオロギーのことはいわぬまでも、たんなる歴史的伝記的事実についてすら全真実を知ることにはほど遠く、さらなる情報提供が急務とされるからである。この四〇年間に発見された古い資料や新しい資料は、サバタイ・ツヴィという人間についてのわたしたちの理解を、これまでの研究者が期待していたよりも数倍も広げることができるような気がする。いまだ多くの細かい点、とくに彼の青少年時代のことはつまびらかではないが、それでもいま、サバタイ・ツヴィの確かな像をえがくことはできるように思う。たとえ、資料に見放されると自分の空想力で隙間を埋めたこれまでの多くの小説家や劇作家の再構築の手法に活路を見出さなくとも。

サバタイ・ツヴィは五三八六年（一六二六年八月）のアブ〔ユダヤ暦の第一一番目の月。七月から八月〕九日——第一神殿と第二神殿の破壊の追悼が行なわれる日——に生まれた。この年のアブ九日は実際にサバトにあたっていた。サバタイの名はこのように、そうでなければ疑わしい日付の正しさを裏づけていた。というのも、アブ九日は「神学的」日付でもあって、第二神殿破壊の日はメシアの誕生日でもあるだろうという古代のラビ的伝統にほぼぴったり符合するからである。したがって、日と年が正しい可能性は十分ある。そして、サバタイが本当にサバトにあたるアブ九日に生まれたのなら、彼の生誕年は五三八六年（一六二六年）でなければならない。三つの古い資料に述べられている五三八四も五三八五も選択の可能性はない。一六六六年一一月にコンスタンチノープルで書かれた手紙は、サバタイは一六二五年に生まれたと述べ[1]ているが、しかしまた同時に、彼がサバタイの名を受けたのはサバトに生まれたからだとも主張している。同様にレイーブ・ベン・オーザーは一八世紀初頭にアムステルダムで書かれた、もともとイディッシュ語のサバタイ・ツヴィ回想録の原稿で、最初（五）三八四と言い、それから四の数を五に改めている。しかるにそののち、サバタイ・ツヴィは五四〇八年（一六四八年）には四三歳であったと書くに及んでは、まえの日付を採用

している。(2)

他の資料、とりわけ『ラビ・アブラハムの幻視』、メシア復興が始まった頃の一六六五年にガザのナータンによって書かれた黙示録は、五三八六年（一六二六年）を挙げている。「見よ、五三八六年、モルデカイ・ツヴィにひとりの息子が生まれた。(3)」ナータンはこの情報をサバタイ・ツヴィ自身からえたと確信もって推定することができる。他方、運動の初期の段階でサバタイ主義のプロパガンダを広めた二、三のサークルにおいては、サバタイは五三八五年に生まれたという言い伝えが広まっていたようだ。「五三八五年にサーフェードからルーネル市宛に送られた書簡の本文」であると称する典拠があるが、しかしこれは実際にはもっとずっと古い、一五二五年から一五三〇年のあいだのなんらかの時点に書かれたメシア主義の宣伝書簡の改訂版にほかならない。それはのちの版では、年恰好二八歳くらいのひとりの男が五三八五年にサーフェードにやってきたと報告している。そのひとの名はダヴィド――明らかに一六世紀のメシア主義の冒険家、ダヴィド・レウベーニを指す――で、彼はほかの、もっとずっと古い資料に由来する失われた一〇部族にかんする話のほかに、ダビデの一門からメシアが誕生することを告げた。サバタイ・ツヴィのことは述べられていないが、その書簡はサバタイ派のなかで書き換えられたものであり、メシアの生誕年にかんする独自の伝承を表現していることにほぼ疑いはない。(4)もし彼が何かほかのサバトに生まれ、アブ九日にではないとするなら、一六二五年があくまで正しい生誕年であるはずだ。このばあいは、サバタイ・ツヴィみずから自分の生誕年を「神学的に」望ましい日付に移し替え、当然の帰結として三八五の年を三八六に変更したのであろう。サバタイ主義者たちのあいだで認められている日付はいうまでもなく、サバタイみずからが主張し、さらにまた運動の最盛期間中「われらの王にしてメシアの誕生」としてとくべつな祝日に定めていた日付であった。レイーブ・ベン・オーザーが、どうやら彼の親類らしいヴィルナのアブラハム・コーケシュの言に依拠して報告しているところによると、アブラハムが五四二六年（一六六六年）のアブ九日にサバタイと会ったとき、サバタイは「聖書〔詩篇九五、一〇〕に〈わたしは四〇年のあいだ、その代をきらって言った、「彼らは心の誤っている民である。」〉と言われているように、わたしはきょう四〇歳」である、と言ったという。さらにサバタイは、聖書やカバラーの本文にある彼の年齢や四〇歳での示現をほのめかしている多くの箇所を彼に示した。このことから判明するように、言い伝えられた日付一六二六年の出所はサバタイ・ツヴィ自身である。

彼の父モルデカイ・ツヴィが当時レヴァント人の商業の重要な中心地に発展していたスミルナへ出てくるまで、一家はギリシアに住んでいた。ギリシアのモレアにある彼の出生地はつまびらかではないが、モレアを狭い意味で、つまりペロポネソスとみれば、一家はペロポネソス半島で最大のユダヤ人コミュニティがあったパトラスからやってきたと考えてよい。事実、家族の一員サムエル・ツヴィが一六一四年にパトラスで結婚式に列席したことが言及されている(5)。ツヴィという名はセファルディームのあいだでは姓としても名としてもなじみがなく、名前と家族はアシュケナージ出身であるのかもしれない。エマニュエル・フランセスは、「サバタイはドイツ系アシュケナージの家族のひとりで、一家はそこ（スミルナ）に定住するために来たのである」と伝えている(6)。この詳細は裏づけができれば、非常に興味深いのだが、これまでほかの資料にもまだ指摘が見られない。エマニュエル・フランセスの報告はあまり信憑性がなく、多く不正確な点を含んでいる。ギリシアに住んでいたユダヤ人の多くはスペインから追放された家族の出ではなかった。ツヴィ一家がセファルディームでなかったとしても、それは必ずしも彼らがアシュケナージであったことを意味する必要はない。この問題には別途ひとつだけ重要な証拠がある。一六六六年にサバタイを訪れたポーランドの使節の報告に、サバタイが使節のひとりをドイツ語（またはイディッシュ語）で「だまりなさい」（英語版ドイツ語）と叱りつけた[7]ことが伝えられている（六六四ページ参照）。だがこのことから、彼は片言のドイツ語が話せたと推論してはならないだろう。このひとことがことさら述べられているということは、おそらく記憶するに足る会話が通常はほかの言語でなされたことを示すものであろう。これはサバタイがドイツ語（イディッシュ語）となじみがあったことを示す明白な証拠ではけっしてない。一六六五年一二月付の彼について書かれたいちばん古い書簡のひとつに、彼は「数ヵ国語」を話せたと述べられている[8]。しかし、確かな資料から、一六六六年以前の彼には皆目トルコ語の知識がなかったことがわかっているので、この「いろいろな言葉」とはどの種のものだったのか、そのなかにドイツ語ははいっていたのか、という疑問が起こる。

もちろん、ドイツ語の知識も必ずしもアシュケナージ出自を示唆するものではない。とくに彼のポーランド人妻はアシュケナージ家族の出で、彼は結婚当初彼女から多少ドイツ語を学ぼうとすれば学べたのだから。他方、彼の三人目の妻はイタリアで数年過ごしたことがあり、もし彼女がレヴァントでいちばんよく話される言葉であるイタリア語を学んでいたら、たやすくスペイン語に鞍替えできただろう。

サバタイ・ツヴィの支持者と反対者のあいだの緊張が高まったとき、彼の出自にかんする反対者の中傷が広まった。「彼の父親は靴一足のために身を売るだろう。そして母親もたつきのためには売春をするだろう[9]。」しかし、サスポルタスですら、サバタイを完膚なきまでにやっつける反感の持ち主であるにもかかわらず、これは中傷による嘘であり、なんら根拠がないことを認めている。数人のキリスト教徒は彼の父親について調査を行ない、一六六五年に、父親がモレアと移り住んだ当初のスミルナで鶏と卵を商い、のちにはさらにスミルナの英国商人の仲買人および代理商になったことを知った[10]。トルコとヴェネツィア間の戦争の結果、コンスタンチノープルへの海上ルートが断たれ、スミルナがヨーロッパとの通商の重要な拠点となり、それまでたいしたことのなかったユダヤ人共同体は一六二五―三〇年間に繁栄をきわめた[11]。イタリア、オランダ、フランス、そしてイギリスの商人がこの地に定住し、そのほとんどがユダヤ人代理商を雇い入れた。ユダヤ人代理商たちは西洋語にも東洋語にも堪能で、彼らにたいし現地とのつなぎ役となった。ユダヤ人の経済状況は急速に改善された。モルデカイ・ツヴィは成功した実業家で、たいそう裕福になった。このように、父親の事業には外国語の知識が必要だったから、サバタイ・ツヴィがまだ家にいた時分、ごく自然にそれが身についた可能性は大きい。

サバタイはモルデカイ・ツヴィの三人息子の二番目だった[12]。二人の兄弟、兄のエリヤと弟のヨセフは父の職業をついで、代理商になった。わたしたちの報告によれば、二人は裕福であった。とくにエリヤ・ツヴィの豊かさについては、いくつかの互いに関係のない資料が述べている。メシア主義運動勃発の折り、二人の兄弟はスミルナに住み、彼らのコミュニティの名望高いメンバーだった。二人とも「信者」の党にはいり、エリヤはそのなかで勢力家だった。エリヤは弟にしたがい、信仰を棄てたが、のちにはふたたびコミュニティに戻り、ユダヤ人として死んだ[13]。女きょうだいのことはわたしたちの資料には述べられていないが、一七一二年にスミルナを訪れたスウェーデンの旅行家ミヒャエル・エーネマンの示唆はサバタイに一人の女きょうだいがあったことを推測させる。この報告によれば、訪問当時サバタイ家の唯一の生存者はサバタイの女きょうだいの息子（彼の甥）サムエル・ペニナだった。この名は多分ペニャ（Peña）と読まねばならないのであって、スミルナの金持ち一家の名前であった[14]。

スミルナにあるいろいろなシナゴーグの正確な建立の日付はわかっていないが、トルコ系ユダヤ人の組織規約によればこれらのシナゴーグはそのときどきに特定の共同体のセンターになっていた。一七世紀の六〇年代と七〇年代には、ネーヴェ・シャーローム、ピント、バキス、ポルトガルといった共同体名が現われる。多くのシナゴーグには付属の施設イェシヴォース〔イェシヴァの複数。タルムードの大学。基礎教育をする学校ヘデルに対し、学者やラビを育てる高等教育機関〕があった。タルムード研究のために引き籠ることができる場所で、裕福な教区民によって建立された。たとえば、ポルトガルの共同体は一六五七年にイェシヴァを造った[15]。モルデカイ・ツヴィはどのコミュニティに所属していたのか、残念ながらわかっていない。

まだ運動が始まるまえにサバタイの両親は亡くなった。第一次世界大戦時にはまだ彼の父と伯父（イサアク・ツヴィ）の墓標はあった。二人は同じ年（シェヴァト〔ユダヤ暦の第五番目の月。一月から二月〕とニサン〔ユダヤ暦の第七番目の月。三月から四月〕五四二三年＝一六六三年）に亡くなり、いずれも「高齢の、賢い、うやまうべき」などと名誉ある言い方をされている[16]。サバタイの父が晩年重い痛風を患っていたことも別の資料からわかっている[17]。母親の生家の名は不明である。彼女の名はクララで、最近になって発見された、サロニキのサバタイ派の信徒（デンメー）によって書かれた詩のなかに出てくる[18]。彼女は一六六六年の数年まえに亡くなった[19]。彼女の思い出はサバタイと彼の信奉者たちによって大事にされていたようだ[20]。息子と母親の心の結びつきは、彼がガリポリに捕えられているあいだスミルナのユダヤ人たちに宛てて、母の墓に参じて、その上に手を置く善行はエルサレムの神殿へ巡礼することにもひとしい、と書き送ったことからも知れる[21]。実際に、預言者ナータンは一六六七年にスミルナを去るまえにサバタイの勧めにしたがった。

サバタイの学習と宗教教育についてはあまり信頼すべき報告はない。彼はユダヤ人の伝統的な教育の段階をすべて通り、そして才能の片鱗を示したとき、ラビ的研究に専念すべく勇気づけられたようだ。少年時代の思い出は預言者ナータンのサバタイ主義の黙示録『ラビ・アブラハムの幻視』にいくらか遺されている。「イサアクという名の男の思い出が善き人たちのためにいつまでもあらんことを。なぜならそのひとによって彼は神に仕えるすべを教えられたからだ。そして五歳か六歳の頃から、彼は神に仕えるために、己れを荷をになう驢馬のように、軛をになう牡牛のようにしたからだ。[22]」傍点の言い回しは、タルムード（'*Awoda Sara* 6 b)、さらにはミドラーシュ『タンナ・デベイ・エリヤフー』にも、メシアと関連のある言葉のなかに現われる。[23] 賞め言葉はイサアク・ルーリアを指しているように考えられるが、そうではなくサバタイの最初の教師を指しているのである。サバタイの竹馬の友、モーセス・ピンヘイロ（一六八九年リヴォルノにて歿）[24] ははっきりと、預言者の祝福は「六年間アミラー AMIRAH[25] とともに信仰生活に精を出し、いちばん最初にアミラーといっしょに学んだラビ・イサアク」[16] に向けられたものであると述べている。モーセス・ピンヘイロはこのことを知っていたはずだ。彼の証言のおかげで、わたしたちは多分サバタイが最初に教えを受けたひとがだれであるか確認できるだろう。スミルナのラビについて知られているところによれば、この言はイサアク・ディ・アルバ[27] を指していると思われる。彼はのちにスミルナのラビ裁判所の一員となり、サバタイの棄教後この裁判所から公布された回状の連署人であった。この回状にはサバタイの若き頃の特異な非行の伝記的描写も含まれている。[28] ディ・アルバは一六八一年に死去した。一六八一年末に死んだラビ・イサアク・シルヴェイラがサバタイの先生だった可能性はほとんどない。なぜなら、彼はわたしたちの資料には一六五〇年にサバタイといっしょにカバラーの研究をした仲間の弟子と述べられているからである。

それによれば、サバタイ・ツヴィは修業の最初の六年を師の監督のもとに過ごし、「信仰に必要な事柄」や神に仕える方法を教わった。そのあと、定評のあるハラハー学者で『ロシュ・ヨセフ』の著者である、当時最も名高かったスミルナのラビ、ヨセフ・エスカファのもとで勉強を続けた。サバタイのエスカファとの最初の衝突をえがくなかでサスポルタスは彼をサバタイの最も重要な先生と書いているが、この情報を疑うべき理由はない。それから察するに、サバタイは徹底した宗教教育とタルムード教育を受け、ラビの教義の基本的な作品をマスターした。彼がいろいろ問題のある人物になったのちも、彼のタルムード学者としての適格性を問題にしようとする者はひとりもいなかった。スミルナのオランダ人コミュニティのプロテスタントの牧師であるトーマス・クーネンが（明らかにサバタイ・ツヴィの家族を引き合いに出して）伝えるところによれば、彼はすでに少年の時にセファルディーのラビにたいする名誉称号ハハムの肩書きを受けている。[29] この事実はサバタイがヨセフ・エスカファか彼の裁判所のメンバーによってラビに任用されたというふうに理解できよう。サバタイ・ツヴィの回想を蒐集したアムステルダムのアシュケナージ・コミュニティの公証人レイーブ・ベン・オーザーの証言によれば、サバタイはハハムに認知されたとき一八歳だったという。実際に、彼の敵対者は彼のことを馬鹿とか狂人とか言ったけれども、無知とはけっして言わなかった。彼の信奉者たちはのちに、彼の法律知識や明敏さを説明する多くの挿話を語った。彼といっしょにタルムードの決議論を学んだモーセス・ピンヘイロは「彼は無類」であったと報じている。[30] このような証言は、真の核を含んでいることは確かにせよ、その価値を過大に評価してはならないだろう。サバタイは律法やハラハーの問題について議論をしかけるのが好きだった。棄教後の年でさえ、彼はなおアドリアノープルで仲間と会い、彼のしたことが律法違反のように思われても異議を唱えないでいると、仲間を叱った。[31]

サバタイ・ツヴィの学習の順序を定めるために、わたしたちはこれまで『ラビ・アブラハムの幻視』の証言に拠ってきた。しかし、この順序をひっくり返すことを支持する十分な理由がある。「信仰にかんする事柄」やハーシードの禁欲生活の厳格な規律についての学習が通常の律法の学習に先立って行なわれたとか、五歳か六歳の頑是ない子供がそれらの実践に没頭したとかいうことはあまり考えられない。おそらくモーセス・ピンヘイロの確言は、サバタイがヨセフ・エスカファのもとで伝統的な学習課程を終えたあと禁欲生活にはいり、ハーシードとして歩みはじめた時期にかかわるものと理解されるべきだろう。そして黙示録の記述はひょっとして意図的に歪曲されているのかもしれない。

ほかにも、サバタイの少年時の発達を記す独立した資料が二つある。クーネンはサバタイがめざましい成果をあげて勉強を終えたあと、一五歳でイェシヴァを卒業した、と報じている。そのあと彼は節制した孤独な生活を送り、独りで勉強をした。しかし、運動の初期の頃にイエーメンに送られた書簡のなかに彼の青少年時代を示す二つの指摘が含まれている。そのなかにはっきり言明されているところによれば、彼は一六四二年から「規律を身につけはじめ、あらゆる楽しみごとをその罪深さゆえに断って、わたしたちを軽はずみな行為へと走らせる軽薄者［人間のなかの悪の衝動］を拒絶した[32]」。彼の禁欲生活の開始をえがくこの描写はラビ・イサアクなる人物が「六年間彼とともに信仰生活に励んだ」という証言と一致しており、完全に正しい順序を示していよう。というのも、たとえサバタイが独りで学んだとしても、一般に専門家の監督が必要とされる禁欲行の問題ではさしあたってラビ・イサアクが彼を指導したと思われるからである。一六四二年という年はとにかくクーネンのいう日付と一致する。なぜなら、サバタイが一六二六年のアブ九日に生まれたのなら、一六四二年には一五歳であるからだ。この年代決定は『ラビ・アブラハムの幻視』の終りのほうで語られるある異常な物語によって裏づけられる。「彼［サバタイ］が六歳のときに、夢に炎が現われ、彼のペニスに火傷の痕をつけた。彼は夢に驚いたが、だれにもそのことを話さなかった。淫行の子ら（悪魔）が彼に近づいてきて、彼を堕落させようとした。悪魔は彼を打擲したが、彼は気にしなかった。彼らはナアーマの子、ひとの子を試す者で、いつも彼につきまとい、彼を惑わそうとした。」

この一部始終は六歳の時に起こったといわれるが、この描写が六歳児の情緒的性的経験を映すものでないことはかなりはっきりする。しかし、上から降りてきて彼の性器を傷つける炎の幻視ないし夢は、一六歳の男児に起こりえそうなことを表現している。この傷を負う指摘はどうやら、いろいろな結婚をしたがそのひとつでも全うするのをこばもうとするサバタイの姿勢をほのめかすものである。というのも、黙示録が書かれたとき、サバタイはすでに三人目の妻と結婚していたのに、まだ一度も手を触れていなかったからだ[33]。若かりし頃、彼は悪夢に悩まされたというが、それが性的な性格のものであったことは疑いない。報告は悪魔の跳梁する伝統的なカバラーの表象世界の枠内で明らかに性的なもろもろの誘惑をえがいている。彼に「淫行の子ら」が近づいてくる。彼らは「ひとの子をためす者」である。これは、ナアーマ、悪魔の女王が淫らな妄想で人間を誘惑するときにマスターベーションから生まれた悪霊を表わすゾーハルの専門用語である[34]。この術語はどのカバラーの著作や多くの道徳書にも現われる。黙示録の文脈におけるその意味は明白である。ここに掲げられた主張とは反対に、ナータンがサバタイ本人から聞いたと思われるこの話は、サバタイが禁欲の道にはいった少年のときに経験した実際の誘惑、とくに霊的禁欲的生活を始めようとする者を襲う誘惑を指していると考えてもよい。

サバタイは、聖職の手引きによれば「信仰」と神との交わりに必要不可欠な前提である孤独の生活を始めたとき、ラビの勉強を続けた。かなりたってから、彼はカバラーの研究も開始した。それがいつだったのか、正確にはわからないが、おそらく「ハハム」になってからカバラーに取り組んだのだろう。ほぼ同じ時期に一家の経済的繁栄が始まり、彼の兄はとても裕福になった。サバタイは家族に支えられて、経済的独立を享受したようだ。とにかく、彼はラビとして職務を行なったことは一度もなく、彼がたつきのために何かをしたとはどこにも述べられていない。どうやら一八歳か二〇歳のときにカバラーの研究を始めたものと思われる。これはけっして特筆すべきことではない。モーセス・コルドヴェロが『オル・ネーエラブ[35]』でつとに明言しているように、ゾーハルの研究を始める適齢期は「半ば物心がついたとき[36]」なのである。四〇歳まえにカバラーの研究をしてはならぬという、比較的のちの「禁止」はセファルディームには承認されなかった。(二六歳でカバラーの大作をものした)コルドヴェロのような名だたる権威がこの禁止に言及しているのは、それをきっぱりと斥けるためにほかならない。サバタイ主義運動の結果として禁令は緩んだようであるが、しかしそのときでも、禁令が実際的意味をもっていたかどうかは疑わしい。いつの時代にも、一七五七年の大禁令のあとでも、多くの者が少年時代からカバラーの研究に専心しており、禁止の実際的意味は過大に評価さるべきではないだろう。

ほかにも、かなりの驚きを呼んだ重要な詳細がオランダ人クーネンとサバタイの友人モーセス・ピンへイロによって伝えられている。二人ともスミルナに住んでいた。彼らの報告によれば、サバタイはカバラーを独りで学んだ。教師も助言者もなく、また最初は勉強仲間もいなかった。レイーブ・ベン・オーザーによると、サバタイは「当時父の家に住み、とくべつな部屋に引き籠って、もっぱら勉強に専念した。その結果、短時日のあいだにカバラーの知識の大家になった[37]」。この言い伝えの典拠は不明である。クーネンもピンへイロもそれに触れていない。遺憾ながら、レイーブのカバラー観は通俗的な、噂を織りまぜた性質のものなので、サバタイの教育について彼からうるところはあまりない。それにひきかえ、モーセス・ピンへイロは自身知識豊かなカバリストで、それゆえ彼の証言には大きな重みがある。彼の報告がサバタイの棄教後数年を経て、リヴォルノに住んでいたときに書かれたということは、けっしてその歴史的精度を減ずるものではない。それどころか、サバタイが暮らした精神的雰囲気を忠実に反映しており、その内容は驚くべきもので、詳しく引用する価値がある。

真理の学問［カバラー］において彼［サバタイ］はゾーハルとカナ書以外の書物は勉強しなかった。たくさんのものを学んだラビ・モーセス・ピンヘイロが異論を唱えて、それに答えていると、彼［サバタイ］はこの問答の稽古をからかった。……彼はすべてを独りで学んだ。それというのも彼は、これらとはアブラハム、ヒゼキヤ、ヨブ、そしてメシアである、とミドラーシュのいう、独力で創造者の知識に到達する四人衆のひとりだからであった。[38]彼はまた、自分がそれ［神性の秘義についての教え］を忘れないのは、常日頃多くの集中力（カッヴァーナー）をもって祈り、たえず言葉の単純な意味について瞑想しているからだ、さながら王の前で祈るひとのように、とも言った。エン・ソーフについてそのようなことを言うと思っただけで尻込みしたが、大きな認識がえられるまで、真実を認識しようと骨折った。上記のこと以外に彼は［通常のカバリストの］瞑想をしようとしなかった。だが、あるとき贖罪日の前日に彼といっしょに学んでいたモーセス・ピンヘイロが日頃なれ親しんでいたこの［ルーリア的］瞑想をやめられないでいると、悪魔が道ならぬ［つまり不純な］考えを彼の心に吹き込んだ。それにたいして彼は勇んでひとりごとを言った。「ぼくは彼［サバタイ］よりも偉大なのかな。なんといっても彼はタルムードの教育や信仰［つまり禁欲生活］や知識［つまりカバラー］では非常にすぐれているが、しかしこういう瞑想はやらない。だからといって、ぼくがやめる必要なんかないじゃないか。」そう言って彼はかたくなに先に述べたようなやり方で瞑想を続けた。[39]

ピンヘイロがほのめかしている神性の秘義にかんするサバタイのとくべつな神秘説にはあとで立ち返るつもりである。ここではカバリスト文学と神の言葉への瞑想的集中の教義にたいするサバタイの姿勢を考えてみる。ピンヘイロの叙述はサバタイの最初のスタートにかかわるもので疑いの余地はなく、本当に教えられるところが多い。サバタイが一六四四年から一六四八年までカバラーの研究に従事したとき、折りしもルーリアのカバラーが躍進しはじめ、実際にすべてのカバラー学習者がサーフェードの神秘家たちの――手書きや印刷した――テクストに没頭した。サーフェードから吹き寄せる精神はやがてカバラー衆徒を支配した。そしてサーフェードの賢者の著作から流れ出る叡知の泉を飲むことがすべての神秘家たちの大きな願いであった。サバタイ・ツヴィはそうではなかった。ピンヘイロはわたしたちの期待とは裏腹に、サバタイがルーリアのカバラーやコルドヴェロの著作に没頭したとか、ルーリアのカバラーの土台になっている、スケールの大きいこみいったドラマの理解において、同学のだれをもしのいでいたとは伝えていない。サバタイは一七世紀の五〇年代始めにピンヘイロと別れたあと、これらの研究に専念したのかもしれないが、彼の発展の最初の決定的な時期にはそれは何の役割も果たさなかった。彼の読書はゾーハルの五巻とカナ書の二巻に限られていた。カナ書にはとりわけ大きな意義がある。

カナ書は「掟の意義」にかんする浩瀚な書であり、『ペリーア』書として知られ、同一の著者によって書かれた、創世記の最初の五章へのカバラーの注釈と同じタイプのものに属する。両書はサバタイの頃にはまだ印刷されておらず、一八世紀末のハシディームが初めてその刊行をなしとげたのであった。しかし、手書きのコピーは出回っていたので、カバラーの学習者はだれでも手にすることができた。これらの著作は大きな影響を及ぼしたが、サーフェードのカバリストたちはその価値や信憑性について意見が分かれていた。モーセス・コルドヴェロは学生たちにそれらを利用しないよう忠告するとともに、その教義のいくつかを攻撃し、あまつさえ、それらは偽装しているけれども、比較的日付の新しいタルムード時代の作であると明言した。しかし、ルーリアのサークルでは評価され、ヴィタールが『エッ・ハイーム』の序文に引用しているルーリアの二、三の言葉からわかるように、その古さも信じられていた。おそらく、これらの書の極端なカバラー的見解と、ユダヤ教全体の神秘的核に向けて集中するその手法がルーリア派を魅了したのだろう。一四世紀に匿名のスペインのカバリストによって書かれた[40]『ペリーア』と『カナ』は、タルムードのハラハーへの神秘的帰依と尊敬、そしてハラハーの手法と規則にたいする半ば婉曲な、それでもときにはきわめてラジカルな批判とが奇妙にいりまじったものである。著者がハラハーの世界を守ろうとしたことは明らかだ。といってももちろん、純粋に解釈的な、あるいは「字義どおりの」ユダヤ教はけっして存在しえないこと、タルムード的律法的思考の自律的な領域はないことを明らかにするだけである。タルムードの字義どおりの釈義的理解はそれ自身の内在的批判の弁証法において崩壊し、それに内在する秘義によってしか救われない。タルムードとトーラーの唯一可能な解釈は神秘主義的解釈である。グレーツのように、著者はその激しい批判をカバリストの信心深さという覆いの下に隠した断固たる反タルムード者であったと推測する必要はない。たとえ著者に意識的な反律法主義的意図があったと勘ぐらなくても、この書は十分火種を含んでいる。おそらく、崇高さと偉大さの幻想がサバタイをその渦に巻き込んだとき、『ペリーア』と『カナ』[41]の研究によって播かれた種はその実を結んだのだろう。しかしそのときまで、サバタイはあくまでも孤独と禁欲的な信仰のなかで神を求めた若きハハムであった。

サバタイは、すでに見たように、サーフェード派のカバラー体系は学ばなかったけれども、その道徳的禁欲的著作、『レーシース・ホクマー』、『セーフェル・ハレディーム』、『SHeLaH』などに深く影響されたふしがある。クーネンその他のひとたちが、たびたび儀式的な沐浴をするサバタイの習慣について報告しているからだ。彼は週に何度かスミルナの近くの浜とか、必ずというわけではないが、共同浴場やミクヴァ〔斎戒沐浴場〕へ出かけた。この新しく生じた儀式的沐浴の意味はサーフェードから出たものらしく、そこからカバラーのモラリストたちによって宣伝されたのである。この禁欲的なやり方をルーリアの影響を示す証拠とみなす考えが広まっているが、誤りである。なぜなら、実際には民間信仰（あるいは現今の歴史家たちのまぎらわしい言葉づかいが生んだ「実践的カバラー」）はそのインスピレーションをルーリアよりもむしろ、「理論的カバラー」の大家モーセス・コルドヴェロと彼の弟子たちから受けたからである。サバタイ・ツヴィが苦行、断食、沐浴を行なったとすれば、それはルーリアの教義に服したしるしではなく、ルーリアがサーフェードに来るまえから根をおろしていた実践に同調したまでのことである。

サバタイが祈禱についてとくべつな瞑想を行なわなかったことは、何よりもルーリアのカバラーにたいする彼の控えめな態度、いやそれどころか反感が示している。そのような「志向」はルーリアの修練の頂点をなすものなのだが、サバタイは意にかけない。そのかわり、「彼は言葉に意を注ぐ」、つまり言葉をもっぱら心からの帰依と言葉の正確な意味への知的集中でもって、「さながら王に向かって話すひとのように」、自分の言葉に秘密の意味をつけ加えないように細心の注意を払って語るのである。まるで、サバタイの精神生活には、新しいカバラーの主要な部分、カッヴァノースないしは「瞑想的志向」の世界全体——実践的瞑想訓練——など存在しないかのように見える。彼の祈禱は単純な原則にしたがっている。彼は「いつも彼につきまとって、彼を惑わせようとする」「淫行の子ら」の誘惑については何もピンヘイロに打ち明けなかった。だが、ピンヘイロは同様な困難さと、祈り——とくに瞑想的な祈り——のさいのよく知られた、ひとを惑わす「道ならぬ考え」と闘ったが、サバタイが自分の歩む道でやはり同じような誘惑に遭遇していたことは思いもしなかった。

この点でサバタイは同時代のカバリストたちとは違っている。彼は「古人」の著作（つまりこの時代古い文学と思われていたもの）には精通しているが、後代の大家のカバラーは、ゾーハルへの自分自身の鍵を探すために、避けている。彼はたしかにカバラーの思考を動かした新しい力を代表する者ではない。彼がこれらの諸力にたいしていわば変圧器の役割を果たしたとするなら、彼はそれを無意識に、はからずもなしたのである。他の多くのひとたちと同様、彼もルーリアのカバラーの大波に運ばれたが、しかしそれは彼のなかのオリジナルな、または個人的な琴線に触れることはなかった。彼ののちの発展とカバリストとしての瞑想についてわたしたちが知っていることのなかにはルーリア固有のカバラーはわずかしか見られない。その影響はまったくないわけではないが。たしかに、サバタイのメシアとしての最初の目覚めにルーリアのカバラーはまったく何のはたらきもしていなかった。かなり長いあいだ、彼の言語はゾーハルのそれであった。ゾーハルの象徴体系は彼にとってつねにルーリアのカバラーの新しい象徴体系よりも生き生きしていた。同じ非ルーリア的メンタリティはいま一度彼の晩年の記録にはっきり看て取れる。この年若いラビがルーリア的カバラーにどっぷり浸かった世界のメシアになったという驚くべき事実は、判断は慎重にせねばならないということを教えてくれる。それというのも、この運動の経過は若いカバリスト、サバタイ・ツヴィの個性もしくは内面生活よりも一般の雰囲気により強く規定されていたからである。

サバタイが初期のカバリストのテクストを読んでいるときに発見したこの「神性の秘義」とは何を問題にしているのだろうか。この問いに答えることは、サバタイの弟子たちのなかにはまったくいろいろな伝統があって、そのなかには彼の棄教後にさかのぼるものもいくつかある、という事実からしても容易ではない。彼の思考は年がたつにつれて発展し、深まったのだろう。事実、最終の、より複雑なかたちになった秘義は（その詳細が知られているかぎりにおいて）、多くの弟子たちが彼の若い頃にスミルナで彼自身の口から聞いたと主張する元の、見るところもっとずっと単純な表現とは一致しない。若いサバタイ・ツヴィのもともとの見解を明らかにするために、わたしたちは彼によって遺された唯一のカバラーのテクストに頼るわけにはいかない。なぜなら、たとえこの短い小冊子『信仰の秘義』のわずかなページが本物で、信頼できるものであっても——この問題については最終章で立ち返るつもりである——それは彼がアルバニアのドゥルチーニョに亡命しているさいちゅうにひとりの信奉者に口述したものだからである。このの ちの理論を彼の最初の思弁と比較することはたしかに許されない。その理由は彼の思考がたえず発展していることを明らかに示唆するものがあるからである。とはいえ、彼の理念の出発点を説明し定義するには、より綿密な調査が必要である。

ほかの多くのカバラー学習者と同じようにサバタイも、ゾーハルや類似の著作を読んだときに必然的に生じたひとつの問題に不安にさせられずにはいなかった。これらのテクストにたえず反復されるテーマは最初の流出者、玄奥の神秘に包まれた、エン・ソーフと呼ばれる隠れた神と流出、すなわち一〇のセフィロースと神の特質の領域とのあいだの区別である。わたしたちが祈りのなかで語りかけ、その命にしたがうイスラエルの神とはだれなのか。この問題における若いサバタイの惑乱にかんする重要な証拠はつとに指摘された。そしてわたしたちは、祈りのなかでイスラエルの神に語りかけるさいのあらゆる神の名と属性をエン・ソーフにつけることにサバタイが尻込みするのを見た。エン・ソーフはそもそもいかなる属性ももたないこと、それどころかエン・ソーフは意志と思考を超えており、隠れていてぜったい近づけないことを、カバラーのテクストははっきり認めていたのではなかったか。ところが、読み進めていくうちにサバタイは、ゾーハルが「聖なる唯一者に誉れあれ」という言い方と神の名、テトラグラムを、個々のセフィラーの象徴としてより詳しくティーフェレースと規定したことを、発見した。ゾーハルとのちのカバリストによれば、このセフィラーは自己自身のうちに神の活発な力を集結している。最初の三つのセフィロース(ケテル、ホクマー、そしてビーナー)は直接の活動力によってその下の世界に自己自身を顕わす。しかし下位の七つの、いわゆる構築のセフィロースは、明らかな可視的宇宙を建造する諸力である。それらの構造は創造の目に見えない所産をなしている。これら七つのセフィロースは創造の七日間に自己自身を顕わす。それらは七つの原初の日であって、それ自身時間では計れない。それらは「六つの方向」と呼ばれる六つのセフィロースとそれらすべてから力と影響力をもらう七番目のセフィロースとから成り立っている。六つの活発なセフィロース（ヘセド、ディーン、ラハミーム、ネーツァハ、ホード、イェソード）はそれぞれ、創造的な、自己自身を顕わす神の力の異なった側面をあらわにする。同時に、それらはみな中心のセフィロース（ラハミームないしはティーフェレース）に含まれている。いろいろな神の名と各セフィラーとの相関関係を通じてカバリストは、それぞれの神の名が一定のセフィラーのなかにある神的力の特殊な面を象徴的に表現するものであることを示唆する。すべてのカバリストの著作は、ティーフェレースと相関関係にある神の名はJHWHであるという点で一致している。このセフィラーのなかに神みずからがイスラエルの神として現われ、その特徴的な、発音できない名で示顕するのである。

その限りでは、ゾーハルの象徴体系は、たとえばナハマーニデス（およそ一二五〇年）がモーセ五書の注釈で説いていたこととあまり違わない。神を求めるなかで若いサバタイにかくも強い印象をあたえたのはまさにこの象徴体系にほかならない。神性の隠れた秘義とは、トーラーのなかでイスラエルに顕われた神は手の届かない、完全に超越したエン・ソーフではなく、ティーフェレースに顕われているあの神の力のとくべつな面なのであった。のちにスミルナのサバタイの弟子たちによって引き合いに出された「秘義」の最初の表現が述べていることはこれ以上のことではないのだが、この象徴表現はカバリストのあいだでは決まり文句だったのだから、それならサバタイ自身の寄与はどこにあったのか、という疑問が当然起こりうる。アブラハム・カルドーゾが一六七五年にリヴォルノを通過したとき、彼はこの教義の正確な意味についてピンヘイロと長時間議論をした。ピンヘイロは、一六五〇年にサバタイから、神性の秘義とは第六のセフィラー、すなわちティーフェレース、「恩寵の属性とJHWHという名」にほかならないことを明かされたと報告している。おそらくサバタイは初めは本当にこうした考えからほかならぬこの結論を引き出したのだろう。そして彼が友人たちに「明かした」ことはまさに、ナハマーニデス、バヒヤ・ベン・アッシャー、メナヘム・レカナーティといった非の打ちどころのない正統派の著者も含めてすべてのカバリストがすでに彼以前に説いていたことであった。カルドーゾは最初の弟子たちの伝統をこのように理解したと思われる。というのも、彼によれば、「AMIRAHは当時はまだ少年で、神性の秘密に迫りはじめたばかりであった。そして彼はこれらの賢者のカバラー体系にとどまっていたので、セフィラー、ティーフェレースの理念を採り上げた。これを彼は一六五〇年弟子たちにも明かし、彼らがタルムードを引き合いに出して異議を唱えたとき[42]、彼は聡明にも結局こう答えた。『主が知恵をお授けくださるでしょう[43]』」。のちの表現はもっとずっと深まっているということは、カルドーゾの推測が正しく、サバタイの思考は時の経過とともに発展したということを推測させる。とはいえ、彼の教義にはすでに始めから深い層があった可能性も捨てきれない。

少なくとも確かなのは、サバタイからのちに神性の秘義を伝授された者たちがそれを聞いたさいにアクセントのずれが生じ、ちょっとしたずれであったにもかかわらず、全体に違いができたということである。サバタイは彼らにこう明かした。「聖四文字がわたしたちの神であり、神は全流出にまさっている。神は聖四文字のWによっても表わされ、シェキーナーの夫ともいわれる[44]。」同様な「秘義」の伝統的表現が疑いなく一六六六年以後に結晶したサバタイの思考を表わしている。しかし、彼がすでに開始時に、「イスラエルの神」と呼ばれたのはセフィラー（つまり流出）それ自体ではなく、何かこの流出にまさったものであり、ただとくべつのセフィラーのなかで衣を脱いで姿を現わし、それから名と象徴を借りたにすぎないものなのである、という考えに達していた可能性もある。

この「秘義」の概念の決定的な特徴は、エン・ソーフないしは現われていない根の根と、たとえセフィロースのなかのひとつに顕現するといってもすべてのセフィロースの流出を越えている、JHWHと呼ばれる神的本性とを区別することである。この逆説的表現が含む潜在的な意味は後年になって明るみに出たのであり、初期にかんする証言にははっきり述べられてはいない。それは結局、摂理の管理権が隠れた実体――エン・ソーフ、あるいはほかにどう呼ぼうとかまわないが――から「イスラエルの神」の手に移されたということになる。わたしたちの目下の知識水準ではサバタイがこの教義をこの初期の時点で考えていたかどうか決することはできない。ユダヤ人の伝統的思考――カバリストの思考も含めて――のなかにはそれに類するものはなく、それは一世代ないし二世代後にサバタイ主義運動のなかで全土に知られるようになったのである。しかし、サバタイの神秘的思考が明らかにグノーシスの方向へ発展したことは確実にわかっている。JHWHという象徴が表わすのはもはや種々あるなかのひとつのセフィラーではなく、最高の、完全に隠れた根から出た実体であり、それはシェキーナーといっしょにセフィロースの構造全体の上方にある。サバタイがルーリアのカバラーに接近したときにこの発展が始まったとすべき十分な理由がある。エン・ソーフとは異なるが、セフィロースの上方に位する実体があるという考えの支えとなるものをルーリアのパルツーフィーム説または「構成」説に見出だすことができただろう。ここでもまったく同じように「すべての人間のなかでいちばん最初の人間」または簡単に「原人」（アダム・カドモン）が流出（セフィロース）の世界の上位に据えられている。サバタイはルーリア派のカバリストの著作に表現されているようなルーリアのカバラーの根本的主張をけっして受け容れなかったが、それでも、彼がそれによって彼独自の神性の秘義を新たに、もっと大胆に言い表わすべく励まされた可能性はある。(45)

一六六六年までのすべての資料は、サバタイ・ツヴィの「信仰する」神としてのセフィラー（あるいはその隠れた核の？）ティーフェレースについて語っている。『竜にかんする論文』でケリポースと悪の諸力によって苦しめられ、迫害されるサバタイについて書いた彼の預言者ナータンはこの年になって初めて、サバタイが落ち込んでいるあいだに、「それ［ケリポース］はみずからが支配権を握っていること、そしてその力は彼の信仰する［対象］ティーフェレースの力に拮抗するまでになっていることを彼に示した」と詳述している。のちの時点でサバタイは、ある種の組み合わせた文字が、そのなかには彼の指輪に刻まれていたJHWHやシャッダイの名もあったが、「わたしの信ずる神の名」を表わした、と言ったそうだ(46)。

サバタイ・ツヴィはスミルナの市民のあいだに霊感を受けた者の評判をとった。そしてすぐに彼の身辺に同年代の若い学者が集まった。彼らは彼とともにタルムードの教義や神秘的な教義を研究した。彼と同じように、彼らは海で儀式的な沐浴をし、彼について町から野へ出て、そこでトーラーの秘義に没頭した(47)。この野外研究は通常の散策ではなく、おそらく一六世紀のサーフェードのカバリスト集団の地方的慣習をまねたものであったのだろう。この慣習は、カバラーの初心者のための手引書であったコルドヴェロの『オル・ネーエラブ』に書かれている。そこには「わたしとほかの者たちが散策で体験したこと」が報告されている。「わたしたちがカバリスト、ラビ・サロモン・アルカベーツ(48)といっしょに野を散策しながらモーセ五書の詩句を議論していると、突然［つまりひとりでに］、意識的に考えずに、何度も見たり聞いたりしないと信じられないような新しい認識が湧いてきた(49)。」この散策は直観の力を刺激し、それがひとりでに、準備をしないでもはたらくようにする明確な意図をもって行なわれた。クーネンの叙述の幅を広げることとなったイディッシュ語で書かれた回想記の作者は、サバタイと友人たちはよく父の家でタリスとテフィリン（聖句箱）を身につけて座っていた、そして週に二、三度だけ、すなわち海で沐浴をしたり、一日中断食をしたり、カバラーに——おそらく上述の方法で——取り組んだりするために町を出るときに、カバラーの勉強を中断した、と書いている。

この図になんら異常な点はない。当時若い学者にとって、トーラーの通俗的な、部分的にはまた秘教的な研究に取り組むことはまったく普通のことであった。唯一の規律違反は、サバタイがもっぱら初期のカバリストの研究をし、「直観」の教えや祈禱中の瞑想の教えをおろそかにしたことであった。ここにいたのは、仲間に劣りはしないが、さりとてはるかに秀でているわけでもない、文学的大望ももたず、おそらくはまた文学的才能もない、ひとりの若い学者であった。彼は一冊の本も、一本の論文も書かなかったし、問答集はおろか、タルムードの注釈書（ヒッドゥーシーム）も著さなかった。のちの発展から判断すれば、おそらく彼は辛抱強い、計画的な創造的知的仕事をなす能力はなかったのだろう（一八三ページも参照）。従前どおりのタルムードの論文の一篇たりとて彼の名ですぐれた学者がたくさんいた内輪の者によって伝えられていない。

二〇歳で、クーネンによれば[50]二二歳で、彼は最初の妻と結婚したが、まもなく彼の振舞いの奇矯さが結婚生活においても露呈することとなった。彼は妻に近づかぬどころか、数ヵ月後には、義理の父からラビの法廷に訴えられたあげくに、これさいわいと妻を離縁してしまうのだった。それからほどなくして、彼は別の（クーネンの言葉によれば、スミルナの名門の出の）妻を娶った。しかし彼の態度は全然変わっていなかった。結婚生活はかたちばかり続いて、離婚に終った[51]。彼の妻たちの名前は未だに不明である[52]。当地の住民はサバタイの度を越えた潔癖さと敬虔さを指摘することで彼の態度を説明した、とクーネンは報告している。他方、レイーブ・ベン・オーザーが書き記すには、結婚してわずか数週間後に聖霊が現われて、この妻は彼に定められている伴侶ではないと告げた、とサバタイは言明したそうだ。いずれの説明もある程度は納得いくが、しかし結局のところ、サバタイ・ツヴィの結婚生活の全章は彼の個性の発展の新たなる転換に照らして見なければなるまい。ある変化が彼の感情生活をとらえ、病気の最初の兆候が現われたのである。

II　サバタイ・ツヴィの病気。その性質と意味

サバタイ・ツヴィは明らかに病人だった。彼の病の性質を究明してみることはそれなりに意味がある。同時代のひとは彼を気違いとか、精神異常とか、馬鹿とか言っている。彼の信奉者ですら、彼の振舞いは遅くとも思春期以降、このように言われる理由が十分にあったと認めている。かかる形容語は、敵対者によって論争的な著作で用いられたばあい、過大に評価すべきでないことは自明である。宗教や信仰のことで敵側から「気違い」とか、「愚か」とか、「いかがわしい」とか言われなかった者がいるだろうか。しかし、エジプトのある「信者」に宛てて、サバタイ・ツヴィは「生涯馬鹿か気違いとして知られていた」と書いたリヴォルノのラビ、ヨセフ・ハ＝レーヴィの言葉には、少なからず真実性があると見なければなるまい。あるいはまたサスポルタスが『ツィツァース・ノーベル・ツヴィ』に引用した記録に目立って頻繁に現われる類似の発言にも。おそらくそのような形容語は、サバタイの登場が彼の布教を否定した人びとのあいだに惹き起こした怒りと腹立ちの自然な表われにほかなるまい。反対者の言は、彼らのだれもサバタイ・ツヴィと話したことがなく、彼のことを知らなかったということを考えてみるなら、もっと批判的に判断されねばならない。奇妙なのは、彼を知っていた「不信仰者」が独自の報告を書く労を取らなかったことである。こうした事情のもとでは、サバタイを精神病者としてえがく歴史家や著者がしばしば誤っ

た理論を立てたことは意外でもなんでもない。病的なヒステリーをうんぬんする者もいれば、パラノイアだと言う者もいた。だれも確かな証拠(53)をあげることはできなかったし、彼らの情報は二次的な相矛盾する典拠から出たものなので、彼らの理論はあっさり憶測として片づけてしまってかまわないだろう。ところが、サバタイ主義の一次文献の発見でさまがわりした。それはサバタイの側近たちの回想録を含んでおり、その助けを借りて、わたしたちは彼の反対者の論争的な著作に含まれている真の核心を批判的に吟味することができる。

これらの資料から、サバタイはおそらく妄想性の特徴と結びついた躁鬱病的異常心理を患っていたと、ほぼ絶対的な確信をもって推測できる。これは体質的な疾患で、おそらく通常の意味での精神病ではないだろう。精神科医は一般にそう見るかもしれないが。この異常心理の特徴は多かれ少なかれ一定のパターンの行動を示すことで、ひとたび生ずると、患者はその行動パターンから外れることはない。躁鬱病のタイプは思春期とともに進展し、特徴的な病理学的現象は一般に一五から二五の年齢で現われ、幼少時代には現われない。その後、典型的な病状は、規則的な隔たりをおいてであれ、サバタイのケースのように予測できない間隔をおいてであれ、交代する。この「浮き」「沈み」の交代の頻度と間隔は病気の重さの程度を示している。躁の時期は極度の精神的昂揚、陽気な興奮、酔い痴れるような幸福感ならびに高い霊感力の確信からなる。それに捕えられた人間はスケールの大きい新しい世界を見、自分自身をその頂点に君臨する新生の被造物と感ずる。彼は非常に驚くべき独創的な考えをもち、それどころか幻すら見る。だがそれと並行して、鬱の時期、弱気と憂鬱、重度の消極性とイニシアチヴの欠如、精神的苦悩と外部から、もっと悪くすると内部からも迫害されていると思う感情の時期がある。(パラノイアのさいに現われる同じ感情とは違って、迫害は鬱状態のときしか感じない。)心はこの両極端のあいだを揺れ動くが、もちろん昂揚と消沈のあいだには、患者が他の人間と変わりなく振舞う比較的「正常な」時期もある。この体質的な病気の治療薬は以前はこんにちほど知られていなかった。だが、ある面でこの病気は他の大方の精神病と異なっている。それは全人格を損なわず、わけても知力を低下させることはない。大半の精神病は（多くの点で躁鬱病の錯乱に似ている精神分裂症と同様に）人格の破壊をもたらし、一般に破壊的進行をたどる。それは人格の完全性と統一性を解体し、知的能力をも破壊し、ついには患者の性格を変え、彼は元の自己の廃墟と化す。躁鬱病的異常心理は違う。それはたしかに患者の精神生活へ危険な動揺をもたらすとはいえ、理性のたがを緩ませたりはしない。患者にある面で知力もしくは才能があるなら、これらの能力は損なわれない。数日間、数週間、あるいはもっと長く続くこともある発作のあと、彼は正常な状態へ戻る。退化が進行し、知力や感情力の全面的崩壊へいたることはない[54]。

サバタイが二〇歳になったとき、まさにこの典型的な行動パターンが現われ、そして二二歳のときに全面的に発現した。多くの詳細な証言が晩年までの彼の精神生活の周期的なリズムを裏づけている。サバタイの同時代人、とくに彼の身辺のひとたちの報告に病気の医学的記述を裏づける驚くべき証が見出せる。サバタイの特異性に触れる資料は、彼が二〇歳の誕生日に近づいたときに最初の病的兆候が現われることを示す多くの詳細を掲げている。クーネンによれば、スミルナのサバタイの同市民は、一定の躁状態がサバタイの結婚まえの時点で現われはじめたと報告している。「そのとき彼はイザヤ書一四、一四の〈わたしは雲のいただきにのぼり、いと高き者のようになろう〉を引用した……そしてあるとき、彼は恍惚としてこの詩句を唱えたため、自分が空中を漂う姿を見ることとなった。あるとき彼が友人たちに、物体浮遊を見たことがあるかと尋ねると、彼らは正直に、ないと答えた。すると彼はこう言った。「きみたちはこの偉大な瞬間を見るに値しないのだ。ぼくのように純化されていないからだよ[55]。」物体浮遊の経験は忘我的体験のよく知られた特徴である。クーネンによれば、それはサバタイが初めてメシアとして示現するまえに何度も起こった。それからまもなくして、彼は勉強や禁欲行を共にした仲間の者たちに、ぼくに偉大なことを期待していいよと打ち明けた。このような示唆が相次いだあげくに、彼はみずからメシア、ダビデの子として示現したのである。

サバタイの興奮と抑鬱の交代する気分にかんする証言を引用するまえに、人間サバタイと彼のメシア宣言にたいする市民の反応を理解するのに大いに役立ちそうな、さらにほかの事情を指摘しておくのが適当と思われる。躁の人間は極度の興奮の瞬間に異常な行動をすることがある。「霊感を受けて」いるあいだは天才のように振舞い、独創的なアイデアを生み出すことができる。その反面、きわめて奇矯な事をし、本当に馬鹿のように振舞ったり、偏執的な特異体質を発揮したりする。これらはすべてそのひとの躁病の特殊な「内容」、才能や素質にもとづいている。躁鬱病による異常心理の診断それ自体は患者の思考と行動の内容や価値について何も語らない。これらは個人によって異なる。一般的規則としていえるのはただ、躁的経験にはすべてなんらかの特殊な、サバタイのばあいのように、ある種の一貫性をもった内容があるということだけである。

いつ躁状態の一時的な興奮が若いサバタイを晴れやかな熱狂のめくるめく高みへ、自分がメシアになった幻覚へ運んでいこうと、それとは別の、一見矛盾するような現象が認められるのだった。意識的な生活を禁欲的な信仰に捧げ、週に六日間苦行をした年若いラビが、法を侵し、彼の正常な振舞いとはほとんど相容れないような行動をする、というようなことがあった。のちにサバタイ主義者が彼の「奇妙な［あるいは逆説的な］行為」と呼んだのが、この一時的興奮の瞬間に現われる爆発なのであった。マアッシーム・サーリームという特徴的な多義的表現はサバタイ主義者の伝統では二重の意味をもっている。それは、それ自体聖書の法にもラビの法にも禁じられておらず、ただ奇態で、奇異で、ひとを面食らわせるだけの、ことによると不条理とナンセンスすれすれでもある行動を指している。だが、それはまたユダヤ人の宗教的法を軽重を問わず本当に侵すこともさしている。しかし、いずれの行動パターンも信仰と敬神の生活を送っている人間からは期待しえないものであり、賛美はおろか、賛同も彼にもたらさなかっただろう。サバタイ・ツヴィはより高い、内密の衝拍に支配されているように感じ、それがトーラーの掟を穢し、その品位を損なうような、まったく無分別な行動へと彼を駆り立てたのであった。これらの行動のなかには疑いなく、伝統的な律法にたいするひそかな無意識の反感が、最初は比較的無害なかたちで、のちには暴力的なかたちで現われていた。それらは積もり積もって、日頃はむしろ消極的な人柄なのに攻撃的な態度と言ってもいいようなものとなる。わたしたちはいま、ほかの点では非常に信頼できる伝承のなかに見出される「気違い沙汰」とか「愚行」とかいう言い方にどんな意味があるのか理解する。サバタイと親しい者たちは事情をよく知るひとたちに宛てた手紙や論文のなかで、現代の精神医学の言葉こそ使用していないが、この現象の本質を究明した。こうした理由からも一般ユダヤ人はこのことについては何も知らなかった。

一六六五年のメシア主義運動開始後のサバタイの人柄をえがくこれら最初の記録のひとつがすでに彼の「病気」に言及している。この初期の頃にはのちに病理学的事実を隠すために使用された神学用語はまだなかった。それゆえ、この病理学的事実はエジプトのナギド〔エジプト、北アフリカ、スペインにおけるユダヤ人の首長の肩書き〕ラファエル・ヨセフ・チェレビーの「宮廷カバリスト」のひとり、政府にたいしてエジプトのユダヤ人を代表する市民的ないしは世俗的代表者サムエル・ガンドゥールにはっきり述べられている。ガンドゥールは預言者ナータンを間近から観るためにカイロからガザへ派遣された。彼はナータンの熱烈な信奉者となり、一五年間彼の旅のお供をした。彼の証言は全面的に信頼できるものである。「彼［サバタイ・ツヴィ］について言われているところによれば、彼は一五歳のときから次のような病に苦しめられている。気鬱にしつこくつきまとわれ、いっときも気が安まらず、読書もできないのだが、自分を襲ったこの不安な状態がそもそもどういう性質のものなのか、自分でもわからない。そこで彼は、この気鬱が彼の感覚から消え去り、喜び勇んで勉強に戻れる時が来るまで、それを甘受している。彼は何年もまえからこの病気を患っており、医者もそれをなおすすべを知らない。それは天の［宿］命に属するもののひとつなのである。[56]」同じ手紙のなかで著者は一六六五年のシャヴオース〔五旬節〕の前夜に起きた発作についても語っている。「ラビ・サバタイ・ツヴィは突然不安［すなわち気鬱］に襲われて、心配で気を病むひとのように［メランコリーの状態で］家に籠っていた。というのも、彼は出かけて行って、いつも［この夜に］するように、ラビ・アブラハム・ナータンといっしょに［シャヴオースの前夜の礼拝文を］読むことがどうしてもできなかったのである。[57]」

　興味深いことに、この報告では病気の躁の面については述べられていない。このメランコリックな暗い気分、憂鬱、そして不安の描写における一般的なトーン、さらにまた「病気」という言葉の使用から、この報告の出所はサバタイ自身か、それとも当時彼を非常によく知っていた人物であると推察される。この描写は精神医学の教科書に書かれていること、すなわち、鬱状態は患者によって強く感知され、急性の病気と思われるが、[58]躁状態の一時的な晴れやかな気分にかんしてはそのような病気の意識はないということを裏づけている。熱狂的な、いやそれどころか忘我的な興奮は患者によって自分の病気の一部としては体験されないのである。躁状態のあいだはいわずもがなである。

　ガンドゥールの書簡は躁の面に触れていないけれども、他の多くの記録には、違いこそあれ、述べられている。というのも、一六六六年に大衆運動が始まってからは信奉者たちはもう「病気」のことを語らなかったからである。この表現は消える。彼らの目から見れば、病気の両面は神の摂理なのであって、彼らはそれに神学的な表現を、それも伝統的なものと、現代の「鬱」と「躁」の概念にまさに一致する新語とを用いた。預言者ナータン、アレッツォのバルーフ・ベン・ゲルソン、アブラハム・ヤキーニ、マッタティアス・ブロッホ、ヤコブ・ナヤラ、カストリアのイスラエル・ハッサンらの使用する新しい語彙は「照明」や「顔を隠す」時期について語っている。専門家の一致した意見によれば生理学上のものではないが、非常につらい鬱病の苦しみをナータンは神学的概念で説明している。「彼が一六六五年秋、ラビ・サバタイ・ツヴィがユダヤ民族のために受けたつらい、想像もつかぬほど大きな苦痛」について書いたときである。[59]『竜にかんする論文』(一六六六年)のなかで、ナータンはサバタイとメシアの王の典型であるヨブのあいだの類似性を指摘している。「ヨブが受けたとされるすべての苦しみはむしろ、ありとあらゆる種類のケリポースによってつらい病をこうむった彼[サバタイ]と関係がある。」これが、誤って信じられているように、自発的な断食と苦行を意味しているのでないことは確かだ。[60]同論文はさらにはっきり言葉を続けている。「苦心して彼[サバタイ]は[ケリポースに沈んだメシアの魂の]根全体を解放した。だが、彼が根全体を救い出したあとも、神は大きな誘惑でもって彼を惑わせた。何度も彼は天の高みに立つとそのつどまた大きな奈落の底へ落ち、そこで蛇たちが彼を誘惑して、『おまえの神はどうした』と言った。これは理性にはほとんど堪えられないことだが、それでも彼は毅然として信仰にとどまった。しかし、ほかにも彼はもっと重くつらい全身の病に堪えていた。彼がそうしてためされたとき、彼の名はヨブであった。[61]」ナータンの報告はメランコリーへ「転落」する心的経験をえがいている。同論文はさらに、象徴性ゆたかな言語でサバタイの病気のあらゆる面を映し出す重要な一章を含んでいる。

これらのことを述べた目的は、深く強い根をもつ蛇の力を滅ぼされたわれらが主[62]の偉大さを——彼の威信が高められんことを！——告げ知らさんがためにほかならない。それというのも、この蛇はいつも彼を惑わそうとしたからで[63]、彼が大いなる聖性をケリポースから救い出すために大変な苦労をしたあとはいつも、照明状態が消え、その力にとらわれてしまうことがあった。そういうとき、それは自分にも力があるんだぞということを彼に示した……だが、照明が彼を訪れると、彼はふたたびそれ［大きな蛇］を打ち負かした……というのも、まえにも説明したように、彼［メシア］がヨブと呼ばれるのはケリポースの支配下に落ちていたからだ。これは彼の気鬱の日々である闇の日々のことである。しかし、やすらぎと恍惚の日々には照明が彼を訪れ……彼は［ヨブについて］「そして悪を恐れた」といわれる状態にあった。なぜなら、彼は闇の日々に落ち込んでいたケリポースの領域から脱したからである[64]。

ナータンがのちに再度強調するひとつの点がここで非常にはっきりする。サバタイの病気は照明から気鬱への一回限りの移行ではなかった。この変化は規則的な、反復する現象だったのである。「気落ち」と気鬱の日々が、神話と心理学が独特にいりまじったシステムにしたがって、恍惚ならびに照明の日々と規則的に入れ替わる。ケリポースによる誘惑の内容も本文中に語られている。初め『ラビ・アブラハムの幻視』のなかで「淫行の子ら」についていわれたことが、今度はそれよりもかなり深い段階で大きな深淵の蛇についていわれる。むろん違いはあって、ここではこの惑わしと誘惑が彼を責め立てるのは「神が彼から顔を隠している」ときだけであることがはっきり述べられている。サバタイの生活で病気の勃発まえはほぼ正常だった心理的経験は、極度の興奮と抑鬱の特徴的なリズムにしたがって違いができてきたようだ。

ほかの証言によれば、サバタイの照明状態はさらに別の、ほぼ忘我に近い特徴を示していたようだ。「彼の忠実な下僕のように」、アドリアノープルにおける照明の日々のあいだにサバタイを見る幸運に恵まれたひとたちは、そのとき彼の顔が「太陽の顔のようだったモーセの顔に」似ていたことを覚えていた、とイスラエル・ハッサンは報じている(65)。言葉を換えれば、サバタイの顔は火のように燃えていたのである。このことはガリポリの要塞で照明を受けているさいちゅうの彼を見た別の目撃者によっても裏づけられている。たとえばポーランドの使節はサバタイとの会見の報告を残している。さらに詳しいのはレイーブ・ベン・オーザーである。「わたしは彼と飲み食いを共にした人びとと話をした。彼らは彼の捕えられていた要塞でいっしょだったのだが、彼の信奉者仲間ではなかった。彼らは彼の荘厳さはたとえようもないとわたしに語った。彼の顔は主の天使の顔にも似ていて、彼の頰はその間ずっと紅潮していた。彼らはまた、サバタイが日に数回やるならわしにしたがって主を讃える歌を歌ったときはいつも彼の顔を直視できなかった、とも証言した。なぜかというと、まるで火のなかを覗くようだったからである。彼を訪ねた大勢の信頼するに足る人物がこのことを証言した。彼らは彼の敵だったにもかかわらず、これが本当であることを認めた。多くのひとたちが彼を信じたのにはこうした理由もあったのである(66)。」

一六六六年の運動の最盛期にサバタイが照明と抑鬱の入れ替わる状態にあったことは非常によく証明されている。ポーランドの使節は「彼の顔がわれらの師モーセの顔のように、大きな光のなかで輝くのを見た。なぜかというと、その頃彼はちょうど大きな照明を受けていたからである」とアレッツォのバルーフは伝えている。だが、バルーフはさらに言葉を続けて、棄教後の時期についてこう語る。「われらの主がアドリアノープルにおられたとき……ガリポリの要塞で彼の上に降り注いだ［そしてメランコリーの時と交代した］大いなる照明が彼に戻ってきた。そのあと彼はしばらく［神から］疎外の状態にあったが、ほどなくしてそれ［照明］が戻ってきて、そして彼がわたしたちから隠れてしまうまで、それは続いた。[67]」照明と「疎外」の交代、そして大きな精神的苦悩をともなったメランコリーの発作をほのめかす同様の示唆が、棄教前後の信奉者の著作に表われている。預言者ナータンとヤコブ・ナヤラ、イスラエル・ハッサンは、彼が照明の瞬間に「奇妙な行動」をしたと、はっきり言っている。これは既述の精神医学的考察に一致する。一六七三年頃、ナータンはある書簡に、「神が光を彼［サバタイ］の上に輝かせるときには、彼はみんなの見ている前で非常に変なことをする」と書いている。ナータンの弟子ハッサンは棄教の出来事にかんする報告のなかでこう伝えている。「師はわたしたちに忠告した。〈AMIRAH が照明の状態にいるときは、できるだけ彼から離れていなさい。なぜなら、そういうときには彼はイスラム教を受け容れるよう、その場にいるみんなを説得しかねないからだ。〉」このように、これは照明のさいちゅうにだけ起こったのであって、普通のときにではない。[68]

一六七〇年、『創造の書』[69]にナータンは、サバタイは「あるときは最高の段階に、あるときは極度の、このうえなく深い惨めさのなかにいた」と書いている。一六七二年アドリアノープルにサバタイを訪ねたヴォリニアの信奉者ラビ・サロモン・コーヘン、またの名カッツは「一週間彼が大いなる照明のなかにいるのを見た」。この頃のサバタイの行動について彼は手紙にこう書いている。「彼の睡眠は不規則で、ときどきうたたねをするだけだった。彼の顔はさながらきらきら光る鏡、力強く昇る太陽のようだった。[70]」アブラハム・ヤキーニが『ヴァヴェイ・ハー・アムーディーム』に次のように書くときも、同様な気分の変化に関係している。「メシアの王が来るときは、［完全な］救い［をもたらすこと］によって示現するのではなく、最初は、ときに暗く、ときに明るいわれらの主によく見うけられたように、あれこれと悩み苦しむようすで現われるだろう。[71]」このような指摘の意味するところはサバタイ・ツヴィを知るひとにしかわからなかったようだ。ほかの者たちはみなそれを神秘とか象徴的な文彩とか考えて、それ以上には注意を払わなかった。典拠が示すように、この気分の変化はサバタイが死ぬまで続いた。この点でとくに重要な証言を含んでいるのはサロニキで発見された預言者ナータンの書簡である。そのなかで彼は一六七五年、彼が住んでいたカストリアのラビたちに、アルバニアの流刑地にサバタイを訪ねようとして不首尾に終った試みを鮮烈なイメージでえがきだしている。サムエル・プリモが一足先に到着していた。「そして彼はまだ主の御前に立っていた。だが、彼がそこへ行ってみると、彼［サバタイ］はバル・ナフレイ［逐語的には落下した者の謂］の神秘［に包まれた状態］のなかにいた。わたしは一五日間ドゥラッツォにとどまり、使いを出して、［サバタイを訪ねる］許可を請うたが、彼は拒否した。それでやむなくわたしはここベラトへ来て、彼の大いなる光がふたたび輝きだすのを待ったのである。[72]」ナータンはメシアのタルムードでの異名バル・ナフレイ（B. Sanhedrin 96 b）を、サバタイがひとを寄せつけなくなる抑鬱と疎外と「落下状態」を表わす象徴と解釈する。

このように、サバタイの身近なひとたちが彼の精神状態の急な変化を知っていたことを証する典拠は十分にある。これはかなり重要なことであろうが、わたしたちの推論をサバタイ・ツヴィ自身の資料によって裏づけることが可能であろうか。わたしたちの目下の知識によれば、サバタイは著書もトラクトも（一八三ページ参照）著していないが、それでもほかのひとたちに口で言ったり、いまなお残存している数少ない書簡のなかで文字で語りかけた彼の真正な言葉が多少とも伝えられている。さらにほかにも、彼がみずからの手で書き記した言葉を写したと称する彼のごく内輪の忠実な信奉者の覚書のなかにも遺されている。これら三つの資料が語る証言は相互の正しさを裏づけている。

サバタイと同時代のキリスト教徒で歴史愛好家のヨーハン・ハインリヒ・ホッティンガーは、所蔵する文書のなかに一六六六年にアムステルダムから受け取ったサバタイの手紙のラテン語訳をしまっていた。この手紙はサバタイがガリポリに滞在しはじめた頃に書かれたものらしいが、彼の逮捕直後に始まった抑鬱期のおそらくあとに彼を見舞った「大いなる照明」の喜ばしい報せを信者たちにもたらしている。変化は一六六六年五月二二日の安息日に生じたらしい。そして報せはその真率さを証す書きぶりで彼の苦悩（*afflictio mea*）と、安息日以降彼の心をみたしている大きな光（*splendor*）のことも述べている。「そして主はわたしの大きな苦悩［または病気］をみそなはし、大きな喜びと慰めでわたしを包まれた。それによってわたしは……待ちに待ったイスラエルの希望の時が非常に近いことをさとった……心痛と悲しみがとても大きかったわたしの心はいま光にみたされ、喜びに躍っている。[73]」イスラエル・ハッサンは、サバタイがアドリアノープルで（一六七一年）「大いなる照明のさいちゅうにみずからの手で書きつけた[74]」手記を見た。したがってヤコブ・ナヤラの詳細な年代記が扱っているのと同じ時期に書かれたものである。まさにこの手記は闇の時期（「主はわたしの闇をお照らしくださるだろう」）についても述べている。わたしはこれを、ときおり彼の心に降りる本当の闇を示唆するものであり、彼の棄教をほのめかす言い回しではないと考えた。同様の口調でアブラハム・ヤキーニもサバタイの死後まもなく一六八一年に書いている。「われらが主、真のメシア［サバタイ・ツヴィ］の時はいろいろだった。忠実な弟子ならよく知っているように、あるときは［彼は］崇高な照明に包まれ、あるときは闇のなかだった。それゆえダビデも言っている［詩篇三一、一五］。〈わたしの時はあなたの御手にあります〉と。[75]」サバタイのすぐ身近にいた人間のこの証言における最も重要な点は、「いろいろ異なった時期」、すなわち気分の変化がサバタイの忠実な弟子たちの狭い仲間内で知られていたことを認めている点であろう。

おまけに、サバタイ自身の貴重な証言もある。彼が一六六五年にアレッポを通ったとき、この重要なユダヤ人コミュニティのラビと親しくなり、彼にいろいろ個人的なことを打ち明けた。ラビ・ソロモン・ラニアードはサバタイ・ツヴィの熱烈な信奉者となり、棄教後も長いあいだ彼を信じつづけた。一六六九年夏、彼はクルディスタンの二人のラビに宛てて、一通の手紙を書いた。そのなかで、彼はサバタイが伝えたことを二、三報告している。本文は一、二カ所改竄されているにもかかわらず、この手紙(76)は非常に教えられるところが多い。曖昧な信者用語で書かれているだけで、ここに再現された話は、もとよりすべての細部の正確さについては確信をもてないけれども、手紙の書き手の心に深く刻み込まれていたものであるに相違ない。

彼［サバタイ・ツヴィ］がアレッポを通ったとき、わたしたちに個人的な経験を話してくれた。一六四八年のある夜、神の霊が彼の上に降りてきた。町から二時間ほど離れたところをひとりで瞑想に耽りながら歩いていたときのことである。神の声が聞こえて、彼に次のように話しかけた。「あなたはイスラエルの救い主、メシア、ダビデの子、ヤコブの神に聖別された者である。イスラエルびとを解放し、地の四方の果てからエルサレムに集めることがあなたの定めである……」その瞬間から彼は聖霊と大いなる照明に取り巻かれた。彼は［口にするのをはばかれる］神の名を口にし、ありとあらゆる奇妙な行動をした。神秘的なティックーンをなしとげるのにそれが適当と思われたからだ。しかし、彼を見た者は、彼の行為を理解しなかった。彼らから見れば彼は馬鹿にひとしかった。彼は何度もパレスチナのわたしたちの先生から多くの馬鹿げた行為(77)のために懲らしめられ、しまいに彼は人びとから離れて荒野へ引き籠ってしまった。彼は姿を見せるたびに、大きくなっていた。そして口には言い表わせないようなものを見た。しかしまた別のときにはたいそう暗い気持ちになった。あるとき、彼はシェキーナーの輝きを見た。またあるときは、神が大きな誘惑によって彼を惑わされたが、彼はそれに完全に打ち克った。そして一六六五年、彼がエジプトにいたとき、神は非常に大きな誘惑でもって彼を試された。ありがたいことに、彼はそれにも打ち克った。だがそのあと、彼は大きな誓いと多くの祈りと嘆願をもって、もう二度と彼を誘惑しないよう神にたのんだ。すると、彼が懇願したその日から、聖霊が、そして彼の照明も、彼のもとを去り、彼は普通の人間のようになった。彼は自分がしたすべての「奇妙な行為」を悔やんだ。それらの［神秘的な］意味がもはや理解できないからであった。最初にそれをしたときにはわかったのに。(79)

これは一方の照明と霊感の状態、そしてもう一方の「大きな悲しみ(80)」とケリポースによる誘惑についてのサバタイ自身の描写である。ここでまたしてもわたしたちは、彼が照明の状態と隠れた力の影響で「奇妙な行為」をして、馬鹿者の評判を取ったことを知る。ある秘密の「理由」から、そうするのが「ふさわしい」と確信していたからだ。さらにまた、彼が普通の気分のときは、照明が消え「普通の人間」のようになって、「理性に反する」いやらしい自分の行為の意味すらもはやわからなくなったことも知る。彼はそのとき自分の行動を遺憾に思った。なぜなら、もしこの高い力が彼をとらえ、このような奇矯な振舞いを強いたりしなければ、彼はもともと敬虔な禁欲者だったのだし、神聖な道を歩むことが唯一の願いだったからである。すでに見たように、ガンドゥールが（ひとつの病気と認識した）気鬱の時期を強調したとすれば、ラニアードはとくに照明を強調する。彼らの証言を合わせれば、ひとつの完全な像が出来上がる。その根本的な特徴はわたしたちがサバタイの私生活について知っていることすべてに支えられている。

わたしたちはいまやサバタイの狂気ないしは愚かさを指摘する声を認めることができる。トルコでサバタイ・ツヴィにかんする多くの伝承を収集したトビーアス・ローフェ・アシュケナージはこう書いている。「知識と教養があるにもかかわらず、彼はよく子供っぽいことをしたものだ。噂では、彼はときおり道化の精神に取り憑かれ、馬鹿のような振舞いをするものだから、人びとは彼のことを噂して、馬鹿といった。[81]」わたしたちは、彼が「馬鹿」になるのはもっぱら照明を受けた躁の時期だったことを資料から知っている。

ヘブロンのアブラハム・クウェンケ[82]はスミルナにおけるサバタイの行いについて真の信者のスタイルで報告しているが、サバタイの振舞いとほかの敬虔な若者のそれとのあいだに重大な違いがあることを否定せず、「その結果幾人も非を鳴らす者がいて、彼のことをどこからどこまでも馬鹿な奴といった……彼は山中や洞穴のなかへ引き籠り、兄弟にも家族にも近況が知れなかった。またあるときは、みすぼらしい小部屋へ閉じ籠り、たまに姿を現わすだけだった……兄弟はこの振舞いのために心配し、とても恥じたが、態度を改めさせることはできなかった……彼らは金持ちだったので、彼の振舞いによって侮辱されたように思った。彼らは彼を叱ったが、徒労に終った。[83]」「馬鹿」という形容詞は長年彼につきまとい、徐々に影響をあたえたようだ。しかし、そういう中傷を受けるたびに、彼はそれを自分の名誉称号に変えた。カストリアのイスラエル・ハッサンは、サバタイの手書きのメモを見たと主張しているが、それはこういう言葉で始まっていた。「大馬鹿者はかく語る。[84]」世間が大馬鹿者とみなした彼は自分自身では最も完璧な聖人と思っていたのである。

Ⅲ　メシア・サバタイの初登場とスミルナからの追放

以上のことにより、サバタイが最初にメシアとして名乗りをあげたことにたいしてどうして何の反応も起きなかったのか、ある程度まで説明できよう。わたしたちは彼をいろいろな点で才能のある、聖なる生活を心がける年若い学者というふうに想像することができよう。突然、彼に病気の兆候が現われる。彼はメランコリーに沈み、家族から姿を隠して小さな暗い部屋に閉じ籠る。そして子供っぽい、馬鹿な振舞いをする。どうやら悪魔に取り憑かれたらしく、衆目の見るところ、躁的な過度の高ぶりのときに見せる彼の態度も悪魔のなせるわざらしい。奇矯な、異常な、矛盾したことをやってのける。ときには、内的必然性と信じながら公然と法に反することをする。ひとに理解してもらえず、真意を十分に伝えることもできない。彼の非論理的な、ときに神をも恐れぬ振舞いこそ、いっさいの真のコンタクトを妨げるものにほかならない。やがて、一六四八年が来る。それはゾーハルに復活の年といわれているもので、実際ではないにしても潜在的な救済の日付と広く考えられていた（一〇九ページ参照）。だがそのかわり、いたるところ混乱と狼狽が支配し、「人びとは正義を探し求めたが、見たものは喧騒である」。

イスラエルの家全体にコサックの叛乱の恐怖に叫び声があがった。叛乱はポーランドとロシアで勃発し、ユダヤの歴史ではフミェルニツキイの大虐殺として知られる。ユダヤ人の血が滝のように流された。避難民はしだいにトルコ南部にまで達しはじめ、そこで多くの恐怖の報せが聞かれた。サバタイ・ツヴィは極度の興奮とメランコリーという両極端の気分のあいだを揺れ動き、メシアの期待にもショッキングな報せにも深い印象を受けていたに相違ない。どっちにより強く心を動かされたかはいえないにしても。とにかく、彼に最初のメシア告知があったとされる日付の言い伝えは本当で、信頼するに足るもののようだ。残虐行為にたいしてユダヤ人のなかに起こった猛烈な興奮と、照明の晴れやかな気分でいるあいだのサバタイの内的興奮とがひとつになった。ある日、彼は彼の使命を告げる声を聞いた。「あなたはイスラエルの救い主です……わたしはわたしの右手とわたしの腕の強さにかけて誓います。あなたは真の救い主であり、あなたのほかに救いをもたらす者はいないでしょう。[85]」しかし、公衆はサバタイを、悪霊ならずとも、道化の精神に取り憑かれた若者としか思わなかった。だれも彼のいうことや、族長アブラハム、イサク、ヤコブが彼に将来メシアとなる定めであることを伝えた彼の幻視に耳を貸そうとはしなかった。当時、彼のいうことを真に受けた者がいたという証拠はない。歴史家たちの反対の見解は一次文献の誤読によるものか、空想の領域に属するものかどちらかである。[86]サバタイ・ツヴィは病気か、それとも悪霊に取り憑かれているのだと思われた。そもそも彼に耳を傾ける者がいたとすれば、それは興奮や信仰からというよりむしろ同情からであった。

彼の最初の啓示についてはサバタイ自身の報告がある。彼は自分がメシアであることを最初は仲間と家族だけに打ち明けた、とクーネンは言っている。彼がそれをのちに公に発表したとき、いろいろな党派ができた。しかし、それらはあとかたもなく消えてしまったようだ。運動の最盛期にすら、名乗り出て、すでに一六四八年にサバタイを信じていたと主張する者はだれひとりいなかったのである。それゆえ、そもそもサバタイは公然とメシアの役目を主張したのだろうか、と問わずにはいられない。別の箇所で、クーネンは逆ではないかとさえ思わせる詳細を報告している。一六四八年以後、サバタイのからだから非常にいい匂いが出ていたという。（このことはサバタイ関係の資料にも述べられている。それはエデンの園の匂いだったと、のちに信奉者は主張した。）この件はかなり噂を呼んだ。人びとはラビが香水を使用するのをよしとしなかった。しまいにはスミルナの医師、ドクター・バルーフ(87)がサバタイを叱った。するとサバタイは彼を自宅に連れていき、衣服を脱いだ。そこで医師は匂いを嗅ぎ取ることができた。サバタイは族長が彼に聖香油を塗り、この秘密を然るべき時までだれにも明かしてはならぬと命じた幻視を医師に語った。医師も実際に沈黙を守り、一八年後、運動の最盛期になってようやくこの話を明かしたのである。もうひとりの目撃者は、これまたサバタイ・ツヴィの言に依拠して、塗油の出来事を語っている。今回の古文書の出所はスミルナではなく、リヴォルノで、ここでサバタイの竹馬の友モーセス・ピンヘイロが昔の思い出を尋ねられたのである。わけても彼は、「ある声が夜毎に三度〈わたしの聖別された者サバタイ・ツヴィに触れるな〉と叫び、三度目には族長がおとずれ、彼に聖香油を塗った(88)」という描写を思い出している。この報告から察するに、族長による塗油の話はのちの作り話ではなく、最初の、狭い仲間内に知られたサバタイの幻視の描写の一部なのである。ラニアード、クーネン、ピンヘイロのお互いに関係のない描写で相違しているのは細部と著作の引用だけである。

　この幻視、あるいはこの感情の激動がサバタイに圧倒的な印象をあたえたことは疑いない。その痕跡はサバタイにかんする伝承に残されている。ここにはサバタイの生涯の重要な日付の一覧表が掲げられ、それらはのちに宗教的な祝祭日に変わった。祭礼暦はサバタイのごく親しい仲間たちによって作成され、あくまで重要な歴史的日付を保存するためと考えられていたのだろう(89)。シヴァン〔ユダヤ暦の第九番目の月。五月から六月〕二一日にサバタイは「預言者エリヤによって聖香油を塗(90)」られたと暦にある。このように、サバタイ主義の伝統は族長をエリヤに代えた。どうやらサバタイがのちに自分で話を変えて、信奉者たちに話したらしい。最近発見されたサバタイの讃歌にはサロニキのデンメー〔一七世紀終りにイスラム教へ改宗したユダヤのサバタイ・ツヴィの信奉者。その数一万から一万五〇〇〇人とされるが、大部分サロニキに住んでいた。しかし、一九二三年のギリシア・トルコ間の住民交換のさいに多数がトルコを選択し、コンスタンチノープルとスミルナに引き移った〕によって比較的最近までとだえることなく祝われてきたこの祭日を寿ぐとくべつの讃歌がある。[91] ある讃歌は四〇八（一六四八）と二一の数値をもつヘブライ語の二つの単語[92]を織り交ぜることによって年と日をはっきり述べている。この日を祝う別の讃歌はこういっている。

まことに[93]、神はイスラエルを愛し給う
今日はAMIRAHが塗油された日……
おのおのその所有の地にかえる[94]……
塗油の日に
シェキーナーは解放された。[95]

同じように、イスラエル・ハッサンも「AMIRAH塗油後の、しかし彼の王国が現われ全世界に知られるまえの」時に言及している。別の箇所で、イスラエル・ハッサンは一六五八年を塗油の年としているが、これはしかし、非常に似た日付に起こった二つの出来事を取り違えたことによるものと思われる。[96]

クーネンがサバタイの兄弟から聞いた詳細は塗油を、忘我中のサバタイの顔の特徴的な輝きと結びつけているようだ。「彼が族長によってメシアに聖別されたあと、彼の顔は十戒を授かったあとのモーセの顔のように、非常に明るく、輝いていた」（出エジプト記三四、三五[97]）。

サバタイが躁病による極度の興奮状態にないかぎり、メシアの夢を見たことを推測させるものはなにもない。彼がメシアであることを公に主張したことを示すわずかな証拠もないが、じつをいうと、一度だけそういう主張が報告されている。サスポルタスは一六六九年頃次のように伝えている。「二〇年くらいま

えに彼［サバタイ］は口をひらき、『ぼくはメシアだ』と言った。そして口にするのがはばかれる神の名を言った。それで彼の最初の師である偉大なラビ、ヨセフ・エスカファが彼を懲らしめ、破門し、そして『彼を最初に打ち倒した者はお手柄である、なぜなら、彼はイスラエルを罪に導き、新しい宗教を創り出すだろうから』と告げた。この件についてエスカファはコンスタンチノーペルへも書き送った。」(98)

残念ながらわたしたちは最初のサバタイ批判の手紙を所有していない。サスポルタスの詳細は必ずしもあてにならない。以前の報告や発言をのちの展開に照らして書き換えるのが彼の癖だからだ。しかし、サバタイが公の場で、それもどうやら一度ならず何度か、神聖な神の名を口にしたことは確かだ。ほかのことはみな、とくにメシアの公言はおそらくあとで書き加えられたものであろう。ラニアードはこの出来事をサバタイから聞いた。サバタイのスタートにかかわるほかのすべての報告もそれに言及している。そのほかのメシアにかかわる内容の発言の信憑性を証明するものはない。この出来事におけるメシアの意味でさえいかようにも解釈できる。ミシュナー（Sanhedrin XI, I）は、「神の名を正しい綴りで発音する」者は未来の世界にはあずかれないと明言している。しかし、メシアが口にしてはならない神の名を告げるであろうとはどこにも示唆されていない。実際に、メシアの時代にかんするラビの発言はこの主題にはいっさい触れない。(99)しかし、別のタルムードのある箇所は、未来の世界において神の名はまさに書かれているように発音されるだろうといっている（B. Pessachim 50 a）。このタルムードの箇所にサバタイ・ツヴィはおそらく触発されたのであろう。彼は自分がメシアの時代の敷居に立っていると見た。それは厳密にいって未来の世界と同じではなかったが、民衆の終末論ではいっしょくたに見られていたのである。彼がシナゴーグでトーラーを読むまえに祝福の祈りを捧げるさいに行なったと思われるこの挑発的行為はたしかにまだはっきりしたメシアの主張を掲げていなかった。目下のところはまだ、一六四八年以前に書かれたもので、メシアが口にするのもはばかれる名を述べることでメシアの生活を始めるということを示唆するテクストはひとつもない。サバタイの行動は、新しい時代が目前に迫っていることと、彼が未来の世界とメシアの時代とを明確には区別していなかったことを意味しているにすぎない。彼の行動は間近に迫っている解放を告げ知らせることであり、メシアという人間を告知することではなかった。サスポルタスの引用したメシアの告白は文学的粉飾であるか、それともそれはサバタイ・ツヴィが弟子たちにたいして秘密裏に伝えた内容をサスポルタスがあやまって公の告知に変えてしまったのか、どちらかである(100)。

以上のことから、サバタイの公のデビューは明らかにラビの激怒を買い、相当な悪評を生み出すというスキャンダルで終ったものの、それ以上の結果はもたらさなかった、と結論できる。のちのサバタイ迫害は——それについてはいろいろ信頼すべき報告があるが——サスポルタスの叙述とは反対に、三年後になって彼の追放と破門をもたらしたということはたしかに重要である。サスポルタスは、サバタイはすでに一六四八年の「奇矯な行動」の直後に「破門され」、「彼と彼を支えた友人たちは責められ苦しめられ、そのあげくとうとう彼が屈して、サロニキへ追放された」ということを示唆しているようであるが(101)。年代順を顧慮せずに、サスポルタスは数年間の出来事を一文に圧縮している。わたしたちはいっさいの疑惑を超えた資料から、サバタイと彼の友人たちが一六五〇年にはまだスミルナに住んでいて、余念なくサバタイ研究にいそしんでいたことを知っている。二五年後にスミルナに住み、サバタイのサークルをよく知っていたアブラハム・ミゲル・カルドーゾはそれから何年もあとに一通の手紙を書いたが、そこにはサバタイがエン・ソーフの問題と、エン・ソーフとセフィロースとの関係について思案に暮れ、真の神とはだれかという問いの答えを探し求め、サバタイ神学のなかで非常に重要な役割を果たしている神性の秘密へ迫っていたことなどがえがかれている。この関連で重要なことは、カルドーゾが一六五〇年にサバタイといっしょに研究していた二、三の若い学者の名を挙げていることである。カルドーゾは個人的に[102]彼らと話をし、モーセス・ピンヘイロが一六五〇年スミルナでサバタイから神性の秘義を受けたことを聞いた。秘義を受けた者はほかにもラビ・バルジライ、ラビ・モーセス・カラメリ、ラビ・シルヴェイラ、その他若干名いた。彼は書いている。「そしてわたしは［一六七五年］スミルナへ来たとき、彼らの信ずる［この秘義を］直接彼らの口から聞いた。」カルドーゾはのちに、サバタイから秘義を「三度か四度」聞いたと主張する二人の別の学者に言及している。しかし、この二人、モーセス・ハ＝コーヘンとダヴィド・アルガージーが一六五〇年の最初のサークルに属していたことを示す証拠はない。おそらく彼らは棄教してから秘義を受けた者のなかにはいっていたのだろう。

　これら初期の友人や弟子たちの名とカバラーへの関心は意味深い。それらが示しているように、彼らは主としてサバタイの神性の秘義に心を惹かれたのであって、彼のメシア的使命を信ずることにではない。だから、サバタイの仲間たちにたいする迫害をえがくサスポルタスの描写にはひどく誇張がある。スミルナを去ったのはモーセス・ピンヘイロだけであり、それも、わたしたちの知るかぎり、個人的理由からで、「追放された」からではない。当時多くのユダヤ人がリヴォルノへ移住した。そこではトスカーナの君主たちがユダヤ人に大きな特権をあたえたからで、ピンヘイロ一家がそのなかにいた可能性もあろう。サークルのほかの者たちはスミルナにとどまり、立派なラビになった。ハハム・シルヴェイラはラビ・イサアク・シルヴェイラにほかならず、一六八一年終り頃亡くなり（五四四二年ヘシュヴァン〔ユダヤ暦の第二番目の月。十月から十一月〕一一日）、その墓石には「敬虔にして謙虚なる人[103]」と書かれている。これは一般にすぐれて高徳の士にのみあたえられる名誉称号であった。モーセス・カラメリは上記のこと以外知られていない。ことによると綴り方が間違っていて、カラミディあるいはガラミディと読むべきなのかもしれない。これはコンスタンチノープルの名門の名である。「敬虔にして謙虚なるラビ・イサアク・カロミティ」なる人物――カラミディと同一人であることはかなり確かである――は一六八三年にスミルナで死去した。ラビ・アブラハム・バルジライについては、ラビ・ハイーム・ベンヴェニステが一六六〇年にラビ回答書を彼に向けたことが知られている[104]。一六八四―九〇年に彼の息子がサバタイ・ツヴィの二人の兄弟とともにある裁判沙汰に巻き込まれた。その裁判では、彼はすでに亡くなっていたといわれている[105]。

　サバタイ主義の伝統ではバルジライの名はサバタイの生涯のある重要な出来事と結びついている。クーネンの報告によれば、すでに一六六五年には、一六四八―五〇年頃にサバタイが海で沐浴中に渦に巻き込まれて溺れそうになったとき、彼の身に起こったといわれる奇跡について語られている[106]。事件はサバタイ派の祝祭暦に述べられており、のちには「プーリーム」と呼ばれるサバタイ派のきわめて重要な祭日のひとつになった〔籤祭。ユダヤ人がアハシュエロス王の重臣ハマンのユダヤ人絶滅の画策から王妃エステルのはたらきにより救われたことを喜び祝う日〕。後年のサバタイ主義者はこの祭日の正確な性格をもはや知らなかったが、祝祭暦の最古の稿には「キスレヴ〔ユダヤ暦の第三番目の月。一一月から一二月〕一六日――彼が海から甦り、救われた日。彼はプーリームの日のようである」と述べられている[107]。この日の讃歌はこの出来事をメシアの魂が奈落の底から甦ったことの象徴と解釈している。讃歌中の二、三の示唆はいまだ意味不明である[108]。ひとつの讃歌には、彼が海で溺れたこと、しかし深みから甦り、「曲がった蛇[109]」を見たこと、彼の衣服が盗られ、そして海が血の色に染まったことなどが述べられている。バルジライはこの連関で言及される。

> 彼の弟子バルジライは気丈だった。夕方まで彼は泣いた。
> 彼は新しい服を家からもってきた。そしてダビデの子とともに喜んだ[110]。

この出来事を記念するために、サバタイ主義者はプーリームの前日に断食を行なうことにした。これはもちろんエステル祭の断食に相当する。それは彼らの暦のなかで最も重要な断食の日であり、断食の始めにあげられる祈りでは「われらが主の弟子ハハム・バルジライ」によって設けられたものであることが想起される。[111] そこから、バルジライはその出来事の場に居合わせたか、それとも別のやり方でそれと結びつけられたことが察せられよう。いずれにせよ、彼はサバタイについて浜へ行ったようだ。

サバタイは神性の秘義をけっして躁時期の照明のなかで見出したわけではない。もっと考えられそうなのは、彼の信ずる真の神はセフィラー・ティーフェレースか、それともセフィラーのなかにある天の原理であるという考えは徐々に、不断の探求の結果として生じたということである。これと関連して興味深いのは、イエーメンの黙示録『ゲイ・ヒサヨン』(幻の谷)の作者はどうやら、伝記的資料が含まれていて、一六五〇年の神秘的出来事を伝える書簡に接することができたらしいということだ。伝えられているところによれば、一六四二年からメシアは「原理を受け容れ」はじめ、それによって彼は神秘主義の階段を七段のぼった。これはマルクースからゲドゥーラーまでの七つのセフィロースに相当する。この数年間彼は「顕われたり隠れたり」した。この表現はミドラーシュ『ペッシクター・ラッバティー』ではメシアにかかわるものだが、すでに見たように、サバタイ・ツヴィという人間にもあてはめることができる。七年間の神秘思想の準備と上昇ののち「神が彼の上に手を置かれた」が、イスラエル民族はひどい苦しみと迫害に見舞われた。「彼が〈彼らに自由を宣言し〉、善人[メシア]が平和をえた、その年[一六四八年]からである。二年後、彼は母の神秘的次元にまでのぼったが、彼の民は悲しんでいた。」自由の年、つまり裏切られた期待とフミェルニツキイの大虐殺の年に、メシアは「平穏」を、つまり間をおいて彼の上に注ぐ照明を「えた」。二年のち、一六五〇年、彼はさらに階段をのぼり「母」にまで到達した。カバラーの象徴言語では、これはほかでもない、彼が天の母ともいわれるセフィラー・ビーナーにまでのぼったことを意味している。明らかに細かい伝記的情報をもつ書簡から集められているこれらの指摘はサバタイが到達した精神的知をほのめかすものと解釈できるだろう。彼はビーナーの段階(「理解」)にまでのぼり、神性の秘義を「理解し」たが、イスラエルはポーランドにおけるいっこうに衰えない残虐行為に悲しんでいた。

少なくともこれだけははっきりしている。サバタイの挑発的な行いに一般の叫び声はすぐにはしたがわなかった。人びとは彼が病気であることを知っていたし、彼の奇矯な振舞いもさしてうるところはなかった。とくにそれは霊が彼を動かすときにしか現われなかったからである。ほかの点では彼は禁欲的な信仰の生活に努め、断食や沐浴をし、律法を学び、自分自身と闘った。この「奇矯な行動」がそれよりももっと真剣なことの前触れであることをだれも予見できなかった。方法論も意識的な意図もなしにサバタイの行動は歴史的ユダヤ教の通常認められている境界を越え出る積極的な経験のお手本を築いた。のちの段階においても彼の行為の非常に特徴的な部分をなしている逸脱は「通常の」お手本にはならなかった。その意味はあくまで純粋に象徴的なものだった。それはとくべつな崇高な魂の状態を示す徴《しるし》であった。口にしてはならない神の名を口に出すなどのこれらの行為は、通常の慣習的な尺度から見た「逸脱」であり、サバタイにとっては肯定的な掟、より高い、神の命で行なうティックーンの行為なのであった。そこまで彼はラニアードに打ち明けた。たしかに、彼をそうした行為へと駆り立てた声のなかに彼が聞いたのは悪魔、誘惑者ではなくて、神の声だったのだ。そもそものような肯定的な評価ができたということがすでに、潜在的に反律法主義的な傾向が存在することを示している。しだいに(タルムードにいわれているように)「罪を犯すことによって善行をなす」という逆説がサバタイの行状にはたらきはじめた。さしあたっては彼の行動の仕方は自分のことだけに限られていたけれども。反律法主義的な「掟」はほかのひとを縛りはしなかった。そしてサバタイ自身はほかのひとたちに矛盾を説明することはできなかった。だが、この逆説は彼の名を冠した運動にたいする彼固有の危険な寄与であることがわかった。しかし、彼にひとたび——彼自身の行動の仕方によるものではない理由から——きわめて高い宗教的権威がそなわるや、彼の逆説的な行動の仕方も運動の決定的な神学的手本となった。サバタイ主義運動の内的法則は創始者の分裂した個性の深みから生まれたものだった。ただ彼自身にそれを明確に表現する知力が欠けていただけである。サバタイにとってこれらの奇矯な行為はつねに純粋に神秘的な即興の演技だったのであり、その深い神聖な秘密を彼は完全に理解することも説明することもできなかった。彼は、そしておそらくはまた友人も、メランコリーの時期の激しい苦悩とそれに続くヒポコンデリー症の理由を、悩めるメシアが自分自身の罪の償い、もしくは（すでに引用したいくつかの資料によれば）イスラエル民族の償いをする神秘的な受難とみなしたのである。

彼にたいする反感が強まったのはなぜかわからない。証言が異口同音にいうところによれば、彼は口にしてはならぬ神の名をよく口にする癖があったが、さりとて長年それを、おそらく彼が病気であることへの配慮から、大目に見てきたラビたちが突然それに不快の念を抱くようになったとはとても考えられない。晩年のサバタイの忠実な弟子であるイスラエル・ハッサンは彼の習癖を念頭において、詩篇二一、四の「あなたは大いなる恵みをもって彼を迎えた」という詩句を次のように解釈している。「これはわれらの主が、ご自身の王国が顕われるまえに、照明のさなかで恵みを語るとき、神聖な名を口にする習慣が彼にあったことを示している……これが〈あなたは……迎えた〉の意味である——あなたは〈大いなる恵み〉をもって、つまり、彼が神の名を口にして祝福することによって、あなたは彼が名声を博するのを未然に防いだのである。」[112]この初期の時代からはこれ以外の「奇矯な行動」は伝えられていない。信頼するに足る報告が存在するのは一六五五年以降からである。ポール・リコーは英国領事に就任していたスミルナで、サバタイの「宗教的革新」がシナゴーグ内で物議を醸したことを聞いた。こうした出来事を一般論的説明の範囲を越えて詳しく記述しているのは運動の反対者である詩人リヴォルノのエマニュエル・フランセスだけである。フランセスはリヴォルノに届いた手紙や報告を参考にしながら一六六七年に『サバタイ・ツヴィ物語』を書いた。三ページにみたぬこの大ざっぱな報告のなかで、ある出来事が彼の詳細な記述によってとくにきわだっている。サバタイの棄教後スミルナのラビたちが他市のラビに手紙を送り、そのなかでサバタイの多くの「悪業」について意見を述べたことをわたしたちは知っている。それゆえ、フランセスと緊密な接触のあった「不信心者たち」によって同じような手紙が広まっていた可能性や、フランセスが諷刺的な詩の集成『ツヴィ・ムッダハ』（追い立てられたノロジカ）*Zwi Muddach*——明らかな語呂合せ（Zwi＝ノロジカ＝ツヴィ、サバタイ）——の付録としてこの『物語』を著すまえに、その種の手紙を見た可能性はなきにしもあらずである。フランセスの叙述（もとよりその信憑性は検証できないけれども）によれば、サバタイはあるとき友人を呼び集めて、正午に太陽を静止させようとしたという。然るべき準備と禊をしたあと、彼らは早朝に野原へ赴き、「そして彼らは山に登った。サバタイは力強い声で太陽に静止せよと命じた。弟子たちもそのようにしているうちに、やがて恥ずかしくなった。ラビ・ヨセフ・エスカファとスミルナの長老たちがこの出来事を聞き及んで、サバタイを呼び寄せたが、彼は来ることをこばんだ。それにたいして彼らが破門するぞと彼を脅したところ、彼はその逆手を取って、「自分の小指は彼［エスカファ］の腰丈よりも長いのだとか[113]、彼と彼の一党［すなわちエスカファとラビ法廷のメンバーたち］を破門するという」恥知らずなメッセージを送った。サバタイを殺すべしという提案にラビ・エスカファは反対し、「彼を懲らしめて愚行をやめさせ、町から追い出しなさい」と助言した。[114] 一同はこの助言にしたがった。

この報告は、サバタイが取り組んだのは理論的カバラーだけにとどまらなかったと著者が信じていたことを示している。フランセスによれば、彼は毎日仲間と「彼自身の思いつきになる」馬車の秘義（サバタイの神性の秘義を示唆するものらしい）について話し、さらに実践的なカバラー、すなわち奇跡を惹き起こすことのできる聖なる名の研究に没頭した。サスポルタスも、サバタイは「聖なる名と不浄な「悪魔の」名に没頭した[115]」と書いたとき、どうやら同じことを確信していたようだ。これらの報告を論争的な作り話としてあっさり片づけてしまうわけにはいかない。なぜなら、それらは一六六五年に行なった聖霊の大悪魔祓いについてサバタイがラニアードに語った言葉によって裏づけられるからだ。このように、彼は一種の魔術師みたいなものでもあった。

何であったにせよ、スミルナのラビたちが堪忍袋の緒を切って、サバタイの病気や情緒不安定のことを忘れて懲罰措置を取る事態にいたらしめた何かがあったに相違ない。彼がラビたちに責められたことは、両サイドの証言によっていっさいの疑惑を超えて確かなようだ。詳細はけっして明らかではなく、それにかんするオリジナルな資料は残存していないけれども。サスポルタスは、ヨセフ・エスカファのみならず、ラビ回答書集『ベネイ・アハロン』の著者で、スミルナおよびトルコ全土で最も有名なラビのひとり、ラビ・アアロン・ラパーパも、始めから「反サバタイの立場」を取っていた、と報告している。リヴォルノのラビ・ヨセフ・ハ＝レーヴィは、「サバタイがみずから預言者であることを宣言した」経緯を報告している――彼はメシアとは言っていない――「それでコミュニティ全体が彼を非難した。彼と彼の友人たちは鞭打たれ、居住地から追放された。[116]」ハ＝レーヴィの報告はどうやらリヴォルノに流れていた、スミルナから来てここに定住したモーセス・ピンへイロの噂をもとにしているらしい。サスポルタスは、破門のことをそれが宣せられた直後に「当時その地に住んでいた信頼すべき報告者たち」から聞いたと主張している。「ラビ・エスカファは彼に破門を言い渡し……そして、『この者はおまえたちを誘惑し、バール神に仕えさせようとしているのだ』と言った。」[117] サスポルタスの書の冒頭で確認された「信頼すべき報告者たち」とはひとりの人物、すなわちイェディジャ・ベン・イサアク・ガッバイのことである。スミルナのユダヤ教出版所の持ち主で、あとになってリヴォルノへ事業を移した。まさにこうした理由から、サスポルタスが事件のことをそれが起こった時点で聞いたというのはまず考えられない。彼がこの出来事を知ったのはおそらく五〇年代のこと、年老いた印刷工が一六五九年以前にアムステルダムへ赴いた、記録によって十分証明されている旅の折りであろう。一六四九年終り頃リヴォルノで印刷業を始めたガッバイは、おそらく旅行のひとつでスミルナへ帰ったことがあり、その折りにいくつかの出来事を体験した（サバタイがこの町を去ったのは一六五〇年以前でないことは確かである）。クーネンは迫害に言及しているが、正確な日付はあげていない。「偉大なラビ・エスカファ」はサバタイ暗殺を勧めたそうだが、だれも彼を手にかけようとはしなかったので、サバタイを町から追放する決議がなされた。[118] 一六六五年にナータンが書いているところによれば、[119] サバタイは「一八年間亡命生活を余儀なくされ、どこへ行っても追い払われ、何度も命を狙われた」。ひょっとすると、破門のまえに彼の病気が激しくなり、そのことがますます重大な律法違反につながったのかもしれない。

サバタイがスミルナを去ったのは正確にいっていつだったのか。一六六六年のオランダの年代記に現われるサバタイ・ツヴィのある物語は彼の「一五年まえに行なわれたスミルナ追放」に関係している。これは一六五一年を意味するものであろう。年代記の報告はスミルナのあるオランダ商人の手紙から取られている。一六六六年四月始めに書かれたもので、その後まもなくドイツ語訳で公刊された[120]。コンスタンチノープルのフランス人イエズス会士の手紙では追放は一六五四年とされている[121]。したがって可能性のある日付として一六五一年から一六五四年のあいだとすることができよう。

わたしたちはさらに、サバタイの放浪の開始を解明できそうな当時の興味深い情報を所有している。アムステルダムの年代記作者レイーブ・ベン・オーザーによれば、サバタイは一六五三年にひとりの下男を雇ったそうで、この下男はサバタイの棄教までどこへ旅するにも彼のお供をした。この報告が正しいなら、彼は旅行中に身の回りの世話をさせるためにこの男を必要としたのであって、父の家でみずから望んで孤独な生活をしているときとか、スミルナ市外の野原で独り歩きするときのためではないと考えてよい。裕福な名家の子息として、サバタイはこの便宜を享受することができた。残念ながら、まさにこの申し立ての信憑性には、一見信頼するに足る典拠、すなわち下男自身がいるにもかかわらず、重大な疑義をさしはさまざるをえない。下男イェヒエルは、アムステルダムのアシュケナージ・コミュニティの公証人で、『サバタイ・ツヴィにかんする報告』の著者であるレイーブ・ベン・オーザーと長い対話を行なった。この報告にレイーブ・ベン・オーザーはこう書いている。「この下男はサバタイ・ツヴィについて多くの出来事や詳細を話してくれた。しかしわたしは多くのばあい、真実であれ、虚偽であれ、彼の弁のみに頼らざるをえないので、それらをここで話すのはむしろ控えたいのだが……しかし、わたしがこれまで伝えたことはすべて彼の下男というか近習が正しいと認めたものである[122]。」批判的歴史家はこの点で判断に窮している。レイーブの「報告」にある年代上の不正確さや重大な誤りはすべてイェヒエルの責任なのか。そうなら彼はたしかに嘘つきで、彼の証言は全然価値がない。それとも不正確さは彼のせいではないのか。このばあい、レイーブはどうやら、あらゆる情報提供者のなかでも最適の人物からえた個々の供述の整合性を図ることができなかったのだろうと結論せざるをえまい。

一六六五年までの「暗い年月」におけるサバタイ・ツヴィの旅路にかんするレイーブの報告が最悪の、きわめて信用ならないものであることは否定しがたく、ほとんどすべての点で反駁が可能である。いかなる物差しを当ててみても、はなはだしく不正確な点が多々見られる。たとえば、サバタイがエルサレムに滞在したとされる一三年以上という期間、あるいは長引いたエルサレム滞在ののち三たびエジプトを訪れたという記述。下男はごく単純な事実すら知らなかったのか、それとも年代をごちゃごちゃにしているのか。それとも彼は正確な本当のことを言ったのに、批判的現実感覚のまったくなかったレイーブ・ベン・オーザーがすべてを取り違え、自分の謬見を下男の証言として披露したのか。報告書全体の価値について重大な疑惑が生じざるをえないが、それでもしばしば堅実な歴史的心理学的洞察がうかがえる。このジレンマはヘブロンのアブラハム・クウェンケの発言によっていっそう複雑になり、そこから脱け出す方途はない。サバタイの伝承をよく知り、ヘブロンでサバタイに会ったこともあるクウェンケはサバタイ・ツヴィが「下男も世話人もつれずにエルサレムへ来た」ことを断言している。「彼は部屋にひとりで暮らし、一週間中断食をし、安息日の前夜には翌日の食べ物を自分で調達した。」[123] クウェンケの記述が正しいなら、サバタイが下男を必要とする理由がどこにあっただろうか。これ以上の記録が現われないかぎり、イェヒエルのサバタイに仕えた一三年間の叙述にたいするわたしたちの態度はいきおい慎重にならざるをえない。ひょっとすると全部彼のでっちあげで、サバタイに仕えたときのことを告白したのではないかもしれない。だとすれば、レイーブ・ベン・オーザーはほら吹きの犠牲になったといえよう。もしかすると、彼はメシアが運動の最盛期に王に召し抱えられるようになってからサバタイの下男になったのかもしれない。イェヒエルがのちに流れ者になって、彼の思い出を話したとき、本当は自分の知らないはずの年月や事実を、たとえばサバタイがエルサレムやカイロに滞在したことなどをつけ加えた可能性もある。したがって、一六五三年というのも不確かで、さしあたって、わずかながら確実にわかっていることで満足しなくてはならない。すなわち、一六五一年から一六五四年までのいつの日か、サバタイは出生地を去り、亡命することを余儀なくされたのである。

Ⅳ　サバタイのトルコ遍歴。アブラハム・ヤキーニとダヴィド・ハビロ

サバタイの遍歴を追うまえに、多くのいわれなき仮説の対象となった一連の誤解を一掃し、事件をよりよく理解するための道を平坦にしておくのが適切と思われる。多くの著者たちは、メシアにならんとするサバタイの野心ならびに一六六六年の大いなる目覚めの時点はもっぱらキリスト教の側から触発されたものだ、という仮説を立てた。グレーツ(124)の推測したところによれば、サバタイの父モルデカイ・ツヴィは、彼が代理人になっていた英国の商人たちから、まもなく、黙示録の救済年である一六六六年にイスラエル民族が祖国へ帰還するらしいという噂をいろいろ聞いた。モルデカイ・ツヴィはこれらの噂を家で話して聞かせ、かくして家族のあいだにメシア的な雰囲気が出来上がったのだが、そのもとは結局のところ非ユダヤ的であった。あまつさえ、現代小説家の空想はモルデカイ・ツヴィと清教徒の英国人のあいだで交わされた、イスラエル救済の日付と前段階についての会話をこまごまと述べる(125)。両者とも日付を除くすべての点で意見が一致していたという。そうこうするうちにカバリストになっていたモルデカイ・ツヴィは一六四八年に救済を期待したが、イギリス人のほうは一六六六年を黙示録に予告された年と考えた。このよ

うにしてメシアの種が年若いサバタイの胸中に播かれた。一六四八年への彼の期待が無残に裏切られたとき、彼は――おそらくは無意識に――次の救済の日付として一六六六年に期待をかけた。そうならば、最初からキリスト教の要因が運動のなかにはたらいていたことになる。

この大胆な捏造を正当化すべきいささかの歴史的根拠もない。サバタイ・ツヴィは一六六六年を救済のありそうな年と考えるのにキリスト教徒を必要としなかった。この方向における触発はもっと身近なところ、彼の直接の宗教的伝統と生まれから出た。モルデカイ・ツヴィの雇用者たちが千年至福論者であったことを証拠立てるものもないし、わたしたちは、彼らが一六六六年を救済の年と述べたはずはない、と確信もって主張できる。この日付の宣伝がオランダやイギリスの文献に現われたのは五〇年代になってからで、したがってサバタイ・ツヴィがスミルナを去ったあとのことである。黙示録一三、一八の「獣の数」六六六を一六六六年に反キリスト者が来ることを預言するものと解釈した著者が中世にいくらかいたが、これらのばらばらな見解は一般に知られていなかった。一六六六年が始まる直前に、清教徒の二、三の千年至福論者がこの日付を思い出し、自分の見解を広めはじめた。それによれば、「第五の王国」はこの年に始まるという。彼らはユダヤ人がパレスチナへ帰還してキリスト教に改宗することへの期待をもこの日付と結びつけたのである。とりわけ五〇年代には、一六六六年という年があまり千年至福説的考えを持たない若干の神学者たちのラテン語の著作で重要性をおびることとなった。たとえばコクツェーユスやコメニウスなどであるが、彼らは一方ではオランダ、イギリス、ドイツの著者たちに影響をあたえていた。しかしながら、この種の文献とサバタイ・ツヴィの発展の歴史とのあいだにはなんら因果的関係はない。ペーター・セラリウスその他の著者たちのトラクトが一六六五年に公刊されたこととユダヤ世界での出来事との同時性はたしかに注目に値するけれども。並行性とか同時性は歴史においてめずらしい現象ではないが、サバタイの発展の説明としては用をなさない。期待されるメシアやメシアの再来についてユダヤ人とその隣人であるキリスト教徒とのあいだで会話がなされることはヨーロッパにおいておそらくいつの時代にもあっただろう。ラビ的ユダヤ教とカバリスト的ユダヤ教の終末論的伝統の内的発展にたいしてそれらがあたえた影響を過大に評価してはなるまい。

先に示したように、一六四八年のサバタイ自身のメシア告白が数少ない友人や仲間への内密の報告以上のものであったかどうかは非常に疑問である。いずれにせよ、この要求は散発的になされたにすぎず、間断なく常時掲げられたものではなかった。口にしてはならない名を公然と口に出すことは、すでに見たように、自分がメシアであることを正式に宣言するものであるというふうに解することはできない。よしや彼がはっきりした公の要求を掲げたにせよ、それはあまり、というかほとんど印象をあたえなかった。一八年後の重要な出来事がなかったら、一六四八年におけるサバタイの活動の反響をわたしたちが耳にすることはなかっただろう。だが、この時代にほかにも忘れられているメシア運動があったのかどうか問うべき理由が十分にある。どうやら、これらの忘れられた証言のいくつかが奇妙なことにキリスト教の文献に残されていたようだ。

一六五四年、元ラビ学徒で、カトリックへ改宗後パウル・イザヤを名のった人物が『キリスト教のメシアの正当性』と題する宣教用の冊子をロンドンで出版した。この著者によれば、一六五〇年頃ベーメンに偽メシアが現われ、いかさま師の仮面を剝がれるまでに多くの信奉者を獲得した。[129]この報告はフミェルニツキイの大虐殺があった直後のときなら期待されるであろうものとぴったり符合する。だから、ユダヤの文献がそれについて何も言っていないという理由だけでそれをただの空想として片づけてしまうには及ばない。他方、キリスト教徒である同時代人の想像がユダヤ人救世主を生み出した可能性も十分証明されている。とくに注目すべき例がひとつ記録されている。おまけにそれはサバタイ主義運動にかんする報告がキリスト教徒のあいだに広まるさいにも重要なはたらきをした。一六四二年、ドイツにひとつの小冊子が出回り、それをあるプロテスタントの牧師がのちに反サバタイ主義運動の自著で全面的に引用した。それは、メシアの出現にかんする信じられないような報告がなんら新奇なものではなく、これが実際にあった、記憶に新しい事実であることを証明するためだった。(130) 記述はすこぶる幻想的で、奇想天外なニュースを報道するあの時代特有の文体で書かれている。

コンスタンチノープルから彼処に居を構えし大使の報ずるに、トルコのオッサにてさる猶太女から新しきメシアが生れ、アレッポ、アレクサンドリア、フィランディア［?］といいし巨大都市や城塞のみならず、ポピステル［?］、エジプト王国、低地シリアの地方までも征服す。ペルシアの王ドン・セベにも抜き身の剣を送りつけ、吾汝の王国を貰い受くるものなり、そをすみやかに吾に委譲すべし、さなくば吾が力を思い知るべし、との意を暗に伝う。同様にコンスタンチノープルのトルコ皇帝にも一振り送致、以てエルサレムとダマスカスを割譲すべきことを仄めかせり。彼の者曰く、なべて王国は吾が物なり。吾は猶太王の末裔なれば、吾も又己が王国を持たんと願うは之れ理なり、と。スルタンこれを聞きて大いに狼狽し、居をコンスタンチノープルからメッカへ移さんものと謀り給える由。彼の者はあめつちのよろずの神エズス・エリ＝メシアと称し、吾こそは万物を創造せり、吾なくば何びとも永遠の命を得ること能わず、と言えり。男は紀元一六二四年九月二十四日、小邑オッサのバジリスク近傍にて生を享け、母なる猶太女はガマリッタといいて、見目麗しけれど、卑しき素性の者なる由。生後八日目に猶太の風習にならいて割礼を受けしが、このときはや言葉を話し、大いなる不思議の兆あらわして、吾こそは神の子、神にしてまことのメシアなり、と言えり。また彼の者の誕生の日に怪異なる恐ろしき兆が天空に見ゆ。真昼の太陽がかれこれ八時間暗くなりて、百哩四方に恐ろしき声聞こゆ。「悔い改むべし、汝人の子等よ。今日まことのメシアが誕生せり」と。見れば空中に火を噴く龍とあまたの悪魔が居たり。それにつけてもこの反キリストの誕生はあな不思議、数ヵ月にして二四か二五歳の若者の姿に成りぬ。父は知れず。猪首にて頭は尖り、面体はトルコ人様なるが、額に皺寄り、目恐ろしく、耳長し。歯尖り、巨大な男根を有す。そを一目見て崇めることを拒めしあまたの者、即座に打ち倒されみまかりぬ。エルサレムの式部卿セバスチャン・マヘス殿が選りすぐりの騎手二四人を彼の者のもとに送り、噂の真偽を確かめさせ給いしところ、彼の者は大勢の死人を、それもただ眺むるのみにて生き返らせ、病を治せしという。彼を崇め信ずる者ならば。（……）彼の者が姿を現すときは青き雲に包まれ、足下にも雲を置く。ときおり陽の光に包まれ燦然と光を放つ。為になにびともその面前、傍らに在りてはえ生きられず。彼は全世界を支配せんと欲して曰く、すべての王は吾が下僕なり、吾が武器により制圧されん、と。恐ろしき人間嫌いにて、アレクサンドリア、アレッポ、エジプトのみにても、彼を信じ神と仰がぬ者を幾百人も殺せり。然るに、彼を信じ神と仰ぐ者には王国と威信を約束し、額に印を焼きつけさせるなり。

彼の者は預言者と称する一二人の使徒を侍らす。彼らは彼の名によりてこそ救いのあることを教え説く。彼らも又反キリストなるが如く大いなる奇跡を施す。彼らは仲間内にては結婚生活を厳に戒むるものの、ハレムを有す。彼自身四〇〇人の妻と七〇〇人の処女を有するなり。

五万を超える猶太人が世界各地より彼のもとへ馳せ来たり、その者たちに彼は銃刀剣をあたう。吾が大使殿が報ずるに、彼は首都ダマスカスを力ずくで制圧し、彼を信じようとせぬ住民たちをことごとくあやめしとか。

　折しもダマスカスに齢七五ばかりなるひとりのエルサレム人在りき。彼はその者の皮を剝がさせ、然るのちにその体に蜂蜜を塗らせて陽なたに晒せしところ、その者ついには蝿その他の毒虫に食い尽くされてしまいぬ。キリスト教徒はすべからくこのことによく思いを致し、悔い改めるがよい。またこのことから世界の没落が遠からぬことを看て取るがよい。なんとなれば、彼こそはダニエル、ヨハネ、パウロによりてその書簡で預言されし反キリストなること明らかなればなり。これにて報告終る。


この特異な叙述のなかには黙示録の反キリストとユダヤのメシアについての幻想的通俗的表象との結びつきが見られる。サバタイ主義運動にかんする一六六五／六六年のキリスト教の誹謗文書と多くの点で似通っていることは明白であり、意外である。どうやら両方の民衆の伝統がのちの誹謗文書で混ぜ合わさったようだ。それというのも、サバタイ・ツヴィにかんする最初のキリスト教側の報告にはユダヤ人メシアの名前まで現われるからである。ここではイエス・エリ＝メシアがエル・カームまたはヘルカーム（五九三ページ参照）となっている。

　初期の資料は、サバタイがスミルナから追放されたあとサロニキ[131]へ行ったという点ですべて一致している。そこは当時トルコ帝国最大のユダヤ人コミュニティで、ラビ学とカバラー学の重要な中心地であった。友人や仲間はひとりも彼の亡命に同行せず、彼と接触を持ちつづけた者もいなかった。サバタイが破門された者としてサロニキへ来たのかどうか、わたしたちの資料からはわからない。彼はあたたかく迎えられ——彼の奇矯な行動はサロニキでは知られていなかった——じきに弟子や友人ができた、とレイーブ・ベン・オーザーは報告している。彼が兄弟たちの経済的援助をこばんだというアブラハム・クウェンケの証言はおそらく正しくない。兄弟たちは放浪中の彼を全面的に支えた。そして彼はしばらくサロニキにとどまって、他のラビの学者たちと同じように振舞った。わたしたちはそう考えてよい。

ここでサバタイにかんする一般の人物評とほかのひとたちにたいする彼の影響をつけ加えておかねばならない。サバタイはけっしてすぐれた学者ではなかったが、十分な教育を受けた有識者であったことは疑いない。彼の知的能力は十分発達していたが、非凡ではなかった。知的創造力も独創性もなく、文学的才能はまったく欠けていた。晩年まで、カバラーの著作や論文を一篇も執筆せず、コピーがひとつ遺されている唯一のカバラーのテクストは『ティックーネ・ゾーハル』(一五五八年)のマントヴァ版をみずから筆写したものに書き記した短い端書きである。それも全体としてたいした意味をもたない[132]。しかし、彼の感情生活は旺盛で激烈である。彼には音楽の才があり、音楽と歌を愛した。ひとりでよく歌をうたった。スペインのラブソングを聞き、メロディーが気に入ると、それを神の愛をうたう神秘的な歌に変えた。たとえば後代のハシディズムのツァッディキーム、カーロヴのラビ・イサアクやコズニッツェのマッギード、ラビ・イスラエルの子孫たちがハンガリーやスラブの農民たちのあいだに「追放」されていた崇高なメロディーを聖性の域に戻したやり方と同じように。だが、彼の音楽的才能は別として、サバタイは直接的な人間的影響力を有していたに相違ない。このことはすべての証人によって確認されている。トルコに住むキリスト教の著者たちは人心をつかむ彼の驚くべき力について語っている。多くの者たち、わけても二、三の年代記作者は、そのきわめて驚くべき表われとして、棄教後の少なくとも六年間スルタンが彼に示したおおっぴらな同情に率直に驚いている。彼の人づきあいできわだつのは品のいい雰囲気とひとあたりのよさであった。レイーブ・ベン・オーザーは一六六六年の大巡礼のあいだに貧者や富者に相対する彼の威厳ある態度があたえた深い感銘の余韻をいくばくか伝えている。照明のさいちゅうには思うまま自分の感情に没頭した同じ人間が別のときには言葉たくみに如才なく振舞うことができたのだ。現存する唯一真正なサバタイ像は穏やかな気品を漂わせている。それゆえ、この個人的魅力が亡命時とその後の流浪のなかではっきり現われたことは怪しむに足りない。しかしながら、その魅力にもかかわらず、サバタイはどうやら彼の精神病質的特徴のせいで、彼を取り巻く献身的な信奉者や友人たちの輪をいつまでも持ちつづけることはできなかった。

　サロニキのサバタイ信者たちはサバタイが町に滞在した当時の思い出をたくさんしまっていた。もっとも、これはのちの棄教後の時代の思い出とごっちゃになっているようだが。トビーアス・ローフェの言葉を信じてよいなら、サバタイはこのときもしばらくサロニキに住んだのである。だが、いくつかの言い伝えはたしかにサバタイの最初の当市滞在にさかのぼるものだ。彼はシナゴーグのケハル・シャーローム（平和の集い）で祈った。そして今世紀の二〇年代にはサバタイが住んだラビ・ヨセフ・フロレンティンの家を示せるひとたちがまだサロニキにいた[133]。彼はほかの若い学者たちとも親交を結んだ。だが、時を経ずしてまたもや「奇矯な行動」をともなう興奮状態が始まった。このとき実際に起こったことについては二とおりの説がある。ド・ラ・クロワによれば、サバタイはまたしても神の名を口にしはじめた。その理由として彼は個人的な神秘的さとりがあったことをほのめかした。しかし、メシアであるとは言わなかった。だが、彼は彼の「奇矯な行動」に照明をあてるようなことをしでかした。彼は名だたるラビたちを晩餐に招き、婚礼用の天蓋を造らせ、トーラーの巻き物を持ってこさせて、自分とトーラーの結婚式を執り行なったのである。トーラーを愛する者はだれでもトーラーの花婿ないしは夫とみなされて然るべきであり、そのことはつとに『箴言』に示唆されている、という彼の神秘的な説明も激怒したラビたちを宥めることはできなかった。「この行為を彼の大いなる信心深さの表われとみるかわりに、彼らは彼を気違いだと非難した。そして、このような刷新が危険な結果を招くことを恐れて、むりやり彼を町から追い出したのである。(134)」

この話は信憑性があるように思える。そしてサバタイののちの「奇矯な行動」に見られるいくつかの特徴点を示している。一風変わった奇妙な儀式が好きなこと、ひとに知られない個人的な象徴表現をもった宗教儀式を考案することなどである。厳密にいえば、この種の行為は法を逸脱するものではない。それらは、自分のグロテスクなデモンストレーションをある崇高な秘密の法を遂行するものとみなす「変わり者」の逆説的な奇異な振舞いの部類に属するものであった。これらの振舞いは一度ならず繰り返されるようで、そのかぎりでは彼を気違いだと思ったラビたちの反応はまったく理解できる。神秘的な結婚式についてのこの報告が原則として正しいことはサバタイの書簡によって証明される。彼はときどきそれに「寝室から出る花婿、このうえなく美しい、愛らしい妻トーラーを心より愛する夫」と署名しているからである。(135)この一六六六年に書かれた言葉は、サロニキから報じられたような儀式がサバタイの心に深く刻み込まれていたに違いないことを示している。彼はあたりまえのように、トーラーを「このうえなく美しい、愛らしい」花嫁と書き、そして自分のことを結婚式の天蓋の下に並んで立つ、その夫となる花婿と書いている。手紙の署名とフランスの外交官の描写とは相互に補完し合い、証明し合っている。

レイーブ・ベン・オーザーの描写はメシアにかんする表現と同じくいささか型どおりである。サロニキでのスキャンダルはスミルナのそれの繰り返しであったという。このことはもとよりレイーブの叙述の正しさに重大な疑問を投げかける。サバタイは「彼の悪習に立ち戻り、以前の神の名を口にする癖をまたしても起こした」。それに抗議する者には、自分にはメシアとしてその資格があるのだと答えた。この返答のために彼はラビたちから法的処分を受け、町から即刻立ち去るように申し渡された。(136)その後サバタイはギリシアの町々をさすらい、アテネ、ペロポネソス半島のコミュニティ[137]、そしておそらく一家の出生地であるパトラスなどを歴訪した。彼はあちこち歩きまわったすえに、一六八五年コンスタンチノープルにたどりついたのである。そこでの滞在は八ヵ月に及んだが[138]、ある公のスキャンダルで終りを告げた。この時期については比較的よく情報がある。ド・ラ・クロワの情報提供者が元サバタイ信者で、サバタイ・ツヴィと密接なつながりがあったからである。彼の情報は事件発生の町の価値ある言い伝えを非常にたくさん含んでおり、全体として信の置けるものである。サバタイはどうやら十分な金銭的そなえをしてコンスタンチノープルにやってきたようである[139]。学者たちから友好的に迎えられ、だいたいにおいて上流階級にとどまった。ここでも躁と鬱の時期をくぐり、持ち前の「奇矯な行動」である種の評判を取ったが、さしあたってそれは愚かさのせいとされた。ときとともに彼はますますわがままに、挑発的に振舞うようになった。あるとき彼は非常に大きな魚を一匹買い、それに赤ん坊のような服を着せて、揺り籠に寝かせた。「この出来事を聞いたラビたちはこのような学あるひとの精神的錯乱［頭のおかしさ］をいぶかり、顔を曇らせた。」しかし、のちのラビたちの譴責をもたらしたのはこの魚の一件ではなかった。はじめサバタイの奇妙な振舞いはたんに精神病とみなされた。彼自身は最前の行為を星座の象徴学の概念で説明した。当時彼が心を奪われていたと思われるイスラエルの救済は魚座の星印で行なわれるのだという。ユダヤ人の古い伝統にはこうした考え方があるが、サバタイにとって揺り籠は定められたイスラエルの救済のときまで徐々に成長することを象徴するものであったらしい[140]。揺り籠のなかの魚は同趣旨のラビの発言をグロテスクに図示するものであった。ラビたちが人心を惑わしかねない新しい宗派が彼の頭のなかでかたちを取りはじめていることに気づいたとき、彼を追い出したサロニキのラビたちのようなまねはせずに、ラビ法廷の役人を遣わして彼を四〇回鞭打たせ、そしてすべてのユダヤ人に彼とのつきあいを罰則で禁じた。

つまり、彼を破門したのである。(141) サバタイのラニアード宛の報告にも鞭打ちのことは述べられているが、現存する版では若干取り違えがあるようだ。なんとなれば、そこでは、サバタイは「たびたび」鞭打たれた、と主張されているからだ。(142) おそらく元のテクストはごく一般的にサバタイが流浪の途次で地方のラビたちの指図により「奇矯な行動」にたいして受けたいろいろな鞭打ちに触れたのであろう。

ド・ラ・クロワは「新しい宗派」にたいする恐れのもとが一に魚の出来事にあるのか、それとも別に許しがたい伝統違反があるのか、明らかにしていない。この疑いはあるサバタイの資料によって裏づけられる。『ラビ・アブラハムの幻視』の黙示録へのある補遺は一六五八年に甚だしい反律法行為が発生することを預言している。預言は著者は未来を選んだにもかかわらず、過去の出来事に関係しているらしい。それはこう告げている。「一六五八年に彼［メシア］は一週間に三回巡礼祭を行なうだろう。イスラエルがかつて祭礼のあいだに犯したすべての罪を償うためである。そうすれば神は世直しをするために彼に新しい律法と新しい戒律をお授けになるだろう。一六五八年に彼は〈禁ぜられしことを許し給う彼のおかた〉にありがたいと感謝するだろう。」これがわたしたちのきわめて重要な証言のひとつである。ことにそれはサバタイの側近(143)——たぶんナータン——から出たものなので。サバタイは一六五八年にはコンスタンチノープルにいたのだから、一週間に三度巡礼祭を祝うといった奇妙な行為はそこで起こったのに違いない。これは当時としては実際強烈な行為で、魚の一件よりもはるかに挑発的であった。魚の件はまだしも子供っぽい無邪気な悪戯として見過ごすことができた。今回はラビの法廷によって断固たる懲罰が要求された。この挑発はサバタイの奇妙な行動パターンに見られるいくつかの特徴を明らかにしている。というのも、生涯のあいだに彼はとくに日付を変更する、つまり定まった期日を変えたり安息日や祭日を別の日に動かしたりする癖を示しているからだ。一週間に複数の祭りを行なったことは、いろいろな資料で報告されている一連の同様な祭り事の発端にすぎなかった。亡くなる半年まえ、彼は流謫の地ドゥルチーニョでまたしても一週間内に仮庵の祭と五旬節祭を挙行した。

だが、これだけではすまなかった。『ラビ・アブラハムの幻視』によれば、サバタイは同一年に「新しい律法と新しい戒律」を授かった。古い法は廃止され、全世界に神秘的な完成をもたらす新しい祭式が啓示された。その特質は瀆神的な祝福にあった。サバタイはここで初めてそれを用いた。そして以後、それはありとあらゆる特異なかたちに変形されてサバタイ主義運動についてまわる。どうやらサバタイにだけ有効であったらしいこの新しい律法の本質は、違反を聖化し、それを正式な祭式に基づく祝福を要求する肯定的な宗規へ高めることにある。だが、新しい律法はサバタイにたいしてさえいつも有効なわけではなかった。それが効力をもったのは照明の時期だけ、つまり彼が天の光と結びついた状態にあったとき、違反と罪がたんなるニュートラルな不偏のカテゴリーになるのではなく、真剣な宗教上の儀式になったときだけであった。サバタイが『ペリーア』書や『カナ』書を初めて読んだときから激動する彼の心のなかに巣食っていたあの考えがいまや相反する極端なかたちで全面的に噴き出したのである。伝統的な祈禱形式である「縛られている人びと［アスーリーム］の縛めを解く」が意味深い語呂合せによって宗教的義務や禁忌の「すべての縛り［イッスーリーム］を解く」に変わる。これまでサバタイの行動はやみくもで偶発的だったが、いまやそれは罪人によってなされた聖なる行為という逆説的な性格を獲得した。この原理のサバタイ流表現が一六六六年に起こった出来事に影響されたものかどうか、定かではない。しかし根本的にこの教義はあとからでっちあげられたものではなかった。実際問題として支持者たちにもそうすべき理由はなかった。おそらくサバタイ自身がナータンに自分の内的体験を告白したものと思われる。

サバタイ派の伝承にはこの年のあいだに起こった、サバタイの生涯におけるある決定的な出来事を示唆するものがなおたくさん残されている。この伝承の歴史的核はそれまでに起こった出来事で十分説明される。カストリアのイスラエル・ハッサンが言及しているある報告によると、サバタイは「五四一八年［一六五八年］に（ふたたび？）聖香油を塗られたが、この年の数値は聖書の一節［ヨブ記三八、八］〈胎内からブクブク湧き出たとき〉――これは彼が胎内にいたときから学んでいたトーラーから現われ出ることを神秘的に示唆するもの――に表示されている(144)」。ヘブライ文字の数値の正しさは、日付については誤りがないことを証している。この報告は、わたしたちが「新しい律法」や「禁忌を解く」祝福について知っていることと一致する。一六五八年にサバタイは若かりしときに学んだ律法の権威から「脱け出た」。このときから彼はラビ的ユダヤ教の権威を超え出て、より高い法に服したのである。神はこれまで「真の法」、すなわちラビの法を彼に「隠して」いた。センセーショナルな行動はおそらくこの若い時の法からの脱出を表わしていたのだろう。イスラエル・ハッサンはこの行動に触れていないけれども、それはつとに見たように『ラビ・アブラハムの幻視』に報告ないしは「預言」されていた。サバタイ・ツヴィが体験したような相反する性格をもつ照明は神秘宗教の歴史ではけっしてめずらしいことではない。ひとつだけ例を引証するなら、有名なスーフィー教の神秘家アル＝ジュナイド（九一一年歿）はこう説明している。「神は神を愛する者にたいし一種の突発的超自然的な狂気を送られる。人間はそのなかで宗規に反した言動をすることがあるが、その行動に責任をもたずともよい。神もそれを天から啓示された宗教と一致させようとはなされない(145)。」サバタイの「奇矯な振舞い」とアル＝ジュナイドの記述との類似性についてこれ以上述べる必要はない。

一六五八年のサバタイの「聖なる律法」からの脱出を叙述したすぐあとで、イスラエル・ハッサンは同じ年のことと思われる別のある出来事を引き合いに出している。「そしてわたしは彼に関および戸を設けて［ヨブ記三八、一〇参照］――これは彼が囚われていた牢獄に関係している――そして言った。『ここまで来てもよい、それを越えてはならぬ』［ヨブ記三八、一一］彼の幽囚は彼の苦難の終りだったからである。」[146] ここにいわれているのはおそらく一六六六年にサバタイがガリポリの要塞に拘留されたことであろう。だが、アブラハム・カルドーゾはその書簡のひとつで、サバタイが二度捕えられたことを述べている。[147] サバタイの伝承が二度目の幽囚を知っていたという印象は拭いきれない。[148] もしこれが本当だとしたら、伝承は一六六六年以後ではなく、それ以前に起こったことに関係していることになる。なぜなら、アルバニアへのサバタイの最後の亡命はけっして「拘留」とか「幽囚」とはえがかれておらず、わたしたちにとってこの関連ではたいした問題ではないからである。どうやらこの表現は文字どおりに理解さるべきであって、アレゴリックに解してはならないようだ。多分こう推測していいのだろう。コンスタンチノープルのラビたちは神を穢すような祝福への懲罰として三九回鞭打つだけでは不十分とみて、彼を投獄したのだ、と。

先の伝承と並ぶもうひとつの伝承がナータンの著作に初めて現われるが、そのなかに一六五八年のサバタイの振舞いが少し異なる術語を用いてえがかれている。[149] そこでいわれているところによれば、「シェキーナーをその追放先から引き上げること」は一六五八年に始まった。独自の計算に基づいてナータンは初め一六五七年がシェキーナーを「埃のなかから引き上げる」日付であると定めていた。[150] この二つの日付を、ナータンのア・プリオリに立てられた早いほうの計算がサバタイの生涯の出来事と一致するように結びつけることは難しいことではなかった。前者の日付を「一六五七年に続く」、つまり一六五八年と解釈すればよかったのである。サロニキのデンメーの伝承はサバタイの初期の活動を二段階に区別した。四〇八年（一六四八年）に「彼はシェキーナーを引き上げはじめた」[151]。そして四一八年[152]（一六五八年）に彼は「シェキーナーを引き上げた」。一六四八年に始まったメシアの任務の第一段階はナータンの計算によれば一六五八年メシアの引き上げに終った。シェキーナーを持ち上げること、シェキーナーの引き上げと新しい、より高い法の啓示とは一見なんらかのつながりがあるように見える。シェキーナーの引き上げはおそらく外面的にも真夜中のシェキーナーの葬儀、一六世紀にサーフェードのカバリストたちによって設けられた、いわゆるラケルのミサを廃止したことに表われていたのだろう。この夜の典礼の廃止の明白な証拠が存在するのは一六六五年になってからだが、しかし「伝え聞くところによれば、ラケルのミサは一六五七年以降行なわれていない」[153]とする少々不確かな証拠がある。この言い伝えが一六六五年以前のサバタイの生活における一定の出来事を指しているのかどうかは定かではない。いずれにせよ、決定的に重要な意味をもつ一六五八年を、いささかの疑いもなく、ある程度新しい天命の始まりと考えることができる。

「新しい律法」という言い方は明らかにメシア的な響きをもつ。イザヤ書五一、四「なぜなら、教えはわたしから出るからだ」に基づいて、このテーマはのちのラビの聖人伝でメシアと関連して述べられるが、そこでは古い律法の新しい理解を啓示することと関係しており、古い律法の隠された根拠をメシアが明らかにするのだという[154]。この「新しい律法」という神学上の決まり文句はナータンが一六六五年に、すなわち彼がメシアを認めたあとで造ったのだと仮定しても、サバタイの「奇矯な行動」と一六五八年の彼のショッキングな祝福は依然として残る。「新しい律法」の説は、わたしたちの知るかぎり、サバタイが考え出したのかもしれない。その反律法主義的な性格はまたしてもキリスト教の影響があったのではないかという疑問を投げかける。メシアによって律法の新しい意味が啓示されることと、メシアにたいして新しい律法が啓示されることとは、まったく違う問題である。別の宇宙期または世界周期におけるカバラーの掟はまったくメシアとかかわりない。メシアが新しい律法を啓示したのはキリスト教だけである——少なくとも、モーセの戒律について、それはメシアの到来以降教会の法と慣習にとってかわられたとするキリスト教の説明を聞いたユダヤ人にはそう思えた。サバタイがコンスタンチノープルに着くまで、スミルナ、サロニキ、そしてギリシアの諸都市における彼の非ユダヤ的環境はギリシア正教が優勢だったから、キリスト教の影響をア・プリオリに排除することはできない。しかし、サバタイの反律法主義の基礎と、罪を聖なる行為とする彼の新評価は、たしかにキリスト教的ではなかった。それらは彼の魂の隠れた衝迫から出たものであった。サバタイは正常な時期には伝統的なユダヤ人の生活を忠実に守った。ところが、一方には正常な生活における敬虔な禁欲者の宗教活動と苦行、他方には聖霊が降りたときの、ひとを困惑させるような奇矯な行動、この両者間のまぎれもない矛盾がますます大きくなっていった。とにかくひとつ確かなことは、これらの「奇矯な行動」をメシアの使命の表われとみなした者はひとりもいなかったということだ。それは期待されたメシアの振舞いとはあまりにもかけ離れていた。メシアなら法と掟を破棄するなどもってのほかで、逆にそれらの名誉を完全に回復して然るべきだろう。それゆえ、サバタイのメシア宣言がなんらの印象も残さなかったことは怪しむに足りない。

　あの最初の時代にサバタイをメシアとして受け容れたという彼の最初の支持者グループについて書かれたものはたくさんある。この関連で通常言及されるのは、コンスタンチノープルの最も有名な説教師のひとり、アブラハム・ヤキーニである。[155] サスポルタスの書簡のひとつでなされた小さな取り違え（二五二ページ参照）が誤解をもたらし、その結果、ヤキーニはコンスタンチノープルの最初のサバタイ支持者のひとりであり、「ラビ・ユダ敬虔者と同時代人のラビ・アブラハム敬虔者」（一二世紀）がメシア・サバタイを預言しているかの有名な「古い巻物」の実作者であるというでっちあげの「事実」が定着した。そのさらなる根拠として、ヤキーニは「カリグラフィー」のプロならびにオランダのキリスト教学者のためにへブライ文字を筆写する専門家として、「古い巻物」を改竄しようと思えば容易にできたことが指摘された。この説の障害はもっぱら、この巻物が確かなところ一六六五年の早い時期に書かれたという点にある。ヤキーニがこの早い時点でサバタイを信奉したことを示す物証はない。いわんやユダヤ人を正道からそらす陰謀をたくらんだなどという根拠はない。グレーツですら惑わされたこの突拍子もない作り事は、近世の発見とサスポルタスの往復書簡『ツィツァース・ノーベル・ツヴィ』の完全版の出版によって吹っ飛んだ。

ヤキーニはのちに熱烈なサバタイ信者となり、彼の最も積極的な支持者のひとりであったが、さらに詳しく観察するに値する人物である。彼は一六一五年コンスタンチノープルに生まれ(156)、当市の上級ラビ、ヨセフ・ミトラーニ(一六三九年歿)のもとで学んだ。のちに生まれ故郷の町で説教師となり、一六五二年に行なった説教でみずからについて語り、自分はトーラーを愛するがゆえに二〇年間世捨人となった、ということができた(157)。彼はハラハーの著作も書いており、そのなかには遺失した『トセフェース・メルッバー』――当時トセフタ―について書かれた最初の注釈(158)――がある。だが、彼は主に説教師、詩人、カバリストとして活動した。わたしたちはまた、しばしばコミュニティのメンバーをほめ讃える詩を書いた詩人ユダ・アッバースが過越祭の前夜にヤキーニに贈った詩を有している(159)。ヤキーニはルーリアのカバラーの熱狂的な信奉者で、彼が「世を捨てた」ことはそれなりの結果をもたらした。彼は神秘的な夢を見、それを書き留めたもの(一六五二年から一六六三年まで)が多く遺っている(160)。彼の夢はきわめて意味深いもので、心理学者はおおいに関心をそそられるに違いない。このような夢を書き留めたラビは少ない。

一六五二年、あるとき彼は一匹の駱駝が部屋から部屋へ彼のあとをついてくる夢を見た。扉を重い錠で閉ざしたにもかかわらず、駱駝は錠を破って、なおも彼を追ってきた。最後に彼は海に面した部屋へ来た。彼はもう駱駝を恐れなかった。そのときひとりの美しい乙女が現われて、彼を抱擁し、口づけをして、わたしのことを忘れないでと懇願した。彼はある女王との結婚を間近にひかえていたからである。この女王はその場にいたのだが、月に隠されていた。だが、月が太陽に隠され、それで彼が結婚することになっている女王が両者のあいだから姿を現わしたのである。彼は請われたことを誓約した。「そして彼女と交わりもしたと思った。」そのあと別の乙女が現われた。さらにそのあと月と太陽が現われ、そのあいだに彼の妻となるべく定められた女王がいて、太陽のように輝いていた。「そして不安と驚きのあまり、わたしは目を覚ました。」ヤキーニはこの異様な夢を不思議に思い、こうつけ加える。「トーラーの命にかけて、わたしは全然抑制しなかった。」これとは別の、同様にエロチックな夢で、ミシュナーが彼のほうを向いて——まるでラビ・ヨセフ・カロのマッギードのように——老人の姿をして彼を叱るのを見た。彼がトーラーとミシュナーの両方を表わすこの老人に罪を告白すると、老人は突如美しい娘に姿を変えた。「そしてわたしは彼女を腕に抱き、激しく接吻した。それからわたしはとても怖くなって立ち上がった。頭が総毛立った。わたしは震え、この大いなる幻に涙が流れた——神はその意味を理解され、それの解釈を知っておられる[161]。」これらの夢は聖人になろうとする者に性欲が忍び寄る誘惑を特徴的に表わしている。夢を見るひとが娘に姿を変えるトーラーを見たときの恐怖と震え、聖と肉欲の混淆は、よく理解できることである。

彼の熱狂は詩作に道を見出した。一六五五年に彼は『ホード・マルクース』（王国の栄光）という表題の小冊子を出版した。「これはわたくしこと、小人アブラハム・ヤキーニ[162]が、誉れ高き神のために……当地コンスタンチノープルで想をえ、はぐくみて、生み出せしものなり[163]。」ヤキーニの数ある著作のなかでこれだけが印刷された。詩篇を模したもので、聖書のスタイルで書かれ、聖書の詩句の一部分や断片で構成されていた。内容は一見きわめて単純で、讃美と祈願と「神がシナイ山上で救いをもたらし給うであろう試練の日」を忘れるなという注意である。「その節には力ある者たちがあなたを讃えるでしょう。彼らは秘事を、これまでだれも聞いたことがなかったような奇跡を告げ知らせるだろう。」著者の示唆がなければ、この詩のなかにもっと深い意味があるとはだれも思うまい。しかしヤキーニは序文のなかでこう言明している。「わたしは本書に書かれた一部始終に、主題を展開するなかでも、個々の細部でも、賢者たちの貴重な言葉――一般に知られたものや隠されたもの――をそれとなく示した……本書は真の意図(カッヴァノース)も含んでいる。神の名に謝意を表するために。なぜなら、神はいつの時代にもすべての被造物によって讃えられるからだ。」残念ながら、この書には本文のなかに織り込まれた神秘的なほのめかしを読み解く鍵は含まれていない。

サバタイが一六五八年にコンスタンチノープルに来てまもなくヤキーニと知り合い、彼とカバラーについて話を交わしたとしても、少しも驚くにあたらないだろう。だが、知り合いであることから影響を及ぼすまでの道のりは長い。ましてヤキーニがサバタイの理念とサバタイのメシア主張を受け容れるにいたるまでは。ヤキーニが一六六五年まではサバタイの道から遠ざかっていたことを示す、信じるに足る証拠がある。彼の精神世界は最もオーソドックスなかたちでのルーリアのカバラーのそれであった。ポーランドのカバリスト、クラクフのツヴィ・トゥーフフューラーがコンスタンチノープルを通ったとき、ヤキーニは彼の書『ナハラース・アボース』、一六六〇年にヴェネツィアで出版された「父祖たちの言葉」にかんする注釈本を良いものだと認めた。認可書のなかでテクストを伝統的な四つの方法(字義どおりの方法、説教学的方法、寓意的方法、そして神秘主義的方法)で解釈する著者の手法を称賛しているが、しかし慎重に留保もつけている。著者がコルドヴェロの体系の上に立って神秘主義的解釈を行なっていたからである。この章は全部省いたほうがいいだろう、と彼は言う。「神の人、偉大なイサアク・ルーリアが現われてからというもの、だれしも彼の学校や彼の著作で学ぶ者は、彼［ルーリア］の方法や道を知らなかったほかのすべての大家たちに縁切り状を突きつけているのだから。といっても、わたしはこれらの聖なるラビたちの価値を減じようというのではない。それはとんでもないことだ……彼らだって、その時代のひとたちが受け容れるにふさわしい神秘的認識を獲得していたのだから……［しかし現今では］彼らの著作はもはや神秘的叡知の真の意味に合致しない。さすれば、［あなたのような］学者がこれらの疑問の余地ある資料に取り組む必要があろうか……というわけで、真理を求める者は［一に］ルーリアと彼の弟子たちの著作を学ぶべきであろう。」

ヤキーニは自著『［カバラー］学の基本原理にかんする小論』でも同様の見解を述べている。(164) この書は一種のゾーハル研究のルーリア的手引書で、エルサレムの国立図書館に写本で保存されている。(165) このトラクトの成立年代はわからないが、その本旨はヤキーニの自筆として遺されている『ラージ・リー』書によって裏づけられる。後者はカバラーの主題にかんするさまざまな注をもつ厖大な作品で、およそ秩序もなければ、編集作業の痕跡も見当たらない。最も早いメモは一六五八年で、最も遅い書き込み(166)は一六六三年夏である。これらの個人的な注のなかにはメシアとしてのサバタイやサバタイの他のカバラー教義に言及するものはいっさいない。そのかわり、カバラーの細部やルーリアの構成、意図、神の名などの教義にかんする長大な、じつに細かい詳述がある。一六六六年以後のヤキーニの著作にあふれているメシア的終末論的思弁は微塵も見られず、『ラージ・リー』とのちの『ワーウェイ・ハ＝アムディーム』とを比べてみると、実際の特殊なメシアの信仰がこのカバラー説教師のなかに惹き起こした、とてつもなく大きな変化がはっきり看て取れる。ヤキーニが一六五八年にサバタイと会った可能性は多分にありそうだが、そうだとしてもさほど彼に感銘を受けはしなかったかもしれない。当時、ヤキーニの世界はサバタイのそれとは、相容れなかったとまではいわないが、非常にかけ離れていた。サバタイは周知のように、ルーリアのカバラーを理論的には正しいと認めたけれども、実践面では非難した。「なぜかというと、それは彼を混乱におとしいれ、主の認識を深めようとする彼の努力を妨げたからである。」この引用の出典であるアブラハム・カルドーゾはこの問題に大いに関心があったばかりか、このテーマにかんする確かな情報ももっていた。[167]

モーセス・ピンヘイロの証言から知られているように、彼がスミルナのサバタイと関係した頃は、サバタイは初期のカバリストしか学んでいなかった。あとになってからルーリアのカバラーの研究に取り組んだのだろうか。コンスタンチノープルにおけるサバタイのカバラーへの取り組みはどのようなものだったのか。ド・ラ・クロワはこの問題を解明してくれそうな二つの細事を書き留めている。彼の報告によれば、サバタイはエリヤ・カルカッソーニ[168]というカバリストと交友があった。この人物はラビから破門の脅しを受けても頓着せず、サバタイと「実践的カバラー」を研究した。ド・ラ・クロワの記述には事実よりも多く伝説が含まれているが、エリヤ・カルカッソーニは「実践的カバリスト」、すなわち悪霊を追い祓う「名の達人」であったようだ。もしかすると、サバタイは彼と交わるうちに「聖なる名」を使いはじめたのかもしれない。トビーアス・ローフェも、サバタイが「実践的カバラーと悪魔祓い」に精通していることを聞き及んでいた。[169]噂はひょっとすると正しいかもしれない。なぜなら、周知のとおり、祓魔やその類いのことは下級の「名の達人」ばかりでなく、ハイーム・ヴィタールやその息子サムエルのような卓越したカバリストたちによっても行なわれていたからである。その時代の写本には、生きている者に取り憑いて、そのひとを狂わせ精神を分裂させる悪霊を、どうすれば追い祓えるか、[170]事細かい指示が含まれている。指導的なカバリストたちはそのような指示を著作のなかに蒐集したのである。

ド・ラ・クロワの二つ目の情報はもっと興味深く、そのうえ正しさも証明できる。一六五八年、エルサレムからひとりの使者がコンスタンチノープルへ来て、サバタイやカルカッソーニらと共に学んだ。彼は名のある説教師で、カバリストだったといわれる。ド・ラ・クロワは彼の名をダヴィド・カピオといっているが、それはヤキーニが『ラージ・リー』の冒頭でコンスタンチノープルにいたと述べているラビ・ダヴィド・ハビロのことだといってほぼ間違いない。ハビロは聖都への喜捨を募る活動家という資格で何度かコンスタンチノープルを訪れたようだ。というのも、ヤキーニの手稿のひとつに、彼がハビロの面前で――どうやら一六五三年以前に――行なった説教のことが書かれているからだ。ハビロは他のカバラーの著作者によってたびたび引用される名の知れたカバリストであった。みずからもカバラーの著作（いまも写本で遺っている）を著し、そのなかには『イェツィーラー』書への注釈もある。指導的なルーリア派カバリストの弟子として、ハビロは完全にルーリアの影響を受けていた。あるエルサレムの言い伝えによれば、彼は聖賢（マッギード）と呼ばれていた。このことは、彼が特別な啓示を授かった霊験あらたかな宗教人の名声をほしいままにしていたことを示している。したがって、この卓越したルーリア派のカバリストがサバタイと個人的関係を維持し、彼に神秘主義の教義を教えたことを知るなら、おそらくそれまでサバタイが知らなかったであろうルーリアのカバラーを彼に伝授したと考えて間違いあるまい。ド・ラ・クロワはハビロ Chabillo という名をユダヤ人の情報提供者から聞いた発音通りに「カピオ」Capio と伝えているのである。この名の同様な表記が或るヘブライ語で書かれたサバタイ派の記録に現われる。多くのセファルディー系ユダヤ人は illo で終る名を ll 抜きで話した。たとえば Amarillo というかわりに（とくにサロニキでは）Amario とか、Karillo には Kario といった具合である。b と p もしばしば入れ替わった。ド・ラ・クロワはおそらくカビロが「カビオ」とか「カピオ」とか発音されるのを聞いて、「カピオ」というかたちにいたったものと思われるが、だれもそれが当時スミルナとコンスタンチノープルを訪れたエルサレムの使者にして名高いカバリストだとは思わなかった(177)。このフランスの外交官は重要な歴史的事実を記している。話は潤色されていて、細かい点は想像であるとはいえ、それによってその価値が減ずることはない。サバタイやナータンらのものとされている談話や議論は理想化する文学的粉飾以上のものではないが、登場人物の名前や出来事の大筋は信ずべき地域の伝承に基づいているようで、歴史的批判的検証にも十分耐える。ド・ラ・クロワによればハビロとサバタイのつながりは秘密ではなかったのだから、破門はしばらくしてふたたび解かれたのだろう。ダヴィド・ハビロは敬虔な禁欲者だった。彼の習慣や全般的行状はおそらく、照明の時期によってかき乱されていない正常な自己を保っているときのサバタイのそれと似通っていたのだろう。

ダヴィド・ハビロは年若い友人であり弟子であるサバタイの精神的戦いに純粋な理解を示したのだろう。大胆にして示唆に富んだ文章でハビロはあるときこう説明している。二種類の悪魔がいて、ひとつは、神秘的にテフィリンの四つ頭の文字シーン(ש)(178)によって示される「聖性の悪魔」である、と(179)。この注目すべき言葉には、「悪魔のような」行為のすべてが必ずしも邪悪、ないしは悪魔的である必要はないことが示唆されているようである。サバタイの奇矯な振舞いがハビロには「聖性の悪魔」によって吹き込まれたもののように思われたのかもしれず、彼がサバタイ・ツヴィをきっぱりはねつけはしなかったとしても、驚くにはあたらないだろう。

ド・ラ・クロワがいうには、サバタイはコンスタンチノープルのラビ階級から町を去るよう強制され、ハビロにともなわれてスミルナへ旅立った。明くる年の一六六〇年(180)、大火災が勃発し、首都のユダヤ人はひどい苦しみを味わう羽目になった。サバタイはそれを聞いておおいに満足なようすであったという。

「彼がコンスタンチノープルでこうむった中傷のためではなくして、民に贖罪を促す神の手をそこに見たからであった。」[181] ダヴィド・ハビロは生涯の終りの数年をスミルナで過ごし、ユダヤ暦五四二一年（一六六一年）五月九日に死去した。[182] その頃、スミルナにはほかにエルサレムからの使者はいなかった。ラビ回答書集に見られる任命条件の論議からわかるように、エルサレムの使者の肩書と権利はもっぱらハビロに委ねられていた。ド・ラ・クロワの記述はハビロの伝記について知られていることとぴったり符合するので、使者ダヴィド・カピオはラビ・ダヴィド・ハビロと同一人物であるとみなしてさしつかえない。

五年間の追放生活ののちサバタイが生れ故郷の町へ戻って来てもべつだん評判にならず、騒ぎを惹き起こすこともなかったようだ。追放のことはその間に忘れられてしまったのか、始めから期間が限られていたのかもしれない。サバタイがハビロのような、いわばカバリストならびに学者として認められた権威の翼に抱かれて戻ったという事情も影響したかもしれない。エルサレムからの使者、タルムードの学者たちはみな、一般にセファルディーのユダヤ人たちから最高の宗教的権威とみなされていた。ハビロがサバタイをそっとしておいてやれといえば、彼らはそれにしたがっただろう。サバタイを町から追い出したスミルナの上級ラビ、ヨセフ・エスカファは、その間に年を取って、昔の迫害の記憶もうすれてしまっていたのかもしれない。エスカファは一六六二年始め、サバタイの二度目のスミルナ滞在の終り頃、死去した。

アブラハム・クウェンケが体現しているようなサバタイ派の伝統はいくらか伝説とオーバーラップした事実を蔵していたように思われるけれども、当時のサバタイの活動にかんする報告は曖昧で、不明である。クウェンケの報告によるなら、サバタイがのちにパレスチナへ赴いたとき、彼はスミルナから来たのであって、追放の旅路からではない。このことは、クウェンケに少なくともいくらか確かな情報をえる手蔓があったことを示唆しているように思える。サバタイは三年ほどスミルナにとどまり、一六六二年にふたたび町を去った、とド・ラ・クロワはいっている。この日付は別の典拠によって証明されている。[183]「彼［サバタイ］はスミルナでときどき粗末な一室に身を隠し」、まれにしか姿を見せなかった、というクウェンケの報告はたしかにこの時分にかかわるもので、サバタイのメランコリックな時期をはっきりほのめかしている。サバタイをこの部屋で見た、彼は「埃のなかをころげまわり、寝台はひっくり返っていた」とクウェンケは「信ずべき筋」から聞かされた。クウェンケの情報源はさらに、二人の天使がサバタイを支え、慰めて、助け起こし、「埃を払い、出で立ちて、帰りなさい、おおエルサレムよ」と言ったのを見たとつけ加えるけれども、これらはすべて信憑性があるように聞こえる。あとから作られた伝説かもしれない事から歴史的事実の本当の芯を取り出すことは絶望的で至難な企てである。そこでもっと確実な典拠に移ることにしよう。預言者ナータンが価値ある報告をしてくれている。一六六六年に彼が記しているところによれば、サバタイは「ケリパーの幽囚となって七年を過ごさねばならなかった。そしてこの間、〈起って輝け〉［イザヤ書六〇、一］の章についての『ペッシクター［ラッバティ］』にいわれているように、非常な苦しみを味わった」[184]。ナータンはいつの七年かは述べていない。最初のメシア発現で終ったサバタイの青春時代、一六四二―四八年の時期を指しているのか。それとも一六五八年に「新しい律法」の啓示で終ったギリシアとコンスタンチノープルでの追放と放浪の時代のことか。いずれにせよ、周知のように、サバタイは悪魔に迫害され苦しめられたばかりか、「ケリパーの幽囚」という表現がいみじくも言い表わしているメランコリーの状態のなかで実際に悪魔に打ち負かされたのであった。

サバタイはやすらぎも心の平和もなく、苦悩する魂の救いを求めてあちこちさまよった。家では兄弟たちが「自分らに不利になる腹立たしい」サバタイの「奇矯な行動」にいたく名誉を傷つけられたように思った。クウェンケによれば、兄弟たちはサバタイにパレスチナへ行くよう提案した。そこで彼は「単身、着の身着のままで」出立した。家から金をもらうこともこばんだ。ド・ラ・クロワの報告はそれとはまったく逆である。サバタイはパレスチナへ赴く決心をし、兄弟たちは大金と必要なものいっさいを彼にもたせた。それというのも、自分たちの幸福は彼のはたらきによるものと思っていたからである。[185] サバタイのエルサレム滞在にかんする後世の物語はスミルナからの出立というド・ラ・クロワの見解を支持するように思われる。[186]

サバタイのエルサレムへの旅の日付はある目撃者の報告に依拠することができる。北イタリアに住み、熱烈な「信者」であったラビ・ハイーム・セグレは一七世紀の七〇、八〇年代にイタリアへ来た他の支持者たちからサバタイ・ツヴィと預言者ナータンにかんする情報を集めた。そのうちの多くは事実と虚構の奇妙な混淆であるが、[187] なかでもセグレがロードスのラビ・サロモン・ベン・モーセス・デ・ボッサールから聞いた話では、「アミラーの示現する三年まえ、すなわち四二二年［一六六二年］に、サバタイはスミルナからエルサレムへ向かう途中ロードスを通った。彼はひと月彼の父［デ・ボッサール］の父で、ロードスのラビ」の家に滞在し、父といっしょにゾーハルの書を学んだ」。デ・ボッサールはサバタイの奇跡や預言について多くを語ることができた。「そしてこの報告が真実であることを誓った。[188]」サバタイ派の伝説にはたいした歴史的価値は認められず、自分の報告を誓いで強める「信者たち[189]」の習慣を考慮せねばならないとしても、少なくともボッサールの報告の概要は受け容れることができる。かくして、わたしたちの典拠によれば、サバタイは一六六二年にロードスを通った。そしてリコーによれば、シリアのトリポリも通った。

V　エルサレムのサバタイ・ツヴィ

サバタイ・ツヴィはエルサレムへ直行したわけではなく、しばらくエジプトに逗留し、そこでエジプトのユダヤ人コミュニティのラビや長老たちと親しい交わりをもった。彼はまた、エジプトのユダヤ人のあいだでとくに重要な名望高い地位を占めていたラファエル・ヨセフとも知り合った。[190] このひとはチェレビー（トルコ語で「守」の謂）と呼ばれたが、このばあいそれは尊称とか儀礼的な称号ではなくして、古くからある伝統的なナギドに相当する官職名であった。ナギドはエジプトのユダヤ人たちの首長で、政府における彼らの世俗的代表者であった。この職はわけてもマイモーニデスと彼の子孫たちによって占められた。ラファエル・ヨセフと同時代のひとでエジプトのユダヤ教の信ずべき権威ヨセフ・サンバリの年代記『ディブレイ・ヨセフ』から知られるように、一六世紀にナギドの職名は廃止され、そのあと同職の拝命者はチェレビーと呼ばれた。[191] チェレビーはエジプトでは副王の財務官、造幣局長、銀行の監察官であった。彼はまたしばしば租税徴収官、収税吏であった。いうまでもなく、就任者の人気がそれで必ずしも上がるわけではない職務である。同時代人の書簡のなかでラファエル・ヨセフはツァラフ・バシと呼ばれている。すなわち、彼がついているエジプトの財務省長官職のトルコ語の呼称である。彼はカイロに居住していたが、その影響力はアレクサンドリアと当地の港湾業にまで及んだ。ラファエル・ヨセフは一六六二年にチェレビーとなった。サバタイがエジプトへ来た年のことである。彼の度量の大きさと極端に禁欲的な信仰の傾向は一般によく知られていた。数ヵ月彼の家に逗留したサンバリはこう語っている。「彼は法の監視と護持の基準を高く置いた。そして全身全霊をもって、かつまた権力のかぎりを尽くして主と向き合った彼ほどの王は彼以前にはいなかった。彼は日々を断食で過ごし、夜、家の者たちが豪勢な食事を摂っても、彼は豆しか食べなかった。彼は真夜中に起床し、身も心も浄めて律法を学んだ。儀式にのっとった沐浴をし、わが身を鞭打ったのである。身には袋用の麻織物をまとっていた。民衆はみな彼にしたがい、彼の在任中は全イスラエルが安寧平和に暮らした……そしてわたくしこと、不肖［この年代記の］筆者は彼のしもべのひとりであった。わたしは彼の豆を食べ、彼の水を飲んだ。……(192)」一六六六年にあるリヴォルノのラビが、「五〇人の聖別されたラビが彼のテーブルで食事をした」と書いている。ラファエル・ヨセフは裕福で禁欲的な一般信徒の指導者を代表する者であった。彼以前と以後のユダヤの歴史にかなり頻繁に現われるタイプである。彼と、すでに見たように、普段同じような禁欲生活を実践していたサバタイとのあいだの親しい関係をつくり出したのは、どうやら彼の禁欲的な傾向と、一般的に彼のカバリスト擁護であったようだ。

サバタイが初めてエジプトに来てからほぼ二年後、ラファエル・ヨセフはひとりのとくに名声高いカバリストを屋敷に連れてきた。サムエル・ヴィタール、ルーリアの高弟ハイーム・ヴィタールの息子である。サムエル・ヴィタールはルーリアの教義を純粋に穢さずに展開する父の著作を守り伝える務めを果たしていた。サムエルは長年ダマスカスに住み、そこで父の著作を整理、刊行し、それの複写許可をかたくなにこばみつづけた。才能のある学者たちは許されるかぎり読んだものを暗記するよう努めた。それから急いで家に帰って、覚えたものを書き留めた。このようにして最初の「ルーリア著作」集ができたのである。その一例がラビ・ヤコブ・ツェマッハのものである。一六六三年夏にはサムエル・ヴィタールはまだダマスカスにいたから、(193)当時サバタイは彼には会うことができなかった。だが、ラファエル・ヨセフの屋敷で歴史家サンバリと会ったことはほぼ確かである。したがって、サンバリにはじかにサバタイを描写することができたはずだ。実際に彼はそれをしたのだが、この年代記の唯一現存する二つの写本から貴重な数ページが破り取られているのは、ユダヤの歴史編纂の不運な出来事のひとつである。あるページの下の方にメシア・サバタイ・ツヴィの歴史らしきものへの書き出しの文が残されている。「さてこれから市の立つ広場や通りでもちあがった口論、いさかい、もめごとの話をしよう。(194)」報告の残りはのちの狂信的な反サバタイ派の検閲の犠牲になった。ある幸運な偶然によってサバタイは誠実な歴史的関心をもったひとりのユダヤ人学者と出会った。彼は彼と同時代の歴史家仲間ダヴィド・コンフォルティと違って、問題全体を簡単には抑え込もうとはしなかった。不幸なことに、他の連中はサンバリが「省いたもの」をまた補って、欠くべからざる大事なページを原稿から除いてしまった。

サンバリの証言には第一級の重要性があたえられて然るべきだった。なぜなら、ほかの証言者——そのなかにみずから現場にいた者はいない——の報告は混乱し、矛盾しているからだ。サバタイは二度エジプトを訪れているが、遠国の年代記作者や回想記作者は最初の訪問時の出来事と二度目の訪問の出来事とを区別しなかった。とくにサバタイの三度目の結婚の日付にかんしては(第二章注二三五参照)、文献中の混同と矛盾が彼のメシアとしての伝記についてわたしたちの理解を妨げている。サバタイは数ヵ月エジプトで過ごし(195)、それから一六六二年の夏、パレスチナに着いたようだ。このカイロからエルサレムへの旅の詳細は知られていない。彼がガザを通ったこと、その地で将来の預言者ナータンと会ったこと、人びとの共同謀議などはすべてつくりごとである。当時ナータンはまだガザにはいなかったのだから(196)。

VI　サバタイのエルサレム滞在とエジプトへの宣教。サラとの結婚（一六六四―一六六五年）

エルサレムにサバタイはおよそ一年間とどまったが、[197]そこでの彼の振舞いは例によって禁欲的な聖人らしさとショッキングな奇矯な行動との混淆を示していた。人間性の品位と魅力は自ずと好感と好評を呼んだ。サバタイがほぼ一年後に、特使としてエジプトへ旅し、そこでエルサレムのコミュニティとその慈善施設への寄金を集めてくれるようたのまれたという事実ほど意味深い証は考えられない。エルサレムの長老たちが蔑視した男にかくも名誉ある公の使命を託したことや、彼らの厳しい尺度によるとはいえ、正統性に疑問なしとはしない男をよりにもよって選んだことは、およそ考えられないことである。他方、サバタイの奇矯な行動が驚愕を呼び起こしたばかりか、懲罰をもたらしたことは疑いようがない。サバタイ自身がラニアードに語ったところによれば、彼は一度ならず「パレスチナのわたしたちの師」から「打擲」をこうむった。彼の行動が、厳密な意味では必ずしも違反とはいえないが、それでも敵意のこもった反応を呼び起こすに足る異常な「無分別な」ものだったからである。多くのひとにとって彼は物笑いの対象だったようだ。というのも、メシア主義運動開始の頃に最初の反サバタイの書簡が回ったとき、筆者たちは彼のことを「一般の嘲笑の的だった」[198]ラビ・サバタイ・ツヴィという調子で語ったからだ。メシアを僭称する主張等にかかわる迫害や反対のことは語られず、嘲りと哄笑ばかりだった。たしかに、サバタイの禁欲的な信仰心が嘲笑を呼んだわけではない。エルサレムの小さいユダヤ人コミュニティには禁欲的な聖人がたくさんいた。彼らの振舞いは通常のサバタイのそれとなんら異ならなかった。サバタイの振舞いで本当にとくべつで異常だった点は「愚行」とみなされた。それに相応する反応は憐愍と笑いであって、公衆の怒りや嫌悪ではなかった。

エルサレムのユダヤ人コミュニティはその当時二百から三百所帯擁していた。彼らは旧市街のユダヤ人地区の狭い小路に貧しく暮らしていた(199)。彼らのなかにはとくに傑出してはいないが、多くの学識者がいた。エルサレムには名だたる学者は三人しかいなかった(200)というのは、実際よりもえらく過小に見積もっている。なぜなら、サバタイの来訪時には大勢のラビたち——たとえばモーセス・ガランテ、サムエル・ガルミザン、ヤコブ・ハギス、アブラハム・イブン・ハナニヤなど——がいたことは知られており、彼らの著作もわたしたちは所有しているからだ。ヤコブ・ハギスはリヴォルノの金持の家から寄進された小さな学院の院長を務め、多くの生徒を教育した。彼の息子モーセス・ハギスの言葉を借りれば、「彼が聖都に来て［一六五〇年から一六六〇年までのいつか］からというもの、人口が著しくふえ、重要な学者たちが当地へやってきた(201)」。のちのすぐれた学者の流入の原因を父親のエルサレム到着に見るのは、おそらく尊敬する父の思い出に捧げるモーセス・ハギスの空想的な貢ぎ物にすぎなかろう。しかし、あの頃、学者のめぐるしい出入りがあったことは事実だ。総じてモーセス・ハギスによってえがかれた像は、サロニキのモーセス・ベン・ハビブ（彼は同名の男と取り違いされたが、この男とはちがい、ヤコブ・ハギスの弟子ではなかった）の言に基づく反対の報告よりも信頼できる。妙なことに、この報告は三人の傑出した学者の名を出さず、ラビ・サウル・ザハウィンの名を挙げているが、このひとはあまり知られておらず、最近までそもそもその存在自体疑問視され、その名はサムエル・ガルミザンを改変したものと思われていた(202)。後代にモーセス［・ベン・イサアク・］ベン・ハビブのものとされた証言は、それゆえ、疑わしく、むしろサバタイ・ツヴィの思い出を語るなかのアブラハム・クウェンケの言に信を置くべきだろう。それによれば、エルサレムには「多くの偉大な学者」がいた(203)。

エルサレムのカバリストはここでのわたしたちの研究にことのほか興味深い。彼らは一七世紀初頭のサーフェードの陥落後においてルーリア・カバラーの真の代表者と目されていた。一世代まえ、エルサレムには数人の有力なカバリストがいた。彼らは彼らの定評ある文学的表現をルーリアの体系にあたえ、ハイーム・ヴィタールの伝統を正典のひとつに加えた。それにかわるもうひとつのルーリア教義の解釈はイタリアのイスラエル・ザールークの一派によって唱えられたが、一六二〇年から一六六〇年のあいだに隆盛を見たエルサレム派のあいだではとくに好まれなかった。たしかに、ザールークの著作が活字で出版されたあと、とくに一六四八年のナフタリ・バハラハの『エメク・ハ゠メレク』の出版後(204)、パレスチナでもその影響が認められはしたが、エルサレムのカバリストたちの主たる関心はハイーム・ヴィタールの著作にあった。彼らは、ダマスカスでサムエル・ヴィタールが後生大事にしまっていた本人自筆の原稿を筆写することはできなかったけれども、ヴィタールが一六二〇年に亡くなるまえに同僚や弟子たちによって書き写されていたハイーム・ヴィタールの著作を数巻手にしていた。ベンヤミン・ハ゠レーヴィ（ダヴィド・ハビロの師）、ヤコブ・ハイーム・ツェマッハ（かつてのポルトガルのマラノ）、メイール・コーヘン・ポッパースが「ルーリアの著作」の三つの異なる版をエルサレムで出版していて、それらがのちに多くのひとの手で筆写されて出回ったのである。彼らは高い声望をえており、年若いカバリストについての彼らの意見は大きな重みをもった。しかし、メイール・ポッパースは一六六二年冬に亡くなった(205)。サバタイがエルサレムに来る数ヵ月まえのことだった。ベンヤミン・ハ゠レーヴィは長年の放浪のすえにサーフェードへ戻ってきた。彼がエジプトでサバタイに会ったかもしれないということは年代的におおいに考えられようが、このばあい、彼が数年そこに滞在したと想定せねばなるまい。しかしその証拠はない(206)。老カバリスト、ヤコブ・ツェマッハ――年齢は七五歳かそれ以上だった(207)――だけはまだエルサレムに住んでいた。彼がこの若いスミルナのラビについてどう考えていたのかわからない――彼がラビ法廷の一員としてサバタイにその奇矯な行動にたいして「鞭打ち」の判決を下したのでないとしたら。ダヴィド・ハビロの例は、厳格なルーリア派ですらサバタイを評価し、彼に共感することができたことを示している。それゆえ、ヤコブ・ツェマッハがサバタイにたいしてどのような態度を取ったのかを考察するばあい、カバリストであるという理由のみに依拠することはできない。他方、サバタイはツェマッハが全身全霊をもって傾倒していたルーリアのカバラーのメシア思想にはけっして合わないことも疑いを容れない。それは事件が緊迫した一六六五年におけるツェマッハの態度によって完全に証明される。

最初の公の「啓示」以前のサバタイのエルサレム滞在についてはあまりわかっていない。クーネンは、サバタイの盲目があらゆる医学的努力が失敗に終ったあと奇跡的に癒えたという話を聞いた(208)。この話はおそらく、サバタイが重症の鬱発作に見舞われて、その間、周知のように、全然読書ができなかったことの歪められた思い出であろう。アブラハム・クウェンケも彼の回想記や報告の基調をなしている物語風のなかで、あまり具体的ではないが、信頼できる、いくつかの事実を述べている。当時、クウェンケは一五歳で、ヘブロンに住んでいたが、エキセントリックな振舞いでなにかと耳目をそばだて、噂の種にならずにはいないサバタイのことを多少とも聞いたことがあろう。スミルナから来た一風変わったラビはエルサレムとヘブロンの小さなコミュニティのなかで、さだめし話題になったことだろう。最初、サバタイは毎日タルムード学院に通い、朝の祈りのあとほかの学者たちといっしょに勉強をした。数ヵ月後、彼はあるセファルディー系ユダヤ人の家を買うか、そのひとの地所に自分で家を建てた(209)。クウェンケは持ち主の名をクフィアまたはクピアといっている。エムデンの『トーラース・ハ゠ケナーオース』に見られるこの名のひどく崩れた書き方を考慮すると、二つの推測が成り立つ。(1)クフィアはカピオと響きが似ている。カピオはド・ラ・クロワに述べられているが、そこではこの名はすでに見たとおり、おそらくハビロを表わすものであろうとされている。とすると、サバタイはダヴィド・ハビロの家を引き取ったのかもしれない。そこは息子のユダ・ハビロ・エルサレムが父の集めた金をめぐってのコミュニティ側との激しいやりとりのすえ立ち去って、空き家になっていた。息子の迫害は一六六一年の父の死去後まもなく始まった。一六六三年には彼はすでにラビ・キオスとなっている[210]。このクフィアという名の説明は正しいように思う。(2)クフィオとかカピオという名の家族がエルサレムにいたのかもしれない。そしてクウェンケのような学者がキリスト教徒である著者ド・ラ・クロワと同じような取り違えをしたとは思われない。サバタイの到着する数年まえ、エルサレムのラファエル・カピオなる人物への言及がある[211]。

この家でサバタイは部屋を決めてそこに引き籠るか閉じ籠るかして、安息日から次の安息日までのあいだ断食をした。「彼は四度目の安息日の食事のあとはもう何も食べない習慣だった。」言い方を変えれば、彼は決められている三度の安息日の食事をし、安息日の終りに「ハウダラ」〔安息日や祝祭日の終りに家庭やシナゴーグでなされる祝福の祈りの言葉ならびにそれにともなう儀式。この儀式には1葡萄酒を祝する、2香辛料を祝する、3灯りを祝するなどの行為がある〕の儀式を行なって、それから四度目の、「女王サバトの御相伴」として知られる、すなわち「メシア王ダビデの祝宴」[212]での食事を摂り、そのあと断食にはいったのである。彼はほかの信心の決まり事を果たした。安息日の買物はすべて自分でやり、そのさい、「からだの汗で衣服がぐしょ濡れになる」ほど精を出した。自宅の一室を限って「孤独の部屋」とすることは、その時代の道徳を説く禁欲的な手引書でほむべき行為として薦められていた[213]。ときには自宅を離れて、ユダヤの荒野の山や洞窟で寂寥の日々を送った。そこで彼は、アレッポのラニアードが語っているように、墓のなかから声を聞くことができた[214]。このように、総じて彼は、ひたすら神の声を求める敬虔な禁欲者の生活を送ったのである。

エルサレムで彼は二、三のひとと知り合いになった。彼らはのちに彼のメシア運動のきわめて積極的なメンバーかつ使徒になった。そのなかには名の知れた学者が何人もいた。サロニキのダヴィド・イツハーキ、ブルッサのサムエル・プリモ、ユダ・シャーラーフなどである。ほかの連中は、たとえばギリシアのミストラのサバタイ・ラファエルなど、名うてのごろつきであった。サバタイ・ラファエルが一六六七年にサスポルタスに語ったところによると、彼は一六六三年、二一歳の年にエルサレムに来たとき、「サバタイ・ツヴィが聖都にいて、数人の生徒たちといっしょに勉強をしていたが、当時はまだメシアといわれていなかった。彼［サバタイ・ラファエル］はサバタイのところへ行き、彼のサークルの一員になった。(215)」エルサレムのサバタイ・ツヴィを取り巻くサークルないしグループの存在をはっきりと主張しているのはこれが唯一の証言である。だが、サバタイ・ラファエルは実際何を言うにしても嘘つきだとわかっているので、これから推論を引き出してもあまり価値がなく、ほとんど無駄である。サバタイ・ラファエルは当時サバタイがなんらかのメシアであるという主張を掲げていたとは言っていない。

エルサレムのユダヤ人コミュニティはしばしば多くの困難に直面したが、その悲惨な境遇の最大の理由にたびたび繰り返されるトルコの地方長官やパシャの抑圧があった。コミュニティは一六六三年、サバタイがそこに住んでいたとき、そのような不幸に遭遇した。要求された金は高額で、長老たちは調達できず、多くの優秀な学者が逃げ出す羽目になった。一六六三年から一六六四年にかけての冬の終り頃、ラムレーに彼らの多くが見出される。そのなかにユダ・シャーラーフもいた。彼はその後さらにエジプトへ行ったようだ。(216)さらに、のちエルサレムへ戻ったサムエル・ガルミザン、そしてアブラハム・イブン・ハナニヤ。サバタイは町にとどまったか、あるいはこれまでよくあったように、地方をさすらい、聖なるラビたちの墓で祈った。ヤコブ・M・トレダーノがサバタイからユダ・シャーラーフと「ラファエル氏」(カイロのチェレビー・ラファエル・ヨセフ)に宛てられた手紙を写し取った記録が信頼できる正しいものであるなら、サバタイが一六六四年サーフェードにいたという価値ある証拠を握れるのだが。[217] 遺憾ながら、トレダーノのテクストは脈絡のない断片的な文章の寄せ集めで、意味が判然とせず、この手紙が本当に一六六四年に書かれたのか、一六六五年、サバタイがエルサレムを去り、正式にメシアを自称したあとではないのか、おおいに疑問の生ずるところである。というのも、折りがあればサバタイはアレッポとスミルナへ向かう途中サーフェードを通ったからである。

サーフェード滞在はそれ自体まったくありえないことではない。この町は地方の支配者たちと、中央政府を代表するダマスカスのパシャとのあいだでしょっちゅう戦争が行なわれた結果、かなりさびれていた。ユダヤ人のコミュニティは記録にその「破壊」が語られているほど消滅してしまった。学者の多くは立ち去り、パレスチナの別の場所かエジプトに住みついた。若干数はのちにふたたび帰って来た。その数は一六六〇年頃町を破壊されてサーフェードに住みついた元のチベーリアスの住民たちによって増強された。[218] とにかく、一六六四—六七年間にサーフェードにユダヤ人コミュニティが生まれた。周辺の聖者の墓に詣でた巡礼たちは信仰仲間や友人が必ずや見つかると確信できた。一六六三年に金をせびられたことを潮に、コミュニティはエジプトに使者を送り、そこで金を集めさせようとした。サバタイ・ツヴィに白羽の矢があたった。[219] 以前カイロに滞在中チェレビーのラファエル・ヨセフと親交のあったことが一般に知られていたからである。サバタイの経済的自立も物をいったかもしれない。同じような考えをもつエジプトのユダヤ人の首長に受けがいいだろうと思われる敬虔な禁欲者としての彼の名声のことはいわずもがなである。サバタイは任務を引き受け、一六六三年の末頃と思われるが、エジプトへ出立した。旅立ちのまえに、彼はさらにヘブロンへ行き、族長の墓所、マハペラの洞窟で祈りを捧げた。そこで若いアブラハム・クウェンケは初めて彼に会った。生涯で一回限りだったが、この出会いの思い出は彼の心に深く刻み込まれた。長年ののち、彼は回想録にこの訪問のことを書いたが、叙述は明白な誇張と個々に不正確さがあるものの、信頼できるものである。「わたしは彼が到着した瞬間から片時も彼から目を離さなかった。彼がわたしたちといっしょにシナゴーグで午後の祈りを捧げたときも、彼について来た群衆といっしょにマハペラの洞窟で夕べの祈りを捧げたときも。」クウェンケはさらにサバタイが祈りのあいだに流した「聖なる」涙についても語り、こうつけ加える。「ほとんど夜中、わたしは彼が住んでいた[220]家のそばを離れなかった。そして彼の振舞いを観察した。ほかの市民も眠れぬ夜を過ごし、窓越しに彼を見守っていた。彼の言いつけでたくさんの蠟燭に照らされた部屋のなかを彼は行ったり来たりしていた。夜を徹して彼は力強い声で讃美歌を朗唱していた。〈悦びの声、幸せの声で〉、愛らしい、こころよい声で。朝が白み染めて、わたしたちが朝のミサに出かけるまで。わたしは証明するが、彼の立居振舞いは畏敬の念を起こさせるもので、すべての点でほかのひとたちのそれとは違い、いくら彼を見ても見飽きなかった。朝の祈りのあと、彼はひとりで六マイル離れた場所へ行った。ユダヤ人がひとりだけ徒歩でつきそった[221]。わたしたちのなかにいるあいだは、飲んだり食べたりせず、だいたい眠りもしなかった。彼は来たときと同じように立ち去った。断食をしながら。以後、お目にかかったことはない。」

　この叙述が価値をもつのは、はっきりした物言いと、わたしたちがすでにサバタイ・ツヴィについて知っていることに照らしてみて初めてその十全たる意味が現われる、暗号めいた報告とによってである。クウェンケは実際に、照明を受けた躁状態のサバタイをえがいている。心理的真実も全体の信憑性を高めている。細部は多く照明中のサバタイの態度をえがくほかの資料によっても正しいことが確かめられる。このような時期には彼は感情的たかぶりの状態で暮らし、睡眠が要らず[222]、行ったり来たりしながら、ほとんど陶然とした感激にひたって甘い声で讃美歌をうたった。このあとの癖はクウェンケが知らなかったはずの別の資料にも述べられている。すなわち、およそ二年後にサバタイをガリポリに訪ねたポーランドの使者の手紙である。両者の報告の個々の点はかなりの程度一致し、真実に忠実であるように思われる。サバタイの讃美歌詠唱がいかなる印象をあたえたのか、イスラエル・ハッサンもアドリアノープルに滞在した折りについて証言している[223]。ヴィルナのアブラハム・コーケシュは縁者のレイーブ・ベン・オーザーにサバタイを訪ねたときのことを伝えている。「サバタイ・ツヴィが讃美歌をうたうとき、これはよくあることでしたが、彼の顔を正視することはとてもできませんでした。まるで火のなかを覗くようだったからです。このことはほかの多くのひとたちが、彼の敵対者たちでさえ、確証しています[224]。」スミルナで捕えられたときも、彼は裁き手のところへ引かれていく道すがら讃美歌をうたった[225]。彼の声の甘い響きは彼のすぐれた性格のひとつであって、人びとにとても魅力的な印象をあたえた。音楽は彼を興奮させ、感激で一杯にした。ガリポリでの大きな照明のさいちゅうも音楽家たちが待機していて、昼夜を分かたず彼の前で演奏をした。生涯を通じて、彼には「リートやロマンツェをうたう」習慣があった[226]。彼の音楽性にはナータンも触れており、それを神秘的に解釈している[227]。

だいたいのところクウェンケの情報の信憑性は確かだと思われるので、彼が黙過するか、漠然と一般的な概念でほのめかしている事実も評価することができる。クウェンケはあの晩見た「畏敬の念を起こさせる」（あるいは「びっくりするような」）振舞いの性格を——「ほかのひとたちのそれとは違う」——というだけで、それ以上詳しく書いていないが、彼はサバタイの「奇矯な行動」を多少とも体験したと推測して間違いなかろう。サバタイはこの機会に明白な違反を犯したのであろうか。クウェンケはファンとして、自分が見たことを部外者に明かしはしなかったはずだ。だがとにかく、彼は若者として見た驚くべき、「びっくりするような」事柄に、その意味がまったくわからぬまま、深い感銘を受けたようだ。そして運動が興ったのち、彼は見たものをおそらくある高度なメシア的神秘に読み替えたのだろう。

サバタイの外見にかんするクウェンケのコメントは、サバタイのヘブロン訪問の二、三年後に彼を見た著者たちによっても証明されている。サバタイは背が高く、「顔は輝いて［いて］、浅黒く、顔立ちは美しく、威厳があり、黒い、丸っこいひげが顔を囲んでいた。そして［彼は］王のようなみなりをしていた。身体つきは頑丈で、でっぷりしていた」。クウェンケの誇張だとしても、彼の描写の本質的要素はほかの報告にも見られる。これをキリスト教徒であるリポーターの作り話として片づけてしまうわけにはいかない。「頑丈で、でっぷりしている」というのは二年後に彼に会ったクーネンの「でっぷりと太っている」という描写と一致している。別のスミルナからのオランダ人の報告は、「サバタイはでっぷりしていたが、それ以外はとても美しい身体」だった。[228] ガリポリで彼を見た目撃者は、彼は苦行しているわりに「でっぷりし」[229]、健康で、頑健だった、とレイーブ・ベン・オーザーに語った。アブラハム・コーケシュは、彼がガリポリの要塞の庭で中くらいの大きさの木を引き倒すのを見たとまでいっている。[230] サバタイの輝かしい風貌にかんするクウェンケの描写は、「彼の顔立ちは美しく、彼にならぶ者はまずいなかった。そして頬はその間ずっと紅潮していた」[231]。この最後の言い回しから、描写はサバタイの病的な興奮ないしは照明のさいちゅうのようすを指していると推測できる。なぜなら、鬱のあいだは彼はひとを寄せつけなかったからだ。サバタイの丸っこいひげというとくべつな形はカストリアのイスラエル・ハッサンがえがいている。「彼のひげは整然と上顎からおとがいまできれいに生え揃っていた。[232]」これらすべての特徴——健康そうな外見、肥満、丸っこいひげ——は、現存するサバタイ・ツヴィの真正の像（口絵参照）にも見られる。クーネンによればあるキリスト教徒によって画かれたもので、彼は一六六五年末頃スミルナでサバタイに会い、すぐさま家へ帰って、肖像を画いたのである。この絵は別刷りでクーネンの本の巻頭に挿入されたが、それとは別に拡大されたかたちでクーネンの『空しい期待』が一六六九年に出版される以前にすでに出回っていたようだ。ほかのサバタイ像はすべて、とくに一六六六年のトラクトや祈禱書に印刷されたものは、空想の産物か、クーネンに再現された肖像画の模作である。[233]

サバタイはヘブロンからさらにエジプトへ旅を続け、一六六四年始め、ひょっとするとすでに一六六三年秋には到着した。途中ガザを通ったが、いつしかそこに定住していたナータンにはもちろん会わなかった。[234]サバタイはほぼ二年間カイロに逗留したが、その間、一六六四年三月三一日にサラ、「メシアの伴侶」との奇妙な結婚が行なわれた。[235]

このメシアの結婚はあらゆる点で、頭を混乱させる背理である。それというのも、サラの来歴は本当に驚くべきものだからだ。事実とフィクションを分けることはここではほとんど不可能だけれども、娘の生涯が、控えめにいっても、尋常でなかったことには疑問の余地がない。事実がどうであれ、まもなく彼女にまつわる空想がふくらみはじめた。サバタイのメシアとしての経歴に及ぼした彼女の影響の本質的な点と、彼女がそれにとってもつ意味の程度は、たえず推測と思索の対象となり続けるだろう。彼女の謎めいた経歴と役割は歴史小説やドラマの作者にとって恰好の材料となった。実際に、彼女の生はすでに同時代人によってロマンチックにお伽話のように美化されている。エマニュエル・フランセスはある噂を伝えている（もしくは作り出している）。それによると、「王としてイスラエルに君臨」しなさいと彼女からけしかけられるまで、サバタイはメシアの主張を掲げなかったという。[236]これはたしかに誇張である。サラが運動のイニシアチヴを取ったという証拠はどこにもないのだから。一般に、彼女は夫のひそみにならっただけである。ナータンがメシアの妻に授けた「王妃レベッカ夫人」という象徴的な名を友人宛の手紙に記すほどだった。[237] 彼女の本名はどの資料でもサラとされている。[238]

サスポルタスが彼女を知ったのは、子供か年若い娘だった彼女が一六六五年アムステルダムに来たときだった。[239]「知性のかけらもない娘で、自分はメシアの王と結婚するつもりだ、などと常軌を逸したことを言った。ひとから嗤われ、彼女はリヴォルノへ行った。……ところが、彼女が相変わらずこのたわけたことを言いつづけ、おまけにまだ美しかったので、エジプトのラファエル・ヨセフのもとに身を寄せていたサバタイにもこの報せがもたらされた。[240]」この年代決定は可能性がありそうで、推奨できる。リヴォルノからエジプトに届いた手紙のなかに、「奇想天外なこと」をやらかし、メシアの花嫁を公言しているひとりの美しい娘のことが語られているのである。報せはサバタイ・ツヴィの耳にも達し、旺盛な空想のなかで感じやすい心の琴線に触れた。彼女こそ本当に予定された伴侶ではないのか。生涯で初めて血肉が彼の内奥に秘めた夢と願望に応えるようである。彼が、サスポルタスの言うように「彼女を連れてこさせて結婚した」というのはありえないことではない。同じように、サラが移動の途中たまたまエジプトにやってきたということもあったかもしれない。のちの粉飾された話では、サバタイが彼女を呼び寄せたという。結婚は一六六四年早春に執り行なわれた。[241] 多分ラファエル・ヨセフの屋敷で。

サラには多くの伝説がつきまとっていたようだが、彼女の少女時代の話はすこぶる注目に値するもので、魅力的である。一六七一年、元ユダヤ人で、一六六九年に改宗する以前は北西ドイツの出生地クレーヴェで伝道師か教師をしていた人の本が出版された。著者はヤーコプ・ラグシュタットといい、ラビ・ダーフィット・ヴァイルの息子であるが、ずっと以前、父とともに「ハーナウ」へ出立したときに、その娘と会ったようすを語っている[242]——フランクフルトへ向かう途中のことであったらしい。そこのラビの学校で学ぶつもりだったのである。彼はまたサバタイ・ツヴィが登場するまでタバコの選別人だった兄弟とも会った。この兄弟はサバタイが大公国を引き継ぐことを期待してコンスタンチノープルへ向かう途次、一六六六年クレーヴェへ来たのだが、サバタイの改宗後、恥ずかしい屈辱的な思いでアムステルダムへ戻り、ふたたびタバコ選別人になった。[243] 彼、サムエル・ベン・メイールは、アムステルダムの住人としてレイーブ・ベン・オーザーの報告に述べられているが、そこにはまた彼が一般に「サムエル・メシアス」と渾名されていたことも報告されている。[244] レイーブ・ベン・オーザー、アレッツォのバルーフ、ヤーコプ・ラグシュタット・デ・ヴァイルらは、ドイツ、オランダ、イタリアで取り沙汰された娘にかんする驚くべき話のいろいろなヴァージョンを提供している。これらの話はどうやら、彼自身の空想とサバタイ主義の信者らのイマジネーションが作り出した共通の産物であったらしい。それらは現存するかたちでは一六六六年以前に出回ったはずがないので、その真実性をつきとめるのは不可能である。[245] 彼らと彼らの兄弟は一六四八年のフミエルニツキイの大虐殺で孤児になったらしい。子供たちはそのあとアムステルダムに行った。サラはのちにイタリアにやってきて、多分、マントヴァとリヴォルノで数年を過ごした。報告が正しいならば、彼女の振舞いも「奇矯」で、神聖さとはおよそ遠かった。彼女のふしだらな生活にかんする風評はすべての資料に知られている。ラビ・ヨセフ・ハ＝レーヴィがサスポルタスほか宛に手紙を書いている――もちろん棄教のあとからである――が、そのなかに、彼女はリヴォルノで相手かまわず春を売ったと述べられている。[246] エマニュエル・フランセスは当時リヴォルノに住み、彼女がダヴィド・イェッスルンの家で女中をしていたことを知っていたが、彼女を「淫婦」と呼び、彼女の「淫らな行為」を諷刺する詩を書いた。[247]

　クーネンもスミルナからの同様な噂を報じている。「彼女はマントヴァのある慈善施設［または浮浪者収容所］で働いていた。そこはありとあらゆる種類のひとたちが宿泊する場所で、彼女がそこの出であることが少なからず彼女の評判を損なうことになった。この話題についてこれ以上言うことはさしひかえておこう。その後彼女は、たまたま知り合った者以外はだれもともなわずに国じゅうを町から町へと渡り歩いた。[248]」リコーも多かれ少なかれ同じことを書いている。[249]ある匿名のフランスの通信者の言は率直で、東方には淫売という評判が本人より先に伝わっていたと言うばかりか、サバタイが彼女と結婚したわけはまさにそこにあるのであって、そうすることによって預言者ホセアの「行って、淫行の妻を娶りなさい」（ホセア書一、二）ということばにならおうとした、もしくはそのことばを実現しようとしたのだ、とも言っている。[250]この証言は心理学的にことのほか興味深く、サバタイの考え方から予期しえたことと符合する。彼は彼女の（以前やいまの）振舞いのなかに、彼自身が高く評価していたティックーンの「奇矯な行動」のひとつを見出したのかもしれなかった。実際、いまだ真偽の確認されていない後世の言い伝えでは、サラはスミルナで出世の頂点にあってもなおふしだらな生活を続け、夫はこの「ティックーンの行為」をよしとした、といわれているが、この情報は後代のもので、真実かどうか疑われるところである。[251]

別の言い伝えは、これらの不面目な噂に対抗しようといわんばかりに、まったく逆のことを主張し、サバタイはある処女と結婚したと強調する。クーネンによれば、サバタイは一六六五年秋スミルナへ来たときに初めて妻と夫婦の契りを結んだ。そして彼女の処女性が証明されたとき、信奉者たちは喜びにわいた。[252]ひょっとするとその光景全体は、中命記二二、一五―三〇の、処女性が疑われるさいの決まりどおり、そうやって「王妃サラ」にたいする悪意にみちた不敬行為を終らせるための公のパフォーマンスであったかもしれない。ナータンはなぜかこの話題についてあからさまに述べようとはせず、ホセア書第一章をサバタイに関係づけることもしない。彼こそこの種の類型的な解釈をしそうなものであったが。『竜にかんする論文』には合一についていくつか意味不明な示唆があるが[253]、なんでも、それはメシアが顕現まえに「ヤコブとラケルの秘義のなかで」なしとげるもので、そのまえに、またはそれと同時に同じような「合一」が聖性の秘義の一部をなす悪（ケリパー）の領域で行なわれねばならないとか。これらはすべて聖書のなかに神秘的に「男の女にあう道」〔箴言三〇、一九〕の秘義および「姦婦の道」の秘義〔箴言三〇、二〇〕として示唆されているという。どこまでが「精神界」の出来事を表わすカバラーのメタファーなのか、そもそもサバタイの生活の現実の状況に関係しているのなら、どこまでがそうなのか、にわかには断じがたい。この『論文』は棄教よりまえに書かれたものだから、非難はサバタイがのちに取った内縁関係に向けられているのではないはずだ。そしてナータンが「ビルハとジルパに即して……内縁関係の秘義」について長々と余談をする理由はなんなのか[254]。これまでのところ、まだこの疑問にたいする明確な答えはない。おそらく、ナータンはメシアの妻にかんする発言を意図的にぼかしたのであろう。ナータンが彼女を好んでいなかったことはのちの典拠から（第七章参照）明白である。

サラは「魔術」を使うことでリヴォルノじゅうに知られていた、とフランセスは言っているが、どうやらそれは占いのことらしい。彼女の占い師としての行為にかんする言い伝えはイタリアのサバタイ派のあいだに遺っている。アレッツォのバルーフはラビ・イサアク・ハ＝レーヴィ・ヴァーリ（またはヴァレ、一六八〇年歿）からサラの占い師としての評判を聞いた。ヴァーリ自身「自分の魂のルーツ」などを知るために彼女に助言を求めたことがあった。「すると彼女は彼のすべての質問に答えた。」彼女の宿の女主人が彼女のいるまえで、「この娘の言うことがおわかりですか。彼女はメシアの妻になると言っていますけれど」と彼に尋ねたとき、サラは何も言わなかった。このように、信奉者や敵対者が彼女について語ることのなかにはいくつか共通要素がある。幼年時代に改宗を強いられたとかポーランドの修道院で育ったとかいうサラ自身の経歴が正しいなら、それがサバタイ・ツヴィの経歴に影響を及ぼした可能性もある。

サバタイがパレスチナを出てエジプトに向かったとき、彼は折りしも躁の波の頂きで揺れていた。ヘブロンでの彼の振舞いについてはクウェンケの報告からいろいろなことがわかっている（二一三ページ参照）。この気分がカイロ滞在中も始めのあいだ続いていたとすれば、メシアの結婚という挑発的な背理も説明できよう。しかし、遅かれ早かれ「照明」の時期が過ぎ去ることは必定で、サバタイはまたしても不安にみちた鬱の苦しみか、それとも常態に戻らねばならなかった。だが、普通人としての彼自身は異なる時期に現われる不思議なインパルスや行動を理解することはできなかった。エジプト滞在中には、敵意と嘲りしかもたらさない愚かしい振舞いを金輪際終りにしようと思う日もあった。彼の気違いじみた行為にいかなるメシア的意味が含まれていたにせよ、彼はイスラエルのメシアを名のることなど思ってもいなかった。まして運動を進める腹づもりでパレスチナからエジプトへ赴いたわけではなかった。実際、彼は一六四八年以降、そのような計画の実施を考えも試みもしていなかった。彼は自分自身と、そして彼の魂に取り憑いている魔物と戦っていたのである。彼の願いは、彼にとって堪えがたい苦痛を意味したに相違ないこの悲しみ多い精神状態から解放されることだった。彼には大勢のなかのひとりのラビでありたい、あるいはセファルディームの言葉づかいによるなら、一介のハハムでありたいという望みしかなかった。サバタイの精神の伝記におけるこの部分を明かす文献は、アレッポのソロモン・ラニアードにたいする彼自身の告白（一六六五年夏）である。その信憑性に疑いをさしはさむ余地はない。サバタイは「実践的カバラー」を学び、神の名の（魔術的）使用を習得していた。ある日、彼は大がかりな悪魔祓いを行ない、その結果、彼の「照明」は消え去った。心理学的に解釈するのが好きな現代の歴史家は、まったくその逆だと推測するかもしれない。崇高な感情をともなう照らされた陶酔状態の時期が自然に終ると、ふたたびサバタイの正常な自己が、この常態を常ならしめたいという願いとともに現われた。ひとりの「実践的カバリスト」として、サバタイは悪魔祓いを行ない、みずからラニアードに語ったように、「普通の人間」となり、いまや自分にもまったくわからない奇矯な行動を悔やむのであった。だが、彼の願いもむなしく、心理的法則は悪魔祓いによっても嘆願によっても変えられなかった。それでもサバタイは一六六四—六五年に比較的長い常態の時期を送れたようである。彼は無事使命を果たし、エルサレムの貧しいひとたちのために三〇〇〇から四〇〇〇レーヴェンターラーの寄金を集めた。これはかなりの金額で、ほぼ一〇〇〇ドゥカーテン金貨、またはそれ以上に相当した。当時、レーヴェンターラーは相当値打ちがあったのである。(255)

第三章　パレスチナにおける運動の始まり（一六六五年）

I　ナータン・アシュケナージと彼の預言体験。エジプトからガザへサバタイの帰還。一六六三年五月の大いなる預言的啓示とメシア的照明

　サバタイは一六六二年の晩夏にエルサレムへ来た。そしてそこから一六六三年末エジプトへ行った。当時、エルサレムで最も有名なラビの学者のひとりにラビ・ヤコブ・ハギス（一六二〇—七四）がいた。著書にミシュナーの注釈書（『エッ・ハイーム』）ほかがある。彼はリヴォルノの金持ち一家デ・ヴェガの寄進になるタルムード学校（ヘスゲル、すなわち隔離された区域、またはセファルディーの言語慣用でいえば「修道院」）の校長をしていた。彼はそこで研究し、多くの生徒を教育したが、そのなかにはのちのセルビアのベルグラードのラビ、ヨセフ・アルモスニーノとかエルサレムのラビ・モーセス・イブン・ハビブといった非常によく知られた学者やラビがいた。学校にはヨセフ・アルモスニーノといっしょに、父の代にポーランドかドイツから来たひとりのアシュケナージ系の若い学生がいた。その名をアブラハム・ナータン・ベン・エリシャ・ハイーム・アシュケナージといい、ガザの預言者ナータン、あるいは簡単に、

少なくとも失敗のあと反サバタイ派のあいだで、ガザのナータンとして知られることになる。[1]彼の父エリシャ・ハイーム・ベン・ヤコブはコミュニティのほぼ全体がセファルディーであったエルサレムへ移住してからアシュケナージの添え名をもらった。息子も初期の書簡や記録の多くでナータン・アシュケナージと呼ばれている。父はエルサレムのユダヤ人コミュニティの使者として多くの年月を旅路で送った。ポーランド、ドイツ、イタリア、そしてしばしばモロッコ[2]を訪問し、各地で尊敬をもって迎えられた。サバタイ主義運動に力瘤をいれたこともモロッコのラビたちのあいだで彼の名声をおとしめるどころか、高めさえしたようだ。彼は一六七三年モロッコのメクネスで亡くなった。[3]パレスチナの使節はしばしば外国での滞在を利用して、自分や他人の著書を印刷させた。エリシャも聖地から持参したカバリストの原稿の出版や頒布に努めた。彼が出版したものに、『シュールハン・アールーク』の著者ラビ・ヨセフ・カロ（ヴェネツィア、一六四九年）の神秘的な日記の第二巻、そしてアブラハム・ガランテの重要な創世記にかんするゾーハルの注釈『ゾホレイ・ハンマー』（ヴェネツィア、一六四九—五〇年[4]）がある。モロッコへの布教の旅ではサーフェードのカバリストの作品の原稿も携えていた。[5]息子のナータンはエルサレムにとどまり、ヤコブ・ハギスのもとで勉強した。このひとの息子はサバタイ派の仮借のない猛反対者であったが、のちにナータン・アシュケナージを父の最も重要な弟子のひとりと認めた。[6]ナータンは一六四三—四四年頃エルサレムで生まれたようで[7]、一六六四年まで主として師のハギスについて学校で暮らした。彼は呑み込みの早い理解力とすぐれた知性をそなえた非常に才能のある学生だったらしい。著作に表われている彼の才能は知力ならびに深い思考力と想像力ならびに過敏なまでの強い感受性とが結びついたまれに見るもので、注目に値する。ナータンが成長したとき、サバタイ・ツヴィはエルサレムに住んでいた。ふたりは旧市街の大通りや小路で出会っていたかもしれない。実際に面識があったという証拠はないけれども。[8]ともかく、サバタイはナータンの倍年をとっており、ラビ・ヤコブ・ハギスのイェシヴァに通ったことはなく、自分の家に引き籠っているか、それともひとりで荒野へ行ったり、エルサレム近郊の聖人の墓に詣でたりしていた。しかしこれらすべてから、ナータンはサバタイの噂を聞いたと推測される。悪霊の力に責め立てられ、奇怪な事、ときには禁じられている事さえするが、平生は敬虔な生活を送り、かと思うとまたしても物狂いになる、特異な禁欲的カバリスト的ラビは、小さな町、とくにそこのシナゴーグやラビ学院では、話題になったに相違ない。彼はときどき自分のことをまえもって定められているメシアだと思う、という噂が行き交う。これらの噂はある者からは嘲笑を、またある者からは共感を買った。彼の気持ちのいい態度、威厳のある風貌、物柔らかな声は広く知られていた。折りに触れてハハム・サバタイ・ツヴィを見るまなざし、世間に流れている彼にまつわる話や噂は、年若い学者の感受性ゆたかな心の深層に、たとえ無意識にせよ、痕跡を残したことであろう。ことのほか肥沃な土壌に一粒の見知らぬ種が落ちたのだ。それは時いたれば芽をひらくだろう。別の比喩でいうなら、かねてナータンの空想力に火がついていた。彼がエルサレムにいるあいだは、この火は暗がりでかすかに光っていたが、ガザへ来て、カバラーの勉強を始めたとき、勢いのいい炎となったのである。

一九か二〇の歳にナータンは全世界のラビ学院の優秀な学生がよくやるような結婚をした。ダマスカス出身の裕福なユダヤ人で、ガザに定住していたサムエル・リッサボーナ[9]が、エルサレムのイェシヴァの校長ヤコブ・ハギスに、娘の婿を推薦してほしいとたのんだ。彼女の「美しさは非のうちどころがなかったが、ただ片方の目に欠陥が」あった[10]。当時の慣習にしたがい、彼は婿の面倒を見て、勉強に専念できるようにしてやることを約束した。ハギスは最も優秀な弟子を選んだ。ナータンはガザへ行き、そこで妻の家族とともに暮らした。当地の小さなユダヤ人コミュニティのラビはヤコブ・ナヤラであった。晩年ガザに定住していたカバラーの詩人イスラエル・ナヤラ[11]の孫である。ナータンの結婚式は一六六三年末以前であったにちがいない[12]。なぜなら、サバタイがエジプトへ向かう途中ガザを通ったとき、ナータンはすでに当地で生活していたからである。

ナータンは二〇歳で既婚者としてカバラーの勉強を始めた。これにより彼は、すでに見たようにサバタイもしたがったセファルディーの風習と、一六世紀半ばにサーフェードのカバリストによって定められた規則にしたがったのである。エルサレムにいたときは彼はカバラーの研究をなおざりにしていた。サバタイ・ツヴィについて永続的な印象や考えが生まれなかったのはおそらくそのためであろう。しかしながら、わたしたちは若いナータンが知っていた神秘的なインスピレーションまたは啓示に基づいたカバラーの資料があることを知っている。なかでも、一六世紀末のモーセス・コルドヴェロの学校から輩出した最もすぐれた人物のひとりであるサーフェードのカバリスト、エリエーゼル・アジクリの夢に現われた啓示も含んでいる写本が存在するのである。ナータンの父がこの写本を所有していて、ナータンは彼自身の目覚めの直前にその欄外に注を書き込んでいた。彼は「わたしことナータン・アシュケナージ」と自署している[13]。彼は早くからおおっぴらに神秘主義の勉強をしていた。ナータンはカバラーの勉強に打ち込みはじめるとすぐに[14]、強い爆発力が起こるのを経験した。ナータンは一度ならずこの経験をほのめかしており、一六七三年頃に書かれた手紙のなかでそれを詳細に描写している。この手紙はサバタイの棄教後彼にたいして高まったある種の非難から身を護ろうとするものだった。預言者の目覚めを綴ったこの描写は貴重な人間記録にランクづけされるもので、メシアの主題とメシアの棄教の神秘的必然性にかんするかなり長い神秘主義的論文の序論になっているように思われる。

これらのこと［をわたしが書くの］は、真実の言葉の確かさと、重大な問題と、イスラエルのコミュニティの集会でわたしたちの魂の解放と救いについてわたしが宣べ伝えた報せの根拠を、あなたに忠実に伝えるためです。わたしを知るひとは、幼少時代から今日までいかなる［罪］科もわたしに見つけられなかったことを、嘘偽りなく証言できるでしょう。わたしは清貧を旨として律法を守り、昼夜それについて沈思黙考いたしました。わたしはけっして肉欲に耽らず、いつも新たな苦行と贖罪の形式を力あるかぎり積み重ねてきました。わたしは自分の使命から世俗の利益をえることも絶対しませんでした。ありがたいことに、このことを、それどころかもっと多くのことを証言してくれる証人がたくさんいます。わたしは二〇歳になるまで、身を浄く保ってトーラーを学び、イサアク・ルーリアが大きな過ちを負ったひとたちに定めた大いなるティックーンをやりとげました。わたしは幸いなことによからぬ意図で罪を犯したことはありませんでしたが、それでも万一わたしの魂がその転生の前段階から穢れを引きずっていたばあいにそなえてティックーンをやりとげました。二〇歳でわたしはゾーハル書とルーリアの著作を少し勉強しはじめました。でも、浄いからだになった者には［タルムードによれば］天が味方をしてくれます。それで天は幾人かの聖なる天使と聖霊をわたしに遣わし、トーラーの多くの秘義を明かしてくださいました。また同じ年に、わたしの力が天使と聖霊の幻視から励ましを受けていたので、わたしはプーリーム祭のまえの週に長い断食をしました。[15] わたしが敬虔に、浄いからだで特別室に籠り、しとど涙に濡れて朝の祈りの贖罪の祈りを捧げていると、霊が現われました。わたしの髪は総毛立ち、膝ががくがく震えました。わたしはメルカーバーを見ました。[16] そして一日じゅう、夜のあいだもずっと、神の幻を見ました。こうして、人並みの預言者として真の預言力を認められたのです。「主はかく言えり」という言葉で声がわたしに語りはじめました。わたしの預言がだれのことを指しているのか［つまりサバタイ・ツヴィを指しているということが］、心にはっきり刻み込まれました。預言者は自分の預言の正しい解釈を知覚しているから、その重要性になんら疑いを抱いていない、とマイモーニデスが言ったとおりです。(17) 今日までわたしは二度とふたたびこれほど大きな幻視を見ることはありませんでした。救い主がガザでみずからを顕わしメシアを宣言するまで、わたしはそれを心に秘めていました。このときになって初めて天使はわたしが見たものを知らせることを許されたのです。わたしはイサアク・ルーリアが教えたしるしによって、彼こそ真の「メシア」だとさとりました。それというのも、彼はトーラーの多くの秘義を明かしたからであり、彼が教えたことにはなにひとつ誤りがなかったからです。そして白昼の幻視に顕われた天使の言うことも確かで、畏れ多い秘義を、いくつかわたしに明かしてくれました。(18)

ナータンは一六六八年、この手紙を書く数年まえにリヴォルノへ来たとき、モーセス・ピンヘイロに生涯のこの時期のことをもっとくわしく話した。彼は長年「熱心にタルムードの決疑法に取り組んで」いて、タルムードの大半を諳んじているという。この叙述を誇張とみても、それが輝かしい知性の産物であることにかわりはない。(19) ナータンは、故人の霊があの世からおとずれて、カバラーの秘密を彼に教えようとしたときの初めての預言経験をピンヘイロに書き送った。「彼はそのときいつも［とピンヘイロはいう］彼に向かって話しかける火の柱のようなものと、ときにはまた人間の顔のようなものを見るのだった。彼はそのときいつも彼に話しかける霊魂の性格［精神的完成の度合い、またはことによるとアイデンティティ］を知っていたが、不遜だと思われないように、そのことをけっして話さなかった。」彼はルーリアの著作を独りで、つまり天使の導きを受けて、人間の教師なしに勉強した。「大いなる光」が顕われそうになると、頃合いよく彼に告げられた。そしてひとたび「タリス[20]とテフィリン[21]に身を包むと、全身の感覚が抜けた。しかし目はあいたままで、意識はまえよりも冴えていた。そして彼は［創造の］すべての場面と、メルカーバーと、アミラーの顔を見たのである。[22]」四六時中続くこの幻視のなかですべては天の光に包まれて、この世の光ではなく、「創造の七日間の原始の光」に包まれて現われた。人間はこの光によって全宇宙「の秩序を、最初に天を、それからだんだん上っていく存在の階梯を」見ることができるのだ。[23]

この自伝的記述の心理的信憑性は説得力があり、かつ決定的である。ここにこそ歴史家や作家がとらえられなかった、ナータンのメシア的預言の目覚めにかんする簡明な真実がある。つねに彼の意識的無意識的思考の深層にあったものが、いまとてつもない感情の爆発とともに現われ出たのである。エクスタシーの進むにつれ、彼はのちに『創造の書』（セーフェル・ハ＝ベリーア）に著したような創造の秘密と、メルカーバーの領域を見た。不意に彼は、周知のラビ伝説によると父祖ヤコブの像が栄誉の玉座に書き込まれていたように、サバタイ・ツヴィの姿がメルカーバーにえがかれているのを見た。そして彼の口が預言を語った。「主はかく言えり。見よ、汝の救い手が来る。その名はサバタイ・ツヴィなり。彼は叫び、歓声をあげ、大声で呼ばわるだろう。彼は敵に勝利するだろう。[24]」これがすでに述べた「真の預言」の正確な字句であるが、彼は一六六五年夏にメシア運動が始まってからようやくそれを明かすことになる。一六六五年二月末から三月始めにかけて生じた[25]忘我的体験は、一見異なった二つの様相を呈していた。ひとつは宇宙進化論とメルカーバーの幻視、もうひとつは救済のメシア的幻視である。ナータンの思考の思弁的空想的独自性は、これら二つの領域が互いにつらぬき合い照らし合う、そのやり方にある。

この幻視でサバタイ・ツヴィの歴史にとって決定的なのは、初めて他者が忘我的な幻視のなかで彼をメシアと認めたことである。歴史家たちはサバタイの最初の支持者をつきとめようとしたが果たせなかった。

そういう者はいなかった。古い友人や弟子たちでさえ、ナータンの福音によって初めてサバタイがメシアであることを信ずるようになったのである。このエキセントリックなカバリストの禁欲者はようやくにしてひとに感銘をあたえることとなった。そのひとがじつにナータンだったのである。彼は受けるべくして声望をえていた。彼は個人ではまれにしかないことだが、いろいろな特徴や特性を一身に兼ねそなえていた。それだけでも彼には宗教史のなかでひとつの場をあたえられて然るべきだろう。空想力と知的能力と疲れを知らぬエネルギーとによって、彼はメシアの先触れ、使者となり、かつまたサバタイ信仰のイデオロギー的理論的代表者となった。もっとまえの、といっても多くの点で似通っているメシア運動のメタファーでいうと、ナータンは洗礼者ヨハネであると同時に、新しいメシアのパウロでもあった。ナータンのカリスマ的生活の経過は彼の個性の理解に重要である。彼はその後も照明を受け、声を聞いたけれども、自分を本来の意味での預言者と見たのはこのとき一度だけであった。彼の最初の経験は彼の福音の源であった。のちの恩寵はすべて解釈されたものにすぎなかった。そして最後に、ナータンの性格はサバタイ・ツヴィのそれとはまったく違っていた。このメシアに預言者のすぐれた資質をなにかひとつでも探し求めても無駄である。たとえば、たゆまぬ行動力とか、気分が躁鬱病的に高まったり落ち込んだりしない揺ぎない根気、神学的思考の独創性、大きな文学的才能などを。神学におけるサバタイの手さぐりの模索、たとえば彼の「神性の秘義」などは、ナータンをして最初の異端的カバラーの大神学者たらしめた体系的大胆さに比べれば色褪せた翳のようなものにすぎない。サバタイには、人間的魅力、威厳、「神に打たれた、悩める……苦悩者」の魅力はあるけれども、性格の強さが欠けていた。一七年間、彼は一度も積極的にイニシアチヴを取らなかった。一時的な爆発はあったが、あとでよく悔やんでいるようすだった。躁的な昂揚の瞬間でさえ、彼は本当の意味で「行動」してはいなかった。神経質な、ひとの癇にさわるような身振りは持続的効果を生まなかった。運動の頂点ではつねに消極的で、彼の積極性はますます度を深める奇行に使い果たされてしまった。ふたりが互いに補い合うさまは注目に値する。この結びつきがなければサバタイ主義運動はけっして発展しなかっただろう。サバタイは指導下手だった。彼は意志力を欠き、行動に計画性がなく、完全に病と幻想の犠牲者だった。しかし、彼の相反する個性はナータンにインスピレーションをあたえ、彼の行動と理念に強い刺激となった。もしサバタイ・ツヴィに出会うことがなかったら、この輝かしい少壮の学者はどうなっただろうかなどと考えることは無益である。しかし、サバタイ主義運動が一に二人の出会いから生まれたことは確かである。彼の世代の秘められた革命的傾向がナータン・アシュケナージに結晶したのである。彼は有効な歴史的諸力をみずからのうちに集め、明瞭に仕分けて、送り出す一種の「変圧器」であった。ときどきメシアの天職を夢見るものの、自分を堅く信ずる力に欠けたこの特異な禁欲的罪人にして聖人であるひとには、ナータンの眼から見て、決定的なシンボルの性質がそなわっていた。ナータンは、みずからメシアの触れ役、旗手となったことによって、サバタイ主義運動形成の決定的なきっかけになったのである。

ナータンのカバラー研究と彼が経験した啓示の描写は筋の通った、説得力のあるものである。のちの反サバタイ派の伝説がいかに歴史的事実をねじ曲げているか、モーセス・ハギスから看て取れる。彼はこう書いている。

> 亡き父の書いた手紙を見ると、父は弟子のナータンに、この知識をどこからえたのか言いなさい、さもないと追放（?）するぞ、と命じている。ナータンは、［これはみな］実践的カバラーの書から［知ったもの］です。ラビ・アブラハム・ハナニヤがペストを避けてガザへ逃れたときに彼からその

本を盗んだのです、と答えた。彼はその地で病になり、先祖の墓のある町、すなわちヘブロンの谷へ運んでくれと命じた。旅立ちの用意に追われているすきに、彼［ナータン］はハナニヤからその本を盗み、それで［その後］魔術の実践を積んだ。それが事の起こりである。[26]

これは師と弟子の文通と称するものを引き合いに出しているけれども、敵意のこめられた話であることはまったく明らかだ。ラビ・アブラハム・ハナニヤは一六六二年にペスト——これはでっちあげだ——から逃れたのではなく、一六六三年トルコ軍司令官のエルサレムにたいする強請から逃れたのである。彼はラムレーへ逃げたのであり、ガザへではなかった。仮に彼がこの年（一六六二—六三年）のいつかガザへ来たとしても、ナータンはまだそこにはいなかった。[27] ルーリアの教義のかわりに「実践的カバラー」を学ぶことを叱責するのは、民間伝説があらゆるカバラー的なものを扱うやり方の特徴である。他方、ハギスのありえない話には真の核心が存在する可能性がある。アブラハム・ハナニヤがガザにいたのはもっとあとの時点、ナータンがすでにそこに住んでいたときかもしれない。「啓示」や照明によって勉強することはカバリスト文学では十分証明済みの現象である。多くのカバリストは彼らに天の叡知を伝える、天のマッギーディームと呼ばれる教師（天使または聖霊）の訪いを受けた。心理学的に記述すれば、マッギーディームは神秘家の無意識の要素で、はっきりしたかたちを取って現われ、生命をえ、さながら自身のアイデンティティをもった独立の行動者のごとく自律的に振舞うものといえる。[28] ナータンは始めから独りで学ぼうとしたのか、それともカバラーの教義を明かしてくれそうな先生がガザに見つからなかったからそうしたのか、わからない。ナータンがなんらかの「実践的カバラー」の書を、すなわち一三世紀のアブラハム・アブーラーフィアと一六世紀のヨセフ・イブン・ツァイヤッハの学派から生まれた禁欲的・神秘主義的手引きのひとつを利用したと考えるのは合理的である。そのなかには学習者の瞑想や観想による昇天を助けるとされる神の名や神秘的な呪文、文字の組合せが含まれていた。このようなカバリストの技は純粋に瞑想的なもので、心の集中以外には何の行為も要求しなかった。それゆえ、ナータンと彼の師のあいだでこのテーマについて交わされた文通の、爾後何年も経て書かれたモーセス・ハギスの混乱した回想が、ナータン自身の話と重ねられるのだろう。アブーラーフィアの著作や同様の作品の筆写本が、カロやヨセフ・タイタツァクといった大家たちに授けられた「啓示」の写しと同様、当時カバリストたちのあいだに出回っていた。ナータンがこの「実践的」手引書をゾーハルと併せて学んだなら、結果はもっぱら彼の心理的素質にかかっていただろう。瞑想の技にたいして反応がすばやく急に起こる可能性はある。短時間でナータンにマッギーディームが現われ、ルーリアの教義の玄奥へ彼をいざなったとしても、不思議はなかろう。

ナータンの初期のカバラーの著作から判断すると、彼はルーリアのカバラーを学んださい、正典であるハイーム・ヴィタールの版ばかりでなく、イスラエル・ザールークの学校で教えられたまったく別の版もお手本にしていたかのように見える。(29) ナータンのカバラーの中心理念とその概念は、メナヘム・アザリヤ・ファーノの作品とナフタリ・バハラハの『エメク・ハ＝メレク』に見出される。後者は数年まえに刊行されたとき、「未公認の」伝承が現われることに反対していたヴィタールの弟子たちをひどく怒らせたものである。しかし、ザールークに発するルーリアのカバラーこそサバタイ神学のカバラー教義を生み出したものにほかならない。ナータンは経験ゆたかな大家の指導を受けずに独りで学んだのだから、彼が非常に強く惹かれ、のちに根本から作りなおしたテヒルー説の個々の点がカバラーの権威たちのあいだで大論争の的になっていたことを、当時おそらく知らなかっただろう。

ひねもす続いた大いなる忘我のあいだに、ナータンは「契約の天使」から「畏れ賢い秘義」を教わった。これらの秘密のいくつかを彼は一六七三―七四年の書簡に記しており、彼の思想の最も初期の段階を理解するうえできわめて重要なこの彼の証言を簡単に見過ごすわけにはいかない。天使は彼に、いまこそ聖書にいわれている最後の大詰めであると伝えていた。「報復の日がわが心のうちにあるからである。」「イザヤ書六三、四」この「最後の大詰め」は、イスラエルの功績とは無関係に、あらかじめ定められた日に起こる、決定的な完結を指している。イザヤ書六〇、二二へのラビの解説どおりに。「『わたしは主である。その時がくるならば、すみやかにこの事をなす。』もし彼らに功績があるならば、わたしはそれを早めよう。ないならば、決められたその時まで待たなくてはならない。」それゆえ、悔い改めは、メシアの産みの苦しみをやわらげはしても、救済の必須条件ではなかった。天使はナータンに確約していた。「たとえ、全イスラエルが罪びとであっても、彼らは、われらが賢者のいうように、その罪によって救済の到来を遅らすことはできないだろう」と。(30)

しかし、サバタイ主義ののちの発展にさらに重要なのは、天使のもうひとつの報せである。「ほかにもこう言われた。イスラエルはしるしや奇跡なしに［メシアを］信じなくてはならない。そして信じない者には、彼の魂に天の王国とダビデの王国に刃向かったひとたちの悪が混ざっていることが告げられる、と。(31)」この重要な箇所は明らかに、ナータンの教義のなかであらゆる色合い、ニュアンスをおびて中心的な役割を果たしている信仰の問題を投げかけている。宗教史家からすればここには、この信仰観にはキリスト教的響きがありはしないかという、おおいに興味をそそられる問題もある。この響きは始めからあったのか、かつそれはサバタイと（か）ナータンへなんらかのキリスト教の影響があったことによるのか。それともそれはのちに、ことによると両者の最初の出会いのあいだに、この概念のもともとの伝統的な意味につけ加えられたのか。ナータンが「信仰」という概念を使用するさい、そこに明白なキリスト教的色合いがあることは疑いを容れない。たとえば、ラファエル・ヨセフ宛の長い手紙（一六六五年夏）には、人間はメシアを信ずることによって救われるのであり、善行とか功績によってではない、といわれている。他方、信仰と救済の結びつきは、ほかからの影響を受けていない、純粋なユダヤ教の伝統にも見られる。古いタンナイートのミドラーシュ、『メヒルタ』は、「離散した者たちは信仰によってのみ救われる」といっている。古いラビの文献ではもちろん信仰はけっして救済者への信仰を意味するものではないけれども。この関連はプラハのラビ・レーブの『ネツァッハ・イスラエル』の第二九章で明らかにされた。本書はラビの救済説を一六世紀までの発展を通してまとめた、おそらく標準的な書である。ナータンはサバタイの棄教後にしたためた手紙にラビ・レーブの作品を引用している。彼は一六六五年に大きな預言体験をする以前にすでにそれを読んでいたのだろう。メシアは超自然的なしるしや奇跡によって自分を証明する必要はなく、別の基準によって認知されるという説は、サバタイ主義運動がのちに激しく衝突することとなったラビ的伝統の権威によって保証されていた。マイモーニデスは彼の教典『ミシュネー・トーラー、テシュバーⅪ』にこう定めていた。「メシアがしるしを成し給うに違いない、と考えてはならない。」まこと「イスラエルの子らはわれらが師モーセを彼が成し給うたしるしによって信じたのではない。なぜなら、奇跡によって信ずる者は、その者［預言者］が魔術や魔法を使って［奇跡を］起こしたのではないかと、疑わずにはいられないからだ」［ミシュネー・トーラー、イェソデイ・ハ＝トーラーⅧ、1］。復活にかんする手紙でもすでにマイモーニデスは同様の考えを表明しており、メシアはしるしを要求されないと述べている。(32)「しるしなしにメシアを信じなくてはならない」というマイモーニデスの注意は、したがって、根本的に新しいものではない。しかし、不信仰を魂の欠如のせいだとするこの文の帰結は、これまでにない新しい考えを導入するように思われる。信仰はいまや聖者の魂に固有のとくべつな功績とみなされる。力点の変化はわずかなように見えるが、しかしそれは転換点をなしているのである。たとえナータンが当時、そこに含まれる意のすべてを意識していなかったとしても。

ナータンの幻視の直接の結果はけっして文学的なものではなかった。最初はカバラーの学生で、次に幻視的預言者となったこの少壮の学者は、最後にまったく別の人間に変身した。彼はティックーン、魂の「改造」を求めるひとたちの精神的導き手として行動しはじめたのである。その点で彼はイサアク・ルーリアの範に倣ったのである。ルーリアについては弟子たちがこういっている。彼は人びとの顔から彼らの罪を読み取り、彼らに適切なティックーンを定めた、と。この任務はのちにふたたびハシディズム運動の名高いカリスマ的指導者や聖人によってなされた。ナータンは神の言葉を託される使いの者という技術的な意味での「預言者」になったのではなく、むしろこの語の一般に使用される意味での預言者になったのである。彼は人間の心の奥底が読めるカリスマ的な神の人であった。要するに、「主の霊が彼の心に触れ、彼は多くのひとたちの耳に彼らの罪をささやいた」。そして彼らにふさわしいティックーンを定めたのである(33)。最も古く、そして最も信頼できる記録には、ナータンが初めて公衆の前に姿を現わしたときのそうした描写が残されている。ルーリアのカバラーにつらぬかれた雰囲気のなかでこそ、そういうことは深い感銘をあたえることができたのである(34)。ナータンは自分の魂のティックーンをえようと努める贖罪者の訪問を受けた。一六六六年の同じような出来事から判断すると、彼はそのひとたちに厳しい、長い断食と、その他の苦行を課した。彼みずからも同じ制約を実行した。

神の人の出現にかんするガザからの報告は、一六六五年早春にはすでにエジプトに達していたはずである。ラファエル・ヨセフはただちにもっと詳しい情報をえようと決め、いろいろな使者を送って、実地調査を行なった。少なくとも三人の使節が一六六五年にガザへ来たことがわかっているが、おそらくもっと大勢いただろう。最初の無名の使者は、ナータンがガザのコミュニティ全体に贖罪を課し、だれもが恐れとおののきをもって禁欲の指示にしたがったこと、そして「彼は神の人と呼ばれるにふさわしい人間であった」ことを確かめた。次の訪問者はラビ・サムエル・ガンドゥールで、彼はナータンが呪文を用いて成功を収めたのではないか、それとも本当に神の霊にみたされていたのか、それを探ろうとした。[35]ガンドゥールはラファエル・ヨセフの学者仲間のひとりであったらしいが、ナータンの魅力に完全にまいってしまった。彼はナータンの腹心となり、たいていの旅に同行した。[36]もう二人のエジプトの使者、ラファエル・ヨセフの弟であるハイーム（あるいはひょっとするとハナニヤ）・ヨセフと、[37]エルサレムとエジプトの最もすぐれたラビのひとりであるユダ・シャーラーフがガザへ来たときには、メシア運動はとうに始まっていた。

ガンドゥールの熱狂的な報告は、エルサレムのコミュニティの依頼を受けて布教のためにまだエジプトにいたサバタイ・ツヴィの耳にはいった。ことによると彼はそれを目にしたかもしれない。[38]さしあたって、サバタイの名を預言者の出現による興奮と結びつける者はいなかったようだ。この重要な事実は、開始まもないうちから出来事をめぐって取り沙汰され、年代の順序をめちゃめちゃにした数多い作り話の陰に隠れてしまった。出来事の実際の経過はエジプトからの一書簡に述べられている。「［サバタイ・ツヴィは］前述のラビ・サムエル［・ガンドゥール］の手紙のことを聞くと、布教を打ち切って、魂のティックーンと平和を見出すべく、ガザへ赴いた。しかし、ラビ・アブラハム・ナータンが彼に会ったとき、彼はナータンの前にひれ伏して、エジプトへ行く途中［ガザを］通ったとき、表敬訪問をしなかったことの赦しを乞うた。ナータンはまた彼に、あなたはいと高き魂であると宣べた。[39]」この報告の率直な口調には疑問を起こさせるような点はなく、その真の意味を推し量ることは容易である。サバタイがガザへ来たのは、かねてもくろんでいた秘密の計画を遂行したわけでも、布教を終えて帰るさいちゅうだったわけでもない。いわんや、メシアとして来たのでもない。エルサレムでは、モーセス・ハギスによれば[40]、「彼はシャリアッハ（使者）として行き、マシアッハ（メシア）として来た」などと語呂合せが語られたけれども。実際には「魂のティックーンと平和」を求めて行ったのである。彼がめざした魂の平和とはどのようなものであったか、それはおいおいはっきりするだろう。サバタイはメシアとして彼の預言者のもとへ来たのではなく、むしろ病人として、ひとの心の隠れた根を知って、それぞれに適当なティックーンを定めることのできる心の医者のもとへ来たのである。サバタイは情緒不安定と予測のつかない行動のことを心配していた。彼は新たな意気消沈と意気軒昂の波を恐れていた。そして一六六四年末か一六六五年初頭に、前述のように、大々的な悪魔祓いをやった。そしていま彼は、後代の敬虔なハシディストのように、心を癒してくれる心の医者を求めたのである。しかし、治療は意外だった。ナータンは彼に、あなたの魂は非常に高位で、ティックーンなど必要ない、それどころか、あなたはメシアである、と告げた。上記引用の書簡中のナータン自身の話は、ナータンは公の場でメシア宣言をしてサバタイを迎えたという報告[41]にはっきり矛盾する。ナータンはサバタイと二人だけで話をし、自分が見た幻視の内容を彼に明かしたと思われる。サバタイは別の理由からガザへ来たのであるし、当時は照明の状態になかったから、反対した。サバタイの自伝的告白を述べるラニアードの描写は異議を認めている。ラニアードの話はすべての点で具体的だとは必ずしもいえまい。空想力で事実がめまぐるしくフィクションと入れ替わるからである[42]。でも、信憑性のある事柄が多々含まれている。わたしたちは、サバタイが悪魔祓いをしたことと聖霊に見離されたことがナータンの幻視と同時期であったことを知っている。たとえ両者の出来事が「同じ日」に起こったという説に与せずとも、それでも両者があくまで同じ頃に、すなわち一六六五年冬の終り頃、サバタイが三月末にサラと結婚する数週間まえに起こった可能性はある。サバタイ・ツヴィはラニアードにこうも語っている。ナータンが彼にメシアと語りかけたとき、それを「笑い飛ばして、『そういうこと［メシアの使命］もあったが、とうに棄ててしまったよ』と言ってやった」と。サバタイの拒否はほかの記録にも述べられており、そこでは、しらばくれたと記されている[44]。しかしこの見解は出来事の合理主義的な推論であり、出来事は実際にはまったく異なった法則にしたがい、人間ドラマ《ドラマティス・ペルソナエ》のとくべつな心理力学に基づいて起こったのである。慎重に練られたたくらみなどはなく、サバタイはしらばくれたのではなかった。とはいえ、不審の念を抱く反対者がそれを自分たちにわかる概念で説明しようとしたことも理解できることである。サスポルタスはこう推測する。サバタイは呪文を使ってナータンを計略にかけ、「呪文で彼に幻を見せたか、自分こそメシアであると明言する声を彼に聞かせたのだ」と[45]。サバタイが事実上ナータンに催眠術をかけたとする説はサスポルタスには十分合理的だと見えたのだ。ただし彼はのちに別の説明をつけ加え、あらかじめ用意されたたくらみがあったとした。どっちの説明も根拠はない。

この出来事が起こったのは一六六五年早春であった。サバタイとナータンは出会いに続く数週間を親しく話を交わしながら共に過ごした。ナータンは預言の正しさを証明し、サバタイにメシアの使命を確信させようとした。彼らは連れ立ってエルサレムやヘブロンに行き、父祖や聖人の墓所に詣でたが、世間は「彼らの［神秘的な］意図を知らなかった」[46]。巡礼の旅が彼らをサーフェードへも導いたのかどうかはわからないが、同文献によれば、どこへ行ってもナータンは「人びとに認識を」説いた。すなわち、贖罪を説き、人びとに彼らの心の奥底に潜む秘密を伝え、それぞれにティックーンをあたえたのである。長くて数週間にわたる二人旅の道中、彼らは部屋に籠って、お互い腹を割って睦まじく話し合ったが、実際にはそれはナータンとサバタイのあいだの蜿蜒と続く精神的戦いであった。ナータンはおそらくサバタイの経歴、彼の病気や悩み、夢や迫害のことを聞いただろう。そしてこれらの一部始終を、彼が終末論的幻視の結果として発展させていた神と宇宙の図へ組み込んだのであろう。ナータンはこの会話のあいだに彼の神学用語の独特な「キリスト教的」要素を習得したものと思われる。そうでなければ、全生涯をエルサレムのラビ・ヤコブ・ハギスの学校でラビの決疑論を勉強しながら過ごした若い学者にこの異質な語彙を取得する機会がいつ、どこにあっただろうか。エルサレムに多くのキリスト教の施設、とくに修道院があったことは確かだが、しかしその影響がナータンに及ぶ通り道となったなんらかの水路があったとはおよそ考えにくい。それにひきかえ、サバタイは移動の途次でキリストの話を耳にし、キリストと彼自身のあいだに不思議な関係がありそうな可能性について考えをめぐらしたことだろう。のちの行動の多くを見れば、それらが福音書のひそみにならってなされたものであることは疑いない。「奇矯な行動」のあいだ彼を力づけていた「信仰」は、行動と無関係な、とくべつな精神的価値の性格をおびていたのかもしれない。彼は共感する熱狂的な聴衆に話をすることによって、驚嘆を呼び起こそうとする生来の衝動を存分に発揮したのである。彼の自伝的告白は、同様に天の声を聞き、故人の霊と交わるが、サバタイとは違って、自分の見た幻視から結論を引き出す知力をそなえた男の燃えやすい空想力のなかに、打てば響くごとき反響を呼んだのだった。ナータンはサバタイという人間を知れば知るほど、それに魅せられたが、それでもサバタイは依然として折れなかった。これは彼の求めていた癒しではなかったのである。

一六六五年の五旬節の始まる直前に彼らはガザへ戻ってきた(47)。サバタイは躁病の比較的長い休止期間を過ごし、驚きや注目を惹き起こすこともなくナータンとの二人旅を終えたが、またしても周期的な持病に襲われた。五旬節の前夜、彼は「予測不可能な」メランコリーの発作に見舞われ、「さながら病人のようで、不安でいっぱいのようすだった」。ナータンといっしょにシャヴオース前夜の除夜の礼拝の朗読に参加「できる状態ではなかったからである」。（サバタイはラビ・ヤコブ・ベン・モーセス・ナヤラの家に逗留していたようだ。[48]）サバタイ不在のまま、一堂に会した学者たちが讃美歌をうたっているさいちゅうのこと、ナータンは出席者ひとりひとりに、罪を悔い改めよと注意をあたえていたあいだに、気を失って倒れた。最後にこういう声が聞こえた。「わが愛するナータンに注意し[49]、彼の言うとおりにせよ。わが愛するサバタイ・ツヴィに注意せよ[51]。なぜなら、あなたがたは『モーセはそのひととなり、いと柔和であった[50]』というラビ・ハムヌナ翁の称賛を知っているからだ。」この声は三たび繰り返された。集まったラビたちはサバタイ・ツヴィを名指したことが理解できず、ナータンが昏睡状態から覚めたのち、預言の意味を彼に尋ねた。ナータンはこのとき初めて、サバタイ・ツヴィこそイスラエルの王たる人物であると公にメシアの宣言をする挙に出た。シャヴオースの除夜の出来事は数々の物語を生み出した。なかにはサバタイがこの出来事の場に居合わせたことをえがくものもあった[52]。しかし、根本的事実ははっきりしているように思う。その公算は多くの十分証明済みの、一般に膾炙した「マッギード」現象、すなわち、無意識ないし昏睡状態にあるカバリストのラビの口から声が響くケースときわだってよく似ていることからもいっそう大きいといえる。サロモン・アルカベーツも同様な表明を記述している。やはり五旬節の夜のことで、多くの兄弟たちがつどうなか、ラビ・ヨセフ・カロの口を通して声が語った。これもナータンのケースと酷似している[53]。ガザの除夜に居合わせた者のなかにはラビ・メイール・ベン・ヒヤ・ローフェもいた。著名な学者で、アムステルダムの豪商アブラハム・ペレイラによって築かれたヘブロンのイェシヴァの校長をしていたひとである[54]。ローフェはサバタイを熱狂的に支持するラビのひとりとなった。兄弟たちの熱狂的な合唱と、少しずつ衣を脱いでいき、ついには失神して倒れるナータンの忘我的な踊りを描写する彼の筆致は、リアルで、説得力がある[55]。

サバタイはメランコリーの発作から回復し、ナータンを訪ねた。ナータンは以前の自分の預言を確信し、鞏固なものにした。この間、ふたりのあいだには意見交換と相互作用の強い絆が生まれていた。ナータンの説得力のある預言はサバタイの不安な心に根づきはじめた。何かがサバタイのなかで動きだしたのだが、それが何だったのか、正確にいうことは難しい。しかしながら、わたしたちはラニアードの回想録から、その三ヵ月後サバタイ自身に事態はどう見えていたのか知っている。サバタイがラニアードに語ったところによれば、ナータンは失神していたが、「彼の口から声が発し、こう言った［ホセア書六、二］。『主は二日後にわたしたちを生かし、三日目にわたしたちを立たせられる。そしてわたしたちは主の御前で生きる[56]』」。サバタイはこの句の意味を考えはじめたようだ。おそらく彼は、この句をキリストの復活を指すものとしたキリスト教の解釈[57]も考えたであろう。しかし、彼は「［二つのヘブライ語の］単語イェハイイェヌー *jechajjenu*（彼はわたしたちを生かす）とイェキメヌー *jekimenu*（彼はわたしたちを立たすだろう）のなかにある文字 *n* に点がついていたことを理解した……[58]。なんとなれば、*n* はニスタル *nistar*（「隠れた」、「不在の」の謂。「三人称」の文法表現）を指しているからである。これはつまり、神が彼を生き返らせ、彼を立たせるだろうという意味である。話者——人称複数——が生かせられるだろうという単純な語義どおりではなく、この句は三人称単数を意味しており、この単数の個人が生かせられるのであろう。このようにわれらの主は［この句を］理解されたのである。そうして彼はそれ以上言わずに立ち去った[59]」。サバタイのこの句の理解は、キリスト教の聖書解釈の余韻が彼に残っていることを示しているように思われる。そして事実、「預言者ナータンの発言から三日後に、照明と聖霊が倍旧の力でわれらの主に戻り、彼の精神はふたたび活発になった……というのも、前述の悪魔祓い以後、彼の精神は死んでいた［ようだ」からである。しかしいま、ナータンの預言から三日目に彼の精神は甦り、われらの主は［新たな］力をえた」。

この証言の意味は明らかである。新たなる躁の襲来とともに、[60] ここ数ヵ月間サバタイの心のなかに隠され抑圧されていたものが一挙に爆発した。ようやくにして、彼はもはや哀れむべき嘲笑の的ではなくなった。音に聞こえた神の人と並んで彼のメシアの夢が倍する力をえて現われた。ナータンの論証と相手を説得する粘り強さがこの数週間に播いておいた種子が芽をひらいた。そして花を咲かせ、実を結ぶ潮時を待っていた。この無意識のプロセスが生んだ結果は、成長した信仰とより大きな自信であった。そしてついにサバタイは祈りのあいだに、彼のお気に入りの聖書の題目でもって、自分は「ヤコブの神の油を注がれた者」、メシアッハ・エロヘイ・ヤアコヴであると告げたのである。

ラニアードの言によれば、これらの出来事はユダヤ暦四二五年シヴァン一四日から一七日（一六六五年五月二八―三一日）のあいだに起こった。サバタイ主義運動の開始はしたがって、正式には一六六五年五月三一日とすることができよう。すなわちサバタイが初めてメシアを表明した日である。この日付は実際にサバタイ派の祝祭暦でも記念されている。一七世紀のある写本では、「シヴァン一七日、アミラーの王国がガザに興りはじめた日」[61] といわれている。ほぼ同時代の別の写本では一七日が一五日にずれている。のちにそれが一四日になった（もっとも、この日付はシヴァン一四日―一七日の三日期の開始に関係しているのかもしれない）。とにかく、サバタイのメシア宣言を「王国発生の端緒」と述べることは、これらの出来事を適切に評価するものであると思われる。

だが、ひとつ非常に厄介な点がある。それは二種の異なった日付と出来事がこの記述のなかに混じっているように見えることである。ラニアードはメシアの自己表明と「王国の発生」そのものには触れていない。彼の話ではサバタイの心の回復と新たな照明があのとき起こったことのすべてであるかのように語られている。他方、タンムーツ〔ユダヤ暦第一〇番目の月。六月から七月〕一七日は前述の祝祭暦に「照明と心およびアミラーの光の回復の初日」[62]としてはいっている――これはまえにシヴァン一七日に入れられたのと同じ出来事を指しているように見える。かくもよく似た二つの出来事がわずか四週間の間隔をおいて起こったというのは、不可能ではないとしても、きわめてありえないことである[63]。一六六六年に書かれた二通の手紙で、サバタイはタンムーツの一七日を「わたしの心とわたしの光の回復の日」と語っている[64]。サバタイにとってこの日のもつ意味が、サバタイがタンムーツの一七日に断食をやめ、この日を祝日にすると宣言したことと結びつけられるのである[65]。ラニアードの報告には、サバタイは照明が戻ったあと、一二人のひとにいっしょにエルサレムへ行って、そこの寺院の敷地で犠牲を捧げるよう提案した、と書かれているが、そこからもこの方向への示唆が読み取れるかもしれない。しかし、一六六五年七月に書かれたガザからの手紙には、サバタイは「およそ四〇人のひとを」エルサレムへともなったといわれている。そして著者たちは畏敬の念を起こさせる驚くべきしるしと秘密にあふれた「この摩訶不思議な旅」に参加したことを認めている[66]。一七日と寺院の結びつきはタンムーツ一七日の断食を示唆していると思われる。この日には伝統的にエルサレム陥落が追悼される。しかし、現存する資料ではそれについて確信がえられない。ことによるとすべてはラニアードの回想録がいうように、シヴァンの一七日に起こったのかもしれない。さもなければ、ラニアードは一部はシヴァンの一七日に、一部はタンムーツの一七日に起こった出来事を前者の日付にまとめたのである。エジプトで書かれた手紙によると[67]、一六六五年の五旬節に行なわれたナータンの預言後、ガザとエルサレムのラビたちはサバタイにとくべつな敬意を表した。彼は「王のごとく、昂然と馬にまたがり、供をひとり先に立てて、ガザの町に姿を現わしたが、これが何を意味するのか、だれも知らなかった」[68]。ラニアードはこの出来事に触れていないけれども、どうやら、サバタイはエルサレムへ上るまえに、ガザの市中でイスラエルの王を宣言した模様だ。

「精神と光の回復」の日に起こった事をえがくラニアードの描写はサバタイの躁期にかんする別の叙述とよく似ており、その細部は、すべてが正しいと認められるわけではないが、おおむね真実と思われる。サバタイの態度はじつに堂々としていた。彼は「ほかのひとたちよりも背が高く、顔は燦然と光り輝いていた。コミュニティの全員がシナゴーグに集まり、長時間そこで過ごしたが、その間サバタイの顔はきらきら輝いて、ために人びとは身動きもせず、恐れおののいていた。いつもの「奇矯な行動」の一端も相変わらず見られた。というのも、このシナゴーグでの集会のあいだ、サバタイは一二部族を表わすと称してガザ市の一二人のラビ学者を選んだからである[69]。サバタイは、一二人の弟子ないしは信奉者によって象徴的にイスラエルを表わすという考えを、外部からの影響なしに自発的に思いついたのであろうが、使徒選びにかんする福音書の報告との類似性が目につく。イエスのばあいがそうだった。サバタイは次に、午後の祈りのさいの司祭の祝福は司祭だけでするのではなく、司祭ではない三人のイスラエル人もやらねばならない、と命じた。典礼や宗教的慣行の奇想天外な改変を指示し、いろいろ突飛な規程を定めたりする癖が、このときから彼の全形成過程を通じて続いたのである。だが、彼が照明の状態にあったときは、彼の意にしたがおうとしない者はいなかった。

Ⅱ　黙示録『ラビ・アブラハムの幻視』

大いなるメシアの信仰復興はシヴァンの一七日に始まった。ひとりの預言者と王がイスラエルで立ち上がった。しかし、人びとが自分たちの王を受け容れたのは、預言者が彼の王位を認めたからにほかならなかった。このとくべつな結びつきが出来事のきっかけとなったのである。

サバタイとナータンは、聖地行脚とガザでの対話のあいだ、彼らの最重要課題の二つを論議した。サバタイは、とくべつの定めによって自分には律法を破る権利とほかのひとたちにもそうすることを命ずる権利があるとナータンに語っていた。のちに書かれた手紙のなかでナータンが報ずるところによれば、サバタイは一度ならずナータンに、この特権を擁護するためにエレミヤ書三一、三六を引用した。「主は言われる。『もしこの定めがわたしの前ですたれてしまうなら、イスラエルの子孫もすたって、永久にわたしの前で民であることはできない。』」サバタイは、これは「永久に」この定めがすたれるというのではなく、一時的にすたれることがあるかもしれないという意味である、と説明した。(70) 自分の「奇矯な行動」の正当性を証明する問題にさかんに取り組んだが、現下の要求をみたすためのとくべつな解放(ホラーアス・シャーア)という伝統的なタルムードの考え方以上の独創的な解答に到達することはできなかった。サバタイは深遠な考えや言葉を、つまるところ彼の預言者からあたえられたのであって、彼にはそのかけらすらなかった。数週間親しく話をするあいだに、彼は彼の頭を占めていた別の大きなテーマにかんする内密の考えをナータンに打ち明けた。彼の「神性の秘義」である。彼は自分と「信ずる神」とのあいだのまったくとくべつな、密接な関係を意識していた。すでにこの早い時期から、自己神格化ないしは神的原理との同一視の要素が彼のメシア的性格の理解のなかにあったようだ。このような同一視が生じ、こうしたとくべつな経験をするについては、躁状態での忘我的体験、そしてまたキリスト教の教えのおぼろな残響が関与した可能性がきわめて高い。

ナータンの前述の手紙は、そこで扱われている出来事のおよそ八年後に書かれたものだが、それ以外にも、当時の二人の精神的関係を示すきわめて異常な証言がある。サバタイがイスラエルの王を宣言する直前に、ガザである事件が起こり、それはメシアにかかわる一連の厖大な偽典の嚆矢というべきものを生むこととなった。このサバタイ文学というジャンルは一六六五年早春のある日、どうやらサバタイのガザ帰還と五月末の「王国の発生」(二四三ページ参照)のあいだの、ナータンが古いものと称する黙示録の一ページを「発見した」ときをもって始まった。用語や象徴的形象世界からみて、これがナータン自身の作であることは疑いない。部分的に韻を踏んだ散文体で書かれた文も随所にある。この記録はラビ・アブラハムなるひとの観た幻を再現するものだという。彼は「[一二〇〇年頃のドイツの]義人ラビ・ユダと同じ日々に生きた偉大な賢者で……四〇年間隠者生活を送り、[儀式で]浄めた食物を食べ、ひとりの人間とも会わなかった。いつも新月にはシナゴーグへやってきたが、そのときはだれにも見られないように、彼とコミュニティのひとたちのあいだにカーテンが引かれ、そして彼はトーラーの秘義を説いた。四〇年後、彼はこんな幻を観た」。これは全文引用する値打ちのあるものである(71)。

わたし、アブラハムは四〇年間、川の真ん中に棲む大きな竜の力に悩まされながら引き籠っていた。[そして自問した]この異常な出来事が終るまであとどのくらい長く続くのだろうか[ダニエル書一二、六]。そのとき、わたしの愛するひとの声がした(72)。[その声はこう言った。]「見ていなさい。五三八六年[一六二六年]にモルデカイ・ツヴィにひとりの息子が生まれるでしょう。その子はサバタイ・ツヴィと名づけられるでしょう。彼は大きな竜を打ち負かし、嚙みつく蛇の力とくねる蛇の力を取り除くでしょう。彼こそまことのメシアであるでしょう。彼は両手なしで[つまり武器をもたずに]戦いへ赴くでしょう[終りの時まで]。彼の王国は永遠に続くでしょう。彼をおいてイスラエルを救えるひとはいません。立ちて、聞きなさい、このひとの力のほどを。貧しく、痩せこけてはいますが。［彼は］わが恋人。わたしのひとみと心は……［このあと最初の救い主モーセを指し示す翻訳不可能なカバラーの語呂合せがいくつか続く］そして彼はわたしの玉座に座るでしょう。『なぜなら、手は主の玉座の上に［ある］からです』」［出エジプト記一七、六参照］。

　わたしがこの幻に驚いていると、見よ、ひとりの男が目の前に立っており、その姿は腰から下がぴかぴか光る真鍮にも似て、周りを炎の明かりに囲まれていた。腰から上の姿はさながら水晶、透き通った天体のようだった。彼は声高に叫んだ。『［悪魔のもろもろの力の］結び目をほどき、［それらと］戦いなさい。そして避難所[73]を用意しなさい。宿営する場所がないからです。』深い眠りがわたしを襲った。すると見よ、大きな闇の恐怖がエジプトの全地にあった。一匹のフェレットとカメレオン[74]が現われ、大きな光、「闇の力を覆い隠す光」を生み出した。すると見よ、ひとりの男がそこにいた。身の丈数エレ、ひげの長さは一エレ、四肢はおのおの一エレと手の幅一つあった[75]。彼は手に鎚をもち、10×120000の大きな山を掘り起こした。男はその山に登った。するとそこに山の底まで届く穴があり、彼はそのなかに落ちた[76]。彼［ぴかぴか光る真鍮に似たその男］はわたしに言った。『［メシアの墜落を］嘆くでない。いまにこの男の力がわかるだろう。』しかし、わたしは悲しみを抑えきれなくて、深い眠りに落ちた。それから一ヵ月間幻を見なかった。そのうち、このいかめしい男がふたたび現われて、わたしにこう言った。「息子よ、おまえの強さはどのくらいかな。というのも、おまえに明かすことがあるからだ。それは天使でさえ知らぬことだ[77]。さあ、この幻を書き記して、それを土の容器にしまいなさい。何日ももつように。よいか、わたしが話したこの男は天の信仰を知るために[78]激しく闘うだろう。ハバククが彼についてこう預言していた、『正しい者は己れの信仰を生きるだろう[79]』と」。

というのも、長いあいだ、イスラエルは「真の神をもたずに[80]」仕えるだろうから。だが、彼が王冠を元のような輝きに戻すだろう。同時代のひとたちは彼に非難や不敬な言葉を浴びせて刃向かうだろう——彼らは「大きな群衆」［出エジプト記一二、三八参照］、リリトの息子たち、「肝臓の上の網《もう》」[81]、世代の導き手たるラビたちである。彼は世にも不思議な、恐ろしいことをなすだろう。[82] そして創造主の御意《みこころ》をなしとげるために従容として教えに殉ずるだろう。イサアクという名の男をしかと覚えておくがよい。その者から彼は神に仕える道を学ぶだろう（一二九ページ参照）。五つか六つの歳で彼は軛をになう牛、主人に仕えるために荷をになう驢馬のようであろう。六歳になると、わたしたちに明かされたシェキーナーが炎となって彼の夢に現われ、彼の性器に烙印をつけるだろう。[83] そのとき激烈な夢が彼を苦しめるだろうが、彼はそのことをだれにも語らないだろう。淫行の子らが彼を堕落させようとしてしつこく責めたてるだろう。彼はそれに苦しめられるが意に介さないだろう。彼らはナーアーマの息子たち、ひとの子を鞭打つ者、たえず彼をつけまわして、道を誤らせようとする者たちである。

このテクストから二つの推論が引き出せる。著者はサロモン・モルコの幻視を読んだことがあり、それから深い感銘を受けていた[84]。そしてこの黙示録のなかに、当時彼なりに理解していたサバタイ・ツヴィの生活と冒険を、モルコの形象世界に負うところの大きい象徴的な言語で、彼自身が視た幻と、サバタイやひとから聞いたサバタイの伝記的知識とを結びつけるというやり方で叙述したのである。次に明白なことは、メシアの人物像が徹頭徹尾カバラー的な意味で作り替えられたことである。伝統的なメシア像との明瞭な違いはまだないが、この幻視のメシアは明らかに、古くからの伝説よりはむしろ具体的な個人的経験に一致する性質のものだった。黙示録は具体的なメシアの殉教と実際の人間性を語ろうとする試みである。救世主は軍隊の先頭に立って世直しの戦をするのではない。彼は「両手なしで」、兵力をもたずに来るのである。彼の本当の戦いはケリパーの魔力にたいして行なわれる。それは最終的には物質的次元にも生ずるが、根本的には宇宙の「内的」精神的次元で戦われる。メシアは神の光の火花をケリパーの包囲から救出すべく心の深層で戦うのである。だからこそ彼の苦悩の秘義がある。彼はファラオに、巨大な竜に打ち勝つだろう。だが、彼自身もまことのファラオであり、「聖蛇」である。彼はまさに彼自身の形而上的源泉である原理との対決に巻き込まれているのである。ときにはそれに打ち勝つが、ときにはそれに屈し、その底知れぬ深淵に墜落することもある。彼の究極のメシア的使命は悪の力に勝利し悪を撲滅することにあるばかりか、悪の諸力を聖の域に引き上げること、すなわちケリパーのティックーンにもあることは明白である。黙示録によればメシアがなさねばならなかった、そして現にもうやっている「畏敬の念を起こさせるような不思議な」事とはあの「奇矯な行動」であり、これによって違反が正され、ケリパーは根本から変えられ、聖化されたのである。これはメシアの使命が要求する価値の転換を象徴するものである。この幻視のメシアはルーリアのカバラーに見られるようなおぼろな抽象的な姿はしておらず、明瞭で個性的である。彼は生——このばあいはまったくとくべつの逆説的な生——を写している。この黙示録の著者は彼自身の具体的なメシア経験の矛盾した特徴を、メシア的使命の形而上的本質という観点から解釈しただけである。

この短いテクストは、だれもが関与しているといわれるティックーンの全般的プロセスには触れていない。おそらくナータンはそれはまったく自明なことだと考えたのであろう。のちの著作でならもっと詳しくこのテーマを採り上げるかもしれないが。しかし現時点では、大いなる幻視のなかでえられたものと思われる、救済の性質への新しい認識がすべてに影を投げかけていた。著者がサバタイの内面生活と「彼が信ずる神」によって啓示された「信仰」を知っていたのみならず、サバタイにたいするラビたちの態度についても知っていたことは、この黙示録からはっきりわかる。ナータンの言葉には苦いものがある。ナータンはゾーハルのなかのラーヤ・メヘムナーの極端な言葉づかいを採り上げているが、そこには著しい違いがある。ゾーハルの作者は同世代の指導者や富者を、またことによると通俗的伝統的教義を支持し、カバラーの秘義を拒否した学者たちを表わすのに「賤民」とか「リリトの子ら」という類型的な表現を使用した。この黙示録では用語に新しい意味が付与される。「賤民」とは、メシアを認めず、彼の「畏敬の念を起こさせる行動」の隠れた光が理解できないことを理由にメシアを迫害するひとたちのことである。この黙示録にある「リリトの子ら」と第四福音書の「サタンの子ら」、すなわちメシアを認めなかったユダヤ人の指導者たちとのあいだには驚くべき類似がある。ナータンから見ても「この世代の指導者とラビ」は「賤民」である。このことは、のちのサバタイ信者たちと「不信心者」たちのあいだの論争を特徴づけている荒々しさと辛辣さが一六六六年の展開の結果ばかりではないことを推測させる。それらは、真の心霊論者である運動の創始者たちが霊的光を理解できなかった俗世間の大衆にたいして始めから感じていた軽蔑の念によるものである。ナータンのルサンチマンにはおそらく、自分の人生を語ったときのサバタイの苦い思いが反映しているのだろう。ナータンの怒りは彼自身のなんらかの経験によるものだとは考えにくい。彼は「奇矯な行動」をしなかった。ただ他者のそれを解釈しただけである。彼がそれを理解する鍵を見出したとき、目の前に新しい世界がひらけた。しかし、彼がメシアの態度を解き明かす有効な説明として掲げたことを自分自身に適用することはこばみつづけた。彼はあくまで律法に忠実なユダヤ人であった。ほかのことで彼にたいしてなされた告発がいかに多く、重大であろうと、この点ではけっして難癖をつけられることはなかった[85]。この預言者はメシアの行動を解釈したが、それをまねることはしなかったのである。

わたしたちはナータンを黙示録の筆者とみる内的証明の根拠を挙げた。わたしたちの主張のさらなる証拠は黙示録発見の相反する描写が提供してくれる。これらの描写はすべてナータンか彼の友人の手になるものといってよい。そしてどれも根本的な点で一致している。すなわち、この黙示録はほかならぬナータン自身によって発見されたのである。この黙示録をアブラハム・ヤキーニの手になるものとする言い伝えは、S・ロザーネスによって徹底的に論破された[86]。どうしてそんな間違いが生じたのかもいまはわかっている。それはサスポルタスの思い違いによって世にひろめられたのである。彼は自分の話を彼の古文書庫にある記録に基づいて検証することを怠った[87]。ここからヤキーニ伝説はヤコブ・エムデンを経て後世の全文学に伝わったのだった。

サスポルタスにはこの黙示録の重要性がまるでわからなかった。それを理解する背景となる知識も彼には欠けていた。彼はサバタイの気分の変動については何も知らなかったか、それとも知っていながらそれに注意を払わなかったのである。彼はラビの士師であって、心理学者ではなかった。サバタイに非難すべき行為があっても、なぜそんなことをしたのかはさほど大事なことではないのだ。愚かだとか気が狂っているとかいうことは弁明にならない。だからサスポルタスは、わたしたちが大きな意味を認める詳細にあまり注意を払わなかったのだ。黙示録への彼のコメントはこうだった。「最も良い解釈は簡単にいうと、天啓のこの書は異端のまじったナンセンスだということである。」別の箇所ではこの『幻視』を「こけおどしの話」であると一蹴している。

謎に包まれたこの紙片と、それが採られたといわれる書物の発見にかんする記述は矛盾だらけである[88]。

最も良い解釈は簡単にいうと、ナータンはこの書を天から啓示され、そのあとそこから書き写したということである。ほかの解釈はすべてそれを文学的に改作したか粉飾したものである。一六七三―七四年の手紙にナータンはこう書いている。「わたしに手書きの書物が啓示され、そのなかには救世主と彼の父親の名、そしてさらに彼の生誕年がありました。そして彼がするであろう多くのことがそこに書かれていましたが、それは不明瞭で、謎に包まれていました。それでわたしは定められた時が来るまでそれを秘匿したのです。」[89]この証言は、ナータンは実際にメシアにかんする「預言」を書いていたのかもしれないが、それを公表することはひかえて、黙示録だけを著し、それが出来事のあと事実上「預言」になった、というふうに聞こえる。わたしたちはナータンがいくつも黙示録を書いたことを知っている。一六六七年に彼の父親が、息子はほかに二つの書物を天から啓示された、と明言している。[90]彼がこれらの作品をはっきりした意識のなかで神秘的な偽典として書いたのか、それとも忘我の状態で自分のことを著者というよりむしろ書き写すひとだと思っていたのか、いずれとも断じがたい。直接の偽作と忘我ないしトランス状態での執筆とのあいだには多くの移行段階がある。ナータンの態度と彼の神学的著作は、彼が自分の使命と教義は啓示された性格をもつものだと本当に信じていたことをうかがわせる。そして、天の啓示を書き記したとき、彼はいつになく意識のはっきりした状態にあったという仮定を裏書きしている。[91]さいわい、わたしたちはなお、もっと詳しい、きわめて重要な記録を保有している。一六六六年のいつだか、ともかくサバタイの棄教以前に、ナータンは注釈書を著し、そのなかで黙示録をまったく霊感によらないカバラー的やり方で一語一語解釈した。彼はテクストの意味をひっくり返してまったく逆の意味にとることが非常に多い。[92]注釈はなにかこじつけのようで、『幻視』をきわだたせているあの詩的密度や形象力に欠けている。それは実際、わざとらしい、非常に作為的なものである。しかし結局のところ、これを書いたときのナータンの精神状態の問題は重要ではない。『幻視』が文学的偽作――という表現のマイナスのイメージをきらうなら、「偽典」といってもいいが――であるという事実に変わりはない。偽典は宗教文学の歴史ではおなじみのカテゴリーである。どの時代にも、古い大家たちによって書かれたとか、彼らからインスピレーションを受けたとか称して作品をつくった著者がいた。ユダヤ教の歴史にはすっかりおなじみのこうした理由からだけでサバタイ主義運動の道徳的信用をおとしめるのは無意味であろう。

実際のところ、黙示録的ミドラーシムはすべてこの種の偽典である。幻視能力を持つ者が匿名の文学形式を好み、その啓示に個人的な著作権があることを公に認めたがらなかったことには個々人の心理的要因がはたらいていたかもしれない。こうした情況を完全に見通したうえで、なお黙示録の信仰を捨てない読者が実際にいた。ナータンの友人で、昔ラビ・ヤコブ・ハギスの学院の同級生であったベルグラードのラビ、ヨセフ・アルモスニーノは『カバリスト、ナータン・ベンヤミンがガザから送った祈り』を手ずから書き写した。(93) これのすぐあとに続くのが「前述のカバリストが視た幻」である。アルモスニーノはナータンが隠者ラビ・アブラハムと同一人であることを明らかに知っていて、それでもこのひとのテクストを宗教的拘束力のあるものとみなしたのである。

アルモスニーノは正しかった。というのも、黙示録はその著者の名を暗に示しているからである。その名は本当はアブラハム・ナータンであった。この名のかたちはサバタイ主義運動についての、エジプトから書かれた初期の手紙や、一六六五年夏までのナータン自身の署名に現われている。その後彼はサバタイ・ツヴィの言うことをきいて、名をナータン・ベンヤミン、あるいはベンヤミン・ナータンに改めたのである。(94) 察するところ無意識な、あるいは半ば意識的な投影の要素が黙示録にはあるように思える。つまり、アブラハム・ナータンは自分を一二世紀のラビ・アブラハムに擬して、彼自身がつい最近一部は預言者的体験で、一部はサバタイ・ツヴィとの対話で知ったことを幻に視るのである。ナータンの覚醒は黙示録の発見後になされたとする報告(95)は信ずるに足らず、それにたいし、ナータンの幻視は心理学的にも年代学的にも説得力がある。黙示録を彼の預言者的経験とメルカーバーの幻視の影響のもとに書いたとき、彼は新しい熟知した知識に依拠したのであって、遠い記憶と印象にではない。サバタイの性的誘惑の詳細は、サバタイがエルサレムのある見知らぬ若者に打ち明けた類いのものではない。ナータンの幻想による天使のようなものとの対話には、サバタイ・ツヴィとの会話とサバタイの正直な告白が余韻を残している。この黙示録は、彼の預言者が託した使命を拒否するメシアとのナータンの戦いの結果である。一六六五年末頃から黙示録の原文はたびたびヨーロッパへの手紙に採り上げられ、広く知られるようになった。

Ⅲ　ガザのサバタイ・ツヴィとエルサレムのラビたちによる彼の破門

一六六五年五月、サバタイ・ツヴィはメシアを表明した。この表明は連鎖反応を惹き起こし、いろいろな事件が相次いで起こった。当然のことながら、出来事の進展はさしあたってパレスチナが舞台だった。わたしたちはここで、預言者が「イスラエルの王たるにふさわしい人物」と告げたこの中年のラビの不可解な人間性にいっそうの注意を払わねばならない。周知のように、彼は新たな躁期にはいっていた。それはいつもより急性で、しかも激しかった。その理由は明々白々である。彼は初めて信者や信奉者たちに取り巻かれていたのである。「衆人の数に王の面目がある。」ガザでサバタイと話したサムエル・ガンドゥール——サバタイの病気にかんする彼の重要な証言はつとに詳しく引用した——はこの時期のメシアの姿を信者らしい熱意をこめて次のようにえがいている。「サバタイのお顔と、タルムードとカバラー［の知識］、威厳、品位、神聖さにおいてすべてのラビ［にまさる］神の御使いの畏れ多いお姿を拝する者はさいわいである。[96]」ガンドゥールはサバタイの態度の品位と神聖さを強調しているけれども、わたしたちはこの敬虔な苦行者が昂ぶった気分に見舞われると突拍子もないことをしでかすことを知っている。実際、サバタイはほどなくして持ち前の「奇矯な振舞い」に戻り、しかも今回はこれまでになく激しかった。彼の興奮はとどまるところを知らなかった。

並々ならず神に近づいているという彼の意識はある象徴的な行為に表われていた。これについてはナータンの弟子であるカストリアのイスラエル・ハッサンが正確な報告を伝えている。かねてサバタイはガザで三つの指輪を作らせ、いつもそれを指にはめていた。その一つには四字からなる語《テトラグラム》〔イスラエルの神〕のカバラー的全文字列 יה יב יה הי が、そして[97]二つ目にはシャッダイという名のカバラー的全文字列が彫られていた。三つ目の指輪には刻印はなかった。この重要な証言から二つの推測が成り立つ。

サバタイ・ツヴィはゲマトリア（数値論）によって自分自身を指す神秘的示唆を見出すことに取り組んでいた。神の名シャッダイの全文字列（シーン ש、ダーレト ד、ヨード י）の数値は八一四で、それはたまたまサバタイ・ツヴィの名の数値である。このどうやらサバタイ本人によって考案されたらしいゲマトリアはのちのサバタイ派の著作物に頻繁に現われる。サバタイのゲマトリアへの傾倒を直接あるいは間接的に証する典拠はたくさんある。レイーブ・ベン・オーザーの報告によれば、サバタイはしばしば、古い書物のなかに彼の名が「カバラーの方法で」、というのはおそらくゲマトリアで、示唆されていると断言した。メシアの棄教から数年後にイタリアのサバタイ主義者を訪れた学者アルイェー・レイーブ・ツィヴィトーヴァーはゲマトリアによるそのような一連の示唆を彼らに伝えたが、その口ぶりから察するに、彼はそれをサバタイ本人から聞いたようだ。[98]イスラエル・ハッサンの証言はもっとはっきりしている。彼はアドリアノープルに初めてサバタイを訪ねた折り（一六六七年）、そのようなゲマトリオースの手稿を見たことがあるという。「それはサバタイが自分自身について書いたもの」だった[99]。サバタイが熱に浮かされたように空想力を自在に発揮しえた、この神秘的な示唆を探す幻想的な探索は、わたしたちがサバタイの性格について知っていることと符合する。彼はメシアを表明するまえからすでにそれに従事していたのかもしれない。サバタイ文学で行なわれているゲマトリオースの多くは間違いなくサバタイ自身が考案したものである。神の名シャッダイだけを指すものよりも彼を指す示唆のほうがはるかに多かった。実際、聖書の最初の言葉にすでにメシアの預言が含まれていた。「はじめに」を表わすヘブライ語の文字 בראשית は「サバタイ」שבתי という語を形成する文字を含んでいるからである。それどころか、創世記の第二節はもっと魅惑的であった。ある古いラビ文献は「地は混沌とし、むなしく……神の霊が水の面を動いていた」という節に次のような注釈を付している。「これはメシアの霊である。」サバタイは「神が動いていた」というヘブライ語が彼の名と同じ数値をもっていることを発見した。したがって、神秘的解釈ではこの節は「そしてサバタイ・ツヴィの霊が水の面にあった」という意味であった。彼はまた「真のメシア」というヘブライ語の単語の数値も計算した。それは彼の名の数値と同じであった。（このゲマトリアはすでに『ラビ・アブラハムの幻視』に示唆されている。）これらの幻想は霊的ないしは精神的成果としてはお粗末かもしれないが、想像力を刺激するはたらきはあった。ナータンはそれをサバタイから受け継ぎ、彼の教義体系の確固たる構成要素としたのである。

これらの指輪からわたしたちはさらに、サバタイが真に、自分との名の結びつきを確立しようと努めたことを知る。本来彼は神秘的充溢であり、彼の第二の指輪に現われている神名の体現なのであった。シャッダイは「彼が信ずる神」の名であった。そして、アドリアノープルのイスラエル・ハッサンが明らかにしたように、「わたしと神のあいだには区分も、区別も、いかなる分離もない――彼の神聖な言葉はそういっていた」。天の父ととくべつ親しい関係にあるというサバタイの意識は、福音書に報じられているイエスの同様の言葉を想起させる。こういうことすべては初めはただほのめかされただけであるが、しかしここから自分の信念を大胆に公言するまでにはほんの一歩にすぎず、のちの手紙にはこう署名される。主の「第一子」。それどころか「わたしは主である、あなたの神サバタイ・ツヴィである」と。エルサレムの卓越したラビのひとりで、いっときナータンの支持者であったラビ・モーセス・ガランテ――彼はガザで仲間に加わるようナータンから招かれた――はのちに、エルサレムの支持者たちがいやらしい署名のはいった最初の手紙をもらうまではわたしはサバタイと対立したことはなかった、と弟子たちに告白した。ちなみに彼の証言は、この手紙が運動の時期に、すなわち一六六五年夏にガザで書かれたものではないことも示している。ガランテは、あとで示すように、後年彼が認めようとした以上に確信的なサバタイ信者だった。

　イスラエル・ハッサンのいう三つの指輪のうちいちばん謎なのは三つ目の指輪である。印字がないのなら、ひょっとすると図形が彫られていたのではないか。この種の指輪は通常印章指輪である。とすると、印章として使われる飾りかもしれない。サバタイが手紙の署名にくねった蛇を添えていたことは周知の事実である。このシンボルの意味するところは明白である。これは「聖なる蛇」で、その数値はヘブライ語のマシアッハ[100]（「メシア」）の数値と同じであった。サバタイは高名なポーランドのラビ・ダヴィド・ハ＝レーヴィ宛の手紙にこんな具合に[101]署名をした。最近発見された、サバタイの手で書かれたと思われる一六七六年の手紙にもこのしるしが現われている。[102]同じ年に「サバタイは銀の蛇をつくり、杖の頭にそれをつけた」。このことは、彼がわたしたちの文献に引用された手紙で蛇のしるしを印章として用いたことを意味しているように思われる[103]。そのような蛇が三つ目の指輪に彫られていたと推測することもできよう。それはどうであれ、サバタイが自分の尻尾に噛みついている環状の蛇ウロボロスのシンボルをけっして用いなかったことは確かだ。これは統一と永遠の再生の最も知られたシンボルのひとつであって、始めに終りがあり、終りに始めがあるのである。サバタイがこの豊かな、深い心理学的連想をになったシンボル[104]を用いたことがわかれば、きっと面白いだろう。ゾーハルにそれへの言及があることから、サバタイはこのシンボルのことを知っていたかもしれない[105]。しかし、サバタイのしるしは、環状ではない、くねった蛇であった。およそこのような。ʓ。三つの指輪にかんするわたしたちの推測が正しいなら、それらは、「信ずる神」と一致しているというサバタイの意識と、メシアの「聖なる蛇」であるという彼の考えを表わしているかもしれない。

サバタイは奇行とはいっても普通と少し違う程度の振舞いでいつまでも満足してはいなかった。預言者が熱心に贖罪を説き、罪を悔いてティックーンのために彼を訪ねてくる者たちに重い断食と苦行を課しているあいだに、一六六五年タンムーヅ一七日が近づいてきた。預言者は「ヤコブの神の油を注がれた者としてラビ・サバタイ・ツヴィの気分が昂揚」しはじめる兆候を見た。サバタイも心霊の動きを感じ、断食をやめさせた[106]。ガザの人びとは彼の言葉にしたがい、断食の儀式にかわって、「大いなるハレル［祝いの詩篇一一三―一一八］が朗誦された。庭々は喜びにあふれた」。この出来事を伝えるエジプトからの手紙はこうつけ加えている。預言者はこの日が亡命者たちの集合の始まりを画する日になるであろうと確信して、この改新を認めた。ガザで神聖な、厳格に守られた宗教のしきたりがメシアの権威によって廃止されたことは、さらに別の資料によって確証される[107]。一六六五年七月始めにガザからアレッポに送られた手紙は喜びの報せで終っている。「こうしてタンムーヅの一七日はシェキーナーを讃えて祝い喜ぶ祝祭日になりました。これも、そうなるように啓示されていたからです[108]。」スミルナの英国領事は、ナータンが断食をやめるよう忠告する手紙をユダヤ人コミュニティに送ったことを知っていた。「そのまえに彼はエルサレムのユダヤ人にいっさいの断食を禁じ、花婿が来られたのだから、家のなかは喜びと勝利一色に包まれるようでなくてはならないと説明した。そして彼はユダヤ人の全共同体に手紙を書き、それを信ずるよう説得した[109]。リコーの書きぶりから察するに、彼は本当にそのような手紙から引用しているようだ。だれかに訳してもらったのかもしれない。これらの手紙は、ナータンが良い報せを離散民のあいだにひろめるために実際に活動を開始したことを示す最初の証である。一六六五年初夏にメシアの宣伝がまったくなかったことはずっと謎であった。そのときまでガザで起こったことの報せは遠隔地のコミュニティには届いていなかったようだ。そしてサバタイの名は夏至の頃まで近隣のコミュニティに知られていなかったらしい[110]。いまはとにかく、エジプト、アレッポ[111]、そしてメシアの故郷の町スミルナへ手紙が送られたことはわかっている。これらはすでに、メシアの目覚めの報せがパレスチナを越えて広がったことの証も同然であるといってよい。ナータンは依然として幻視熱の発作に完全にとらわれていた。彼の伝道活動は、イスラエルがメシア誕生の陣痛をまぬがれるように贖罪を呼びかけることにあった。しかし、断食の廃止は危機を早めた。それはイスラエルの伝統の守護者をもって任ずるエルサレムのラビたちにとって危険信号であった[112]。

ガザからの報せにたいするパレスチナのユダヤ人の反応についてはなんら疑いはない。ガザとヘブロンの大多数は信者の側に属した[113]。実際、この運動が始まって数週間のうちに、サバタイ・ツヴィの支持者がみずからを称して使う「信者」という言葉が術語として登場した。現代の「サバタイ派」という概念はオリジナルな文献記録のどこにも見当たらない。「シェブセル」とか「シェブセラハ」とか「シャブセ」、「ツェヴィニケス」などのような後代の表現は一八世紀初頭に敵対者によってつくられた蔑称であった。

サバタイ派は「信者」という呼称しか用いなかった。この数週間における預言者のいくつかの発言がサムエル・ガンドゥールの書簡に遺されている。彼は人びとの魂のティックーンをもたらすために来たのではない、とはいえ、悔い改めるひとたちが罪の赦しを求めて来たときにそれをこばむことはしない、と明言したという。このとくべつな慈悲の施しは彼の使徒伝道の副産物にすぎなかった。彼のメッセージは「サバタイ・ツヴィはメシアたるにふさわしいひとである」ということであった。彼が不信心者をなぜ罰しなかったのか、と問われれば、彼はこう答えただろう。イスラエルを試すためである、彼らがしるしや奇跡なしに信ずるかどうかを見るためである、聖書が［エレミヤ書三、一四］「わたしはあなたがたを、町からひとり、氏族からふたり取って、連れて行こう」といっているのは信者について預言しているのである、と。じつに意味深い答えである。もともとの稿では、ナータンはイスラエルはしるしがなくともメシアを信ずるべきである、といっていた。彼らが本当に信ずるだろうとは彼に伝えられていなかった。それゆえ、彼の預言は非常に悲観的である。わずかな選ばれた者だけが信ずるだろう。そして彼らの信仰はとくべつな個人的功績とみなされるだろう。数ヵ月後、メシア信仰の復興が津波のように巨大な民衆運動に成長したとき、この聖書の表現は逆の意味に用いられ、多数派の信者は少数の不信心者を軽蔑的に「町からのひとりと氏族からのふたり」と呼んだ。サーフェードには非常に大勢の信者がいたらしいが、一六六五年夏のそこの状況についてはは正確な情報がない。

しかし、エルサレムの事情は違っていた。この町のサバタイ支持者の数にかんする報告は、だれしも認めているように、矛盾だらけである。だが、挙げられた数はどれも一様に正しいかもしれない。サバタイが町を去ったあと、とりわけ大いなる信仰の復興の報せがディアスポラの地パレスチナに届いたあと、信者の数がふえたのではないか。そのこともエルサレムが棄教後もサバタイ主義の中心地であった理由なのではないか。しかし、疑いのない事実がひとつある。ラビの大多数は「信仰」に反対し、サバタイがメシアであることとナータンの預言者役を認めることをこばんだ。彼らはいっしょに暮らしていたサバタイのことを知っていたし、律法の遺棄と聖書やラビの慣習の廃止となって表われる逆説的な聖性に熱狂するやからではなかった(114)。彼らは、ラビの伝統の守護者らしくあくまで保守的だった。メシアの目印はサバタイ・ツヴィが呈するものとはまったく違うはずだった。以前サバタイをその「奇矯な」振舞いゆえに懲罰に付した彼らにとって、いまその考えを変える理由などそもそもなかった。最古の資料もナータンがサバタイにともなってエルサレムに行ったとは語っていないが、彼がもしそうしたのなら、彼が『竜にかんする論文』で知られているようなメシア論を説くのをラビたちは聞いたはずだ。ラビたちはナータンがメシアの態度を大胆に弁護していることに感動するどころか、さだめしショックを受けたことだろう。サバタイが神の名を使ったという噂も耳にしただろう。それどころかサバタイは、「万物の主をほめ讃えるはわれらがつとめ」という祈りが、「世界を全能者（シャッダイ）の王国に築く(115)」という言い回しを含んでいたので、それは自分のことを指しているのだと言明していた。これはたしかにカバリストの秘義であるどころか、神の冒瀆であった。それなのにいまサバタイはエルサレムにも姿を現わしたのである。彼の来訪を迎えた言葉「彼はシャリアッハ（使者）として行き、マシアッハ（メシア）として来た」の語呂合せはすでに引用した。このエルサレム訪問でも彼特有の「奇矯な行動」が見られた。ガザで彼は一二人のラビを指名し、かつて神殿のあった、いまはイスラム教の寺院ハラム・エシュ－シャリフ、いわゆるオマールのモスクに占拠されている場所へいっしょについてくるように命じた。そこで彼は生け贄を捧げようとしたのである。ひょっとするとこのシンボリックな行為は神殿再建を始める合図であったのかもしれない。準備がある程度公になされたようにも見える。ここでも、任名を行ない、肩書きを授けるというサバタイの癖が見られ、僧門の出ではなかったガザのラビ・ナヤラが大司祭に任ぜられた[116]。エルサレムのラビたちは、冒瀆行為を悲しみ、このようにイスラム教の聖所へ侵入することがもたらさずにはおかないコミュニティへの重大な結果を恐れて、まとっている衣を破り捨てたと、サバタイは、のちにラニアードに伝えている。ラビたちはサバタイにメッセージを送った。「なぜあなたはイスラエルを死にさらすようなことをなさるのですか、なぜ主の遺産を破壊されるのですか。」サバタイは計画をあきらめたものの、「手を打ち合わせて、嘆いた。ああ、もう間近だったのに、また遠のいてしまった」。ラビたちの干渉のせいで[117]。

ラニアードの話の信憑性がどうであれ、サバタイが何人かの信奉者を連れてエルサレムに上ったことは確かである。この旅の話は熱心な参加者たちのおかげであることは疑いないが、無視してもかまわない。写実的、冷静な詳細は除外されている。ガザからの手紙によれば、サバタイはおよそ四〇人の男を引き連れ、きんきらきんに飾り立てて「鳥も通わぬ」危険な恐ろしい道を行き、道中たくさんの不思議な出来事が起こった[118]。なんらかの謎の理由で随行者全員が聖都の土を踏むことはできなかったが、メシアはだれからもうやまわれた[119]。実際にはサバタイはエルサレム到着後早くも面倒にぶつかった。サバタイ主義の資料にはサバタイに託された金のことで言い争いが生じたと述べられている。ある報告がいうには、サバタイはエジプトで集めた金の一部を着服した疑いをもたれた。別のやや信じがたい報告によれば、エルサレムのラビたちはサバタイが金を貧者や寡婦たちに分けあたえ、自分たちや町の施設に応分の分け前を払わなかったので、激怒した。エジプトの書簡は、「町の裁判官」、すなわちトルコのカーディにたいしサバタイについて二件の訴えがなされたと述べる。ひとつは「彼は人心を支配しようとしている」、もうひとつは「彼は布教の金の一部を着服した」というものである。これらの報告から察するところ、ラビたちはサバタイから離れようとして、彼をトルコの権力にたいする謀叛人だと密告したのであろう。それが本当だとしても、その試みがどうして失敗したのか、そのわけは依然として不明である。サバタイはカーディから無罪判決を受け、そのことはサバタイ主義者の手紙のなかに大きな奇跡だと書かれている。サバタイはさらに、「［イスラム教の］決まりではユダヤ人が馬に乗ることは固く禁じられているが、馬に乗って町を歩く」許可を求め、その願いはかなえられた。彼は七度町を回り、「その不可解な意図にふさわしく緑のマントにくるまった乗馬姿」を公衆に見せつけた。(120) シンボリックな周回のあいだサバタイが身にまとった緑のマントは、一二世紀前半におけるバグダードのメシア運動を想起させる。そこでは報せを信ずる者たちは「緑の衣をまとっていた」。(121) この色が選ばれたわけは明らかではないが、イスラム教の影響と見てよいだろう。イスラム教の伝統では、緑は天国を象徴する色である。その緑の衣装は、したがって、天衣と新時代の衣服を意味するのだろう。

だが、カーディの面前で行なわれた裁判よりももっとドラマチックな事件があった。サバタイはまだ照明の状態にあって、霊感を受けた彼の振舞いは大醜聞を惹き起こさずにはすまなかった。献身的なサバタイ主義信者であったアブラハム・クウェンケが、疑いなくパレスチナの伝統の証人として報告しているところによれば、「サバタイ・ツヴィは大勢の信奉者にともなわれてラムレーを経てエルサレムにはいった。そしてエルサレムでたくさんのことをしたが、見ていた者たちはみなそれを異様で不可解に思った」。(122) クウェンケは慎重に詳細を省いているが、スミルナのあるオランダ人通信員は、サバタイが神と神の律法を穢したものだから、エルサレムのラビたちは彼を殺そうとした、と読者に伝えている。(123) いわれているところの違反行為とはなんであろうか。モーセス［ベン・イサアク］・ベン・ハビブがこの点で示唆をあたえてくれるように思う。彼は、わたしたちの知るかぎりでは、極めて信ずるに足る詳細を伝えている。モーセス・ベン・ハビブによれば、エルサレムとヘブロンの学者のあいだによく知られた事実として、(124) サバタイは「棄教以前」にもすでに一〇人のイスラエル人にヘレブ、「腎臓の脂」を食べさせ、そして本当に「この祭礼上禁じられている脂を祝福する祈りを唱えた。『ほむべきかな、おお、禁を許し給う主よ』と。わたしはさるとても信心深い学者から、サバタイが同じことをしたが、あとからそれを後悔したとも聞いている」(125)。

この祝福の祈りの文言は別の資料によっても裏づけられ(一八七ページ参照)、禁制の脂を食することはこの運動ののちの歴史からサバタイ主義の祭儀であったことが知られている。この行為の意味するところは明らかである。ある種の動物の脂(ヘレブ)を食べることは律法で厳に禁ぜられ、「切除」によって罰せられる。聖書の言葉でいえば、「その者の魂は一族から駆逐されよう」。タルムードに詳述されている、この罰をもたらす三六の違反行為は大半が性的犯罪、とくに近親相姦である。脂を食することはそれ自体まだとくべつな快楽や満足を生み出す行為ではない。このとくべつな禁制を侵すことはそれゆえむしろ象徴的な意味合いで解釈されねばならないだろう。それは実際道徳律を廃棄する革命的なメシア思想のデモンストレーションであり、このメシア思想は伴奏する祝福の祈りの言葉のテノールと和して同様に、忘れもしない、一六五八年にサバタイに啓示された「新しい律法と新しい戒律」を象徴的に表現していたのだ。エルサレムで実際に何かそのようなことが起こったのだとすれば、ラビたちの激越な反応は驚くにあたらないだろう。サバタイは神聖なものとして崇められた律法の伝統にたいし反旗を掲げて、その禁制を、暗黙のうちに近親相姦や姦淫の禁止をも含めて、廃棄していた。このヘレブ禁制の侵犯という象徴的な含みはだれにも明らかだったに相違ない。だが、問題をいっそうこじらせたことには、サバタイはほかのひとにもそのように振舞うことを要求した。熱狂的な雰囲気のなかでそそのかされ、あとからそれを後悔した知り合いのラビにかんするモーセス・ベン・ハビブの証言を疑うべき理由はない。事件の日付も場所も記されていないという理由でこの証言の重要性を疑うことはできるかも知れない。しかし他方では、この話がエルサレムとヘブロンのラビたちの伝承であったという明白な事実は、事件がパレスチナで起き、サロニキやコンスタンチノープルではなかったことを推測させる。と同時に、それが当時躁病の興奮のあいだにしでかしたサバタイの不始末であることを証するものもないことを強調しておくべきだろう。不道徳な度過ぎた行為への告発はすべて後年のもの、正確にいえば、彼の棄教後の時期のものである。[126]

事件の二五年後に書かれたクウェンケの話がそのままにサバタイ主義伝説のフィルターを通ったとしても、それはすでに一六六五年一二月にアムステルダムに到着した、パレスチナも含めたオリエントからの手紙によって裏づけられる。手紙のなかで差出人のサバタイ主義信者は、サバタイが「エルサレムのラビたちから理解に苦しむ異常な行動のために破門され追放された」ことを報じている。[127]奇妙なことに、この特異なスキャンダルはサスポルタスの耳にははいらなかった。彼が知っていたのは、サバタイがガザとエルサレムで「王侯のように仰々しく振舞った」こととと、エルサレムのラビたちが彼を信じなかったことだけである。[128]不明ななんらかの理由で、彼はエジプトの反サバタイ主義のラビたちが彼の問い合せに答えなかったために、エルサレムの事件についての情報をえられなかったのだ。彼の手元には「信者たち」の手紙があったが、彼はその内容を無視した。

エルサレムのラビたちは「信ずる気持ち」については分裂していたようだ。預言者の出現が大いに信仰心を目覚めさせ、多くのひとの心を動かし、それどころかメシアがあたえた、人心を混乱させる印象をある程度うすめさえした。ラビたちは預言者を調べ、本当に霊が彼に宿っていることを認めざるをえなかった。必定、結論はこうであった。もしナータンが真の預言者であるなら、彼の預言はメシアの姿勢を確証するものであり、彼のメシアらしくない不審な挙動にたいするなんらかの、ことによるとカバリスト的な説明が見出されるはずであった。メシアの決断は実際人びとの信用にかかっていた。多くのラビたちは少なくとも初めは彼の信奉者になった。エルサレムのコミュニティの使節として外国で勤務していたラビ・アブラハム・ベン・サムエル・ゲダリヤは非常な尊敬を受けた学者で、学問的なラビ的著作を書いているが(129)、一年間彼の信仰を固く守った。一六六六年にはまだラビ・ヤコブ・ナヤラとともにナータンの預言者の権威を承認する手紙を離散民宛に記している。彼はほかのラビたちとともにガザへ赴き、預言者のお供をしてヤブネとリッダ(130)へ巡礼して昔の賢者たちの墓で祈りを捧げた。それらの墓をナータンは聖霊に導かれて彼らに教え示したのだが(131)、それはイサアク・ルーリアが彼の一〇〇年まえにしたこととまったく同じであった。エルサレムのラビ・ダヴィド・イツハーキは熱烈な信奉者となり、何年ものあいだ彼の信仰を守りつづけたが(132)、息子のラビ・アブラハム・イツハーキはのちにこの運動の最もすぐれた反対者のひとりになった。チェレビー・ラファエル・ヨセフの弟であるハイーム・ヨセフ(133)がガザからエジプトへ書いた(と思われる)書簡のひとつが伝えるところによれば、ナータンは「エルサレムから何人かのラビを彼らの魂のティックーンのために招いた。そのなかにはラビ・プリモとガランテがいた。彼らはナータンの言いつけで行ったのだが、ほかにもクータ家のセファルディーひとりとしばらくまえからエジプトにいた信心会の下僕がいた。というのも、彼［ナータン］が彼らはみな高い魂であると太鼓判を押していたからである」。クータあるいはグータ家(134)のセファルディーがだれなのか明らかではないけれども、この報告は信憑性がある。当時エルサレムにいたラビ・ナータン・グータはある質問への回答書で、けっしてサバタイを信じているわけではないが、それを口に出す勇気がなかったと告白している。ことによるとこの箇所はこの有名なラビにかかわるものではなく、彼の家族の無名の一員を指しているのかもしれない。サムエル・プリモと友人のマッタティアス・ブロッホ・アシュケナージ(135)は、両人とも傑出したラビ学者で、折り紙つきのカバリストであるが、心の底から信仰を受け容れた。プリモはのちに、もしかするとパレスチナの信者グループ全体とともに、ガザを去り、スミルナとガリポリでサバタイに近づき、彼の秘書となった。モーセス・ガランテはエルサレムの指導的なタルムード学者のひとりで、(おそらく一六六六年以後であろうが)ヤコブ・ハギスの舅であった。彼はリション・レ＝シオンとして一六八九年に亡くなったが、この呼び名は「シオンの第一人者」という意味で、聖地におけるセファルディーのラビ長にあたえられる伝統的な肩書きである。彼の思い出はパレスチナのラビたちによって高い誉れとされた。ガランテは初めてエルサレムに滞在したときからサバタイを知っていたに相違ない。もし彼がナータンの言いつけどおりガザへ行き、その地にとどまったのなら、エルサレムでのスキャンダルを知らなかったかもしれない。たしかに彼は息子が発起人のひとりであった破門訴訟に加担してはいなかった。孫のモーセス・ハギスはこう書いている。「わたしは祖父の、いまは亡き名高いラビ・モーセス・ガランテが、亡き父［ラビ・ヤコブ・ハギス］がよく冗談に言っていた、『ほら、わたしの破門の呪いを恐れているメシアだ』という言葉を引用するのを聞いた[136]。」モーセス・ハギスは五歳のときになくした父親をほとんど知らず、母方の祖父に育てられた。ガランテの言葉は、婿がサバタイの破門に一役買ったが、彼自身はしていないことを語っているようだ。モーセス・イブン・ハビブの言[137]はこの問題の重要な証拠を含んでいる。彼の言にはサバタイ主義の共鳴者だとは疑いにくい証人、ラビ・アブラハム・イツハーキが引用されている。そこにはガランテ自身の言葉が伝えられているが、それによれば、ガランテはサバタイを軽蔑も信用もしていなかったが、サバタイがエルサレムへ書き送った、「わたしは主、あなたの神、サバタイ・ツヴィである」と署名のある手紙を読んでから、彼にたいして反対の態度を取るようになった[138]。それ以来、とはどうやら一六六六年以降、「わたしは毎日彼を罵っています」。この証言は控えめに受け取るべきだろう。それがガランテにふりかかった疑いをはらし、彼がサバタイ主義運動へ巻き込まれたことをことさら軽視しようとしていることは明白なのだから。しかし責任はガランテ自身にあるのか、それとも婿のモーセス・ベン・サロモン・ベン・ハビブにあるのか、定かではない。というのも、ガランテが一時期サバタイの積極的な支持者で、それどころか一六六五年九月一九日にアレッポで霊の大々的な降臨にさいして預言をした（二七七ページ参照）預言者のひとりだった明白な証拠があるからである。[139]実際にガランテは一六六六年、サバタイ主義運動の最盛期にエルサレムのコミュニティの使節として外国旅行を行なった。彼の生涯のこのエピソードはのちに記録から抹消された。彼がずっとエルサレムにいたかのように見せるためである。いずれにせよ、彼は一六六五年の六月の一部と七月はずっとエルサレムにいて、アレッポへ来る「直」前に旅立ったのである。

サバタイは、多くのラビたちの熱狂的な信仰と一部の躊躇にもかかわらず、破門された。わたしたちは訴訟にあたって重要な役割を果たした四人[140]のラビの名前を知っている。当時エルサレムのラビ職の首長だったと思われるラビ・アブラハム・アミーゴ、市の有力なカバリストで、ルーリアのカバラーの分野では押しも押されぬ権威であったラビ・ヤコブ・ツェマッハ、ラビ・サムエル・ガルミザン（またはガルミザーノ）[141]、そしてナータンの最も重要な師ラビ・ヤコブ・ハギスである。サバタイ主義者のエジプト宛の書簡のひとつにはまったくの想像とはいえ、非常に興味深い情報が含まれている。それによれば、エルサレムのラビたちはサバタイがスミルナへ行くまえに出向いて、A・N［アブラハム・ナータン］とS・S［サバタイ・ツヴィ］から赦しを乞うことに決めたという。メシアの赦しを求めたのは正確にいってだれなのか。遺されている手紙の写しには二種の異文がある。ひとつの稿[142]には「エルサレムの」隠れ部屋〈のメンバー〉とあり、もうひとつのほう[143]は「エルサレムのカバラー的ラビ」といっている（この二つの異文はヘブライ語ではとても似ている）。すべてのテクストは異口同音に「彼らの首長は〈信仰〉に反対した」といっている。歴史的にはいずれの稿も真実を示している。テクストから見れば、最初の異文が正しいように思われるけれども。[144] ヘスゲル *Hesger*（「隠れ部屋」または「僧院」）は個人的にもたれたラビ学生の籠り場を表わす術語である。これはイディッシュ語の対応語 *klaus*「教場」（*clausura* から）にぴったり一致する。素封家リヴォルノのヴェガによって建てられた教場ベース・ヤアコーヴは実際にはヘスゲル[145]として知られていて、ヤコブ・ハギスがそこの長であった。アブラハム・アミーゴはラビ法廷の裁判長であったようだ。しかし「最上級」カバリストであった八〇歳のヤコブ・ツェマッハの反対も確かな根拠のある事実である。サバタイ・ツヴィの棄教後まもなくコンスタンチノープルで作られ、いくつか重要な資料を含んでいる彼にかんするあるアルメニアの詩は、反サバタイの説教をし、彼を町から強制退去させた「ポルトガル出身の年輩の学者にして医者」の言に基づいて、エルサレムにおけるサバタイの失敗について語っているが、この学者とはヤコブ・ツェマッハにほかならない。[146]

モーセス・ハギスの記憶は間違いなかった。サバタイの破門は、ド・ラ・クロワの報告やフランス語の『見聞記』を読めば[147]おおかた察しがつくように、たんなる噂ではなかった。クーネンはスミルナで、エルサレムのラビたちがサバタイの言うことを信じず、彼を追放し、破門したことを知り、コンスタンチノープルへ詳報を送った。そのあとすぐ、ラビたちは首都からラビ・ヨムトヴ（・ベン・ハナニヤ）・ベン・ヤカルと署名した書簡をスミルナの同僚のもとへ送った。ラビ・ヨムトヴ・ベン・ヤカルは署名の下に追伸としてこうつけ加えている。「この報せを広める者は異端者である。彼を殺す者は多くの魂を救った者とみなされる。ためらわず彼を倒す手は神から見ても人間から見てもさぞやありがたかろう。[148]」クーネンの報告の結果から明らかになるのは、スミルナのラビ・ハイーム・ベンヴェニステがこの手紙を実際に受け取ったことである。サバタイが破門されたのはメシアを僭称したからではなく――預言者ナータンは証するに足る迫害を受けることなく棄教後もパレスチナに住みつづけた――ある種の挑発行為と、不届きな律法違反とみなされた「改新」のためだった。オランダの新聞報道も同様のことをほのめかしている。律法を歪曲するサバタイのやり方、それどころかみずから重大な禁止を侵しながらあらゆる禁制を許可する彼の挑発的な祝福は、当時ではだれであっても破門を招くこととなった。すべての信者にたいしてタンムーツ一七日の断食を廃止したこと自体、ラビの対抗措置を誘発するに十分だった。そのまえにもうひとつの伝統的な慣習を中止していたのだからなおさらのことであった。メシアの到来とともにイスラエルの救済が始まっており、シェキーナーはもはや追放されていないのだから、「シェキーナーの追放」を嘆き悲しむ真夜中の儀式はやめてもかまわなかったわけである。サバタイはガザに来た当初の数週間にサーフェードのカバリストたちが設けていた「真夜中の礼拝」を変更し、その最初の、ティックーン・ラケルとして知られている、かなり陰鬱な部分にかえて、慰めと喜びの謳歌からなると思われる新しい儀式を定めた。この新しい典礼はエジプトのラファエル・ヨセフやほかの友人たちに伝えられた(149)。

エルサレムにおけるラビたちの反サバタイの根底に横たわる動機を語った他の記述はあまり納得のいくものではない。エマニュエル・フランセスはラビたちの(150)敵意をサバタイのメシア主張とトルコ当局にたいする恐れのせいにしている。彼の話によれば、エルサレムのコミュニティは次のような忠告をガザに送った。「わたしどもやあなたがたが国王（すなわちスルタン）に反する罪人とならないように、この狂人の幕屋に近寄らないように。なにしろサバタイもナータンもエルサレムのラビたちの声に耳を貸さないのですから。」エルサレムのラビ界もエジプトのコミュニティにこう書き送ったという。「生活を守るために立ち上がって、サバタイに傾倒する人びとの狂気に反対するよういったのだが、コミュニティの面々はエルサレムのラビの声に耳を貸そうとしなかった。」破門のことはいっさい触れられておらず、ただ警告し、用心を促そうとするだけである。したがって、たとえほかにそれを証明する資料がなくても、メシア活動の始めにサバタイやナータンにたいしてそのような警告が何度か出されたことは確かなようだ。しかしながら、フランセスのような仮借ない敵対者が破門とかエルサレム追放といったサバタイにたいする重大な措置について述べていないのはなぜか、依然として不明である。どうやらこの報告ではいろいろな情報がごっちゃになっているようで、エジプトのコミュニティに宛てた警告状はエルサレムのラビ界がコンスタンチノープルに送った報告のコピーにすぎなかった。

Ⅳ　サーフェード、アレッポを経てスミルナへいたるサバタイの旅。サバタイ出立後のガザにおけるメシア主義暴動

サバタイの敵対勢力は強力で、彼をエルサレムから追放することに成功したが、運動の増大を押しとどめることはできなかった。メシアの行動とは違ってだれにもわかりやすいメッセージを伝える確かな「真の」預言者のいることがラビの破門処罰令にまさった。この預言者は注目すべき霊力を示した。一方で彼は伝統的な救済願望に訴え、それを人びとに得心のいく道、贖罪と苦行へ上手に導いた。他方、選ばれたひとたちに——敢えていえばサバタイ自身も含めて——メシアの人柄にそなわる異様で不快な面の神秘的な意味を明らかにすることに成功した。この説明は広く世間には行き渡らなかった。それはカバラーに精通した少数のエリートに留保され、ルーリア主義のとくべつな精神的風土のなかで生きていた学者たちに非常な魅力を及ぼした。あまつさえナータンはカバリストの陣営を分裂させることに成功した。ルーリア

の伝統を文書化することにおおいに貢献したヤコブ・ツェマッハはルーリアの伝統とナータンのメッセージとをつなぐ可能性をいっさい拒否したが、すべてのカバリストがそれにしたがったわけではないからである。メシアの振舞いは、たとえ異様に思われても、本質的には深い神秘的意味のティックーンなのであるというナータンの説に他の者たちは惹かれるように思った。カバラーの伝統と明確に一線を画したメシア像のなかった報いがいま来たのである。熱狂者たちはメシアの問題では最も意外なことが最も自然なのだと主張することができたのだった。

しかしながら、続く数ヵ月のあいだにナータンの書簡や聖書聖訓に展開され結晶した異教的な教義よりも決定的だったのは、救世のメッセージそれ自体の爆発力であった。それは全きものとして人びとに作用し、隠れた憧れを呼び覚まし、激しい心の揺れを惹き起こした。この数ヵ月間にサバタイがパレスチナの舞台にいなかったことは出来事ののちの展開を左右する決定的な要因となった。最も重要な動因はこの預言者と彼を取り巻く聖地の信者仲間から発した。間近に迫っている救済の預言は信者たちの心をみたし、それと同時に、悲劇的な、ひとを不安にする、まったくもって少々困り者のメシア本人がそばにいなかった。エルサレム追放後の数ヵ月間にサバタイが何をしたにせよ、贖罪とメシア主義の熱狂の大きな波がそれとは無関係であったことは注目に値する。その波はガザから発し、そこでの発展によって、あるいはより正確にいえば、ガザで起こったことについて急速に広まった言い伝えによって強められた。奇跡物語の突然の、爆発的ともいえる膨張はいろんな点で興味深い。メシアの具体的な姿が後退し、見えなくなればなるほど、サバタイの実際の行為を述べるかわりに、それよりずっとすばらしい、そしてさらに重要なことだが、人びとの宗教的感情をそんなに傷つけない功績について報ずるメシア伝説の広まる情況がますます良くなる。メシアは生きた人間というより、むしろスローガン、または心象としてはたらいたのである。

彼が現にいるにもかかわらず、運動はよく知られた黙示録の伝統の線に沿って急速に発展した。いまだかつてない雰囲気がパレスチナに広がった。一六六五年のタンムーツ（六月―七月）まではいかなる奇跡も報ぜられていない。イスラエルはしるしも奇跡もなしにメシアを信じねばならないことをナータンの預言ははっきり告げていたので、初めの数週間はだれしもサバタイに奇跡を望みたいとは思わなかった。しかし、ナータンの厳格な教えと民間信仰の要求とは別物だった。奇妙なことに、両傾向のあいだに相容れがたい明白な対立はほとんど認められず、お互い支障とならなかったのは確かである。夏にサバタイが立ち去ってから一六六五年末まで、パレスチナからの報告にはすべて特徴的なことに非現実的、伝説的な雰囲気が漂っている。にもかかわらず、ヨーロッパに届いた報告は大きな覚醒を惹き起こした。これらの報告でとくに目立つのは、サバタイが非常に小さな役割しか果たしていないということである。舞台はもっぱらナータンと、彼の周辺で起こる奇跡によって支配されている。

サバタイにたいする破門はその後の発展になんら影響をあたえなかった。破門などまったく存在しないかのようであった。カバリスト仲間で非常によく知られたヤコブ・ツェマッハほどの権威が署名した聖地追放の罰がかくも重視されなかったということは妙だが、もしかすると歴史家たちは当時のエルサレムのラビ職の影響力を過大に評価しすぎていたのかもしれない。深刻な利害闘争ではラビの権威も吹っ飛んだのか、それとも熱狂の大波に押し流されてしまったのだろう。もうひとつ別の要因も顧慮しなければならない。すべてのカバリストがヤコブ・ツェマッハの極度に保守的な姿勢を分かちもっていたわけではなかった。彼の数多くの著作にはヴィタールの体系を守ろうとする堅苦しい、狭量な姿勢が見られるが、大胆で独創的な思考は認められない。だが、ルーリアとヴィタールの説はまさに非常にさまざまな可能性をはらんでいたのである。だから、多くのカバリストにとって、ルーリア主義の精髄をなす巨大なグノーシス的救済ドラマはたんなる書物の知識ではなく、心底から感じ取られた経験であり、その内的緊張は自然なふさわしいかたちで差し迫ったメシアニズムのなかに放出されるべきものであった。どこでもガザからの吉報を受け取ったのはこれらのカバリストたちであったろう。

サバタイがガザを出たあと、ナータンと彼とは異なった活動に従事した。といっても、サバタイのばあいは活動というのは適切な言い方ではないかもしれない。彼の功績は主としてただそこにいるということ、彼の佇まい、彼の異様な性格と気品のある魅力的な物腰があたえる印象にあったのだから。彼はナータンの書簡も携えていたかもしれない。ナータンのエネルギッシュな活動はただのメタファーではなかった。サバタイはメシアたる栄誉を彼の病んだ心のリズムに合わせて「顕示したり」、「隠したり」することができたが、カバラーで「顔を隠す」（鬱の時期）といわれるもののきわめて長い期間ですら、彼の預言は休みなくはたらいた。

サバタイはタンムーツにエルサレムを出て、アブの八日（一六六五年七月二〇日）にアレッポに到着した。[151] 彼はコミュニティのラビ、ソロモン・ラニアードに宛てた自伝的な報告のなかで旅立ちの事情についてはあまり語らなかったようだ。「彼（サバタイ）とエルサレムの人びとのあいだに多くのもめごとがあった」という非常に漠然としたソロモンの物言いが彼の慎重さのせいでないとするなら。ともかく、そのためにサバタイは「エルサレムを去り、エルサレムを呪った。だが、途中で彼はエルサレムに向かうユダヤ人の一団に会い、彼らにたいする憐れみに胸を塞がれた。そこで彼は彼らに赦しをあたえ、彼の呪いを祝福に変えた」。サバタイ伝説はただちにこの話を拠りどころにし、それを完全に逆さにした。パレスチナからエジプトに宛てた書簡では、エルサレムのラビたちはサバタイがスミルナへ旅立つまえに彼に赦しを乞う決心をしたといわれている。アレッポへの途次、彼はサーフェードとダマスカスを通った。[152] 彼の到着はどこでもかなりのカリスマ的反響を呼んだ。男も女も、のちには子供も、熱狂して、地にひれ伏し、預言をぶつぶつ唱えた。最初、この現象が見られた場所は限られ、実際にサバタイのいたことがメシア願望を大衆の陶酔に変えた。ところがまもなく、預言の波はサバタイが一度も見たことのない、そしてこの先見ることもないであろう国々にまで広がった。この現象はさらに詳しく調べてみる必要があるだろうが、ここでは、突然の預言の発生はサバタイの旅と関係があるらしいということを指摘するだけで十分である。スミルナにおける大衆預言行動は一六六五年一二月の第二週または第三週に始まったが、もっと以前に書かれた手紙ではサーフェード、ダマスカス、アレッポからの預言の表明も記されている。一一月半ばにはもうエジプトで、各一〇人の男女の預言者がサーフェードで立ち上がり、「大きなことを預言した」[153]。サーフェードでサバタイが老カバリスト、ベンヤミン・ハ＝レーヴィと会ったことはぜったい確かだ。ハ＝レーヴィはヤコブ・ツェマッハに劣らぬ高名なルーリア・カバラーの権威であった。彼は熱烈な信奉者となり、のちにイタリアの友人に宛てて「われらが王サバタイ・ツヴィによるわれらの救済という主題について」[154]手紙を書いた。サバタイの旅の正確な日付はわかっていない。同伴者――もしいたならの話だが――の氏名についても同様である。ひょっとすると一人旅だったかもしれない[155]。

サバタイはアレッポでたいそうな敬意をもって迎えられた。一六六八年にも町のラビたちは「彼が当地アレッポへ来るや、あたりは彼の名声で光り輝いた[156]」と回想している。アレッポにおけるサバタイの挙動については、直筆の報告がある。一六六六年一二月二二日付、ラニアードともうひとりのラビ、ニッシーム・ベン・モルデカイ・ダイヤーンの手紙である。オリジナルがまだ残存している。それが報ずるところによると、彼は初めメシアと名のらず、自分について「何も明かさなかった」。彼は普通のラビのように扱ってくれと頼み、シナゴーグでのトーラーの読会にはメシアの王として――ガザからの手紙では彼はそういう触れ込みだった——ではなく、ラビにおなじみの「尊師（ハハム）」という呼びかけで招くようにとカントルに命じた。しかし、私生活では全然控えめではなかった。彼の自伝的な物語はラニアードや他のラビたちに深い感銘をあたえ、これらの非常に貴重な思い出を彼らはのちにこの運動とその主人公を支持するために書いた手紙のなかで繰り返し、そうすることによってそれを保存したのである。[157] アレッポの住民の信仰と熱狂はとどまるところを知らず、それらは多くの出来事となって表われ、すぐさまエジプトやコンスタンチノープルへ知らされた。一六六五年の一一月か一二月に書かれたその種の手紙の日付入りの要旨がフランスの外交官ド・ラ・クロワによって遺されている。[158] 伝えられるところによれば、ナータンはアレッポに書簡を送り、そこの教区民に、自分たちの王を追い出して神の呪いを受けることとなったエルサレムの住民の轍を踏まぬようにと注意した。それよりも彼をうやまい、そばにいてくださいとたのみなさい、彼が居ればあなたがたに大きな幸せがあるのだから、と。アレッポからの手紙の証言によれば、恵みはあたりにみなぎりあふれた。預言のとくべつなカリスマが現われはじめるのは九月一九日の贖罪の日、サバタイが旅立ってから六週間以上もたってからであるが。[159]「こんにち、アレッポには二〇人の預言者がいる。そのなかにはラビ・ガランテとアアロン・イェザーヤ・ハ゠コーヘン師、そして四人の女預言者がいる。[160]」別の手紙は六人の預言者の名を挙げている。[161] さらに別の、アレッポのシェーム・トーヴ・コーヘンなる人物からコンスタンチノープルの名士のひとりに宛てられた、預言者たちにかんする情報を提供する手紙は「ラビ・ガランテ」の正体を明かしている。「現在、この町には二〇人の男の預言者と四人の女預言者がおり、そのうち何人かはとてもよく知られ、二人はラビに列せられています。卓越したラビ・モーセス・ガランテ——いつまでもお達者で——はつい最近使節としてパレスチナを出ました。ラビ・イェザーヤ・ハ゠コーヘンの名声と信心深い帰依はまえから知られています。さらにすぐれたラビ・

ソロモン・ラニアードについては、ソロモン王［の生まれ代わり］で、守護《スピリトゥス・ファミリアリス》神と亡き預言者エリヤが示顕している、といわれています。[162]」この有名なエルサレムのラビは当時、大衆の興奮に引き込まれてサバタイ主義の預言者にして支持者となったのであるが、のちの伝承はこれを忘れようとした。一六六五年末頃リヴォルノに届いた報告は、教養のない女たちですら数と文字の神秘的な組合せ（ゲマトリア）を挙げたといっている。ある女は、聖書の句［出エジプト記二三、二一］「わたしの名が彼のうちにあるゆえに」に基づいて、略さずに書かれた神の名シャッダイはサバタイ・ツヴィと同じであることを「預言」した――どうやらサバタイの好んだゲマトリアの反響らしい。それはどこでも、とりわけ女子供のいる前でも論議された。[163]ド・ラ・クロワは元サバタイの信者であったユダヤ人の知人から見せられたと思われるアレッポからの手紙の内容を次のように要約している。

そのあと喜びの門がひらかれた。神が預言者の口を通して約束されたことを成就される日が来たのだ。メシアは預言者たちのなかにおられた。だから彼らはもうナータンの手紙に依らなかった。自身の目で見、自身の耳で聞いたのだ。彼らにしるしがあたえられた。彼らはメシアにせめて二ヵ月はそばにいてほしいと懇願したが、彼は定められた時が来るまえにスミルナへ急ぎ行きたいのでと、それをことわった。彼らはお供なしに行かせたくはなかったので、彼に案内者をつけた。この者たちは帰還後じつに不思議な事柄を語った。毎夜人びとの群れが彼らの列に加わり、ついてきたが、明け方頃にはふたたび姿を消した。彼はいつも旅するときはタリスを頭からかぶっていた。彼がユダヤ人であることを見せでもしたら、お互いの命が危ない、［富裕な商人と思われて］盗賊に殺されるだろう、と彼らが彼を非難したとき、彼はその言葉をさえぎって、わたしは自分の意志でではなく、天の命にしたがってこうしているのだ、と断言した。……手紙の終りにこうつけ加えている。ナータンの預言を信じるようになってから、すべての仕事をやめ、深く悔い改め、預言の実現を見るにふさわしい人間になるため、贖罪と慈善と祈りに身を捧げる決心をした、と。彼らはまた、貧しいひとがすべての時間を祈りに捧げることができるように、貧者救済基金を創設した。[164] 最後に、「コンスタンチノープルの」友人たちにも、自分たちを見倣い、王を追い出したエルサレムの人びとの轍は踏まないよう促した。彼らはすでにあふれんばかりの恩寵を感じていた。そして女も子供も預言をしはじめた。ある者はショファール[165]の響きを聞くと地に倒れ、冷たくなって、脈もなく、身動きもせずにそこに横たわったままでいた。するとひらいた口から妙なる声が響き、自身でもわからぬヘブライ語の言葉を発した。そして最後に彼らは「サバタイ・ツヴィ、われらが救い主、聖なるひとよ」と叫んだ。[166]

別の噂によれば、預言者エリヤが、白衣をまとい、黒い銅の帯を締めて[167]、アレッポのシナゴーグに現われた。要するに、「アレッポの人びとは、ヒゼキヤの御代の人びと同様[168]」メシアの到来にふさわしかったのである。[169]

アレッポからのこの熱狂的な報告がトルコのいろいろな町にはいったのは、サバタイ破門を知らせるエルサレムのラビの手紙が届いてまもないうちだったと思われる。両報告を対比してみれば、どのコミュニティも相反する陣営に分かたれるだろう。エルサレムからの冷静な警告は如何せんあまり効を奏さなかった。サバタイの威風堂々たる登場——今回はなんら「奇矯な振舞い」に妨げられることはなかった——を詳述するアレッポからの熱烈な報告があったばかりでなく、ガザやパレスチナ一帯からの山のような手紙もあちこちで明らかになる救済のしるしにたいするエルサレムのラビたちの盲信ぶりを伝えている。事実と伝説のいりまじったさまざまな報告の結合や一致が根本的に、メシアの報せがまだヨーロッパに届かぬうちに、トルコ、とくにコンスタンチノープルにおいて大いなる信仰の復興を実現させることに一役買ったのである。

サバタイのアレッポ出立（一六六五年八月一二日）後の三ヵ月間は彼の伝記の空白期である。もちろん彼が一六六五年九月始めにはスミルナに到着したことはわかっているが、[170] 二、三ヵ月はそこでおとなしくしていて、一二月になってメシアであることを明らかにした。アレッポでの気違いじみた「明るい」時期に続く鬱状態とその後の常態の入れ替わりが彼の消極性とメシアの役が果たせないことの心理的理由であったのかもしれない。この同じ三ヵ月間にナータンと彼の仲間たちはガザで熱烈な活動をしていた。ここで彼らに目を向けねばならない。

わたしたちの資料では[171] ガザでの出来事の年代順を正確に再構築することはできない。サバタイの旅立ち後大勢のひとたちが預言者のもとを訪れ、ティックーンを請うた。彼らはパレスチナのあらゆる町々から群れをなして来た。ナータンは慰めの言葉をかけ、彼の頭のなかでしだいにかたちを取りつつあった「新しいカバラー」の精神での救いが間近いことを彼らに説いた。ガザを支配する雰囲気はクウェンケの回想録によく反映しているが、出来事はあとから、著者の感銘深い経験という眩しい光のなかでまったく変わってしまったようだ。

だれもかれもガザの預言者のもとへ行った。ヘブロンの番が来たとき、わたしは会衆一同とまかり出た。預言者ナータンの面前に立ったとき、全身が震えた。彼のことはもうまえから知っていたけれども、ようすがすっかり変わっていた。顔の輝きはまるで燃える松明の輝きのようで、ひげの色は金のようだった。［以前も］けっしてありきたりなことはいわなかった彼の口が、いま聴衆たちを打ち震わせるような言葉を語った。彼の舌は偉大なことを語り……耳はすばらしく雄弁に彼の口から出ることを収めきれない。本当に、毎瞬間、彼は新しいことを語る。こんなことはシナイ山で戒律があたえられたあの日以来聞かれた試しがなかった。(172)

預言者の外見にかんするクウェンケの記述はいくつかの問題を投げかける。ヤコブ・エムデンは彼が編集したクウェンケの回想記に著者のサバタイ主義信仰を茶化すようなコメントを差し挟むが、ここでは、この証言はまっかな嘘である、ナータンはひげなど生やしていなかった、「当時えがかれ、のちに印刷された肖像画を見ればわかる」と述べている。しかし実際には、ナータンの肖像画は二つある。ひとつはガザのもので、エムデンは知らなかった。もうひとつはスミルナのものである。後者はナータンが一六六七年早春に町を通ったときにえがかれ、クーネンの書に採録された（口絵を参照）。前者の像は一六六五年七月二六日日曜にガザでナータンを見たある船乗りによってえがかれたもので、彼のたんなるでっちあげではなく、順当な似顔絵という印象を受ける。(173) そこには口ひげと顔を縁取る短いひげをたくわえたナータンがえがかれている。ナータンは、クーネンがかなり正確な描写だったといっているスミルナの肖像画よりも太りきみである。両肖像画の類似性は明白である。サバタイの棄教後の逃亡中、ナータンはひげを剃り落としたのであろうか。ナータンのひげの赤っぽい色にかんする正確な報告はクウェンケの証言の信憑性を高める。なぜなら、頭髪とひげの「黄金色」はかなりの蓋然性をもってセファルディーよりもアシュケナージのユダヤ人に多く見られるからである。

ナータンの説教の主旨は、見たとおり、贖罪と祈りの呼びかけであった。彼の呼びかけに応じた最初の町はガザであったが、その報せはほどなく他のパレスチナの町々にも届いた。エルサレムにさえ、サバタイの目立つ振舞いとラビ法廷による破門にもかかわらず、預言者の報せに耳を傾ける者が多くいた。信者たちが、「エルサレムの大半の住民は信じ、後悔している」(174)とエジプトに書き送ったのは、いささか誇張であったことは疑いないが、それでもそうしたひとはたくさんいたに相違ない。おそらく数は変わっただろう。ある旅行者が一六六六年にエルサレムからリヴォルノへ手紙を出し、「サバタイ・ツヴィを信じているのは一〇〇〇人に一人だけ」と報じているが(175)、この数は少なすぎる。このような不正確さはガザ、ヘブロン、サーフェードの状況についてはない。「家屋敷では収容しきれなかったので、人びとは街路や市場で眠った」というクウェンケの証言は、一六六五年九月末に書かれたガザからの手紙によって認証される。「午後の祈りのさい、懺悔し、二日間断食をしたひとは二二〇人いました。もっと長く断食したひとたちや、そのつど一日だけ断食をした女子供たちのことは言わずもがなです(176)。」

運動はその初期段階においてさえ、それに固有な厳しい贖罪と熱狂的な喜びの結びつきを示していた。各グループは預言者によって課せられた贖罪が終ると、大歓声をあげ、食べたり踊ったりして祭を祝った。何年もあとに書き記されたクウェンケのガザの経過描写は、ほかの著者たちがのちの離散地での信仰復興について行なっている報告と目立って似ているが、クウェンケはずっとガザとヘブロンにとどまっていたのだから、それを自分で経験することはなかった。あの祝福された日々についての彼の報告は次の言葉で終っている。

そのようなこと、あるいはちょっとでもそれに似通ったことがまえにも起こったことがあるなどと思う者はいないだろう。それはさながらシナイ山の啓示のようであった。それについてモーセは最大級の言辞でこう言った。「火のなかから神の声を聞いた民がかつてあったろうか」と。……そこでわたしも最大級の言辞をかざして言おう。イスラエル人が追放の地で、人びとのど真ん中で……イシュマエルの王国（すなわちトルコ）、とくに野蛮人の王国（すなわちモロッコ）で、そのようなことをするとはおよそありえないことだった。彼らに反対しその名を抹殺しようとした者はひとりもいなかった。ユダヤ人にたいする恐怖が民衆を襲った［かららしい[177]］。

メシア信仰の復興は別のかたちでも表われている。安息日ごとにシナゴーグで朗誦された国の支配者にたいする伝統的な祈りはパレスチナでは変更され、スルタンの名にサバタイの名がとってかわった[178]。祈りはいまやイスラエルの王、「スルタン・サバタイ・ツヴィ」のためになされた。そして新しい紀年法が導入された。一六六一年にはこの改正がパレスチナ以外のユダヤ人のコミュニティにもひろがった。イスラエルとガザからの手紙には「われらが主なる王の王国」の年代で日付が書かれた[179]。新しい紀年法はいろいろな資料に述べられている伝統にもかかわっているようだ。それによれば、「ヨベルの年」が始まった[180]。つまり、世界は新しい、メシアの王国によって特徴づけられる時代にはいったのである。サバタイが運動の全歴史のあいだ信奉者たちのあいだで知られることになる名前がこの時期にガザで使用された。アミラーAMIRAH（「われらが主なる王、その威厳は崇高なれ」のヘブライ語の頭文字）はラビの言葉アミール〔*amir*（»Emir«）〕をも思わせる。カリフの称号は「信心深き者エミール」であった。現行のアラビア語の表現とその音声からの連想がAMIRAHという称号を発明した人の空想力を刺激したのかもしれない。しかしながら当初の時期は上記のような仰々しい称号と、もっと控えめな「ラビ・サバタイ・ツヴィ」といった呼称がまだ差別なく使用された。彼がメシアとして示顕したのちも弟子たちは彼をラビ・サバタイ・ツヴィと呼びつづけた。イエスも弟子たちにイスラエルのメシアとして示顕したあと、なお「ラビ」と呼ばせている。

ナータンに会うため、またひょっとすると彼を見分するために、エルサレムから来た学者たちのなかに、ラビ・イスラエル・ベンヤミン二世がいた。彼はルーリアの著作の編集者のひとりであった大カバリスト、ラビ・ベンヤミンの孫である。彼の改宗にかんする伝説的な報告はサバタイ主義のパンフレットや書簡のなかに表われているが、その話の最も信頼するに足るヴァージョンはどうやらハイーム・ヨセフのガザからの報告に基づいているらしいエジプトからの書簡に述べられている。エルサレムとヘブロンにいたナータンは[181]イスラエル・ベンヤミンといっしょに帰って来た。彼は自分の魂は預言者ゼカリヤの殺害者の魂であるとベンヤミンに打ち明けていた[182]。ゼカリヤはエルサレムの神殿で殺された[183]。彼の死は古いユダヤの伝説に扱われている[184]。ラビ・イスラエル・ベンヤミンは「エルサレムの墓地に赴いた。そこで彼は手を洗う容器［すなわち瓶と鉢］と手拭いをもつひとりの老人――それは預言者ゼカリヤだったといわれている――に会った。彼は容器を受け取り、水を手に注いで、言った。『おお、あなたの民イスラエルをお赦しください。』すると老人は手を洗って、答えた。『彼らの血は赦されよう[185]。』それによって罪は赦された[186]」。イドの息子ゼカリヤの死とサバタイ主義運動まえのイスラエルの国外追放とのあいだに説教学上でも、伝説上でも、結びつきがあったことを示す証拠はこれまで存在しない[187]。おそらくイスラエル・ベンヤミンの幻視的経験がイスラエル追放の終りを示す象徴的な表現と解釈されるのだろう。国外追放を惹き起こしたもとである罪はいま赦された。国王の命令で主の家の庭内で殺害された預言者は多分「新しい預言者」ないしはメシアの「タイプ」とも理解されたのだろう。タルムードの諺によれば、ラビは王であるが、エルサレムのラビたちはメシアを破門し、追放した。それゆえ、話がやがてラビ・イスラエル・ベンヤミンから実際にメシアを迫害し、彼の預言者たちを認めなかったラビ・ヤコブ・ハギスへ転用されたのも不思議ではない。言い伝えは驚くほど急速にふくらみ、広がった。その具体的な内容は人びとの心にそなえ置かれて、具体的なシンボルへ形成されるのを待つだけとなったのである。

なんらかの実際の、あるいは幻視の経験に基づいていると思われるラビ・イスラエル・ベンヤミンの物語は、すでに述べたようにやがてパレスチナの精神的風土を規定することになる想像上の伝説の領域へ移行したことを示すものである。空想力の影響はエジプトその他の地へ送られた書簡に明瞭に表われる。それらの書簡は一六六五年にはきちんとしたメシア主義のプロパガンダの性格を取っていたが、そのなかではフィクションが事実をはるかに上まっていた。[189]預言者は「火に包まれ」、天使の声が雲のなかから聞こえた。[188]預言者は、それでイスラエルを浄めるために世の終りまで[190]隠されていた赤い牛の灰をすでに発見したか、[191]あるいはその発見を目前にしていた。預言者によってサバタイに聖香油が注がれるとき——純粋に空想上の出来事であるが、信者たちがそれをガザのシャヴオース祭（五旬節）の寝ずの番と結びつけた——集まった群衆は、人間の手で油が注がれたわけでもないのに、油の滴が彼の頭からひげのなかへ流れるのを見た。[192]しかしながら、第一期の終り頃に書かれたすべての報告に現われる最もセンセーショナルな出来事は、すべてのキリスト教の教会が地中に沈んだという報告である。サポルタスが引用している手紙によれば、預言者の命で「大きな石が空から異教徒たちの祈りの家へ落ちて来た。全壊したと言う者もいれば、部分的損壊ですんだと言う者もいた」。[193]この言及は墳墓教会堂か洞穴内聖堂（またはオマールのモスク）を指しているのだろう。キスレヴの二五日に大きな闇が異教徒たちのもとにあるだろう。パレスチナの各所に「大粒の雹や火や硫黄が降るだろう」。それらは「偶像崇拝者の多くの家々（すなわち教会）を破壊するだろうが、ユダヤ人のもとには苦痛も障害もなく、明るい光があるだろう」。[194]「アレッポでは大きなトルコ人の教会が地に沈み、大地に呑み込まれた。エルサレムではフランシスコ修道会士の教会が同様の目にあった[195]。」ある手紙はさらに詳しく述べている。「エルサレムの家々の基礎は持ち上がり、それにひきかえ教会の基礎は二、三エレ〔前腕の長さ。約五〇—八〇センチ〕沈んだ。それはだれにも見えた[196]。」

エジプトからの書簡はニュースをイエーメンまで運んだ。そこでニュースはさらに粉飾された。「空は雲に覆われるだろう。そして地は厚い霧に覆われ、その霧はシオンの山とメシアをエリヤ、ミカエルもろともに包むだろう。シオン[197]の山は三ヵ月間雲に覆われているだろう。そして三ヵ月後に雲が徐々に消えると、家々は崩れ落ち、西の壁は非常に高く持ち上がっているだろう。そして家の基礎も三エレ高くなっているだろう。焦熱の猛火がシオンの山を囲むだろう。異教徒や非割礼者たちがはいれないように。……アスカロンとエクロン〔いずれも聖書でイスラエル人に敵対したペリシテ人の五つの町のうちの一〕は地に沈み、消えるだろう[198]。」

間近に迫るモスクと教会の破壊の描写は、以前のメシア運動にもあったモチーフを採り上げる。アスヘル・レムラインが一五〇一年にイストラで同様の預言を口にしていた[199]。サバタイ主義の著者たちが文献上以前のテクストに直接依拠していると考えるべき理由はない。この種の伝統とモチーフは異例なわけではない。それらは黙示録的出来事が期待されるとき決まって見られる表現である。反サバタイ主義のパンフレット詩人エマニュエル・フランセスは嘲り、嘆いている。

本当か。もうシオンの丘に
異教徒の寺院が立っていないって？
ああ、それはまだ隠れている
そして異国人がわれらの土地を占めている[200]。

V　エジプトのチェレビー・ラファエル・ヨセフに宛てた預言者ナータンの手紙。その手紙の意味

まずガザから、次いでパレスチナからサバタイが旅立ったあとの数ヵ月、ナータンは非常に心の昂った状態にあった。彼は「主はこのように申された」という決まり文句で始まる、狭義の、技術的な意味での預言者的経験をしなかったけれども、その後もマッギードの啓示を有し、天の声を聞いた。彼の心は幻視と限りない熱狂の世界にみたされていた。そして彼が口にする言葉の激しさは興奮した感情の率直さを表わしている。それと同時に、彼は行動せずにはいられぬようにも思った。その行動は彼特有の空想力と実効性との結びつきを示している。この活動の多くが間違いなく預言者とメシアのあいだで交わされた手紙に由来するものかどうかはわからない。彼らの往復書簡は消失している。しかしわたしたちはつとにナータンのとくべつなカリスマ的才能の特異性を知っている。彼はそばにいる者たちと精神的な関係をつくり出すことによって、あるいは別の精神的反応に基づいて、ひとの考えを読むことができた。この現象は宗教史において周知のことであり、それを伝説的だとか「ありえないことだ」とかいって斥ける者はいないだろう。これまでそのような現象にたいしてまだ十分な心理的説明がなされていないからといって、非現実的ということにはならない。それはよく証明された事実であって、わたしたちがそれを聖霊に関係づけようと、テレパシーやなんらかの超心理学概念に関係づけようと、さしたる違いはない。ナータンを動かした精神は彼の周りに特別な雰囲気をかもし出した。民衆の奇跡願望にたいして彼がいくら抗議しようと、信奉者たちはひとの考えを読む彼の能力に聖霊の外的活動を認めた。そしてほかにもいろいろな力が彼に

あると信ずるのにそれ以上の励ましを必要としなかった。しるしなしに信ずるという預言者の理論とあらゆる面に奇跡を見た信者たちの実際の行動とのあいだに矛盾があるのは当然であり、避けられぬことであった。この雰囲気が醸成されるについてはナータン自身が幻視から新しいメシア伝説を創出したことも手伝った。彼の理論的思弁的活動はサバタイと遭遇した数ヵ月間に強さを増し、彼の創造力ゆたかな精神の内容がカバラーの理論と結びついた。いまや、たえずナータンの口から流れ出たカバラー的談話と新しい教説に言及したクウェンケの言葉の真の意味がわかる。「シナイ山上の啓示以来聞かれたこともないような言葉」はナータンの、宇宙と創造にかんするカバラー教義の新しい解釈だったのである。

　一六六五年九月五日にナータンが聞いた「天上の学院の声は、ダビデの子、メシアが一年と数ヵ月うちに世界に現われるだろうと告げた」。すなわち、同じ報告の微妙に異なる別のヴァージョンによるなら、「ダビデの子、メシアの王国が現われるだろう」と。(201)これとほかの幻視体験が、現存する最も価値ある記録のひとつである、ラファエル・ヨセフに宛てたナータンの長文の書簡に述べられている。この書簡は一六六五年九月、前述の天の宣言があってからまもなく書かれたものと思われる。ガザからエジプトへ送られた手紙のアンソロジーが証するところによれば、ナータンとエジプトのラファエル・ヨセフを囲むサークルとのあいだに活発な文通が行なわれた。それというのも「毎日ラファエル・ヨセフ氏は前述のラビ「ナータン」に手紙を書き、何でも知りたいことを尋ねたからである。……一方から他方へ毎日郵便が出ては戻って来た」(202)。チェレビー氏は自分の欠点、とくに胆汁質を治してくれるよう預言者に頼んだ。信者の問題にたいする彼の誠実な献身はナータンの返事によって力をあたえられる。チェレビーは信者たちの団体、とくにガザへ巡礼に出かけるひとたちの後援者、管理者役を果たしていたとサスポルタスは推測しているが、おそらくそのとおりだろう。「彼はナータンのもとにいたガザのひとたちすべての食費をまかなっていた。遠くから来た者はみな財布を彼に託し、それからガザへと足を運んだ[203]。」

ナータンの長文の書簡は二つの部分から成り立っている。ひとつはカバラー教義的なもので、とくに敬虔の念と特殊な意図（カッヴァノース）をもって祈りのかたちで書かれ、もうひとつは黙示録的で、救いの過程の諸段階を記述する。この書簡の並々ならぬ意義は神秘主義的カバラー的要素と大衆的要素の組合せにある。ナータンはルーリアのメシアニズムとそれ以前の伝説的なメシアニズムとを融合させ、一方から広範な推論を引き出し、もう一方にはむしろ空想的な要素をつけ加えた。この記録は詳しく分析する価値がある。なぜなら、それは一六六五年一〇月にメシア信仰復興のニュースがヨーロッパに届くや、すべてのユダヤ教信者に流布しはじめたからである。書簡はスミルナやコンスタンチノープルをはじめ、イエーメンでもイタリア、ドイツ、オランダでも読まれた。それは信者たちにとって「一日の目標」のはたらきをし、救済のプログラムの概要を示していた。出来事の実際の経過はナータンの黙示録的時間計画とはまるっきり違っていたけれども、それでも信者自身がどのような近未来を期待したかを認識させられるに違いない。この手紙が経験した広がりと、それが読み手の多くからメシア運動の半ば公認の目標設定とみなされたという事実は、そのなかに表現された、のちにサバタイ主義の歴史の不可欠の部分をなす新種の理念や傾向に、さらなる意義を付与するものである。

意外なことに、いろいろなメシア主義の要素や動機の結びつきはいまだまったく外面的なものにとどまっている。書簡の二つの部分は体系的なまとまりをなしておらず、ただ一点だけで――もちろん非常に大事な点であるが――有機的な統一をなしているにすぎない。以下の書簡の翻訳はこれまで最も確かとされる批判的校訂に基づいている[204]。

名誉を尊び、行いにおいて力強い、高邁な君主、大師、ラビ［ラファエル・ヨセフ］よ、その光を輝かし給え。……

［ⅰ］この返書は貴下のお手紙を拝受し、喜んでおりますことをお知らせするものであります。なぜなら、ありがたいことに、貴下が太陽のように明るい、いっさいの疑いを超えた、不確かな点のないこの信仰にしたがわれるからです。これは、その時になって明らかになるであろうヨベルの年の秘密である主の「遺産」をイスラエルがそれによって受け継ぎ、受けるに値する者となる信仰であり、かつ一六七〇年にゼーイール・アンピーン(205)の形成内に聖なる老人が示現する秘密である「安息」［申命記一二、九参照］であります。それゆえわたしは、あなたが祈ったり、第一原因について読まれるとき、全「意志」［瞑想］を集中し、かつまたこの意志を、あなたが読んだり祈ったりするときにははっきり確認されることをお教えします［二九九ページ参照］。あなたはシェマー祈禱［毎日朝夕のミサでとなえられる祈禱。申命記六、四―九、同一一、一三―二一、民数記一五、三七―四一の三部からなる。その名称は申命記六、四の始まりの句、シェマー・イスラエル（イスラエルよ聞け）による］のなかからエハド（「一者」）という言葉を口にされるとき［申命記六、四「イスラエルよ聞け、われわれの神、主は唯一の主である」］、主が絶対一者、絶対存在、絶対的終りであること、彼からすべての世界が流れ出していること、［聖四文字JHWHの］WHとJH［の局面］を統合するために、あなたの全自己（ネフェシュ＝ルーアハ＝ネシャーマー）を彼の聖なる名のために殉じさせることについて瞑想しなさい。また、聖なる名JHWH、ᴐHJH、ᴐDNJの文字の組合せについても瞑想なさるとよい(206)。そうすれば、WHからJHへ、JHからWHへの組合せのなかに第一原因の照射が現われるかもしれません。特定のセフィラーについて瞑想してはいけません。夜の瞑想は名の組合せについてではなく、いましがた述べた名についてだけになさるように(207)。わたしたちの時代に神の助けによってすべてのものは浄められ、［神秘な］光

が広がり、そして［セフィラー］マルフース［これはシェキーナーです］は「その夫の王冠」［として象徴的に表わされた神秘な状態に修復］されるのです。そのとき聖なる名JHWHは二重のJHJH[208]として読まれ、聖書は成就します［ゼカリヤ書一四、九］。「その日には、主はひとり、その名ひとつのみとなる。」なぜなら、聖四文字のWHはJHと完全にひとつとなり、二度と離れることはないからです[209]。

［ii］現在シェキーナーの火花はひとつも悪魔の国に残っていませんから、ご安心ください[210]。すべての世界はいま［これまでは］安息日の前夜に［神秘的に先取りされて］いたZLM（神の「像」）の文字Lの神秘的段階にあります[211]。ですから、わたしたちはもうティックーンの行為を実行する必要はなく、花嫁［すなわちシェキーナー］を着飾らせ、花婿を見つめさせるだけでいいのです。……これらのことはみな詳しい説明が必要ですが、わたしにはそれを明らかにする時間がありません。でも、このことは言っておきたいと思います。偉大なる師イサアク・ルーリアが示された瞑想は現在にはもはや適用できません。すべての世界はいま別の［段階に］あるからです。そしてそれ［すなわちこんにちのルーリアの祈禱の瞑想］は、まるで平日にふさわしい行為を安息日に行なうようなものでしょう。なにかルーリアのカッヴァーノースを行なったり、［ルーリアの］祈禱や説教や著作を読んだりしないよう気をつけなさい。それらは意味不明で、故ラビ・ハイーム・ヴィタールを除いては、生きている人間に彼の言葉がわかったためしはありません。ラビ・ハイーム・ヴィタールは数年間ラビ・ルーリアの体系にしたがいましたが、その後イサアク・ルーリアそのひとよりも大きな認識をえました。もし彼の世代の功績が十分だったら、そして罪によって惹き起こされた反対勢力があれほど多くなかったら[212]、彼はメシアになれたかもしれません（三七ページ参照）。

［iii］現在でも反対する勢力はいますが、彼らは損をするだけです。彼らは［メシアの進攻に］抗しきれません。いまはたしかに最後の終り［の予定された時］なのですから。わたしたちの世代にどうしてその価値があるのか、聞かないでください。なぜなら、ラビ・サバタイ・ツヴィがこうむった――およそ人心の理解を超えた――限りない大きな苦しみのゆえに、彼にはイスラエルの民と好きなようにかかわり、彼らを正しいとか罪がある――滅相もない――とかいう力があるのです。彼はどんな大罪人ですら弁護できるのです。そのひとがイエスのよう(213)［に罪深いひと］でも、弁護できるでしょう。彼について疑惑を抱くひとを、それが世界で最も正しいひとであっても、彼［すなわちメシア］は大きな苦しみをもって罰することができるのです。要するに、イスラエルがこれらすべてのことをしるしも奇跡もなしに信じなければ、生きていられないのは必定と思わなければいけません。当代においてそれにふさわしいひとたちには神の特免によって救いの始まりを見ることが許されています。信じないひとには、たとえそれがどんなにかけがえのない友人であっても、目をくれないようにしなさい。

［iv］さて、これから出来事の経過を明かしましょう。一年ちょっとで彼［サバタイ］は戦わずしてトルコ王から支配権を引き継ぐでしょう(214)。というのも、彼が口にする讃歌と祈り［の力］ですべての民は彼の支配に屈服するからです。彼は征服しようとする国々にトルコ王だけ連れていくでしょう。ほかの王たちは彼の犠牲となりますが、トルコ王だけは彼のしもべとなるでしょう。ドイツ各地を除いては［三〇九ページ参照］割礼を受けていない者たち（すなわちキリスト教徒）に殺戮は起こらないでしょう。追放されたひとたちを呼び集めることはこの時期にはまだ行なわれないでしょう。でも、ユダヤ人たちには、それぞれ滞在地で、非常な名誉があたえられるでしょう。寺院はまだ再建されま

せんが、前述のラビ［サバタイ・ツヴィ］は祭壇の正確な場所と赤い牛の灰を見つけ、犠牲を捧げるでしょう。これが四、五年続くでしょう。そのあと、前述のラビはサンバチオン川に行き、王国をトルコ王［彼はメシアの副王もしくは宰相として行動するでしょう］の保護のもとに置き、［とくに］ユダヤ人にかんして管理を彼に任せるでしょう。だが三ヵ月後に彼［すなわちスルタン］は助言者たちにそそのかされて謀叛を起こすでしょう。それから大きな苦しみがあり［メシアの陣痛］、聖書が成就するでしょう［ゼカリヤ書一三、九］。「わたしはこの三分の一を火のなかに入れ、銀をふき分けるように、これをふき分け、金を精錬するように、これを精錬する。」だれもこの苦しみから救われないでしょう。ダビデにとってヘブロンがそうであったように支配者が居をかまえているこの町［すなわちガザ］に住むひとたちを除いては。［この町の］名はその性格を表わしています[215]。この名前は［ヘブライ語では］*ʿAzza*（「強きもの」）であり、救済の到来とともに、強さ（すなわちセフィラー・ゲブーラー）が広がり、［ガザの］民衆はこの強さに包まれて行動するからです。［歴代志下九、二〇］に書かれているように、ソロモン王も［その御代に］同じことをなさろうとしました。「銀はソロモンの世には尊ばれなかった[216]。」しかし、うまくいきませんでした。その時がまだ来ていなかったからです。でもわたしたちの時代にはこの意志がガザの国にみちあふれるでしょう。これは「主の強さ」を意味します。この時代の終りに、ゾーハルに預言されているしるし[217]が実行されるでしょう。そして次の安息年［すなわち一六七二年］まで続くでしょう。これがタルムードにいわれている「七年目にダビデの子が来るだろう[218]」という言葉の意味なのです。七年目、すなわち安息はサバタイ王を表わしています。その時に前述のラビが神意によってあらかじめ定められていた伴侶、モーセの娘といっしょにサンバチオンから戻ってくるでしょう。モーセが一五年まえの今日ふたたび甦ったこと[219]、そして今日、前述の神意によってあらかじめ定められていた、レベッカという名のラビの妻は一三歳であることを、だれもが知るでしょう。彼の現在の妻は女中で、これから彼と結婚する女性が女主人となるでしょう。しかし、これは口でしか説明できません。[220]同じ年に彼は天の獅子にまたがってサンバチオンから戻ってくるでしょう。獅子の手綱は七つの頭の蛇でしょう。[221]そして「口からは火が流れ出る」。この光景を見て、すべての民と王たちは彼の前にひれ伏すでしょう。この日に離散した者たちが呼び集められるでしょう。そして彼はすっかり出来上がって天から下りてくる聖堂を見るでしょう。[222]その時には七〇〇〇人のユダヤ人がパレスチナにいるでしょう。またこの日、パレスチナで死んだ死者の復活があるでしょう。[223]［最初の復活に加わる］価値のない者たちは聖地から追い出されます。聖地外での［全体の］復活は四〇日後に起こるでしょう。

ご覧なさい、以上が彼の歩む道のいくつかです。これらを完全にお信じなさい。あなたが神を恐れる人であることをわたしは知っています。それで、あなたを愛する気持ちからこれらのことすべてをお教えしたのです。あなたの平和が栄え、衰えませんように。あなたの願いと、あなたの平和を希求する者の願いと、信仰の堅いひとたちの願いどおりに。アブラハム・ナータン。[224]

この記録の重要性とそれがガザの預言者の心に投ずる光は明らかである。そのきわだった特徴のいくつかをさらに詳しく調べてみよう。

ナータンの考えは、救済の時には隠れたセフィロースの神的光と形像が地上に現出するであろうというカバリストの見解に負うものであった。このプロセスはいろいろな概念で描写された。たとえば「記念祝典の秘義」、すなわちゾーハルにその終末論的意味が述べられているセフィラー・ビーナーの秘義として、あるいは神の意志や、いっさいの厳しさの力を抑えつける神の恩寵の顕われを示す「ゾーハルから借用した」ルーリアの象徴である「聖なる老人」がゼーイール・アンピーンのなかに顕われることとして。聖なる老人は神の形像のうち最高の形像を表わす名前である。それは第一のセフィラー、ケセルと天の「意志」に相応するもので、被造物は近づけない。しかしながら、然るべき時に（ナータンによれば四年か五年で）聖なる老人の光が地上にも顕われる。だが、この伝統的なルーリアの理念がいまとくべつな変化をこうむり、それがこのさきサバタイ主義信仰の特徴となる。形像アティカの最も内側の相、すなわちナータンの用語を借りていえば聖なる老人の光、が救済の時に顕われるだろう、とハイーム・ヴィタールは教えていた。(225) だが、それがメシアを通して顕われるとはけっして言っていなかった。ナータンは、ラファエル・ヨセフ宛の長い手紙のすぐあとに書かれた別の手紙からわかるように、サバタイ・ツヴィがこの新しい光をもたらすであろうと信じた。これは重要な改新である。聖なる老人の光はおのずからゼーイール・アンピーンのなかに光り出すのではなくて、「［ゲマトリアによると］シャッダイの名と同じ名をもつ、われらがメシア、サバタイ・ツヴィによって顕われる」。より正確に言えば、「シャッダイの名の［隠れた］光の顕現はメシアの王によって執り行なわれるだろう。彼によって聖なる老人の光はゼーイール・アンピーンのなかに顕われ、それによって現代のひとたちの魂はそのティックーンを見出すであろう」(226)。わたしたちの地上での努力、すなわち律法の厳守、贖罪、苦行、そしてティックーンに到達するための神秘的信仰などにかわってそのような照射が上から来る、という考えはすでにルーリアの文献に見られる。上から来る光によってシェキーナーは自分の花婿を「見る」こととなる。その光はシェキーナーのなかにより高い形像との合一に必要なすべての力を呼び起こす。これまではそれは人間の行いによって惹き起こされねばならなかった。メシアの時代以前のシェキーナーの状態を述べるにあたってナータンはルーリアを手本神秘的な宇宙の構造に必然的に何か変化が生じ、神的光が顕われるのを妨げていた隔壁が消えるだろう。ナータンが手紙のなかで述べていることはすべてこのルーリアのテーゼを前提にしている。手紙は普通の信心深い、うやまわれているユダヤ人に宛てられたものではなく、自身カバリストで、ルーリアの著作の研究者であるチェレビーに宛てたものであることを考えるべきであろう。ラファエル・ヨセフはサバタイが初めてカイロの彼の屋敷に滞在しているあいだにダマスカスのサムエル・ヴィタールを招いていた。当時六六歳のサムエル・ヴィタールは家の主人にまさるとも劣らず信心深く、ガザからの報せを拒絶することなど思いもよらなかった。それどころか、預言者の言いつけでラファエル・ヨセフの屋敷で行なわれた精神修養の監督すらしていた。「彼は、たとえば浸礼とか、継続的な断食、鞭打ちといった贖罪の修業を始めから監視していた。」[227] 一六六四年にダマスカスから来たとき、彼は父の手稿を携えていた。そのなかにはルーリアの百科辞書エッ・ハイームの『八つの門』とほかの著書もあった。彼をルーリア・カバラーの正当な継承者、代表者と見てまずさしつかえはなかった。彼もこの運動に加わったことで、ほかの指導的なカバリスト、ラビ・ヤコブ・ツェマッハの敵意と釣り合いがとれたことは疑いない。サムエル・ヴィタールはナータンが伝統的なルーリアの教えと勤行に違反していることにひとことも抗議の言葉を表さなかったようだ。

ティックーンまえの世界の状態はティックーン実行後のそれとは根本的に異なる。いまわたしたちの行為や瞑想意志はすべてティックーンをめざす。現実世界の内の内まで精神的影響を及ぼして、神的火花と精髄を元の正しい場所に戻そうとするのである。実際のところ、ルーリアの瞑想体系はそうしないと進みが遅くて長くかかるティックーンのプロセスを速めるための高度に発達したテクニックとして表われている。日々の典礼の言葉がダイナミックな運動、神への上昇と神秘的世界の地上への落下、に結びつけられたことによって、ルーリア主義はそれをよく知るひとたちに、身内に新しい強さを流し込んで、もろもろの神秘的世界を「容器の破損」のさいにそれらが落ち込んだ深みから持ち上げることを教える。正しいカッヴァーナーは瞑想するカバリストと宇宙のあいだに隠れた調和をつくり出す。しかしいま、救済が告げられ、すべてが変わった。サバタイが若いときに採り入れた、瞑想抜きで祈る方法が、いまやすべての信者のノルマとなる。サバタイの個人的方法であったもの（一三四―一三八ページ参照）――ルーリアのカバラーの適用というよりはむしろそれからの逸脱――がナータンによってルーリアの前提から論理的に発展させた教義に変えられた。宇宙のティックーンが達成され、シェキーナーの火花が「殻」の領分に残っていなくなると、神秘的宇宙の現在の構造と秩序は救済の「新しい律法」に一致したのである。古典的なルーリア信仰はその目的と同時にその重要性を失った。「修復」されねばならないものはもはやなくなった。だから、伝統的なカッヴァーノースはもはや何かに向けることはできなくなった。残されたことは、もっぱら「花嫁を飾り」、シェキーナーを美しくすることだった。シェキーナーを追放の塵埃のなかから持ち上げる必要性はもはやなくなった。それはもう持ち上げられているのだから。ナータンの手の合図でルーリア信仰の複雑な神智学的「装置」は消えてなくなった。もちろん完成の最終状態はまだ達成されていない。宇宙の安息日はまだ始まっていないが、しかし少なくとも安息日の前夜は来たのである。これまで世界の状態は週の日になぞらえられてきた。いまそれはとくべつな性格と祈りをもつ安息日の前夜のようであった。どの祈りも目的は、シェキーナーを神の原中心《プレローマ》柱の基礎にある低い位置から正当な高い場所へ持ち上げることだった。現在、シェキーナーは依然として、「聖なる者、汝に誉れあれ」という象徴的な名前で知られているセフィラー・ティーフェレースの下側にあるが、もうまもなくそれはティーフェレース（シェキーナーの夫）の次元ばかりか、最高のセフィラー、ケセル（「王冠」）にまで高められるだろう。カバリストはこのプロセスについてシェキーナーの「上昇」と語っている。「それによってシェキーナーは夫の冠になる領域へ神秘的に高められる。」この上昇はいまはもう、下方の世界でなされ、その精神的影響がより高い世界に向かって放射される人間の行為によってなしとげられるのではなく、聖なる老人がその光を顕わし、下方へ照射する天の恩寵という行為によってなしとげられるのである。ルーリアの礼拝は、宇宙の隠れた歴史においてその役割をなしとげたいまとなっては、もはや時代遅れであるばかりか、積極的に罪深いとさえいえるのである。それを行なうことは「安息日に平日の仕事をするようなもの」で、疑わしい、禁に触れる可能性すらある行為なのであった。それにかわって、別の、もっとずっと簡素な、宇宙的「安息日前夜」にふさわしい礼拝が行なわれた。それは何かとくべつなセフィラーとか神の形像について瞑想するのではなく、神の名の両半分JHとWHとを、そのなかに含まれている神の名によって「第一原因」の光が可視的になるように統合せよというものであった。この「第一原因[228]」という概念は、もとよりナータンの考案ではなかった。それは哲学的文献にもティックーネ・ゾーハルとまったく同じように現われている。しかしナータンはそれに新しい、まったくとくべつな意味をもたせた。彼の第一原因はほかならぬ、救済の時にその光を顕わす聖なる老人であるように思える。彼は、アツィールースとベリーアの天上界でその影響力を顕わす最も隠れたる者のように、原因と流出の連鎖のトップに座し、カバリスト文学の「神人[229]」に相応する。しかしながら、ナータンの用語は隠れたエン・ソーフそのものを指しているのであって、隠れたエン・ソーフが聖なる老人のなかに示顕することではないとも考えられる。このばあい、祈りのなかでめざさなくてはならぬのはセフィラーや神の形像ではなく、原始の神性そのものにほかならないというナータンの説は、礼拝実践における真に革命的な改新であろう。カバリストはつねに、エン・ソーフを瞑想のなかで直接めざすことはけっしてできないと主張していたのだから。しかし、このあとの大胆な解釈は、ナータンの書簡の全般的主旨や彼のほかの著作の用語によって支持はされないようだ(230)。とにかく、ラファエル・ヨセフは指示を真面目に取るようにいわれた。「第一原因よ、御意《みこころ》がかくあらんことを」といった表現がナータンの書いた祈りや贖罪祈禱のすべてに何度も現われる(231)。

ところが、驚いたことに、特定のセフィラーについて瞑想してはならぬというナータンの要請の明らかなラジカリズムに彼の祈禱や勤行は一致していない。これらの構成は神の名とそれらの組合せばかりか、それらに相応すべき特定のセフィロースへの言及にあふれているのである。ガザからエジプトに宛てた初期の手紙ではナータンの定めた贖罪断食のための祈禱と関連して特定のセフィロースの名が挙がっている(232)。手紙のなかでナータンは誇張しているのか、それとも彼の指示は祈禱の細部にではなく、祈禱の開始の文句に関係しているのか、どちらかである。ナータンが極端な物言いを好むことはそれ以外にも手紙に表われている。彼は伝統的なルーリアの祈禱中の瞑想を廃止したばかりか、ルーリアの「説教や著作」を研究することすら認めない。「なぜかというと、それらは意味不明だからである。」ルーリアの、ひいてはヴィタールの著作を認めぬこうした姿勢が、よりにもよってそれらを習得するためにひとかたならぬ苦労をしてきた男に向けられたのである。というのも、ラファエル・ヨセフがつい最近サムエル・ヴィタールを屋敷に連れてきていたからである。ナータンの間接的なルーリア批判は実際非常に奇妙である。偉大な師ルーリアをこけにしてハイーム・ヴィタールをこれほどまでに褒めちぎったカバリスト作家はほかにいたためしがない。ヴィタールはルーリアからすべてを学んだのにたいし、ルーリアはその知識を預言者エリヤから受けたと人びとは推測したのだったが、ナータンは書簡――サムエル・ヴィタールもたしかにそれを読んだはずだ――のなかで、ハイーム・ヴィタールはルーリアよりも偉大なカバリストであると主張している。「彼はラビ［ルーリア］にたいし誤った証言をした」というサスポルタスの腹立たしげなコメントは十分理解できる。おそらくナータンは発作的な熱狂のなかでルーリア批判を口にしたのだろう。というのも、彼の日々の実践はたしかにルーリア批判に支配されてはおらず、彼のカバラーの著作は刊行書や写本で伝わるルーリア文学をとことん深く知悉していることを示しているからである。ナータンの批判的姿勢にはもうひとつ別の要素がかかわっていたかもしれない。ルーリアのカバラーは当時、潮時に応じて以前とは異なったかたちで表われた。それゆえ、ナータンの著作はルーリア教説の元のヴァージョンにかわるものでなければならないだろう。この推測に格別ショッキングな点はなかった。このガザの預言者はイサアク・ルーリアの生まれ代わりだったのだから。こうした考えがサロニキのナータンの弟子たちのあいだに広まっていたことは確かである[233]。それはすでに運動の初期段階にパレスチナで表明されていたようだ。ナータンが漠然とこのテーマをほのめかしていることも、ルーリアの秘義が彼に伝えた聖別された精霊の名を唱えることを「得意がっているように思われないように」こばんでいることも、彼自身ルーリアから学んだと感じていると想定してこそ意味をなす。ルーリアの教説はその時代にはふさわしく、正しかったが、いまは新時代に合うように、新たに啓示されたカバラーの概念で再解釈されねばならなかった。もちろんこの新しい啓示を伝えるにふさわしい人物はルーリアの心の火花であるような心を持つ者であろう。ナータンがすでにこの初期段階に自分をルーリアのギルグール（生まれ代わり）だと思っていたことを推測させる間接証拠も実際にある。初期のガザの手紙のひとつに報じられているところによれば、ナータンは「ラビ・ルーリアが彼のカッヴァーノースを教え、解明するために、まもなく現われるだろう」と預言した。「それ「すなわち、ルーリアの再出現」はギルグールによって行なわれるのかと尋ねられたとき、彼は答えなかった[234]。」この預言を最も単純に説明するなら、ナータンは真の適切な信仰の啓示が目捷の間に迫っていることをほのめかしたということであろう。ルーリアの魂がこの目的のために身体のなかにはいり込んでいるのかという問いにはナータンは答えなかったが、それは彼が、「得意がっていると思われないように」おのが心の本性をあかさずとも、ルーリアは実際にすでに戻ってきていると信じていたからだ。手紙の続きを見れば、ナータンの沈黙をどう解釈したらいいか、疑いの余地はない。「そして彼ら［ナータンの話し相手］は、ラビ・ナータンが近いうちにこれまで天が許さなかった彼［ルーリア］の言葉をもたらすだろうと信じている。」

サバタイ・ツヴィと違って、ナータンはルーリアのティックーン説をはねつけはしなかった。彼はただ、それはもう時代遅れだと思っただけである。神的光の最後の火花が「殻」の世界の虜囚から解放されたのは、イスラエルの宗教的行動とメシアが悪魔の勢力と闘ったことの結果であった。ナータンの表現はもちまえのラジカリズムを示し、直截な黙示録的期待をあらわにしている。悪の諸力は、それから神性の光が撤退してしまったら、もはや存続しえない。それらは必然的に消滅せざるをえない。しかし、悪の諸力は「殻」というカバラー的領域に住む悪魔の勢力ばかりではない。それらは地上における暴政の支配のなかにも、世界の冒瀆の歴史のなかにも、そして「エドム」や「イシュマエル」の地へのイスラエルの追放のなかにもある。荒れ野の支配の破壊と「悪魔の勢力」の崩壊とは、それゆえ密接な関係にある。ルーリアのメシアニズムとナータンの黙示録的幻視とはしたがって、この点で融合することができた。手紙の第二部に述べられている、四一八年（一六五七—五八年）以降シェキーナーが上昇したというメシア的出来事の正確な日付もそこからくる。四二六年（一六六五—六六年）が近づいたからには、このプロセスは完了しており、シェキーナー（「彼女の夫の王冠」）はようやく夫と完全な合一を果たし、夫と「相まみえ」た。抑圧の王国の崩壊と外的な、目に見える追放の終りはあとわずか「一年と数ヵ月」の事であった。ケリパーの世界が預言でいわれたように神性の支配に抗するその強さをどこから引き出してくるのかは問わぬまでも、それが神性の最後の光の撤退後どのようにして存続できるのか、ナータンはそれを説明しようとしない。この一貫性のなさは、ナータンの頭のなかでは終末思想のいろいろな方向が結び合わさっていたことをも明らかにしている。黙示録的破局のハッガーダー的伝統は非常に強かったので、細部の変更はできても、簡単に廃止してしまうわけにはいかなかった。それは論理的に関係のない終末思想体系のなかにすら浸透していた。ひょっとするとナータンも古い伝説的な黙示録の熱狂にたいして免疫力がなかったのかもしれない。もう少し急進主義を減らし、もう少し慎重さをもっていれば、彼は容易にいくつかの聖なる「火花」をケリパーの世界に残しておくことができただろう。そうすればそれらがスルタンの最後の反逆――アルミルスの戦争〔アルミルスは伝説上メシアに敵対するサタンの名。神と戦って滅ぼされるが、そのさいイスラエルの五〇〇の軍勢がネヘミヤとエリヤを先頭にアルミルスの五〇万の手勢を打ち負かし、その結果イスラエルの大いなる解放が実現、全世界に天の王国が広がる〕や昔の伝説の反キリストにあたるもの――の理由になりえただろう。しかし、ナータンには逃げ道をつくっておく気などさらさらなかったようだ。あとで、大きな戦争が起きたとき、彼は改めてこれを説明したけれども。しかしさしあたって、彼の燃えるような信仰を満足させるにはきわめてラジカルな表現しかなかった。彼の頭は論理的一貫性のなさなど気にかけず、公教的であれ、秘教的であれ、メシア主義伝統のきわめてさまざまな要素を採り上げ、それらを融合して、ひとつの終末論的幻視をつくり上げたのである。

この書簡にはもうひとつ注目すべき点がある。それは古い伝統的なモチーフの一ヴァリエーションというだけではすまされないからだ。すなわち、ナータンがひとつの宗教的価値としての純粋な「信仰」を執拗に強調している点である。いっさいの外面的宗教行為と象徴を超えた自立的なものとしての信仰という観念は明らかにキリスト教的性格をもっている。こうした信仰の神学は『ラビ・アブラハムの幻視』やなかんずく彼のハバクク書二、四「しかし義人はその信仰によって生きる」の釈義にもいくつか示唆されている。しかしこの信仰の真の意味はラファエル・ヨセフ宛書簡のなかで明瞭になる。信仰はもはやメシアと「メシアの信ずる神」との関係ではなく、イスラエルとそのメシアとの関係なのである。

類似性は一目瞭然である。ナータンが要求する、しるしも奇跡ももたない純粋な信仰というタイプは、福音書（「見ないで信ずる者は、さいわいである」ヨハネ二〇、二九）で称賛され、多くのキリスト教の歴史家、たとえばルナンらによって宗教的成果の最たるものとしてことのほか讃美されたものと同じである。ナータンによれば、「イスラエルはこれらすべてをしるしも奇跡もなしに信じなければ、生きられない」。不信心者たちはこの救済のプロセスを止めることができず、互いに傷つけ合うだけである。ナータンはすべての書簡や論文でこの原則をつらぬいた。それは全サバタイ主義運動の遺産の一部となった。しかしこの点でもうひとつのモチーフがナータンの思考を規定している。メシア自身が彼を信ずる者たちを弁護し、彼を信じない者を呪う、というものである。「そして疑いを抱く者は、たとえ世界でいちばん信心深いひとであっても、彼［すなわちメシア］によって重い罰を科せられることがある。」この一文は一見ナータンの教説の厳しさをやわらげるように見える。不信心者にとって、たとえ重い罰が科せられても、救済は不可能ではない。しかし、このやわらいだ口調も信仰の救済力を極度に強調するナータンのほかの著作にはない。一六六五年秋にガザから書いたサムエル・ガンドゥールはナータンの「ただ信仰のみによりて《ソーラ・フィデース》」の教義から次のような言説を引用している。「昂ぶりと侮りとをもって正しい者をみだりにそしる偽りのくちびるをつぐませてください［詩篇三一、一九］。そして彼（すなわちサバタイ・ツヴィ）を信じない者は、たとえミツヴォースや善行をなそうと、いまの世でも来るべき世でもイスラエルとかかわりをもち遺産を分かつことはない。その者がシオンの慰めを見ることはないだろう。[235]」律法は守るが、メシアを否定する不信心者はけっして真のイスラエル人ではなく、「混ざり物」の心の持ち主であって、未来の世界にあずかることはないのだ。

秘跡的ともいえるこのラジカルな信仰概念はどこからくるのか。ナータンの深いメシア経験が何よりも物を言ったといえば心理的説明としては十分かもしれない。キリスト教の影響も考え合わせるべきかもしれない。ナータンがどのようにしてキリスト教の教えを知ることができたのか、ちょっと想像しにくいけれども。ラビ・ヤコブ・ハギスのイェシヴァのこの年若い学徒はエルサレムでキリスト教の僧たちと話をしたことはほとんどあるまい。もしかしてサバタイ・ツヴィは放浪中にキリスト論の信仰観念にかんする知識をえたのだろうか。これまでのところこれらの問いに確かな答えはない。たまたま状況の似通った特定のキリスト教の影響を探してみても無駄だろう。初期のサバタイ主義と初期の教会は同じ心理的法則にしたがって似たような道を歩んでいた。しかしそれがどうであれ、確かなことは、運動の開始時には純粋な信仰が、律法の遵守とは無関係に、信者に救いと永遠の生を約束する最高の宗教的価値であると言明されたことである。ついでながらわたしたちは、この宣言がもしユダヤ教やキリスト教の「本質」について当節言われている決まり文句が多少なりとも正しいなら期待されて然るべきだった反響を呼ばなかったことに注目しておくべきだろう。しかし、実際のところ、この決まり文句は正しくない。ユダヤ教徒の宗教性対キリスト教徒の宗教性というテーマにかんする現代の一般化の大半は疑わしいどころではない。ユダヤ教の枠内でどんな信仰が可能か不可能かはア・プリオリにはいえない。まともな歴史家なら、カバラーが人心を曇らせ惑わすまえは「ユダヤの」信仰の判定基準は明瞭ではっきりしていたというようないんちきな論拠を取り上げたりはしないだろう。それぞれ特定の時代の信仰心における「ユダヤ性」は、実際の歴史的状況とかかわりをもたぬ独断的な判定基準では測れない。それはまっとうなユダヤ人が何を本当に信ずるか、あるいは——少なくとも——何を正統な可能性とみなすかによってのみ測ることができる。

「聖なる信仰」(一六六六年にはすでにそういわれていた)というサバタイ主義の定義にたいしてラビ全体から直接反対の声はあがらなかった。多くのラビたちはその「信仰」を受け容れ、主義としてそれに反対した者はわずかであった。ユダヤ史における精神的現象の「ユダヤ的」(言い換えれば「非ユダヤ的」)性格について語るのはきわめて慎重にすべきだろう。こうした言はユダヤ教の教条主義者たちには賛同されないかもしれないが、本書が扱う問題の探究にあたって規準となるものである。

しかし、一六六六年から一六六七年にかけてナータンの宗教用語はキリスト教的性格をますます強くする。それをもっぱらこの両運動の内的発展のせいにすることはますます難しくなる。「さいわいなるかな、信ずる者にこの世と来世の生をあたえてくれる信仰にすがる者は。[236]」というような言葉と、ハバクク書二、四(「信仰によって魂を正されし者は[見よ!]生きるだろう[237]」)の釈義に見られるナータンのほとんど技術的な用語とを比べてみれば、ここには単なる自然発生的な類似の発展以上のものがはたらいているという思いを強くされる。

ナータンの二番目の教義は少なからず驚きである。メシアはイスラエル民族にかわって名状しがたい苦しみを味わったがゆえに彼らと随意に交わる全権を有する。彼はどんな重罪人でも正しいとすることができる。この教義には二つの異なったモチーフが結びついているように思われる。(1)メシアは信者たちを、たとえ善い行いをしていなくても、彼を信ずることによって正しいとする。これはメシアを魂の救い手とするキリスト教の教義と一致するだろう。[238] (2)メシアは過ぎし世の罪人を、それどころかイエスすらも救うことができる。「それどころか……すらも」という副詞はこの文脈では「とくに」イエスをと同義である。

このことはナータンが以前のメシアたちの問題に熱心に取り組んでいたことを示しているだろう。この問題への関心を彼に抱かせたのはサバタイかもしれない。サバタイが自分をメシアだと思い始めてから、自分と以前の、イエスとかバル・コクバといったメシア像との関係の問題に夢中になったふしがある。ナータンののちの理論の多くはそうした疑問への答えとして発展したと思われる。一六六五年終り頃にしたためた書簡のなかで、預言者はバル・コクバの魂がサバタイ・ツヴィの身体に宿って生まれ代わったのだと説明した[239]。この考えは、コジバ[240]の数値が神の名をつづるあるカバラーの方法で使用される文字の数値に等しいことを説明する[241]『竜にかんする論文』のなかでさらに展開される。この連想がナータンの考案によるものでないことは確かだ。なぜなら、ダビデのメシアの魂から発した火花がバル・コクバの魂のなかにはいったと、つとにハイーム・ヴィタールが説いていたからである[242]。タルムードの言い伝えによればバル・コクバは賢者の命で殺されたが、民間伝承はラビがバル・コクバの思い出をおとしめることには与しなかった。彼は一種の英雄的聖人でありつづけた。ヴィタールのようなカバリストたちは彼の魂のメシア的尊厳を回復した。イエスのばあい、そのような復権はまず不可能であった。彼は何千年以上もの長きにわたってユダヤ民族に艱難辛苦をもたらした宗教の最高の象徴となったからだ。そこでナータンは彼と神のメシアとのあいだに別種の関係をつくり出した。ナータンのカバラー的メシアニズムによれば、メシアの魂は顕現する時までケリポースに包み込まれている。メシアの魂の聖根はあるとくべつな「殻」、すなわち悪魔の力に囲まれているが、この力とはキリストにほかならない。それゆえ、キリストはメシアの魂と密接な関係にあるが、しかしその神聖さとはかかわりない。殻は実の芯の手前に現われるように、メシア的ケリパー（すなわちイエス）の魂もまず最初この世に現われた。タルムードの表現によれば、「イスラエルをだまし、迷わせるため」である。それでも、メシアとイエスのあいだには注目すべき同一性関係がある。というのも、メシアの「根」の偉大なる神秘はまさに、絶対善は絶対悪から生まれるという逆説にあるからである。生成の過程でそのマトリックスから分離して自由になるのである。「そして最後に、彼

［すなわちメシア］はイエス・キリストである彼のケリパーの［神聖さ］を回復するのである。[243]」タルムードにはイエスが地獄で科せられた罰について恐るべき話が二、三詳細に語られている。しかしナータンにとって、イエスが最後にはメシアによって救われるということは確信であって、たんなる可能性ではなかった。ケリパーはただ消されるのではなく、救われ、聖性へと高められるという考えは、ナータンの最初の黙示録にすでに表明されていた。しかしいま、それはきわめてラジカルに書き改められる。ナータンの大胆さの度合いを完全に把握するには、一七世紀のユダヤ精神の持ち主にとって、イエスを彼の民衆ならびに彼の「聖根」へ送り返す終末論的送還説がどんな意味をもっていたかを理解する必要がある。イエスの魂を救うサバタイというナータンの幻想は、イスラエル・バアル・シェームがサバタイ・ツヴィの魂を救おうとしたというのちのハーシードの伝説の寸分違わぬアナロジー、いや先取りである。ユダヤ史の「失われた魂」が二度と戻らぬことを認めまいとするナータンのメシア主義的意気込みには感銘深いものがある。ナータンの信念は――実際に、もしくは含意的に――何ひとつ、だれひとり決定的に失われることはない、すべてのものが最後には救われ、神聖さを回復するというもっとラジカルな理解の一部にすぎなかった。「イエスの救済」は、いまだはっきり表現されていない教義のおそらく最初の象徴的表現にすぎなかったろう。しかしナータンはその後数年間にそれを発展させ、より明白に言い表わした。イエスが救済できるのなら、真のメシア、サバタイ・ツヴィを拒否した不信心なラビたちにも希望はあった。

しかしながら、ナータンの批判者たちはこの教義を別様に解釈する。ラビ・ヤコブ・サスポルタスには、キリストの救済――タルムードの伝統によれば彼の魂は永遠に追放されている――などという考えは無礼に感じられた。「彼［ナータン］の口に煮えたぎった湯を注いでやるがいい。彼らがサバタイ・ツヴィやイエス等々を信じているからといって、神や神の律法、神の預言者を信じているひとよりも功績があるなんてとんでもないことだ。」リヴォルノのラビ・ヨセフ・ハ＝レーヴィはナータンの教義を「まったくの異端[244]」といい、こう付言している。「勝手に魂に酬いをあたえたり罰をあたえたりすることができるなんてこれまでイスラエルで聞いたことがあるだろうか。自分たちのイエスが魂を救い、正しいものにするなどという迷信者の信仰を彼はわたしたちに植えつけたいのか。律法も善い行いも識る者が、しるしや奇跡がなければメシアを信じないからといって、希望をなくさせられるなんてことがありえようか。」批判者たちがかくもはっきり物を言ったのは、実際には危険のなくなったサバタイの棄教後のことである。しかし思うに、彼らはこの問題で、自分の考えを強い言葉で言い表わすことをためらいこそすれ、いつもそのように感じていたことだろう。義しい人を追放し、罪人を義とするラジカルな物言いは、反感を呼ばずにはいなかった。だがそれ以外に、そのことに、まったくの誇張だと思われただろうに、ほとんど怒りを感じなかった者が、とくにオリエントのコミュニティに大勢いた。イエスの救済という考えそれ自体は彼らにとって無礼ではなかったのである。

書簡の第二部は大衆的なモチーフにあふれており、主に普通の市民の空想力に向けられているようである。ナータンの空想には軍事的な面は全然なかった。サバタイ・ツヴィは、とにかくメシアの道を歩みはじめた当初は、戦う必要はないだろう。すべては讃美歌によって達成されるだろう。サバタイはそれを歌っているときのほうが戦っているときよりも引き立っていた。こうした考えも新しいものではない。つとに昔の、非常に黙示録的な内容の書が[245]、詩篇は終末戦争の軍歌であると明言している。イスラエルが取って戦う武器は詩篇の言葉と、それに内在する力である。ナータンは一六六七年に決定的な出来事が起こると預言していた。彼の年表は示唆に富んでいる。重要な年はメシアが顕現する一六六五年と、彼の治世が始まる一六六七年であるらしい。その年にはすべての王が貢ぎ物を彼に納めるだろう。そしてイスラエル人は離散地の在来の居住地で平和と誉れのうちに暮らすだろう。一六六六年という黙示録的な年に多くの著者はサバタイと彼の仲間たちの救済のプログラムにおける決定的な年として過大な意味を付与しているが、ナータンの預言のなかではもともとその年は、準備と贖罪の時期という以外には、何のはたらきもしていない。大きな出来事が一部は一六六六年以前に、一部は以後に起こるとされていた。ナータンが、離散地を去り、すぐにも聖地へ行きたいという大衆の切なる願いを顧慮していないという事実も興味深い。自身エルサレムに生まれ育ったにもかかわらず、彼はそれを奨めなかった。離散者が集まる時はまだ来ていなかったのである。そのあいだに異邦人にたいする復讐は起こらないだろう。ただ一六四八年と続く年のポーランドの大虐殺にたいしてだけは復讐がなされるだろう。少なくともこれが「ドイツ諸国」(*be-ʾarezoth ʾaschkenas*) 内だけの非割礼者たちのあいだに起こる大虐殺の預言の意味であると思われる。「ドイツ諸国」とは多分一定の東欧ユダヤ人の国々、すなわちポーランドとロシアと解されるだろう。[246]別の箇所ではナータンはもっと明確である。一六六八年、彼はアンコーナで、メシアは「ポーランドの町々」[247]だけにそこで流されたユダヤ人の血の復讐をするだろう、と言明した。一六六六年に書かれたこの書簡には異稿があり、[248]そこでも彼は同じことを述べている。サバタイの王位就任はそれまでの唯一の奇跡だろう。別の奇跡は失われた一〇部族へのサバタイの旅でもって始まり、彼は伝説の川サンバチオンの向う岸から彼らを連れ戻すだろう。一〇部族はこれまでナータンの空想のなかでは何の役割も果たしていなかった。そして書簡における彼の言葉少ない発言と、そのすぐあとのこの主題にかんする伝説のはびこりとのコントラストがじつにきわだっている。民衆の空想力はこの特異な詳細に反応し、いまだ自分自身の空想の世界に生きていた預言者が予測もしなかったほど突然それに夢中になりはじめた。メシアの陣痛は一六七二年後に始まるだろう。このヤコブの試練の時期に唯一安全な避難所は、「主の堅陣」、聖地の新しい首都、ガザであろう。ガザが新しい地位をえた最もそれらしい理由は、この町がメシアとその預言者が顕現する舞台であったからのようだ。だがすぐに信奉者たちは別の説明を探した。イエーメンの黙示録の著者はかなりさめた口調である。「なぜガザからなのか。ガザはこれまで学者や預言者をひとりも輩出していないから、それでローマの破壊者はそこから出るのだろう。[249]」メシア主義の熱狂の頂点ではガザという名の奇想天外な解釈が広まった。サバタイ主義の讃歌形式のお気に入りのひとつである詩篇二一の解釈にこういうのがある。「主よ、王はあなたの力によって喜ぶでしょう、そしてあなたの助けによって、いかに大きな喜びをもつことでしょう。〈あなたの力によって〉［ヘブライ語で *beʿozecha*］、これは〈ガザによって〉［ヘブライ語で *beʿasa*］である。〈よろこぶでしょう〉は［ヘブライ語では］メシア［のヘブライ語］と同じ文字からなる。そして〈あなたの助けによって〉はサバタイ・ツヴィと同じ数値をもっている。[250]」サバタイ的釈義のこの例は一六六五年から翌年にかけての冬にエジプトから書かれた手紙に出ているが、ガザで生まれたものであることは確かである。

　そのあとさらに、ミドラーシュとゾーハルの黙示録的伝説に述べられている、ありとある不思議な出来事が続くだろう。ナータンはそれにサバタイとモーセの娘レベッカとの結婚にかんする奇妙な詳細をつけ加えている。これは明らかに、メシアがエジプトで結婚したアシュケナージの妻は結局彼に定められた伴侶ではなかったという意味を含んでいる。然るべきときに彼女はただの女中か内縁の妻に格下げされるだろう。これはたんにナータンの好き勝手な空想の戯れにすぎないのか、それとも結婚まえの行状に芳しからぬ噂のあったサバタイの妻へのあてこすりなのか。この奇想天外な出来事全体はなおも謎に包まれている。「口でしか説明できない」ことだからである。サバタイが「モーセの子ら」と一〇部族（はっきりとは述べられていないが、これも匂わされているようだ）をともなって帰還したとき、パレスチナには彼の代理人アルミルス支配下の抑圧の時代を耐えぬいたわずか七〇〇〇人の義人と聖者しか見られないだろう。同じ年に離散者の集合が始まるだろう。ナータンはいささか意外なことに、あらゆる逆境にもめげず生き延びる離散地のユダヤ人の繁栄とパレスチナのユダヤ人を襲うであろう過酷な運命とを区別している。メシアの最終的顕現は完全に神話的な概念でえがかれているが、これらは伝統文学のポピュラーな神話とは違うので、サスポルタスは「馬鹿話[251]」として無視している。

出来事の経過からやがてそれの預言するところが嘘だとわかったこの書簡の類いのない奇想天外な性格に驚いたのは反対者ばかりではなかった。事の進展上やむなくサバタイ派の指導的ラビでさえ、この書簡は運動の信用を落とさせるために「反対者や嘲笑者」によって歪曲されたつくりものだといった。一六六九年モロッコのサレのラビ・ヤコブ・イブン・サアドゥンはこの書簡を「むなしい夢」と述べ、「この呪わしい声はわが国［すなわちモロッコ］では、東洋や西洋から来た著作のどこでも聞いたことがない[252]」と言明した。この書簡は一六六五年末には広く知られていたが、サアドゥンの手には渡らなかったらしい。それとも完全に忘れていたのか。いずれにせよ、三年後にはこの書簡を虚偽だということができた。サアドゥンが大真面目で述べた意見をサスポルタスはつとにサバタイ派の論争の始めで皮肉っぽく表明していた。アムステルダムの信者に宛てた一六六六年一月の手紙のなかでサスポルタスは皮肉をこめて、この書簡はナータン自身のものではないと断言した。同年夏、彼はアアロン・サルファティとラファエル・スフィーノに宛てた手紙のなかでも同じ手口を繰り返し、書簡が明らかな偽造であるかのように振舞った[253]。

VI ナータンの贖罪冊子

サバタイはひとを義としたり罰したりする類いない力を、「ユダヤの民にかわって」負った筆舌に尽くしがたい苦しみを通して獲得した、という短い、少し漠然とした示唆を除けば、ナータンの書簡はサバタイの実際の具体的な人間性については何も語っていない。結末部分でわたしたちはメシアの将来の行動にかんする情報とルーリアのカバラーの新しい地位にかんする教示を受ける。サバタイの性格と人間性には興味がなかったようだ。預言者は彼の使命を証明すれば、それで十分だったらしい。この個人的要素の欠如はナータンが同時期に書いた別のタイプの文献にも特徴的に見られる。それは彼の贖罪で、運動の発展と成功に大変重要なものであった。

ガザにおけるメシアの最初の顕現ならびに彼のなんら「メシア的」現象をともなわないパレスチナ出立と、実際のメシア的出来事の始まり、たとえばスルタンの王冠奉戴とか詩篇や讃美歌斉唱による世界征服とのあいだには「一年と数ヵ月」のインターバルがあるだろうと、ナータンは預言していた。メシアはそのあいだ何をするのだろうか。最初ナータンはこの問いに何も答えなかったが、時がたつにつれ、彼の控えめさは熱狂に押し流された。そして彼は、出来事は彼の最初の啓示が予見したよりも早く進むかもしれないという印象を受けた。いずれにせよ、メシアの自己啓示は具体的な任務がただちに遂行されるとか、一六六五年から一六六七年にかけてなんらかのセンセーショナルな行動がなされるとかいうことを告げる前奏曲と考えられていたのではない。このインターバルは、「信仰」のとくべつなご利益を獲得し、そして救済の大きな陣痛の苦しみから救われるために後悔するチャンスを、イスラエルにあたえようというものだった。贖罪への呼びかけはナータンの黙示録的預言のもうひとつの面だった。メシア到来の宣言とメシアのアイデンティティの認知は自ずとイスラエルの家への力強い贖罪の呼びかけにつながった。ナータンはラファエル・ヨセフ宛に書簡を書いたのとほぼ同じ時期に、彼ばかりか、ほかの者たちにも最初の贖罪冊子と贖罪規定を送った。これらの贖罪の業と手引きは最初ナータンによって書かれたが、のちにガザのカバリスト仲間やチェレビー・ラファエル・ヨセフの取り巻きのカバリストたちによって根本的に書き改められた。チェレビー・サークルの一員で、メシア主義宣伝の中心人物が、ある手紙でこう断言している。「このほど彼［ナータン？］がヘシュヴァンの最初の三分の一［一六六五年一〇月始め］[254]に送った手紙で、彼は強く贖罪を要求している。出来事が早急にやってくるからというのだ。贖罪の胸当てをしかるべく着用していないと、苦しみをこうむるだろう。彼は同様に、昼と夜のための贖罪勤行と罪を浄めるための祈りも送った[255]。」

この文献は広く読まれた。そのなかで課せられた祈禱には二種類あった。大衆のための贖罪勤行と、とくにカバリストのための罪の償いの祈りと浄罪の行いである。後者はとくに祝祭日用の特殊なカバリストの祈りから成り立っていた。ところが、それは民衆用に定められたものではなかったにもかかわらず、「広範囲に影響を及ぼした[256]」。他方、贖罪勤行や朗読は主に聖書やミシュナーから抜粋されたテクストで、サーフェードやイタリアのカバリストによっていろいろなとくべつの機会、たとえば新月〔ユダヤ暦各月の一日〕、シャヴオース〔五旬節。ユダヤ教の三大祝節の一。過越節から五〇日目〕とホーシャーナ・ラッバー（幕屋祭の七日目）の寝ずの番、ペサハ〔過越節。五旬節、仮庵節とともにユダヤ教三大祝節の一〕の第七夜などのためにつくられた古いティックーニームに倣ったものだった。これらの聖書やラビのテクストのアンソロジーは一般人用と考えられていた。そのカバラー的性格は間接的に、テクスト選択の根底にある原理とティックーンに付されたゾーハルの抜粋に表われているにすぎなかった。ナータンの朗読集も同様のタイプのものだった。モーセ五書の週間章節やその他の聖典から採った詩句と詩篇選が適当にアレンジされ、「真夜中」[257]後や朝の礼拝後の会衆の朗誦用の「悔い改めの朗読集」をなしていた。一六六六年の一年間にこれらの典礼書[258]が数多く版を重ね、メシア主義の復興に重要な役割を果たした。それらをつくったのがナータン[259]であることや、それらが聖地から送られてきたものであることは、多くの版や筆写本にはっきり書き残されている。[260]

浄罪のための厳格なカバラー的勤行と祈禱はずっとあとになってから非常にめずらしい、綺麗な版で（スミルナ、一七三二年）印刷されたが、完全な手書きの稿も遺されている。これは典礼のテクストというよりむしろ断食などのための詳細な指導事項を記した長い一覧表であり、「六日六晩、つまり土曜日の晩から金曜日の晩までの長い断食をやりとげるための規則」は、土曜の晩に断食を開始するための詳細な指導と祈り、毎日のとくべつな祈り、ひとつひとつの祈りのための無念無想、そして最後に、犯した過ちを事細かく挙げて罪の告白をすることなどを含んでいた。罪の告白も祈りの形式でなされる（「主よ、みこころにかないますように」）。とくにカバリスト的な性格は罪人が穢した神の名のとくべつな組合せを列挙することや、不正を償うための祈りに表われている。「「この懺悔を」へりくだった敬虔な気持ちで言いなさい。そして涙を流し、額をなでることが望ましい。[261]」正しい黙想と祈りに導かれたそのような六日間の断食は九一六日の通常の断食に匹敵するという。禁欲生活への集中的な献身は膨大な日数にひとしい。だがそれでも「大断食」は十分ではない。なぜなら、それまでの罪の赦しはえられるかもしれないが、それ以降に新たな罪が犯されている可能性があるからだ。「罪を犯さぬ義人はこの世にひとりもいないのである。」それゆえ預言者は「この祈りをあともう二日二晩」と、さらにもう三日三晩の同様の祈りを課した。彼はさらに三六時間の「断食規則」とショヴァービーム行為 *Schowabim Tat* の時期の「断食規則」を定めた。ショヴァービームという概念は冬の月間に読まれるモーセ五書の八週間章節（出エジプト記第一章―第三〇章）の名の最初の文字からなる沓冠体である〔*Schemot* (1, 1), *Waëra* (6, 3), *Bo* (10, 1), *Beschallach* (13, 17), *Jitro* (18, 1), *Mischpatim* (21, 1), *Teruma* (25, 2), *Tezawe* (27, 20) の最初の文字を組み合わせたもの〕。ルーリアのカバリストは冬のこの週のあいだの断食が、「堕落した子ら」、男が自慰行為や夢精で洩らした精液の滴のなかに住み、悪魔や悪霊たちの「身体」となる霊たち、を連れ戻すのにとくに効果的だと考えていた。贖罪のために一年のこの時期が選ばれたのは間違いなく、堕落した子ら（この表現はエレミヤ書三、一四に由来する）のルーリア的定義と「堕落した」を表わすヘブライ語（ショヴァービーム）の語呂合せ的な使用のしからしめるところであった[262]。新たなティックーンはこの「堕ちた火花」を聖の領域へ引き戻すだろう。預言者はつとに書簡のなかで、ケリパーのなかに神の火花はもう閉じ込められてはいなかったと告げていたけれども、人間の魂の火花はもうそこには残っていなかったとは言っていなかった。神の光の火花と人間の魂のそれとは異なったものである。後者は、ルーリアの原則によるなら、いまなお人間の努力によって救われねばならないのである。

この贖罪行為はルーリアのカバラーがガザの預言者に持続的に影響を及ぼしていることを如実に示している。ほんの小さな細部でさえ、出所をルーリアの祈りに帰することができる。とくにサバタイ主義的な修正や付加はない。ナータンはルーリア派の贖罪の権威[263]から素材を借りてきて、それらを自分の目的に合ったやり方で、ときには自身の創意をつけ加えながら、組み合わせたのである。たとえば、「大懺悔」はこの形式では、すべて伝統的要素で成り立っているにもかかわらず[264]、知られているルーリアのテクストのどれにも見られない。

そのことがとくによくわかるのは、一八の祝福からなる決まった日々の「アミダー祈禱」をナータンが翻案改作したものである。ナータンはヴィタールの著作のなかで見つけた「アミダーのための祈り」を自分の祈りに挿入し、それを「とくべつな恩寵を伝える祈り」として推奨し、「一心不乱にとなえるべし」(265)とした。カバラー主義の読者たちにとって、これらの新しい祈りは彼らの伝統的な祈禱生活とナータンの新しい神学とをつなぐ懸橋になることができたのである。ここに引用するのはアミダーの一八の祝福のうちの四つから抜粋したものである。通常の開始文は複数形を用いているが、贖罪者のための神秘主義的な付加文は単数形に変わっている。

おお、わたしたちの苦しみを見そなわし、わたしたちの訴えを弁護してください。早くわたしたちを完全に解き放ってください。後生ですから。わたしが救いを直観し、うるわしく飾った王［すなわちメシア］を見る［イザヤ書三三、一七］に値する人間だと思われますように。わたしの［魂の］根から、わたしの根の根から、いまケリポース［の国］にあるわたしの根の根の最後の根から［発する］すべての神聖の火花をお救いください。その火花が聖なる［セフィラー］マルクースの胎内に受けられますように。それの悪しき行いには目をお向けにならないでください。それは「裏面」［すなわち悪魔とケリポース］にそそのかされてあなたのシェキーナーの翼から離れたのです。あなたは、おお神よ、憐れみ深い王にして救い手であらせられるのですから……

わたしたちを癒してください、おお主よ、と祈れば、わたしたちは癒されるでしょう。わたしたちをお救いください、と祈れば、わたしたちは救われるでしょう。なぜなら、あなたはわたしたちの誉れなのですから。わたしたちのすべての病とわたしたちの心の病の治療法、治癒法をお授けください……心の癒しと身体の癒しとでわたしたちを癒してください。そしてわたしの心が不純や汚濁から解放されますように……わたしの身体や心のなかにあるあらゆる苦しみや憂いからわたしをお救いください。わたしの心に沐浴が必要なら、天のエルサレムの祭壇に生け贄を捧げる大天使長ミカエルに、わたしの心を火の流れに浸すようお命じください［ダニエル書七、一〇］……

わたしたちの自由のために大きな角笛を吹き鳴らしてください。幟をあげて、離ればなれになった同胞を集めてください。四方の地の果てからわたしたちの国へ早くわたしたちを集めてください。わたしが［偶然か故意による遺精によって失ったすべての精液の滴が、いまの転生においてであろうとまえの転生においてであろうと、進んでであろうといやいやであろうと、そのつもりがあろうとなかろうと……あなたの名の聖性に包まれたそれらの聖なる源へ戻りますように。誉むべきかな、おお主よ、ちりじりになったあなたの民イスラエルを呼び集めようとなさるあなたは。

あなたがご自分の町といわれたエルサレムの中心にすみかをお定めください。そして早く下僕ダビデの玉座をそこにお築きください。わたしたちを慰め、わたしたちの旗印を諸民族の上に掲げはじめたヨセフ家一門のメシアがわたしたちの目の前で打ち殺されるさまを見させられる悲しみや嘆きを味わうことのない救いをお授けください。なぜなら、もしそんなことになったら、すべての異教徒が立ち上がって、わたしたちの名を切り取ってしまうでしょうし、そうすれば、イスラエルの名はもはや忘れられてしまうでしょう。わたしたちはメシアの陣痛から救われるよすがとなるような善行は何もしていないことを思い出してください。でも、あなたはあなたの世界をいたずらにお造りになったわけではありません［イザヤ書四五、一八参照］[266]。

最後の祝福は、ヨセフ家出のメシアに彼がサバタイ・ツヴィよりまえにすでに現われていたのか、それともあとから、救済の苦難が差し迫るなかで現われたのか問うことすらせずに言及しているかぎりでは、伝統的な手本に依っている。おそらくナータンは元のルーリアのこの祈りのための礼拝の文言を無造作に引き継いだのだろう。

他方、ナータンのティックーニームはサバタイ・ツヴィへのほのめかしと、彼のメシア的カバラー的教説を反映する補遺をも含んでいる。なお残存している写本のいくつかはサバタイの名を省いている。その他のいろいろな写本ではサバタイは大文字で表われている。(267) しかし、サバタイ主義文学——とくに贖罪礼拝——には、ゲマトリア・タイプを思わせる点がたくさんあり、そのなかで目立つもののひとつは「あなたの救いのなかで」を指す、サバタイ・ツヴィと同じ数値をもつヘブライ語である。その語は詩篇や祈禱書に頻出するので、救済を示唆する余地が幅広く生まれた。「アミダー祈禱」の本文は「おお、あなたのしもベダビデの枝にとく花を咲かせ給え、そして彼の角笛をあなたの救いによって高鳴らせ給え」となっていたが、それにナータンは次の句をつけ加えた。「〈あなたの救いによって〉を口にするとき、神の名シャッダイとわたしたちの主にして王なるメシア、サバタイ・ツヴィの名にひとしいこの言葉の数値について黙想しなさい。」同じように、「あなたにたいしてわたしは自分の荷を放り投げました。わたしを支えてください。そしてあなたの聖別者のお顔を拝させてください。あなたの救いのなかでわたしたちを歓喜させてください」という祈りにおいて、「あなたの救いのなかで」という言葉は目立って大きな文字で書かれている。(268) ラファエル・ヨセフ宛の書簡のなかでナータンが聖なる老人の光の顕現を指摘していることを論じた折りに、わたしは、この説は贖罪祈禱のなかによりくわしく表われていると述べた。ナータンによれば、聖なる老人の光の顕現は別の、シャッダイという名の光と関係がある。「その光はそれと同じ数値の名をもつメシアの名に顕現するだろう。」メシアは、ケリポースからその力を奪った(ヘブライ語でシャーダードのだから、真のシャッダイなのである。

すでに見たとおり、ナータンはサバタイの魂とケリポースの領域とのあいだに固有の関係があることを主張し、イエスをケリパーないしはメシアの魂の「器」とみなした。メシアとケリパーの領域との逆接的な関係というテーマをナータンが好んでつねに新しい稿で繰り返す癖は、『ラビ・アブラハムの幻視』の象徴表現や、彼の贖罪祈禱や、一六六六年以降に書かれた著作などに表われている。やり方はいつも同じである。カバラー的聖書釈義を援用して、サバタイの名や「メシア」という言葉がメシアの征服した「裏側」の象徴と関係づけられる。メシア自身はファラオ、「ナイルの流れのなかに伏す大いなる竜」［エゼキエル書二九、三］によって象徴される。(269)この大胆な比喩において、悪の国の王ファラオはケリパーを征服し滅ぼす聖性の象徴のはたらきもしている。だが、メシアはファラオであるばかりではない。彼はアハシュエロス王でもある。（書き間違いされた）この名の数値がサバタイ・ツヴィのとひとしかったからである。エステル書に語られているようなイスラエルの幸運な救済がいま一度メシアの王、「聖なるアハシュエロス」によってもたらされるだろう。これらの逆説の多くはおそらくのちの一六六六年後半における贖罪冊子の修正の動きのなかでつけ加えられたのだろうが、サバタイの棄教まえにはすでに書かれていたことは間違いない。棄教を示唆するようなものはどこにもないからである。メシアの人間性と性格は初期の記録でもけっして瞑想や説明の対象にはならない。この主題は文学的には扱えないと考えられたのだろう。それは小さい秘教的サークルで論ぜられたり、カバラーの聖書聖訓で講ぜられた。これらの象徴表現は根底によこたわる個人的心理的現実を包み隠したのである。ナータンの最初の黙示録はメシアの魂にかんする彼の見解を驚くような象徴的な比喩で詳述したが、彼がこの考えをつまびらかにするまでにはほぼ一年の歳月が経過した。それでもやはりここでこのとくべつな説を考究しておく必要がある。ナータンの理論はたとえ改変されたところでも、厳密かつ緊密な連続性を特徴としているからである。メシアの救済機能と創造の神秘の結びつきにかんする彼の教義の根本的要素は後年に発展したものではない。それは彼の一六六五年冬の大いなる幻視に結晶したような彼本来の直観の一部をなしているのである。最終的に文書化されたものは後年の日付になっているが、『竜にかんする論文』とナータンの初期の著作、とくに黙示録とのあいだに見られる用語や文体の類似性からみて、一六六五年から一六六六年にかけての時期における彼の思考と経験をひとつのまとまりとみなしうることに疑いの余地はない。

Ⅶ　ナータンの『竜にかんする論文』とその主要な教義

『竜にかんする論文』は、ナータンが新しいメシア説を説いている一連のカバラー小冊子《トラクト》のなかのひとつのテクストである。これらのトラクトはもちろん遺失したが、唯一残存しているこの論文はそれらと関係している[270]。それらのトラクトは、チェレビー・ラファエル・ヨセフの懇望により書かれたものらしい。彼はこの預言者の幻視と教義のことをもっと知りたいと思うと同時に、サバタイを近しく知る者として、メシアの異常な性格の意味と彼自身の魂の本質について明らかにしてほしいと願ったのである[271]。もともとの書簡形式は、ゾーハルの一章の注釈であるといわれるナータンのトラクトの末尾になお現われている。おびただしい神話的象徴表現をもつ意味不明なゾーハルの本文［ii、三四ａ－三五ｂ］は、サーフェードのカバリストたちの数多くの注釈をもたらした。この謎めいた章がケリパーの本質と力と根について論じているという点ではすべての注釈者は一致している。ルーリアの最も重要な弟子のひとりであるヨセフ・イブン・タブールはこの章について――多くの写本で[272]――『竜にかんする論文』と題されている独自のトラクトを書いた。ナータンはそのような写本からこのタイトルを借用したらしいが、類似性はそこまでである。

ナータンのトラクトはルーリア的カバラーからまったく新しい独創的な思弁形式への移行を示すものである。サバタイ主義の精神的発展を理解するすべての試みにとってそれが有するすぐれた意味はそこから来る。サバタイ主義的カバラーの二つの特徴は次の点にはっきり認められる。(1)サバタイのメシア的使命への新たな信仰に基づく伝統的なルーリア教義の再解釈。これにより本来の意味が完全に歪められるのは避けられない。(2)メシアに割り当てられる中心的役割。これらの改新にあたってはカバラーの体系に別の新しい要素を導入する必要があった。一見したところでは、『竜にかんする論文』の思考パターンはルーリア的であり、とくに異端的なところはない。その内容の大部分は古典的なルーリア本文に帰せられる。さらに、そのような接点がないところでも、ナータンの発言は伝統的な教義の可能性の限界を越えようとはしない。彼はヴィタールの著作や神の形態(パルツーフィーム)説の複雑さを根本的に熟知しているばかりか、ルーリアのほかの直弟子や弟子と称する者たち、たとえばヨセフ・イブン・タブールとかイスラエル・ザールークなどのライバル的伝統をも熟知している。ナータンは明らかにいろいろな「学派」の存在やルーリア的カバラー内の諸傾向、さらにはルーリアのカバラーにはあとでつけ加えられた(たとえばイスラエル・ザールークによって)ものも含まれているという事実を知っていたようだ。しかし、これらの異動はナータンにとって秘教的な教義のなかに様々な関係の次元が存在することを証するものだった。神的光にはヴィタールがまったく語っていない超自然的な次元があった。「原始のアダム・カドモンの上方にある」この光の領域こそナータンが明らかにしようとしたことだった。ラビ・イスラエル・ザールークはすでにこの秘義について「少しばかり語って」いるが、ナータンはもっとくわしくそれについて考えを述べようとした。彼の論議と用語から見て、彼が両派の著作を研究したことは間違いない。[273] しかし、彼の主要命題はカバラー的思考において新たな違いが生じたことを意味した。彼は自分のオリジナリティを知っていたに相違ない。この『論文』の受容者にこう注意しているからである。「一見これはあなたのカバラーに反するように見えるかもしれないが、両者はひとしく真実なのである。(274)」

ナータンの「ルーリア的」論究の曖昧かつ複雑なやり方は新しいサバタイ主義的要素の具象的な明解さと著しい対照をなしている。ルーリアの体系の出発点であるツィムツームまたは後退説については先の章で（四〇—四四ページ参照）概要を述べた。神の後退によって生じた原空間は、ルーリアやイブン・タブールの概念を受け継いだザールークらの用語ではテヒルー(275)と呼ばれた。テヒルーにはまだ超自然的な光の痕跡（レシームー、「圧痕」）がたくさん残っていた。神的光が後退すれば、それが存在した「痕跡」が必ず残るからである。エン・ソーフの光のレシームーはもとよりエン・ソーフと同じではないけれども、巨大な力である。ルーリアによれば、それは聖なる力である。たとえそこに——そのあとケリポースを生み出すことになる——厳格な力（ディーン）の根が混在して（もしくは、別のヴァージョンによれば、そのなかに明瞭に顕われて）いてもである。ルーリア諸派のヴァージョン相互の違いが最も鮮明に現われているのは、悪とケリパーの究極の根源を問う決定的な問題についてである。ヴィタールはあらゆる手を尽くして、創造をエン・ソーフそれ自体がそのなかに潜在しているディーンを一掃した浄化行動とする師の大胆な構想を隠蔽した。この説は『エッ・ハイーム』におけるヴィタールの叙述ではうまく隠しおおされている。ルーリア本人の(276)言説とイブン・タブールによるその叙述にはルーリアの神秘的見解の本来の性格が保たれているけれども。それはこうである。エン・ソーフの光の実体から発した「直射光線」がテヒルーに達し、その新しい光の影響のもとで、神の後退後テヒルーに残っていた残光（レシームー）が整序形成しなおされ、プロセスの最後に神の原形質はそのなかに潜在していたケリポースを追放することができる。このようにして神秘的宇宙が完結され完成される。創造のプロセスにかんするこのような見解のなかにはメシアの魂がはいり込む余地はない。ルーリアの宇宙創造説をあるがままに、エン・ソーフそれ自体がその存在の深部に隠れているケリポースの根から浄められる神の浄化説と受け取ったカバリストたちは、このプロセスのなかでメシアの魂になんらかの役割があたえられるとはだれひとり考えなかった。

ナータンはどうやら、テヒルー内の「ディーンの根」の描写をヴィタールが斥けたルーリアのテクストのなかに見つけ、それを取り上げたらしい。彼はそのイデーを継承したが、テヒルーはヴィタールの用語でいえば、エン・ソーフがその光の実体を撤収することによってその中心部につくり出した「がらんとした空間」であることを認めたことにより、それに新しい展開をあたえた。テヒルーはしたがって、続く創造、堕落、再生のドラマが演ぜられることになる舞台であった。しかし、ナータンにとってテヒルーはそれ以上のものであった。それは宇宙の生成にたいするいっさいの無関心な、いやそれどころか敵対的な力の象徴なのであった。レシームー、すなわちテヒルーに残っている光は、闇の諸力、ケリポースの根、創造に逆らう原初の怠惰をはらんでいる。ナータンはこれを非生産的な、いやそれどころか破壊的な光、「無思慮な光」と名づけた。

これらすべての出来事がどのようにして可能になるのか、という問いについては『論文』はこれまでのところまだ体系的に論じていない。ナータンはその答えをサバタイの棄教後に生まれた著作で書き表わした。ところが、彼がすでにもっとまえに答えの大筋を述べたことを示す十分なヒントが贖罪の業のなかにある。光には二種類ある。「思慮深い光」[277]と「無思慮な光」である。ナータンによれば、エン・ソーフの無限の光が創造の目的に焦点の合った（かつそれに限られた）光だけを含んでいるとは考えにくい。なぜならこれは、創造行為はエン・ソーフの内容物を消費したと主張することと同義だからである。それゆえ、ある別の力、別の原理がエン・ソーフのなかにあるに違いない。無思慮な光、すなわち宇宙を予示したり構成したりするいかなる考えも、いかなる「イデー」もない光が。思慮深い光は収縮行為のさいに、ふたたびテヒルーのなかに侵入して、そこに宇宙を造ることができるように、後退していた。後退後、テヒルーは「直射光線の顕われる」まで、つまり思慮深い光が侵入しはじめるまで、残った光しか含んでいない。そのうちの大部分は、その性質上宇宙が存在するようになることに逆らう無思慮な光であった。無思慮な光は根本的には怠惰の原理であり、消極的で動かない傾向にある。だが、いっさいの創造的変更、いっさいのプロセスに逆らう点で、創造的目的から見れば、本当に敵対的な破壊力となる。破壊の諸力とケリパーはそれゆえエン・ソーフそのものの内部の一定の光のなかに根ざしている。テヒルー内のこれらの光はゴーレムと呼ばれる。これは「未定形の」とか「未決定の」という意味である。エン・ソーフの光の実体が一直線にテヒルーに達したとき、神的形態が結晶した。そして無思慮な光から生ずるケリポースやディーニーム〔ディーンの複数〕でさえ、生ずる構造物のなかに相応の肯定的な場所を見出した。しかしテヒルー全体にエン・ソーフの光線があたったわけではない。「直射光線」はひとつの天球を想像させる原空間の上半分にしか差し込まず、そこに自分の「考え」で世界を構築した。光線はナータンが「大きな深淵の底」としてえがく下半分には達しなかった。イスラエルが律法の厳しさと神の命によってなしとげねばならない宇宙的ティックーンの大いなる業は、テヒルーの上部にしかかかわらない。下半分は未定形の、混沌とした（ゴーレム）、ケリパーに支配された状態で、メシアの到着まで存続する。それを完成することができるのはひとりメシアのみである。しかし実際には、無思慮な光それ自体も世界を建設した。それがつまりケリパーの悪魔的世界で、その唯一の内容は思慮深い光の世界を破壊することである。この悪魔的勢力はサマエルと彼の軍勢に表われる。それは「大きな深淵の穴」に棲む「蛇」である。[278] この説の文脈では、ゾーハルが悪の境域を「裏側」と呼ぶことに驚くべき新しい意味がつけ加わる。その意味はエン・ソーフそのものの「裏側」、分離と整序のプロセスに逆らい、創造のドラマチックなプロセスにたいするこうした抵抗によって真に悪魔的になるエン・ソーフのもう半分にかかわっている。テヒルーと「直線」とはしたがって二つの相対する原理と考えられており、物質と形式の二元性にも比せられる。どちらも同じ神の光から生ずる。そして創造はエン・ソーフのこれら二つの相のあいだで行なわれる弁証法的運動なのである。

ケリパーのティックーンにおけるメシアの役割はこのカバラーの宇宙内で占めるメシアのとくべつな位置から生ずる。後退の第一幕の開始からメシアの魂はケリポースの領域、テヒルーの下半分に沈んでしまった。魂がどのようにしてそこへ達したかは、独自の問題である。ナータンは、レシームーが無思慮な光から成り立つばかりか、別の閃光から、すなわち思慮深い光のなかで生まれた魂から成り立ってもいると信じた。あるいはひょっとするとこの魂は、本当の寄生者であるケリパーが命を奪おうとしてそれをつかまえたからいまレシームーのなかにいるのかもしれない。ナータンは著作のなかで二とおりの説明をしている。いずれにせよ、メシアの魂はテヒルーの下半分へ深く根をおろした。メシアは世界の創始以来ケリポースに押さえつけられていて、その縛からのがれるとともにケリポースを罪から救い出そうとして、悪戦苦闘している。しかし、ケリポースはメシアをつかんで放さず、彼を支配し、彼のメシア的使命の成就を妨げようとする。

ところがこの点からナータンの考え方は二つの相反するモチーフに分かれる。このテーマは彼の考えの組立を理解するのに重要であるにもかかわらず、彼の著作は、どうやってこの矛盾を解決したのか、何も示唆していない。ここで第一章に掲げた、魂の根にかんするルーリアの教義の分析を少しく思い出す必要がある。その教義は、現世にはいり込む魂はすべて原人間に含まれているという事実から出発していた。堕落まえのアダムは霊的実体であった。彼はひとつの大きな霊魂であった。彼の神秘的な身体の各部はすべての人間の魂の根に相応し、これらの根のひとつひとつは諸天界とそこに位するセフィロースから——より正確にいえば「ベリーアーの世界」と「イェツィーラーの世界」から発する光を反射している。最初の人間アダムの神秘的な身体のなかには存在していなかった、「アツィールースの世界」出自のもっと高位の隠れた魂もある。それらは日々の終りに初めてこの世に現われるだろう。このようにルーリアの著作で魂－根が神秘的アダムの解剖（たとえば彼の頭や胴、脚など）に関係づけられるばあい、それは低位の魂についていえることである。ルーリアの体系では、魂は神秘的アダムの身体の低い部位にあればあるほど不完全である。アダムとともに堕落し破壊された魂は、限りなく多様な生まれ代わりによる「修復」（ティックーン）が必要である。最も救いがたいのは、下方の、原人アダムの踵にいる魂で、この魂は原罪のあと、「ベリアルのアダム」と呼ばれる、アダムの悪魔的な片割れの踵の底まで落ちた。このクラスの魂の特徴は「厳しい裁き」、すなわちたいそう厳格なディーンの力が現前することである。そのティックーンはほかの大半の魂が「修復」されてから、いわば救済の直前にようやくなしとげられる。この魂はこの世に来るまえに、まず生まれ代わりとティックーンの道へ送り出される。これがルーリア主義者によれば、ミシュナー（*Sota* IX, 15）の意味であった。「メシアの足跡［文字どおりには踵。メシアが到来したことを告げるしるしのひとつ］とともに増上慢がふえるだろう。」「ベリアルのアダム」の神秘的な踵から生まれた魂のなかには増上慢がはびこり、ディーンの権力が強くなるだろう。この魂は救済が近づいたときにようやくこの世に現われる。そしてそのティックーンは非常に困難であるが、メシアの産みの苦しみと痛みのなかでようやくなしとげられる。ナータンは、一六六七年以後に起きると期待される出来事にかんする彼の預言からわかるように、このルーリアの手本を引き継いだ。同様に彼は『竜にかんする論文』のなかでこうも言っている。一六六五年から一六七一年までのあいだに、「踵の皮から生まれた魂は降下を始めるだろう……なぜなら、それは極悪の魂だからである」。しかし、この序列の魂の多くは一五七五年以後にはもうこの世に生まれはじめていた。「そしてこの魂はこのうえなくすぐれた叡知を獲得するだろう。なぜなら、それはメシアの世代から、つまりメシアと［!］同じ根から出たのだから。そしてモーセの功績が彼の同時代人とその子孫すべてのためになったように、メシアの世代の魂にもそうなるだろう。[279]」

メシアの魂は序列が低く、その出生と本性は神聖かつ崇高な性質のものではないようだ。それはそのティックーンを獲得するために熾烈な戦いをしなければならず、めざましい努力によってその比類なき聖性をかちえる。この点でサバタイ主義の神話は、堕ちた魂は気高い生れと王侯のように立派な性質のものであるとする古典的なグノーシス神話とは著しく異なっている。ナータンの構想には矛盾があるようだ。メシアの魂も、メシアの時代の幕開けとともにこの世に生まれた彼の同時代人の魂も、けっして神秘的なアダムの身体の一部をなしていなかった。その一方で、「メシア到来の魂」という表現はカバラーの語源では「［アダムの］踵から出た魂」の意味と説明され、ナータンは実際に著書で、彼の同時代の人びとの魂はそこから来たことを示唆している。しかしわたしたちはまた、メシアの魂は堕落の結果ケリポースへ下りて行ったのではないことも知っている。それは始めからそこに沈んでいたのだ。メシアは、たとえ彼の魂が本当に原人の一部ではなく、したがって原人の堕落に巻き込まれたのではないとしても、真のADaM（すなわち Adam, David, Messias）なのである。だが同時に、彼の使命はまさに、自分と共通の根と性質をもつ「踵から出た魂」を救済することにあるのである。

メシアの魂の序列が低いという説はたしかにルーリアのものではない。ルーリアはまったく反対に、メシアはこのうえなく崇高な形式の魂（ネシャーマーのネシャーマー）を原人アダムの神々しい輝きから受け取るだろう、そしてゆくゆくはセフィラー・ケセルのイェヒーダー級の魂を所有する唯一の人間であると信じていた[280]。この点にかんするルーリアとナータンの考え方の対立は調停の余地がない。メシアの魂の何にもまさる品質は本来的本質的なものではなく、そのメシア的発展の結果なのだと異を唱えることができるからである。ナータンの体系には、そのようなメシアの魂の最低のレベルから最も完全にして最も崇高な光への発展を排除するようなものは何もない。逆に、そのような考えはメシアの宿命である努力と果てしない戦いに置かれている強調と一致するだろう。

　ナータンはそのうえさらに、メシアの魂は低い序列にあったばかりか、実際にケリパーに属していたと説いたのだろうか。何度も繰り返される、メシアの魂はケリパーに「沈んだ」という表現は、逆のことを示唆しているように思われる。たしかに、かくも魅惑的な逆説的な考えはわたしたちの知るナータンの思考と容易に一致しよう。メシアはテヒルーと全宇宙を「修復し」完成するまえに、まずケリパーから発した彼の本性を変えることによってみずからを聖なる実体へ救わねばならない。彼の魂は実際にその起源をケリパーにもっているが、しかしその絶対悪が絶対善となるまでにみずからを浄め純化したのである。ひょっとするとこのことが世を救う彼の力と彼のメシアとしての権威の源だったのだろうか。Ch・ヴィルシュブスキーはこの解釈を提唱し、ナータンによれば、メシアの魂は「蛇を生み出したのと同じテヒルーから生まれた」と主張した[281]。しかし、ナータンはけっしてそういう言葉づかいはしていない。メシアの魂はこの世に現われて、そのあとテヒルーに置かれた、と彼は言っている。メシアが蛇と同じ実体から出たというはっきりした示唆もない。「メシア王の魂は低いゴーレム（つまりテヒルー）に存在することを知りなさい。なぜなら、最初の蛇がテヒルーで生まれたのと同じように、メシア王の魂も創造され、エン・ソーフの意志によってこの世に生まれたからである。彼の魂は世界創造以前に存在し、大きな深淵のなかにとどまっていた。」別の箇所では、彼の魂は深淵の上方にいるのであって、そのなかにではない、といわれている。(282) メシアの魂にはテヒルーに差し込む「直射光線」はあたらなかった。メシアの魂は「エン・ソーフの意志によってこの世に生まれた」という表現の正確な意味については議論の余地があろう。それは彼の魂がエン・ソーフ内で存在するようになり、そのあとテヒルーに置かれた、という意味かもしれない――メシアが蛇と対峙して。しかしこのばあい、エン・ソーフの意志の現われはすべてその「思慮深い光」から出ているのだから、メシアの魂は低い序列である、とは書けまい。そのうえ、ナータンの用語を分析してみれば、こうした解釈はまず裏づけがないだろう。「エン・ソーフの意志」という表現は彼の著作ではしばしばテヒルーのなかでエン・ソーフの意志によって行なわれる行為と結びついて現われる。もしかすると、ナータンはヴィルシュブスキーがいうように本当に、メシアと蛇はお互い死闘を繰り広げながら対立しているけれども、同じ実体なのだと考えたのかもしれない。だがそうなら、メシアはどうやって自分の本質を取り除き、彼の根の劣等性を克服したらいいのかも説明しなくてはならないだろう。そのような説明はなく、多くの点はメシアの魂の根は「天の諸形態」の聖性の域にあるという見解を支持しているように思われる。彼の魂はケリパーに「沈んだ」が、ケリパーから生まれたのではない。結局、わたしたちの問いにたいする答えは「劣等」という言葉の正確な意味にかかっている。『竜にかんする論文』の一章は、「劣等な根」はケリパーの実体そのものからなる根を意味しているようだというヴィルシュブスキイの命題を裏付けているように思われる。ヨブ記一、八を解説するさいにナータンは、ヨブは「悪から離れた」ひととしてえがかれている、と説明する。なぜならヨブはメシアの王を象徴しているからである。メシアの王は「ケリパーを」悪から離れさせて、それを〈非の打ちどころのない誠実な人間、神を恐れ悪から離れるひと〉としてより高いレベルに引き上げた。なぜなら、彼自身の根は絶対悪、(283) ケリパー、彼が最後に救うことになるイエスだからである。ごくわずかな省略によって、ヘブライ語原文の傍点を付した部分は「なぜなら、彼自身の根は絶対悪のなかへ［沈んだ］とも読める。つまり悪に呪縛されているが、悪と同じ実体ではないのである。下等な根への言及が意味するところはそのばあい、メシアの魂は高い序列から出たものではなく、その起源は原人アダムの神秘的な身体の踵に[284]、すなわち聖性の域の最下部にあったということにほかならない。

ナータンはメシアの魂の品位を次のように規定している。「［ダビデ王家から出た］メシアの王の根は［セフィラー］イェソード、〈父〉［と呼ばれる形態］のなかにある。それにたいし、エフライム家から出たメシアの根は［セフィラー］イェソード、〈母〉［と呼ばれる形態］のなかにある。[285]」この定義はルーリアの著作から採られたもので、そこではこういわれている。モーセの魂は[286]〈父〉と呼ばれる形態のセフィラー・イェソードから出た火花で、ベリーアーの世界に顕現した。だが、ナータンによれば、モーセについていわれていることはすべてサバタイ・ツヴィにあてはまる。モーセという名を形成するヘブライ語の文字はアルファベットをひっくり返せば「ツヴィ」と読めるからである。ハイーム・ヴィタールによれば、セフィラー「父のイェソード」はモルデカイに一致する象徴である。それが救済の性格をもつ[287]のはその結果である。サバタイの弟子は、ひょっとするとサバタイ自身も、モルデカイをメシアの魂から出た火花だと思っていた[288]。これらのモチーフを採り上げたことによって、ナータンは自分がメシアの「劣等な根」についていったことすべてに矛盾することとなった。ヴィタールがメシアをモーセやモルデカイと同列に置いたとき、メシアの品位を低く見ようとしていなかったことは確かだ。それどころか、彼はメシアの魂がこの世に出た神秘的プロセスを定めたが、それはメシアの起源が〈父〉の形態すら及ばぬほど高かったことに疑いを抱かせぬものである。メシアの魂はルーリアの五つのパルツーフィームないしは形態のなかで最高位のもの、辛抱強い（思慮深い）者として知られているアーリーク・アンピーンのなかにあった。これとその伴侶との聖なる結合はルーリアの創造の報告にはどこにも述べられていないが、それにたいし、下位の四つの形態（「父」、「母」、「短気者」とその妻シェキーナー）は創造のプロセスを動かす原動力として重要である。「なぜなら、辛抱強い者のセフィラー・イェソード［象徴的には男根］は世界創造のさい［妻との結合によってではなく、もっぱら自分自身との結合によって］行動したからである。それというのも、彼は日々の終りになってから妻と交わるからだ。しかし、時いたって世界が彼の明瞭な意志によって刷新されれば、そのとき辛抱強い者と妻との結合が行なわれるだろう。そしてその結合は［魂の最高の形式である］イェヒーダーの神秘に包まれたダビデ王家のメシアの魂という神秘を生み出すだろう。そのときには永世、安寧、支配があるだろう。(289)」

メシアの魂の地位が低いことと、その起源が神的形態の最高位のもののなかにあることとは一致しない。この矛盾を解こうとするのは無駄かもしれない。どうやらナータン自身もこの関係をえがくことがまったくできなかったらしいからだ。わたしはナータンがメシアの魂の根をケリパーと完全に同一視したとは思わない。『竜にかんする論文』の主旨は反対の方向を示している。昔から聖蛇は邪悪な原蛇といっしょに暮らし、それと戦うが、さりとてそれと同じ実体ではない。「エン・ソーフの意志」は大いなる深淵の底に或る元素を植えつけた。それは最後にはこの深淵に打ち勝ち、未形成の物質を「解放し」、それによってケリパーの諸世界も含めて宇宙のティックーンをなしとげるだろう。

メシアの魂がケリパーに幽閉されていたという考えはルーリア文学にも現われる。ナータンはそれをヴィタールの著作に発見した「聖なる策略」（これについては第一章で述べた）のイデーと結びつけた。ときおり、ケリポースは――何か重大な計算ミスをすることによって――格別神聖な魂を掴んだ手から放すことがある[290]。ヴィタールによれば、このようにしてアブラハムとダビデの魂はこの世に生まれたのである。このイデーとメシアの魂の突然の変化を同じように理解することとは紙一重の差で、メシアの魂の突然の変化はじつに効果的にサバタイ・ツヴィに適用することができたのである。ハイーム・ヴィタールはこの選ばれた魂が巻き込まれた邪悪な衝動（イェーツェル）との恐ろしい戦いについて語っていた。そのような魂はことのほかメランコリーに陥りやすく、「そのような人間は必定いつも悲しく、わけもなく不安である」。ダビデ王の魂がそうであった。ヴィタールはここでメシアの魂にかんするナータンの心理学的理論のパターンを先取りしている。サバタイの感情生活の浮き沈みには形而上的根拠があるのだ。それはテヒルーにおける自伝的前史とでも呼べるものの結果なのだ。始源の頃から、救世主は大いなる深みのなかにいる——彼を苦しめ、彼を誘惑し、彼の信仰を否認しようとする蛇たちとともに。深淵を支配する最上部の蛇はファラオ、「聖蛇」を掌握する「大きな竜」であった。だが聖蛇はやがて日々の終りにそれに打ち勝つだろう[291]。呼び方の類似性——「蛇」である——は「ケリパー」（殻）が聖性の殻となっていることからそのように呼ばれていること」に起因する。一見ナータンはこの説明のさいに、メシアの根の聖性とそれの覆いまたは包みとなっているケリパーとのあいだに明白な区別があることを前提としているように見える。ファラオがメシアの魂を権力で押えつけているかぎり、メシアの魂はヨブと呼ばれた（ヨブはラビの言い伝えではもともとファラオの奴隷のひとりだったのである。）しかし、戦いが勝利に終るとき、メシアは「ケリポースの獄舎《ひとや》」から抜け出すだろう。メシアはケリポースを打ち負かすだろう。そして苦難のひと、悩めるヨブはファラオになり、ケリパーの「包皮」を剝き取るだろう（ヘブライ語でファラー *phara*ᶜ——専門用語としても用いられ、割礼のときに亀頭を露出させることを表わす動詞）。そのときメシア自身は「大きな竜」、「突き刺す蛇」、「曲がりくねる蛇」になるだろう（イザヤ書二七、一参照）。

ナータンはメシアの象徴というヨブの予型論的アレゴリーをかなりながながと詳述している。キリスト教文学ではすっかりおなじみとなったこのアレゴリーは初期のマラノ人サロモン・モルコによってユダヤの説教学に採り入れられた。ナータンがそれを彼独自のやり方で発展させたときにはもう、それが知られて一〇〇年以上もたっていた(292)。

ヨブについて報告されているすべての苦しみはむしろ彼、サバタイと関係している。彼はありとあらゆるケリポースによる大きな誘惑のなかでひどい苦しみを味わった……それによって彼はそれらからすべての聖性を抜き取った。それどころかケリポースの修復すらやった。なぜならケリポースはゴーレムと呼ばれているからである。つまり無定形な塊なのである。だから、こういわれている［創世記一、二］。「地は形なく（トーフー）、混沌としていた。」――なぜなら建造物（すなわち構造、宇宙）があり、そこに無定形な塊（トーフー）があるからである。それはケリパーであり、彼［メシア］によって完成されるだろう。これはテヒルーの神秘と似ている。……聖書は彼についてこういっている。「そして神の霊が水の面を覆っていた。」ラビたちはこう説明した。「これはメシアの霊である。」「神が漂っていた」の数値は彼の名［サバタイ・ツヴィ］の数値と同じである。なぜなら、彼の魂は大きな深淵の底にあったからである。闇、雲、そして濃い暗黒が彼を取り巻いていた。彼が城から出るようにそこから出たとき、濃い闇は彼にとってむつきであった。……そして、この世にどうして深淵があるのかと疑問に思うなら、その理由はこうである。神は大いなる奇跡を行なわれるたびに、テヒルーの神秘から［貴重な］元素を抽出されるからである。神のすばらしい創造物はこの無定形な塊からつくられている。……メシアもそこから［多くの聖性の火花を］引き出した。……そして彼は［最後には］テヒルーを取り除くだろう。その結果、聖書のいうことが果たされる［イザヤ書二七、一］。「……主は堅く大いなる強い剣で逃げる蛇レビヤタンとその仲間、曲がりくねる蛇を罰する。」これを説明するとこうである。先述のケリポースに沈んでいた［メシアの］魂はすべての世代に火花を送った。それ［世代］が立派になったなら、そして件の火花が主のために本領を発揮したなら、それはひょっとするとメシアになったのかもしれず、その［聖なる］魂の根をすっかりケリポースから引き抜いてしまったのかもしれない。もともとアミラーもこの根の火花としてこんなふうにケリポースから出てきたのだが、努力してその根を完全に抜き取った。そのため神は、彼が根を完全に抜き取った［そしてメシアとなった］あと、彼を大きな誘惑へ導かれた。彼は天の高みに昇ったあと、何度も大きな深淵の底へ落ちた。そしてそこで蛇たちが彼を誘惑し、もっともな証拠を挙げて、実践的理性も太刀打ちできないようなやり方で彼に話しかけた。「おまえの神はどこにいるのか」と。しかし彼の信仰は揺るぎなかった。それはともかくとして、彼は身体の節々に大きな激しい痛みも覚えていた。この誘惑の期間、彼は「ヨブ」、「ファラオの奴隷」と呼ばれた。なぜなら「ファラオ」はメシアの本当の名であり、メシアによってケリパーの包皮をすっかり剝き取るという秘義におけるファラー *phara* という語から来ているからである。彼がこれをなし終えると、彼はもはやヨブと呼ばれず、ファラオと呼ばれるだろう。大きな蛇の力を見よ。それは聖なる蛇のケリパーなるがゆえに［そんな力をふるうのだ。］それゆえ聖書はこういっている［出エジプト記四、三］。「モーセはその前から身を避けた。(293)」

この節の意図ははっきりしている。サバタイの本当の人間性と、彼のたびたび変わる気分と行動パターンの根拠を明らかにすることである。前章で同じテクストから別の抜き書きを引用した（一五二―一五三ページ参照）。それは一方ではサバタイの照明と平和と喜びの時期を、他方では闇と不安の日々におけるケリポースによる迫害を描写している。彼がケリポースの圏域から抜け出したあとも、この最も偉大にして神聖なる魂はときとしてなおケリポースに抑圧され、迫害され、その権力下に突き戻される危険があった。この恐るべき不断の戦いではメシアはアブラハムをしのいでいる。アブラハムの魂はケリパーから抜け出したあとはずっと自由だった。ところが、メシアは、ナータンの書簡につまびらかなように、彼の王国の顕現と彼の公の任務の開始まで戦いを続けねばならなかった。

メシアの魂にかんするナータンの教義にはカバラー的形而上学的モチーフと心理学的自伝的要素とがいりまじっている。テヒルーにおけるメシアの魂の前史は人間サバタイ・ツヴィの謎めいた腑に落ちない人間性を理解する鍵となる。彼の奇異な振舞いは、彼のメシアとしての品位を偽りだと思わせるどころか、それを確証するものだった。並の魂なら、いやそれどころか敬虔な禁欲者の魂でさえ、そのような「奇異な行動」のなかに表われようとはしないだろう。これはまさに「ティックーンの隠れた行動」にほかならなかった。メシアはケリパーとの戦いを続けたのである。深淵の底から自由を勝ち取った彼だからこそ、律法の力も及ばぬこの闇の国を征服するにはいかなる逆説的な手段によらねばならないかを知っていたのである。ナータンはこのことを晩年の著作で明らかにした。

ナータンの形象世界は主としてゾーハルとルーリアの著作から採られている。しかし、これらの形象をつなぎ合わせるやり方、新しい体系の構成、「聖なる蛇」の使命の強調などが合わさって、純粋なグノーシス神話といっていいっこうにさしつかえのないサンプルをつくり出している。ルーリアのカバラーも明らかにグノーシス的特徴をそなえていたが[294]、しかしその力強い――かつ典型的にユダヤ的な――メシアの幻視は伝統的な線に沿ったものであり、聖性とケリパーの戦いはひとりひとりのユダヤ人の生のなかで行なわれた。ナータンは他方では新しい二元的要素と新しい救済者の構想を導入した。二つの革新は相互に関係している。なぜなら、大きな深淵、すなわちイスラエル人のティックーンの宗教的努力に抗し、それを受けつけぬ形のないゴーレムの存在は、とくべつな性格をそなえ、とくべつな使命をになった救済者を必要とするからである。もう以前に一度異端的なユダヤ教の神話――蓋しグノーシス思想はもともとそのような神話から発していた――に結晶したあの形象が、いまふたたびラビ・ヤコブ・ハギスの学院から出たひとりの若い学者の心に甦ったのである。この新しいグノーシスの神話は、それ自体個別に見れば完全にカバラーの伝統の枠内にある諸要素から成り立っていた。だがこの事実もたんに新体系の特別な心理学的力学とその注目すべき爆発力をより鮮明にきわだたせるだけである。このカバラー的教義を異端に変えるには、強調点をちょっと、ほとんど目立たないくらいずらすだけで十分だろう。まさしくそれがサバタイの棄教後に起こった。とはいえ、サバタイ主義神学の主たる特徴は棄教後に、棄教の結果として発展したと信ずるのは誤りであろう。ナータンのもともとの着想は、サバタイの気まぐれな背理的な人間性の神秘的解釈からもっと背理的な、信に背くメシアの謎めいた悲劇的な使命の教義へと絶え間なく一直線に続いていたのである。

突然、神秘主義的ユダヤ教のなかに、二世紀ないし三世紀の、蛇崇拝者《オフィート》とかナーアッセーネル（蛇）として知られたグノーシスの一派の中心的シンボルが再浮上した。しかし今回はペルシアとかエジプトの影響を探す必要はない。それは純粋に、一点の曇りもなくルーリア・カバラーの淵源から発していた。ナータンの神話学体系に外国の影響があったことを示す兆候はない。例外があるとすれば、彼が絶対的価値として「信仰」に重点を置いていることで、それはサバタイ自身が採り入れたと思われるキリスト教の教義に起源があるかもしれない。棄教はナータンの体系にたいした変更をもたらさなかった。それはただ、初期の著作に暗に含まれていたモチーフのいくつかを、救世主、その人間性、創造の秘密や神のプレローマ（充溢）とのつながりにかんする逆説的な、ほとんど異端的な教義とともに、はっきり浮かび上がらせただけであった。預言的幻視と知的努力の結果として、ナータンの概念と象徴は背信的なメシアのスキャンダルを扱う理想的な道具となった。この醜聞事件の神秘的意味はナータンの元の教義の諸概念で容易に説明ができた。キリスト教のメシアは本当のメシアの「さや」ないし「ケリパー」であり、この「ケリポースのメシア」は最後に本当のイスラエルのメシアによって救われるだろう、という考えは必ずしも異端ではなかった。ナータンの著作のどこを見ても、キリスト教全般あるいはイエス個人にたいするかすかな共感の痕跡すら見つからない。キリストにたいする神学的関心の起こりはどうやら自分よりまえのメシア像について瞑想に耽ったサバタイ自身にさかのぼるようだ。他方、奇矯な振舞いや律法違反は大きな深淵のティックーンなのだというナータンの慎重になされた示唆は、すでに異端の道を取っているかのように見える。

ナータンが別の独創的な着想を、あるいは少なくともサバタイ・ツヴィから聞いたのかもしれない混乱した示唆を、体系的に発展させたことは疑うべくもない。そのなかには下方の世界の統治体制における天の形態（パルツーフィーム）の連鎖にかんする理論がある。この理論は一三世紀の『セーフェル・ハ＝テムーナー』に詳述されている世界周期説と明らかに類似している。[295] ナータンはカバラー文学で広く論議されたこの説を知っていて、自身の思考にさいして、テムーナーの著者がそれを誤解していることを知りながらもそれから出発した。モーセス・コルドヴェロやイサアク・ルーリアが激しく拒否した元の教義によれば、創造された宇宙年代ないしは永世の連鎖のなかでひとつひとつのセフィラーが一世界周期（シェミッター）を支配している。ナータンの解釈ではわたしたちの世界はルーリア・カバラーのパルツーフィームによって順繰りに支配される。現在の秩序体制は、「聖なる唯一者、あなたに讃えあれ」とも呼ばれるゼーイール・アンピーンの体制である。それはわたしたちの世界を最初の六〇〇〇年間――各一〇〇〇年間は神自身の日々の一日に相当する――支配するが、少なくともわたしたちの生存する六〇〇〇年目の始まりまでである。しかし、ゼーイール・アンピーン、すなわち六宇宙「週日」の秩序体制がサバタイの秘義に高められるやいなや、支配権はより高い、父母と呼ばれる形態へ移る。「そしてこの〈世界〉の昇格についてアミラーはいとも神聖な歌を母語でうたうのを常としていた。」[296] ナータンはこの歌の名を挙げていないが、察するに、サバタイの愛唱歌、スペインのエロチックなロマンツェ「皇女メリセルダ」のことをいっているのは確かだ。サバタイはこの歌にありとあらゆる神秘的な解釈をほどこした。そのため、サバタイ主義の信者にとっては非常に神聖なものだった。信者たちは、サロニキのデンメーの讃美歌集に採り入れられたことからわかるように、集会のさいにそれを歌った。[297] だが、聖なる唯一者あなたに讃えあれの未来の名が「サバト」であるなら――そのわけは、世界統治がゼーイール・アンピーン（すなわち、「週日」）の形態から、父と母へ移るからである――メシアも「肉体的精神的に非常に高い地位に引き上げられる」とナータンは結論する。「彼の身体は輝くサファイア石のように純粋であるだろう[298]……彼はもはやそれ以上高いものはない最高の世界へ昇るだろう。この転位について聖書はこういっている。『こうしてヨブは一四〇歳の年に死んだ。』……聖書は〈死〉という表現を用いているが、これは転位を意味している。」

ここでナータンはのちにサバタイ主義神学で重要な役割を果たすことになるモチーフを導入している

――未来の世界で、すなわち復活ののち、義しき人の浄められ、讃えられた身体は非常に高い領域へ昇るだろうという考えである。初期のスペインのカバラーの偉大な人物のひとり、ナハマーニデスは、トラクト『報いについて』（シャアール・ハ＝ゲムール）のなかでこの説を声高に唱えていた[299]。しかし、ナータンの解釈はあるとくべつな連想を呼び起こす。メシアが「それ以上高いものはない」天界へ昇るという考えの定式化は、タボール山上で弟子たちの前に姿を現わしたときのメシアの変容にかんするキリスト教の教義と、メシアが父の右側に座すべく昇天することとを強く想起させる。ナータンはある後年の著作[300]で、サバタイ自身が転位の教義を明らかにしたのだと主張した。彼の証言は、すでに先ほどサバタイのほかの考えを分析してえられたとおり、キリスト教の影響をナータンに伝えたのはじつはサバタイ自身であったという印象を裏づける。転位の教義それ自体にはイスラム教シーア派の影響も指摘できる。過激なシーア派グループの神学ではイマーム〔シーア派の教義で神から霊感をあたえられたイスラム共同社会の世襲的指導者。預言者マホメットの後継者と目されている。スンニー派では重要視されない〕の転位説が広く知られている。しかし、サバタイの棄教まえの生活という歴史的文脈ではそのようなシーア派の影響はまったくありそうにない。メシアは――サバタイとナータンの見解によれば――死ぬのではなく、より高い世界へ移されるのである。この考えは、わたしたちがサバタイの照明と、それと同時に始まる極度の興奮と天上の光への上昇という精神的経験について知っていることと適合する。ひょっとすると、キリスト教徒との対話がメシアの変容というこの同じ性質のイデーをサバタイに思いつかせたのかもしれない。

しかしながら、以上のことから、メシアが神の化身であると断言はできない。最終的にはそのような教義に行きつく芽はあるけれども。しかし、さしあたってナータンは、天上の光への上昇を神聖視とか神格化として叙述することをやめた。といっても、彼が何かほかのことを考えていた可能性はほとんどないけれども。メシアはケリポースのどん底から純化とティックーンによってアツィールースの最高位にまで高められるだろう。地上のいっさいのものは、セフィラー・ケセルから小石ひとつに至るまで、絶えざる変化と形質変換のプロセス（ディーン・ベネイ・ハローフ）[301]に委ねられていると説いたバルセロナのヨセフ・ベン・シャーローム・ハ＝アシュケナージ[302]を想起させられるように思う。ひとたび生命をもたずに現われたものでも、いずれそのうち生者のかたち、天使のかたちを取ることができる。それどころかセフィロースの光のかたちを取ることすらできる。しかし、類似性は存在よりもむしろ見かけにある。スペインのカバリストたちは形質変換の宇宙的一般法則を明言したが、ナータンはそのプロセスをひとりメシアに限ることで事実上この説を斥ける。他方、メシアの変容にかんするナータンの言葉は一六六六年の著作に徐々に現われるあるとくべつなほのめかしを予示しているように思われる。メシアは神の名で呼びかけられるだろうという。ここでわたしたちは前述の、神の名シャッダイとサバタイ・ツヴィの名との等値を想起させられよう。これが、さらに極端化するのちの教義の最初の前触れである。

　ナータンはまた初期のカバラー的著作でサバタイの「神性の秘義」も解釈しようとした。秘義とはわたしたちが祈りで呼びかける神（「誠実なる神よ」）はセフィラー・ティーフェレースであることを意味する。この解釈によれば、「より高い地位」へのサバタイの上昇は彼が天上の光ととくべつな関係をもつことを表わすものと理解でき、彼をそのような神的光の化身とまでいう必要はない。ナータンはこれらの考えを『竜にかんする論文』ではなく、初期の「われらが主の信仰」を述べる、「ヨナの船」にかんする非常に短いトラクトのなかで説明している[303]。『ティックーネ・ゾーハル』はヨナの船を身体（船）と魂（ヨナ）のアレゴリーと説明した。身体の最も重要な手足は魂の衣服である身体を意味する船の操舵手である。『ティックーネ・ゾーハル』ではこのアレゴリーにメシア的意味はなかった。ヨナの旅する海を波立たせる強風はこんなふうに寓意化される。「身体の手足がこの風（＝精神）によってトーラーの命どおりに動かされるように、船も人間の願った方向へ動くだろう。」つまり、人間の世俗的な願望もかなえられるのである。ナータンはゾーハルの一節を、すべての信徒に「われらの同胞がその流浪を終りにすることができるように」救済の仕事に身も心も捧げよと呼びかける救済宣言に変える。声明の原文は「毎朝毎晩これを朗唱するように」[304]という指示つきでいろいろな国へ送られた。この一節のカバラー的注釈で預言者は、なぜ「第一原因」が啓示宗教の神と同一でないのか、なぜ「第一原因」と結びついている神の名 **EHEJEH**（「わたしはある」）は口にすることが許されるのに、セフィラー・ティーフェレース、すなわち「わが信ずる神」と結びついている聖四文字 **JHWH** は口にすることが許されないのかを説明している。

あなたにひとつの比喩をお話ししよう。これは配下に別の副王を任命する偉大な王のようである。副王は王のすべての指図を実行する。要求を出したい者は彼を通して申し立てねばならない。彼がそれを王に具申する。しかし、ほかの人間に願い出る者は、たとえそれが［副王］よりも地位の高い人間であっても、王の気を損ずることは間違いない。この［比喩の］謂はこうである。あらゆる［神の］名のなかでも選りすぐりの名である、けっして口にしてはならない聖四文字は、一般に［セフィラー］ティーフェレースを意味しているが、**EHEJEH** は［最高のセフィラー］ケセルを表わし、奇妙なことに口にすることが許される。そのわけはこうである。天の流出［の世界］（つまり神のセフィロース）は大きな海のようであると思いなさい。岸辺の水も海の真ん中の水も同じであり、すべてはひとつである。神の流出も同じだ。なぜなら、わたしたちは神の［いろいろな］セフィロースについて話すけれども、それらは神の一部だからである。わたしたちはわたしたちにいちばん近い［神の］光の流出を受ける。それが［一〇番目のセフィラー］マルクース、王の門である。わたしたちが天の光を刺激し、それらがくっつき合えるようにひとつにすると、それらは天上の源に達するまで互いに寄せ合う海の波のようである。海の上に風が吹かなければ、波は静まり、海は穏やかになる。このように、すべては風しだいである。神の流出も同様である。ティーフェレースは風であり、もしわたしたちが――セフィロースである――海の波を動かし、［神の影響を］降らせてくれと風にたのまなければ、わたしたちはどうしてわたしたちの肉と食べ物をえることができようか。だからわたしたちは、風が波を動かしてセフィラー同士が互いに寄せ合い、［その運動が］エン・ソーフ［に届く］よう祈らなければならない。そうすれば、神の影響がマルクースによってわたしたちのもとへ降りてくるだろう。それゆえ、風はJHWHと名づけられる。なぜなら、それは第一原因がティーフェレースのなかにある風にあたえた名だからだ。それで、わたしたちは何でも風にたのむ。すると風はそれを天にたのむ。別のセフィラーに何かをたのむと、それは第一原因の意志に反し、王は気を悪くするだろう。わたしたちの主なる王［サバタイ・ツヴィ］はこの信仰をえるために、ティーフェレースである王を玉座につかせるまで、大変な努力をなされた[305]。それゆえ、預言者ハバククは彼についてこう預言している。「義しき者は己れの信仰によって生きるだろう。」これの頭文字は［ヘブライ語で］ツヴィZWIという語をつくっている。彼［つまりメシア］は王を即位させたあとは非常に崇高な存在で、彼だけに聖なる老人に直接呼びかける許しがあたえられるほどである[306]。それゆえ、彼についてはこういわれている［箴言二八、二〇］。「信ずるひとは［多くの祝福をえる。］」なぜなら、そのひとは最初にティーフェレースの信仰をもっていたからだ。しかし、信仰［ヘブライ語の語根ʾ*mn*］の秘密は［神の祝福を］「吸う」である。それは「養う」という語（これもヘブライ語でʾ*mn*）にも表われている。それゆえ、［最初は］ティーフェレースが彼にとって養育してくれる父または保護してくれる父であった。だが、そのあと彼は高められ、聖なる老人が育ての父となった。それゆえ、「信ずるひと」――ᵓisch ᵓemunoth これの数値もサバタイ・ツヴィのと同じ八一四である――は彼［聖なる老人］に祈る。これが「われらが主の信仰」(307) の神秘的な意味であり、それ［すなわちこの信経］は一日に二度、朝と晩にとなえられるべきだろう。

これまでナータンの「神性の秘義」の解釈はまだまったく単純ではなかった。最初、彼には後年の複雑さも、聖なる老人の秘義へのメシアの上昇とそこへの受け容れにかんする追加の詳細もなかった。サバタイについてはただこういわれているだけである。彼は聖なる老人だけに祈ることを許され、ほかの、つまりそれより低いセフィラーに祈ることや、ティーフェレースに祈ることすら許されなかった。ティーフェレースは「誠実な神」だったにもかかわらず。ここで聖なる老人についていわれていることは、すでに分析したテクストの多くで第一原因についていわれていることと明らかに一致する。メシアは高められるまえにも聖なる老人の光と親しく交わり、この泉から「吸っていた」。ナータンのパルツーフィームの教義はここではっきりする。聖なる老人の光はゼーイール・アンピーン――イスラエルの神そのもの――の形態のなかにメシアによって顕現するのである。この光の流入によってメシアの世代のすべての魂はそれ自身のティックーンをなしとげるだろう。しかし、メシアがその光の養分を彼の「乳母」、聖なる老人から受け取る、つまり吸うのであれば、彼が最後にはまたこれらの光のもとへ昇って行き、そのなかに消えるだろうということは怪しむに足りない。

サバタイの上昇と変容の教義は注目すべき終末論の焦点である。ヨブは一四〇歳で死んだ。「今日［すなわち一六六六年夏の］アミラーは四〇歳である」ので、彼はきっとなお一〇〇年生きつづけるだろう。

そのあいだに彼の肉体はしだいに気化していき、最後の転位で見えなくなるだろう。そのとき「世界には天地創造以来一度もなかったような大きな悲嘆があるだろう。涙の粒が人びとの目から流れ落ちるだろうが、そのとき主の美しさの秘密が明らかになるだろう」(308)。「主の美しさ」［詩篇九〇、一七］とは永遠の至福の状態と、詩篇作者が「あなたの御業をあなたのしもべらに顕わしてください」［詩篇九〇、一六］と祈った幸福な未来像にほかならない。主の転位を悲しむ涙は人びとの目をひらかせ、人びとは主の隠れた御業を見るだろう。そして主の美しさの顕現は主の変容後余す四七四年間、第六〇〇〇年の終りまで続くだろう。この残っている年は宇宙の安息日の前夜にあたるだろう。そののち、未来の世界の神秘である第七〇〇〇年に、万物は「安息日」の最高の地位に高められるだろう。

ナータンはひとたび終末論的思索に踏み切ったからには、別の極端な結論に到達せざるをえなかった。それはのちにサバタイ主義神学の歴史において重要な意味を獲得することとなる。ナータンはサバタイのとくべつな地位を解釈し、彼の「奇異な行動」を、ケリポースをふたたび聖性へ戻すための救済手段と説明しはじめた。だが、まもなく彼の終末論的ヴィジョンの地平は広がった。非常に初期の段階――間違いなくサバタイの棄教まえ――に、彼は律法と掟の問題をメシアに啓示された「新しい律法」の教義と結びつけていた。そのうえ、メシアは一六五八年に瀆神的な祝福「あなたは禁を許される」を告知していた。ここでもほかのところでも、ナータンのイデーは、初期の神秘主義者の同様の思索に欠けていた鋭さと現実性感覚をそなえているけれども、無から《エクス・ニヒロ》考え出されたわけではない。サーフェードのカバリストたちは律法の「霊的な」性格、さらにはメシア到来に先立つ時代の魂の特異性についても語っていた。だが、彼らはこの二つのテーマをまったく異なったものとして扱い、『竜にかんする論文』のナータンのように両者を相互に結びつけることはけっしてしなかった。ナータンの新しい相違の意味と両教義の組合せがもつ危険な爆発性の高い性質を理解しようとすれば、なおくわしい分析が必要である。

隠れた神的力の最高の表現としてのトーラーは本質的に物質的ではないという点ですべてのカバリストたちは一致している。トーラーは宇宙の法則である。もし宇宙がその本来の霊的構造を保ちつづけていたら、トーラーも、けっして「物質価」されなかっただろうし、アダムの身体も物質的にならなかっただろう。天のトーラーの秘義は「生命の樹」の秘義である。その戒律は本質的根本的には、いろいろな組合せでトーラーの純粋な霊性をおびて輝き出る霊的光である。モーセス・コルドヴェロとその一派ほど伝統的な律法に心服したカバリストは思い当たらない。ところが、彼の弟子エリヤ・デ・ヴィーダスは彼がこのように言っているという。「どの戒律も上方の世界では生命の樹と一体化した天上の光である。しかし、アダムの堕罪と黄金の牛の堕罪の結果、トーラーと戒律は物質化された。それでいま人間は物質的（つまり実践的）戒律を果たさねばならないのである。総飾りのついた四角い衣を着るとか、革製のテフィリーンを捧げ持つ等々。わたしの先生はよくそのことを話された。」[309]この教義の含むところは明らかである。メシアの時代には、ティックーンが果たされ、堕罪の影響が取り除かれるや、すべてのものはふたたび元の霊性へ戻され、律法の「物質的」実践と遵守は自ずとなくなるだろう。この結論はすでにゾーハル中の『ラーヤ・メヘムナー』（二〇—二一ページ参照）に示唆されている。それはいま一度はっきりと、『ラーヤ・メヘムナー』ほどの激しい極端さはないけれども、ヘブロンのアブラハム・アズライによってサバタイが子供の頃に書かれた作品『ヘセド・レ＝アブラハム』のなかで述べられた。主としてコルドヴェロの著作に基づいているアズライの作品は次のような叙述を含んでいる。

これが［終末論的］未来に神が導入されるトーラーの改新［の秘義］である。なぜなら、トーラーは、わかりにくいけれども、もともと［シナイ山で啓示されたとき］、［もっぱら］［わたしたちがアダムの堕落以来存在している］物質界のためにこのような物質的かたちであたえられたからである。しかし、［終末論的］未来においては、人間はその物質的身体を脱ぎ捨て、堕落まえのアダムが所有していた［霊的］身体の秘義へと昇っていくだろう。そのとき、人びとはトーラーの秘密の意味を理解するだろう。隠れているものが明らかになるからである。第六〇〇〇年を迎えたのち、彼らは［霊性の］もっと高い地位へ達するだろう。そしてトーラーの秘義の最奥に隠された本質を認識するだろう。……それはそれを求めるひとたちに明らかになる。根本原理はこうである。トーラーは人間とまったく同じように物質的な服を着ていた。人間は将来物質的な服から霊的な服へ引き上げられるように、トーラーもその物質的な衣装を脱して、ますます霊的な次元へ受け入れられるだろう。この服は復活の時まで残るだろう。そのとき、彼ら（つまり人間たち）は［すっかり］純粋になるだろう。そしてトーラーをその最も内側の服どおりに理解するだろう。……しかし、安息年（すなわち、第七〇〇〇年）には人間たちはトーラーとまったく同じように非常に高い地位へ引き上げられるだろう。なぜなら、人びとが自分の身体を脱ぎ捨てるように、トーラーもその物質的な［側面］を脱ぎ捨てるからである。するとその隠れた顔が現われ、義しいひとはそれ［の霊的な本質］を見るだろう。しかし、トーラーは始めから、そして永久に同じものであり、けっして変わることはないだろう。[310]

トーラー自身がその物質的衣装を脱ぎ捨てたら、それを実践することはもはやできないのだから、トーラーの研究とその戒律の遵守は結局純粋に精神的な観照になるだろう。この終末論的教義に反律法主義的性質があるとはだれも思わないだろう。しかし、わたしたちの霊的状態への復帰のプロセスが早まれば、永遠不変のトーラーの避け難い反律法主義的終末論的可能性の実現が近づく恐れがあるのである。

ナータンがこう考えるようになったのは『竜にかんする論文』においてである。そこでは古い象徴や修辞的表現法が突如新しい意味と新しい生命をおびる。『ラビ・アブラハムの幻視』ではただ、メシアは「王冠の以前の栄光を回復するだろうが、同時代の人びとは彼に背き、彼を嘲笑するだろう」としかいわれていなかった。このセンテンスの両半分は内的関連がないように見える。そして王冠の以前の栄光を回復するというタルムードの修辞的表現法はその単純な表面的意味を超えるもののようには見えない。しかし、このセンテンスを『竜にかんする論文』とナータンのもっと極端な晩年の著作に照らして見ると、この一見たわいのない文は別の色をおびてくる。というのは、ナータンが、メシアは「王冠の以前の栄光を生命の樹の秘義において回復した(311)」と明言するとき、これはたんなる修辞的表現法にとどまるものではないことが明らかになるからである。だが、たとえ生命の樹の象徴にそれがナータンのほかの著作においてもっているような深い意味を認めなくても、ヴィタールの『レーシース・ホクマー』からの引用から見て、トーラーが生命の樹の秘義として回復されることは純粋な精神性という本来の状態へ戻ることを意味するものにほかならぬことは疑いを容れない。「以前の栄光」とは、トーラーが物質化される以前、すなわちトーラーがまだ――ゾーハルによれば――許可と禁止、純粋と不純の対立のない精神的統一のなかに存在していたときに、それと一体化していた生命の樹の秘義にほかならない。これらの対立は善悪の認識の樹から由来する。サバタイ・ツヴィに啓示された新しいトーラーはそれゆえ、生命の樹にかんする本来の天のトーラーなのである。それが啓示されることは許可や禁止、純粋や不純といった基準を廃することを前提としているので、「サバタイの同時代の人びとが彼に反抗し、嘲笑を浴びせる」のも不思議ではないのである。

メシアニズム的トーラーというこの教義からナータンはメシアの同時代人たちにかんして独特の結論を引き出した。彼らの魂は、いま一度思い起こすなら、メシアの魂と同じ根から出ているという。実際、ナータンの見解は不可解である。アツィールースの世界から出た、原罪に穢されていない崇高な魂はトーラーの精神的な様相、すなわちそのアツィールース的性格を理解するであろうという点は、意見として問題はない。イスラエルは、シナイ山で律法を受け取ったとき、生命の樹と一体化したという、ナータンの晩年の著作に見られる言説(312)は逆説的ではない。その瞬間に「彼らはアツィールースの世界から出た魂を手に入れた。だから、彼らのトーラーには義務も禁止も戒律もなかった」。トーラーは黄金の牛の原罪によって初めて実践的戒律というかたちでふたたび物質化されたのである。しかしながら、すでに見たように、『竜にかんする論文』はこの種のより高いアツィールースの魂を論じていない。逆にナータンは、原人アダムの「踵」から出た低位の魂について語っていることを明らかにしている。ヴィタールとは違い、彼はこれらの魂の、完成をほとんど不可能にする恒常的な無恥とかたくなさを強調するのではなく、これらの魂を浄化し救済するためにメシアが払わねばならぬ大変な労力について力説する。ここに不可解な逆説があるのである。ナータンはこれらの低い魂に、アツィールースの領域からの全体的復活ののちこの世に生まれ出るであろう高い魂にかんする初期のカバリストたちの言説を適用する。そうすることによってナータンは実践的戒律の恒久的重要性を根底から掘り崩す。もしメシアの時代の幕あけに実践的遵守の余地が残っているならば、その理由はひとつ、「メシア到来の時代」の魂のなかに別の根、転生のサイクルに属しているものがまだいくらかあるからである。これらの「正常でない」魂はそのティックーンを完了するためにはなお実践的戒律の遂行を要するのである。しかし、この時代のほかの魂はすべてメシアの魂と同じ根から出ているので、トーラーの物質的遂行のかわりに観照的トーラー研究を行なうことができる。トーラー研究の観照的理想が戒律遂行の実践的理想にとってかわる。現在「大半の魂はいかなる行いも要求されない魂の神秘のなかにある」とナータンは説明する。それらはそのすべての構成部分（ネフェシュ、ルーアハ、ネシャーマー）をただちに実現する魂である。それどころか、大半は「新しい魂[313]」、すなわち、いまだ肉体を通りぬけていない魂であった。それゆえ、それらは以前人間に姿を変えていたときの罪を償う必要はなかった。それらが現世に下った目的は特定の行為ではなく、むしろ「すべてがアミラーによって刷新されるまで」トーラーを観照的に研究することであった。「これらの魂はすべてレビラト婚〔子のない寡婦は死んだ夫の兄弟と再婚せねばならないと律法で定められた結婚。申命記二五、創世記三八など参照〕の芽と呼ばれる。［神秘的な原理と呼ばれた］ヤコブとラケルの合一の芽だからである[314]……それでもわたしたちはこの時代にあって［も］実践的戒律を遂行せねばならない。［メシア到来の〈新しい魂〉のなかには］当然〈古い魂〉も多く混じっているからである。そのために実践的戒律を守ることが必要なのである[315]。」それを正しく守るためにはとくべつな努力が必要であった。なぜなら、現在のシェミッター〔律法で定められた七年ごとの安息の年。六年間地に種を播くことが許されるが、七年目には地を休ませねばならない〕のあいだに、ということはつまり一六六五年から一六七二年までの七年間に、完全な姿と完全なティックーンをかちえるためにいまもなお何かとくべつな戒律の遂行を必要とする無数の魂が人間に「侵入する」からである。といっても、これらの魂がこの時代を代表するわけではない。「わたしたちの世代の大半の魂はこのメシア到来の時代にはメシアの根から出たものであって、ほぼ完全である。それらに残されていることは、それらが己れの罪によって強めた厳しい裁きの力を［無力化すること］であり」、ナータンの贖罪の行はそれをするのに十分だった[316]。この教義をあからさまに異端だ、反律法主義だと言っては言いすぎであろう[317]。すでに見たように、この教義は、成熟した反律法主義に強く反対するだけでなく、信仰の熱心な実践を促しもする省察を認めた。それでも、反律法主義的異端に危ういほど近づいていることは否めない。生命の樹のトーラーが地平線に現われていて、サバタイが伝説の川サンバチオンへの旅から帰還したあとに急激な変化が起こるだろうと期待されたらしい。そのときにはナータンが現時点でなお感じていた伝統的なトーラー研究にかわって、メシア思想の自由にあふれたトーラー研究が行なわれるだろう。これは潜在的に反律法主義的であって、預言者たちを大いに魅了した。ナータンは「新しいトーラー」の摘要範囲をメシアの同時代人であるすべての魂に広げ、そのかわりこの主題にかんするルーリアの教義から根本的に離反するという犠牲を余儀なくされた。伝統的な要素と異質な要素のこれまでにない新しい結びつきはこのとくべつなテーマにたいする彼の重要な貢献であり、ナータンの心中に燃える黙示録の火を示している。サバタイの棄教後に書かれた著作における比較的穏健な論述に比して『竜にかんする論文』が過激であるのも驚くにあたらない。彼の黙示録的気分はかきたてられて目捷の間に迫る実現への熱い期待となり、初めのうち活発な霊感となってほとばしり出た。棄教後の出来事から彼の預言が嘘だとわかったとき、火は鎮まり、張り詰めた期待は込み入った釈明にとってかわられる羽目になった。

ナータンの初期の著作を『ラビ・アブラハムの幻視』から『竜にかんする論文』まで手短に概観したが、それらのもつ並々ならぬ独創性はそこから十分うかがえるだろう。だが、彼の意見はそれほど広く知られていたわけではない。見識のあるカバリストたちが彼の著作を読んでその奥深い含意を本当に隅々まで測り知ることができたかどうか疑わしい。ナータンの文学的技巧はあけすけというよりはむしろ陰に籠っているからである。彼は驚くほど過激な主張を表明することができたが、それをゲマトリア、文字の組合せなどといった因習的なカバラーの秘義という煙幕で覆い隠すことによって、ただちにその影響力の過激さをぼかすこともできた。これら因習的なカバラーの秘義は新しい啓示と伝統的なルーリアの教義との緊密な結びつきという好もしい印象を生みだしはしたけれども、彼の基本理念の発展に寄与するところはひとつもなかった。こんにちの批判的読者にはいろいろな流れを見きわめることなど造作もないだろうが、これこそ一七世紀のカバリストにはできないことであった。彼らの目にはナータンの思弁は必定ルーリア学説の合法的な改作と映ったのである。一六六六年にナータンの大胆な理論はなんら重要な役割を果たさなかった。運動の初期の段階ですら、それはどうやら敵方の目にはいらなかったとみえて、組織的な攻撃対象には選ばれなかった。もともとそれは、彼の身近なひとたちに——多分メシア自身にも——サバタイ・ツヴィの「謎」を理解するためのヒントをあたえるはたらきをしていたようだ。ナータンの著作のなかに播かれた種子は当面のあいだ隠れていたのである。それが花ひらいて、ドラマチックな運動のなかで実を結ぶにいたるまで長くはかからなかったけれども。

そうこうするうちに、新しい要素と古い要素が融合した。ナータンの贖罪行の以前のヴァージョンを含んでいる写本の多くには預言者がメシアを讃えて書いた讃歌も保存されている(318)。遺されている詩句はわずかだが、その頭の文字(A, B, R)は、それが著者の名前を表わす沓冠体の詩であったことを推測させる。後年の沓冠技法からこの預言者によって通常用いられた名前の形式がわかっているので(「わたし、アブラハム・ナータン・ベンヤミン Abraham Nathan Benjamin、エリシャ・ハイームの子」)、この讃歌はかなり長大なものであったと推測できる。ナータンの詩心の発露はサバタイ主義の宗教文学と聖歌学の長い歴史の始まりを画するものである。大半の讃歌はのちに隠匿されるか破棄されて、いまはわずかしか知られていない。残存している詩句から判断すると、ナータンの讃歌は人間の踵に巻きついた原蛇を押さえつけるメシアの力と栄光を讃えていた。どうやら、この失われた讃歌は『竜にかんする論文』の教義の詩的ヴァージョンだったようだ。

新王サバタイの塗油（3）とメッカ占領（4）後，民を率いて亡命地から聖地へ向かうナータン（1）．軍の先頭に立つ総大将ヨシュア・ヘルカーム（6）．律法の石板が掘り出され（2），マホメットの遺体がモスクから投げ捨てられる（5）様子も描かれている（おそらくアウクスブルク，1666年）．

I

第四章　サバタイがガリポリで捕えられるまでの運動（一六六五—一六六六年）

I　ガザとエジプトからの最初の報告の流布。反対者の沈黙

メシア主義運動はパレスチナで発生したが、それがパレスチナをも越えて広がったのは、サバタイが聖地を出立したあとのこと、彼がスミルナを通ったさいに呼び起こした群衆の熱狂の結果であった。一六六五年夏の終り、救済の報せはまだあまり公衆に反響を呼ばなかった。どうやら最初の報せは漠然としすぎて、なんらかの明確な反応を惹き起こすにはいたらなかったようだ。この運動をこんにちに伝える最も早い情報源であるエジプトのカバリストたちは、最初あまりに驚きすぎて、報知を信ずることができなかった。すでに見たとおり、彼らの最初の反応は詳しく調べるために使者をガザに送ったことだった。メシアの告知の信憑性が確かめられないうちは、つまりナータンの預言者の肩書きの信頼性が認められないうちは、彼らはこの良い報せをたとえばイエーメン、北アフリカ、イタリアといった、彼らが緊密なつながりをもっていた国々や町々にすら急いで伝えようとはしなかったのである。それが一六六六年九月にはがらりと変わった。コンスタンチノープルにアレッポから熱狂的な書簡が届きはじめた。それはほぼ同時期に

エルサレムから来たサバタイの破門の報せと相反する内容だった。エジプトから、そしておそらくはまた直接パレスチナから、喜ばしい報せと改悛贖罪の要請が来た。救済の告知が広まったのはむしろこんなふうにしてであり、エマニュエル・フランセスが引用しているようないわゆる書簡体を用いたガザからの公式声明によってではあるまい。(1)「知るがよい、兄弟たちよ、知るがよい、ヤコブの家よ、神がその民をおとない、われらに解放者にして救い主を、主の御言葉にしたがい預言者ナータンによって祝別されしわれらが王サバタイ・ツヴィを遣わされた。いま、われらが王［と?］預言者の命にしたがい、大斎と厳粛なつどいを召集せよ。悪の道を棄て、来たりてつどい、あなたがたの王をうやまえ。」このような呼びかけが発せられたはずは絶対ないだろう。これはフランセスが救済の報告を自分で要約したのか、パレスチナからの手紙を勝手に書き換えたのか、どちらかである。来てサバタイ・ツヴィをうやまえという呼びかけは原文をいかにも胡散臭く思わせる。そのような呼びかけを発する間もあらばこそ、サバタイはすでにパレスチナを去っていたのだから。はや一六六五年六月にサバタイの信奉者たちが無我夢中になってこの種の注意をしたことを示す証左はない。

むしろ公の救済の宣伝を示す典拠は一六六五年九月半ば頃にようやく始まる。サスポルタスが知った最も早い書簡は九月末頃に書かれた。パレスチナとエジプトのサバタイ主義賛成派の記録はけっして字句どおりには引用しないという彼流のやり方に一致して、サスポルタスはこれらの書簡の本文を再現はしないけれども、ほのめかしていることははっきりしている。書簡が一一月三〇日に折りしもサスポルタスが住みついていたハンブルクに届くまで、およそ二ヵ月はかかったに相違ない。(2)エマニュエル・フランセスによって伝えられた「サバタイ・ツヴィとガザのナータンを讃える」書簡がガザとエジプトで書かれたのは一一月二九日以降ではない。(3)大半はそれよりずっと以前に書かれたと思われ、この日付の日に、あるいはその直前に全書簡集がまとめられ、そのあと当時のかたちでエジプトから発送されたのである。ウムベルト・カッスート[4]によって公刊された報告は一一月二六日にエジプトで書かれたものである。ハイーム・ヨセフの兄（チェレビー）宛の手紙はそれより一日早く書かれた。それはのちに英語訳で、メシア主義運動にかんする報告をキリスト教世界に広めようとする最初のパンフレット[5]のひとつに採り上げられた。だが、もっと早い報告もあった。この運動にかんする最初のドイツ語のパンフレットは一六六五年九月一四日にアレクサンドリアで書かれた一通の手紙に触れており、同様に「ヴェネツィアとリヴォルノ経由で届いたエルサレムとヘブロンとガザからの手紙[6]」にも触れている。九月二四日に（アルジェリアの？）ヨセフ・ベン・ネホライ・アゾビブによって書かれた友人エルサレムのモーセス・タルディオラ宛の手紙は、完全なかたちで遺されている[7]。当時アレクサンドリアに滞在していたこの著者はイスラエル市の委任を受けてトリポリタニアを旅していた友人に喜ばしい報せを書き送った。もっとまえに、やはりイスラエル市の委任を受けて行なわれたモロッコ訪問のあいだにタルディオラと会ったサスポルタスも彼をラビ学者と評価した。アゾビブの手紙は、タルディオラがいくつかの曖昧な混乱した噂を聞きつけて、それについて問い合わせたことにたいする返事と見られる。アゾビブの返事はガザの預言者と、メシア・サバタイ・ツヴィと「五年以内に行なわれる」神殿の再建に触れているだけではない。彼はまた当時の数週間を支配した熱狂についても伝えている。「一週間昼夜を通して書きつづけても、預言者がひっきりなしに啓示する新しいことの千分の一もお伝えできないでしょう。どれもわたしたちの救いにかんする話です。」アレクサンドリアで見られたのは「これまでにない徹底した悔い改めで、コミュニティの三分の一以上がサックドレスを着用していた。」アゾビブは大人や子供の断食をじつに詳しく述べている。そして手紙の相手に、公の幸せを考え改心を説くよう、つまりサバタイの福音をトリポリに広めるよう、促している。手紙はこの早い局面でトリポリに届いた報告の性質を一瞥させる。アブラハム・ミゲル・カルドーゾはその頃トリポリの高官の侍医として当地に住んでいたが、福音を聞いて、その預言者のひとりとなった。

運動の開始当初の伝播の歴史はわたしたちを難しい問題に直面させる。サバタイ信奉者の熱心な活動を証する典拠は有り余るほどある。彼らの手紙も彼らの熱狂と熱情を記録にとどめている。それだけに反対者たちの当初の沈黙は不可解である。エルサレムのラビ法廷はコンスタンチノープルとスミルナのラビたちにサバタイの破門を正式に知らせていた。エルサレムからの手紙はちゃんと配達されていた。同様の手紙はこの被破門者がほんの少しまえにそのときはまだエルサレムの公式の使者として滞在していたエジプトにも送られたようだ。ところが、だれもこれらの記録を書き写してヨーロッパへ転送しようとしなかったらしい。メシア運動の報せによりヨーロッパとオリエントのあいだに活発な文通が起こったにもかかわらず、アムステルダムやヴェネツィアやハンブルクの反サバタイ主義の「不信仰者」が破門状のことも類似の公式文書も知らなかったというのは不思議である。断固たる反サバタイ主義を表明していたサスポルタスがこの運動とその指導者たちに都合のいい手紙や報告を差し押さえたのだったら、頷けないこともない。しかし、彼にとってきわめて重要な意味をもつに違いない文書、エルサレムのラビたちによるサバタイ・ツヴィの弾劾を秘匿したなどとは考えられない。このばあいは沈黙から論証するしかないが、サスポルタスも、彼にこころよく写しを提供していたに相違ない友人たちも、この文書ないしは類似の文書を目にしなかったとしか推測できない。サスポルタスは相反する噂の信憑性についてあれこれ沈思黙考した。エルサレムのラビたちははたしてサバタイを破門したのか。彼らは破門したことを後悔したのか。証拠文書なしにサスポルタスはただ推測するしかなかったのだ。それでも疑問は残る。当のラビたちはなぜ黙っていたのか。ひょっとすると沈黙を余儀なくされていたのだろうか。コンスタンチノープルやエジプトのラビたちについては、のちに明らかになる理由から意見を述べなかったのだと確信をもって推測することができる。しかしエルサレムのラビたちの沈黙は依然として謎である。きわめて影響力の大きいエジプトの熱狂的な信者仲間――チェレビー・ラファエル・ヨセフと彼の宮廷のカバリストたち――が、「事を隠すのは神の誉れである」（箴言二五、二）がゆえに、反対者の証言をすべて抑え込んだ可能性もないわけではない。これもことにメシアを侮辱していたエルサレムのラビたちにたいする敬意からしたことである。しかしこのような検閲の可能性が完全には排除できないとしても、それによって謎が解かれるわけではない。一六六五年九月頃ちょうどエジプトに逗留していたアムステルダムの元教師、シャーローム・ベン・ヨセフの報告によれば、エジプトのラビたちの大半は報せの中身の信憑性とサバタイ・ツヴィ自身を信ずることについて疑っていたようだ。彼の証言は、エジプトでもほかの場所でも、信者たちは一定の活発なサークル（たとえば、チェレビー・ラファエル・ヨセフを中心とするサークルのような）に組織されていたこと、そしてこのエリート信者たちは一般人の集団のなかから支持者を惹きつけていたことを示している。それでも「この信仰を疑った」ラビたちは大勢いた――彼らがエルサレムからの正式な報告の公表を差し止めるようそそのかしたとは疑いにくいし、ましてやそれに加担したとは考えにくい。もし信者たちが、エルサレムのラビは破門したことを後悔しているという噂を流したのなら、疑うひとたちはこの嘘に異を唱えずにはいなかっただろう。片や直接の当事者グループ、すなわちサバタイに判決を下したラビ法廷と、片や信者たちの雄弁なプロパガンダ、この両者のきわだったコントラストは運動の最初の運命の年にますますはっきりしてくるが、その理由はいまだに判然としない。

メシアの報せはオリエントの町々に急速に広まったようだが、その詳細はわからない。しかしヨーロッパにその吉報が広まった日付は正確に定めることができる。これまでに発見された最も早い典拠は無名の詩人が一六六五年一〇月五日に書いた短いヘブライ語の歌である。この詩はメシアの到来を喜び、次のように結んでいる。

おお、主よ、サバタイをあなたの栄誉、あなたの名声でみたしたまえ、あなたの聖所がふたたび興り、建てられんことを(8)。

作者が自作に正確な日付を付した事情は、彼が同日か前日に届いたメシアの報せの影響のもとにそれを書いたことを示唆している。だが、さしあたって早い典拠はこれしかない。それ以上の日付入りの報告や手紙がイタリアにはいったのは一〇月末ないし一一月始め以降である。九月一四日にアレクサンドリアで書かれた手紙の筆者がイタリアへも写しを送り、事情に恵まれていたなら、この写しは一〇月五日頃にリヴォルノかヴェネツィアに届いているはずである。しかしながら、最初の報せは大衆運動を惹き起こすにはいたらなかった。

II　ペルシア、アラビア、北アフリカにおける一〇部族の軍隊による征服のうわさ

この無名のイタリア人信者の短い詩は簡潔だが非常に意味深い示唆を含んでいる。詩人はいままさに「美々しい姿を現わ」さんとしているメシアが「ペルシアのすべての王国をしたがえる」だろうと確信している。ペルシアへの言及は、ヨーロッパのユダヤ人のあいだに広まっていた最も初期の報告に支配的で

あったばかりか、キリスト教世界の注意も惹いたあるモチーフを持ち出している。「ペルシア」は明らかに、失われた一〇部族とそれがペルシアからアラビアにかけての荒野かサハラ砂漠のどこかにふたたび現われることを指示している。この噂はガザからの最初の報告とは無関係に起こったものか、それともメシア到来の報せがオリエントにはいった直後に生まれたものか、それは疑問である。

残存している失われた部族の再出現の指示をつぶさに見てみると、すべてはこれらの報告がお互いと無関係に生じたものではないことを示唆している。多くの異なった噂は、イスラエルに出現したひとりの指導者、メシアないしは預言者にかんする最初の報せから発したものであるという推論は説得力をもつ。初期の噂や報告はまだパレスチナで起こったなんらかの具体的な出来事にかんする情報に基づいてはいなかったようだ。すべては漠然としており、真の人間ドラマのかわりに架空の人物が登場する。しかし、ひとつひとつの点は全体的に見ると、目立たないけれどもある一定の結びつきが認められる。一見するとキリスト教徒である書き手がこれらの報告のいくつかを捏造し、ユダヤ人たちのあいだにメシア運動が勃発したことを知らせる報告に色を添えようとしたのではないかと疑うことができるかもしれない。だが彼らの報告やパンフレットを注意深く調べてみると、この疑いを裏づける根拠は何もないことがわかる。失われた部族にかんする噂は、そもそもキリスト教徒の書き手がユダヤ人のメシア運動のことを知るまえにすでに流布していた。実情は実際にはもう少し複雑である。オリエントや北アフリカのいくつかのユダヤ人コミュニティにはいった最も初期の報告は、曖昧で消えてしまいはしたが、すでに民話の「フィルター」をくぐっており、具体的な特殊な細部はいっさい抜き取られて、相当数の空想的要素で埋め合わされていた。このプロセスはけっして意図的な操作や検閲の結果ではなかった。これらの報告が初めヨーロッパで広まり、そのあとオリエントのコミュニティで反響を呼んだかのように事態を説明しようとすると十中八九誤りになるだろう。ニュースはむしろ逆の道をたどって広がった。東方の部族にかんする最初の漠然とした報告が一六六五年夏頃ヨーロッパに届き、そのあと千年至福説が心にあるキリスト教徒の書き手に採り上げられ、さらに粉飾されたのである。

一六六五年一一月から一二月にかけて出回った書簡によれば、ルベンとガドの子らが、別の稿によればルベン、ガドと、マナッセ族の半数が、ガザのほうへ進行した。ユダヤ人サークルから出たこれらの書簡は明らかに、さしあたってパレスチナには触れず、もっぱら伝説に包まれたユダヤ人の遠隔の地や居留地、たとえばサハラ砂漠とかアラビア砂漠のハボールなどにおける出来事のみを語った初期の噂の文学的圧縮である。

モロッコのサレ（ヤコブ・サスポルタスの初期の居住地）から出た同様の噂が、一六六五年九月にヨーロッパに届いた。当時はまだサバタイやナータンのことは何も知られていなかった。それだけに、時間的重なりと報告内容の一致によってのちに惹き起こされた効果はいっそう強かった。ことに、失われた部族とサバタイ・ツヴィにかんする最初のニュースが同時代のキリスト教徒のあいだに広まったことについてほかのだれよりも大きなはたらきをした男にとってはそうであった。その男とは、オランダ人学者ペーター・セラリウス（一五八〇―一六六四）である。[9] セラリウスはワロン人の血を引いた有名なオランダのクリスチャンで、全ヨーロッパのプロテスタントの千年至福説グループと緊密なコンタクトがあった。これらのグループではヨハネの黙示録に預言されたキリストの千年王国を待望する声が広く行き渡っていた。メシアの再来はキリストとその聖徒たちの支配を開始するだろう。そしてこの第五の王国はダニエル書の世俗の「四つの国」〔バビロニア、メディア、ペルシア、ギリシアのこと。バビロンのネブカドネツァル王に仕えるダニエルが王の見た夢を解き明かし、この四大帝国の興亡を預言した〕のあとに続くだろう。この千年至福説のユダヤ的性格についてはすでに前述した（一一六―一一七ページ参照）。実際、そのような説を唱えた最初の者たちは、イエスをメシアとみなしたのちもユダヤの黙示観に固執したあのユダヤ人キリスト教徒にほかならなかった。正統派が千年至福説に「ユダヤ風」迷信の烙印を押したのはいわれのないことではなかったのである。とくに一七世紀の多くの千年至福説信奉者たちはユダヤ人に好意的であった。その何人かは生粋のセム人讃美者であった。彼らはユダヤ人の改宗を期待していたけれども、同時にまた新しい国におけるイスラエルの栄光の幻想も抱いていた。マナッセ・ベン・イスラエルの友人であるセラリウスは自著でユダヤ人を擁護し、彼らの利益を支持した。五〇年代にカバリストのナータン・シャピラーがエルサレムのユダヤ人コミュニティの委任を受けてアムステルダムにはいったとき、セラリウスは彼を助けて、ユダヤ人のみならず、問題に好意的であったキリスト教からも聖都のための寄進をえてやった[10]。当時彼は未来の『イスラエルの栄光と救済』にかんする英語の本をオランダ語に訳し[11]、一六六二年から一六六五年にかけては千年至福説風の小冊子を多く著し、ユダヤ人の真のメシア信仰への改宗を論じた。彼はまた、正統カルヴァン派の千年至福説反対論者との綿密にしてセンセーショナルな論争にも応じている。著作のなかでセラリウスは「終末を計算する」者たちのひとりをもって任じた。とにかく彼にとっても神秘的な「獣の数字」六六六はユダヤ人の改宗と救済の年である一六六六年を代表するものであった（一二一ページ参照）。

セラリウスの千年至福説的信仰観は、ユダヤ人と彼らの「ひからびた骨」（彼が好んで用いる表現のひとつ）の蘇生にかかわるすべてのことにたいする彼の熱心な関心を明らかにしている。ユダヤ人にかんする噂ならどんなことでも確実に彼のもとに届いた。アムステルダムの彼のユダヤ人の友人たちはユダヤ人世界の大小を問わずすべての出来事についていつも新しい情報を確実に彼に知らせていた。一六六五年末から一六六九年に亡くなるまでのあいだ、彼はずっとサバタイ派に共感を寄せ、信奉者の大多数が最初の熱狂ののち元の伝統的ユダヤ教に帰ったときですら、それは変わらなかった。彼が非の打ちどころのない人格者であったことは疑いを容れない。サバタイ主義運動の開始にかんするある書簡のなかで彼は、すでに一六六五年九月にイギリスからの手紙でアラビア砂漠にイスラエル人部族が現われたことについて問い合せを受けていたと述べている。その手紙によれば、ユダヤ人はメッカ郊外に宿営し、モロッコで目撃された一〇部族の本軍が到着するのを待っていた。この手紙はアラビア砂漠と内マグレブ（トリポリからフェーツまでの北アフリカ全体を指す表示）から来たユダヤ人の目撃者談を伝えると称するあのモロッコのサレからの手紙をいま一度参照するよう指示する。[12]

イギリスから来たセラリウス宛の問い合せの日付が正しいことは、さいわい残存しているヨハネス・ドゥラエウス（一五九六―一六八〇）のラテン語の手紙から確かめられる。ドゥラエウスは当時よく知られたイギリスの神学者で、ベルンで亡命生活を送り、その地からさかんにセラリウスと親密な書簡を交わした。一六六五年一〇月二八日付で彼はこう報じている。「セラリウス氏は九月一九日と一〇月一日のアムステルダムからの手紙のなかでイスラエルの一〇部族について驚くべきニュースを語っています……彼らはアラビアの国境に現われ、マホメットの墓のあるメッカと他の都市を攻略し、ユダヤ人以外のすべての住民を殺害したのです。この次の手紙に彼から送られてきた報告の写しを、神の思し召しにしたがって、同封いたしましょう。まことに不思議な話で、彼はそれを、多くの目撃者が太鼓判を押すので、本当だと信じています……報告が本当だとすれば、地上の様相は近いうちに目に見えて改まるでしょう。[13]」これらの書簡の数少ない写しがこの運動に興味をもっていた同時代のあるスイスの神学者の記録保管所に遺されている（三七二―三七四ページ参照）。それはともかく、実際にこの種の報告が遅くとも一六六五年九月には届いていたことは疑いようがない。

すでに一六六五年秋にロンドンで「ユダヤ人の復権、あるいは彼らの発展と彼らの古代王国奪還のための手続きとの真の関係、アントワープ、レグホン（リヴォルノ）、フィレンツェからのいくつかの手紙の内容」というタイトルのパンフレットが刊行された(14)。このパンフレットは何通かの手紙を載せているが、そのうちのひとつ、一〇月中旬にアントワープで書かれたものは、手紙の書き手とある有名なキリスト教千年至福論者との対話について詳しく述べている。これはセラリウスそのひとであろうと思われる。二通目の手紙はリヴォルノとチュニスからの手紙の内容を再録し、三通目はその他のフィレンツェ、リヴォルノ、アムステルダムからの手紙の要旨を述べている。これらの回状のとくべつな刊行形式は、それらがアムステルダムから来たものであること、その筆者は当時の回状によく見られたようなセンセーショナルな誤報を流そうとしたニュース記者というよりは、むしろ熱狂的な千年至福論者だったことを示唆している。これらの書簡はアムステルダムのユダヤ人が近東から受け取ったニュースをセラリウスが要約したものかもしれない。このパンフレットにかんして決定的なことはガザでの出来事にいっさい触れていないことだ。唯一現在とかかわりのある指摘も非常に曖昧で、何かほかのことを指している可能性がある。ある手紙は、詳しくは伝えられないが良いニュースであることを知らせるエルサレムからの最近の報告について語っている（「今週［!］エルサレムから良いニュースがあるという報せが当地のユダヤ人に届いたが、しかしそれが何なのか、筆者は言おうとしなかった」）。この興味深い細部の真偽はさらに別の、一六六五年秋にエルサレムで書かれた手紙によって裏づけられる。エルサレムの手紙の筆者はすでに一六六五年六月末か七月始めに、身近で起きたさほど古くはない、あるいは目前の出来事を示唆しようとしたと考えられる——もちろんこれは前章で述べた出来事を暗に指すものであろう。この手紙にだけはパンフレットの主要テーマであるにもかかわらず、一〇部族のことがほのめかされていない。どうやらセラリウスはこの報告を――もちろん当時の彼にはその本来の意味がわからなかった――彼が熱心に取り組んでいた失われた部族についての千年至福説的イメージから解釈したようだ。あとになってメシアとその預言者についての具体的な報告がはいりはじめ、その結果失われた部族の再出現にまつわるこの最初の話はサバタイ主義のメシアニズムの要素とはまったく無縁になった。この解釈が正しいなら、この二組の報告は、まさにアムステルダムの受容者たちが想像したとおり、お互いまったく無関係に生じた可能性がある。サスポルタスも二つのタイプの報告をはっきり区別している。彼はすでに一六六五年、まだロンドンで出来つつあるセファルディームのコミュニティのラビだった頃、「イスラエルの軍勢が砂漠を抜けてメッカのイスラム教徒の預言者の墓所を襲い、そこを略奪した」という噂を聞いた。「スルタンが強大な軍勢を率いてイスラエル軍を進攻したとき、彼らはそのお返しに、モッカという名の大きな町を攻囲した。イギリスのキリスト教徒もこの噂を信じた。そして〈噂する声はますます大きくなった〉。多くの人びとは、「このイスラエル軍は」一〇部族よりまえのヨナダブ・ベン・レカブの子たちであると噂した(15)。」

このキリスト教徒の書簡に挙げられている日付はよく吟味する必要がある。先の考察では反対の結論が出たにもかかわらず、これらの報告がパレスチナにおけるメシア事件とまったく無関係に生じたわけではない可能性も排除しきれない。他方、言い伝えというものはしばしば長い潜伏期間ののち、文化的風土がとくにそれにマッチしたとき、突如息を吹き返すものだ。失われた部族については民話のかたちで連綿と続く伝承があった。終末論宣伝の時間(たとえば一六四八年以前の年といったような)と千年王国の期待が、遠国のユダヤ人の部分的に真実な描写と自由奔放な想像力の所産とがいりまじったこのような報告が広まるのにいたって好都合であったことは言うまでもない。

その理想的な例は、ラビ・アブラハム・ベン・エリエーゼル・ハ゠レーヴィとそのエルサレムの一派が一五一七—二八年に行なった黙示録的宣伝である。エルサレムからイタリアの受取人や支持者に送られた彼らの書簡には失われた部族と「モーセの子ら」にかんする情報があふれている(16)。失われた部族にたいする関心が、だれかが実際にメシアとして登場する以前に、時代の終末論的気分に助長されてここに現われたのである。ルーリアのカバラーが広まった時代とサバタイの幼少年時代のユダヤ人世界に蔓延していた一般的雰囲気とはきわめて似ていた。ラビ・バルーフ・ガドという名の、それ以外は不詳の使者が一六四一年にエルサレムからペルシアへ旅立った。彼は帰国後、奇妙な旅の冒険話を語った。盗賊に身ぐるみ剝がされて、彼は何日も荒野をさまよったすえに、「手に槍をもった、恐ろしく大きな屈強の武士」と出会い、殺されそうになった。この恐ろしい武士はナフタリ族のマルキールなる人物とわかった。失われた部族とモーセの子らの居留地に案内してくれというバルーフのたのみをこの男は聞いてくれなかったが、結局彼らに手紙を届けてくれることになった。そこでバルーフはエルサレムのユダヤ人たちが異教徒のもとで耐え忍ばねばならなかった苦しみを手紙に綴った。マルキールは驚いたことに普通なら三月もかかる距離を三日で踏破し、帰り道のバルーフに、国王アヒトゥブ・ベン・アザリヤと領主イェホサダク・ベン・ウッサと長老ウーリエル・ベン・アビサフの署名のはいった返書をもたらした。手紙は、あとで引用するが、「われらが同胞、ユダ族とベンヤミン族のイスラエルの子ら」に宛てられ、ディアスポラのユダヤ人にたいする励ましと約束の言葉や一〇部族が謳歌する自由の描写を含んでいた。「そして、どうしてわたしたちが［あなたがたを救うために］異民族にたいし戦争をしかけないのかと訊かないでください。なぜなら、ぜひわかってほしいのですが、わたしたちモーセの子らの部族は、時代の終りが来て、主が捕えられたひとに『出よ』と言い、暗きにいる者に『現われよ』というとき［イザヤ書四九、九参照］までに、［サンバチオン］川を越えることができなかったからです……おお、聖なる民よ、つねに主を信じなさい。」

　この慰めと救済の約束の報せは後世の需要や文体に合わせて書かれているけれども、明らかに古い文献、たとえば中世初期の『エルダード・デア・ダニーテの話』〔紀元八八〇年頃北アフリカとスペインに現われた東方ユダヤ人。失われたイスラエルの一〇部族にかんする確かだと称する報告を伝えたが、学術的信憑性は疑問視されている〕などを土台にしていた。この手紙はエルサレムのラビたちにいたく感銘をあたえたようだ。おそらく聖都への称賛を惜しまなかったからであろう。彼らの自己証言から判断すると、彼らは手紙が本物であると信じたらしい。ラビ・ナータン・シャピラーが一七世紀中頃、聖都への寄進を集めにイタリアへ遣わされたとき、彼はこの「モーセの子らの手紙」のお墨付きの写しを携えていた。そのさいラビたちは彼の任務のために積極的な好意を示した。彼らは写しを作成し、決められたとおりにそれを認証した。この写しには少なくとも「原文の一部」が含まれていた。「というのも、（公にはできない）極秘の事柄であるので、全部を筆写するわけにはいかなかったからである。」一六五七年、もう一通のお墨付きの写しがヤコブ・ツェマッハ、ナータン・グータ（のちにサバタイ・ツヴィの反対者となる）ら著名なラビたちの署名入りで、当時レッジョ[17]（エミリア）に滞在していたナータン・シャピラーに送られた。署名が本物であることを疑う理由は何もない。手紙の内容はサバタイ・ツヴィの時代に失われた部族やそれと関係した救済観について広まった噂の性質を理解する重要な手がかりをあたえてくれる。

　まったく同じ噂が一六四四年に現われた。アアロン・ハ＝レーヴィ、元の名をアントニオ・デ・モンテシノスというひとりのマラノ人がマナッセ・ベン・イスラエルの前に現われ、エクアドルでインディアンよりまえにアメリカに来たルベン族の一員に会ったと神に誓って話した。彼はまたエフライムとマナッセ族が或る島にいるという噂を聞いたと主張した。マナッセ・ベン・イスラエルはこの証言を著書『イスラエルの希望』（原文ヘブライ語[18]）に引用している。本書は失われた部族について知られていることを網羅するとともに、目捷の間に迫る彼らの再出現とイスラエルの追放の終りをも含んだ救済の図式の枠内に見られるさまざまな描写を体系化しようとしたものである。マナッセの著作はユダヤ人にも非ユダヤ人にも多く読まれ、広くキリスト教一般信者の注意を失われた部族をめぐる論議に向けさせることに著しく貢献した。マナッセの救済の図式はもちろん、当面の政治的基本方針、すなわちユダヤ人のイギリス再入国許可の要求を支える役もした。メシア到来のまえに申命記二八、六四の預言が実現せねばならなかった。「主は地のこの果てから、かの果てまでのもろもろの民のうちにあなたがたを散らされるであろう。」中世のヘブライ語ではケツェー・ハ゠アーレッツ（地の果て）という言葉は「イギリス」を表わすヘブライ語の慣用語であり、イギリスはそれを逐語的に訳したものだった(19)（アングレテレ）。したがって、ユダヤ人が「地の果て」にいることはメシアが来る前提条件と理解できる(20)。

千年至福論者仲間ではこの種の思弁が好まれた。このテーマにかんする豊富な文献はだいたいにおいてユダヤびいきの風潮を生み出した。西欧のいくつかのキリスト教グループは近い将来イスラエル人がキリスト教に改宗するのを期待したどころか、イスラエル人が全世界に示顕するメシアの王の支配のもとに聖地へ帰還すること、ならびに「アッシリアで滅びる覚悟をしていた」人びとや「エジプトの地に追放されたひとたち」が聖なる山に結集することを期待した。もちろん、こうした見解を主張したのはごく少数派で、とくにイギリスとオランダではそれにたいする反対論が強かった。少数派は小さいながら非常に活発で、なにがしかの影響力ももった。失われた部族にかんする一六六五年の噂は彼らの注意を喚起し、これから起こる出来事のなかに神自身の指示を読み取る心がまえをさせたに違いない。

失われた部族にかんする報告からなんらかの論理的発展ないしは継続を読み取ることはできない。いろいろなヴァージョンはほとんど同時期に生まれた。チュニスからのある報告が伝えるには、今年（一六六六

五年）の隊商はメッカへ出立しないだろう、町がイスラエルの子らに取り囲まれているからだ、という。(21)
モロッコのサレからは八月始めにこう伝えられた。

わたしたちの兄弟、イスラエルの一〇部族の前進にかんする七月一五日の報せは各地で確認された。スース、別名サンタ・クルーの町から伝えられたことは驚くことだらけで、わたしたちは数日間それを信ずることができなかったというか、とても本当とは思えなかった。でもいまは、彼らが荒野の果てにいること、各地からモロッコの、ヴェール岬からそう遠くはないが、もっと内陸にあるこの荒野へ移動していることを、わたしたちはよく知っている。日々彼らの多くが大挙して現われている。まったく不意に姿を現わし、地表の広範囲を覆い尽くしている。その数およそ八〇〇〇の、各隊一〇〇から一〇〇〇の兵士からなる中隊ないし軍隊である。彼らが何者なのか見きわめに行ったひとたちは、そこに異国人を見た。見知らぬ民族で、言葉がわからず、部隊長のごく少数の者だけがヘブライ語を話す。彼らの武器は剣、弓矢、槍で、ひとりひとりの装備は十分だが、銃はまったくもたない。指揮官ないし隊長は聖人で、あらゆる言葉を解し、彼らを先導して、奇跡をなしとげる。これらすべてのことを、彼らのいくつかの行為といっしょに話してくれたのは彼らと話をしたある改宗したラビで、彼は律法書にかけてこれは本当のことだと誓った。さらに、これらすべてのことを立証するために、いまここに評判の良い信望あるやんごとないかたがたが数人来られた。上述の荒野を通ってこられたひとたちで、ラビやそのまえにラビたちと会ったほかのひとたちによってすでに伝えられていることと同じことを目撃したと伝えている。彼らはさらに多くのことを伝えており、そのなかには、この見知らぬ民族が荒野の山岳地域から来て、メハナスまで進軍したという話もある。スースの町に或るユダヤ人がいて、彼はイスラエル人と名乗る民衆に会ったと明言した。彼らのなかに混じって、部隊長の多くとは、ヘブライ語で話をしたが、その他大勢のひとたちの言葉はわからなかったという。さらにほかのユダヤ人からも、彼らの多くは、聖なる言葉を話すこと、またどれであれ、彼らに刃向かう者は即座に叩かれ屈服させられるという話を聞いた。彼らはすでにいくつかの村落と町を征服し、そのさい、住民をユダヤ人だけ除いて皆殺しにした。中肉中背の民族で、均整の取れた体つきをし、皮膚は白いという。この目撃者は彼らのなかに女性は見なかった。上述した武器以外の武器も見当たらなかった。多くの馬を引き連れ、服装は青く、幕舎は黒い。先に述べた町スースから一週間のあいだずっと大軍勢がはっきり見られ、彼らの焚く火や立ちのぼる煙がはっきり看て取れるという。しかし、いずれも安息日には全陣営にも民衆のなかにも見られない。彼らの何人かは高い砂山の頂上にいて、そこで砂のなかに深い縦穴を掘っている。そこに或る真鍮製の道具、つまりトランペットがないかと探しているのだ。それを三回吹き鳴らすと、全世界の民がただひとつの信仰のもとにつどうのだそうだ。彼らの指揮官は非常に鋭敏な感覚の持ち主で、ひとを見るや、そのひとの考えていることや感じていることがすべてわかる。［そしてこのニュースを伝えたユダヤ人は同胞たちが自分の言葉を疑っているのを見たとき、律法書にかけておごそかに宣誓し、自分の話したことは真実そのものであり、報告が本当でないなら神に罰せられてもよいと誓った。この手紙を書いているわたしはこの報告を先のユダヤ人がその面前でおごそかな誓いを立てたひとたちから聞いたのであり、一見奇妙に思え、慎重を要する問題であるけれども、本当だと信じている(23)］。

著者はキリスト教徒だったようだ。しかし、手紙の発信地は実際にモロッコらしい。手紙が隠している本来の問題はそれが書かれた時点である。というのも、ユダヤ人の指揮官の描写は、まったく意外なことに、サバタイ・ツヴィとナータンの特徴を兼ねそなえているからである。彼はサバタイ・ツヴィの容姿、肉付き、肌の色をもち、同時にナータンの理知的な明眸をそなえている。これはまったくの偶然かもしれないが、でもひとつにはもしかすると、どこかよそで知られるまえになんらかの方法でサレに届いたエルサレムまたはガザからの報告の反響もあるのではないか。この仮説は、ヨーロッパに達した早い時期のほかの報告でも両者の主たる特徴がまぜあわされ、サバタイとナータンがいっしょくたにされているという事実によって支持されるように思われる。この手紙の書き手はメシアのことも預言者のことも知らず、ただユダヤ軍の司令官ないしは隊長——当然この男も聖人である——のことしか知らない。アクセントの移動も興味深い。あいにく一六六五年七月一五日の元報告は手紙にほのめかされているだけで、その正確な文言はわからない。わたしたちは下記に引用するセラリウスの書簡に言及されているチュニスからの七月始めの書簡を所有していない。したがって、この問題で確信はえられないが、それでもこれはお互いに関係のない、まったく異なる二つの出来事ではなくて、むしろ実際に起こった救済の出来事を空想的要素に富む民話の言葉に置き換えたものであると考えていいだろう。モロッコのコミュニティでもこうしたかたちで、あるいはそれに類したかたちで話は広まったに相違ない。

　だが、わたしたちの考察を裏づけるような証拠がひとつある。こんにちクラクフのチャルトリスチ博物館に保存されているサバタイ主義運動の初期に書かれたいくつかの手紙のラテン語訳[24]では、上述のサレの手紙にすぐ続いて「八月にエルサレムからアルジェリアへ送られた手紙の写し」がある。エルサレムでの出来事を知らせるこの、もしくは類似の手紙が本当にアルジェリアに、そしてひょっとするとモロッコにも届いたのなら、失われた部族の噂の存在も、それと初夏のエルサレムの出来事との混交も十分に説明できるだろう。しかし、これを証拠立てるすべはない。二通目の手紙が書かれたのは八月ではなく、一六六五年末になってからで、空想ゆたかな誇張でもって燈明祭四二六（一六六五年一一月末から一二月始め）のナータンの活動をえがいている。この手紙を最初期の報告の分析の典拠として引き合いに出すことはできない。

一六六五年九月にサレから来た報告にはおよそ同時期にエジプトのユダヤ人によって広められたのと似た証言が含まれている。失われた部族がアラビアに出現したことを語るエジプトからの手紙はアムステルダムにはすでに九月に到着していた。ニュースがエジプトからアムステルダムへ届くのに二ヵ月かかるとすれば、この噂はオリエントではすでに七月に広まっていたに違いない。これはガザからの第一報がはいった直後に始まったエジプトでの最初のメシア騒動の時点と一致しよう。

エジプトのユダヤ人はすぐ近くのアラビア砂漠のほうを好んで、一〇部族の軍隊とともにそこに居住した。アラビアとモロッコからの報告がいりまじったとき、「アラビアの」軍隊が、アフリカから前進してくるもっと大きなユダヤ軍の前衛にされたのである。ほかのモチーフも一方の舞台から別の舞台へ移された。たとえば、軍勢の強力な指揮官がアフリカの砂漠からアラビア砂漠へ移された。突然イタリアでも、メッカ包囲（つまり征服）や、進軍する軍隊の強大さとその不思議な力について事細かく報ずる手紙が出回るようになった。トルコ人は彼らを制圧できなかった。「トルコ人の剣や火縄銃は自軍に向けられ、同胞を打ち倒したからである。」軍勢の大きさは手紙とともに一万人から三〇万人へ、しまいには一〇〇万人にふくれあがった。同じ典拠によっていると思われる二、三の報告は兵力一一〇万という正確な数字を挙げている。[25]

伝えられている報告の若干数はヘブライ語で書かれているが、わたしたちの知る大半のものはヨーロッパ語で印刷されたトラクトかユダヤ人やキリスト教徒が友人に宛てた書簡の引用である。おそらくいまだ発見されずに図書館や文書館に眠っているごく初期のトラクトやパンフレットもいくつかあるだろう。しかし、手近にある周知の証拠書類に伝えられている詳細からでも当時の支配的な雰囲気を十分うかがい知ることができる。第一報にはパレスチナでの出来事を示唆するものは何も含まれていない。それらのなかには失われた部族が聖地のほうへ急行軍したことを思わせるものは見出されない。さしあたりわかっていることは、事件の舞台はずっと遠方の荒野にあったことである。その出来事はエジプトへ来た旅人が「律法書に誓って」行なった報告でしかわかっていない。不幸なことに、セラリウスがこれほど熱心に翻訳し全ヨーロッパに広めた手紙の書き手がだれなのか確認できる可能性はない。セラリウスがこれらの手紙を捏造したのでないことははっきりしており、これらの書簡や同様のほかの書簡は実際に各方面から彼のもとに送られたのである。エマニュエル・フランセスの書類のなかにあった一六六五年一二月付のエジプトで書かれた手紙は、セラリウス宛の手紙の原文がどんなふうであったかを示す恰好の例である。

セラリウスは生れがワロン人で、察するにアントワープ出身であった。書簡のいくつかはフランス語で書かれている。ドゥラエウス宛の彼の書簡の写しがスイスの学者ホッティンガーの手に渡り、彼の記録保管所にしまわれていた。(26)

きみに信じられないようなことをお伝えしようと思う。迷信マホメット教の本拠地メッカはいまある人民に包囲されている。彼らはイスラエルの子らと自称し、自分たちはあとから来る兄弟たちの前衛にすぎないといっている。三週間まえにリヴォルノから当地にはいったニュースはあるユダヤ人から伝えられたもので、彼はそれをエジプトでアレクサンドリアのユダヤ人から聞いたといっている。その話によれば、アレクサンドリアのパシャがアラビアの王たちとともに六万人のキャラバンを仕立て、メッカを指して進んだ。メッカまであと一日の旅程というところで彼は市の情勢と入口を探るために一隊を送り出した。そうして彼は町がイスラエル人と自称する見知らぬ民に包囲され、一部占拠されていることを知った。そこで件のパシャとアラビア人たちは自軍とともに前進して、この人民を襲うことにした。彼らは実行し、火縄銃と弓矢で攻めた。ところがまもなく、彼らはパニックと恐怖を味わうこととなり、こう叫んだという。「この民族には太刀打ちできない。われわれの放った矢が自分たちに向かってくるようだ。」そこでトルコ人とアラビア人は退散したものの、イスラエル人にその復讐をした。エジプトとアレクサンドリアのすべてのユダヤ人に、これまで義務づけていた一レアルにかえて、一人当たり五レアルの税金を課したのだ。ユダヤ人たちはことの真相を探るべく、一〇人の学者をメッカへ派遣した。当地へ来たとき、一〇人の男たちはこの者たちがヘブライ語を話し、本当に自分たちの兄弟であることを確認した。それで六人がその場に残り、あとの四人はアレクサンドリアへ戻って、ユダヤの同胞に一部始終を報告した[27]。以上のことはリヴォルノからの三通の手紙に裏づけられている。チュニスからは六月一日にこう伝えられている。毎年メッカへ行くキャラバン[28]は今年は出発しない。町がイスラエル人に包囲されていると聞いたからだとか。昨晩医師ブレカメラと名のるひとりのユダヤ人が訪ねてきて、同じニュースが船でもアレクサンドリアからイギリスへ、そしてそこから当地へ伝わり、自分としてはいまそのリヴォルノからの報告が本当であることを確信している、と語った。

そうだとすると、地上のあらゆる民族が荒野シオンでの全体集会に結集するだろう。そしてすべての争いは終りを告げるだろう。

ここ北オランダに或る信望の高いひとがおり、その彼が嘘偽りなく確言するところによれば、来年の始めにバビロンが陥落し、夜半に世界を震撼させるような審判が下るだろうとの神のお告げがあったそうだ。一六七二年までこの全体の動揺のために公の礼拝はいっさい行なわれないが、その後は万人を結ぶ礼拝が世界じゅうの民のあいだでもたれるだろう、というのだ(29)。

「リヴォルノからの書簡」の情報源はつきとめられる。船でアレクサンドリアからリヴォルノへ、そしてそこからアムステルダムへ達したニュースを掲載した手紙を書いたのは、リヴォルノの著名な学者ラファエル・スピーノで、マナッセ・ベン・イスラエルがロンドンへ派遣された折りに随行し、サスポルタスの友人でもあった。英語のパンフレットはあやまってラフェック・スーピーという名を挙げているが(30)、だれのことをいっているのか疑問の余地はない。スピーノは、サバタイ・ツヴィにかんする詳しい報せに先立つ失われた部族にかんするごく初期の噂を、のちにサバタイ主義信仰を受け容れたときのように喜んで信じた。

最初の書簡はメッカの包囲しか述べなかったが、まもなくそれからますます空想がふくらんでイスラム教聖地の征服と全壊が描写されるようになった。のちの報せはウィーンからヨーロッパじゅうに広がったが、ここでの書き手はバルカン諸国から間接的にえたニュースを拠り所にすることができた。そこではユダヤの司令官は南アラビアのアデン出身だと思われていた。多くの書簡では彼の名は「イェロボアム」とされている。彼はトルコ人にたいして蜂起し、一部アラブ人、一部ユダヤ人からなる強大な軍隊を率いて勝利を収め、七〇の大都市を含めて全土が彼に服従した。アムステルダムで印刷されたパンフレットは（いまは一枚も遺っていないようだが）、八〇艘の船がインドからパレスチナへ向かったと報じている。

「そして一一〇万のユダヤ人が海路と陸路で進んでいると多くの者が言っている。スルタンがメッカを征服したユダヤ人とアラビア人［！］にメッカを放棄するならという条件でアレクサンドリアとチュニスを提供したが、彼らは聖地全土を要求したという。(31)」タルタライ——マナッセ・ベン・イスラエルによれば失われた部族のいくつかが居留する地——からも、大軍がエルサレムのほうへ進軍しているそうだ。やがてイスラエル軍がペルシアから接近しているという最初の報告がほかの民間の終末観と結びつきはじめた。これらの報告のいくつかを引用しているセラリウスは、自分の知識は二、三の外交使節のあいだで交わされた手紙からえたものだと主張している。いろいろなパンフレットにも外交通信からとおぼしき引用が含まれている。

失われた部族の進攻にかんするオリエントからの報告は英国にも届き、千年至福論者仲間にも急速に広まって、そこでさらなる噂が生まれた。興味深いその一例がロバート・ボウルターによって出版されたスコットランドのアバディーンからの手紙である。彼はサバタイ主義運動当初の日々に一連のパンフレットを印刷した。アバディーンからの手紙はこのように伝えている。「今月（すなわち一〇月）二三日に悪天候と嵐のため当地に一艘の船が着岸した。どこから来たのかわからないが、そのことを知ったわれわれの古代語現代語の大学教授が彼らのもとへ降りて行ったが、彼らの言葉が理解できなかった。彼らの話した言葉は下手なヘブライ語であると教授は推測している。この者らが携えていた標準オランダ語で書かれた書簡から彼らの目的地がアムステルダムで、そこで兄弟ら（ユダヤ人）と接触をもつ予定であることがわかった。この書簡がさらに伝えるところによれば、彼らのうち総勢一〇万人が共にアラビアに居住し、さらに六〇万人がヨーロッパに来た。彼らはトルコ人と衝突し、その相当数を打ち倒した。彼らに刃向かえる者はいないという。彼らはすべての者に良心の自由をあたえたが、トルコ人だけは例外で、完全に滅ぼし、抹殺しようとした。彼らの船についていえば、帆はピンと張った白い繻子で、綱はすべて同色の絹製、帆には美しい赤色の文字で〈これらはみなイスラエルの一〇部族のもの〉と書かれていた。これを見ればユダヤ人とわかるはずだ。船中の彼らの食料は米と蜂蜜だけだった。着衣（または服装）は青色と黒色だった。彼らは世界の重要な町々にいるすべての兄弟たちに使者を送り、兄弟たちが馳せ参じて合流できるように、自分たちの前進を知らせた。いろいろな方面から来た書簡のことをきみはもう知っていると思う。これはキリスト教世界のほぼ全域で大変なセンセーションを巻き起こしたのだから。[32]」

この手紙から多くのことがわかる。まず、同じテーマにかんする以前の手紙との関連がはっきり現われている。それはサレとエジプトからの手紙のことかもしれない。ことによるともっとまえに印刷された、いまはもうないパンフレットなのかもしれない。ニュースを広めるのにかかわった人びとは、しきりにそれをこんにち的関心を呼ぶこまごまとした事柄で飾り立て、そうすることで時代の係争問題に自分なりに寄与しようとした。「良心の自由」はその時代英国のプロテスタント一派の中心テーマであり政治的合言葉であった。イスラエルの部族も同じ政治的目標をもつといえるなら安心だったことは確かだ。反トルコ感情は純粋にユダヤ的なものではない。トルコの支配下で生きるユダヤ人がトルコにたいして明白な友好感情を抱いていなかったことは確かだが、アバディーンからの手紙に籠っているとくべつな敵意の調子には明らかに別の響きが混じっている。トルコ人を「完全に滅ぼし、抹殺する」というのは——トルコ人はこの文脈では通常イスラム教徒全般と同義である——ユダヤ人よりむしろキリスト教の千年至福論者が追求した政治的目標であった。いずれにせよ、もともとユダヤ人の報告であったものがキリスト教徒の手を経たとき、新しい色合いをおびることとなった。さまよえるオランダ人の物語までもがスコットランドで採り上げられ、新しい報せに組み入れられたのである。

この噂は口伝えや文字で広まったけれども、ユダヤ人サイドにメシア思想に支えられた共鳴を呼び起こすまでにはいたらなかった。遺されている最古のパンフレットはすべて、預言者とメシアがパレスチナに現われたことにかんする多少とも信憑性のある報告がすでに先にあって、そのあとから印刷されたものである。アバディーンからの手紙は一六六五年一一月に印刷されたものと思われるが、そのときすでにイタリアではサバタイ・ツヴィにかんするニュースが知られていた。そのあとすぐ、ニュースはロンドンにも届いている。

失われた部族の砂漠の軍隊の接近にかんする噂が最初に起こったのはガザであることを証明することはできない。それどころか逆に、民衆の軍事的熱狂は、軍事行動や武器行使よりも讃美歌斉唱によってこそ救いはもたらされるとするサバタイ・ツヴィとナータンの精神的姿勢について知られていることと明らかに矛盾していた。このばあい、エジプトとモロッコで生まれた作り話には現実の要素も含まれている。ユダヤ軍を先導する聖者は軍司令官としてえがかれている。兵たちは、古風な、本質的には魔術的な武器であるけれども、武装十分である。だが、ユダヤ人は実際には戦わない。彼らに放たれた射撃はブーメランのようにトルコ人に戻ってくるからである。民衆は指揮官の姿を自分たちの望む役柄に合うように想像した。ガザの預言者はドイツとポーランドだけにキリスト教徒大虐殺があるだろうと告げていた（二九二、三〇九ページ参照）。この預言はユダヤ軍の最も自然な攻撃目標を言い表わしたので、たちまち集団空想に取り込まれた。すでに一六六六年始めにカサーレ（イタリア）で、メッカを征服した軍隊は「これからユダヤ人をあれほど虐待したドイツとポーランドへ進軍する計画で、情け容赦をしないだろう」と取り沙汰された。[33] 別の報告によれば、ヨナタン・ベン・レカブ[34]の息子たちが一〇部族の残りを先導した。しかし、まさにこの詳報の情報源はおそらくユダヤ人ではあるまい。ユダヤ人は「モーセの子ら」について語ったが、「レカブの子ら」について語ったことは一度もなかったからである。それにひきかえ、キリスト教の言い伝えの伝統にはなお、レカブ人が理想的な民としてサンバチオン(サバチオンとも)川の向こうで生きつづけるという考え方がある。(35)

ペルシアから来たといわれる架空のニュースも同様に戦闘に類するものであった。前述の短い歌(三五八ページ参照)のイタリア人作者が作詞のヒントとなった知識をどこからえたのか知るよしもないが、一六六五年一二月にウィーンから、イスラエルの部族がペルシアから近づいているというかなり詳しい報せがはいった。一二月一八日にウィーンからイタリアへ書かれた手紙では、フランドルの郵便配達夫が遠国(つまりペルシア)からの手紙をヴァラキア経由で受け取ったとされている。(摩訶不思議な報せをもたらした手紙のいわゆる系図はこの手紙の少なからず興味深い部分である。)このペルシアからの報知によれば、国は正体不明の軍隊によって武器を行使することなく、ただ神の意志により征服された。(36)一六六六年二月にそのような内容の一通の書簡がロンドンで印刷された。(37)それはウィーンから来たもので、一六六五年一〇月にペルシアからはいったという情報に基づいていた。その手紙は、一〇部族の多数がこれまで中央アジアのタルタライの奥地に住んでいたという考えを出発点としている。マナッセ・ベン・イスラエルもその考えに与している。ところがいま神は、彼らを集め、パレスチナへ導くべく、ひとりの預言者を遣わされた。預言者にあたえられた役割は、この話が、ガザに預言者が現われたことにかんする最初の報せがすでに近東に広まったあとで生まれたことを示唆している。この話は多かれ少なかれ、イタリアへの手紙に述べられている話に一致しているが、もちろん、侵略者がどのようにしてペルシア王から、エルサレムへの途次すべてのユダヤ人を引き連れて彼の国を通る許可をえたのかを語る詳細なこまごまとした描写の分だけ補われている。キリスト教徒である筆者はそのばあい、ペルシアのユダヤ人についてきわめて幻想的な考えを抱いている。その数は巨大で、みな非常に金持ちで強い。だが、部族の使者とペルシア王の命令で、彼らはすべてを断念した。彼らは現在カスピ海山中、つまりコーカサスにおり、彼らの旅は明瞭なしるしと奇跡にともなわれている。この手紙はウィーンでごく初期の噂の影響を受けて書かれたようだ。

これらの報告は、それが書かれたモロッコとエジプトからヨーロッパやアジアの離散民たちにはもとより、聖地にも達した。一六六五年末頃、パレスチナの信者たちはこの種の架空の報知を手紙に採り上げはじめ、それによって終末が差し迫っているという印象を盛り上げたのである。もともとナータンの予想した比較的先の将来［一六七二年］（二九四ページ参照）にかわって、今年が失われた部族の前衛が到着する年とされた。「モーセの子ら」または「ルベンとガドの子ら」が来るというきわめて明確な預言はナータンがしたものとされた。ルベンの子らは、第一子にふさわしく真っ先にシェヴァトの一〇日ないしは（別の文献によれば）二〇日（一六六六年一月一六日）にやってくるだろう(38)。一六六五年一二月一一日にマケドニアのユスキュブ（スコプリエ、ユーゴスラヴィア）で書かれた手紙は、モーセの子らがすでに到着したと報じている。一六六五年一一月末頃エジプトで発送されたヘブライ語の手紙はもう少し慎重な言葉づかいをしていた。「メッカの噂につきましては、かの地から来た多くのトルコ人たちは、強大な軍隊を見たが、彼ら（つまりイスラム教徒たち）の支配者はそれがあまりにも大勢だったので、怖がって話をしなかった、と語っていますが、それ以上のニュースはありません。しかし、彼らと話をしようとした何人かのトルコ人は、彼らの話す言葉が理解できなかったと報告しています(39)。」

全体として、こんにち伝えられているヨーロッパへ送られた書簡のごく初期のもののなかにはすでに民話的要素と神秘的要素との融合が見られる。信奉者たちの熱狂的な空想力はいたるところに奇跡が見られると信じ、そのために預言者の厳重注意が忘れられてしまったのだ。それともナータンは、ひょっとすると支持者たちの熱狂に乗せられて、彼が言ったとされる預言を本当に口にしたのだろうか。ナータンの奇跡にかんする作り話をよく考えてみると、これは否定したくなる。民衆の奇跡願望にたいするナータンの当初の不同意が終生変わらなかったことは証拠記録に明らかである。彼の「驚くべき登場」は、悔い改める者たちを彼らの魂の根のティックーンへとみずからが導くか、それともカバラーの秘義へ教え導くかして、神秘的な教えを授けることにあった。彼の神秘的な認識はたしかに天啓とみなされていたが、けっして通常の意味でのしるしとか奇跡とは解されなかった。救済が初めにチェレビー宛の手紙のなかで預言したよりも早く来ることをナータンが期待した時代もあったに違いない。彼はおそらく、イスラエルはその祈りと贖罪証明によってメシア時代の幕あけを早めることができると信じていただろう。しかし、これもすべて、兄であるカイロのチェレビーに宛てたハイーム・ヨセフの手紙に初めて現われるいわゆる預言の正当性を論証するものではない。ハイーム・ヨセフは兄によってガザへ送られ、しばらくそこに滞在した。彼の報告は作り話の雲に包まれている。ナータンはスミルナのサバタイ・ツヴィにしたがうべく、何度もヤッファで船に乗り組もうとしたという。だが、この旅は激しい嵐に三度はばまれ、ついにナータンは旅をあきらめた。そのあと、火柱に包まれてひとりの天使が現われ、救済が迫っているので、ガザにとどまるよう彼に命じた。「そして、預言者が荒野の山中を通ったとき、ハナニの息子、預言者イエフ［列王記上一六、一参照］が現われ、天使の報せが本当であることを明かした……そして彼らの部族［複数か？］のこの部分が突然ガザに姿を現わすだろう。」写しの作者［カイロのチェレビー・ラファエル・ヨセフ］は弟への返書の追記にこの預言を二度繰り返した。第二の異文によれば、エルサレムのラビ・イスラエル・ベンヤミンは預言者について荒野へ行った。するとそこにイエフ・ベン・ハナニが現われ、二ヵ月以内にモーセの子らの二人の使者がサンバチオン川の向こうからやってくるだろうと告げた(40)。両者の記述の違い——一方は二人の使者がガザで待ち受けられる、もう一方はペルシア、アラビア、モロッコを行進する一〇〇万の軍隊——は、このニュース・リポートの筆者たちが動いた場の摩訶不思議な雰囲気にのまれてしまう。先の異文は二次的な合理化のように見えるが、失われた部族の使者というこのイメージは預言者とメシアに最後までつきまとった。

失われた部族の接近のニュースはさらなる不思議を生んだ。アムステルダムからの手紙の筆者はポーランドへ送った報告を「紅海が父祖たちのときのように干上がった」というニュースで結んだ。ちなみに、ヨーロッパの北西部で書かれたこの報告は、空想力という天分は地理的要因とはいかに関係ないかを示す具体例でもある(41)。

Ⅲ　サバタイ出立後のパレスチナにおける運動（一六六五年秋から一六六六年早春まで）

パレスチナにおける運動の発展についてはあまり知られていない。とくに一六六五年秋から一六六六年冬のあいだまでのことは不明である。神秘主義的熱狂と昂揚の気分は支持者たちのなかでは続いていたらしい。預言者も引き続きカバラーの論文や説教を執筆し、そのなかで自分の見た最初の幻視の意味を説いた。そして、悔い改めようとする者に魂を完成する正しい道への助言をあたえつづけた。サバタイ・ツヴィやそのお供の者たちとの定期的な交信も行なっていたようだ。

一六六五年夏の始め、アムステルダムのラビ・シャーローム・ベン・ヨセフ(42)は四〇年間セファルディーのコミュニティでタルムード・トーラーの教師をしていた当市を去って、パレスチナへ向かった。彼は学者にして敬虔な禁欲者で、生涯の終りを聖都で送ろうと思ったのである。パレスチナへの途次、彼はリヴォルノを通り、そこでナータンの父、ラビ・エリシャ・アシュケナージと会った。エリシャもエルサレムのコミュニティの委任を受けて長旅をした帰途だった。(43) ラビ・シャーロームは行を共にした。ほぼ同じ時期の一六六五年秋、ナータンの預言についての最初の報告がリヴォルノに届いた。二人はエジプトへ向かい、そこで預言者の父は三顧の礼をもって迎えられた。エリシャの勧めで、ラビ・シャーロームはガザの預言者を訪ね、「お尋ねしたいことがあるので、お答えいただけまいか」とたのんだ。「すると預言者は目下多忙をきわめているので、時を変えてご要望に沿いたいと答えた。」ラビ・シャーロームがどのような質問をするつもりだったのか、またナータンが結局彼に何を話したのか、知るよしもない。とにかくラビ・シャーロームは一六六五年一二月アムステルダムへ「ナータンは並々ならぬ叡知をもち、すべての学者が彼の叡知を聞きにやってくる。そしてだれもみな口をそろえて、彼は聖霊の力で語ると言っている」と書き送った。エジプトのラビの大半がいまだに疑惑を抱いていることは確かだ、とラビ・シャーロームは認めている。だが、「ガザは毎日喜びに沸き返っている。シナゴーグでは灯りがともされ、「とくべつな」聖歌が詠唱されている。メシアがコンスタンチノープルへ行ったので、トルコ王が彼の頭に王冠を載せるだろう。暴力を使ったり、無理強いしたりしなくても。(44)」

シャーロームが手紙のなかで言及している「聖歌」とはメシアの救いをテーマにした歌や典礼曲であった。ガザは当市の比較的初期のラビ、一六世紀の「神秘主義的歌匠」イスラエル・ナヤラの作品のルネサンスを体験した。これまで知られていなかった事情がいまベールを剝がされた――おそらくナータンの手によって。すでに見たように、彼はこの種の発見の達人であった。イスラエル・ナヤラの魂はダビデ王の魂から発する火花である。このような規定はナヤラの詩的才能のみならず、彼の歌がメシア的内容をもった事情を十分説明してあまりあるものだった。ハイーム・ヴィタールはナヤラの歌を知っていたばかりか、彼の欠点——そのひとつが大酒癖——も知っていて、彼を気高い魂のひとには入れていなかった。他のカバリストも、たとえばメナヘム・デ・ロンザーノなどは、ナヤラへの賛辞を目立って手控えている。しかしいま、ナヤラの宗教歌のひとつが、いまやルーリア自身の権威の属性のひとつとされた公式の魂の系譜学とともに、ガザから離散地に広まった。

あなたの悩める民の上に
あなたの支配の光を輝かせ給え。
王たちが地上を支配するずっとまえから
王国はつねにあなたのものであったのだから。

ひとはこの歌をサバタイ・ツヴィの登場を予告する預言と受け取った。それはアムステルダムをはじめ、他の町々へ送られ、時とともに一種の認識標となり、一〇〇年以上も支持者たちのあいだで用いられた。サバタイ主義に共感する著者たちはそれを手引書に書いたり、トラクトや本のなかに刷り込んだ(45)。

ラビ・シャーロームはのちにも預言者に会ったようだ。というのも、彼の手紙にはアムステルダムのセファルディーのコミュニティ構成員ひとりひとりの魂の完成のために定められた贖罪行やお祈りの指図が含まれているからである。彼はこの指図をナータンからもらっていた。おそらくアムステルダムの手紙の受取人から問合せを受けたのだろう。「メシアの踵」(三二六ページ参照)から生まれた魂にナータンは断食と沐浴を課した。この苦行は「身体が耐えうる限度を超えていた」というサスポルタスの批判(46)は誤解によるものと思われる。ナータンが一四五〇回の断食を贖罪に定めたとき、彼が考えていたのはそれに相当する日数でないことは確かで、彼はむしろ贖罪者が各六日間の「大期間」断食することを望んだのだ（三一四ページ参照）。この贖罪は正しい祈りとともに行なわれたら、幾幾千日の断食期間に相当するものと認められるだろうというのである。それでもこの贖罪は過酷なものであった。しかし、ナータンは信者の「魂の根」の源を定めただけではなかった。あとに見るように、彼のこの習慣は多くの論争をもたらしたのであった。

ラビ・シャーロームは最終的にエルサレムに腰を落ち着けた。そこで彼は友人にパレスチナにおけるメシア主義運動についてつねに最新の情報を知らせる手紙を書いた。残念ながら、いまはもうそれらは全部失われてしまった[47]。彼はナータンの預言を信じていたようだ。というのも、子供たちに宛てて、急ぎ家財を売り払って、エルサレムへ行くように、「メシア王と預言者がおられるから」と書き送ったからである[48]。彼は当時サバタイ主義運動の重要な拠点であったヘブロンも訪ねており、アムステルダムに宛てたある手紙（一六六六年）でそこでの出来事について報じている[49]。もしかしたらこの失われた手紙には一六六五―六六年のナータンのヘブロン訪問を目撃した報告が含まれていたかもしれない。この件についてはいまはわずかにクウェンケの描写が知られるのみである。「あの日、ナータンは三〇〇人以上のユダヤ人をともなってヘブロンへ行った。マハペラの洞穴で祈りを捧げ、雪に浸かって悔い改めをするためだった。それというのも、ガザは気候が暖かくて雪がなく、それにひきかえヘブロンはほぼ毎年降雪があり、空気が冷たいせいで数日間消えずに残っているからである……預言者を先頭に一〇〇人ほどのユダヤ人が野に出て、浸礼を行ない、［苦行の］慣習にしたがって［裸で］雪のなかを転がった。イスラム教徒たちは日がなそれを眺めていた[50]。」

ヘブロンにおける確信的なサバタイ支持者の中心は信心深い富豪アムステルダム出身のアブラハム・ペレイラによって築かれた、ラビ・メイール・ベン・ヒヤ・ローフェの指導するイェシヴァであった。このイェシヴァの学者たちは一六六五年早春にメシアニズムが表明されるとすぐこの「信仰」を受け容れた。一六六五年秋にはもう「かの人［ペレイラ］の寄進で支えられているシナゴーグのラビ教授[51]」メイール・ローフェはアムステルダムの後援者に宛てて手紙を書き、彼の気前のよさに礼を述べたのち、「これからはもうあなたの施しを必要としないでしょう。それよりも、彼らはあなたがここへおいでになり、彼らの仲間になって主のすばらしさを見てほしいと願っています」と伝えた。だが、ここからヘブロンのラビ全員が信じたと性急に結論してはならない。クウェンケが認めるように、このひとたちのなかで最も有名な、「当代で最も偉大な人物と目される［われらの］博識な父、ラビ・ハイーム・アブーラーフィア」は一部始終に耳を傾けたのち、「自分はそれを信じない、でもコミュニティから離れないために、みなの意見にしたがって行動すると敬虔な口ぶりで言われた」。ハイーム・アブーラーフィアはダマスカスのラビ、ヤコブ・アブーラーフィアの第二子で、ハイーム・ヴィタールの論敵であった。彼は高名なラビの権威[52]として、ナータンのラビの学識を試験した。ナータンはアブーラーフィアに自分が見た大いなる幻視とサバタイ・ツヴィの秘密を「始めから終りまで」説明した。この出会いにかんするクウェンケの描写の細部は検証できず、まったくの作り話であるかもしれないが、結末はどう見ても信頼するに足るようである。預言者の出立後、ラビたちはアブーラーフィアのもとに行き、サバタイ・ツヴィにたいする考えが変わったかと尋ねた。アブーラーフィアは彼らに、ナータンのラビ学者としてのすぐれた能力は認めるけれども「自分の意見は変わらない」と伝えた。「わたしはメシアがこんなふうに来るとは思わない。わたしたちの言い伝えによれば、こんなふうではない。わたしは彼らに［公然と］反対するつもりはないが、わたしの個人的な確信は変わらなかった。[53]」アブーラーフィアとほかの大勢が取った態度の曖昧さは運動の伝播にさいわいした。「信ずる」決心がつかないで、疑いや不快をあらわにした高名なラビたちはたくさんいたに違いない。彼らは「聖なる罪人」としての救世主というイメージをもたない伝統的な終末論との明らかな差異に不安を抱いた。ナータンがメシアの人となりの不可解さについて打ち明けたことも彼らの不快をやわらげるにはいたらなかった。それでも、彼らは熱心な信仰と贖罪に表われた一般の人びとの熱狂を妨げることに躊躇を覚えた。彼らは疑いを押し隠し、今後の成り行きを見守ることにしたのである。[54]

クウェンケの叙述から、ナータンが主だったラビたちに「信仰」を受け容れることを納得させようと骨折ったことがうかがえる。ナータンがエルサレムですぐに支持者を獲得したこと、そしてラビ・イスラエル・ベンヤミンを始め他のラビたちを味方に引き入れようとしたことをわたしたちは知っている（二八四ページ参照）。そのさい、部分的には成功したかもしれない。ラビ・ヤコブ・ナヤラが「ガザ一帯のラビたち」の署名入りの宣伝書簡を発送したとき、エルサレムのラビ・アブラハム・ゲダリヤはナータンの預言とサバタイの救済使命が認証されることに彼なりに貢献しようとして、自分の署名をつけ加えた（もしくは別途手紙を添えた）。署名は規定どおり認められ、ラビの法廷によって公式文書と認定された。サスポルタスは一六六五年九月に書かれたと思われるこの手紙の写しを所持していたが、それを印刷することは意図的にやめた。[55]だが、サスポルタスは別の、もっとずっと短い手紙の原文をいまに伝えている。それはほぼ同じ時期に書かれ、一六六六年初頭にエルサレムの使節によってイタリアへ運ばれたものである。使節の郵便袋にはいっていたすべての手紙のうち、「学者ラビ・サムソンの息子、ラビ・イスラエル・イッセルルレス」からヴェネツィアのラビ・サロモン・ハイ・サラヴァル宛に送られた一通の短い覚書だけが、パレスチナでのメシア事件を漠然とほのめかす記述をいくらか含んでいる。「ある名家出身の、尊敬するに足る、非常に学識ゆたかな老人で、信仰篤い先祖の息子」とサラヴァルがいうこの覚書の筆者は名宛人にこう確約している。わたしは「あなたの平和と繁栄を祈るために、祈りという戦力を引っさげて……『わたしたちの壁のうしろに立つ』［雅歌二、九参照］神のもとへいつでも喜んで出陣するつもりです。この神聖な嘆きの壁はわたしたちの祈りのための天の門です。短時間のうちにわたしたちの力とわたしたちの聖なる地のすばらしさを、わたしたちの父が祈った場所を見るに値する人間になれますように。というのも、わたしたちは、紙に書き留めてはならない……多くの良いしるしを見たからです。［いまは］すべて［わたしたちの］全面的な悔い改めにかかっているのです[56]。」

残念ながら、サラヴァルは自分宛の手紙の略文しか伝えてないので、多くの示唆が不明のままである。それでも手紙の筆者が「しるし」の意味と一六六五年夏の大きな贖罪運動を信じていることはまぎれもなくはっきり表われている。筆者が特定の事実や名前（たとえばメシアやその預言者などの名）を明らかにすることに慎重なのは、セラリウスが彼の最初のトラクトで言及したエルサレムからの手紙を思い出させる。「良い報せがあるが、彼らは敢えてそれを口にしようとはしない。」七月か九月、あるいはそれ以降に書かれた他の書簡も同様の慎重さを見せている。最初のエジプトの手紙のひとつは（ガザから？）こう伝えている。「彼らはラビ・アブラハム・ナータンがなしとげた多くのことについて語っているが、それらを示すことはできない。人びとにはそれらがすぐには理解できず、それらを嘲って、自分やイスラエルに禍いをもたらすだろうから。こうした理由で彼らはすべてを書き留めようとはしなかったのである[57]。」

サバタイ派の報告やとくにエルサレムからの書簡のなかに表われている慎重さは敵対者にたいする信者たちの恐れに理由があるかもしれない。エルサレムのラビたちの敵意は減りはしなかった。運動に同調した者はたしかに少数であった。とくにある出来事が人心を燃え上がらせた。支持者（おそらく最前述べたラビ・アブラハム・ゲダリヤ）に宛てたサバタイ・ツヴィの書簡がエルサレムに着き、[58]それには「わたしは主、あなたの神、サバタイ・ツヴィである」というメシアの署名がはいっていた。このときからサバタイは、自分の卓越した地位と神性を表現するために、この文句を用いた。署名はエルサレムで怒りの嵐を呼んだ。モーセス・ガランテは、心底怒りを覚えたとのちに告白している。[59]サムエル・ガルミザン——彼はサバタイを破門した法廷の一員であった——は「大勢」の前で説教を行ない、「だれしも言葉をわきまえ、思い上がらず……いわんや神を僭称するようなことをしてはならない」と説いた。これが反キリスト教の説教ではなく、むしろ反サバタイの説教であることは、引用された聖書の詩句やツヴィという語を含む言い回しに明らかである。[60]しかし、これらの抗議は離散民には届かなかったし、パレスチナの「不信を抱く」ラビたちの沈黙も依然として謎である。

ガルミザンの説教は、エルサレムの反対派の指導者たちがその態度を変えなかったことを証明している。コンスタンチノープルのラビ会議はナータンの預言者としての使命の信憑性を調べようとして、四名の「不信を抱く」パレスチナのラビからなる委員会に調査を委託した。しかしわたしたちの知るかぎりでは、そのうちだれひとり回答を寄せた者はいなかった。支持者たちの書簡がいたるところに出回り——離散地には一六六六年にエルサレムからだけでかなりの数の手紙が舞い込んだ——それによって救済の報せの「真実性を保証する」一方、反対者たちは沈黙を守りつづけた。彼らがラビ・ハイーム・アブーラーフィアと同じ理由でそのように決めたとはおよそ考えにくい。たとえば、一点だけ挙げるならば、アブーラーフィアのほうが拒否的態度がずっと穏やかだった。彼はサバタイを破門した連中にははいっていなかった。彼らは熱狂した大衆を挑発することを恐れたのだろうか。（アシュケナージとおぼしき）エルサレムの使節ラビ・アスヘル・レンメルが一六六六年一月イタリアにやってきたとき、私信やコミュニティの長たちが書いた公文書などの手紙がいっぱい詰まった袋を携えていた。どれもみな日付が一六六五年一〇月と一一月で、ただひとつ前述の、サラヴァルに宛てたイスラエル・イッセルルレスの覚書を除いて「この［救済の］ことにひとことでも触れた[61]」ものはひとつもなかった。これは沈黙の抵抗のようにも見える。サスポルタスも何かそのような推測をしている。もちろん、ラビ・モーセス・タルディオラの沈黙をそのような反抗の証と解することはできない。なぜなら、サスポルタスが一六六五年一二月始めにもっと詳しい情報を彼に求めたとき[62]、サスポルタスは相手が私用か公用でエルサレムにいなかったことを知らなかったからである。だが他方、ラファエル・ヨセフ宛のナータンの書簡とほぼ同じ頃（すなわち一六六五年九月か一〇月）にエルサレムから送られた手紙のどれひとつ「メシアや預言者の名に触れることすらしていない[63]」というサスポルタスのコメントはたしかに重要である。サスポルタスの論拠は非常にわかりやすい。もしパレスチナのラビたちがこの問題になんらかの意味を認めたのなら、彼らはこの朗報を誤解のないよう、サスポルタスの言葉を借りていえば、「でかでかと書いて」発表しただろう。一六六五年末にはもうサスポルタスは「エルサレムのラビたちが彼のこと［すなわちナータンと彼の預言］を断固として拒否する[64]」ことがわかっていた。この言の裏づけとして一通の手紙も引き合いに出していないけれども。サスポルタスはおそらく、エルサレムのラビ会議のかたくなな敵意を包み隠さず手紙に書いた信者の供述そのものを拠り所にしたのだろう。この点ではたしかに彼らの証言に信を置くことができる。ひょっとするとエルサレムのラビたちは文書では絶対サバタイのことに触れないで、一件を完全に無視することに決めたのかもしれない。コンスタンチノープルのラビたちがサバタイの棄教後同様の戦術を取ったことをわたしたちは知っている。彼らはもしかすると、パレスチナや他の国々で騒動が高まっていることを懸念し、両陣営のあいだで緊張が高まっているのを考え、沈黙を小悪とみなしたのかもしれない。いずれにせよ、彼らの著した記録文書はひとつも遺っていない。コンスタンチノープルとヴェネツィアのラビはたびたびエルサレムへ手紙を書き、情報と助言を求めたが、そこから返事が来た形跡はどこにもない。ラビ会議はこの運命の年に存在しないも同然だった——これは驚くべき年にあって少なからず驚くべき事態である。彼らの決断の利口さについては議論の余地がある。彼らの雄弁な沈黙は国民が二つの陣営に分裂するのを防げなかった。歴史家がそれを彼らの功績に数え入れるかどうか疑問である。事件は次々と起こったが、エルサレムのラビたちがそれになんらかの役割を果たすことはなかった。

ラビ・シャーローム・ベン・ヨセフはラビ・メイール・ローフェをともなって、もう一度預言者を訪ねた——多分預言者がヘブロンへ巡礼したあいだのことだろう。二人はアムステルダムへの手紙のなかで、「彼の預言のしるしか奇跡を見せてくれとたのんだが、彼はそれをことわり、自分にはそれをすることは許されていない、すべてが成就されるのを見るまで待ちなさい、と説明した。ラビ・シャーロームは彼［ナータン］の勇気と預言の成就への信頼にとても驚いた」と証言している。ナータンは離散地のコミュニティに短い報告をするのがならわしだったらしい。彼はシャーロームにもそういうメッセージを委託した。このメッセージはまさにナータンの宗教的回状を代表するものとみなせるだろう。ナータンは「アムステルダムの聖会議、その指導者と賢者たち、その士師たち、長老や高官たち、そしてイスラエルの家のすべての者たち——彼らに神のご加護がありますように——」宛に手紙を送り、このように書く。「ご覧なさい。わたしたちはこう言われました。あなたがたの心は、甘い実をつけるためにあなたがたの神、主のもとへ帰るよう呼び覚まされた、と。あなたがたがなした行いを悔い改め、神の御心にかないますように。『あなたがたは弱った手を強くし、よろめく膝を健やかにせよ』［イザヤ書三五、三］なぜなら、主がこのように言われているからです。見よ、あなたの救い手が来る、その者の名はサバタイ・ツヴィである、と。『主は勇士のように出て行き／いくさ人のように熱心を起こし／ときの声をあげてよばわり／その敵にむかって大能をあらわされる』〔イザヤ書四二、一三〕。あなたがたの目が麗しく飾った王を見る〔イザヤ書三三、一七〕ことをわたしは祈ります。ナータン・ベンヤミンより。」(65) この時点から預言者は彼のすべての手紙にサバタイがくれた新しい名で署名した。(66) このシンボリックな変名は多分、イエスがシモンの名をペトロに変えた行為をたまたま繰り返したというよりむしろ意図的な模倣であろう。一六六五年秋、信者たちはナータンを指して「聖なる灯」という神秘的な肩書きも使いはじめた。(67) アミラーがサバタイ・ツヴィを表わしたように、それ以後のサバタイ主義文学では「聖なる灯」という表現がナータンを表わすようになった。(68)

ナータンが戦闘風の幻視に関心をもっていなかったことはすでに述べた。すでに見たとおり、民話がこの空白を埋め、ナータンがその救済預言のなかで触れなかった軍事行為はすべてそのなかでは失われた部族に帰せられた。ナータンの絶対的な黙示録的確信は非常に実際的意味をもつ別の一件にも表われた。ほとんど商業生活がなく貧困に打ちひしがれたパレスチナのユダヤ教徒を支援するために離散地で集められた義捐金の一件である。アムステルダムの後援者に宛てたラビ・メイール・ローフェの書簡（三八五ページ参照）はけっして特殊なケースではなかった。一六六六年初頭にはすでにナータンがパレスチナの主だったラビたちに「もう離散地から一銭も金を送らせないようにしなさい。諸部族に分けあたえられる財宝なら十分にあるでしょう」(69) と強く言ったという噂が広まっていた。これらの言葉は不信を抱くラビたちとの議論のなかで言われたものと思われる。ひょっとするとナータンは、サスポルタスが示唆するように、不信仰者たちにたいする抑圧手段ないしは脅迫手段として義捐金のパレスチナ移送を禁じようとしたのかもしれない。ラファエル・スピーノは友人サスポルタスにリヴォルノからのある書簡で、預言者が「離散地からパレスチナへ金を送らせない[70]」よう注文をつけたと知らせている。そして一六六五年一二月にはサスポルタスが、預言者は義捐金を聖地へ送らないよう要求することで本当は反対者たちを飢えさせようとしたのだと伝えている[71]。ナータンは他の驚くべき発見（たとえば浄めの儀式に必要な赤い牛の祭壇や灰など）にともなって隠れた財宝がパレスチナで見つかるだろうと確信していた。このとくべつな考えはナータン・シャピラー・イェルシャルミの『トゥーヴ・ハ＝アーレツ』から来たものと思われる。ほんの一〇年まえに出版され、ナータンの多くの考えに影響をあたえたこの書にはこんなことが書かれている（fol. 37 c）。「地中に隠された財宝については、地下通路が造られるだろう。そうすれば、［奇跡的に］王のすべての財宝がパレスチナに運ばれる。中命記三三、一九に『彼らは砂に隠れた財宝で暮らすからである……』と書かれているとおりである。すべてはパレスチナのメシア王に啓示されるだろう。彼は財宝を追放から戻ってくる者たちひとりひとりに分けあたえるだろう。そして彼らはたっぷり富を授かるだろう。」ナータン・シャピラーの著作ではこの預言は「肉欲生活と金にかかずらっている[72]」離散地ユダヤ人にたいする攻撃の一部である。ガザの預言者はこれを現在の状況に関係づけた。そのような姿勢の結果として必然的に生ずることとなった状況は、すでに一六六五年一二月に論争の的になっていた。サスポルタスは聖地における貧者の窮迫を予見した。「彼らの王［すなわちサバタイ・ツヴィ］が彼らに死の宣告を下したからだ」、彼らの欲求をみたしてやらず、みずからその地を去ってしまったことによって[73]。サバタイのスミルナへの旅はその当時はいった最初の書簡中に実際に述べられていた。しかし、彼は貧者たちに餓死の判決を下し、自分は賑々しくトルコへ旅立ってしまったという告発は、外国資金の拒否はナータンとメイール・ローフェを通じてサバタイが指示したというサスポルタスの誤解に基づくものであることはほぼ確かだ。サスポルタスはこのテーマをサバタイの棄教後に再度採り上げた。己れの賢明な予見を自画自賛しながら、彼はこう報告する。「多くのひとたちはパレスチナの貧者たちへの毎年の寄金をやめてしまった……『あなたたちにはメシアがいるのだから、わたしらの支援は要りませんね』と言いながら。そのうえ彼らは、［エルサレムのひとたちが］このニュースを信じて［いないこと］、そしてメシアをくだらない人間だと思っていることを知っていた。それゆえ熱狂的にこの偽りの信仰に傾倒する大勢の民衆はエルサレム人はみな預言者とメシアを否定する不信心者だと思った。［だから、もうエルサレムへ義捐金を送るまいと思ったのだ］(74)。」この叙述の正しさはまだ証明されていない。遺された文献はアムステルダムやそのほかの場所の信者たちのあいだにそうした復讐の気分があることには触れていないからだ。あちこちでそのような論拠が口にされた可能性はなきにしもあらずだが、それにしてもサスポルタスの報告はひどく誇張しているように思える。サバタイがトルコにいることが一般に知られていたのなら、「メシアがパレスチナのあなたがたのもとにいる」などとだれも主張しなかったろう。わたしたちは一六六五年秋にイタリアやドイツ、モロッコを駆けずりまわって募金集めをしたエルサレムの使節を何人か知っている。それにかんするわたしたちの知識はまったく偶然のものなので、こうした任務を負ったわたしたちの知らぬ者がほかにもたくさんいたと推測できる。これらの使節たちがナータンの外国資金の厳重な禁止と現在の惨状をやわらげるために寄金を集める彼らの骨折りとのあいだの明らかな矛盾を自分なりにどう解決できたのかと問われるところである。ひょっとするとナータンは、『トゥーヴ・ハ゠アーレツ』の著者のように、遠い将来のことを指したのかもしれない。メイール・ローフェは最初感激してその禁止をどうやら別なふうに解したようであるが。サスポルタスは別の文脈でチェレビー・ラファエル・ヨセフがガザのすべてのひとたちの欲求に心を配ったと教えることにより、そもそも自分自身の話をぶちこわしている。パレスチナへ行った信者たちは自分の金を置いていったという推測にはなんら根拠がない。彼らの旅仕度（たとえば不動産を金に換えることなど）についての残存している報告が示しているのは逆である。チェレビーは信者たちがナータンの指示にしたがって聖地へ旅立つまえに預けた金を着服し、私腹を肥やした、というサスポルタスの主張はまったくの誹謗である。チェレビーについてのサスポルタスの発言の大半は実際誤りであり、彼はそのばあい（たとえば、ラファエル・ヨセフはサバタイのように背教者になったなどと主張するさい）根本的に悪い噂だけに依拠している(75)。

ナータンによって提唱され励行された大きな贖罪運動は明らかに通常のビジネスライフの停滞をもたらした。エルサレムはとりたてて商工業が盛んというわけではなかったが、ガザのユダヤ人は（ナータンの継父も）大半が商人であった。クウェンケのえがく祈禱への沈潜と悔い改めの証に規定されたガザの雰囲気は、一六六五年末にエジプトで書かれたと思われる、内容的にはしかしほぼ確実にガザからの情報に拠っている一通の手紙によって裏づけられ補完される。預言者と王（すなわちメシア）はスルタンにユダヤの返還を求めようとコンスタンチノープルへ行く用意をした。預言者はスルタンみずからがメシアの頭に王冠を載せるだろうと預言した。「そのあいだにこういうことがすでに起こっていた。エルサレムのパシャ(76)とガザのパシャが預言者の手に接吻したのだ。四方八方から合流する人びと（ユダヤ人、トルコ人、キリスト教徒(77)）の数は非常に多く、そのなかには有徳の士の姿がきわだち、隣国の民は震えおののかんばかりである……彼らはもっぱら祈禱、贖罪、寄進に身を捧げる。いっさいの虚栄心を抑えるばかりか、商行為、とくに（ナータンが純粋な高利貸しと呼ぶ(78)）両替商もやらない。それどころかエルサレムのひとたちは度量が大きく、普通なら一〇ペニヒするものをいまは一ペニヒで買うことができる。」両替商はユダヤ人が従事した職業のうちでもいちばん頻度の高いもののひとつであり、パレスチナでもとくにそうであった。ナータンがそれを禁じたことは外国からの義捐金にかんする彼の考え方とともに、彼の救済経済とでもいえるものの特徴をなしていた。ナータンの姿勢は黙示録的反逆の表われである。ユダヤ人の生活の特定の、きわめて典型的な一面（たとえば慈悲にすがる生活、両替商、小売商など）を彼が否定することは、伝統的な生活形式にたいする無意識の反抗を証するものである。といってもむろんナータンを時代錯誤の現代的カテゴリーで解釈したり、彼には現代ユダヤの国民運動が主張するような意味でのユダヤ人生活の「正常化」への願望があったということはできない。ナータンの「正常化」という考えは本質的にはメシア的であった。救済された完全な時代には聖地は十分な財宝をもたらし、商売やそれと関係のあるものはいっさい要らなくなるだろう。贖罪運動によって必然的に日々の経済活動は停止した。この関心の移動は最初期の報告のいくつかに反映している。リヴォルノから（ロンドンの？）東インド貿易会社に宛てた一通の手紙はこう伝えている。[80]「アレクサンドリアのユダヤ人は当地から書面をもって、今後彼らに仕事を提供しないよう願い出ております。これからはもうこのような仕事はしない、もっと高尚なことしかやらないということであります。」

サーフェードでも運動は一六六五年秋のあいだに強さを増した。一六六二年にそこのユダヤ人入植地が完全に破壊されたという報告には大きな誇張があるように思われる。そしてそこから引き出された推論[81]は誤りである。一一月末、大衆運動が起きると同時に各一〇人の男女の預言者がサーフェードで立ち上がったという報せがカイロに知らされた。[82]もしかすると、サバタイとナータンは一六六五年早春に二人して旅するあいだにこの町を訪れたかもしれない。この折りに、あるいは夏にサーフェードを通るさいにサバタイは、先の章で採り上げた（二一二ページ参照）ラビ・ユダ・シャーラーフ宛の手紙を書いたのかもしれない。サーフェードのひとたち――少なくともそこの有力なグループ――が熱狂したのは事実であり、サバタイ派の宣伝機関のたんなる捏造ではなかった。初夏にはすでに、強まりつつある贖罪ならびに「信仰」運動との連帯を促すサーフェードからの手紙が何通かアムステルダムに届いていた。アムステルダムの教師ヤーコプ・タウシッヒのサバタイ・ツヴィにかんするイディッシュ語の詩のなかの引用から判断すると、その手紙は大仰な熱狂を表現していたに相違ない。「サーフェードのわたしたちの兄弟は……律法に定められた犠牲を年内中に［再建された寺院で］捧げる準備をするように、と書いてきました。」ナータンの祈禱行について意味ありげな表題つきで印刷されたのちの版には変更と補遺が含まれている。「ご覧なさい。［ラビ・ナータンの］『セデル・ハ゠ティックーン』（ティックーンの祈禱書）がたったいまここにサーフェードからの手紙［！］といっしょに着きました。この小冊子に掲載されているまえの版と数箇所違うところのあることがわかりましたので、［この変更箇所を］付録に印刷し、［祈禱をするのにどっちの版がいいか］読者に決めさせることにしました。」(84) 同小冊子は「サーフェードからここに着いた祈禱手引書（ティックーン）」(85)も引き合いに出している。一六六六年七月以後に印刷された版でラビ・サロモン・オリヴェイラは序文の元の稿に次の一文をつけ加えた。「さてここで、サーフェードからわたしたちのもとに届いた新しいものを見てください。これをあなたがたにお知らせするまで、わたしは片時も落ち着けませんでした。」

これらの熱狂的なナータンの信奉者たちとはだれだったのか。彼の祈禱を書簡によって広めることをもっぱらの関心事としたひとたちとはだれだったのか。この宣伝努力において重要なはたらきをしたのはひょっとすると老カバリスト、サーフェードのベンヤミン・ハ゠レーヴィだったかもしれない。彼はイタリアで聖地への義捐金を集めた（一六五六―五九年）のち、サーフェードへ戻り、晩年の一〇年を生まれた町で過ごした。彼はカバリストのサークル内で非常に高い評価を受けていた。そして旅行のあいだカバリスト仲間と個人的結びつきを築く機会をもった。四〇年まえはハイーム・ヴィタールの著作の最初の編集者のひとりであった。彼がメシア信仰を受け容れたことは数多くの崇拝者たちに強い影響をあたえたに相違ない。一六六六年に彼と息子のサロモンはマントヴァの友人に宛てて「わたしたちの王サバタイ・ツヴィによるわたしたちの救済について詳しく(86)」手紙を書いた。イタリア時代、ラビ・ベンヤミンはとくべつな折りに用いるルーリアの祭礼の祈禱書の流布を積極的に推し進めた(87)。この祈禱書はのちにベンヤミンの弟子、ヴェネツィアのモーセス・ザクートによって決定稿をえた。ラビ・ベンヤミンはナータンの『改訂祈禱書』の普及にも同様の熱意を傾けたと推測すべき理由がある。とくにこの祈禱書はその特徴や一般的性格においてあくまでなおルーリアの伝統の枠内にとどまっていたからである。それどころか、ラビ・ベンヤミンはメシアの棄教後(88)も、そしてメシア自身がふたたびパレスチナを離れねばならなくなったのちも、メシア信仰を固く守った。当時のサーフェードのラビ長はラビ・ガブリエル・エスペランサだったようだ。彼の名は、コンスタンチノープルのラビ会議がナータンの預言的要求(89)を検討する委員会に推挙した四人のうちのひとりであった。このことは彼が確信的な信奉者とはみなされていなかったことを示している。

トルコの権力者の態度については信頼できる情報がない。エルサレムのカーディはサバタイとラビたちとの対決に介入することをこばんだ。エルサレムやガザにいるその他のトルコの高官たちの振舞いについての描写はまったくの作り話である。ガザのパシャは預言者の両手に接吻をしただとか、ナータンは奇跡的にパシャを毒シャツによる死から救った(90)といった類いの話はみなそうである。異教徒たちもガザの騒擾不安に気づいていたという報告は疑いなく事実に一致しているが、その消極的な寛容さの理由はまだまったく不明である。だが、信者たちは多くのトルコ人が預言者に忠誠を誓ったことをせっせと通信相手に書き送った(91)。

Ⅳ　一六六五年一二月までのスミルナの運動

運動はサバタイが一六六五年秋に旅した町々では、もっぱら手紙や噂に知識を頼らざるをえなかった地域とははっきり異なった現象形式を示した。トルコの中心都市から離れると、メシアの人間性が大衆の表象世界のなかで果たした役割はきわめて二次的であった。彼の人柄への言及には奇妙な、ときには意識的とも思える曖昧さがつきまとう。たしかに、混乱を惹き起こしそうな詳細は省くほうが得策であった。「打ち明けてはならないある大きな秘密」をうやうやしく口にすることによってサバタイの「奇矯な行動」をやわらげるか、ないしは不快な要素を省いたり変えたりすることは、少し離れたところからならさほど難しいことではなかった。メシアと思われたひとのいないところでは、もっぱら集団的空想力と大衆の信じやすさが支配権を行使することができた。

しかしスミルナでは、ひとたび大衆の熱狂が呼び覚まされたあと、事態は違ったふうに進展した。ガザとエルサレムの出来事にたいするサバタイの関与についてまとまった知識をえるのは骨が折れるが、彼のスミルナ滞在については情報が有り余るほどある。それゆえ、運動が嵐のように吹き荒れた日々の数日間におけるサバタイの足跡をほぼ一歩一歩たどることができる。そのほかにもサバタイは預言者をともなわずに単独でスミルナに行った。そもそも彼についてそこで行動したといえるとすれば、そのばあい彼はもっぱら自分の霊感、自分の衝動にしたがったのである。ナータンは、これは本当だが、その後も引き続き書簡やカバラー的説教を送りつづけた。しかし、もはや以前のように直接的個人的影響を及ぼすことはなかった。サバタイは、いまや独り立ちし、しかもほかのひとたちから認められるのを見たとき、自信もえたことだろう。彼はおよそ四ヵ月スミルナにとどまったが、行動の期間は短く、ほぼ三週間だった。そのさい、最もセンセーショナルな出来事はこの時期の半分に集中していた。だが、事件とそれが惹き起こしたセンセーションは非常に印象的なもので、おまけに衆人環視のなかで起こったので、広く反響を呼ぶであろうことは確かだった。ガザは所詮小さい、少々辺鄙な町にすぎず、何が起こったのか、当事者以外はだれも概して正確に知りえなかった。スミルナでは事情は違っていた。スミルナは活気のある重要な商業中心地であり、そこのユダヤ人コミュニティは数千の人員を擁しているうえに、ヨーロッパのキリスト教徒の商人集団の所在地でもあった。商いは大部分イギリス人とオランダ人の手に握られていたが、イタリア人やフランス人もおり、そのなかには注意深い賢明な観察者がいた。筋書きはここのいわば公の舞台で運ばれた。そして観衆は自身の目で屋内シーンを見守ることができた。

最も炯眼な観察者のひとりにトーマス・クーネンがいた。一六六二年ハーグのレヴァント〔地中海東部沿岸の諸地方。小アジア、シリア、エジプトなど〕貿易会社からスミルナのオランダ商人コミュニティの司祭に任ぜられたプロテスタントの僧侶である。クーネンはユダヤ人やユダヤ教についてなにがしかの知識をもち、少なからず彼らに関心を抱いていたので、「ユダヤ人の狂乱」と異様な大衆的熱狂の爆発をつぶさに観察する機会を逃しはしなかった。わからないことは信頼できる情報提供者から知ろうと努めた。キリスト教の聖職者であるから支持者のサークル内部にはいれはしなかったが、ユダヤ人非ユダヤ人を問わず、すべての知り合いから慎重に情報を集めた。オランダの貿易会社社長に宛てた彼の書簡はこの運動の歴史を証する一級の資料である。それらは印刷した本のかたちにまとめられ、入手容易で、サバタイの棄教直後に始まり、一六六七年夏で終っている。クーネンが拠り所にした情報提供者や情報源は多数にのぼり、記述にいくつか矛盾が見られるのはいたしかたないが、核心部分を再構築するのは難しいことではない。

サバタイは夏の終り、ユダヤの四二六年新年祭直前に生誕の町を訪れた。[92] 二、三ヵ月くらいは「おとなしくしていた」。といってももちろん、何も起こらなかったわけではないし、まったく何の報せも外へ送られなかったわけでもない。一六六五年のエジプトからの手紙が報ずるところによれば、「彼は無事にスミルナに到着し……コミュニティ全体、わけても彼の家族は大喜びした」。[93] この報せは家族と接触のあった運動の支持者によってさらにエジプトへ伝えられたようだ。スミルナで運動が発生したことを伝えることの最初の証言はきわめて簡単であるけれども、疑うべき理由はない。サバタイの兄弟たちは彼が着くまえにスミルナで起こった出来事のことをきっと知っていただろう。これらの出来事は彼らの社会的地位に影響を及ぼさずにはいなかっただろうから。彼らの態度がそもそもいかなるものであったにせよ――弟のメシア召命を信じたにせよ、彼の狂気を一家の面汚しと思ったにせよ――彼らがいま大手を広げて彼を迎えたことは疑うべくもない。[94] 遅くともガザからの朗報がはいった以降、彼の家族は彼の周りにつどった。アレッツォのバルーフの話はきわめてありそうにない。サバタイの兄エリヤはあくまで彼を信ぜず、ユダヤ人のコミュニティがトルコに滅ぼされるよりはサバタイが死んだほうがましだ、と言ったという。それどころか、サバタイをみずから剣で殺そうとすらした。「しかし、われらの主は彼を見つめただけであった。すると彼は震えに襲われ、死んだように倒れて、何もできなかった。」サバタイにあたえられた友好的な歓迎を伝える前述のエジプトへの手紙は、バルーフの描写がまったくフィクショナルな性質のものであることを証明している。

一方、（同じ書簡に語られている）「コミュニティ全体」の大喜びも疑わしく、ほかの文献による裏づけが必要である。[95] ある描写によれば、サバタイは最初町の外にとどまり、そこで適当な入場の機会をうかがっていた。しかしこの話はサバタイの気性について知られていることと矛盾する。理性的な計画や計算に基づいた振舞いとは、反感をもった著者が棄教後にどんな逆の主張をしたにせよ、彼はまったく無縁であった。スミルナではメシア運動がかたちをなしはじめていたことを人びとは確実に知っていた。ニュースがほかの町々に知られていたのなら、それはメシアの故郷の町や彼の家族、彼の以前の同級生たち、彼がおそらくその多くと接触をもっていたと思われる古い仲間たちにも届いていたに違いない。彼が到着するまえから期待と緊張にあふれた雰囲気がみなぎっていたに相違ない。町の住民たちは彼を訪ね、彼らが聞いた噂について尋ねたことだろう。サバタイはおそらく彼らに、アレッポのラビたちにしたのとまったく同じように、パレスチナで起こったことを話して聞かせただろう。そのあいだに「ヤコブの神に祝福された者、イスラエルの王」に宛てられた書簡も届いたはずだ。「彼はひそかにこれらの手紙を友人たちに見せた。それにより彼らは出来事を公に知らせることができた。」たとえ事がこのように運んだとしても、スミルナの人びとがこれらの書簡を通してしかメシア運動のことを知らなかったなどということはおよそありえないことである。

いずれにせよ、燈明祭（一六六五年一二月）まではとくに人目を惹くようなことは何も起こらなかった。反サバタイのアジテーションが行なわれることもなく、一六四八年に彼を告発したラビたちも彼にたいして何もしなかった。サバタイが最初の二ヵ月間は「おとなしくして」いたという報告はどうやら本当だったらしい。三ヵ月間町を震撼させた暴動や不穏の描写は――一六四八年から一六六五年までの「サバタイ運動」にかんする報告のように――歴史家の捏造にほかならない。もしかすると、ラビたちは一六六五年九月末に、エルサレムのラビ会議が数週間まえにサバタイを破門したことを知らせる二五人のコンスタンチノープルのラビが署名した手紙を受け取ったかもしれない。その手紙は、できるだけ早くサバタイを死なせることができればお手柄だというラビ・ヨムトブ・ベン・ハナニヤ・ベン・ヤカルの説明も含んでいた。だが、何週間もサバタイにたいして何もなされなかった。もしかすると、スミルナのラビたちは辛抱して事態をしばらく見守ることにしたのかもしれない。もちろんこれとは違ったふうに事が運んだ可能性もある。もしコンスタンチノープルのラビたちがスミルナの同僚にサバタイを殺害するよう忠告したのなら、彼らはそこにサバタイが来ていることをすでに知っていたに違いない。首都を襲ったメシア熱を背景にすれば、そのような忠告もいっそう現実味をおびただろう。このばあい、彼らの手紙が書かれたのはもっとずっと遅い一一月で、エルサレムから報告がはいった直後ではないだろう。ラビ・ハイーム・ベンヴェニステはコンスタンチノープルからの手紙をそんなに長く秘密にしておかなかっただろう。当地の彼の同僚たち、アアロン・ラパーパ、サロモン・アルガージー、ベンヤミン・メラメドは、ラビの世界では飛び抜けた名声をえていたのだから。瀬戸際までみんな反対者の側に立っていた。彼らの道が分かれたのはそのあとである。

一六六五年一二月、オランダの商人たちもサバタイ信者たちもアムステルダムへの手紙のなかで、「王サバタイ・レーヴィ［原文のまま］は公に姿を現わさず、ユダヤの王を名乗ってもいません。これまで彼は、しるしや多くの奇跡によって自分が自身の名においてではなく神の名において行動しているのだということを証明するまでのあいだしばらく匿名を守っていたからです」と報告した。手紙には実際になされたしるしや奇跡もいくつか記されている。(96) キリスト教徒の情報提供者たちはセンセーショナルな出来事についての彼らのこれまでの沈黙を、サバタイがスミルナとコンスタンチノープルのユダヤ人の不信のために「長いあいだ自制していた」という事情で説明した。しかしいま「彼の自制は終り」、人びとは彼がまもなくコンスタンチノープルへ旅立つことも知った。(97) ハンブルクに着いたスミルナからの最初の手紙は驚くべき話にあふれているが、(98) 同様に、サバタイは最初引き籠っていたとも報じている。最初の救済者モー

セのように、最後の救済者も救済者だとは知られずに時を過ごしたのち初めて示顕するのだろう。(99)

このことはサバタイのスミルナ滞在にかんする残存資料のなかでも最も信頼するに足る二つの文献によって裏づけられる。ひとつは一六六六―六七年に書かれたクーネンの書で、スミルナでの出来事が詳しくえがかれている。(100)もうひとつの報告は七〇年代からイタリアのユダヤ人作家たちに知られていたもので、信ずる者（たとえばアレッツォのバルーフ）も信じない者（たとえば一八世紀のサロモン・カルピ）もこれに依拠した。この二番目の資料の性質はほぼ確実に定めることができる。報告はカサーレ（イタリア）のユダヤ人コミュニティの三人の使節のうちの一人によって書かれた。三人はサバタイの棄教後スミルナにはいり、一六六七年早春まで数ヵ月その地に滞在した。著者は棄教後信仰を失った支持者であった。この人物がカサーレのラビ、サムソン・バッキーであったことはほぼ確かである。(101)これら二つの報告はほぼ同時に生まれ、前年の出来事にかんする地方の風聞を収録しているが、若干小さな不一致があるとはいうものの、根本的には両者は一致している。(102)その信憑性はいろいろな証拠、とくに事件のあった当時にスミルナからヨーロッパへ送られたヘブライ語、オランダ語その他の書簡によって確かめられる。残念ながら、ヘブライ語の書簡の年月日や原文は遺されておらず、参照や引用でその内容を知るのみである。(103)しかしながら、もうひとつほかの、一六六七年に確かな情報筋によって書かれた決定的に重要な証拠文書が、中心的な出来事のひとつについて正確な時点を挙げている。

クーネンやカサーレのラビたちは通常お互いの情報を補い合っているが、両者とも、急激に澎湃として起こる救済の嵐の公の背景を理解するうえですこぶる重要な一点について触れていない。ちなみにこの省略は、資料がときおり十分に強調することを怠るある種の人的要素を過小に評価してはならないという注意のはたらきをなすかもしれない。さいわい、二つの相互補完的なラビの証言がこの欠落している背景情報を提供してくれる。それらは、一六六五年四月からサバタイが公に登場するまでの時期にスミルナの二人の上級ラビのあいだに深刻な争いがくすぶっていたことを明かしている。当時一方がサバタイ派の騒動を利用して相手がたを押さえようとしたのである。この純粋に地方的な争いは運動の歴史全体になんら重要性をもたないが、それでも、ほかのコミュニティでも内輪もめや緊張がある種のはたらきをしていたかもしれないことを推測させる。

ラビ・ヨセフ・エスカファはスミルナのだれもが認めるラビの権威で、その地位は上級ラビのそれに匹敵した。ところが、すでに彼の生前に彼の後継者の問題が争論を惹き起こした。スミルナのラビたちのなかに『ケネセース・ハ＝ゲドーラー』の著者で、当時最も高名な学者のひとり、ラビ・ハイーム・ベンヴェニステがいた。だが、何人かの裕福な教区民が彼にたいし（あるいはもしかするとラビ裁判における彼の決定にたいし？）異論を唱えたのである。彼らはラビの職務の分割を強く要求した。ラビ・ヨセフ・エスカファの法廷で、ある同意書に署名がなされた。それにより、彼の死後二人の最高判事が任命されることとなった。ラビのエスカファは一六六一年末に死亡し、ハイーム・ベンヴェニステが、婚姻、離婚、典礼法の分野の裁判権を有する最高ダヤン（判事）に任命された。民事法の領域を司る最高ダヤンの候補を見つけることはかなり難しかった。というのも、スミルナへ来て、裁判権の一担を引き受けようという他所の土地のラビがいなかったからである。数年が過ぎ、スミルナの長老たちはひとりの恰好の、興味深い候補者を見つけ出した。小アジアのマグネシア出身のアアロン・ラパーパである。ラパーパとその家族は一六六五年早春にスミルナにやってきた。彼はまもなく職務についたが、その職は——町の経済的意味からすると——多くのひとたちからベンヴェニステのそれよりも重要だと思われた。もちろんベンヴェニステは二人の上級判事が読み上げたもともとの同意書に署名したばかりか、スミルナの長老たちがマグネシアにラパーパを訪ねて伝えた公式の招待状にも署名していた。だが、その署名は彼の意に反してなされたもので、ベンヴェニステは自分にはもともと上級ラビの全職務権限があると思っていた。支持者たちの前で彼は、自分の同意は道徳的圧力によって強要されたものであり、彼の任命を願った長老たちは二人のラビのあいだで職務権限を分けることにむりやり同意させられたのだ、と説明した。自分は個人的にはラパーパに最大の敬意を抱いているけれども、コミュニティの長老たちからは不当な扱いを受けたような気がする、と。[104]

それゆえ二人の上級ラビの関係は、表向きは正常に見えたけれども、緊張していた。クーネンのユダヤ人情報提供者は、文脈からするとラパーパの支持者と思われるが、二人のラビ指導者間の争いについてはひとことも洩らさないよう慎重に気を配っていた。そのため、クーネンの事件の描写にはラパーパの解雇の背景が欠けている。カサーレのラビの報告も同様の空白を示しているが、しかしそれはラビの自己検閲に基づく意図的な、あとからの削除かもしれない。[105]それでも全体像はいろいろな資料から構成できる。それらの詳細は年代的に一致するのみならず、互いに足りないところを補い合っている。カサーレのラビの断片的な記述には、サバタイがメシアを公言したあとに起こった、そしてクーネンが言及しているいくつかの出来事が省かれている。逆に、ラビ・サムソン・バッキーはクーネンの記述に欠けている多くの示唆深い詳細を伝えており、それらは大事件勃発の心理的背景を理解するうえで計り知れないほどの重要性をもっている。

オランダの商人たちはその書簡のなかで（四〇二ページ参照）、サバタイは「ユダヤ人が信じないために」当面引き籠って暮らしていたと述べている。この理由づけは疑問である。もしかするとその逆かもしれない。世間の態度はサバタイ・ツヴィのほうの活動力の爆発の結果変わったのである。ひとたび霊が降りると、彼はもっぱら心の赴くままに行動し、ひとがどう思うかなどにはまったく頓着しなかった。クーネン（と彼の文献）が繰り返し述べるサバタイの狂気にたいする通例の苦情からするとオランダ人の書簡が述べる合理主義的な説明は支持しがたい。コミュニティの長老たちはサバタイ・ツヴィが公の場に出たとき、それ以前の「彼がメシアとは知られずにいた」ときよりも彼を信じたわけではない。実際、彼らの態度が変わったのはサバタイの活動まえではなく、活動のさなかであった。サバタイの精神状態の揺れを考えると、彼はスミルナ到着後メランコリーの時期に見舞われたのではないか。そう考えれば彼の「引き籠りの私」生活も説明がつくだろう。鬱の発作が過ぎると、サバタイはしばらくのあいだ常態でいたのだろう。そのあいだ彼には躁状態の活力と決断力が欠けていた。彼は消極的に次の「大いなる照明」を待っていた。このような仮定は訪問者とのサバタイの個人的会話にかんする報告を見ても納得がいく。この中間時期にはサバタイは我を失わず、落ち着いて議論をした。それは彼が自分の「戦術」を打算的、狡猾に展開しようとしていたからではなくて、ただたんに彼が行動できるような心理状態になかったからである。彼は本質的に消極的な人柄だったので彼を行動へと動かすには躁の時期の照明が必要だった。

別の観点から見れば、キリスト教徒の商人たちの報告はスミルナとコンスタンチノープルの雰囲気を忠実に再現しているかもしれない。漠とした興奮と張りつめた期待が徐々にサバタイ・ツヴィの周りに形成された。ひょっとすると、彼の市中滞在と引き籠りが予定より早く出来事が勃発するのを妨げたのかもしれない。彼はスミルナに帰ってからそのような騒ぎのきっかけになるようなことを何もしていないにもかかわらず、メシア騒動を公然と批判し、サバタイ・ツヴィの幼少年時代や当時の「気違いじみた振舞い」を思い出す人びとが大勢いた。しかしコンスタンチノープルではその報せがあたえたインパクトは強烈で直接的だった。サバタイは一六五八年以後はもう首都にいなかった。だが、預言者の告知と救済の報せがはいったとき、そこの興奮はスミルナよりも大きかった。アレッポ、ガザ、エジプトから相次いで書簡が舞い込んだ。チェレビー・ラファエル・ヨセフに宛てた一六六五年一〇月付のナータンの書簡の文言もコンスタンチノープルに到着していたことは疑いない。エルサレムのラビ会議の手紙はほぼこの頃にはいったのだろう。（エルサレムからの手紙がコンスタンチノープルに着くまではそのときの海風の状態によって、一、二ヵ月を要した。）首都のラビたちが互いに矛盾する手紙の内容に混乱させられたことは疑いない。サバタイを異端者とし、イスラエル人の誘惑者だとしたエルサレムのラビ会議の破門が一方にあるかと思えば、もう一方にはナータンの祈りと悔い改めがあり、禁欲的な信心を爆発的に呼び起こした。おそらくメシアの人となりの秘密にかんするナータンのカバラー学的論文もいくつか首都に届いただろう。この問題では意見がまったく分かれていた。イスラエルにおける預言の復活に熱狂した地方の学者たちはナータンの肩書きをそれ以上のしるしを期待せずに受け容れ、熱心な「信者」となった。(106) ラビ・アブラハム・ヤキーニもそのひとりであった。ヤキーニはサバタイがラビ・ダヴィド・ハビロ——ヤキーニはこのラビを非常に尊敬し、彼のことをもっぱらダビデ「王」と呼んでいた（一九八ページ参照）——をともなってコンスタンチノープルを去って以来もう彼に会っていなかった。ヤキーニ自身の証言によれば、それまでルーリアの教義とティックーンの実践に没頭していたこの正統的カバリストは己れの信条をひっくり返され、メシア主義の興奮に引き込まれたのだった。この二人、ヤキーニとサバタイのあいだの絆がどのようにして改められたのか正確にはわからないが。サバタイがヤキーニに手紙を書いて認知を要求し、彼を自分のもとへ呼んだのか、それともヤキーニが一六六六年一一月に、サバタイがすでに戻っていることを聞いて自発的にスミルナへ旅立ったのか。いずれにせよ、ヤキーニは「四二六年のあの幸せな日々」をスミルナで過ごした。彼はサバタイが一六六六年一二月「イスラエルの王たち」に任命した内輪の信奉者のひとりであった。コンスタンチノープルのメシア運動はスミルナのそれより先に起こり、後者とは無関係だった。この点についてド・ラ・クロワが述べていることはマケドニアのユスキュブからの一六六五年一二月一一日付の手紙によって確証される。（この週に始まる）スミルナの出来事にかんする詳細はマケドニアではこの時点でまだほとんど知られていなかったはずだ。手紙のなかではアレッポ、とくにコンスタンチノープルにひとりの預言者が現われたことについて語られているけれども、スミルナのことはまったく言及されていない[108]。手紙はまた、コンスタンチノープルとスミルナの大勢の人間がエルサレムへ出立したという報告にも触れている。この噂はメシアがスミルナに滞在していることがまだ知られていなかったときにのみ意味をなす。コンスタンチノープルでその噂が立ったのはおそらく一一月ないし一二月始めよりあとではないだろう。たとえパレスチナへの出立にかんする報告が誇張だとしても、パレスチナとアレッポでの出来事にかんするいくつかの報告が一六六五年一〇月にコンスタンチノープルまで達し、そこの人びとに深い感銘をあたえたことがそこから看て取れる。

コンスタンチノープルに「ひとりの預言者」[109]が登場したという報告が真実であることは証明可能で、どうやら預言者モーセス・スリエルのことらしい。彼に言及するすべての文献は彼の言が霊感によるものであることを証言している。彼のケースは、ほかの多くのひとたちがこの年に体験したことの典型であるように思われる。預言の再開の報せは多くの人びとの魂に隠れていた泉を甦らせた。それまでは「枯れ木」のようであった魂だが、「四二六年［一六六五―六六年］以後は愛に輝いた」[110]。預言の才能は伝染した。このとくべつなカリスマの泉がひとたび流れはじめると、だれでも――賢者であれ、愚者であれ、女であれ、子供であれ――預言をすることができるようになった。もちろん一定の高度な天恵、たとえばひとの心を読んだり、カバラーの秘義（「メシアのトーラー」）を明かしたりする能力はごく少数の選ばれたひとだけのものであったが。だが、コンスタンチノープルでガザやアレッポからの書簡によって惹き起こされた興奮は預言者を呼び覚ましただけではなかった。それはラビや世俗の王たちをも不安におとしいれた。彼らの最初の反応は、混乱を生んだ噂がこれ以上広がるのを阻止し、帝国の首都内ではスルタンやワジールの目から見れば甚だ微妙なテーマを公の場で論ずることをいっさい禁じようとする試みにあった。[111]もしかすると、コンスタンチノープルのラビたちがサバタイ・ツヴィを亡き者にするようハイーム・ベンヴェニステに勧めた彼らの手紙を発送するのを長いあいだためらった理由はこれだったかもしれない。しかしいま、この手紙にとっては時すでに遅すぎた。スミルナではまだ大衆運動にまではいたっていなかったけれども。

しだいに強まるスミルナの騒ぎはあるキリスト教徒の情報提供者が一六六五年一二月七日にしたためた英国宛の書簡のなかで初めて言及される。[112]「この町にひとりのユダヤ人がいます。彼は二ヵ月まえにエルサレムからやってきて、メシアが来たと公言し、多くのユダヤ人の心をとらえました。ここだけではありません。彼が通ってきたコンスタンチノープルやほかの多くの町々でもそうです。彼がこの頑固な人びとの改宗の手だてになれるかどうかは神のみぞ知るです。」もしかすると、この日付は一二月一七日と読むべきかもしれない。わたしたちの資料はみな一致して、運動がスミルナを制したのはこの日であったことを示しているからである。他方、印刷された原文の異文は、この手紙のどこにもエルサレムから来たユダヤ人がみずからメシアを名乗ったとはいわれていないという重要な事実によって支持される。手紙はだれと特定せずにただメシアのことを話しただけではないのか。手紙の書き手はむしろ、この者が神の摂理によって、ユダヤ人を改宗させるべく送られた先触れであったかもしれないことを匂わせている。したがって、一二月の第一週にはもう興奮と騒ぎが広がったが、サバタイについてはまだ公にメシアであるとはいわれていないかのように思える。

カサーレのラビ・サムソン・バッキーはこう報告している。サバタイは一六六五年九月にスミルナに到着し、「一二月までそこでおとなしくしていた。朝早くシナゴーグに行き、［朝のミサの開始まえに］セファルディーの典礼に倣って祈りを捧げた。こころよい声で、聞き入る人びとはたいそう気に入った。彼はまた、気前よく貧者に施しをし、食べ物をあたえ、ほかにもこの種の［信心と慈悲の］行為を行なった」。クーネンも、サバタイがあまり眠らず、真夜中に起きて海で浸礼を行ない、そして毎朝いの一番にシナゴーグに行ったと聞いていた[113]。この報告は信用できそうだ。サバタイの態度にはそれほど変わったところは見られず、彼の禁欲的な信仰心はきっと彼にたいする一般の共感を呼び起こすことができただろう。彼（または彼の裕福な兄弟たち）は貧しいひとたちに施しをした。そして彼が決定的な危機に当面したとき、「困窮した者や……不満を抱いた者がみな彼の周りに集まった[114]」。彼の態度は教区民の前でこころよい響きの声で祈りを唱える敬虔なラビのそれであった。ところが突然、一二月始め、様相は一変して、おなじみの照明の兆候が戻った。この週と時間的に一致して、さらに二つのまったく異なった出来事があった。燈明祭初めのある日――初日かもしれないが、平日であることは間違いない[115]――「サバタイが王のような身なりをしてシナゴーグに姿を現わし[116]、祈りと歌を詠唱し、この日を大きな祝祭にした[117]」アレッツォのバルーフの伝えるところによれば、サバタイは「朝の讃美歌を非常に美しい調子でうたいはじめ、会衆者はその美しい旋律の歌に驚いた[118]」。記述は心理学的に正しい。サバタイはどうやらふたたび躁の晴れやかな気分に陥ったらしい。そしていつもの長く続く忘我の時期のように、きわめて矛盾にみちた態度で一同を大いに驚かせた。サバタイの忘我的な照明と時を同じくして、もうひとつの、それとはまったく無関係な出来事があった。すべての信ずべき文献は、燈明祭の週にアレッポから派遣団が到着した。彼らは自発的にか、あるいはコミュニティの委任を受けてか、メシアに臣事するために来たのである。彼らがアレッポを出たのはサバタイが出立してまもなくと思われるが、まずは預言者をわが目で見ようとガザを訪れた。ガザからいったん帰宅し、そこからさらにスミルナに旅立った。派遣団の構成員は二人のラビ、「エルサレムの」モーセス・ガランテとダニエル・ピント、それから二人の平信徒、おそらくコミュニティの長老たちであろう。

使節は三顧の礼をもって迎えられた。この点にかんして混乱した矛盾だらけのことを言っているクーネン[119]ですら、すでにガザの預言者のことを聞いていたひとたちがうやうやしい態度で彼らにたいしたことを認めている。これまでだれも預言者の住む町にいたことのある人間に会ったことがないにもかかわらず、どうやらナータンの救済の報せや彼の著作のいくつかがすでにスミルナで知られていたようだ。使者の二人、ガランテとピントは自身預言者だった。[120]カサーレのラビはガランテを預言者と呼ぶことを慎重に避け、この者は「彼（サバタイ）がたしかにメシアであることを本当に証言した」とだけ伝えている。文脈からして、こうした発言の意味するところは、彼が彼の口を通して語る聖霊の力を証明したということにほかならない。

派遣団がこの瞬間に来合わせたのは偶然ではないのではないか、サバタイは彼らが来ることをあらかじめ知らされていたのではないか、という疑いが出るのも当然であるが、しかし、間近に迫っている訪問をサバタイが知っていたかもしれないことと躁の時期の始まりとのあいだに因果関係を推測させる然るべき理由はない。サバタイの照明の状態は見せかけでも、何か外的手段によって惹き起こされたものでもない。躁、鬱のリズムは一般に外的きっかけとは無関係だとされている。両者がどうつながっていようと、その結びつきはメシア的集団ヒステリーの激発をもたらした。混乱した、いまだはっきりした言葉にならない熱狂の最初の大波はナータンの書簡を受け取ったあとの一一月にはもう町に達していたという（きわめてありえそうにない）仮定のもとですら、霊感に導かれたサバタイのイニシアチヴがあってこそ、到着したばかりの派遣団の証言と相俟って、かすかに光る火をかき立てて大きな炎にしたという事実に変わりはない。ガザにおける救済表明に先立って、あるまったく似たような出来事の結びつきがあった。

メシア熱の再発というわたしたちの診断にはむろん疑問があるかもしれない。あらゆる証言から判断すると、サバタイは要するに讃美歌をうたう陶酔に浸っていた。このとき彼の声と彼の人柄が本当に人びとを魅了したとすべての文献は一致して伝えている。あるサバタイ派の証言は、その主人公に悪意を抱いていると邪推するのは無理かもしれないが、しかしどう見てもそれらしい表現力をもつ材料を提供している。それから見ると、サバタイは燈明祭週の始めに「異様に思えることをやりはじめた。彼は（神の）えも言われぬ名を口にし、（禁じられた）脂を食するなど、ほかにも主と主の律法に背くようなことをなし、ほかのひとにも同じようにしろと強要した」[121]。この振舞いはサバタイの照明状態に特徴的に見られたものである。サバタイ自身や彼の側近たちの証言からわかっているように、彼がそのような行為をしたのは精神が昂ぶっているときだけで、ほかのときにはしなかった。アレッツォのバルーフが選び取った二つの詳細は、「ティックーンの世界」にかんするサバタイの教えの両面を忠実に反映している。分かれていたものがいまやひとつになった。それゆえ、シェキーナーの追放のあいだ分かたれていた文字JHとWHもふたたび一つになり、神の名が一つとして完全に発音される（されねばならない）ようになる。禁じられた脂肪の象徴的な摂取の意味は前章で論ぜられた（二六五ページ参照）。トーラーが根絶やし《カーレース》の刑罰を定めているこの禁止違反は、律法がその本質である純粋な霊性に還ることとあらゆる禁止の完全な撤廃とを象徴している。それまで「根絶やし」によって罰せられてきた行為すら、魂をもはやその天のルーツから引き離しはしないだろう。それどころか、それは神秘的合一の絆を強めるだろう。サバタイの行状について運動の断固たる反対者モーセス・ベン・ハビブの伝えていたことがすべて、いまや熱狂的な信者によって証明される。神秘的、カバラー的理由から、サバタイは公然と罪を犯し、ほかの人びとにもそうするよう仕向けるだろう。「ほかにも［…背くような］こと」という漠然とした指摘は性的放埓をそれとなくほのめかしているのかもしれない。モーセス・ベン・イサアク・ベン・ハビブはサバタイ・ツヴィの妻サラの不倫行為にかんする元信者の医師の証言に触れていた。(122)

この燈明祭週のあいだに躁的な気分昂揚の発作がサバタイをとらえ、そのあとに続く挑発的な行為へと彼を駆り立てたことは疑いない。アレッツォのバルーフの短い指摘はクーネンの詳しい冗長な報告を心理学的によりよく理解するための鍵を提供してくれる。クーネンはサバタイの人柄のこの面を等閑視しており、それによってその「奇矯な振舞い」の意味を見誤っている。クーネンの計り知れない大きな価値のある報告は、後年のアドリアノープル（トルコの都市、トルコ名エディルネ）における照明の時期にかんするヤコブ・ナヤラの年代記を除いて、サバタイの生涯のなんらかの時期についてわたしたちが所有する最も完全なものである。彼とまえに述べた年代記作者の何人かは、その正しい解釈がいまだに確定していない個々の出来事のみならず、数日間のメシアの振舞いや活動がはっきりわかる一連の出来事や行動についても伝えている。この連続性のなかにクーネンの報告の並々ならぬ重要性がある。数多くの、詳細に述べられたひとつひとつの要素がうまく組み合わされてこそ、サバタイの根本的性質にかんするわたしたちの分析は説得力のある確かなものとみなされるからである。クーネンにはサバタイが狂人の責めを負わされるもととなった彼の振舞いのエキセントリックな特徴がはっきり出ている。サバタイは綿密に準備され、長い時間をかけて構想された計画にしたがって行動したのであると考え、クーネンの証言をこの観点から読んだとしたら、すべてを誤解することになるだろう。サバタイの振舞いを規定していたのは慎重に考えられた計画ではなく、不合理な力の爆発だったのである。彼の照明が深く心を動かされた熱狂的な信者の群れと出会ったという事情は悪循環を惹き起こした。メシアの情熱的な気分昂揚と世間一般の大方の集団的熱狂とは相互に強め合ったのである。

クーネンはサバタイの性格のとくに病的な特徴を他の著者よりも前面に押し出し、王侯貴族のような華やかさをもって執り行なわれる荘重な儀式へのサバタイの愛着と、まったく自制心のない放縦な情熱が現われる突然の情緒的発作の傾向とのあいだにある矛盾をいともはっきり浮き彫りにしている。わたしたちは初期の、儀式化された荘重な律法違反の例を見た。そのなかには「禁を許し給う主は讃むべきかな」という冒瀆的な祝福の言葉もあった。さらにわたしたちは、この祭祀上の犯罪行為がそれだけの話にとどまるものではないことを指摘した。サバタイの儀式欲はつかの間の反律法主義的発作でみたされることはなかった。それはさらに、崇高さと滑稽さが独特なかたちで混ざり合う新しい礼拝儀式の導入となって現われた。律法違反があたえるひそかな満足は、ほかにもいろいろあるなかのひとつの観点にすぎない。サバタイは新しい儀式を考案することに格別の喜びを感じていたようだ。それらはグロテスクで病的であったかもしれないが、禁に触れるようなものは何もなかった。それでもほかの何よりも、ますます強まる彼の崇高さへの欲求を満足させるようだった。クーネンの報告はそれを裏づける雄弁な証言である。奇矯な行動がやつぎばやに続いた。これらの行動のひとつひとつが集団ヒステリーを強化し、それによってサバタイもまたその渦に引き込まれ、ますます狂おしい陶酔へと駆り立てられたあげくに、病的に昂ぶった照明が一気に花ひらくのであった。サバタイはまえにもすでに、とくに初めて信者たちの存在の伝染力というものを感じたガザで、同様の経験をしていた。だが、この出来事にかんするわたしたちの知識はあくまで断片的であるのにたいし、サバタイがスミルナでどんな些事でも丹念に書き留めたひとりの年代記作家を見出したことは歴史家にとってはさいわいなことだった。スミルナの出来事にかんするクーネンの報告を見るとサバタイの心の状態や振舞い全般が手に取るようにわかる。クーネンの挙げた要素はほかの文献が述べていることと一致している。それと同様に、五年後に書かれたヤコブ・ナヤラの年代記もこの心的状態を証明している。

V　サバタイはスミルナのコミュニティにおいて支配的な影響力を獲得する。一六六五年一二月の出来事

話がサバタイ・ツヴィのこととなると、たちまち重大な意見の相違が、燈明祭まえのときでもはっきり現われた。ユダヤ人コミュニティの一部はすぐに彼の味方についた。ナータンの手紙やエジプトからの誇張した報告がそれに一役買ったことは疑いを容れない。だが、スミルナのラビたちはさほど熱くならなかった。彼らはラファエル・ヨセフ宛のナータンの手紙の本文を綿密に読んだ。そこには救済プロセスについて伝統的なラビのテクストとはまったく違う考え方が現われているように思えたし、ナータンの聖書解釈も気がかりだった。彼は文字や口頭による伝承を知識ゆたかに採り上げていたけれども、真の連続性というものがなかった。サバタイの神性、ないしは神に近い性質をほのめかしているのがきわめて憂慮すべきことだった。禁欲的なカバリストで、ラビ会議の一員であるラビ・サロモン・アルガージーはそのようなことを耳ざとく記録した。彼は五年まえに作品『メウレフェース・サッピーリーム』(123)を刊行したばかりだった。ゾーハル本文のアンソロジーで、ヘブライ語に訳され、毎日一章づつひと月で学ぶためにテーマごとに三〇の章に分けられていた。そして、「スミルナのピントーコミュニティのタルムード学校の学生

たちを支援する聖信心会の会員たちの求めに応じて」印刷されたのだった。彼がサバタイの要求を拒否するのは、多くの正統的カバリストの姿勢を代表するものである。正統的カバリストの神秘主義的神学には、律法を超越し、伝統的な終末論の手本とは違う現われ方をするメシアを受け容れる素地がなかったからだ。これらのカバリストたちは憂慮を隠さなかった。そして彼らの支持者たちは、ガザの預言者の著作は彼の口を通して語っているのが神ではないことの明白な証である、と公言した。というよりむしろ「彼の言葉はいかがわしかった」。これはおそらく、闇の力によって吹き込まれたいかがわしいもの、という意味なのであろう。そうこうするうちに、信者の熱狂はしだいに昂まっていった。吉報は彼らの生活のなかに喜びと士気の湧き出る泉を作り出した。運動が広がっていく力はユダヤの住民たちのあいだに生じた緊張を臨界点にまで高めた。信ずる者と信じない者たちはもはや共通の言葉をもたなかった。信ずる者たちの目は新しい世界を見た。救済の報せは無批判に、言葉どおりに受け取られた。預言者の手紙にしろ、メシアの振舞いにしろ、そこにどんなに説明のつかないことがあろうと、それは人間の理解を超えた秘義ととらえられねばならなかった。彼らはしるしや奇跡がなくても信ずるつもりであった。サバタイ・ツヴィ、あるいはシャッダイを信ずるという行為は、彼らの世界をどんなことでも可能にする唯一大きな奇跡に変えた。燈明祭の開始とともに台頭する大衆運動はあらゆる奇跡話を生み出した。ナータンの教義は奇跡など不要だといって斥けたが、民衆の宗教的な精神生活はそれを希求したのである。

すでに一六六五年一二月、アムステルダムに送られた報告は、サバタイが奇跡を行なって人びとに彼の使命を信じさせたと伝えた。彼はあるひとたちの急死と、闇が迫り「大きな雹の粒と火と硫黄」が降る日を預言したという。(別の情報提供者によれば、このサバタイの預言はパレスチナにおける未来の出来事に関係しており、燈明祭まえにガザのナータンに伝えられた。)またサバタイは、「ある公共の広場で、大勢の観衆、キリスト教徒やトルコ人やユダヤ人の見守るなか、火を燃やせと命じ、そのなかへ二度、三度はいったが、衣服や頭髪が損なわれることはなかった(124)」ともいわれる。

スミルナの対立するグループの社会的構成を調べてみると、はっきりした社会的境界線のなかったことがわかる。ラビと比較的名のある教区民の大部分は「信じない者」として遠ざかっていた。普通の民衆はだいたい信者の側についた。彼らの姿勢は知的な自制心にも神学的な憂慮にも曇らせられなかった。彼らの耳は喜ばしい報せを聞き、彼らの目は「シオンに輝く新しい光」を見た。スミルナのひとたちは、他所でも大勢のひとたちがメシアに称賛を送ったことに感銘を受けたばかりか、それ以上にサバタイの謎めいた人柄から発する魅力や、その人柄に固有のおごそかな威厳と勝手気ままな放埒の結びつきにも強い印象を受けた。シナゴーグでの忘我的な発作のあと、サバタイの友人たちは彼のメシア的使命についてよく語るようになった。大勢のひとたちが彼の周りに群がり、どこへ行くにも彼のあとを追った。この「親衛隊」は、町の貧者や下層民たちからなっていた。「親衛隊」の職業的背景を語るときのクーネンの辛辣な嘲笑口調は特筆に値する。彼らは「漁師、鶏卵鶏肉販売業者、港の船頭、奴隷、そしてどんなに金持ちであっても失うものの何もない貴族たち(125)」であった。だが、それですべてが言い尽くされたわけではないことはクーネンの描写からもほかの資料からもはっきりする。始めから支持者たちのなかには多くの市民や長老、富裕な商人やブローカーがおり、さらにはラビの学者もいた。最初に「神性の秘義」をサバタイから知ったかつての同級生たちは、いま、過ぎ去った昔の日々を思い出させられたことだろう。当時異様に思われた多くのことが、おそらくいま聖蛇と原蛇との闘いにかんするナータンの神託に照らして見て違ったふうに見えただろう。彼らのひとり、ラビ・イサアク・シルヴェイラははっきり信者と名指される。ラビ・アブラハム・バルジライがサバタイ派の伝承のなかで高い名声を保持していることは、彼もまたメシア運動に無関心でいられなかったことを示してあまりある。同じ構図は運動の社会的構成を厳密に分析できるならどこにも見られるだろうが、残念ながら、これはまずほとんど不可能である。決定力を有するグループ、すなわち学者と世俗の王たちは、内心分裂していた。富裕な商人階級の姿勢を規定していた要素は異質な複雑な性質のものであった。メシア熱にたいしていつも起こるような理性的留保、純粋な正統主義、そして「シオニズム運動」に取り組んだ者ならだれでも知っていることだが、すべてを棄てて聖地へ行く段になると——疑いなく——心ひそかに損得勘定。この種の思案や異議は職人や貧乏人では全然もしくはたいして問題にならなかった。サバタイの棄教後に執筆した年代記作者は通常、最下層民が果たした役割を強調し、それによって秤の針を信者の側に振り切れさせたのはモッブの圧力であったことを示そうとする傾向にあった。この点では、ハンブルクで執筆したサスポルタスと、彼のイタリアとオーストリアの文通相手やトルコの観察者たちとのあいだにほとんど差異はない。「狂った暴民」、「哀れな乞食ども」、「国のなかで最も貧しい者たち」といった類いの常套句がこの時代の報告のなかに頻出する。おそらく最も仮借のない社会的定義をあたえたのはカサーレの使節で、「貧苦に喘ぐ者や愚民賤民がこぞって彼にしたがった[126]」と書いている。当たっている点も多いが、完全なる真実ではない。この点で一面的な事実の再現は数多くの証拠によって論駁される。カサーレの主だったラビたちは——同僚の多くがそうであったように——書物のかたちでもパンフレットのかたちでもそれについて意見を表明することができなかった無教養層にあとから責任を押しつけることによって、ラビたちが運動に関与した分を減らし、学者の負担を軽減しようとしたようだ。とくに正統派のラビたちは、社会の各層にはたらいていた、そして実際に社会的圧力として表面化するずっと以前にメシア運動の支持へと結びついた純粋に宗教的な動機の意義を消し去るか、さもなくば少なくとも矮小化しようとした。破局後ではたしかに社会学的説明がいたって好都合であった。しかし、その偏頗性と誇張は、サバタイ支持派の著者がいっさい弁護の意図をもたずに述べた個々の発言と天秤にかけてみる必要があろう。実際に、信者グループはあらゆる階級から成り立っていたし、その形成に社会的圧力は要らなかった。にもかかわらず、これらの集団は、ひとたび存在すると、明らかに不信心者にたいし圧力を及ぼした。この圧力を過小評価してはならぬとのちの出来事は教えている。

サバタイはラビたちが彼のことで協議集会をひらいたという報せにひどく腹を立てた。クーネンによれば[127]、彼はそれを受けて公の祈禱会の開催日を告知した。信者たちはその日をシナゴーグで過ごしたが、サバタイはそこで彼の照明発作に特有の振舞いを示し、いつもながらの荘厳な儀式癖に耽溺した。彼はミサの規則を変え、聖櫃に続く階段を上り、手にした杖で聖櫃を七回打った。トーラーを読むときには、口にしてはならぬ名をとなえるよう命じた。シナゴーグにはいるにも普段あまり用いられない派手な装飾が添えられた。甘い物のはいった大きな銀製の鉢が捧げられてサバタイの前を行き、花瓶をもった二人の男が彼のあとにしたがった。行列の残りはひとりの忠実な信奉者、サバタイの櫛をケースに入れて運ぶラビに先導された。二人のラビがメシアの衣装の裾を掲げてつきしたがった。メシアはいつも銀を貼りつけた扇を手にしていた。いくつかの書簡で述べられた「王笏」は多分これのことだろう。いろんな文献が言及している[128]この扇で彼はいつも信者の頭を触るのだった。これは慈悲のしるしを意味した。メシアのこの行為は寵愛をあたえようとする者を手にした笏で指し示したアハシュエロス王（エステル記四、一一）のまねをしたものと思われる。支持者たちは花と甘い物を、メシアが寺院を再建したら捧げられるべき犠牲のシンボルと解釈したが、おそらく当たっていよう[129]。サバタイがおごそかに自分の王国を仮想したときに、このような甘い物が配られた、とカサーレは伝えている。

サバタイがいま公の場用に取ったこのスタイルは威厳をもってひと前に出ようとする彼自身の性癖にか

なっていた。彼の前の路上には足が汚れないように絨毯が敷かれた、と多くの文献は述べている。どうやらトルコの支配者の風習をまねたらしいこの行為はサバタイの振舞いの大胆さを示している。聖櫃を叩くことも、クーネンの報告によれば、しばしば繰り返された儀式であるが、このシンボリックな身振りの意味は依然不明である。メシアは第二のモーセよろしく聖櫃の壁に触って、「新しい律法」の新鮮な水を湧き出させようとしたのだろうか。それとも彼はそうすることによって、古い「肉欲の」律法に逆らい、自分自身を最高の権威としたかったのか。ひょっとすると彼には、怖い物知らずの忘我のなかで行なわれたこの行為の意味がわかっていなかったのかもしれない。彼の行動はコントロールされていなかった。おそらく自分の衝動にしたがっていただけであろう。ある無名のスミルナのラビの言葉によれば、サバタイはヤコブの神の油を注がれた者として、「なんでも気の向くままになすことができる」[131]と信じていた。

燈明祭の週のあいだにラビたちは協議のために集まったようだ。これまで主だった学者たちは反対の態度を取る点でまだ一致していなかった。二人の上級ラビ同士の反目により大きな分裂が起きる土壌は用意されていたけれども。ベンヴェニステは反対者としては最も非妥協的であった。あるラビ集会で、彼はコンスタンチノープルのラビ会議の書簡を読み上げ、その勧告にしたがうよう忠告した。サバタイのこの数日間の振舞いは、聖書の戒律や口で伝えられている賢人の教えを著しく軽視していることを証するに足るものだ、と。ベンヴェニステの同僚たちは同意したが、具体的な措置を講ずる話になると、だれも積極的にサバタイに反対する気のないことがわかった。ラビたちの話し合いは、党派間の緊張がそれによってさらに強まったことを除けば、何の成果もないまま終った[132]。両派間の波風は高まり、ラビたちの意見にかんする噂がさらに火に油を注ぐこととなった。ラビたちは主の油を注がれた者に怒りをぶつけるつもりなのか。ならばよし、サバタイ派がまずラビたちにたいする怒りを表わそう。サバタイはこの種の反対を甘受しないという点で、熱狂的な支持者たちと気を一にしていた。レイーブ・ベン・オーザーの情報提供者たちは支配的な雰囲気をこんなふうにえがいている。[133]「信者たちは不信仰者たちにたいして激しい憎悪を抱いていた。はっきり言うことを恐れていたけれども、彼ら（不信仰者たち）には彼らと行を共にしてサバタイを訪ねようという気はなかった。そのため、彼ら（信者たち）はミディアン人やモアブ人の憎しみよりも大きな憎しみをもって彼らを憎んだ。彼らの血を飲んでやりたいくらいだった。」スミルナの最も富裕なユダヤ商人のひとりで、ラビ・ハイーム・ベンヴェニステの無条件の支持者であるハイーム・ペニャ[134]をめぐる事件は、この報告の根本的な正しさを説明している。スミルナの大半の不信仰者と同様、ペニャは不信仰派の「司令部」とまで目されていたポルトガルのシナゴーグの一員だった。一六六五年一二月一一日金曜日に、ペニャと二、三の信者とのあいだの激しい言葉のやりとりに煽られた群衆はペニャの家に押し入り、彼に石を投げつけた。大騒ぎになったが、日没とともに安息日が始まったとき――冬月のあいだは午後の早い時間にはもう始まった――群衆は大事にいたるまえに解散した。[135]だが、サバタイの反応はもっと激しかった。翌日、彼は大スキャンダルを惹き起こし、それが契機となってスミルナのユダヤ人コミュニティにたいする彼の支配の時が始まった。一六六五年一二月一二日（テベス〔ユダヤ暦第四番目の月。一二月から一月〕四日、五四二六年）のあの記念すべき安息日に実際に起こったことの詳細はいろいろな文献の記述から再現することができる。カサーレの使節がその情報を集めたのはたしかに事件の一年あるいはそれ以上あとになってからであるが、しかし彼はあの重大な結果を生んだ三、四日の非常に詳しい描写のひとつを遺してくれた。[136]

安息日に彼は――――と呼ばれる[137]彼のシナゴーグで長時間朝の詩篇歌と宗教歌（すなわち朝のミサの

第一部）を朗誦したが、終りまではやらなかった。人びとはシェマー〔「イスラエルよ、聞け」唯一神の信仰を表わす。申命記六、四の冒頭の句にちなむ。1申命記六、四―九、2申命記一一、一三―二一、3民数記一五、三七―四一の三部から構成され、日々朝夕のミサで朗読される〕も言わなかった。かなり長く朝のミサを行なったあと、彼（サバタイ・ツヴィ）はさらにポルトガルのシナゴーグ(138)に行った。貧苦に喘ぐ者や愚民賤民がこぞって彼にしたがった。ポルトガルの教区民たちは彼のことを信じなかった。激昂した群衆に襲われるのを恐れて、彼らはシナゴーグの扉を閉ざした。怒った彼は斧を要求し、こともあろうに安息日に扉を壊しはじめた。［シナゴーグのなかで］これを見た人びとは扉をあけた。すると彼はシナゴーグに足を踏み入れた。折りしもニシュマース［祈禱のひとつ］が朗誦されているさなかであった。彼は人びとの祈りをさえぎり、神を冒瀆するような説教を始め(139)、それから規則どおりの朝の祈りの［決まった］時間が過ぎるまで、聖歌や祈禱を続けた。そのあと彼は「今日、あなたがたは祈禱の義務から解放されました(140)」と告げてトーラーの印刷された版をポケットから取り出し、これはトーラーの巻物より神聖なものであると説明した(141)。彼はトーラーの一章を読んでから、真っ先に兄エリヤの名を、まるで祭司であるかのように読み上げ、彼をトルコ王に任命した。二番目の兄はローマ皇帝に任ぜられた。シナゴーグには大勢の僧や祭司たちがいたが、トーラーを読む役をそのだれにもまかさず、かわりに王国を分けあたえた［ほかの］多くの男たちに、それどころか女たちにさえやらせた。彼はその全員にむりやり言ってはならない名を言わせた。その翌日、ラビたちは集まって話し合いをし、なぜそのような律法に背くようなことをしたのか、彼に説明を求めた。彼は腹立たしそうに、自分のすることは自分でわかっていると答えた。そしてすぐにカーディ（町の裁き司の肩書き）のところへ行き、彼と話をして、彼に高価な贈り物を贈った。カーディはそのあとラビたちを呼びにいかせたが、ラビたちは命の心配をして、家のなかに引っ隠れてしまった。

［この］数日間、スミルナのラビたちの二人、ラビ・アアロン［・ラパーパ］とラビ・ハイーム［・ベンヴェニステ］が話し合いをした。ラビ・アアロンはコミュニティに雇われた上級ラビであった。(142) 要するに、サバタイの策謀の結果、彼は解雇され、かわってラビ・ハイームがこの役に任ぜられたのである。このときから、ラビ・ハイームはサバタイを認め、うやまった。そして同じことを多くのひとたちにもさせることに成功した。彼はサバタイを王のように崇めたが、ほかのラビたちは命を気遣って、沈黙を守った。

明くる月曜日、聖櫃から律法の巻物が取り出されたとき、大歓声があがった。そして彼はいろいろな歌を——キリスト教の歌もお国言葉で——うたい、この不純な歌には［カバラーの］秘義が隠されていると説明した。彼はまた「今日はわたしの安息日である」とも言った。夜、彼は祝宴を催した。人びとは彼の足に接吻しようと出かけていった。彼らすべてに彼は金と甘い物を分けあたえた。そしてユダヤ人非ユダヤ人を問わず、みなに言ってはならぬ名を言わせた。ある非ユダヤ人がわたしに認めたところによると、(143) 彼はサバタイの執拗なたのみに応じて言ってはならぬ名を三度口にしたそうだ。トルコ人ですらこの一件について語った。これといって目に見える奇跡も、自然のしるしも起こらなかったけれども。だが、無教養な男女は痙攣や震えに襲われ、預言を表明した——将来彼らの預言がひとつでも実現する見込みはないのだが。そして彼らは口々に「サバタイ・ツヴィはイスラエルの王だ」とかなんとか叫んだ。

この描写は出来事の経過をおおまかに述べているが、その際、クーネンが伝えている、そしてすでに一六六五年一二月にスミルナからヨーロッパへ送られた書簡にも言及されている重要な詳細やさして重要でない詳細をかなり省いている。実際に起こったのは次のことである。安息日の朝、ハイーム・ペニャはいつもどおりポルトガルのシナゴーグへ行った。サバタイ・ツヴィはペニャの言葉に感情を害し、長老たちに報せを送り、この「不信仰者」をシナゴーグから放り出せと要求した。（ひょっとすると彼は、自分自身が一度そんなふうに手荒く追い出される憂き目にあったことを思い出したのかもしれない。何年もまえ、トーラー読会に呼ばれて、言ってはならぬ名を口にしたときのことだ。）長老たちにはコミュニティのなかでも最も名声の高いメンバーのひとりを咎める理由など何もなく、それをこばんだ。するとサバタイ・ツヴィは五〇〇人の支持者たちの先頭に立って、シナゴーグへ行進した[144]。そしてシナゴーグの扉が閉まっているのを見たとき、彼は斧をよこせと言い、みずからの手で扉を打ち破った。群衆はシナゴーグに「殺到」したが、ペニャはその間に屋根伝いか、あるいは窓からうまく逃げおおせた。どうやら町で最も重要であるらしいそのシナゴーグはサバタイの信奉者であふれ、このときからサバタイの奇矯な儀式の本舞台となった。シナゴーグ占拠の直後に行なわれた典礼のことはラビ・サムソン・バッキーの報告に書かれている。このときのサバタイの説教にかんする報告は細かい点でくい違っている――それらはひょっとするといろいろな機会になされた発言と混ざったり、それを取り違えたりしているのかもしれない――が、本筋では正しく再現されているようだ。

　トーラーを――巻物からではなく、印刷本から――読んだあと、サバタイは両手を丸めて口に当て、そこいらじゅうに大声を発した。新年の祝いに牡羊の角笛を吹き鳴らす習慣をまねたようなこの演技のカバラー的意味は、悪魔を滅ぼし、ケリポースの力を弱めることだった。それから彼はこのたびの安息日の神聖を穢す行為のカバラー的意味をこう説明した。「いまは主のためにはたらく時である。［だから］律法を破ってもかまわないのである」[145]。シナゴーグの扉を打ち破ることによって「邪悪な力の多くのケリポースは破壊された。これは奥深い秘義である」[146]。彼は敵対するラビたち、とくにそのうちの五人を誹謗し、侮辱した。ラパーパはこのときシナゴーグにいなかったので、サバタイは彼には多く時間をかけなかったが[147]、ほかの四人は、ラビ・ハイーム・ベンヴェニステも含めて、聖書で名指される不純な動物になぞらえられた。みなそれぞれ自分にふさわしい動物を養分にするがいい。さすれば「われとわが身の肉を食らう」ことになろう。ベンヴェニステは駱駝にたとえられ、ほかの者たちは野兎、豚、家兎にたとえられた。サバタイはまたそれによって彼らを破門すると脅したが、ただ安息日であることを考慮してそれを思いとどまった[148]。居合わせるラビたちを誹謗するだけでは飽き足らず、彼はまた彼らの前任者たちも罵りはじめた。クーネンによれば彼はこのように叫んだという。「キリストが何をしたというのだ。彼のことをそんなにひどく扱うなんて。わたしは彼が預言者のひとりに数えられるようにしてやろう[149]。」ひょっとするとここでこのプロテスタントの神父の報告に疑念を呈することができるかもしれない。しかし、イエスがサバタイの思考に重要であったのは確かなことだ。サバタイはいろいろイエスの行為をまねし、イエスの「復位」について思案をめぐらした（三〇五―三〇七ページ参照）。イエスの魂と真のメシアの魂、つまり彼自身との関係の問題に彼は魅せられた。彼はこの機会に何かそのようなことを言ったかもしれない。サバタイはイエスを真の預言者と認めた最初のユダヤ教祖ではなかったろう。七世紀にアブ・イッサがそれをしていた[150]。もしかすると、サバタイはイエスの名を挙げ、彼の魂のティックーンについてナータンの論文の調子で何か言ったかもしれない。彼の言葉はそれ自体すでにショッキングであるが、さらに誤って伝えられ、一年後に（あるいはまたひょっとするとその出来事のあとまもなく？）民間に流布する歪曲されたかたちでクーネンの耳に達したのである。サバタイの言葉にクーネンが大喜びしたのは驚くにあたらない。残りの説教が同じように高い水準に届いていなかったことを彼が残念がったことも同断である。

サバタイは次に、ヨセフ家のメシアについて話した。彼はよくそのことを訊かれたらしい。ダビデ家のメシアが来たというのなら、メシア時代の戦いで死ぬはずだった彼の先任者はどこに行ったのか。サバタイは彼一流の作り話でこう答えた。メシアス・ベン・ヨセフはラビ・アブラハム・ザールマンというひとに姿を変えてすでに現われ、一六四八年のポーランドにおける皆殺しで殉教死をとげたのだ、と。サバタイは「彼におおいに敬意を示し、彼のために死者の祈りを捧げた。一同はそれを見て驚いた」[151]。この報告から、サバタイがそれまでまったくその存在を知られていなかったメシアス・ベン・ヨセフのためにハシユカーバー（死者の祈り）を唱えたことがわかる。サバタイは物事を考えるさいに論理の法則にしたがっていた。彼のメシア的使命の経験が一六四八年の恐ろしい出来事と関係していたことをわたしたちは知っている。それゆえ、さかんにかき立てられる彼の空想のなかでメシアス・ベン・ヨセフが——アルミルスとエドム〔イサクとリベカの間に生まれた双子の兄弟のうち兄エサウの子孫たちの国。弟ヤコブはイスラエルの祖となるが、両部族は激しく争い、その対立は後にエドム人が強制的にユダヤ人にされるまでおよそ一〇〇〇年続いた。〕に抗してイスラエルの軍勢を率いるかわりに——フミェルニツキイの大虐殺の犠牲になって死んだことは怪しむに足りない。イスラエルと、黙示録の本文に述べられている国々との終末論的戦争は非ユダヤ人たちのあいだの内戦となった。この死するメシアという考えにおけるアクセントの移動には独特の意味合いがある[152]。人間の穢れを浄めたのは人間自身なのである。メシアス・ベン・ヨセフという人間はあくまで隠れた匿名の存在である。なぜなら彼の尊厳と彼の犠牲はイスラエル民族全体の尊厳であり犠牲だからである。

説教がすむと、サバタイは聖櫃へのぼってゆき、巻物を腕に抱え、お気に入りの歌、スペインのロマンツェ「メリセルダ」をうたった。この古いカスティリヤの恋歌はトルコにいる、スペインから追放されたユダヤ人の子孫のあいだで非常に愛されていた。サバタイにとって、皇帝の美しい娘の傍らに伏せる恋人の話は彼自身の神秘的なアレゴリーとなった。彼は「さながら寝室から出る花婿、愛するトーラーの夫」

なのであった。トーラーは神的シェキーナーそのものにほかならなかった。この象徴表現は彼が何年もまえにサロニキで執り行なったトーラーとの神秘的な結婚のなかにすでに含まれていた（一八五ページ参照）。いまそのトーラーがメリセルダなのである。

わたしは山を登り
川に下った
そこでわたしはメリセルダに出会った
美しく光り輝く国王の娘に
そこでわたしは水浴びから出たばかりの
輝くばかりに美しい娘に会った。
彼女の丸い眉は夜のように黒く
その顔はきらめく光の剣
唇は珊瑚のように赤く輝き
肌はミルクのように白かった。(153)

サバタイが雅歌の恋人の描写や詩篇から引用しながらこの歌の神秘的な意味を説き明かしたとき、彼の感激はいっそう高まり、ついにははっきりした明瞭な言葉で自分がヤコブの神の油を注がれた者、イスラエルの解放者であることを明かした。感きわまって、彼は救済の日付を五四二六年シヴァンの月一五日と定めた。このように精確な告知はサバタイに固有のことではなかったが、日付の選択はけっしてでたらめではなかった。それは「王国の最初の萌芽」の年月日、つまり彼が五四二六年（一六六五年）シヴァン一五日か一七日にガザで公に自己啓示をする日付だったのである。この早い日付を最終的救済の日と定めたのがサバタイだったのか預言者だったのか、確信はもてないけれども、それはもともとナータンの預言だったとするスミルナの手紙の筆者を支持すべき根拠はいくつかある。わたしたちも知るように、ナータンはラファエル・ヨセフ宛に書いた手紙によれば、もしかすると初めに預言したよりも早く救済が来るかもしれないという可能性を考慮に入れはじめた。もし彼がサバタイに考えの変わったことをこの時点で知らせていたら、サバタイがこの特定の日付に決めたこともわかるだろう。不幸なことに、ナータンのサバタイ宛の書簡は（一つの例外を除いて）遺されていない。サバタイの説教にかんするサスポルタスの報告は、サバタイが出来事の経過にかかわるナータンの預言にしたがったこと、そしてたんに救済の第一段階に定められた期間を短縮しただけだということを示している。「数日のうちに彼はトルコ人から王の支配権を奪うだろう、さすればトルコ人たちは納税義務のある奴隷となるだろうとかなんとか、奇妙なことがもっといろいろあったけれども、何ひとつ起こらなかった。それでも賤民たちはさながら神の声を聞くように、彼の言葉に耳を傾けた。そして彼が［預言者］イザヤの定めた規準に合っているか(154)」、つまり彼から「主の畏怖が発しているかどうかなど考えもしなかった。」等々(155)。

サバタイは使命に燃えていた日々は自信にあふれていた。この安息日の直後、彼はラビ・アブラハム・シェビリをコンスタンチノープルへ遣わしたらしい。そこで彼が行く準備をさせるためだった。スミルナの支持者の最も初期の報告によれば、この使者はスルタン宛(156)のメッセージを託されていた。だが、彼の使命のこの部分についてはそれ以上言及されることはなかった。自己啓示直後のサバタイの熱に浮かされたような行動はいかにも彼らしかった。彼の熱狂は本物だったが、つまらないことに浪費されたのである。

シナゴーグ内でのあの嵐のような場面に居合わせたベンヴェニステはそのあとサバタイに、彼の使命をどのようなしるしによって証明できるのかと尋ねた。このように疑われてサバタイは激怒した。彼はベンヴェニステを赦しを乞うまで破門した。彼はまたしても、駱駝の肉を食わせるぞといって彼を脅した。最後に彼はその場にいた者たちの名を何人か呼び上げ、彼らの信仰の証として、言ってはならぬ名を言えと要求した。サバタイが神を冒瀆するこの行為にこだわる執拗さは、彼がそれを明けくる新しい時代のシンボル、兆しと理解していたことを示している。シナゴーグでのドラマチックな出来事は居合わせた者たちに深い感銘をあたえ、何人かの者たちはすぐその場で信仰を告白した。いろいろな目撃者談をつなぎ合わせると、誇張が目立つが、だいたいにおいて輪郭のはっきりした、説得力のある像が浮かび上がる。サバタイは光に照らされた目くるめく興奮の極致にあり、古い神聖な律法を破棄し、新しい風習を採り入れ、ラビたちを破門し、簒王たちを任命した。世界は解体した。メシア妄想に取り憑かれたサバタイには世界に秩序がもたらされるように思われたに違いないが。

　古い秩序のメシア主義的改変と従来の不完全なユダヤ教にかえてメシア時代のユダヤ教を打ち出したことの驚くべき、きわめて有益な点は、トーラーを読む席に女性を呼ぶという新しい試みである。サバタイは女性の地位における変化を予見していたようである。その点については疑いの余地はない。なぜなら、この改革のことは何も知らなかったクーネンが、同じ方向を示す別の詳細を伝えているからである。クーネンのいささか知恵のない説明によれば、サバタイのフェミニスト的改革は女性の支持をえるための巧妙に仕組まれた術策であったという[157]。しかし、当時の社会状況にあっては女性の支持によってサバタイの問題が促進されることはほとんどなかった。それにその必要も多分なかっただろう。そのような支持は当時の支配的な感情や集団ヒステリーによってすでに保証されていたのだから。サバタイの生活においては、確認されるかぎりでは、女の好いた惚れたはこれといって目立ったはたらきをしておらず、彼はむしろ女性の役割を根本的に改めることを夢見ていたのだ。ことによると、彼の美しい妻サラが感覚的欲求を満足させることのできる自由を要求したのかもしれないが、しかし彼女の影響をあまり高く評価しすぎないよう気をつけねばならないだろう。実際、フランセス兄弟の二篇の諷刺詩だけはメシアの肩書きを簒奪した罪を彼女に着せている。しかしこうした罪のなすりつけが、現代の文芸作家や劇作家にはえらく好まれたけれど、誤りであることは証明できる。だが、フランセス兄弟はサバタイの空想力の表われ方のなかに、カバリストが「女性原理」と名づけたものの力を漠然と感じたのかもしれない。彼の想像力やそれを動かしている要素には、彼のフェミニズム改革をサラという人物でもって説明するに足るものが十分あることはわかっている。サバタイは公然と、意識的に、伝統的な性の役割に逆らいはじめた。友人たちの家で、彼は別れた二人の妻と会い、仲睦まじく語らい合った。イタリアからの報告は、彼がしきたりや礼儀作法をことごとく軽蔑したと述べている。パーティを催して、男女がいっしょに踊っているあいだ、彼自身は最初の妻と別室に籠っていたという(158)。エマニュエル・フランセスはこうした不行跡を詩のなかで非難してやまなかった。

彼は救世主か裏切り者か、
忌まわしい罪人か、はたまた姦通者か。
公然と安息日を穢し、
みずからの手でシナゴーグの扉を破り、
言ってはならぬ名をあえて口にする。

そして不埒な、神を穢す誓約をし、
抱いてはならぬ女を抱く。
まずひとりを愛撫し、次にもうひとり。
愚かな者たちは、完全に呪縛されて、
同調する。これは深遠な秘義なのだと。[159]

この点でのサバタイの革命的姿勢には絶対に本物と思われるところがある。クーネンはサバタイの女たちとの会話について興味深い詳細を伝えている。彼は女たちに詩篇四五、一〇（欽定訳聖書四五、九）「王の娘たちはあなたを出迎え／王妃はオフルの金を飾ってあなたの右に立つ」[160]を読んで聞かせるのが好きだった。そして彼女たちをエヴァの呪いから解放してやると約束した。「悲しや、あなたたち哀れな女よ。エヴァの犯した罪のためにあなたたちは苦しみながら子供を産まねばならないのだから。夫の奴隷になって、何をするにしてもいちいち夫の同意をえなくてはならないのだから。でも、あなたたちはさいわいだ、わたしが来たのだから。あなたたちを夫と同じように自由で幸せな身にするために。わたしが来たのだから。エヴァの罪を取り除くために。」[161]これは一六六五年当時のスミルナ出身のユダヤ人にしては本当に革命的な言葉であった。新しい生活感情と理想的な男女平等のヴィジョンがサバタイの心にしっかりと根をおろしていたようだ。それどころか、一六五八年、精神的な律法の自由という考えが彼の頭のなかでかたちを取りはじめたときすでにそうであったかもしれない。もしかすると、彼が悪い評判のある女と結婚した鍵もここに求められるかもしれない。その逆ではないだろう。彼は名うての娼婦サラの大胆さに魅力を感じたのかもしれない。なぜなら彼は、アダムの罪の償いとそこから生ずる女の本来の自由の回復という夢を抱いていたのだから。

メシアがアダムの罪の償いをするだろうという考えは、ルーリアの著作におなじみの考えであった。初期のカバリストはメシアをアダムの魂の転生としてえがいた[162]。だが、この考えが周知されていたにもかかわらず、サバタイはそこから一貫して女性解放という結論を引き出した最初のひとであったように思われる。しかし、この女性解放という目標に明確なかたちと内容をあたえることはできなかった。クーネンが――けなすつもりで――引用している文章に非常に高潔なかたちで表われている彼の理想は結局曖昧なかりそめのものにとどまった。

熱狂の大波がスミルナを襲った。ラビ・ハイーム・ベンヴェニステもそれに引き込まれた。ラパーパとの口論の結末を苦々しく思ったというような個人的動機もそこにはたらいていたかもしれない。サバタイも対人関係では気まぐれだった。ある日だれかを破門したかと思えば、翌日にはもうちやほやした。あるとき、どうして偉い、非の打ちどころのないラビをそんなに罵ったり、あからさまに誹謗したりするのかと尋ねられたとき、彼は――だれもが驚いたことに――これはベンヴェニステをほめるつもりでしたのであって、けっして彼をけなそうとしたのではない、と答えたという。彼に駱駝の肉を食わせるという言葉には深いカバラー的意味があって、「駱駝」のヘブライ語（*gml*）は「親切にする」（*gml*）と同じであり、「彼はひとにその行いに応じて情けをかける（*gml*）のだ」。これは一八〇度の方向転換だった。サバタイはいまやベンヴェニステをほめそやしはじめたのである。ベンヴェニステは翌日支持者側の陣営にはいり、大声で、「兄弟たちよ、彼こそ真のメシアだ、彼をおいてほかにはいない[163]」と告げた。サバタイ主義の預言者が霊感を受けて発した言葉に源をもつと思われるこの決まり文句は、このときからサバタイ主義の文学にたえず繰り返し現われる。スミルナの多くのひとたちはこのスタイルで預言したので、この決まり文句はどうやらベンヴェニステによって作られたものではなさそうだ。周知のように、サバタイは「真のメシア」という肩書きを長年非常に重視した。その数値が彼の名前の数値と一致していたからである。

同日日曜日、テベス五日に、サバタイはラビ・アアロン・ラパーパを職務から追放した。つまり、長老たちを焚きつけてラパーパを解雇し、ラビ・エスカファの立ち会いのもとで署名された、二人の上級ラビで職責を分担するという申し合わせを破棄させたのである。カサーレの使節の報告を読むとわかるように、ラビたちは日曜日にサバタイ・ツヴィを呼んで、公然と安息日の神聖を穢したことについて釈明を求めた。するとサバタイは「激怒して、自分でしたことは自分でちゃんとわかっている、と答えた」。ラビ・サムソン・バッキーの年代記が正しいならば、この召喚がラパーパの最後の職務行為となった。このことも彼の解職につながる一因となったかもしれない。ラパーパが解職され、翌日ベンヴェニステが単独上級ラビに任ぜられるにいたったより詳しい事情は依然として不明のままである。何がベンヴェニステにそのような行動をとらせたのか。急激に目覚める熱狂に刺激されたのか、それともたくみな仲介者の説得力か。スミルナのラビの回答書の匿名の筆者は出来事の詳細きわまる描写のなかで、事は「アヒトペルの助言にしたがって」［サムエル記下一五―一七参照］仕組まれた。「というのも、彼（匿名の「アヒトペル」）は彼［サバタイ・ツヴィ］の腹心だったからで、真夜中に彼のもとへ行った。そして彼は、彼［サバタイ］がヤコブの神の油を注がれた者であり、やりたいことをやれる人間だと思ったので、一件を仕組んだ。でも、天もご照覧あるように、わたしはこの違反行為に加担しなかった。しばらくしてから、あるおしゃべり者が彼らの秘密を漏らした……だが、嫉妬深い、復讐好きな神の助けにより、この陰謀家は自分の助言が効を奏さなかったことを認めた。そこで彼は家に帰って、首を吊った。[164]」匿名の筆者はサバタイの一件を支援したのだから、夜半にサバタイを訪ねて「この一件を仕組んだ」陰謀家がだれだったのか、知っていたと思われる。スミルナのラビはすべてサバタイの敵対者だったというクーネンの主張は、したがって、誇張であるようだ。ベンヴェニステに好意を抱き、彼の内心の苦々しい思いを知っていて、彼にメシアのためのとりなしをすることに成功したラビがひとりいるのだから。翌日のサバタイの態度一変はしたがって「アヒトペル流の」謀叛の結果であり、彼またはベンヴェニステの考えが急に変わった結果ではけっしてない。それに、メシアの揺れる心をたくみに操作する術を心得た匿名のアヒトペルはサバタイ側のラビひとりではなかった。この描写の主である匿名の筆者はこの件にみずから関与したことを深く悔いて告白している。「なぜなら、神もご存じのとおり、それは利益や名誉をえるためではなく、ひとえにわたしの純な心でしたことであり、救済の時が来た、主がその民をおとなわれたことをわたしが真っ正直に信じたからである。」[165] 正確な史実は不明であるが、すべてが二四時間以内に行なわれたらしいこの出来事へのベンヴェニステの関与については何もわかっていないも同然である。[166] 彼の心変わりはラパーパ解職のまえだったのかあとだったのか。それのどこまでが自然に湧き起こった感情に基づき、どこまでが計算ずくだったのか。どのような意識的無意識的動機がそこにはたらいていたにせよ、ベンヴェニステは、彼の書いた回答書のひとつから明らかなように、揺るぎない支持者でありつづけた。

クーネンは、サバタイがテベス六日、すなわち一六六五年一二月一四日にメシアとして公現することを聞いていた。だがクーネンの話は、この公現がテベス四日の安息日における暴力的なシナゴーグ占拠で始まったドラマチックな事件の頂点にほかならないことを疑わせるものではない。他方、クーネンのテベス六日の指摘は、これも決定的な日付であったことを示唆している。ひょっとすると、年代記作者はのちに、異なった日に起こった二つの出来事を混ぜ合わせたのかもしれない。最初に王が示顕してすぐ公の場で忠誠の誓いをしたこと、そしてそのあとラビ・ベンヴェニステを新しい職務につけたこと、である。テベス六日の出来事はスミルナのある匿名の回答書にも述べられている。「突然、王の布告によっておごそかに告げられた。もろびと、ポルトガルのシナゴーグに行き、上級ラビの手に接吻せよ、と。……なぜなら、精霊が彼の上におわし、彼は預言者サムエルのようであったからである。主の救いを渇望していた彼らはその場へ急いだ。反対する者たちでさえやってきて……救世主に逆らう者たちに暴民たちが加えるであろう罰を恐れてラビ・ベンヴェニステの手に接吻した。そしてこの日から、ラビ・アアロン・ラパーパは――彼に主のご加護がありますように――追放され、自宅の片隅に引き籠って暮らし、外出はおろか、シナゴーグにさえ行こうとしなかった。それというのも、人びとが彼を侮辱し、誹謗し、不信仰者と罵るだろうからである。しかし、彼はこの非難を聞いても、何ひとつ言い返しはしなかった。[167]」二人の上級ラビで任務を分担することを取り決めた申し合わせは記録保管所から持ち出され、破棄された。

この明らかに信頼するに足る報告からわかるように、サバタイは王であることを表明したのち二日間は積極的な反対に遭うこともなく、そうした決定を発令することができた。クーネンは新しい上級ラビ任命のことは知っていたが、手に接吻する儀式――セファルディーの敬意の表し方――のことは何も聞いていなかった。その一方で、クーネンは同日に行なわれた、サバタイの「王位受諾」の儀式に触れている。クーネンの情報の足らぬところはカサーレのラビの詳細な報告によって補足される。月曜日は典礼上の理由からあまり厳格な断食日とはみなされていない。このとくべつな月曜日にサバタイはひょっとすると以前に告知したことのいくつかを繰り返し言ったのかもしれない。「何度もシナゴーグから放り出され、馬鹿とか異端者とか罵られた彼がいま同じシナゴーグに戻ってきて、人びとを動かして改宗、祈禱、慈善へと導いたのである。[168]」彼がこの月曜日を彼の神聖な安息日にしたという事情[169]は、この日がサバタイにとって、たんにベンヴェニステとの関係においてのみならず、個人的にも重要であったことを示している。サバタイが典礼の日付を変えるのが好きであったことはつとに知られている。月曜日を安息日にすることは、彼が三回の巡礼祭を一週間で執り行なった一六五八年の出来事と似ている。一六六六年に彼はこれをガリポリで繰り返し、またしても月曜日を彼の安息日と宣言した。サバタイの精神構造の複雑さが全般的にわかりにくいのと同様、この特定の安息日の意味もわかっていない。可能性は二つある。安息日の神聖を公に穢した以上、サバタイは新しい安息日をもうける必要があったろう。だが、もうひとつ別の意外な出来事の影響があった可能性も共に考慮に入れねばならない。すなわち、サバタイがスミルナのイスラム教のカーディを訪ね、そこから無事に帰還したことである。

　このカーディ訪問についてはカサーレのラビは簡単にしか触れていない。しかし正確な日付はあがっている。ポルトガルのシナゴーグでドラマチックな出来事のあった安息日に続く日曜日である。クーネンの描写はもっと詳しい。当時スミルナから書かれた書簡はすべてこの事件に触れている。この二つの出来事はすぐに空想によってふくらまされたけれども、その再現には突飛ななかにも、ある種の論理性が認められる。事件の経過は次のように再構築できるだろう。サバタイは公にメシア王として示顕し、全世界を支持者たちに分けあたえ、ローマとコンスタンチノープルには副王を任命していた。次いで彼は熱狂の余勢を駆って、トルコの権力者たちに謁見するというセンセーショナルな挙に出たのである。スミルナのラビたちから出頭せよと要求された彼は、激しい怒りのうちにこの裁きの場をあとにした。そのさい強引にラパーパの解職を認めさせたようだ。ひょっとするとこの時点ですでに彼はのちのちまで世論に影響を及ぼすこととなるベンヴェニステの宗旨替えを知っていたかもしれない[170]。躁の興奮状態と復讐心とが、入り乱れる感情のうねりに翻弄されて行動するサバタイを次のステップへと駆り立てたのかもしれない。彼は突然、えらく興奮して、カーディのところへ行った、とクーネンは語っている。彼の意図が公に知れたとき、いつものように、彼のお供をしようと大群衆が詰めかけた。サバタイは群衆の先頭に立ち、詩篇一一八、一六「主の右の手は高く上がり、主の右の手は勇ましいはたらきをなす」をうたった。人びとがそれに応答し、やがて一行は王の宮廷に到着した。ほかの文献もこの詩篇の句を、照明を受けて忘我に陥ったサバタイの愛唱歌のひとつだったとしている。目撃者たち、たとえばガリポリで彼にあった使節や訪問者たちは、この詩篇の句を口ずさむサバタイの顔の輝きに言及している。ほかの者たち（たとえばカストリアのラビ・イスラエル・ハッサンなど）は、ハレル詩篇〔過越の祝い、五旬節、仮庵の祭などで朗誦される詩篇一一三から一一八まで〕を朗誦するさい、自分の番がくると、いつもこの句を繰り返すのがならいであった、と伝えている。サバタイの熱狂的な昂ぶった気分は本物であったが、短いあいだしか続かなかった。彼の通訳をしていた兄のエリヤとともにカーディの前に通されたとき、サバタイは最初は混乱して言葉も出なかったが、すぐに気を取り直して――カサーレのラビの言葉を借りて言えば――「言うべきことを言った」。つまり、彼の仇敵の三人を誹謗し、「不敬罪」で訴えたのである。カーディは彼を帰した。クーネンが言うには、彼を馬鹿か気違いだと思ったからである。おまけにカーディは何人かの身分の高いユダヤ人から、サバタイに危害を加えないよう、ちゃっかりまいないを受け取っていた。不信仰の罪で訴えられた者たちもかなりの金額を払わねばならなかったようだ。「当事者双方が、トルコの慣習に倣って、カーディになにがしかの金を払わねばならなかった。そうすれば裁定は当事者同士に任せられたのである。[172]」サバタイがカーディの館を去ったとき、信者たちはふたたび「主の右の手は高くあがった」をうたった。サバタイが謀叛人としてその場で捕えられなかったのは、彼の力のしるしと解釈され、ひょっとするとそれが新しい安息日の布告に一役買ったのかもしれない。[171]

カーディ訪問が本当にサバタイ自身のイニシアチヴによるものなのか。熱狂と腹立ちがいりまじって出た自発的な行為であったのか。わたしたちの知るかぎりでは、メシア騒ぎが惹き起こした、実際スルタンの統治にたいする謀叛と解釈されてもおかしくない世の中の安寧の妨げについてカーディに苦情を言ったトルコ人だって――なかにはユダヤ人も――いたはずだ。トルコの権力者たちの寛容さは実際驚きに値する。彼らはいっさい手出しをせずに、興奮と騒ぎがどんどん広がっていくにまかせた。各方面から賄賂が贈られたからというのが最も満足すべき理由説明になりそうだ。同年に記されたアルメニアの証言が伝えるところによれば、役人たちがこの問題で助言をし、ある者はコンスタンチノープルへ手紙を書き送り、指示を求めたという。それにたいし、一件全体を重要なことではないといって片づけ、双方から賄賂の金を搾り取って満足している者もいた[173]。サバタイ派の文献によれば、サバタイが強引にシナゴーグに押し入ったあと、彼を訴えたのは反対者のほうであった。だが、カーディが彼を呼び寄せて会ったとき、「カーディは震えにとらわれ、サバタイに大きな敬意を払った。王は彼を中傷した者たちを連れてこいと命じたが、この者たちは恐れて、隠れ家に逃げてしまった[174]」。

この最後のヴァージョンによれば、中傷行為はサバタイのほうからではなくて、反対者の側から出ている。支持者たちにしたって、自分たちのメシアが密告者として登場するなどという考えは気に入らなかったに相違ない。クーネンの報告によれば、サバタイは、偽って同胞ユダヤ人をトルコ当局に訴えるなどということがどうしてできたんだと友人たちに尋ねられて、こう答えたという。わたしは王である、その王にたいしてあの者たちは不敬をはたらいたのだ、と。いずれにせよ、この事件によってサバタイの性格に影が差すこととなり、彼がたんなる怒りからユダヤ人の内輪もめを非ユダヤ人の裁きの場に持ち出したことを激しく非難する者が少なくなかった。信者たちはこの種の告発に対処する簡単な方法をもっていた。つまり彼らはこの訪問を奇跡物語に変えたのである。それによれば、対決はなかったし、もとより密告もなかった。起こったのはむしろ次のようなことである。サバタイがカーディの部屋にはいったとき、そこにはだれもいなかった。彼はカーディの椅子に腰をおろし、カーディが部屋にはいってきたときも立ち上がらなかった。それどころか彼はカーディのマントを踏んだのである。カーディは口をきくこともできなかった。だが、サバタイが話しはじめると、彼の口から焔が吹き出し、カーディのひげを焦がし、部屋全体が炎上せんばかりであった。サバタイとカーディのあいだに火柱が立ち、たまらずカーディは叫んだ。「あやつを連れ出せ。わたしは恐怖と震えに襲われた。この者は人間ではない。神の天使だ」[175]と。

実際に市中のメシア騒ぎの報告はコンスタンチノープルへ送られていたが、それにたいする返事、すなわちサバタイ・ツヴィを捕えよという指令が届いたのは、サバタイがすでにスミルナを立ち、首都へ向かったあとであった[176]。

スミルナの教区民が彼らの王に忠誠の誓いを立てた正確な日付とその詳細はいまだ不明であるが、しかし誤認の余地は少ししかない。もしテベス五日日曜日でなければ、月曜日の晩（テベス七日の前夜）か、それとも火曜日の朝、テベス七日である。

ある資料によれば、儀式はポルトガルのシナゴーグで行なわれた[177]。別の資料ではサバタイの家となっている[178]。初日には男たちが、翌日には女たちが来て、金が捧げられた。それはメシアを讃えて慈善目的に使われることになっていた。全員祝福された[179]。ある手紙では、その金はガレー船に送られたユダヤ人の囚人を買い受けるために使われたといわれている[180]。クーネンも匿名の回答書も伝えているが、不信仰者たちも権力への恐怖から、サバタイ・ツヴィとベンヴェニステの手に接吻すべくやってきた。スミルナのラビたちはみな圧力に屈したらしい。ラパーパはなかなか勇気あるところを見せて、遠ざかっていた[181]。恐怖政治がユダヤ人コミュニティに始まった。信仰と権力支配の結びつきは社会的にはきわめて効果的な要因であり、抵抗をほぼ完全に芽のうちに摘み取ることができる。このときからコミュニティ内では信者たちが支配権を握り、メシアはだれもが認める権力の座に座った。

熱病のような興奮の発作にかられて、彼は次々に挑発的なパフォーマンスに出た。世人の耳目を惹いた次の事件には彼の妻が巻き込まれた。最初の二人の妻のときもそうだったが、彼は三度目の妻サラのからだには一度も触れたことがないという噂をいっしょになって流した。噂には真実な点がまったくなかったとはいえない。あるキリスト教の著者[182]はサバタイがインポテンツであったことをほのめかしており、さらに言葉を継いで、サラはキュベレ〔ギリシア神話のレアに相当する小アジア地方の母なる大地の女神〕に仕える僧と結婚したのだろうと皮肉っている。他方、サラは娼婦だという評判だった。ただ結婚時代の彼女についてスキャンダルが報告されていないことだけは確かである。だが、その後スミルナでは自堕落な生活に耽った。テベス七日、壮麗な祝祭の頂点でサバタイは、自分とサラに個別にお告げがあった、救済の実現のためにはいま二人の結合が必要である、と告げた。結合はこの夜義務的に行なわれ、サラが処女であることの「疑いのない」証拠が歓呼する群衆の前に示された。この哀れな茶番劇に軽蔑を隠さないクーネンはこうも伝えている。サバタイは朝シナゴーグで、サラが男児をみごもった、しかしこの子は長生きしないだろう、と告げた[183]。この奇態なパフォーマンスは、もっぱらサラにかんするよからぬ噂を黙らせるために仕組まれたものかもしれない。しかし、不明な点も多い。サバタイは本当にそれで世人をだませると思っていたのだろうか。結局、サラの前歴はよく知られていたので、コンスタンチノープルの多くの信者は、メシアと娼婦との結婚を預言者ホセアと「淫婦」ゴメルの結婚になぞらえた。そのうえ、スミルナでの彼女の自堕落な生活は秘密とされていなかった。しかし、サバタイがどのような――歴史家よりもむしろ心理分析家のほうが解明できそうな――動機をもっていたにせよ、サラが一六六六年一〇月、もしくは（みごもったのがもっとあとなら）

一六六七年夏に、息子を産んだことは事実である。その子が夭逝したことも本当である。クーネンと、この点で彼にしたがった著者たちが、サバタイの子らにかんするすべての言及を愚かなサバタイ一派の妄想の産物と断じたのは誤りだった。このとくべつな預言はそのとおりになった。イシュマエル・モルデカイという子の存在には否定しようのない証拠がある。(184)

そのすぐあと、この年は金曜日（一二月一八日）にあたっていたテベス一〇日の断食が王の布告によってとりやめになった。神殿の破壊とイスラエルの追放を記念するすべての断食日は今後は無視されることとなり、「断食の心配は喜びの歓声に変わった」（サスポルタス）。この断食日はラビの指示によるものだった。したがって、それを廃止することは、少なくとも形式上は、サバタイが支持者の何人かに命じた禁制の脂を祝福の言葉とともにおごそかに食することよりも重大事ではなかった。それでもこの新しい発令には深いシンボリックな意味合いがあったのである。ナータンの贖罪規定にはもっと困難な断食が含まれていたが、それは禁欲的な鍛錬で、救済の感激から生まれるもので、悲しみからではなかった。伝統的な断食日はまさに苦しみと悲しみの表われであったがゆえに、もはや受け容れられるものではなかった。しかし通常の断食日、月曜日と金曜日は、悲しみよりむしろ悔い改めの表明であったから、クーネンのはっきりした証言によれば、その後もなお維持された。(185)断食の廃止に抵抗の火はここを先途と燃え上がった。ラビ・サロモン・アルガージーと同僚の何人かは新しい指示にしたがうことをこばんで、集団暴徒によってリンチされかけた。アルガージーも含めて三人のラビはスミルナから逃げ出した。ほかの者たちは抵抗をやめた。ラパーパの名はこの事件と結びついては一度も出てこない。罷免されて以来、彼は友人ラビ・ユダ・ムルシア(186)の家に隠れて暮らしていた。彼はもう要人ではなかった。支持者たちは勝ち誇ったように「一一人ないし一二人の男（ラパーパも含めて）を除いて全民衆がメシアにしたがった(187)」とハンブルクへ書き送った。たしかにこの数は、メンバーが数千人は下らぬと見ねばならないコミュニティにあっては取るに足らぬ少数である。

反対は一時的に麻痺したけれども、その抵抗力が本当にくじかれたわけではなく、サバタイがスミルナから旅立ってまもなく、それはふたたび目に見えるかたちを取った。逃げたラビたちが戻ってきて、彼らの指揮のもとに逆襲が始まった。ラパーパはもう上級ラビ二名のうちの一人ではなかったが、彼とアルガージーは依然としてラビ法廷のメンバーであった。彼らは他の五人といっしょに、スミルナにおけるサバタイの正統信仰に反する振舞いについてメモを記し、それを多分二月と思われるが、サバタイの首都到着直前か直後にコンスタンチノープルへ送った。この手紙は残念ながら遺っていないが、首都の支持派のラビたちの返事（いくつかの偽署名をつけ加えることによってさらに重みがつけられていた）はいまに伝えられている。[188] 四番目に署名のあるラビ・アブラハム・ヤキーニが、スミルナでの出来事を精確に知っていることをうかがわせる返書の執筆にたずさわったことはほぼ確かである。ラビ・ヨムトヴ・ベン・ヤカル、ラビ・モーセス・ベンヴェニステ、そして長老のラビ・イサアク・アナカーヴァにはえられなかった、スミルナにいたヤキーニだからこそ提供しえた知識がそこにあるからだ。サバタイの棄教の数ヵ月後、コンスタンチノープルのラビたちはもう一通の手紙をスミルナへ書き送った。彼らはそのなかでまえの手紙にそれとなく触れているが、それがここに述べられている手紙であろう。あとの回状はまえの手紙を偽物といってそれへの責任を否認したりはしない。それどころか逆に、それの弁明をしようとする。「そしてもし過去において（つまり運動の頂点で）尊師たちが書かれ、名のあるかたがたが署名された手紙が当地から発送されたのであれば、そのわけは、もし長続きすれば双方に莫大な金がかかり、甚大な損害をもたらすであろう困難が日々新たに生ずると当地の人びとが思ったからである。[189]」続いて「誤った印象を強めた」

ある偽の手紙が引き合いに出される。概していえば、きわめて慎重に選び取られた文言は、コンスタンチノープルのラビたちがそれを作成したことにたいしてあとで、すなわち棄教後になにがしかの釈明をしなければならないような、沽券にかかわる手紙を書いたことを匂わせている。もちろん、引き合いに出されているまえの手紙が前述のものであるという確かな証拠はない。信者側を支持する別のスミルナ宛の手紙を指している可能性もある。

いずれにせよ、ヤキーニがかかわった書簡は、スミルナに組織的な反対があったことをはっきり示している。その書簡によって、始めから反対したひとたちの何人かを同定することすら可能になる。コンスタンチノープルの支持者たちの目から見れば、スミルナで暴力という手段に訴えたのは不信仰者の側で、その逆ではなかった。ヤキーニは、「主を知らぬ」連中の署名に名を連ねたといってスミルナのラビたちを非難している。「暴力と争いと喧嘩を好み、当地では知らぬ者はないが、まだ聖書すら読むことができない連中……とくに最低の扇動者は、アブラハム・ボートン、モルデカイ・ベン・エズラ、（そして）イサアク・ベン・マイモン。彼ら（ラビたち）はこんな連中に与してはならなかったのだ……」(190) この返書の著者はどうやらメシアの「奇矯な行動」の秘密を良く知っていたようだ。なぜなら彼は、畏れ多くも「比類なき聖人」を批判したといってスミルナのラビたちを非難しているからだ。「……［しかも］見る者の目には異様に見えるのかもしれないある種の不思議な行為のことで彼を批判するとは。……彼には物の道理がちゃんとわかっているということに考えがいたらないなんて。……ありがたいことに、わたしたちにはこれらのこと、つまり実際に起こったことと、彼ら［スミルナのメモの作者たち］が一般大衆を扇動するためにつけ加えた作り話とを見分ける心があたえられている。……彼らが天使、聖人、トーラーの王について語ったことは誤りである。」サバタイの「奇矯な行動」が本当は由々しい性質のものであることをうまく覆い隠そうという試みがここでなされていることはまぎれもない事実だ。信者たちの恐怖政治、権力支配をこぼしたあと、次に著者は一転攻勢に出て、不信仰者たちを責め黙らせる自身の権利を擁護する。二人の主だった不信仰のラビをとくべつに除いて、「わたしたちは他のすべての署名者を破門する。……彼らの異端者根性が謙虚になり、不遜な言葉を口にするのをやめて神を求めるようになるまでは、律法書に書かれているすべての呪いが彼らの上にあるだろう。義しい人を苦しめる連中を糾弾して破門することを義務がわたしたちに命ずる。なぜなら、平和を守っていたら、わたしたちは罪に負けてしまうからだ。神が［裁きに］立ち上がられたら、わたしたちはどうすればいいか。だからわたしたちは、信じない者たちを黙らせ、思い上がった言葉をこれ以上広めさせないようにするのだ」。こうした論議は、一六六五―六六年の運動の最盛期における支持者のあまねく行き渡った考え方に特徴的である。すなわち、メシアの気がかりな人格は大目に見られ、不信仰者たちを力ずくで押え込むことが理論的に正当化されたのである。

VI　大衆預言行動とメシアによる王の任命。サバタイのコンスタンチノープル行き

反対者たちが勢力を回復して逆襲に転ずるまでには数週間かかった。その間、スミルナはお祭り気分にとらわれた。支持者たちは伝説や奇跡や啓示の吸引力に引き込まれた。当時スミルナに滞在していたアブラハム・ヤキーニは、その数年後に「あの幸せだった日々」について語ったとき、当時の支配的な雰囲気を的確に要約した。実際の事実という現実から変貌した心の現実、つまり伝説の世界への移行はごく短期間になされた。集団的熱狂は何でも物事が起こるとすぐそれに神の栄光の輝きを付した。火柱出現とかそ

れに類した奇跡のしるしの話は疑いようのない事実となった。スミルナの人びとは奇跡を見、預言を聞いた。そして幻想の伝染性にかんするルナンのコメントを最善のかたちで具体的に示すこととなった。信仰を同じくするグループのメンバーが超自然的な現象を見たり聞いたりしたら、それで十分、他のみなもそれを見、それを聞くだろう。当地の古いシナゴーグにエリヤが現われたという報せがアレッポから届くや、エリヤはもうスミルナの通りも歩いているのだった。何十人、何百人というひとが彼の姿を目撃した。彼は施しを乞う名もない乞食だった。しかし、どんな祝い事にも席を連ねる姿なき客人でもあった。スミルナの富裕なユダヤ人のひとり、サロモン・クレモーナがある盛大な晩餐会に友人たちを招いた。客のひとりが壁に掛かっている光る真鍮製の板にふと目をとめたとき、椅子から飛び上がって、深々とお辞儀をし、叫んだ。「みなさん、お立ちなさい。預言者エリヤさまです。」——するとみんな立ち上がってお辞儀をし、エリヤの姿を見た。サバタイはそのような妄想をさらに助長した。アブラハム・グーチェレスの家で割礼の儀式に臨んだとき、サバタイは手順をしばしとめさせた。「優に半時間後、彼は先を続けるよう命じた。」そしてこう説明した。「もう少し待てと命じたのは、エリヤがまだおられなかったからだ。[191]だが、エリヤが座につかれるのを見たので、始めるように命じたのだ[192]」と。このとくべつなエリヤ出現について伝える書簡がアムステルダムだけで三〇通以上届いている。[193]

「だれもが火柱を見たと口々に語った。ある者には真昼に現われ、別の者には夜に現われた。三人目の男は赤い火の玉のような月を見た。四人目の者には天がひらき、燃え上がる門が見えた。そのなかにはラビ・ツヴィの姿をした男が頭に王冠を戴いて立っていた。五人目は空の星が海に落ち、そのあとふたたび天に昇るのを見た。こんな話は他にもたくさんある。……奇跡がこの奇妙な話を不思議に思うことすらやめた哀れな奴らの日々の糧となったのである。[194]」サバタイ派の説教師はヨエルの預言（三、三―四）を自分の時代に移して解釈した。「わたしは、天と地に不思議なしるしを示す。すなわち、血と火と煙の柱があるであろう。主の大いなる恐るべき日が来るまえに、日は暗く、月は血に変わる。」だが、ヨエルは宇宙のしるしを預言したばかりではない。「だがその後、わたしはわが霊をすべての肉なる者に注ぐ。あなたがたの息子、娘は預言をし、あなたがたの老人たちは夢を見、あなたがたの若者たちは幻を見る」（ヨエル三、一）。そして実際に、人びとの心がひらいたとき、スミルナでは本当に大衆預言行動になったのである。

大衆預言行動という現象は、広範囲の熱狂から生ずる宗教運動の歴史においてけっしてめずらしいことではない。その例は、二世紀のモンタニスト〔モンタノス主義者。創始者の名が冠せられるこの運動は二世紀後半に小アジアのフリギアに起こった預言者的終末論的性格をもつ宗教運動。厳格な禁欲主義を特徴としている〕から一八世紀のメソジストにいたるまで、キリスト教諸派に見出される。サバタイ主義運動発生の二〇年後に、フランスのプロテスタントのあいだに、彼らの自由の剝奪と、彼らをむりやりカトリック教会に統合しようとする試みに反対して戦った黙示録運動が起こった。この運動の主特徴のひとつは、一般大衆に、わけても子供たちにまで広がった預言の才能であった。片やセヴェンヌのカミザール〔一八世紀に叛乱を起こしたフランス南部セヴェンヌ地方のカルヴァン派新教徒〕における預言者的忘我と、片やスミルナの熱狂的サバタイ主義者におけるそれの目撃報告は、実際驚くほどよく似ている。抑圧、激昂、極度の感情的緊張によって惹き起こされた下層階級の集団エクスタシーの支離滅裂なうわ言には、古典的な「使徒」の預言に特徴的な、熱烈な警世とやみがたい個人的使命感は毫もなかった。

これら預言者の口から滔々と流れ出たものは、ところどころに真の精神性をうかがわせる表現が聞かれはしたものの、因習的な、決まり文句となった言葉や言い回しだらけであった。

一六六六年四月始め、すなわち興奮が頂点を超えた直後の手紙のなかで、あるオランダ商人が事件を次のように描写した。「その時［一六六五年から翌年にかけての冬］そこには――悪魔のはたらきによってと言う者もいるが――二〇〇人以上の男女の預言者が現われた。彼らは激しい震えに襲われ、意識を失った。その状態で彼らはこう叫んだ。サバタイ・ツヴィは救世主、イスラエルの王であり、民を安全に聖地へいざなうだろう。タルスス［トルコ・アナトリア南部の貿易都市］から船、つまりオランダ人乗組員を乗せた船が来て、民を彼の地に渡すだろう、と。そのあとふたたび彼らは意識を取り戻したが、自分が何を言ったか覚えていなかった。こういうことを日々聞いたり見たりするなんてわたしたちキリスト教徒には驚きである。四歳の、あるいはもっと幼い子供ですら、詩篇をヘブライ語で朗誦した[195]。」

　スミルナで預言をした最初の者はエルサレムとアレッポからの二人の使節、モーセス・ガランテとダニエル・ピントであったようだ。ピントの名前はスミルナで預言をした預言者たちのリストにも載っている。サバタイの妻サラは最初の女預言者のひとりであった[196]。これは彼女が運動に積極的に参加した数少ない例のひとつであり、感銘をあたえたことは疑いない。クーネンはテベス九日の預言を目撃したオランダの商人たちから、この最初の女預言者を見舞った精霊が鞏固な不信仰者ハイーム・ペニャの娘たちをもとらえ、自分自身の家に起こったこの不思議にペニャはえらく感銘を受けて、信仰に転じたことを聞いた。テベス八日の木曜日（間近い断食日が祝日に変わるということもあって、かなりの興奮と動揺をもたらした日）に帰宅したとき、彼は娘たちが震えと目眩に襲われ、口から泡を吹き出して、預言特有の心身状態になっているのを見た。彼のいる前で、彼女らは預言を始めた。「ハハム・サバタイ・ツヴィが天の高座に座り、頭に王冠を戴いている。王冠、王冠、王冠……[197]」クーネン自身、これと比較しうる最初の英国のクェーカー教徒たちに見られた現象との類似性を強調し、この預言は悪魔の仕業で、頑迷な民衆をもっと大きな盲目におとしいれたのだとほのめかしている。アレッツォのバルーフの報告はいちばん完全である。「そしてこれはあの日々になされた預言の報告である。深い眠りが彼らを襲った。彼らは完全に命を失った死人のように地面に倒れた。およそ半時ほどたってから、彼らの口から、唇は動かないのに、精霊が語りはじめた。彼らはほめ讃え慰める（聖書の）詩句を語り、みな口々に『サバタイ・ツヴィ、ヤコブの神の救世主』と言った。そのあと彼らはふたたび起き上がったが、自分が何を言い、何をしたのか覚えていなかった。スミルナでは一五〇人以上の預言者が預言をした。」アレッツォのバルーフはそのような預言の文言すら引用している。それは他の多くの全般的な記述のわかりやすい具体例であるばかりか、発作の心的性質らしきものを多少とも伝えてくれる。聖書の言い回しと直接体験の表現とがいりまじった、こみ上げる感情の無意識状態で発せられる切れ切れの短い文。シェヴァト四日、サバタイはもうコンスタンチノープルへの途についていたが、スミルナのアブラハム・ベン・ヤコブ・イェッスルンはこう「預言した」。

「主よ、わたしはあなたのお話を聞きました。主は支配される。主は支配された。主はいつまでも支配されるでしょう。聞け、おお、イスラエルよ、主、われらが神、主は唯一者である。彼の名に誉れあれ、その栄えある王国はいつまでも続くだろう。われらの王サバタイ・ツヴィは王冠を戴かれた。おごそかな呪いが信じない者たちに下された。主がイスラエルをお守りくださいますように。わたしたちの祈りは聞き届けられた。階段歌〔エルサレム神殿に詣でる歌。詩篇一二〇―一三四〕、深みからわたしはあなたをお呼びしました、おお主よ。大きな喜び。生きる者にさいわいあれ。われらの主、王は王冠を授けられた。悲しいかな、信じぬ者は。その者は呪われている。階段歌、主を畏れる者にさいわいあれ。大きな喜びがあるだろう。お聞きください、主よ、そしてわたしを哀れみ給え。王は王冠を授かった。彼の王国はとわに続く。王サバタイ・ツヴィはみずからの王国の玉座におわす。お聞きください、おお主よ。主から見ればユダヤ人はいとおしいのだ。主を喜べ、おお汝正しき者よ。主に感謝せよ。主は善意にあふれておられるからだ。神は真実である。

モーセは真実である。彼の律法は真実である。サバタイ・ツヴィは真実である。大きな喜び。汝の手をひらけ。主は神である。王サバタイ・ツヴィは玉座におわす。聞け、おおイスラエルよ。階段歌、主がシオンの占領に反対されたとき。ユダヤ人にとって、大きな喜び。主は神である。主を畏れる者にさいわいあれ。主のしるしはなんと大きく、主の奇跡はなんと巨大であることか。主がシオンの占領に反対されたとき。大きな喜び。おお、主に感謝を捧げよ。おお、天つ神に感謝を捧げよ。悲しいかな、信じぬ者は。われらが主、王は支配される。おお主よ、正義はあなたのものだ。大きな喜び。階段歌、主がシオンの占領に反対されたとき。彼らはユダヤ人に屈した。われらが王国の星は昇った。おお、主に感謝を捧げよ、主の恵みは永遠に続くからだ。主よ、どうぞわたしをお起こしください。わたしは苦しみのなかで主に向かって叫んだ。さいわいなるかな、主の名によって来る者は。主はおまえの悲しみ事を聞いてくださる。おお、主に感謝せよ。主は善意にあふれておられるからだ（三度）。主は永遠に力強く、巨大である。王は慈悲の玉座におわす。万軍の主は王国の玉座におわす。主がわたしたちのために戦ってくださるだろう。主は栄光の王である。力強く、巨大な王、彼の王国が高められんことを。まことに、まことに、まことに。ご慈悲により、おお主よ、救いたまえ。ユダヤ人にとって喜び。ご慈悲により、わたしをお救いください（三度）。主に感謝せよ。主は善意にあふれておられるからだ。さいわいなるかな、主の御名は。その輝かしい王国はとわに続くだろう。聞け、おおイスラエルよ、汝はわが明かりに火をともすであろう。主は偉大であり、大いにほめ讃えられるべきである。悪しきイェーツェル［欲動］はもはや存在しない。おお主よ、わたしの祈りをお聞きください。主に感謝を捧げよ、主は善いひとであるから。……」これを全部彼は四度か五度繰り返した(198)。

この例をさっと読んだだけでわかるように、この預言にはオリジナリティが全然ない。預言の言葉はしょっちゅう繰り返される、よく知られた聖書や祈禱書の言い回しや引用句のごたまぜにほかならない。唯一幻視的な要素はサバタイの王冠と、彼が王国の玉座に座っていることを指示している点である。(199) 預言の終りの一文にだけ神学的意味がある。「悪しきイェーツェルはもはや存在しない」という言い回しはどうやらナータンの書簡に説かれている教えを反映したものらしい。シェキーナーの火花が「殻」の領域から引き出されて、元の正常の領域へ戻されるのである。この教義を無教養な男が預言の発作中に言えるのだとしたら、熱狂的な大衆がメシアの奇矯な振舞いをまったく抵抗なしに受け容れることも確かだろう。

カサーレの使節は人びとがそのような状態で預言を述べるとき「非常に無理な動作」をしているのを見た。彼がいうのは間違いなく、癲癇発作を思わせるような、地面を転がったり、手足を不自然に曲げたりすることであろう。サスポルタスがスミルナからの詳細な報告の分析のなかで強調したのはまさにこの病的強制動作の特徴である。ある手紙には、ひとりのキリスト教の女奴隷が「イスラエルの賢者たちが見なかったものを見た。彼女は［ほかの］女や子供の預言したことが本当であることを裏づけた(200)」と語られている。別の報告は、玉座に座ったサバタイが天と地の支配者として星々を見渡しているのを見たという女の預言を引用している。サスポルタスはこれらの言を「白痴、癲癇ないしは狂気」と診断し、預言者たちが「サバタイの肖像が第七の天に彫り込まれているのを見たり、天の軍団が口々に『主の威容と輝きを讃えよ』と叫ぶのを聞いた」のはそのせいだという。「彼らは無意味きわまりないことを預言だと思っているのである(201)。」その説明として彼はこう言う。「彼らの（預言能力への）欲求が彼らの想像力を刺激し、いろいろな幻視を見させるのだ。それらはたまには本当のこともあるが、大半は嘘っぱちであった。もしかすると亡霊が彼らに取り憑き、［彼らを通して］悪魔に取り憑かれた者が言うようないろいろなことを語り、告げたのかもしれない(202)。」無知な者や無教養な者だけが預言を口にしたのであり、学者や本当に信心深い者はしなかった、とサスポルタスは強調している。[203] そのさい彼は注意深く、スミルナのモーセス・ガランテやダニエル・ピント、コンスタンチノープルのモーセス・スリエルといった預言者を無視した。

預言熱はスミルナからほかの、小アジア[204]やエーゲ海諸島[205]、ギリシアのコミュニティにも広がったが、どこにおいても構成をもった文学的形式で表現されたり、新しいカバラー的認識、すなわち「秘義」を生み出したりすることはなかった。メシア的発作ははっきりした内容のない感情の洪水を惹き起こした。批判的な観察者にとって、預言的啓示がまったく何も「啓示」しなかったことを示すのはいとも簡単なことであった。その言葉や形式はむしろコーランのごく初期のスーラ〔コーランの章〕を思い出させる。これも同様に、秩序だった預言者的考え方を示すものというよりは熱狂的な叫びであった。しかしサスポルタスは、この現象全体を無知で愚かな人間のヒステリーといって片づけようとしたとき、明らかに間違いを犯した。預言者たちのなかには学識と信仰心でよく知られたひとたちもいたのである。彼らの預言は——サスポルタスの目から見れば——無教養な熱狂した群衆のそれよりもずっと人騒がせであったことは疑いない。

市中の商工業はストップした。[206] スミルナは昂ぶった興奮と喜びのお祭り気分にあった。祝宴、踊り、お祝いパレードが、ナータンの定めた贖罪勤行と交代で行なわれた。寒い冬の季節でも大勢の者が海に行き、浸礼儀式を行なえば、別の者は鞭打ちの贖罪に服した。[207] 夜には「メシア王万歳」とか「サバタイ・ツヴィ万歳」と叫びながら、松明行列が市中を練り歩いた。[208] 詩篇二一、二の「主よ、王はあなたの力によって喜び、あなたの助けによって、いかに大きな喜びをもつことでしょう」が日に三度、朝、昼、夜のお勤めのさいにシナゴーグで朗誦された。詩篇はガザではサバタイ主義風に解釈されていた。その言葉のなかにあるメシア的意味内容のためというより、ゲマトリア、すなわち「あなたの助けによって」の数値がサバタイ・ツヴィの名に一致していたからである。多くのシナゴーグでは、「サバタイ・ツヴィの王冠」と銘打った王冠を上に乗せてこの詩篇の句が周囲に花飾りをあしらった木の板に彫られて壁に掛かっていた[209]。安息日と断食日に行なわれる伝統的な国主のための祈禱は廃止され、原文は新しいイスラエルの王に合うように作り替えられた。

諸王に救いを、諸侯に覇権をあたえ給う神、その御国はとわに続く。下僕ダビデを破壊の刃から救い給うた神、海に道を、大水に小径を拓き給うた神よ、われらの主にしてメシア、ヤコブの神の救世主、天の獅子にして天の鹿[210]、義しき者たちのメシア、王中の王、スルタン・サバタイ・ツヴィを、とこしなえ祝福し、守り、保護し、高め給え。王中の王［すなわち神］が彼を守り、彼に命を授け給いますように。王のなかの最高の王が彼の星と彼の王国を高め、支配者や君侯たちの心に彼とわれら全イスラエルにたいする好意をみたし給いますように。アーメン[211]。

この祈りが朗誦されたのは、以前からでないとすれば、テベス一一日、シナゴーグ占拠に続く安息日からである。この安息日にもサバタイは持ち前の奇妙な示威行動癖を発揮した。まず彼はまえの安息日を穢したことに遺憾の意を表明し、それから「このまえの安息日を穢した」罪を償うために、全体の断食を予告した。ところが、昼には気が変わって、神のお赦しが出たからみんな飲み食いするようにと命じたのだった[212]。

いろいろな報告が伝えるには、ほかの町々から何百人ものひとたちがメシアに貢ぎ物を捧げにやってきた。遠国からの派遣団の話もある。しかし、描写はすべて噂に基づいたもので、目撃報告に基づくものではない。大半はのちにガリポリで起こった出来事と混同した結果である[213]。実際には、巡礼者が来たり、派遺団が送られたりするにはおそらく時間が足りなかっただろう。一六六五年一二月半ばの決定的なメシア運動勃発以前にスミルナからサバタイ主義の報が広まったことはなく、真のサバタイ熱も三週間以上は続かなかった。サバタイ自身がユダヤ教徒の支配者を名乗ったテベス一〇日から彼がコンスタンチノープルへ旅立つ日までのあいだは一二日しかなかった。クーネンにも初期の回状にも、ほかの町からひとが来たことは述べられていない。野次馬や信奉者が隣接する市町村（マグネージア、ティレア、ロードス）からスミルナへ殺到したことは疑いない。ブルッサやコンスタンチノープルなどの遠隔地から来た者もいるかもしれない。だがもしそうなら、これらの者たちはもうずいぶんまえに、メシアが故郷の町へ向かっていることを知らせるガザやアレッポからの手紙に応えて出立したのだろう。アブラハム・ヤキーニはこうしてスミルナへやってきた。ほかの者たちのばあいも同じようであったろう。その数は多くはなかったかもしれないが、主として良心的な学者やラビたちがサバタイのお供に加わったので、この来訪は少なからず影響をあたえた。そのうちの何人かはメシアについてスミルナからコンスタンチノープルへ行った。のちにサバタイの秘書となるサムエル・プリモが彼といっしょにアレッポからスミルナへ行ったという証拠はない。彼は初めてスミルナでサバタイと近づきになったのだろう。ことによるとコンスタンチノープルでだったかもしれない(214)。彼の名は王たちの表には出ていない。遺漏が編者のうっかりミスによるのでないなら、これにはなにがしかの意味があるに違いない。クーネンの情報提供者もほかの王たちの名前を忘れている。

サバタイの周りにつどう学者やラビたちのグループは主としてスミルナの支持者たちで成り立っていたが、そこには外国のラビたちも若干加わっていた。ヤキーニは彼らのことを「サバタイの忠実な下僕の仲間」といい、そのなかに、サーフェードへ行く途中スミルナへ来たひとりのポーランド人ラビの名を挙げている。このラビ・エリヤは徹頭徹尾彼のポーランド人教師の伝統につらぬかれたひとであったが、「信仰」に転じ、熱狂的なサバタイ主義の宣教者、説教師となった。「彼はわれらの主――その栄光が高められんことを――に仕え、イスラエルびとを改宗させ……各地で信仰を説き……そしてわれらの主はあの祝福された日々に彼をこよなく愛された。」(215)

サバタイは主だった支持者たちに王の称号を授けることによって報いた。カサーレの使節(四五〇ページに引用の)はサバタイがみずからメシアとして示顕した安息日に地上の王国を並み居る支持者たちに分けあたえたことを伝えている。クーネンによれば、サバタイが首都へ旅立つまえに諸王が任命された。多分両者が述べていることは正しいのだろう。王に任命されたすべての者がスミルナに住んでいたわけではなく、表にはパレスチナやエジプト出身のサバタイ支持者たちも何人か載っているからである。告知されたのは彼らの未来の支配領域ばかりではなく、彼らの魂の「根」も告げ知らされた。ひとつひとつの魂はダビデからゼルバベルまでのかつてのイスラエルの王たちのひとりの火花ないしは化身とみなされたからである。スミルナの人びとはこの肩書きを大真面目に受け取り、肩書きの主はその新しい名で、イェホシャファト王とかゼデキヤ王などと呼ばれた、とクーネンは伝えている。国王や副王が任命され、かつてのユダやイスラエルの王たちの名が新たに国王職に就任した者たちのあいだで分けられた。約束を取り消されたり忘れられるのを恐れて、メシアから手書きの叙任証をもらった者もいた。新しい王のひとり、アブラハム・ルビオは施しで生きる貧しい男であったが、高額を提示されても、王国を手放すことをこばんだ。

クーネン(216)はユダヤ人の情報提供者から、次のような、サバタイ・ツヴィによって任命された王の一覧表を受け取った。

イサアク・シルヴェイラ（ダビデ王）　サバタイの最初の信奉者のひとり[217]。

アブラハム・ヤキーニ（ソロモン王）　コンスタンチノープル出身の有名な説教師。生涯変わらぬ信者で、サバタイに高く評価された[218]。

サロモン・ラニアード（ゾバの王）　アレッポ出身のラビ（ヘブライ名、アラム・ゾバ）。一六六九年に書かれた彼の書簡は、彼が棄教後も信仰を固く守ったことを明らかにしている[219]。彼の居住地アレッポ地域の王に任命されたと思われる。

ヨセフ・コーヘン（ウザ王）　未詳[220]。

モーセス・ガランテ（イェホシャファト王）　エルサレムのラビ。アレッポ経由でスミルナに来た。サバタイのお供をしてコンスタンチノープルへ行った。

ダニエル・ピント（ヘゼキヤ王）　アレッポ出身のラビ。同僚のガランテとともにスミルナの最初の預言者のひとり。

アブラハム・ハンダリ（ヨサム王）　棄教後も変わらぬ信者であった。一六七三年までサバタイ・ツヴィやヤキーニと接触をもった[221]。

「説教師」（ゼデキヤ王）と呼ばれるアシュケナージのラビ、ポーランド人説教師ラビ・エリヤ[222]。

アブラハム・レオン（アハス王）　スミルナの最も裕福なユダヤ人のひとりで、コミュニティの長老。クーネンによれば、一六六七年にスミルナのラビたちの使者としてナータンに会いに行き、町へ来ないように彼を説得した[223]。

エフライム・アルディッティ（ヨラム王）　スミルナのコミュニティの一員で、資産家[224]。

シャーローム・クレモーナ（アハブ王）　資産家。「新しいメシアの出現に大いに心を躍らせた。」

自宅で催した晩餐会に預言者エリヤが現われた。[225]

マッターティアス・アシュケナージ（アサ王）　ラビ・マッターティアス・ブロッホ・アシュケナージ。一六六五年にエルサレムでサバタイに会った。棄教後も忠実な信者でありつづけ、モッスルのラビになった。当時はスミルナにおらず、ガザからエジプトへ行っていた。[226]

メイール・アルカイレ（レホボアム王）　コンスタンチノープル出身。サバタイの裕福な支持者ソロモン・ガラミーディの義理の兄弟。[227]

ヤコブ・ロクサス（アモン王）　未詳。

モルデカイ・イェッスルン（イェホヤキム王）　モルデカイ・ベン・イサアク・イェッスルンのこと。スミルナ出身の富裕な商人。一六七一年のハイーム・ベンヴェニステのラビ回答書二篇にアブラハム・レオンといっしょに言及されている。[228]

ハイーム・ペニャ（イェロボアム王）　金持ちで、初めは不信仰であったが、のちに信者に転向した。彼の名が表に挙がっているという事情は、必ずしもすべての任命がポルトガルのシナゴーグに押し入った安息日に行なわれたのではないことを示している。ペニャの改宗はその数日後になされたのだから。[229]

ヨセフ・カリリョ（アビアー王）　ブルッサのラビ・ヨセフ・カリリョ。一六五一年にベンヴェニステに宛てた彼の問合せがベンヴェニステのラビ回答書集に印刷されている。[230]ヤキーニと同様、彼もメシアの噂を聞いてスミルナへやってきた。彼はどこへ行くにもサバタイの供をし、師にしたがって一六七一年に同じく棄教者になった。棄教者グループのなかでは中心人物のひとりで、アドリアノープルにおけるサバタイの親友であった。[231]

ネヘミア・コノルテ（ゼルバベル王）　未詳。クーネンか印刷者が綴りを忘れたのかもしれない。姓がコンフォルテと読まれるなら、ネヘミアは歴史書『コーレ・ハ＝ドーロース』の著者であるサロニキ出身のダヴィド・コンフォルティの親戚かもしれない。

ヨセフ・デル・カイレ（ヨアシュ王）　カイロのチェレビー、ラファエル・ヨセフの可能性が非常に高い。

エリアキム・ハベル（アマジアー王）　スミルナ出身と思われるが、未詳。

アブラハム・ルビオ（ヨシアー王）　前述の、自分の王国を売ることをこばんだ信心深い乞食。

表の先頭にはサバタイの二人の兄弟の名が記されている。エリヤ・ツヴィ、イスラエルのすべての王を統べる「王中の王」と、ヨセフ・ツヴィ、ユダのすべての王を統べる「王中の王」である。彼らの副王はエリヤ・アザルとヨセフ・ペルニクであるが、スミルナ出身ということ以外何もわかっていない。

表は不完全なものである。聖書に出てくる多くのイスラエルの王の名が欠けているし、同様に、いろいろな文献のなかに、そしてまたクーネンによってほかの文脈でも言及されている（下記参照）サバタイの王のひとりの名も欠けている。おまけに、五つの精確に定められている王国を例外として、地理的な支配圏も挙げられていない。全世界はサバタイの兄弟たちのあいだで分けられた。おのおのが王中の王であった。この配分はサバタイの「地政学的」考え方を反映しているように思われる。両半球はローマ（これはオスマン帝国の仇敵、神聖ローマ帝国のことであろう）とトルコ（すなわちイスラム世界）に相応する。

ここまではカサーレの使節の報告からわかっている。ラニアードはアレッポの王に、そしてヤキーニは、サスポルタスの遺した報告によれば、コンスタンチノープルとその周域の王に任命された。サスポルタスの引用した描写はヤキーニとガランテの預言について興味深い情報も提供している。「師［サバタイ・ツヴィ］が彼の上に手を置いた。それによって彼に預言の精神があたえられたと［ラビ・アブラハム・ヤキーニが］いう。そのあとすぐ彼の額に輝く星のようなもの——それは土星だったように思われる[232]——が現われた。すると彼［ヤキーニ］も新しい王国について預言をし、それが本当であることを保証したという。それに報いて王は彼をコンスタンチノープルの支配者にした。こうしてラビ・ヤキーニは預言者の資格と王国［という二重の名誉］を授かったという。またラビ・モーセス・ガランテについては、彼の証言は信用できない。なぜなら、彼は彼［サバタイ］に帰依して、自分も彼のように立派になろうとしたものの、精霊が彼を動かしはじめても、ものにならなかった（つまり彼の預言能力が開花することはなかった）からだ[233]。」

いくつかの文献には、スミルナ出身のある高名なユダヤ人医師がポルトガルの王に任命されたとあるが、名前の綴りが崩れているので、確信もって同定することができない。フランス語の『見聞記』の著者が知っていたところによると、この医師はポルトガルのマラノで、生涯の大半をボルドーで送ったという。「彼の縁者の多くはまだそこにおり、ユダヤ人であることを隠そうとしている。彼は近い将来自分がポルトガルを支配するだろうと固く信じている。それというのも、メシアがスミルナから旅立つ直前に彼を王に任命したとき、そのことを彼に約束したからだ[234]。」この証言が正しいことをカサーレの使節の記述は認めている。そこではサバタイが分けあたえた王国は実際の国々と一致していたといわれている。

王国の分配は、わたしたちの知るかぎりでは、サバタイがスミルナで行なったメシアとしての最後の行為であった。パレスチナ出立からコンスタンチノープル到着までの彼の振舞いは、彼の移り気な性質が許すかぎり一貫していた。彼は自分の天職を確信し、自分の救済使命は超自然的な力に支えられてなしとげられるだろうと信じていた。一六六五年八月、アレッポにとどまることを拒否したとき、彼にはすでにスミルナが中間駅にすぎないことがわかっていた。生まれ故郷の町で勢力をえたあと、彼は――古い諺は嘘だといわんばかりに――これ以上ここにいても意味がないと感じた。彼はこれまでに何度も首都に行くことを話していた。このことにかんする彼の発言はスミルナからのすべての回状に述べられている。それでも首都滞在の終り頃には内的緊張の著しい低下が認められる。照明は二週間以上は続かなかった。サバタイが消極性とメランコリーの状態に戻らなかったことは本当だが、彼の態度には燈明祭とそれに続く日々に示されたような躍動的なエネルギーと挑戦的な、荒々しい要素が欠けていた。[235]

サバタイはトルコ市当局から退去させられたのか（ある資料によれば三日の猶予をあたえられたという）、それとも初めからそのつもりで自主的にひとりで旅立ったのか、不明である。[236] ユダヤ人のメシア的期待はトルコ人にもよく知られていた。サバタイがわずかな支持者をともなって帆船で出立したことは、トルコ当局の挑発を避けようとする彼の側からの試みだと解釈された。[237] 彼は一六六五年一二月三〇日に三、四人の、王の表にも挙がっているラビだけをともなって出帆した。[238] わかっているのはモーセス・ガランテ、ダニエル・ピント、そしてポーランドの説教師ラビ・エリヤの三人である。サバタイの妻はスミルナに残り、首都の夫のもとへ行ったのは彼が逮捕されたあとだったようだ。[239] サバタイのほかの支持者たちは陸路でコンスタンチノープルへ行ったという。[240]

Ⅶ　コンスタンチノープルでの運動。預言者モーセス・スリエル（またはサラヴァル）。コンスタンチノープルでのサバタイの拘禁（一六六六年二月から四月まで）とガリポリへの移送

この間、コンスタンチノープルではいまかいまかとサバタイの到着を待ち受けていた。スミルナからのセンセーショナルな報告はコミュニティを二分していた。不信仰者の数はけっして少なくはなかった。楽観的な報せを疑い、スルタンの権力がすみやかにサバタイ・ツヴィに委譲されることを期待しなかった人びとは、最悪の事態がイスラエルの家に起きることを恐れずにはいられなかった。オスマン帝国では頻繁に謀叛が起こっていた。それが失敗したばあい、仕返しは徹底をきわめ、情け容赦がなかった。コンスタンチノープルのユダヤ人コミュニティの長老たちには、自分たちが当局からユダヤ人民の振舞いにたいして責任を取らされることはわかっていた。彼らの命はサバタイの成功不成功にかかっていた。メシア運動はすべて、軍事的企てというより奇跡や聖歌の神秘的力に基づいたものであるとはいえ、公然の謀叛にひとしかったからである。コミュニティや自分自身の運命にたいする心配は彼らに一種の反動的姿勢を取ることを余儀なくさせた。同じことはいろいろな方面からユダヤ人のあいだに不穏な革命騒ぎがあることを知らされていたトルコ当局についてもいえた。両サイドが取った処置を述べる報告はそれゆえ矛盾してはいない。

支持者たちはのちに、不信仰者側の指導者にサバタイを密告した罪をなすりつけた。わたしたちの資料のいくつかは、この非難を裏づけているように見える。ある報告によると、コンスタンチノープルのラビ

会議の使者がサバタイに一通の手紙をもたらした。それは、トルコ在住のすべてのユダヤ人を不幸におとしいれないために、言動に気をつけるようサバタイに注意していた。それにたいしサバタイは、ラビたちは心配するには及ばない、それより人びとに改宗を呼びかけなさいと答えた(241)。別の報告には、コミュニティの長老がサバタイの首都到着まえに、「グランド・ワジール、すなわち副王のもとに行き、ユダヤ人のひとりが当地へ来て、メシアと称していることをお知らせしたい、でも、わたしたちは彼を信じません、どうすればいいか、おわかりと存じます、と伝えた」と書かれている。この密告の結果サバタイは逮捕されたという(242)。この報告がスミルナで広まった。ラビ・サムソン・バッキーは、サバタイの逮捕を説明するために、これを引用している(243)。棄教直後に書かれ、首都の出来事を詳細に報告するアルメニアの描写は、同様にコンスタンチノープルのラビたちの不安に触れているが、サバタイの逮捕をユダヤ人の介入のせいにしてはいない(244)。あるラビは彼のプライベートなシナゴーグで反サバタイの激しい説教を行ない、そのなかで自称メシアの振舞いと狡猾な宣伝を断罪した。反対がどのようなかたちでなされても、メシア熱の圧倒的な大波にたいしては無力であった。王と彼の預言者のとてつもない驚くべき行為にかんする幻想的なニュースを伝える手紙が次々に届き、メシア熱をいっそう煽り立てた。手紙の内容が非常に誇張されているような印象をあたえたので、ラビたちがそこに捏造があるのではないかと推測し、調査の過程でこの回状を作成して大儲けしている「工房」を見つけ出したことはおそらく間違いないだろう。捏造の責任者たちは厳しく罰せられたが(245)、奇跡物語の洪水はやまなかった。歴史家には熱狂的な支持者たちの加熱した想像力の所産と良心の咎めを感じないジャーナリスティックな営利主義者の捏造とを区別するすべはない。多くの点で同じ年にヨーロッパで印刷されたキリスト教徒の誇張したパンフレットを思わせるような偽りの回状を書いた出版人が一七世紀のユダヤ人にもいたわけである。

サバタイ・ツヴィ（ここではヨシュアヘル・カームと同一視されている）の逮捕と処刑の捏造ニュースと模写．このパンフレットはナータンとサバタイの生涯のエピソードをでっち上げたもの．(1–2)預言者（ナータン）がユダヤのメシアの到来のために行なった奇蹟．(3)王冠を戴いたユダヤの王サバタイ．(4)預言者がサバタイをスルタンに紹介する．(5)サバタイが逮捕される．(6)トルコ人たちが彼の喉を掻き切る．(7)彼の身体が切り開かれる．(8)コンスタンチノープルのユダヤ人たちが嘆き悲しむなか，彼は逆さに吊るされる．

ドイツ語のパンフレット「新生ユダヤ人預言者ナータン・レーヴィと…ユダヤのメシア，サベツァエ（以下はヨシュアヘル・カームと表記）の華々しいスタートとみじめな末路．…」（おそらくアウクスブルク，1666年夏）

II

救済の報せは大衆の熱狂のみならず、支配階級に属する多くの者たちの熱狂も生み出した。コンスタンチノープルで事件を体験したカトリックの司祭は「自分の目で見たのでなければ、想像もできないような歓喜の爆発[246]」について語った。それどころか、熱狂した何人かの者たちはサバタイがまだ到着しないのに、メシアの聖都入城をこの目で見ようと――ある者はそっと、ある者はおおっぴらに、多くのひとの注目を浴びて――コンスタンチノープルからエルサレムへ旅立った。首都のユダヤ人たちは王と会う心がまえをし、挑発的な危ない会話に熱中した。「彼らの話の中心はもっぱら戦争と、差し迫る、半月とキリスト教世界のすべての王冠が崩壊したあとのイスラエル建国のことだった[247]。」彼らは昼も夜も自分たちのシナゴーグや家で大きな事が起こる期待のうちに過ごした。

預言者や説教師が聖書やゾーハルの箇所を引用して解放の時が来たことを証明したことは、彼らのこうした姿勢をいっそう強めることとなった。コンスタンチノープルで最大の影響力をもつ預言者はブルッサのある若いラビであった。彼はナータンのあとに輩出した最初の預言者であり、その預言者的発言は純粋な啓示と神秘的な祈りのかたちを取り、通常とは違って聖書の文句だけをまじえた忘我的な心中吐露であった。いろいろな文献が彼のことを詳しく伝えている。彼の名はモーセス・セルヴィエルとかモーセス・スリエルとかいわれている[248]。

ガリポリの訪問者たちの信頼すべき記述に依っているレイーブ・ベン・オーザーは、ラビ・モーセスは自分自身をラビ・シモン・バル・ヨハイの再来とみなしていた、と伝えている。

彼は当時新しいゾーハルを著したが、このゾーハルがどこにあるのか、わたしは知らない。彼はだれにたいしてもそのひとが同じ日に行なった善行や、そのひとが後悔した罪や後悔しなかった罪を言い当てることができた。そして彼はみなに罪の悔い改めを課した。本当に驚きであるが……毎晩、名士やラビたちが彼の口から主のとてつもなく大きな行いを聞こうとして彼のもとに集まった。彼らは彼のそばに座って、楽器の伴奏に合わせてサバタイ・ツヴィを讃える歌をうたった。それからこのラビ・モーセスは若者のように踊りはじめたかと思うと、あろうことか、まるで癲癇発作に見舞われたかのように地面に倒れた。しばらく痙攣していたが、やがて話しはじめた。すると人びとは彼にベールをかぶせた。彼ははっきりした口調で［……ゾーハルのアラム語で］話し、計り知れない秘義を明かした。彼の言ったことはひとつもゾーハルに書かれていないにもかかわらず、すべてゾーハルの言語で語られた。傍らに二人の書記が座り、彼の言うことを書き留めた。［この預言の］核心は、サバタイはわれらの王にして救世主、われらの正しい預言者にほかならない、ということだった。［言葉が］終ると、彼は立ち上がって、顔と手を洗い、神の御前でお辞儀をした。これが毎日四度、［すなわち］六時間おきに、昼夜を分かたず行なわれた。……そしてこのラビ・モーセスは人びとに彼らの魂の根を定めることができた。彼の過去や未来にかんするすべての預言は真実であることが証明された。わたしは二、三の高名なラビたちと話をしたが、彼らは、この預言者ラビ・モーセスは彼らが本当に犯した若気の過ちを言い当て、彼らに悔い改めを課した、と証言した[249]。

預言者の名声はそこらじゅうに広まり、彼のカリスマ性はナータンのそれと同じくらい非凡なものとみなされた。実際それはナータンに匹敵するものだった[250]。

ド・ラ・クロワが元サバタイ支持者であったユダヤ人情報提供者の証言に基づいて書いた記述は根本的に右記のものと一致している。もちろんこれほど好意的ではないが。

彼らはブルッサ出のひとりの若者、モーセス・スリエルという偉大なカバリストを連れて来た。彼は自分の偽りの演技をひとにさとられないように、まず預言をしていた預言者の霊を呼び出そうとした［つまりそう偽った］が、霊たちは彼が彼らの預言を信じない罰としてひとつの魂がほかの何よりも強く彼の身体と心に入り込み、驚くべき事柄を告げるだろうと彼に答えた。彼の言葉は効験あらたかだったので、多くのひとたちが改宗し、彼に高い名声をあたえた。翌日、その若者は楽器の響きとともに預言の発作に見舞われた。彼は口から泡を吹いて床に倒れた。そしてある声が書記がついていけないほど早く彼の口から語った。この忘我の素振りのあと、ふたたび意識を取り戻したとき、人びとは彼がトランス状態で言ったことの原文を彼に見せたが、彼はそれが非常に見事なかたちをなし、叡知にあふれていたので、自分の言ったことがわからないと言った。彼は毎日同じ時刻にそれを始めた。そのことが多くの観衆を惹きつけ、大勢の人間をサバタイ・ツヴィになびかせることとなった。それというのも、彼の言葉は次のようなせりふで終っていたからである。「悔い改めよ、あなたがたの解放は近い、あなたがたはサバタイ・ツヴィ、メシア、ダビデの子、われらの正しい解放者を、天上で三人の族長、アブラハム、イサアク、ヤコブに相当する三重の王冠をかぶっておられたようにこの地上でも王冠を戴いたそのお姿を見るだろう。」……モーセス・スリエルはユダヤ人サークルでは、毎日家がひとであふれるほどの名声をえていた。彼は人びとを教え導き、彼らに徳［つまり悔い改め］の決まりをあたえた。(251) その当時の彗星の出現を彼は彼の告知が本当であることを示すしるしと解釈し、こう説明した。エジプト脱出のときにも同じしるしが天に現われた、ヤコブの夢がいま実現したのだ、神の御使いが天から降りて来て、ひとの姿をお取りになるだろう、地上は海に水があふれるように、主の認識にみたされるだろう、と。(252)

お互いにまったく無関係な二つの叙述は明らかに一致しており、これが根本的に事実であったことは疑いの余地がない。

この新しい預言は広く反響を呼び、多くの模倣者を生み出した。何百という預言について語ったレイーブ・ベン・オーザーの情報提供者に誇張があったとしても、モーセス・スリエルがまったく斬新な預言的説教学と霊感によるカバラー的解釈を築いたことは疑いようがない。カバラーの秘義はこれからはもうマッギーディーム（一〇〇ページ参照）によって明かされるのではなく、人間に姿を変えた天の精霊や天使によってなされる。彼らが新しいゾーハルを啓示するという考えには内的論理がないわけではない。最後の事柄の秘義は日々の終りに啓示されるという。それゆえ、ラビ・シモン・バル・ヨハイがいまメシア時代のゾーハルを啓示するのはふさわしいことであった。トーラーがいまその物質的被服から解放され、その本質的メシア的霊性をあらわにするというのなら、メシア的ゾーハルがこれにともなっていなければならないと考えるのは至極当然であった。こうして、ナータンが棄教のあとからかたちづくった、とはいえすでに彼本来の教説に構想されていた考えが、彼にインスピレーションを受けた預言者たちにはっきり表われた。ラビ・ヤコブ・エムデンは「一万ページ以上のカバラーの秘義がそのような預言者的霊感の状態で書かれた」という言を伝えているが、それを言ったひとたちは多分それほど誇張してはいないだろう。(253)

エリヤの出現と一六六五―六六年の冬の預言的現象にかんしては、カバリストたちも意見が分かれていた。彼らの動揺と疑惑はイエーメンのある注目すべき記録に表われている。一六六六年にイエーメンの首都サナアで書かれたサバタイ主義の黙示録『ゲイ・ヒッサヨン』（幻の谷、イザヤ書二二、一参照）――そこで扱われている事実にかんしても、大半のフィクショナルな部分についても多くをエジプトから送られた手紙に依っている――は、繰り返し、いろいろなニュアンスの強い賛意をこめてこの新しい預言を引き合いに出している。その一節はこうである。

イスラエルには本当に霊がおり、万能者の息が彼らを呼び起こす。[254] 預言の火花が子供たちのなかに［現われ］はじめ、子供たちはメシア王について預言を発する。霊は異教徒たちの口からも語り、彼らは「あなたがたの王が来た」と言う。そしてイスラエルは律法［を遵守すること］によって強くされ、このように言う。「これはわたしたちにとって、敵でさえ婦人［イスラエル］の称賛を口にするというしるしである。神の慈悲を乞うて祈る時が来た。……だから、壁の上に小部屋を造ろう。[255] そして［贖罪の］壁を強くしよう。なぜなら、……そこにレビヤタンとその妻、神と神のシェキーナーたち、［セフィロース］ティーフェレース、マルフース、ネフェシュ、そしてネシャーマーが寝ているからである。それから霊は、かの有名な［悪魔の］王サマエルを名指し、いやがる彼を呼び寄せ、彼を脅して、大声で叫ばせ、全世界に告げ［させた］、「解放者が来るように、イスラエルのために部屋を作りなさい」と。

ここには悪の王サマエルがメシアの王国を告知させられることが書かれている。だが、子供たちの預言にインスピレーションをあたえたのは彼ではなく、「万能者の息」である。新しい預言の本質にたいする驚くべき説明は数ページ後になされている。神はイスラエルの告発者サマエルをイスラエルの守護者にならせるのであるから、預言者エリヤの預言と誤解されている預言にインスピレーションをあたえるのはサマエルである。しかしこの預言はけっして偽りの預言ではなく、むしろサマエルの性格に変化が現われたしるしなのだ！　まるでイエーメンに届いた書簡は、サバタイの救済の福音を信ずる者がこの現象を各自の考えでどう解釈しようと勝手であるということを匂わしていたかのようだ。黙示録はさらに続く。

未来のメシア時代において、時来たりなば、福音をもたらす者［エリヤ］がイスラエルの弁護をするのではなくて、サマエルがするのである。……なぜなら、彼は聖なる事柄を左右するある種の力をそなえているからである。……それゆえ、彼は海の鬼神と荒野の鬼神に、現われて喜びと慰めの報せを告げよと命ずる。それも著名な人物や幼い子供の口を通して告げるのである。これらの鬼神は彼らに現われて、彼ら――偉い学者や男や女たち――にメシアの到来を告げさせるだろう。預言をする男や女は、これはエリヤ［の霊感］によってなされるのだと考える。だが、そうではないのだ。なぜなら、エリヤはだれにでも現われるわけではないのだから。［彼は本当はサマエルから霊感を受けているのであり、］ある霊、もしくは聖霊が彼を捕える。だが、彼に天の秘義が啓示されるときや、彼がひと前で祈り、意味深遠な事柄を解釈するときには、その霊にとらわれた者は（感情か認識か夢によって）エリヤの姿に気づく。……だが、このレベルに達しなかった者たちのばあいは、これは「ハイエナに出会う野の獣」(256)［イザヤ書三四、一四参照］、つまり彼らの王がサマエルの配下へ追いやった海や荒野の鬼神なのである。

著者はどうやら預言の評価にあたって揺れているようだ。鬼神から霊感を受けた啓示もある。そう著者は確言する。このばあい、鬼神たちは彼らのなかにすら燃えている聖なる火花によって心ならずも聖なる目的をなしとげたのである。一方、別の啓示はエリヤから霊感を受けたものである。著者が語る語の選択は、モーセス・スリエルのような預言者の登場の描写がイエーメンにも達していたことを示唆している。『ゲイ・ヒッサヨン』の作者がこの後者のグループのひとりであった可能性はおおいにある。

すべてのコミュニティに広まっていたサバタイ派の説教の中心要素は、改宗の呼びかけと、先の世代が望んでかなわなかったものを見る機会に浴することへの感謝の表明と、聖書のなかに一六六五―六七年のしるしやサバタイとナータンの名を見出そうとする終末論的時間計算である。当時行なわれた多くの説教のうち、のちに印刷された説教学の文献に見出されるものはひとつもない。何人かの説教師が一六六六年に集めた説教はのちに用心のため消された。それでも若干の説教やその一部が、間接的に、不信仰者の論駁書のなかに引用されるかたちで遺されているか、あるいはまれに原文のかたちで遺っている。そのような説教集のひとつ、モーセス・アブディエンテの『日々の終り』が、ハンブルクのセファルディーのコミュニティの長老たちによって追放されたにもかかわらず、実際にこんにちまで印刷版で保存されている。予約注文者であるフランスの貴族に宛てた、時代の出来事について情報を提供しようとする回状にも、驚いたことに、サバタイ派の説教がいくらか含まれている。これらのフランス語の回状は一六六五年末か一六六六年始めに行なわれたひとつの長い説教[257]と、ある程度確信をもってサバタイのコンスタンチノープル到着まえに書かれたと言えるひとつの短い説教を含んでいる。

長いほうの説教は、ダニエル書の「七〇週」に基づいている。「あなたの民と、あなたの聖なる町については、七〇週が定められています。これは咎を終らせ、罪に終りを告げ、不義をあがない、永遠の義をもたらし、幻と預言者を封じ、いと聖なる者に油を注ぐためです。」（ダニエル書九、二四）この箇所は次のように解釈される。

神がほかのどの数よりも好む七という数の法則とその秘義と結合にしたがえば、わたしたちの解放は日々の終りに七の秘義に一致して行なわれるだろうと理解できる。聖書はこう言っている［申命記二九、二八］。「隠れた事はわれわれの神、主に属するものである。」なぜなら、これらの秘密は神の御心で隠され、六日の創造の日々からこんにちの、わたしたちの解放の時まで神の宝物庫に封じ込められていたからである。天使ダニエルによって啓示されたものの、こんにちまでだれも解き明かし理解することができなかった七〇週の秘義を理解することが、喜ばしい報せによっていまや容易になったのである。これはそこに述べられている［ダニエル書七、二五］「ひと時とふた時と半時」の秘義である。そしてすべては七という数の秘密のなかにある。七かける七〇は四九〇である（ひと時）。そして七〇かける七〇は四九〇〇である（ふた時）。そして七〇の半分は三五である（半時）。これらを合わせれば五四二五となる。つまりこれは過ぎた年、神がその霊をひとりの強大な人、神の人、ナータン・アシュケナージ、ガザの預言者に宿らせ給い、メシア、ダビデの子、われらが主サバタイ・ツヴィが油を注がれた年なのである。なぜなら、彼の名は［……「週」を指すカバラー的暗示を多く含んでいるからである］。……そして「悪が終るまで、罪が封じ込まれるまで、あなたの民の上に定められていた」ものがいま成就した。なぜなら、われらの聖なるガザの預言者がわたしたちを動かし、イスラエルの全集合体において力強い、大いなる悔い改めが行なわれたからである。すべての罪業は断食と喜捨と不断の祈りと贖罪、要するにあなたがた自身とイスラエルの全集合体に見られるすべてのものによって、そしてまたゼカリヤの墓に姿を現わし、預言者殺害の罪は赦された、悪事は償われた、永遠の正義がもたらされ、主、われらの神はすべての被造物に知れ渡るだろうと告げた老人の功績によって、疑いなく完全にぬぐいさられた。これが「幻と預言者を封じ、いと聖なる者に油を注ぐ」という詩句の終りが意味するところである。それはつまり、わたしたちの解放を預言した言葉が本当であったこと、そしてわたしたちのなかに預言者がいること（わたしたちはこのことを明白な周知の事実と考えている）を意味するのである。[258]「いと聖なる者に油を注ぐ」――このことはすべてわたしたちのメシア、ヤコブの神の油を注がれた方において成就した。彼はその卓越性と聖性において王の肩書きとメシアの王冠にふさわしい。ダビデの子にしてイスラエルの王、彼の名声は高まり、彼の王国は永遠に高められた。そのような運命をもつ民は幸せなるかな、主を神とする民は幸せなるかな。[259]

この説教は説教師やその聴衆をとらえた気分をよく表わしている例である。これらの預言の思考形式や表現形式はきわめて伝統的なもので、そこには預言の復活という事態がすでに隠しもっている（そしてメシアの奇矯な振舞いに明示的に現われている）革命的な大胆さがいっさいない。

預言を除いてほかにも奇妙な出来事がコンスタンチノープルで起きた。サバタイの旅立ちの直後に書かれたスミルナからの一通の書簡は首都に支配的な雰囲気をはっきり伝えている。一六六六年三月にアムステルダムに届いた書簡にはこう書かれている。「彼が［スミルナから］旅立った二日後に、コンスタンチノープルのコミュニティから二人の使者が到着し、金箔をほどこした羊皮紙に書かれ、ダイヤモンドをちりばめた錦の織物に包まれた信任状をもって来た。そこではすべてのユダヤ人が彼を自分たちの王と認め、自分たちの命と幸せを彼の手に託すとともに、旅を早めるよう彼にせっついていた。スルタンが彼に会いたいと首を長くして待っているからだという。その理由はこの手紙の持参者がシナゴーグの代表者たちに説明するだろう（……）[260]」

これがメシア王に忠誠を誓う書状をもたらした使者の存在を示す最初の明確な、信頼すべき指摘である。

同じような使節団が多分そのまえにほかの町からも来ていただろうが、それを示す証拠は何もない。察するに、鷹揚な忠誠の誓いの書状はアムステルダムのみならず、ほかのコミュニティにも送られ、更なる使節派遣や手紙の送付を促したことだろう。コンスタンチノープルから使節団が派遣されるきっかけとなったのは、テベス四日から八日にかけて起こった出来事にかんするスミルナからの報告であったことはほぼ間違いない。書簡はまた、サバタイが旅立ちまえに彼宛のすべての手紙を開封する権限をラビ・ハイーム・ベンヴェニステにあたえたとも言っている。それによって、コンスタンチノープルの文書の内容がスミルナに知られることとなった。ここまではまだしも信じられそうだが、使者たちが派遣の事情を説明するくだりになると、とたんに幻想の領域へ引きずりこまれる。首都は全市をあげて贖罪に服し、全員サックドレスに身をつつみ、施しを分けあたえ、祈った。すると、上級ラビにエリヤが現われ、彼を町から連れ出し、翻る旗をもった歩兵と騎士の一軍を彼に見せた。エリヤは「これはイスラエルの軍団である」と言い、それを率いる王と指導者に会わせると彼に約束した。そのあと彼（上級ラビ）は幻で主サバタイ・ツヴィがサファイアとダイヤモンドをちりばめた黄金の玉座に座って天から降りてくるのを見た。そして、ダニエルの「待っていて、一三三五日にいたる者はさいわいです」という言葉（一二、一二）がサバタイ・ツヴィとナータンに関係していることを啓示された。「行って、ユダヤ人たちに言いなさい。救いが来ました、祭りを祝いなさい、と。」ラビ・ガマリエルはそのあとシナゴーグで自分の体験話をした。話の主人公は、サバタイ派の文献にさらにあと二回出てくるが、コンスタンチノープルの重要なラビのひとり、ラビ・モーセス・イブン・ヤミルであるか、それとも——確率はさらに高いが——サバタイの支持者で、のちにメシアに倣って同じように棄教者となったラビ・アブラハム・ガマリエル[261]である。もし彼であるばあいは、あまり名の知られていないひとの幻視的体験がのちに「上級ラビ」のものとされたのだと推測しなければならない。話の続きは自由に作られた。ユダヤ人の歓声がトルコ人を怒らせた。スルタンはアルメニア人の密告者にそそのかされて、ユダヤ人の代表者たちにサバタイを一週間以内に捕えて連れてくるよう命じた。さもなければ、全員殺すぞと言って。いろいろな奇跡や天の警告がきっかけとなってスルタンは命令を取り消した。ところが、彼の招待をメシアに伝えるよう、ユダヤ人たちに要請し、三顧の礼をもってメシアを迎えると約束した[262]。話はコンスタンチノープルの使者によって話されたのかもしれないが、それはまたスミルナで生まれた可能性もある。ただ単純にサバタイとカーディとの出会いにかんする町の噂を採り上げ、スルタンに置き換えたのではなかろうか。

一六六五年終りの数ヵ月間首都のユダヤ人街区にみなぎった熱い期待のとくべつな雰囲気は心理的ならびに社会的現実だった。だが、ほかにもうひとつ、少なからず決定的な現実があった。いまもって説明のつかない、ある種のためらいののち、トルコ当局は動く決心をした。コンスタンチノープルからユダヤ人使節がスミルナに到着したことについては反論する根拠はない。しかしまた同時に別の使者も来て、ユダヤ人の王を、謀叛のかどあり、ただちに引っ捕えよ、という命令をもたらした。使者の到着が遅れて彼を捕えることができなかったので、ダーダネルス海峡付近でサバタイの船を拿捕し、彼を捕虜として港に連れ戻すよう指令が出されたのである。

サバタイ逮捕の原因を、ユダヤ人民間のメシア騒ぎとスミルナやほかの町の地方当局から受けた報告とによって警戒を強めていたトルコ政府のイニシアチヴのみに帰することはできないと考えるべき確かな根拠がある。ユダヤ人の反サバタイ派と不信仰者もそれに手を染めていたように思われる。この疑いを支えるヘブライ語の典拠があり、そのうちのいくつかは信頼できそうだが、ほかはその限りではない。このあとのほうのひとつがエマニュエル・フランセスの『サバタイ・ツヴィにかんする報告』中の記述である。

「サバタイはコンスタンチノープルへ行くためにスミルナを発ったが、彼がそこへ着くまえに、長老たちが使いを送り、『わたしたちから離れていてくれ、この国の住民たちのあいだでわたしたちの評判が悪くなるから、町へ来ないでくれ』と言わせた。だが、サバタイは使いの言うことなど一顧だにしなかった。それで長老たちはひどく恐れて、グランド・ワジールのもとに行き、こう説明した。『ひとりの気違いがわたしたちのところへ来ました。そいつはメシア王だなどとほざいています。どうぞご慈悲をもって、彼を捕えるか追放するようお命じください。奴のことなどわたしたちの与り知るところではありませんから。』こうしてサバタイはワジールの命で鎖につながれた。[263]」ユダヤ人の代表者がいまだ海路の上にあったサバタイに使者を送ることができたとはおよそありえないことである。サバタイはすぐに逮捕されたのだから、彼とコミュニティの長老たちのあいだで交渉をする機会などありはしなかった。たしかにレイーブ・ベン・オーザーは、サバタイは逮捕されるまえ短期間自由に暮らしたと伝えているが、すべての証言は彼の言に反している。カサーレの使節はユダヤ人側から一種の干渉があったことをはっきり認めており、長老たちが「彼のあとからこっそりワジールのところへ行き、彼らのたのみに応じて彼は逮捕された[264]」のだと報告している。ラビ・サムソン・バッキーの報告を知らなかったサスポルタスも同様の推測をしている。[265]「彼のあとから行く」という表現は曖昧である。長老たちがサバタイを「尾行」したという意味なら、これはサバタイがしばらくのあいだ自由に動きまわっていたことを意味する。さすれば、サムソン・バッキーのこれにかんする証言は証言力をもたないであろう。だが、この言葉をあまり深読みすべきではないだろう。これの意味するところは、長老たちがサバタイの来るまえにひそかにワジールにたのんだということにほかならない。

いずれにせよ、トルコ人にはユダヤ人を煽り立てた感情がよくわかっていた。ユダヤ人が「信仰者」とか「不信仰者」とか議論しているのを聞いたスミルナの町の悪童どもはこれぞ恰好の新しいユダヤ人罵り言葉だと思って、道を行くユダヤ人のあとから「コーフェル」（ヘブライ語で「異教徒」、「不信心者」の謂）と囃し立てた。[266] コンスタンチノープルのキリスト教徒の目撃者も同様の話をしている。サバタイの到着が荒波の海と冬の嵐で遅れたために、期待の熱はいっそう高まり、ユダヤ人たちは道で会うひとごとに「彼は来ましたか」という張りつめた問いで挨拶を交わした。ユダヤ人が通りかかると、トルコ人の町の悪童たちは嘲って、「ヘルデミ?」（「彼は来ましたか」）と叫んだ。[267] アルメニア語の文献には、メシアを揶揄する歌が市中でうたわれたとも伝えられている。[268]

サバタイの到着は大方の期待に反して遅れた。旅は通常の一〇日から一四日にたいして三六日かかった。旅の話は当然無数の奇跡で粉飾された。これらの奇跡のいくつかは偽造回状を大量生産した既述の印刷工房から出たものであることはほぼ間違いない。それ以外は熱狂したひとたちがあくまで善意で広めたものであろう。[269]

サバタイの到着に先立つ期待にあふれた日々にコンスタンチノープルで書かれたある書簡には、一般の贖罪運動が始まったこととか、さらには預言者エリヤが現われ、「多くのひとが見た」ということすら報告されている。[270] 多くの信奉者たちは仕事をやめ、ガザやエルサレムに出かけたり、出かけようとした。カトリック教徒であるフランス語の『見聞記』の著者は、サバタイの到着直後に起こるという奇跡を信ずる大衆の揺るぎない信念や彼らが非ユダヤ人にたいして言った脅しを書き留めている。「彼らは、もしわたしたちが可及的すみやかに彼らの仲間になり、わたしたち自身の好意と自由意志で彼らを支配するという彼らの王の前を歩き、彼の王国を認め、彼が世界に定める宗教と律法にしたがうのでなければ、恐ろしい惨事が起こるだろうと言って、わたしたちを脅した。[271]」

サバタイの拘禁については数多くの情報がある。ユダヤ人も非ユダヤ人もありとあらゆる種類の話をしたが、報告はほとんどあらゆる点でくい違っている。それでも、コンスタンチノープルの地方伝承には、出来事の経過のきわめて大事な点が保存されているように思われる。詳細があふれるなかにもひとつのかなり明白な像が浮かび上がる。[272] 正確な日付も割り出せる。[273] サバタイの帆船はダーダネルス海峡を通過したあと、マルマラ海で二艘の船（いくつかの資料によれば、最初はスミルナで彼を捕えようとした二人の将校）に出逢い、港へ護送された。別のヴァージョンによれば、彼は激しい嵐を避けるために、ガリポリ近辺のとある小さい港に入港したとき捕えられた。[274] ド・ラ・クロワの誇張だらけの描写によれば、サバタイは捕えられたとき、二〇人のユダヤ人と律法の研究をしているさいちゅうだった。[275] このことがあったのは安息日のまえである。月曜日、アダルⅠ〔ユダヤ暦第六番目の月。二月から三月。三年目の閏年にはアダルⅡが数えられる〕の月の三日（一六六六年二月八日）彼は鎖につながれて海岸へ引き出された。[276] そのさい彼はトルコ人の衛兵に殴られた。衛兵たちはまた三々五々メシアに会いに来て彼につきしたがおうとした群衆にも棍棒で殴りかかった。ユダヤ人たちはパニック状態で家々に逃げ込んで、トルコ人やキリスト教住民の更なる暴力を恐れて三日間引き籠っていた。彼らは断食を宣言し、いまに起こるであろうしるしと奇跡を待った。著書『見聞記』のなかでフランス人牧師は同日の晩に知り合いのユダヤ人とした会話を伝えている。彼らは同じ船で町へ戻ったが、そのユダヤ商人はエジプトの一〇の災厄が近々非ユダヤ人を襲うだろうという確信を表明した。彼は手遅れにならないうちに悔い改めをするよう牧師に迫り、船上にいた別のキリスト教徒に殴られそうになった。[277]

スルタン・メフメット[278]四世が当時コンスタンチノープルにいたのか、それともアドリアノープルにいたのか、定かではないが、彼のグランド・ワジールでトルコの最も重要な政治家のひとり、アハメド・ケプリュリュは首都にいて、政務を任されていた。彼は（いくつかの報告にあるように彼の代理ではない）サバタイ逮捕の命令を出しており、その後もみずからこの件にたずさわった。ケプリュリュは穏健な姿勢で知られ、不必要な血を流すことは好まなかった。彼はなんらかの軍事的手段を講ぜずに王権を要求したメシアのおかしなケースをよくよく考えていたらしい。武力で威嚇することをしない「謀叛」という常ならぬ現象が穏健で慎重なたちの彼のお気に召した――当時としてはめずらしい性格である。とくに大逆罪にかかわる事だけに。それでなくてもサバタイは謀叛人、不穏分子として一生を棒に振っていた。このことは少なくともヴェネツィアの使節バラリーノによって三月一八日、すなわち逮捕の六週間後に書簡で自国の政府に報告された。この書簡はコンスタンチノープルの外交界でよく知られていたこと、ないしは噂のかたちで流布していたことを知るうえで重要な情報源である。使節はドージェに次のように書き送った。多くの貧しいひとたちがなけなしの家財を売り払い、偽預言者にしたがうために家族を捨てはじめた。贖罪運動がこれほどの規模になったからには、グランド・ワジールも手を下さないわけにはいかなかった、と。

トルコ当局を警戒させたのは、メシア王国到来にかんするユダヤ人の話のなかに現われた大胆さというよりはむしろ、トルコの商業活動に重要なはたらきをしていたユダヤ人コミュニティの日常生活の妨害といっさいの経済生活の停滞であったことは確かである。多くの信者たちが公然と聖地への旅の準備を始めたことは、トルコ政府内に敵意と疑いを生み出したばかりか、ユダヤ住民とトルコ住民のあいだの深刻な衝突につながる恐れもあった。一七世紀にトルコを旅した者はみな一様に、商業、とくに外国貿易はほとんどユダヤ人の手中に握られていて、国内におけるヨーロッパ商人とのつながりという点でもユダヤ人は独占的地位を占めていた、と伝えている。メシア運動は非ユダヤ人の環境に直接的な波紋を及ぼすだろう。大勢の支持者がパレスチナへ旅立ち、資産のない家族を数多くあとに残したことは、深刻な社会問題を生み出した。貧者へのとくべつな慈善基金を設立しようというアレッポのコミュニティの決断にはもっぱら憐れみという美徳だけがはたらいていたのではなく、そのような社会的変革をできるだけ目ざとい当局の目から隠そうとすることはむしろ人間常識にかなっていた。コンスタンチノープルでは運動が、喜捨が足りなくて地方自治体の生活に深刻な累を及ぼすほどの規模に達していた。政府が結局行動を起こしたことについては運動のこうした局面がはたらいたものと思われる。

逮捕後、[279]サバタイは三日以内にグランド・ワジールみずからが仕切る枢密院に引き出された。[280]枢密院での出来事にかんする記述は食い違っている。ヴェネツィアの使節は、サバタイの知的な物わかりのよい態度がグランド・ワジールの印象をよくし、彼の命を救ったと報告している。真相は謎のままである。ユダヤ人以外はサバタイが即座に処刑されることを確信していた。彼がそのかわりに監獄へ送られたことは奇跡に近かった。ユダヤ人たちはいつでもすぐ自分なりの説明を出せる用意があった。バラリーノによると、サバタイは非常にうまい流暢なアラビア語を話したので、この言語や文学の非常な愛好者であり識者であったワジールは彼が気に入った。[281]サバタイのトルコ語の知識はせいぜいよくても乏しかったことはわかっているので（四三七ページ参照）、彼が完璧なアラビア語を話したということはきわめてありえないことだろう。フランス語の『見聞記』はユダヤ人蔑視にあふれ、その嘲笑的な出来事の描写はあまり信用できない。サバタイは自分にはまったく関心がないのにメシア役を押しつけようとする愚かなユダヤ人たちを嘲笑したという。他方、このフランス人牧師はサスポルタスが依拠しているユダヤの資料にも出てくる一シーンに触れている。おまえはだれかと訊かれてサバタイは、自分は聖地で貧者への喜捨を集めるために来たエルサレムの一学者だと答えた。[282]尋問の場には「サバタイとユダヤ人反乱分子にたいする反対証言をするためにわざわざスミルナから来た裁判官もいた。彼は［サバタイがスミルナで彼の前へ引き出されたとき」ユダヤ人たちから多額の金を受け取っていた。[283] 裁判官が『おまえは自分でメシア王を名乗ったのではないか、それでユダヤ人たちがおまえにしたがい、多額の罰金刑に処せられたのだな』と訊いたとき、サバタイは『わたしは何も言っていない。』と答えた」。この記述には本当らしいところがあるかもしれないが、しかしそれはけっしてワジールの予想外の寛容さと忍耐を明らかにしてはいない。おそらくサバタイには、彼という人間から発する独特の魅力があって、それがワジールに――のちにスルタンに感銘をあたえたように――強い印象をあたえ、あわやというところで彼の命を救ったのだろう。[284]

最初サバタイはいくつかの報告に「市中の真っ暗で、ぞっとするような牢獄」とえがかれている場所に拘禁されたが、[285] しばらくしてとある「快適な宿」に移された。ヴェネツィアの使節によれば、サバタイは「カセム・バシ［獄吏］の監視下に置かれていたが、彼を訪れるユダヤ人と見張り抜きで話すことが許されていた。彼［サバタイ］は断食と厳しい贖罪行をすることに同意をあたえた。彼自身は規則的な三日の断食期間を守り、その終りには［カバラーの］呪文で牢獄中に松明の明かりを出現させた。[286] しばらくすると彼は、厳重な監視のもとでだが、浸礼儀式のために海へ行くことを許された。ユダヤ人たちは非ユダヤ人、とくにトルコ人から罵りさげすまれるのを恐れて通りに出ようとはしなかった。そのためコミュニティの長老たちは集まってワジールのもとへ行き、支障なく通りを歩けるよう［保証を求めた］。結局許可はえられたものの、代価として六万レアル（レーベンターラー）と、さらに追加としていつでもサバタイを訪ねてよいという許可のために四万レアル支払うことになった。この金額は一人ひとりからその財力に応じて徴収された。それどころかワジールは、さらに一〇万レアル出せば彼を放免してやろうと申し出た。彼らはみなこの新しい提案に賛同し、それを囚人に伝えに行った。

ところが、サバタイは拒絶した。彼は激昂し、自分のために一銭たりとも金を出してはならぬと言った。自分はそんな手段に訴えるつもりはない。「なぜなら、近いうちに、大きな事が起きるだろうから。多くのユダヤ人たちはそのようにして呼び起こされた希望におおいに元気づけられることだろう[287]。」

これはみなバラリーノが報告を書いた三月一八日まえに起こったことである。この外交官の書状のおかげで、わたしたちはほかのいくつかの報告の信憑性を吟味し、事実と粉飾された話とを区別することができる。コミュニティの長老たちはサバタイにたいして陰謀を企てるどころか、彼の沐浴儀式にぞろぞろついて行ったり、牢獄で彼と面会したりする許可をえるためとか、彼を金で自由の身にするためなら、大きな犠牲もいとわなかったことをわたしたちは知る。サバタイが賄賂で自由をあがなうことをこばんだことは彼の名声を高め、「この頑固な民衆の解放への願い」を強めることとなった。この詳細についてはバラリーノがわたしたちの唯一の典拠であるが、まったく本当のことだと言っていいだろう。「高潔な態度で大衆に感銘をあたえる[288]」すべにサバタイがいかに長けていたかということのみならず、彼がいかに並々ならぬ自信を抱いていたかということも、それはじつに見事に示している。それは明らかに、消極性と神の巨大な奇跡への運命論的な信頼以外のなにものも生まない非生産的類いの自信であった。コンスタンチノープル幽囚の数週間、彼はまったく何もしていない。「奇矯な振舞い」についても報告されていない[289]。彼はふたたび敬虔な禁欲者の生活に戻り、改宗を説き、身をもって熱心な贖罪欲の範を示し、そのさい自分自身のためにまったくとくべつな肩書きを求めたりはしなかった。彼はどうやら照明の二つの大波の精神的谷間にいたようだ。スミルナであったような扇動的な矛盾にみちた発作はなかった。彼を調べるためだったかもしれないが牢屋で彼と面会した首都のラビたちは、トーラーと伝統の掟を逸脱した罪人というより、むしろひとあたりのいい品のある態度で苦しみを忍ぶ、やさしくも威厳のある禁欲者を彼のなかに見出した。サバタイは自分がとらわれの身であることを心外に思っている様子は見せなかった。たとえ彼が自力でケリポースの牢から抜け出していたとしても、ケリポースはときにまだ彼を支配する力を有していた（三三二ページから三三四ページ参照）。彼が当時「イシュマエルの王」の獄舎にいたことは、彼が自分の精神的闘いで知っていたあの魂の幽閉の象徴的具現にほかならなかった。運命と、自分の生活の本質を表わす象徴とに逆らうことはできない。もし彼が悪霊やケリポースの力によって幽囚の苦しみをあたえられているのだとしたら、彼の運命が外的物質的現実のなかに然るべく現われたとしてもごくあたりまえである。「気持ち悪い真っ暗な地下牢」の汚物やきたなさを彼は意に介さず、落ち着いた威厳によって面会者に感銘をあたえたのだった。

コンスタンチノープルのユダヤ人たちはサバタイが捕えられはしたものの、殺されなかったという報せに安堵したが、両派の亀裂はいっそう深まった。指導的なラビたちの幾人かは明らかにサバタイ側についていたが、そのなかのひとりラビ・アブラハム・アナカーヴァ(290)は――クーネンによれば――トルコの権力者たちのあいだでも高い名声をえていた。アナカーヴァは何度も監獄にサバタイを訪れた。彼とほかの者たちは「床に目を伏せ、深く身を屈め、両手を胸に組み合わせてサバタイと対面した」。これはヤコブの神の油を注がれた者に相対する、敬意と忠誠に規定された姿勢である。

コンスタンチノープルからヨーロッパに届いた報告には、コミュニティ内の相反する傾向を反映している。サスポルタスの目にはいった批判的かつ冷静な書簡は、疑う者や断固として「信じない者」らによって書かれたもののようだ。それはサバタイがみずからの自由意志でコンスタンチノープルに来たわけではないことを強調しているが、一方で、逮捕やワジールの尋問にもかかわらず、信者たちがその後も大挙して彼のもとへ押しかけ、おおっぴらに彼とともに祝い、祈ったことを認めている。彼らは手紙を書き、サバタイが牢屋で行なった大きな奇跡、たとえば瀕死の男にいくらか食べ物をあたえて回復させたとか、火柱や雲が現われたとか、ワジールが彼に認めた偉大さなどについて語った。だが、彼らの語ったことは真実ではない。なぜなら、逮捕の一週間後、彼は鎖につながれ、もっと狭い地下牢に移されたからである。それで彼は［いまの看守には］もう耐えられないから、ワジールのチェレビー(291)に手をまわして彼を味方につけ、別の場所に移れるよう［たのんでくれと］、みずからユダヤ人たちに懇願した。彼らはワジールに賄賂を贈ったのち、それとなく彼に、サバタイが新しい企てでこれ以上人びとを騒がせないよう、彼を町から遠ざけたほうが得策だと言った。そう言われたので、ニサン一二日［一六六六年四月一八日］、彼はガリポリの城塞へ移され、そこに幽閉された(292)。コミュニティの指導者の何人かは、サバタイが自分で自分を救えなかったのなら、ほかの者も救えるわけがないと理解した。彼らは信じたことを後悔し、彼を馬鹿者と思った。しかし大半の者たちは、彼の幽囚に惑わされることはなかった。それどころか、彼らの信仰はいっそう強くなった。なぜなら、彼らが言うには、メシアはイスラエルのために多くを耐え忍ぶだろう、それはメシア時代が始まるときの苦しみをやわらげるためである、と預言していたからである(293)。

サスポルタスが引き合いに出している書簡はおそらく二月に書かれたもので、一月の最初の出来事にはごく簡単にしか触れていない三月一八日付のバラリーノの報告を補完するものとなっている。サバタイは初めはきわめて厳しい拘留条件下に置かれ、快適な収容所への移送を保証するために六万レアル＋四万レアル（レーベンタール）――四レアルが一ドゥカーテン金貨に相当する――という高額の賄賂が支払われたらしい。（反対者が主張するように）サバタイがこの取引を要求したのか、それとも信者たちが自分から率先してやったのか、どっちにせよ、いずれのばあいにもサスポルタスの引用した描写はユダヤ人指導者の何人かがサバタイを支えたことを明らかに示している。とてつもなく高額な賄賂をサバタイの反対者が工面したはずはない[294]。コンスタンチノープルまでサバタイに随行したラビのひとりは一六六六年三月にスミルナへ戻り、四月五日にアムステルダムへ手紙を書いたが、それは信者の気持ちをうかがわせる価値あるものである。否みがたい事実も信者から見ると少し違ったふうに見え、希望的観測や期待で好きなように粉飾された。手紙の書き手がだれなのか何もわかっていないが、彼の書簡の英語の要約が遺されている[295]。そこから知れるかぎりでは、このユダヤの王はスルタンの命でコンスタンチノープルから三〇海里以上離れたガリポリ近郊の要塞に移された。スルタンと首席ワジールがタタール人との戦争準備のためアドリアノープルへ旅立つことになり、件の王を自分たちの不在のあいだも激昂した群衆の中傷や攻撃から守れるようにするためだった。町には彼に会い、彼と話をしようとして四方八方から流れ込んだ外国人があふれているだけになおさらのことだった。わたしたちはまた、スルタンがこの見かけだけの牢屋で毎日彼に最高司令官の給料に相当する五〇アスペルをあたえたこと、そしてこのトルコ人が彼をそこへ移した本当の狙いは、身の安全と自分の大いなる都コンスタンチノープルの平和を守ることにほかならなかったことを知る。到着後王は、イスラエルの解放がすぐ間近に迫っていること、そしていまかいまかと待たれた預言者ナータンが来しだい、大いなるしるしと奇跡によってイスラエルの解放が全世界にはっきり知らされるだろうということを、ユダヤ人に確約した。ユダヤ人たちは王についてコンスタンチノープルへ行った者からスミルナ発四月五日付の一通の手紙を受け取った。それが報ずるには、王はコンスタンチノープルを立ち去ったとき、スルタンのさる宮殿に住み、何人かのラビとイスラエル人と彼らの教典に囲まれていた。彼はそこで自由に儀式を行ない、何の制約もなしにだれでも彼を訪れることができた。そして、

スルタンは彼に、どこでなりとひと前に姿を見せてもよいという許可をあたえたが、人びとの前に姿を現わす時が来たことを神みずからが彼に知らせるまではそうするつもりはないというのが彼の答えだった。彼はまた、星々に囲まれた火柱が彼のいる場所の上に、次いでトルコ王の寝室に現われた彼の頭上にたゆたっているのが見えたとも答えた。要するに、この手紙はわたしたちが最後の郵便で知ったことの裏づけであり、さらには、彼を殺すためにワジールの送り出した連中が彼の面前で床に倒れて死んだことも報じている。

この最後の出来事からそれに続く、死んだトルコ人が生き返るという奇跡まではあと一歩にすぎなかった。

ガザから届いた昼と夜の祈りのための二つの手引書は、信者たちがコンスタンチノープルのアブラハム・フランコの印刷所で印刷させたものである。「栄光の国からもたらされた夜のためのティックーン[296]は魂の救済のためや、主の美しさを観じたり主の神殿をおとなうために深夜に朗誦されるもので、四二六年（西暦一六六六年）に」ユダ・ベン・ヨセフ・オバデヤの負担で印刷されたが[297]、そこに預言者の名前は一度も出てこない。続いて印刷されたと思われるもうひとつの版[298]は「日々の朗誦用にまとめられた昼のティックーンの手引きで、栄光の国から、わたしたちに永遠の生をくれた[299]イスラエルの光の口からもたらされたものである。いますぐに主の美しさを観ずることができるように。アーメン。コンスタンチノープル。

〈そして王国が主のものとなる〉[300]（オバデヤ書二一参照）年に」。印刷者のまえがきは「わたしたちの心はあなたの解放[301]を喜んでいます」と認め、「わたしはイスラエルの子らのなかに住[302]まうでしょう」という節を引用している。ナータンの祈禱書が首都で印刷された——サバタイの到着まえかあとかわからないが——という事実は、ユダヤ当局が支持者たちの行動を妨げなかったことのしるしである。

同じような性質の三つ目のテクストがアブラハム・フランコの印刷所で印刷されているが、これは一部しか（著者のコレクションのなかに）残っていない。それはルーリアを典拠とする贖罪集で、サロモン・ベン・ダヴィド・ガッバイによって一六六六年に編纂された。彼は序文で、本書を刊行するきっかけになったのはメシア運動であったことを指摘している。「神はイスラエルの生き残りのために自由を告げようとされているのだろう。王国は主のものとなる。悲しみの日々は終ったのだ。」この小冊子は内容のうえでは完全に正統信仰の枠内にとどまっているが、それでもメシア運動が失敗に終ったあとその公表を差し止めるに十分な内容のものだったらしい[303]。

預言者エリヤの言いつけで、信者たちは新しい慣習も採り入れた。つまり彼らは、忘れられていたある古いやり方を厳守することを強く主張したのである。

エリアスは……トルコ人風のなりをしていた。ある種の儀式や慣習をこれまでよりもっとよく守らなくてはいけないことを兄弟たちに思い出させるよう、預言者が彼に命じたからである。たとえば民数記一五、三八に書かれているツィツィト。「イスラエルの人びとに命じて、代々その衣服のすその四隅にふさをつけ、そのふさを青ひもで、すその四隅につけさせなさい。」さらにはレビ記一九、二七のペオート。「あなたがたのびんの毛を切ってはならない。ひげの両端を損なってはならない。」まもなく預言者のこのなりが知れわたると、たちまち信じられ、だれもが競って命令にしたがい、衣服にふさをつけはじめた。だが、もうひとつの点については少し困ったことが生じた。というのは、人びとは頭をトルコ人やほかの東洋人風に切っていたので、髪を伸ばすとなると、煩わしく、健康上もよくないように思われた。それでも、古い慣習をできるだけ復活させたかったため、人びとは両こめかみに長いびんを生やした。帽子の下からそれが垂れ下がって見え、それによってまもなく、彼ら信者とコパリーム、すなわち不信仰者、異端者との区別がつくようになった。[304]

トルコのユダヤ人[305]はいつもひげを生やしていたが、頭の毛は通常刈っていた。それがいま、「両こめかみに」びんを生やすというポーランドのユダヤ人の風習がサバタイの改革としてふたたび導入された。このような噂が流れる。「これをなおざりにしている者たちはみな、もうひとつのエズラ書〔第四エズラ書のこと〕第一三章に書かれているように、サンバチオン川〔失われた一〇部族がその向こうに連れ去られたという伝説の川。平日は流れて、安息日には流れが止まるといわれる〕の向こうからやってくるユダヤ人〔失われた一〇部族のこと〕から懲らしめられるだろう。……この怠慢の罪を犯した者たち、真の信者とそうでない連中とを区別する標識を欠いている者たちは、復讐されるだろう。[306]」この伝統的な慣習の改新には矛盾した傾向のないことがはっきりわかる。コンスタンチノープルの支持者たちの熱狂は伝統的慣習の廃止によって燃え上がったのではなく、逆に、これまでなおざりにされてきたしきたりを改めて厳格に尊重することによって燃え上がったのである。

商工業がほぼ完全にストップしてしまったという事態は、ある注目すべき出来事を惹き起こした。スミルナの英国領事によれば、多くの信者は、救済にそなえることに「夢中になって、そちらにばかり気を取られて」借金の返済をかまわなくなった。ガラタの英国商人たちは「どうしたら金がもらえるかわからず、半分は利息のために、半分は好奇心でこのサバタイを訪ねるのが得策と考えた」。すなわち、彼を牢屋に訪ね、「借金を弁済した臣下たちに満足の意を表する」ようたのんだのである。するとサバタイは「即座に筆と紙」をとり、「次のように書いた」。

ユダヤの民にして、メシアの出現とイスラエルの救済を待ち望むあなたがた、喜びがとわにあなたがたとともにあらんことを。わたしは、あなたがたが英国の多くのひとたちに借金を負うていることを知らされたからには、自分たちの合法的な借金をしかるべく返済するようあなたがたに命ずるのが模範たる正しいことだと思う。あなたがたがわたしのいうことを聞き、わたしの命にしたがわないならば、わたしとともにわたしたちの王国へはいる喜びはかなわぬことを知りなさい。(307)

サバタイは二ヵ月以上コンスタンチノープルの牢に拘禁されていた。ワジールのアハメド・ケプリュリュはヴェネツィア人の支配する島を征服すべく軍隊と艦隊をクレータへ出動させる準備に忙しかった。彼はユダヤ人のあいだにさらに興奮と騒ぎが起こるのを避けたかった。そこで、サバタイをダーダネルス海峡のヨーロッパ側にあるガリポリ要塞へ移すよう命じた。(308)命令は一六六六年四月一九日、過越祭の前日に実行された。「彼らが要塞に近づいたとき、過越祭の前の晩だったので、彼は過越祭の子羊を屠り、(309)それをそれ自身の脂で焼いた。(310)彼は供の者と要塞に住む何人かのユダヤ人にそれを食べるよう命じた。彼の行動は神の御言葉によるものだと彼らは信じた。(311)」ラビ・モーセス・ベン・ハビブも、律法に違反するこの過越祭の供儀で――以前のときのように――禁制の脂を食するさいには「禁忌を赦される神に讃えあれ」という祝福の言葉がとなえられることを聞いた。(312)サバタイの奇抜な儀式を好む変な癖は首都から移送される瞬間にも現われたのであった。うやうやしく囚人につきしたがうラビたちはこのカバラー的ティックーンの神秘的意味を恭順に受け容れた。この囚人がワジールの命令で移されたという点ですべての資料は一致している。[313]とはいえ、このことは然るべき理由でサバタイを首都から遠ざけたいと思ったユダヤ人の代表者側からなんらかの介入があったことを排除するものではない。[314]アビドスの要塞は重要な政治犯の監獄として利用されていた。賄賂をつかって信者たちはサバタイの幽囚をまもなく「名誉ある拘留」に変えた。彼の牢はミグダル・オス（堅固な櫓）として知られるようになった。これは明らかに箴言一八、一〇「主の名は堅固な櫓のようだ。正しい者はそのなかに走り込んで救いをえる」に関係している。

サバタイのガリポリ滞在とともに運動の歴史に新しい章が始まった。しかし、サバタイの形成過程の記述を続けるまえに、ひとまずここで、メシアの報せが遠く離れたユダヤ人の離散地に及ぼした影響に目を向けておくのがいいだろう。

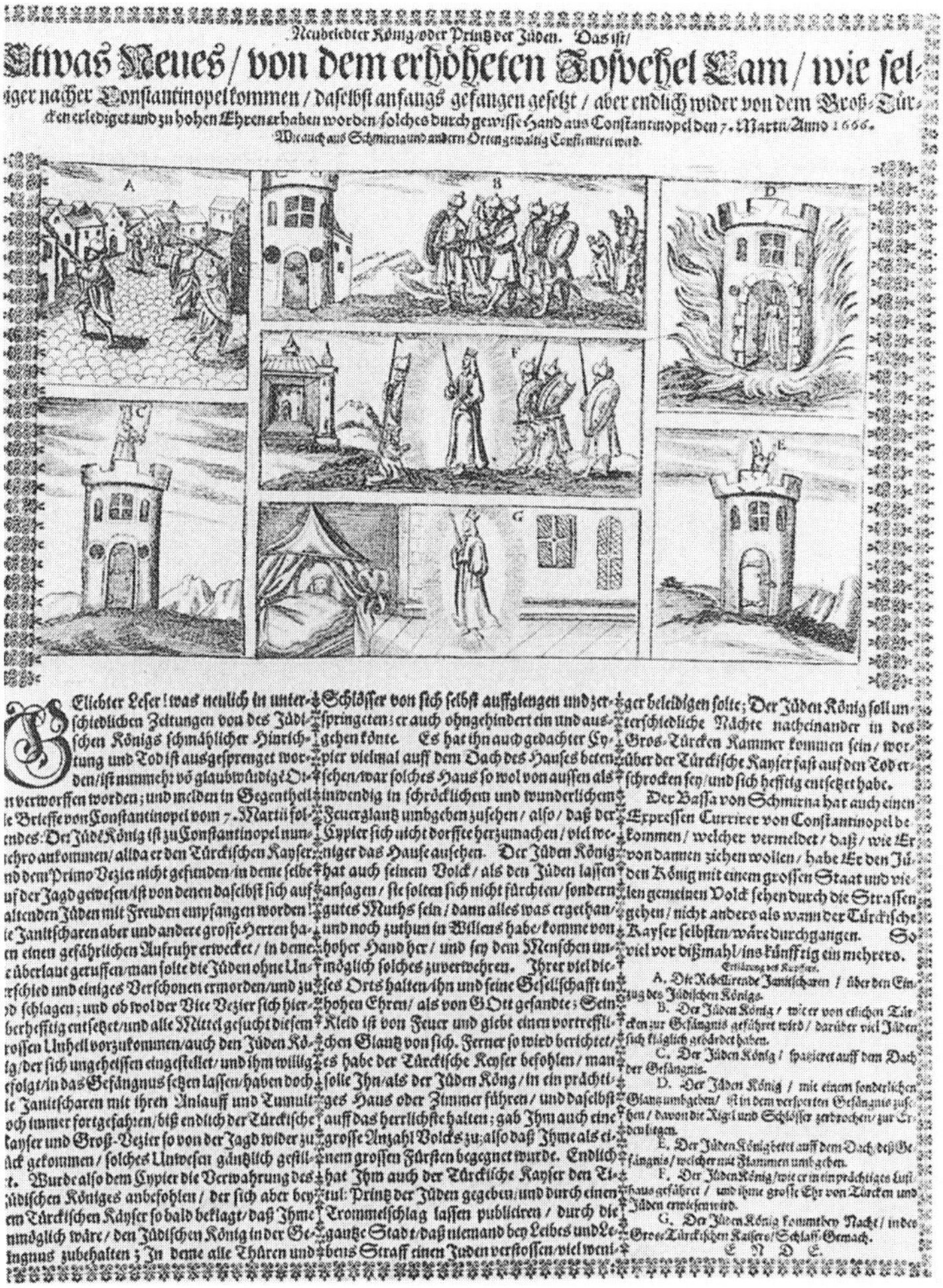

Neubriedter König/oder Printz der Jüden. Das ist/

Etwas Neues/ von dem erhöheten Josvchel Lam/ wie selbiger nacher Constantinopel kommen/ daselbst anfangs gefangen gesetzt/ aber endlich wider von dem Groß-Türcken erlediget und zu hohen Ehren erhaben worden/ solches durch gewisse Hand aus Constantinopel den 7. Martii/ Anno 1666. Wie auch aus Schmirna und andern Orten gewaltig Confirmirt wird.

GEliebter Leser! was neulich in unterschiedlichen Zeitungen von des Jüdischen Königs schmählicher Hinrichtung und Tod ist ausgesprenget worden/ ist nunmehr vō glaubwürdigē Orten verworffen worden; und melden in Gegentheil die Brieffe von Constantinopel vom 7. Martii folgendes: Der Jüdē König ist zu Constantinopel numehro ankommen/ allda er den Türckischen Kayser und dem Primo Vezier nicht gefunden/ in deme selbe auf der Jagd gewesen/ ist von denen daselbst sich aufhaltenden Jüden mit Freuden empfangen worden! die Janitscharen aber und andere grosse Herren haben einen gefährlichen Aufruhr erwecket/ in deme überlaut geruffen/ man solte die Jüden ohne Unterschied und einiges Verschonen ermorden/ und zu tod schlagen; und ob wol der Vice Vezier sich hierüber hefftig entsetzet/ und alle Mittel gesucht diesem grossen Unheil vorzukommen/ auch den Jüden König/ der sich ungeheissen eingestellet/ und ihm willig gefolgt/ in das Gefängnus setzen lassen/ haben doch die Janitscharen mit ihren Anlauff und Tumult noch immer fortgefahren/ biß endlich der Türckische Kayser und Groß-Vezier so von der Jagd wider zuruck gekommen/ solches Unwesen gäntzlich gestillet. Wurde also dem Cypier die Verwahrung des Jüdischen Königes anbefohlen/ der sich aber bey dem Türckischen Kayser so bald beklagt/ daß Ihme unmöglich wäre/ den Jüdischen König in der Gefängnus zubehalten; In deme alle Thüren und Schlösser von sich selbst auffgiengen und zerspringeten; er auch ohngehindert ein und ausgehen könte. Es hat ihn auch gedachter Cypier vielmal auff dem Dach des Hauses beten sehen/ war solches Haus so wol von aussen als inwendig in schröcklichem und wunderlichem Feuerglantz umbgeben zusehen/ also/ daß der Cypier sich nicht dorffte herzumachen/ viel weniger das Hause ansehen. Der Jüden König hat auch seinem Volck/ als den Jüden lassen ansagen/ sie solten sich nicht fürchten/ sondern gutes Muths sein/ dann alles was ergethan/ und noch zuthun in Willens habe/ komme von hoher Hand her/ und sey dem Menschen unmöglich solches zuverwehren. Ihrer viel dieses Orts halten/ ihn und seine Gesellschafft in hohen Ehren/ als von GOtt gesandte; Sein Kleid ist von Feuer und giebt einen vortrefflichen Glantz von sich. Ferner so wird berichtet/ es habe der Türckische Keyser befohlen/ man solle Jhn/ als der Jüden Köng/ in ein prächtiges Haus oder Zimmer führen/ und daselbst auff das herrlichste halten; gab Jhm auch eine grosse Anzahl Volcks zu/ also daß Jhme als einem grossen Fürsten begegnet wurde. Endlich hat Jhm auch der Türckische Kayser den Titul: Printz der Jüden gegeben/ und durch einen Trommelschlag lassen publiciren/ durch die gantze Stadt/ daß niemand bey Leibes und Lebens Straff einen Juden verstossen/ viel weniger beleidigen solte; Der Jüden König soll unterschiedliche Nächte nacheinander in des Gros-Türcken Kammer kommen sein/ worüber der Türckische Kayser fast auf den Tod erschrocken sey/ und sich hefftig entsetzet habe.

Der Bassa von Schmirna hat auch einen Expressen Currirer von Constantinopel bekommen/ welcher vermeldet/ daß/ wie Er von dannen ziehen wollen/ habe Er den Jüden König mit einem grossen Staat und vielen gemeinen Volck sehen durch die Strassen gehen/ nicht anders als wann der Türckische Kayser selbsten wäre durchgangen. So viel vor dißmahl/ ins künfftig ein mehrers.

Erklärung der Kupffer.

A. Die Rebellirende Janitscharen/ über den Einzug des Jüdischen Königs.

B. Der Jüden König/ wie er von etlichen Türcken zur Gefängnis geführet wird/ darüber viel Jüden sich kläglich gebärdet haben.

C. Der Jüden König/ spazieret auff dem Dach der Gefängnis.

D. Der Jüden König/ mit einem sonderlichen Glantz umbgeben/ ist in dem versperrten Gefängnis zusehen/ davon die Rigel und Schlösser zerbrochen/ zur Erden liegen.

E. Der Jüden König betet auff dem Dach deß Gefängnis/ welcher mit Flammen umbgeben.

F. Der Jüden König/ wie er in ein prächtiges Lusthaus geführet/ und ihme grosse Ehr von Türcken und Jüden erwiesen wird.

G. Der Jüden König kommt bey Nacht/ in des Gros-Türckischen Kaisers/ Schlaff-Gemach.

E N D E.

「高く上げられたヨスヴェヘル・カーム（サバタイ）にかんするニュース．コンスタンチノープルへ来たときの様子．最初はお縄になったが，最後にはトルコ太守によってふたたび解き放たれ，非常に高い地位に取り立てられた...」．コンスタンチノープルとスミルナからの手紙に基づく．ドイツ語のパンフレット（おそらくアウクスブルク，1666年夏）．(315)

Ⅲ

著者紹介

ゲルショム・ショーレム
(Gershom Scholem)
1897–1982. ベルリン生まれのイスラエルのユダヤ学者. ドイツの大学で数学・物理学・哲学を学ぶ. シオニズム青年運動のグループに加わりパレスチナへの道を志向. 1923年以降はエルサレムに移住. 1933–65年エルサレムのヘブライ大学のユダヤ神秘主義及びカバラー学の教授. この分野の世界的権威. 1958年ユダヤ研究にたいする「イスラエル賞」をはじめ, 68–74年イスラエル科学人文学アカデミー会長, 75年以降西ベルリン芸術アカデミー会員等, 数々の顕彰に輝いた. 生涯ユダヤ精神の精髄を説きつづけ, ドイツ・ユダヤ人史への厳しい批判と姿勢を堅持, 彼の最大の思想的親友ヴァルター・ベンヤミンは「唯一の真のユダヤ精神の体現者」と評した. 本書のほかに,『ユダヤ神秘主義』『カバラとその象徴的表現』『ベンヤミン–ショーレム往復書簡』『ベルリンからエルサレムへ』などが邦訳（法政大学出版局刊）されている.

訳者紹介

石丸昭二（いしまる しょうじ）
1940年生まれ. 東京大学大学院修士課程修了. ドイツ文学専攻. お茶の水女子大学名誉教授. 現在獨協大学特任教授. 主な著訳書に,『アール・ヌーヴォーのグラフィック』（岩崎美術社）, G. ショーレム『ユダヤ神秘主義』（共訳）, G.R. ホッケ『ヨーロッパの日記』（全二巻共訳）, A. ノーシー『カフカ家の人々』, ハイデン＝リンシュ『ヨーロッパのサロン』（以上法政大学出版局刊）, E. ブロッホ『希望の原理』（全三巻共訳）, G. ロスト『司書』, U. ハイゼ『亭主』（以上白水社刊）,『独和辞典』（共編著）,『和独辞典』（共編著）（以上郁文堂刊）他.

《叢書・ウニベルシタス　917》
サバタイ・ツヴィ伝（上）
神秘のメシア

2009年６月15日　　初版第１刷発行

ゲルショム・ショーレム
石丸昭二 訳
発行所　財団法人　法政大学出版局
〒102-0073 東京都千代田区九段北3-2-7
電話03(5214)5540／振替00160-6-95814
製版，印刷　三和印刷／誠製本

Printed in Japan

ISBN978-4-588-00917-4

索　引

ア　行

カ　行

サ 行

タ 行

ナ　行

ハ　行

マ　行

ヤ　行

ラ 行

原　注

第一章

1. アブラハム・ミヒャエル・カルドーゾは兄弟に宛てたスペイン語の手紙（MS. Oxford 2481, fol. 4b）のなかで，指導者階級の反対はメシアにかんする真実が疑わしく思われるためにも，そしてメシアへの帰依が本当に信仰行為であるためにも必要だった，と書いている．カルドーゾの論証にはサバタイの棄教後の情勢が反映しているように思われる．棄教後預言者ナータンも「金持ちのどけち」を咎めはじめた．第7章参照．

2. 貧者の抑圧と富者の権力濫用にたいする苦情は実際いたるところにあった．名高い説教師ベラキヤ・ベラッハがポーランドのユダヤ人内の社会的悪情況を語気荒く非難したのとほぼ同時期に，モーセス・ユダ・アッバースがトルコで詩を書いているが，そのなかのアブラハム・ヤキーニに捧げられた詩は，貧者たちから金品を奪う恥知らずな不当な行為にたいする激しい非難である．この詩はサバタイ主義の勃発まえに書かれたものであり，この運動で重要な役割を果たしたアブラハム・ヤキーニは，そのなかに出てくる出来事とまったく関係がなかった．M. ヴァレンシュタインによって *JSS* 1, 1956, 165–171に公刊されたこの詩はトルコやことによるとエジプトのコミュニティにおける「上流市民」体制下の社会的緊張や権力濫用を示す信ずるに足る証言である．

3. S. Schechter のエッセイ »Safed in the 16th Century«, in *Studies in Judaism,* Bd. 2, 1908, pp. 202–328 参照．

4. 本節で述べられる考えはエッセイ »The Messianic Idea in Judaism« で詳述した．随筆集 *The Messianic Idea in Judaism and Other Essays in Jewish Spirituality*（New York: Shocken Press, 1971），pp. 1–36, ドイツ語 »Zum Verständnis der messianischen Idee im Judentum«, G. Scholem, *Judaica I*, Frankfurt am Main 1963, pp. 7–74所収（邦訳「ユダヤ教におけるメシア的理念の理解のために」，G. ショーレム『ユダヤ主義の本質』高尾利数訳，河出書房新社，1972所収）．

5. J. Even-Shemuͻel はタルムード時代から中世後期までの黙示文学のテクストやミドラーシムを集めて刊行した．*Midreshej Geͻullah,* 2nd edn.（Jerusalem, 1954）．

6. B. Sanhedrin 97f.; トラクト Sotah の最後のミシュナーも．

7. Jakob Mann: *Messianic Movements at the Time of the first Crusade*（ヘブライ語），in *Ha-Tekufa* 23, 1925, pp. 243–261（とくに p. 251）と24, 1928, pp. 335–358 参照．

8. Y. F. Bael: The Historical Background of the *Raͼja Mehemna*（ヘブライ語），

Zion, V (1939–1940), pp. 1–44 参照.

9. 英訳はこのタイトルで S. Rosenblatt, New Haven 1948.

10. イエーメンのユダヤ人たちを扇動した偽預言者のメシア告知に反論するために1772年に書かれた.

11. かつてのユダヤの神秘主義者たちがしたように. *Hauptströmungen*（邦訳『ユダヤ神秘主義』法政大学出版局）第二章参照.

12. シェキーナーとそのカバラー的発展という考えについては, G. Scholem: *Von der mystischen Gestalt der Gottheit*（神性の神秘的な形態について）. Zürich 1962, pp. 135–191所収の 同: *Schechina, das passiv-weibliche Moment in der Gottheit*（シェキーナー, 神性のなかにある受動的女性的要素）を参照されたい.

13. ラビ・ヨセフ・シェアルティール・ベン・モーセス・ハ゠コーヘンはペリーアー書の写本（MS. Vatikan 187）の欄外にこう書き足した.「5250年から5255年のあいだ（1490–1495）にあちこちでユダヤ人を襲った苦難は……メシア誕生の陣痛であるとわたしは思う.」この数行は1495年にロードス島で書かれた.

14. パリの写本 Bibliothèque Nationale, MS. 845に現存.

15. レムラインのカバラー的背景はサロニキのラビ・モーセス・ヘフェシュへの回答から明らかである. A. Marx: *Le faux messie Ascher Laemmlein*（偽メシア, アスヘル・レムライン）, in *RÉJ* 61, 1911, pp. 135–138 参照.

16. *Kirjath Sefer* 2, 1925と 7, 1931所収のラビ・アブラハム・ベン・エリエーゼル・ハ゠レーヴィにかんする拙論 2 篇を参照されたい.

17. 神秘主義者としてのカロについては R. J. Z. Werblowsky: *Joseph Karo, Lawyer and Mystic.* Oxford 1962参照.

18. ⊃*Ohel Mo*⊂*ed*（MS. Cambridge Add. 673[1], fol. 13a）. この作品は一種のカバラー入門書であり, 16世紀初頭に書かれたものと思われる.

19. Josef Jabes: ⊃*Or ha-Chajim,* fol. 4a.

20. この批判的姿勢に非常に特徴的なのはヤーベスが引用している「ある偉大な思想家」（ドン・イサアク・アバルバネルと思われる）の名文句である. この人はマイモーニデスの『手引』について講義をするさい, 次のような言葉でしめくくるのがならわしであった.「これはわたしたちの師モーセ（マイモーニデス）の教えであるが, モーセ, わたしたちの師（すなわち聖書のモーセ）の教えではない.」同書: fol. 21a.

21. ユダ・ハイヤートの *Ma*⊂*arecheth ha*⊃*Elohuth* への注釈書 *Minchath Jehuda*（Mantua 1558）, fol. 21a のまえがき参照.

22. これはたぶん, ゾーハル書の功績によってイスラエルの子らは追放から救われると言われている（Sohar III, 124b）ことに関係するのだろう.

23. これはヘブロンのアブラハム・アズライによって彼のゾーハル注釈

書⊃*Or ha-Chamma* のまえがきに引用されている．

24．⊂*Alej* ⊂*Ajin*: »S. Schocken Jubilee Volume«（Jerusalem, 1952）（以下 *Schocken Volume* として引用）pp. 147–155所収の J. Tishby: *Über konkretes*（*mythologisches*）*und abstraktes Denken in der Kabbala*（カバラーにおける具象的（神話学的）ならびに抽象的思考）（ヘブライ語）を参照．

25．ルーリアの生涯にかんする半歴史的半伝説的伝承がたくさん残っている．とくに1603–1609年間にサーフェードで書かれ，1629年に初めて印刷された Schlomel Dresnitz の書簡中に．この書簡はのちにたびたび *Schibchej ha-⊃Ari*（獅子の称賛）というタイトルで再版された．

26．歴史家がまったく看過したヨセフ・イブン・タブールについては *Zion* 5, 1939–1940, pp. 149–160 の拙論を参照されたい．

27．ルーリアのカバラーのこれらの概念や類似の概念については *Hauptströmungen* pp. 264–314 を参照．

28．次の書を参照されたい．G. ショーレム『イスラエル・ザールーク—ルーリアの弟子？』（ヘブライ語），*Zion* 5, 1939–1940, pp. 214–241 所収．しかしながら，ザールークがその時期から，つまりルーリアがサーフェードへ来るまえに，彼のことをエジプトで知っていた可能性を考慮に入れるべきであろう．ザールークがその当時エジプトに住んでいたことを証するものはたくさんある．

29．A. S. エシュコーリが *Sefer ha-Hezjjnoth*（幻視の書）の全文をリヴォルノに保管されているヴィタールの写本にしたがって出版している．Jerusalem, 1954.

30．ゾーハルの最も明らかな擬人化された節イドラー・ラッバー（Sohar III, 127b）の冒頭にある特徴的な注意を参照．

31．ゾーハル I, 15a「はじめに（創世記 1, 1），王の意志がはたらきはじめたとき，彼は［自分を取り巻く］天の輝きのなかへしるしを刻みつけた．」

32．ディーン *Din*（字義どおりには「掟」，「規則」，「裁き」）はカバラーの用語では厳しい裁き，すなわち刑罰と破壊の神的原理——そしてとどのつまりは悪の根源を意味する．この問題全体については *Hauptströmungen*, Index p. 478 *Din*（邦訳では巻末の用語索引19頁，ディーン）を参照．反対原理は慈愛もしくは愛である．「他の光」は愛と憐憫の根源である．

33．*Pardes Rimmonim*. IV, 4.

34．集合した，すなわち合流している光などにたいし「点状の」光という独特なルーリアの用語は創世記30, 39のヘブライ語の原文にかんする翻訳不可能な語呂合せに基づいている．

35．文字どおりには「殻」もしくは「シャーレ」．カバラーの用語では「シャーレ」の国は悪の諸力や魔力の国である．

36．とくにイドラー・ラッバー（ゾーハル III, 127b–145a）．

37．Genesis Rabbah IX, 2. コーヘレト書（伝道の書）3, 11（「神のなされる

ことはみなその時にかなって美しい」）への注釈で3世紀の教師ラビ・アッバフはこう言った．「神は現在の宇宙を創られるまえに，多くの世界を創造しては，それをまた壊された．」

38．『ルーリアのカバラーにおける悪と「殻」の教義』（ヘブライ語）エルサレム，1942, 39–41頁における J. Tishby の分析を参照．ティシュビーは，神の浄化というルーリアのもともとのラジカルな神話学的概念がのちにヴィタールによってやわらげられ，曖昧にされたことを示している．

39．Menachem Asaria Fano:『テヒルーについて』（彼の *Jonath ⊃Elem* の初めに掲載されている）と Joseph Salomon del Medigo of Crete: *Ta⊃alumoth Chochma*（1629), fol. 65a. この本文はつとに1625年に Jesaja Horovitz の祈禱書注釈（*Sha⊂ar ha-Shamajim.* Amsterdam 1717, fol. 56c）に引用されている．Naphtali ben Jakob Bacharach: *⊂Emek ha-Melech*, fol. 24b は出典を示さずに同文を載せている．

40．創世記 1, 1 のこのヘブライ語は一般に「形なく」と表現される．

41．Menachem Asaria Fano: *⊂Asara Ma⊃amoroth* への Moses ben Salomo の注釈 *Jo⊃el Moshe*（Amsterdam, 1649), fol. 87a に掲載されている（メーレンのクレムジール出自の）カバリスト，エルハナンの回状．

42．Vital: *Scha⊂ar Ma⊃amerej RSHBJ*. Jerusalem 1898, fol. 87a.

43．五つのパルツーフィーム説の手短な説明のためには *Hauptströmungen* pp. 295–299（邦訳では356–362頁）参照．

44．カバラーの宇宙の「四つの世界」（アツィールース，ベリーアー，イェツィーラー，アジーヤー．略して ABJA）については *Hauptströmungen*, p. 299（邦訳361頁）と，さらに詳しくは *Tarbiz* 3, 1932, pp. 33–64を参照．

45．「園を破壊した」は「四人が楽園にはいった」というタルムードの記述から採った表現であるが，「あやまった」，つまり分裂させる破壊的な瞑想を表わすカバラーの標準的なメタファーである．

46．人間の魂はすべてアダムのなかに含まれているという考えはミドラーシュに起源をもつ（*Tanchuma, Ki Thissa⊃* 12参照)．

47．Joseph Salomon del Medigo of Crete: *Nobeloth chochma*. 1631, fol. 175b と Israel Sarug: *Limmude ⊃Asiluth*（あやまってヴィタールのものとされている)．Munkacs 1897, fol. 4d.

48．Gen. Rabbah……XIV, 9.

49．Sohar I, 78a への彼の注釈．Schalom b. Moses Busaglo: *Mikdasch Melech*. Amsterdam 1750, fol. 132a 所収．

50．このテーマならびに魂と魂の遍歴にかんするカバラーの教義全般については，G. Scholem: *Seelenwanderung und Sympathie der Seelen*（魂の遍歴と魂の感応）を参照されたい．同: *Von der mystischen Gestalt der Gottheit*. Frankfurt am Main 1977, 第5章所収．

51. Chajim Vital: »Sha⊂ar ha-Tefilla«, 第6章. *Peri⊂Ez Chajim*. Dubrowna 1804, fol. 7c 所収.

52. 下界の祈りとは歴史的なイスラエルの祈りである. 詩篇の詩句の或るカバラー的解釈は, イスラエルはその善き行いと神秘主義的カッヴァノース（瞑想）によって神（ないしは神のシェキーナー）に強さをあたえ, ティックーンのために戦うにあたって神の力をふやす, と言っている.

53. Vital: *Scha⊂ar ha-Gilgulim*. Jerusalem 1912, fol. 16b, §15.

54. Jesaja Horowitz: *Schnej Luchoth ha-Berith*. Amsterdam 1698. fol. 189a.

55. Vital: *Sefer ha-likkutim*. Jerusalem 1913, fol. 89a.

56. 出エジプトにかんするサムエル・ヴィタールの表現（*Mekor Chajim*. Livorno 1791, fol. 7a). しかし, エジプトにおけるイスラエルの追放生活は以後のすべての追放と苦しみの原型なのである.

57. Tishby: *Die Lehre vom Bösen und den »Schalen«*（悪と「シャーレ」の教義), p. 137. 離散者を拾い集めるための祈禱はカバリストたちによってつねに二とおりの意味に解釈された.

58. Me⊃ir ibn Gabbai: ⊂*Awodath ha-Kodesch*. Venedig 1566, 第II部, 第37章. イブン・ガッバイの典拠は, ヨセフ・アルカスティール（追放の数年まえに執筆活動をしたスペインのカバリスト）が弟子のユダ・ハイヤートに送った書簡のなかのラビ回答書である. *Tarbiz* 24, 1954–1955, p. 181の G. Scholem を参照されたい.

59. Ibn Gabbai: 同書, 第38章末.

60. P. Berachoth I, 2; Midrasch Tehillim X XII, 13.

61. Vital: *Scha⊂ar ha-Pessukim*. Jerusalem 1912, fol. 20c; fol. 45a も参照. ただメシアが「急いで」（つまり規定の時期よりまえに）来ると, 必要なティックーンがいくつかまだ完成していないかもしれない. Tishby: *Die Lehre vom Bösen und den »Schalen«*, p. 137参照.

62. Vital: ⊂*Ez Chajim*, X IX, 3.

63. Juda Pochawitzer: *Kabod Chochamim*. 1695, fol. 10aはヴィタールの*Scha⊂ar ha-Gilgulim* を引用している. *Scha⊂ar ha-Gilgulim*. Jerusalem 1912, fol. 16b の印刷版の文言は少し変わっている.

64. サーフェードのカバリストの儀礼改革については G. Scholem: *Zur Kabbala und ihrer Symbolik*. Frankfurt am Main 1960（邦訳『カバラとその象徴的表現』法政大学出版局）所収の »Tadition und Neuschöpfung im Ritus der Kabbalisten«（カバラの儀礼における伝統と新しき創造）を参照されたい.

65. B. Sanhedrin 98a.

66. Vital: *Scha⊂ar ha-Kawwanoth*. Jerusalem 1873, fol. 58a と *Sefer ha-Gilgulim*. Frankfurt 1684, fol. 34a.

67. Vital. Abraham Asulai のゾーハルの注釈書 ⊂*Or ha-Chamma* zu Sohar II,

17dで引用されたものによる．引用は⊃*Arba*⊂ *Me*⊃*oth Schekel Kesef*, Korzec 1804, fol. 78bを用いている．

68．Vital: *Sefer ha-likkutim*. Fols. 55d, 83b.

69．イザヤ書53, 7. アメリカユダヤ出版協会の訳（»a man of pains and acqainted with disease«）．この訳はヴィタールの解釈の文字どおりの意味を周知の表現 »a man of sorrows and acquainted with grief« よりもよく表わしている．

70．Chajim ha-Kohen: *Torath Chacham*. Venedig 1654, fol. 17d. ハイーム・ハ＝コーヘンの書はサバタイ主義勃発の数年まえに出版された．イザヤ書53とメシアの苦しみにかんする彼の言葉はサバタイ派の著者たちによってしばしば引用された．

71．二人はパレスチナの教師（紀元前1世紀）．両人の墓はサーフェードの近くに祀られている．

72．Vital: »Scha⊂ar ha-⊂Amidah«, *Pri*⊂*Ez Chajim*, 第19章．（シュローメル・ドレスニッツ Schlomel Dresnitz が自著 *Schibne ha-*⊃*Ari* の記述のために依拠した）もともとの資料ではこの話はもう少し荘重な口調で語られている．ヴィタール自身は *Scha*⊂*ar ha-Kawwanoth* のなかでルーリアのメシア的性格を指摘することはいっさいしていないが，彼の息子サムエル・ヴィタールは，父（ハイーム・ヴィタール）はもしイスラエルが悔い改めたら，ヨセフ家のメシアになっただろう，と書いている（*Scha*⊂*ar ha-Gilgulim*, fol. 42b）．

73．エルサレムのナータン・シャピラー Nathan Schapira: *Tuw ha-*⊃*Arez*. Venedig 1665, fol. 38aは詩篇15, 1「主よ，だれが宿るのでしょう，あなたの幕屋に」にかんするルーリアの聖書訓話を引用している．ルーリアやヴィタールの周知の著作にこのような聖書訓話は見当たらない．

74．すなわち，聖地への贖罪要求はみたされた．解放のためのいまなお残っている唯一の障害はイスラエルびとの罪深さである．

75．⊃*Emek ha-Melech*, fol. 33a. わたしは引用文の二つの部分の順序を入れ替えた．

76．黙示録的なユダヤ伝説の反キリスト者．

77．Vital: »Scha⊂ar ha-⊂Amidah«, *Pri*⊂*Ez Chajim*, 第19章へのナータン・シャピラーの追記．

78．Vital: *Sefer ha-Gilgulim*, 第19章．

79．ガランテの弟子のひとり（およそ1590年）がサーフェードで蒐集した *Collectanea* MS. Halberstam 348（現在は Jew's College London 所蔵), fol. 2b.

80．Cordovero: ⊃*Ellima Rabbathi*. 1881, p. 91.

81．エルサレムのナータン・シャピラー Nathan Schapira: *Tuw ha-*⊃*Arez*. Venedig 1665, fol. 36a. ハイーム・ヴィタールの手稿から引用．

82．わたしはソロモン・トゥリエルの特異な聖書訓話を *Sefunoth* 1 1956, pp. 62–79に公表した．

83. サーフェードのカバリストたちの著作はベルキームの禁欲的な生活の一部始終を語っている．彼はモロッコからサーフェードへ来たのだが，彼の魂はここでエレミヤの魂から出た火花だと思われた．彼はかつてエルサレムの嘆きの壁で祈りを捧げていたとき，悲しむ女に姿を変えたシェキーナーを見た．

84. ガリー・ラーザーヤー *Gali Razaja*ↄについては *Kirjath Sefer* 2, 1925, pp. 119–124のわたしのコメントを参照されたい．もっとたくさんそれにつけ加えることもできるだろう．著作の約三分の一がモヒレヴで1812年に印刷された．全文はMS. Oxford 1820に保存されている．17世紀のいろいろなカバラーのアンソロジー（たとえば *Jalkut Chadasch, Jalkut Re*ↄ*ubeni*）にはこれの抜粋が数多く引用されている．

85. *Gali Razaja*ↄ, 1812, fol. 23a.

86. 同書，fol. 6d.

87. 同書，fol. 29.

88. Vital: *Scha*⊂*ar ha-Gilgulim*, fol. 28a,（*Hakdamah* 27）.

89. 同書，fol. 65a.

90. Vital: *Scha*⊂*ar ha-Pessukim*, fol. 52c（アブラハムについて）と *Scha*⊂*ar ha-Gilgulim*, fol. 62a（ダビデについて）を参照．ダビデについては *SZ*（*Sabbatai Zwi* のヘブライ語版）．第1巻，50頁，注3の指摘も参照されたい．L. Ginzberg: *The Legends of the Jews*. IV, p. 82.

91. ラビ・レーヴ（リーヴァ）については次の書を参照されたい．Ben Zion Bolser: *From the World of the Cabbalah: the Philosophy of R, Judah Loew of Prague*. New York 1954.

92. *Nezach Jisrael*, 第24章と第27章.

93. 同書，第22–23章.

94. 同書，第35章（末）と第36章.

95. ヘレラは元スペイン系のマラノで，ルーリアのカバラーをイスラエル・ザールークのもとで学んだ．彼はスペイン語で書いた唯一のカバリストであった．彼の作品は，のちのアムステルダムの指導的なサバタイ主義者のひとりとなったラビ・イサアク・アボアブによってヘブライ語に訳された．彼の翻訳の2篇 *Beth* ↄ*Elohim*（神の家）と *Scha*⊂*ar ha-Schmajan*（天の門）は1655年アムステルダムで印刷された．この二つ目はのちに Christian Knorr von Rosenroth: *Kabbala Denudata*. Sulzbach 1684でラテン語に訳され，キリスト教の学者に多く読まれた．

96. ヘブライ語の「油」の数値は390である．

97. これはこの年に神のパルツーフまたは「形像」ゼーイール・アンピーン（聖者，誉むべきかな，彼は）がその伴侶，シェキーナーの「形像」とふたたび結ばれるということである．

98. Moses Graf von Prag: *Vajjakhel Mosche*. Dessau 1699, fol. 58d. ティックー

ンの時期の始まりである1575年にかんする fol. 8c も参照されたい．1575年は多くのカバリストたちによって救済の年と考えられた．たとえばこのテーマに自身の作品を捧げたイタリアの指導的なカバリスト，モルデカイ・ダートや，ᶜ*Awodath ha-Kodesch*（大英博物館1074）の不明の作者．ダヴィド・タマルはこのメシア騒ぎを考察した．『イタリアにおける1575年への救済の期待』（ヘブライ語），*Sefunoth* 2, 1958, pp. 61–88所収．1657年にサーフェードを訪れたイエーメン人旅行者アル・ダハリは1575年への救済の期待について報告している．*Ohel David*, Sasson Library の写本カタログ，col. 1026に公表された彼の *Sefer ha-Musar* の抜粋も参照．

99．ヤコブ・ツェマッハは1643年に，タルムードのテーマについて行なわれるような公の講義がルーリアのカバラーについては行なわれないことに不満を述べている．（G. Scholem: *Kirijath Sefer* 26, p. 194に発表された *Kol be-Rama* のまえがき）．

100．Moses Graf: 前掲書，fol. 8c.

101．ᵓ*Emek ha-Melech*, fol. 116a. fol. 33a–b も参照．

102．古いユダヤの伝説の10人の殉教者が苦しみを受けたのはハドリアヌスの迫害のあいだであったが，カバリストはどんな大きな迫害にも彼らの魂の火花が転生していて，新たに非常な苦難を味わっていると考えた．

103．ᵓ*Emek ha-Melech*, fol. 141c.

104．エジプト脱出のさいにイスラエルの子らにつきしたがったエジプトの群衆，出エジプト記12, 38参照．カバリストは彼らをイスラエルのすべての下等な魂の先祖と考えた．

105．つまり，彼らは税負担を不当にも貧しいひとたちに転嫁するのである．

106．この部分にはラビ的な立法の話が感じ取れる．ミドラーシュは（B. Sabbath 88a）出エジプト記19, 17「彼らは山の麓に立った」をあたかも「彼らは山の下に立った」という意味のように解釈し，さらにこう述べている「神は山を持ち上げ，それを民の頭の上へ（ひっくり返した）樽のようにかざして言われた．『あなたがたが律法を受け容れるなら万事よしだが，そうでなければ，これがあなたがたの墓になるでしょう』.」

107．ᵓ*Emek ha-Melech*, fol. 67dff., 107b.

108．同書，fol. 116c.

109．*Tuw ha-ᵓArez*, fol. 37a. 彼の典拠が Abraham Asulai: *Chesed Le'Abraham*, ch. ᶜ*Ejin ha-ᵓArez*, §22であったことは疑いない．だが，この書が公刊されたのは30年あとになってからであった．

110．アブラハム・エリエーゼル・ハ＝レーヴィの物語のオリジナル版についてはG. ショーレム『ラビ・ヨセフ・デッラ・レイナの物語』（ヘブライ語）．*Zion*（年鑑）5, 1933, pp. 123–130を参照されたい．のちの版についてはᵓ*Eder ha-Jakar*, S. A. ホロデツキイ記念論集　Tel Aviv 1947, pp. 97–118の Z. Shazar

（Rubashov）を参照．*Sefunoth* 6, 1962, pp. 313–326 の J. Dan も参照されたい．ヨセフ・デッラ・レイナは歴史的人物で，たぶん信仰告白ユダヤ人として死んだのだろう．彼の名と彼の息子イサアク・デッラ・レイナの名に起源をもつ魔術的伝統はいくつかのカバラーの写本に引用されている．彼の書いたテキストが M. ベナヤフによってサッソンコレクションの写本のなかに発見された．

111．16世紀前半にエルサレムに住んでいたラビ・ユダ・アル゠ブッターニは，神秘主義的瞑想の実践に必要な名と文字の組合せを扱ったカバラーの手引書スッラーム・ハ゠アリヤー（『上昇の梯子』）のなかで，「メシアの到来は全世界にとってきわめて重要な焦眉の問題であるが，まさにそのために」カバラーの呪文を使用することは，それが神の願いと思し召しであるという明白な証拠がないかぎり，ぜったいにしてはならぬとはっきり注意している．ユダ・アル゠ブッターニは，デッラ・レイーナの物語の初稿（*Kirjath Sefer* 22, 1946, p. 170）の著者であるアブラハム・ハ゠レーヴィの同時代人で友人であった．

112. Sasportas: *Zizath Nobel Zwi*, p. 136. ナヴァロは，（バルトロッキが *Bibliotheca magna rabbinica* 4, 1693, p. 526に引用している）彼の自伝的記述のなかで，エルサレムからいっしょに来た彼のユダヤ人妻が彼の２ヵ月あとの，1664年８月に洗礼を受けたと記している．ナヴァロが嘘をついているのか，それともサスポルタが棄教者をさらに悪く見せようとしたのか，どちらかである．

113．Simone Luzzato: *Discorso circa il stato de gli Hebrei*（ユダヤ人の状態にかんする話）... Venedig 1638, fol. 80a と b. カバリスト，アアロン・ベラキア・モデナも1624年，自著の⊃*Aschmoreth ha-Boker*. Mantua 1624, fol. 247b で同じような発言をしている．

114．Isseres: *Torath ha* ⊂*Olah*．第III部，第４章．Edeles: Komm. zu B. Chagiga 13a.

115．MS. Oxford[1] 1805. S. A. ホロデツキイは1617年頃に書かれたラビ回答書を引用しているが，そのなかでジルケスは，カバラーのことを軽蔑的に話した或るアムステルダムに住む医師を追放するよう忠告している．『ポーランドのユダヤ人の三百年』（ヘブライ語）Tel Aviv 1946, p. 85.

116．この話の虚構的性格はなお現存している最古の版の分析によって証明されている．*Kirjath Sefer* 5, 1929, p. 161を参照．

117．*Holech Thamim*. 1634, fol. 55a（ノンブルの打ち間違いにより実際は54a）でアブラハム・ハイヨース（ハイェース）が引用しているザールークの言葉は彼の著作のどこにも見当たらない．ハイヨースはきっとザールークのポーランド訪問のあいだに彼自身からこの言葉を聞いたのだろう．のちの伝説はこの訪問の日付を一代前の日付にした．ザールークの訪問はアブラハム・セガール・ヘラーがあちこちで指摘している或る家族の伝承によっても裏づけられている．ヘラーは自分が編集した *Jalkut Schim*⊂*oni* のまえがきで「ルーリアの傑出した弟子のひとりである」イスラエル・ザールークが「わたしの祖父ラ

ビ・ピンハス・ハ＝レーヴィ・ホーロヴィッツについて，彼の魂は聖なるタンナ〔教師〕，ラビ・ピンハス・ベン・ヤイールの（化身）であると言った」と述べている．モーセス・イッセルレスの義理の兄弟であるピンハス・ホーロヴィッツは1618年にクラクフで亡くなった．彼の家族のなかにしまわれている言い伝えを疑うべき理由はない．

118．ポーランドで最初にルーリアの作品を印刷したのはハンガリーのユダヤ人，ブーダのユダ・コーヘンである．*Tikkune Schabbath*. Krakau o. J., たぶん1609年から1612年のあいだ．初版のみに掲載されているまえがきのなかで編者は，クラクフのラビたちからその本を刊行するよう励まされたが，しかし同時にまた，ルーリアのカバラーの理論的記述は省き，彼の儀礼手引書に用いるカバラーの資料は短い指示とか礼拝の手引きなどに限るよう説得もされたと伝えている．ポーランドで書かれ出版された最初の真にルーリア的な作品は *Sis Sadaj*. Lublin 1634, Juda Moses Aaron Samuel von Lublin 著である．

119．モーセス・ザクート（『書簡』リヴォルノ　1790年，fol. 5a.）は祈禱書への注釈 *Kawwanath Schelomo*（1670）のなかで別のイタリアのカバリスト，サロモ・ロッカがカバラーのいろいろな学派（コルドヴェロ，ルーリア等々）を混ぜ合わせていると手厳しく批判している．

120．エルサレムのナータン・シャピラーと取り違えてはならない．彼もパレスチナへ行くまえはクラクフに住んでいた．

121．*Sara*ᶜ *Berach*. Krakau 1646におけるベラキヤ・ベラッハ（ナータン・シャピラーの弟子）．

122．モーセの祈りにかんする第１部は1637年にクラクフで印刷され，モーセ五書の他の章節にかんする第２部は1795年にルヴォヴで印刷された．

123．ヴォルムスのエレアーザールの *Sode Rasaja* とハイーム・ヴィタールの *Sefer ha-Kawwanoth*. Venedig 1620もそのひとつ．ヴィタールの作品は彼自身の著作をもとにしたアンソロジーであるが，当時印刷されたヴィタールの唯一の本であった．

124．数学者 J. ギンツブルクは，ナータン・シャピラーにかんするすぐれた論文（*Ha-Tekufa* 25, 1929, pp. 488–497所収）のなかで，「われわれは言葉でものを考えるが，彼は数字で考えた」と言っている（497頁）．

125．Nathan Hanover: *Jewen Mezula*, fol. 6. また Gurland: *Le-Koroth ha-Geseroth* ᶜ*al Jisra*ᵓ*el*, fasc. 2, 1888, pp. 19, 25も参照されたい．

126．ナータン・ハノーファーが書いているところによれば，「ラビ・サムソンはイサアク・ルーリアのカバラーにしたがってゾーハルの注釈を著したが，それは一度も印刷されなかった」．この注釈 *Machane Dan* は現存しているラビ・サムソンの著作の断片に何度も引用されているが，純粋なルーリア思想の痕跡はどこにも見られない．

127．ポーランドのカバリストはラビ・サムソンのイザヤ書24, 16のメシア

的解釈を引用している（たとえばEliezer Fishel of Stryzov, *Midrasch la-Peruschim*. Zolkiev 1800, fol. 57c.）エルサレムのナータン・シャピラーも同様に，*Tuw ha-*ᑐ*Arez*, fol. 38と*Torath Nathan*. Lvov 1894, fol. 20aでこの節を説教学的にメシア的預言と解釈している．これらの解釈は「正しい人（つまりメシア）に誉れ（ヘブライ語でツヴィ）あれ」という言葉をめぐってなされているのであるから，のちにそれが採り上げられ，サバタイ・ツヴィの支持者たちによって利用されたのも予期せぬことではない．もともとツヴィの名を指すものでなかったことは言うまでもない．ティシュビーの主張は反対であるが，『信仰と異端の道』（ヘブライ語）1966, 285頁参照．シャピラーは彼の言葉をサバタイ主義運動の開始まえに死んだラビ・アブラハム・ヒズクニの名で引用している．

128．注釈*Dan Jadin*を含む*Sefer Karnajim*は1709年にZolkievでラビ・サムソンの甥によって印刷された．本書は言語の面でも内容の点でもアアロン・ベン・バルーフのᑐ*Iggereth ha-Te* ᑕ*amim*との関係を示していない．ラビ・サムソンは両書とも同じ著者によって書かれたという印象をはっきり喚起しようとしているけれども．「カルディナのラビ・アアロン」はまったく架空の人物ではないかという疑問は禁じえない．

129．*Sefer Karnajim*といっしょに1805年にZytomirで印刷された彼の注釈*Paraschath Elie*ᑕ*zer*のまえがき．

130．ラビ・サムソンは聖処女のキリスト教的象徴をシェキーナーに転用している．彼がこの主題の論議を「この問題は危険をともなうので完全には説明できないから，（わたしの短いヒントから）理解しなさい」という言葉で結ぶとき，彼の論争的な反キリスト教的意図がはっきり見えている．このユダヤ人の不敬な言辞を聞きつけたら，もちろん，いつなんどきキリスト教徒の側から危険が迫るかもわからない．*Sefer Karnajim*, 第XII章（イザヤ書50, 1への注釈）への*Dan Jadin*参照．

131．弟子のハイーム・ブーフナーがパレスチナの写本から出版しようとしたカバラーの儀礼にのっとった祈禱書へのヤコブ・テーメルレスの賛同的発言．この祈禱書は刊行されなかったが，テーメルレスの賛意はブーフナーによって彼のᑐ*Or Chadasch*. Amsterdam 1672–1675のまえがきに印刷された．

132．*Torath ha-*ᑐ*Olah*（燔祭の律法）. Prag 1569.

133．「まえがき」，*Sera*ᑕ *Berach*．第II部．Amsterdam 1662.

134．ハイーム・ハ＝コーヘン，*Mekor Chajim*. Amsterdam 1665のまえがきの終り．*Zion* 5, 1939–1940, p. 235の G. Scholem 参照．

135．Aaron Samuel Kaidanoverの著作（ᑕ*Tifereth Schmu*ᑐ*el*）とBezalel von Kobrynの著作（ᑕ*Amudeha Schi*ᑐ*ah*と*Korban Schabbat*）はこの種の文学の好例である．ミドラーシュ・ペリーアー――文字どおりには「驚くべき」（逆説的で，無意味のように見えることから）ミドラーシュ――の起源を探すなら，

ポーランドのカバリスト説教師仲間に求めねばならないだろう．*Sabbatai Zwi* のヘブライ語版，第I巻，69頁，注3を参照．

136．「ヘス」のヘブライ語の綴りの数値は408〔ת400＋ח8＝408〕である．

137．ヘブライ語での数値は5408である．

138．Sohar I, 139b. この箇所はゾーハルの最古の写本のなかにある．これを──グレーツのように──のちの改竄ではないかと疑うべき理由はない．

139．コルドヴェロの言葉の簡略化した借用については Sohar II, 10a への *ᵓOr ha-Chamma* を参照されたい．

140．Fol. 33b. 68a, 79a も参照．

141．数値は408．

142．*ᶜEmek ha-Melech*, fol. 123c.

143．神的流出の最高の，最も奥深く隠れた「形態」のひとつ．

144．*ᶜEmek ha-Melech*, fol. 126a.

145．「あなたは応ずるだろう」のヘブライ語の数値は857である．

146．ベラキヤ・ベラッハがナータン・シャピラーから引用した文（*Zeraᶜ Berach*，第II部）．この箇所は Juda Loeb Pochawitzer von Pinsk: *Keneh Chochma*. Frankfurt/Oder 1681, fol. 2c. に掲載されている．

147．ヘブライ語 *ron*（「歌った」）の数値は250〔ן50＋ר200＝250〕である．

148．たとえばI, 54a, 62b, 210b. また詩篇137への *Midrasch Tehillim* も参照．日の「右」と「左」の終りの区別については Abraham bar Chijja: *Megillath ha-Megalle*. 1924, p. 110も参照されたい．

149．R. Israel Jaffe von Shklov（1640年生）: *Tifᵓereth Jisraᵓel*. Frankfurt/Oder 1774, fol. 36a.

150．同: *ᵓOr Jisraᵓel*. Frankfurt/Oder 1802, fol. 122c.

151．同書．

152．同書．

153．CHMJL（通常ヘブライ語でChmielnickiの略）＝*Cheble Maschiach Jaboᵓu la-ᶜOlam*. Gurland: 前掲書，第II部，p. 27参照．

154．Gurland: 前掲書，第I部，p. 12も．

155．前掲書，第III部，p. 19.

156．*RÉJ*，第XXV巻，p. 212. この手紙は1648年のポグロムの囚人を受け戻す使命と関係して書かれた．

157．イサアク・モキアーがネミーロフのラビ・ミカエル（彼の叔父）著 *Schibrej Luchoth*. Lublin 1680に寄せたまえがき．

158．*Schem Jaᶜakow*. Frankfurt/Oder 1716, fol. 26d.

159．たとえば*ᵓOr Chadasch*, fol. 52a, ウィーンのラビ・フェーブスの引用付き．クラクフのラビ・ヘッシェル: *Chanukath ha-Bajith*. Piotrkov 1900, p. 44.

160．エルサレムのラビ・ナータン・シャピラーは1664年直前レッジョ（イ

タリア）での説教でユダヤ人離散地の北の方では「ポーランドやロシア（のユダヤ人）よりも苛酷な追放に耐えねばならないだろう，主よ彼らを憐れみたまえ」と述べた．これは（1903年以前に）ワルシャワのラビ・イサアク・アルターのコレクションのなかにあった写本の手書きのカタログにシャピラーの説教から引用されている．MS. no. 45, fol. 238.

161．キリスト教の黙示文学と啓示の解釈の歴史についてはF. E. Floomの入念な概観を参照．*The Prophetic Faith of Our Fathers*. 4 vols. Washington 1950–1954. 著者はキリスト再臨派の神学者で，それゆえキリスト千年至福説を受け継いだ．Walter Nigg: *Das ewige Reich*（永遠の国）Zürich 1944とNorman Cohn: *The Pursuit of the Millenium*. London 1957も参照．

162．H. Bietenhard: *Das tausendjährige Reich*.（千年王国）Bern 1944.

163．A. Schweitzer: *Geschichte der Leben-Jesu-Forschung*（イエスの生涯の研究の歴史）．Tübingen 1921, p. 407. J. Klausner: *Von Jesus zu Paulus*（イエスからパウロへ）. Jerusalem 1950.

164．Tertullian: *Adversus Marcionem* III, 24.

165．ヨアキム運動と「スピリトゥアレス」については以下の書を参照．E. Benz: *Ecclesia Spiritualis*. 1934. J. Huck: *Joachim von Floris und die joachimitische Literatur*（フロリスのヨアキムとヨアキム文学）. 1938.

166．その後のタボル派の歴史におけるこの分子の存続については，W. Nigg, 前掲書，184–196頁参照．

167．Ernst Bloch: *Thomas Müntzer als Theologe der Revolution*（邦訳『トーマス・ミュンツァー，革命の神学者』国文社　1982）．1921. ボルシェヴィズム革命のあとに書かれたこの研究はカール・カウツキイの作品の表現主義的焼直し，宣伝活動であり，千年至福宗教と現代の政治的共産主義の総合を宣伝している．

168．この千年至福グループにたいする好意的な記述Rufus M. Jones: *Studies in Mystical Religion*. London 1909, pp. 369–427とR. A. Knox: *Enthusiasm*. London 1950, pp. 71–175の敵意をもった記述を比較されたい．

169．ダーヴィット・ヨリスについては以下の書を参照．Gottfried Arnold: *Unparteyische Kirchen und Ketzer-Historien*（中立的な教会と異端者の歴史）I. 1740, pp. 876–899, pp. 1313–1500. Nippold: »Leben, Sekte und Lehren des David Joris«（ダーヴィット・ヨリスの生涯，宗派と教義）．*Zeitschrift für historische Theologie* 1863–64所収．Roland Bainton: *David Joris*. Leipzig 1937.

170．Bietenhard，前掲書，112頁．手紙ではモルコの名は言及されない．そのためビーテンハルトは手紙の歴史的コンテクストや意味を見落としている．しかし，日付から指摘される事情について疑いをさしはさむ余地はない．

171．聖徒の帝国はダニエル書の４匹の獣の四大帝国に続くものなので，「第五の」王国なのである．

172．Emilia Fogelklou: *James Nayler, the Rebel Saint*. London 1931参照．

第二章

1．*Relation de la véritable imposture du faux Messie des Juifs nommé Sabbatay Sevi*（サバタイ・セヴィという名のユダヤ人偽メシアの真っ赤な嘘の見聞記），p. 12（以下 *Relation* と表記）．1666年にコンスタンチノープルにいたカトリックの聖職者（ヤコブ・ベッヒェラント？）によって書かれたこのパンフレットは1667年アヴィニヨンで印刷され，オランダの報告の *Beschryvinge van Leven en Bedryf... van den gepretendeerten Joodsen Messias*（ユダヤの偽メシアの行状記）（Haarlem 1667）のこれまで知られていなかった典拠である．グレーツらが「ガラタからの手紙」として言及しているこのオランダ語のパンフレットはフランス語の原作の圧縮版にすぎない．同時代にほかにもイタリアのイエズス会士による記述があるが，それについては S. Simonsohn: »A Christian Report from Constantinople regarding Shabbethai Sevi（1666）« を参照．*JJS* 12, 1961, pp. 33–58所収．

2．この原作はイディッシュ語で書かれた回想録 *Beschrejbung von Shabsai Zwi*（シャブサイ・ツヴィ記）の写本は現在元イスラエル国家元首ザールマン・シャザールが所蔵している．以前はラビ・カルモリ（1876年歿）のコレクションのなかにあった．彼はたぶん作者の家族（Rosenkranz）から買い取ったのだろう．Jacob Emden: *Torath ha-Kena⊃oth*. Lemberg 1870, p. 4 所収のレイーブ・ベン・オーザーの叙述のヘブライ語版も同様である．トーマス・クーネンは *Ydele verwachtinge der Joden*（ユダヤ人の空しい期待）. Amsterdam 1669で生年は述べていないが，しかしサバタイは初婚時は22歳か23歳であったと報じている．クーネンの年代決定は，結婚が行なわれたのは1648年の最初のメシア宣言よりまえであったことを示唆している．そうであれば，1624年も1626年もどちらも可能な日付であろう．ほかにこの点にたいするクーネンの情報を裏づける資料はない．

3．Sasportas: *Zizath Nobel Zwi*. Dr. Z. Schwarz 氏による写本からの出版．Jesaia Tishby 編，エルサレム1954, p. 158. Kahana の日付（384年アダル21日）は彼がサバタイ派の祝祭暦のそれほど新しくない傷んだ写本に依拠しているせいだといえよう．*SZ* I, p. 84, 注 3 参照．

4．筆者はニューヨークで *To⊂ei Ruach* の写本のなかにこの手紙を発見し，*Zion* 7, 1942, pp. 172–173でそれについて述べた．

5．*Mischpat Zedek*（ラビ・メイール・メラメドのラビ回答書）．第 I 部，no. 68．この指摘は故アルフレート・フライマン博士によるものである．

6．*Zwi Muddach*, p. 134.

7．David Kahana:『カバリスト，サバタイ主義者，ハッシーディームの歴史』

（ヘブライ語）全2巻，テルアビブ1925年，第1巻，95頁．

8．M. Balaban: *Sabataizm w Polsce*（ポーランドにおけるサバタイ主義）．Warschau 1935, p. 38.

9．Sasportas, p. 92

10．*Relation*, p. 5.「モレアの鶏肉商」．Coenen: *Ydele verwachtinge*, p. 5. Paul Rycaut はこの情報を「ある英国商人に話された」ものとして述べている（History of Sabatai Sevi, in *The History of the Turkish Empire from 1623–1677*. London 1680, p. 201）. J. Nehama: *Histoire des Israélites de Salonique*（サロニキのイスラエル人の歴史）．第5巻．Saloniki 1959, p. 100はサバタイの父親にかんする類似のいくつかの言い伝えをイスラム教の托鉢僧にかんするギリシア語の作品（Vladimir Mirmiroglou: *Hoi Derbissa*. Athen 1940, p. 330）から引用しているが，わたしはそれを調べることはできなかった．彼の話によれば，父親はトルコ人たちにはよく知られ，カーラ・メンテッシュ Kara Mentesh と呼ばれていた．これはモルデカイ Mordechai の指小形で，現代ラディノ語ではマンタッシュ Mantasch.

11．スミルナのユダヤ人の経済的豊かさの政治的背景については de la Croix: *Mémoire*... Paris 1684, 第2巻，261頁参照．

12．フランス語の *Relation* p. 13によれば，サバタイは長男であった．しかしクーネンとアレッツォのバルーフの主張は反対である（A. Freimann［編］, *Injane Sabbatai Zewi*, p. 45. 1913年にベルリンで出版されたこのサバタイ・ツヴィにかんする記録資料集は以下 Freimann と表記）．ソロモン・カッツは1672年の手紙に（Freimann, p. 65）メシアの兄と話をしたと述べている．「学殖のある，とても豊かなラビで，わたしたちの主よりも数年年上です．彼は弟――彼の名声が誉めたたえられますように――の幼少時代から今日までの生活について話してくれました．わたしはそのすべてを書き留めました．」残念ながら，この伝記は遺されていないようだ．

13．1684年以後に二人の兄弟はある訴訟に関係したが，その訴訟ではラビ・サロモン・ベン・ベンヤミン・ハ＝レーヴィが意見を求められた（ラビ回答書 *Leb Schelomo*, no. 57）．1667年からサバタイの死まで，エリヤはアドリアノープルに住んでいたようだ．1671年の彼のイスラム「改宗」については，のちに第8章で見るように，いろいろな証言がある．

14．（H. J. Schoeps のアンソロジー *Jüdische Geisteswelt*〔ユダヤ人の精神の世界〕. Darmstadt 1953, p. 187に引用されている）Eneman は，この町の最も裕福で学殖のあるユダヤ人のひとりペニャがのちにガレー船行きを宣告されたことも知った．クーネンは（後述第四章参照）ペニャの父または叔父がのちに熱烈な支持者に変わったサバタイの反対者のひとりであったと述べている．しかし他方，エーネマンの情報は完全ではないようだ．同年の1712年，スミルナの富有な商人ベンヤミン・イサアク・ツヴィはラビ・エリヤ・コーヘン・イッタ

マリの書 *Schebet Mussar* の出版費用を寄付した．とすると，ほかにも生存するツヴィ家の一員がいたことになる．それはサバタイの叔父の孫イサアク・ツヴィだったかもしれない．

15. *Ba⊂ei Chajje*（ラビ・ハイーム・ベンヴェニステのラビ回答書），第2部，no. 34. ベンヴェニステはスミルナのラビの重鎮だった．彼の4巻のラビ回答書はユダヤ人コミュニティの発展にかんする重要な資料を含んでいる．

16. Abraham Galanté: *Nouveaux documents sur Sabbatai Sevi*（サバタイ・セヴィにかんする新しい記録）. Istanbul 1935, p. 71.

17. 人物や出来事をじかに知っていたスミルナの英国領事ポール・リコーは彼について「身体が虚弱で痛風やほかの病を患っていた」と語っている．前掲書，p. 201. 同じく John Evelyn: *The History of the three late famous Impostors*... London 1669, p. 34.

18. *Studies and Reports of the Ben-Zvi Institute*, no. 2（1957）, p. 14の M. Attias 刊「デンメー聖歌」.

19. *Relation*, p. 12.

20. 1665年に書かれたが，いまはポーランド語訳でしか遺っていない或る手紙も，スミルナ帰還のさい「サバタイ・ツヴィは20年まえに亡くなった母親を生き返らせた」と言っている（Balaban, 前掲書39頁）.

21. Coenen, 前掲書，55頁．墓参のあとナータンは近くの泉から水も飲んだ（同書，137頁）．レイーブ・ベン・オーザーの記述（Emden, p. 25）はクーネンに依っている．

22. *Be ⊂Ikwoth Maschiach*. G. Scholem 編　Jerusalem 1943, p. 60; Sasportas, p. 159. 後述第3章も参照されたい．

23. *Seder ⊃Elijahu Rabba⊃*（Friedmann 編）, p. 8. Abraham Danon: *Études Sabbatiennes*. Paris 1910, p. 40に引用されている，426（1666）年タンムーツ14日に行なわれたアブラハム・ヤキーニの説教も参照．

24. 歿年はいまではトリポリのアブラハム・カルホンの年代記によって知られている．彼は1815年にピンヘイロの墓を見たと証言している（MS. Ben-Zwi Institut, Jerusalem）.

25. 「われらの主なる国王陛下に讃えあれ」のヘブライ語の頭文字で，支持者たちによって通常用いられたサバタイ・ツヴィの呼称．

26. Freimann, p. 95. わたしは傷みのある印刷された本文をニューヨークのオリジナルの写本にしたがって修正した．

27. たとえば，S. Rosanes『トルコとレヴァントのユダヤ人の歴史』第4部 1640–1730（ヘブライ語），ソフィア1933–1934, 406頁．ならびに Tishby, Sasportas への注，159頁．

28. 残念ながらこの手紙は遺っていない．しかしそのあらましはカルドーゾの返事から察せられる．『スミルナのラビに宛てたアブラハム・ミゲル・カル

ドーゾの手紙』(ヘブライ語) 参照. *Zion* 19, 1954, p. 4 所収.

29. Coenen, 前掲書, p. 6.

30. Freimann, p. 95.

31. *Schocken Volume* 所収の拙論とそこに MS. Kaufman 255から引用されている話 (p. 165) を参照.

32. 1666年にイエーメンの首都サナアで書かれたサバタイ主義の黙示文学 Gej Chizzajon の作者はこの報告を知っていて, 引用している. *Kobez ⊂al Jad* 4, 新シリーズ, 1946, p. 116参照.

33. この火傷の痕の話をサバタイの左腕には疣があったというモーセス・ピンヘイロならびにベンヤミン・レイヴァンの証言と混同してはなるまい. Sasportas, p. 94と *Schocken Volume*, pp. 166–167を参照されたい. ゾーハル II, 73 b によれば, ダビデ王も同様の疣ないし「しるし」を右腕にもっていた. この類似性はサバタイ信者たちのあいだに神秘的な憶測をもたらした.

34. ゾーハル I, 54b と III, 76b 参照.

35. *⊃Or Ne⊂erab* III, 1.

36. *Mischna ⊃Abot* V, 24によれば, 40歳で物心のつく年齢に達する. したがって, 「半ば物心がついた年」という言い方は20歳を意味する.

37. Emden, p. 3.

38. *Numeri Rabba* XIV, 2.

39. Freimann, p. 95 (原文はニューヨークの Jewish Theological Seminary の写本にしたがって修正されている).

40. A. Marcus『ハシディズム』, 1901, 244–261頁によれば, ペリーアーとカナの書はプラハのラビ・アヴィグドル・カラの手になるものだというが, この突飛な説にはなんら根拠がない. この作者は14世紀中葉に生きたスペインのカバリストだった.

41. 掟の意味について論ずるカナ書は1786年にポリックで, 1894年にクラクフで印刷された. 両書については Jitzchak Baer, *A History of the Jews in Christian Spain*, 2 vols. Philadelphia 1961. pt. I, pp. 369–373ならびに *Ha-Tekufa* 10, 1921, pp. 283–329の S. A. Horodezky を参照されたい.

42. この異議とは, 創造主とイスラエルの神は数あるなかのひとつのセフィラーないし属性にすぎないということは考えられない, というもの.

43. A. H. Weiss: *Beth ha-Midrasch*, 1865, p. 67の *Derusch ha-Kethab*, ならびに友人に宛てたサバタイの親書にかんするピンヘイロの記述 (Freimann, p. 95) を参照されたい.

44. *Rasa⊃de-Rasin* (アメリカの Jewish Theological Seminary の写本, Deinard 153, fol. 3a). 本文は「神性の秘義」のいろいろな伝承の長い徹底的な論究を含んでいる.

45. 「神性の秘義」という概念はサバタイが考え出したものではなく, 非常

に早くからカバラーのテクストに現われている．たとえば古代のテムーナー書注釈（Lvov 版1894, fol. 7b）．また R. Joseph Taitatsak, *Mal⊃ach ha-Meschib*（大英博物館写本，Margoliouth 766）には文字どおり何百回も現われる．それはサバタイの存命中に印刷出版されていたテクスト，たとえば Meir ibn Gabbai: *⊂Awodath ha-Kodesch*. Venedig 1560, ならびに Juda Khala: *Sefer ha-Musar*（Mantua 版，fol. 56b）にも用いられている．あとのものは「神性の秘義の始まりである解放の秘義」について語っている．サバタイ以前にもこの概念が用いられていたその他の例については，オランダの学者ヴァルナーに宛てたアブラハム・ヤキーニの書簡参照（MS. Leiden, Warner 71）．

46．*Schocken Volume*, p. 165の拙論参照．カストリアのイスラエル・ハッサンの報告によれば，サバタイ・ツヴィはこの指輪を自分用にガザで注文した．

47．Coenen: 前掲書，p. 7.

48．コルドヴェロの師で義理の兄．

49．*⊃Or Ne⊂erab*, III, 2. 1548–1551年に受けた霊感をコルドヴェロは自著 *Sefer ha-Geruschim*. Venedig 1600または1601で伝えた．R. J. Z. Werblowsky: *Joseph Karo*. 1962, pp. 50–54も参照されたい．

50．クーネン，前掲書，8 頁．Emden, 3 頁のレイーブ・ベン・オーザー．リコーは，サロニキでの結婚はサバタイのスミルナ追放後に行なわれたといっているが（前掲書，201–202頁），これはたしかに誤りである．

51．サバタイの夫婦生活については，運動の最盛期にコンスタンチノープルでいろいろと誇張した噂が流れた．*Relation* の著者は，サバタイの並々ならぬ神聖さを証明するために，彼は初婚ないし再婚の妻と 3 年ないし 5 年暮らしたが，一度も彼女らに近づかなかったという話を聞いた（*Relation*, p. 10）．クーネンの冷静な報告を見るならこのような報告は無視してかまわない．

52．*Me⊃ora⊂oth Zevi*（Kopust 1814，ならびにのちの数多くの版）の匿名の作者が挙げている名や詳細はまったくのフィクションである．この本はサバタイについて書かれたヘブライ語の最初の小説であり，史実的価値はまったくない．これを少なくともつまみ食い的に資料として利用した何人かの歴史家は判断を誤らされた．

53．このテーマについて論じた以前の著者たちのなかでは S. A. Trivus が最も真実に近い（ロシアの月刊誌 *Woschod*, no. 7, 1900における彼のサバタイの病的状態にかんする記述，99–100頁）．しかし，彼が推測する，サバタイは一種の退行的幻覚を見るパラノイア患者であるという診断は間違っていると思う．バルーフ・クルツヴァイルは最近，現在出版されている本（初刊は1957年）のヘブライ語版の書評でそれを採り上げたけれども．この書評は彼の書 *Be-ma⊃abhak ⊂al ⊂archej ha-jahaduth*. Tel Aviv 1970, pp. 119–122に再掲載されている．

54．実際に筆者が参考にした精神病の教科書はみな躁鬱心理状態について同じような記述をしている．たとえば，J. Lange, *Handbuch der Geisteskrankheiten*

（精神病ハンドブック） 6, 1298, p. 93参照．診療を行なっている精神科医もここで提唱されている診断を裏づけている．

55．Coenen: 前掲書，9 頁．

56．この手紙は A. M. ハーバーマンによって出版された．*Kobez ⊂al Jad*, 3 (N. F.), 1940, p. 209.

57．同書，208頁．

58．Lange, 前掲書，「躁病には病気という意識は全然ない」．

59．Sasportas, p. 9. これはたぶん——ナータンの『竜にかんする論文』にも書かれているように——サバタイの不安な鬱状態を指しているのであって，禁欲的な苦行のことではない．カバラー文学では苦行はけっして「堪えがたい苦痛」としてえがかれたりはしない．だが，サスポルタスはこの文の簡単な意味を誤解している．

60．『竜にかんする論文』，G. Scholem 編: *Be ⊂Ikwoth Maschiach*, p. 17所収．

61．同書，21頁．この教義はサバタイ派の預言者マッターティアス・ブロッホによって彼のクルディスタン宛の手紙に繰り返されている．*Zion* 7, 1942, p. 194参照．

62．メシア・サバタイ・ツヴィにたいする通常のサバタイ主義的呼び名．

63．*ha⊃ara*（「照明」）という表現はナータンがつくったものではない．それはすでにもっとまえのカバラーのテクストにも現われている．17世紀初期の *Seder Na⊃e*（MS. Oxford, Neubauer 1913）参照．これは「魂を浄め，明るくし，その強さと照明［*ha⊃ara*］を増すために」行なう瞑想の手引書である．

64．『竜にかんする論文』，39頁．

65．*Schocken Volume*, p. 162参照．

66．MS. Schasar, fol. 32b. もっとずっと短い印刷版にもタルムード的比喩が含まれている．サバタイの顔は「太陽の顔のように」輝いていた（Emden, p. 12）．

67．Freimann, p. 53と p. 64.

68．*Schocken Volume*, p. 163参照．

69．MS. ベルリン国立図書館　Or. 8° 3077, fol. 6a.

70．Freimann, p. 65. 手紙の全文については第八章894–895頁参照．

71．ヤキーニの自筆，MS. Oxford 2761, fol. 57d. この翻訳された箇所の原文はアラム語で書かれている．Fol. 100a も参照．このテクストはサバタイの死の数年後，1681–1682年に書かれた．

72．ナータンの手紙はミカエル・モルホによって *RÉJ* 104, 1938, p. 120に発表された．手紙の正確な日付と歴史的文脈については第八章，954頁参照．

73．Hottinger コレクション，チューリヒ中央図書館，vol. 30, fol. 347a.

74．イスラエル・ハッサン『詩篇注釈』（MS. Kaufman 255 Budapest, fol. 32 b）．この照明の日付は，*Sefunoth* 5, 1961, p. 254に発表された年代記によって

確かめられる．

75．*Wawej ha-⊂Amudim*. MS. Oxford 2761, fol. 114c.

76．筆者はこの手紙をニューヨークの写本のなかに見つけ，*Zion* 7, 1942, pp. 190–191に発表した．

77．つまり彼はラビ裁判によって法律で定められた「鞭打ち36回」の刑に処せられたのである．その理由はたぶん何か——本文に少し訂正を加えるなら——「彼の悪行」が問題になるようなことのためであろう．

78．本文には1668年と書かれているのを少し訂正している．

79．預言者ナータンも1672年の手紙で同じような，心理学的に注目すべき特徴を強調している．その前年彼はサバタイとかなり長時間の会談を行なった．彼は内輪の者ならだれでも知っている事態を語るように，こう報じている．照明が遠のくと，「この間の彼の行為はすべて彼には夢のように思え，彼は自分の行為の然るべき理由をまったく忘れてしまった」（*Sefunoth* 5, 1961, p. 264参照）．1671年のこの長い照明期間中のサバタイの行状を記したこの記述はわたしたちのもっている最も詳しいもののひとつであり，*Sefunoth* 5, 1961, pp. 254–261に発表された．

80．サムエル・ガンドゥールも151頁に引用された手紙のなかで同じ言葉を使用している．

81．Tobias Aschkenasi: *Ma ⊂asse Tobia* I, 6. Emden, p. 45にも引用されている．

82．通常 Conque と転写されるこの名（Cuenque）はスペインの町 Cuenca からきたものである．Cuenque 家は20世紀にもまだエルサレムに残っていた．

83．Emden, pp. 34–35の A. Cuenque の回想．

84．MS. Kaufmann 255, fol. 79b; *Schocken Volume*, p. 168参照．さらにひとつ証言が明るみに出た．ラビ・アブラハム・ロヴィゴのサバタイ主義のメモ帳，MS. ベン・ツヴィ研究所（イェサイア・ゾンネ博士遺贈）B. 42b のなかである．「メシアはセフィラー・ティーフェレース［の光］が消えると，馬鹿者と言われる．メシア［の原型］であるヨブもこう言われた［ヨブ記34, 35］．ヨブは知りもしないことを［つまり馬鹿のように］語っている，と．それで彼［サバタイ・ツヴィ］はしょっちゅうまったくの愚行のように見える奇矯な振舞いをしたのである．」

85．ラニアードの手紙のなかで言われたサバタイの言葉．158頁参照．

86．ティシュビーは *SZ* の書評（*Tarbiz* 28, 1969, pp. 123–133）のなかで，1665年以前にもサバタイのメシア主張を支持するいくつかのサークルが本当にあったという自説を繰り返し押し通そうとしているが，それを裏づける信ずべき事実はない．テクストは彼が言わしめようとしていることなど言っていない．

87．クーネン（前掲書，93頁）は，»Dr. Barut« と書いているが，これは誤植かもしれない．彼はたぶん，のちにサバタイ主義運動で並外れたはたらきをし，ナータンが棄教後1667年にそこの家に身を隠した医師であろう．ポルトガ

ル系のマラノだったそうだ．サスポルタスは彼を別人の，よく知られたサバタイ派の医師，スペイン系マラノのアブラハム・カルドーゾと取り違えている．ことによると »Doctor Barut« はのちにふたたびサバタイ主義を見限ったのかもしれない．なぜかというと，「Doctor Carun［？］という名のスミルナの高名な医師」が，サバタイの妻が彼の息子を誘惑しようとしたとモーセス・ベン・ハビブに知らせたといわれているからである（エルサレムのラビ裁判でなされた証言．したのはモーセス・ベン・ハビブダトされている．日付や署名者なしに Emden, p. 53に公表されている）．M. Benajahu: *Studies in Mysticism and Religion in Honor of G. Scholem*, 1968, pp. 35–40によれば，（1700年から1717年のあいだになされた）この証言記録の著者は同名のエルサレムの上級ラビではなく，学者サロニキのモーセス・ベン・イサアク・ベン・ハビブであった．彼は同名の人物の死後しばらくエルサレムで過ごした．こう考えれば，エルサレムのラビが著者であることから生ずる数多くの難点も説明がつくだろう．Doctor Barut か Carun か本当の名前はいまなお未解決の問題である．サバタイの身体から発する匂いについては Sasportas, 4 頁と94頁も参照されたい．

88．Sasportas, p. 94.

89．これらの日は本来の意味での祭日ではなく通常記念日として祝われた．MS. Ben-Zwi Institut 2262の編纂者サロニキのラビ・アブラハム・ミランダは彼の祭礼暦の写しの欄外に，暦の表示事項（ハレル祈禱の朗誦，祝宴等々）は前の世代（1700–1750年頃）ではまだサバタイ・ツヴィを信じていたラビたちによっていまはもう守られていないと記している．唯一の例外はキスレヴ15日と16日で，これは断食日，祝日として守られていた．ミランダの情報は一般に信憑性があり，すぐれているが，彼が語っているのはデンメー棄教者の実践ではなく，ひそかに信仰を守っていた「卓越したラビたち」*ge⊃onei⊂olam* のことである．この情報はスミルナのラビ・メイール・ビカヤムとその師エルサレムのラビ・ヤコブ・ヴィルナから出たものとみなしてよい．

90．最初期のもの（MS. Adler 493）も含めて祭礼暦のすべての版ではそうなっている．

91．A. Danon が作成した（前掲書，13頁）日付のリストは正しいが，彼は関係する出来事の性質を誤解し，エリヤは預言者ナータンの味方だと思った．のちのリストには（Galanté, 前掲書，47頁参照），日付を間違えてシヴァン24日となっている．

92．M. Attias, G. Scholem, I. Ben-Zwi:『サバタイ派の歌謡と讃美歌』（ヘブライ語）1948年，77頁．この讃美歌は1600年から1800年のあいだに（デンメーの）サバタイ派のなかに生まれた．

93．数値21.

94．レビ記25, 13と第一章106頁参照．

95．同書，92頁．177頁も参照．そこの no. 192は，次のように修正すべきだ

ろう．「408年にエリヤは解放者，メシア王に歓びの油を塗った．」5408年シヴァン21日は1648年６月11日に当たっていた．

96．*Schocken Voleme*, p. 163と本書921–922頁参照．

97．Coenen, 前掲書，94頁．

98．Sasportas, p. 4.

99．この点でクーネンは間違っている．彼はこのテーマにかんするラビの元の言を知っていたわけではなく，1666年スミルナでのサバタイ信者たちによるその言の解釈を知っていたにすぎないからである．

100．Sasportas, p. 149.

101．同書，p. 4.

102．A. Cardoso: »Brief an Samuel de Paz in Livorno«（リヴォルノの Samuel de Paz 宛の手紙）, in A. H. Weiss: *Beth ha-Midrasch*. Wien 1865, p. 64. 筆者は本文を MS. Adler 1653によって訂正した．

103．Freimann, p. 142.

104．*Ba⊂ei Chajjei*（ラビ・ハイーム・ベンヴェニステのラビ回答書）, pt. I, no. 122.

105．*Lieder und Hymnen der Sabbatianer*（サバタイ派の歌謡と讃歌）, p. 22の筆者のコメントを参照されたい．

106．Coenen, 前掲書，94, 141頁．奇跡は *Xiose Zee*, すなわちキオスの海で起こった．

107．MS. Adler 493. 歴史的説明は他の稿では省かれ，「プーリーム」という言葉だけが残った．わたしはまずはじめに *Lieder und Hymnen der Sabbatianer* の注（136頁と217頁）で正確な説明を行なった．ミランダの暦（上記注89参照）はこの出来事を説明しているが，プーリームとの比較は省いている．

108．たとえば次のような例．「一匹の犬が彼と戦い，彼に大きな苦しみをあたえたが，彼は犬を負かし，殺した」とか，盗まれた衣類の話．クーネンは（前掲書，94–95頁），初めサバタイを襲ったが，そのあと不思議なことに彼に服従した狼の話をしている．これは実際の出来事を指しているのかもしれない．

109．彼を呑み込もうとした渦の神秘的な象徴か．スミルナの海でサバタイが悪魔（犬と蛇）に遭遇したことは興味深いことにヨルダン川でのイエスと蛇の戦いに類似している．この出来事はオリエントの讃歌に述べられているが，おそらくシリアの『トーマスの使徒物語』の「真珠の歌」に書かれているような王子（解放者？）と海竜の戦いのモチーフに起源をもつのだろう．A. Adam: *Die Psalmen des Thomas und das Perlenlied*（トーマスの讃美歌と真珠の歌）. Berlin 1959, p. 74参照．

110．*Lieder und Hymnen der Sabbatianer*, p. 136と p. 217.

111．同書，22頁．A. Danon（前掲書，54頁）がした説明はこれにより訂正されねばならないだろう．ダノンは断食の起こりと意味を知らなかったのであ

る.

112. *Schocken Volume*, p. 162.

113. 列王記上，12, 10参照.

114. サバタイの殺害にかんしては，フランセスの叙述はクーネンその他の証言と真っ向から反する.「懲らしめ」はサバタイがこうむる羽目になった鞭打ち（36回）を指しているのかもしれない.

115. Sasportas, p. 4.

116. 同書，208頁と256頁．最初の迫害については302頁も参照されたい.

117. 同書，313頁.

118. Coenen，前掲書，10頁．レイーブ・ベン・オーザーの叙述はCoenenに依っているが，伝説めいた粉飾を加えている．たとえば，サバタイはラビ法廷にたいしてメシアの威厳をこれ見よがしに見せつけた，というふうに（Emden, p. 4）．サバタイの追放を1648年か1649年とするレイーブの日付はとにかく間違いである．Rycaut（前掲書201頁）は，サバタイは「Kockhams〔不詳〕の判決に基づいて……町から追放された」と言っている.

119. ラファエル・ヨセフ宛の手紙.

120. この手紙が初めて発表されたのは1666年 1 月の *Hollandtze Merkurius* 2頁においてである．ドイツ語版は Martin Meyer: *Diarium Europaeum* XVI, 1668, p. 509に公表された．彼はそこからさらに *Theatrum Europaeum* X, 1703, p. 438に転載した．グレーツや他の著者たちは *Hollandtze Merkurius* と *Diarium* を知らず，*Theatrum Europaeum* が元の出所だと思っていた．オランダ語版がその情報源を挙げていないのはなぜだかわからない.

121. *Relation*, p. 13.

122. イディッシュ語で書かれた元の本文は *Tarbiz* 5, 1934, p. 351の Z. Rubashov-Schasar の記事『サバタイ・ツヴィの従僕』にある．シャザールは従僕イェヒエルをカヴェラのラビ・イェヒエル・ベン・ツヴィと同一視しようとしているが，このもくろみはサバタイ主義運動が1665年以前にあったとする彼のあやまった推定によって失敗するに違いない．*SZ* I（ヘブライ語），121頁，注 1 参照.

123. Emden, p. 35. イェヒエルの話と矛盾するクウェンケの証言をシャザールは看過している.

124. Graetz: *Geschichte der Juden*（ユダヤ人の歴史），X, pp. 434–435. 彼の見解は D. Kahana: *Toledoth ha-Mekubbalim*, 1913, I, p. 59ほかから採られたものである.

125. Josef Kastein: *Sabbatai Zewi. Der Messias von Ismir*（サバタイ・ツェヴィ　スミルナのメシア）. Berlin 1930. この本はサバタイ・ツヴィの歴史というよりむしろ心理小説である.

126. Paulus Cassel: *Die Offenbarung S. Johannis und das Tier*（ヨハネの黙示

録と獣), 1889参照．この箇所の解釈はいろいろある．

127．1388年に執筆したドイツの修道僧ヘッセンのハインリヒがそうである．Lynn Thorndike: *A History of Magic*, V, p. 505参照．

128．この点についてはたとえば，H. J. Schoeps: *Philosemitismus im Barock*（バロックの親ユダヤ主義), 1952, pp. 18–53のパウル・フェルゲンハウアーとその一派にかんする章を参照されたい．

129．筆者はパウル・イザヤのトラクトのコピーを目にすることができず，Johann F. De Le Roi: *Die evangelische Christenheit und die Juden*（福音主義キリスト教徒とユダヤ人), 1884, I, p. 187の記述に依拠した．

130．Michael Buchenroeder: *Eilende Messias Juden-Post*（ユダヤ人のメシア速報). Nürnberg 1666, fol. B III. ブーヘンレーダーはこの「通信紙」の全文を近所の学校教師の書類のなかに見つけた，*Extract-Schreiben aus Augspurg vom 24 Sept. anno 1642*（西暦1642年９月24日付アウクスプルクからの書状抜粋）と題するコピーから転載した．この原物の他のコピーはこれまで確認されていない．

131．*Hollandtze Merkurius* のオリジナルリポートは真っ先にコンスタンチノープルに言及しているが，このリポートはサバタイがいた町の名を挙げているだけで，彼の旅の経路を再現しているとは言っていない．*Theatrum Europaeum* の版は無視してよい．Rosanes（IV, pp. 411–412）は，ド・ラ・クロワを引き合いに出して，サバタイは最初コンスタンチノープルに行ったと主張しているが，ド・ラ・クロワが示唆しているのは実際は逆である．最初に現場で調査を行なったひとりである匿名のフランスの僧侶は「彼はまずサロニキへ行った」と書いている（Relation, p. 13）．ド・ラ・クロワは，サバタイはコンスタンチノープルのラビ裁判に出廷するよう命ぜられたと言ったあと，段落を変えてこう書きはじめる．「このもめごとを避けるために，サバタイはサロニキへ行くことにした.」サスポルタスの報告によっても，サバタイはスミルナから追放されたあとサロニキへ向かった（*Zizath Nobel Zwi*, p. 4）が，文の後半部分は不明である．

132．この注釈は MS. Ben-Zwi Institut 2262, pp. 209–215に写されている．「アミラーのティックーニーム書への注解」．その213頁にはイサアク・ルーリアにかんするコメントがある．サバタイはその名に455の数値を発見した．「この数値は，別のところで書いたように，厳格さ［ディーン］のすべての力の総計である.」この写本はデンメー記録保管所から出たものである．サバタイが筆写した本はおそらく彼のほかの手記といっしょにサロニキに保管されたのだろう．

133．*Reschumoth* 5, 1930, p. 537の J. M. モルホを参照されたい．このサロニキ固有の伝承は他の多くのものとは違って確かなものだと思われる――がしかし，ヨセフ・フィロソフ（のちのサバタイの舅）とサロモン・フロレンティンの名を取り違えている．

134．De la Croix: 前掲書，267頁．

135. Freimann, p. 56.

136. Emden, p. 4. レイーブ・ベン・オーザーはクーネンの記述を誤解して受け取ったようだ．クーネンはただ，サバタイの振舞いはサロニキでもスミルナのときと変わらず，同じ結果を生んだ，と言っているにすぎない．レイーブはこれをまったく文字どおりに取って，出来事を単純に2回にしたのである．

137. Coenen, 前掲書，10頁．Relation, p. 13.

138. *Relation*, p. 13. 日付はド・ラ・クロワによって照明される．彼の報告によれば，サバタイがコンスタンチノープルから追放されたあと，その年市に大火災が起こった（1666年）．

139. De la Croix: 前掲書，268頁．「彼はよい身なりをしていた．」サバタイはもっぱら勉強に専念していた，と *Relation* の著者は報告している．そうすることはできたようだ．

140. 同書，69頁参照．魚座の印のもとにメシアが降臨することは，イサアク・アバルバネルのダニエル書注釈 *Ma⊂ainei ha-Jeschu⊂a*. Amsterdam 1647, fol. 86b に述べられている．

141. De la Croix: 前掲書，268頁．

142. *To⊂ei Ruach* に掲載されているようなテクストにはもっとほかにも損傷箇所がある．*SZ*, I, p. 129, 注4参照．

143. この預言は *To⊂ei Ruach* に引用されているダマスカスとクルディスタンのサバタイ文書に見出される．*Zion* 7, 1942, p. 182の G. Scholem を参照されたい．それはごく最近明るみに出たデンメー写本にある『幻視』の写しにも述べられている．

144. *Schocken Volume*, p. 163.

145. L. Massignon: *La Passion d'Al Hallaj*, I, 1922, p. 36.

146. MS. Kaufmann 155, fol. 74a.

147. MS. Hamburg, p. 312.

148. *Zion* 19, 1954, p. 12参照．

149. コロンビア大学図書館のサバタイ覚書，ニューヨーク，fol. 9b.

150. ナータンの『竜にかんする論文』，15頁と *Kobez ⊂al Jad* 12, 1938, p. 130のカルドーゾの書簡 *Magen Abraham*. この書簡は大部分当時カルドーゾが入手できたナータンの著作に基づいている．

151. *Lieder und Hymnen der Sabbatianer*, p. 177参照．

152. *Lieder und Hymnen der Sabbatianer*, p. 77の日付の正しい読み方はこうである．Attias（同書）は，5407を間違って訳した．本書の初版（ヘブライ語）では彼の読み方と訳にしたがったが，それを訂正するにあたって R. シャッツ夫人に御礼申し上げる．

153. わたしはこれらの伝統を *Zion* 13–14, 1949, pp. 60–62で詳細に調べた．

154. この考えの詳しい検討は William D. Davies: *The Torah in Messianic Age*.

Philadelphia 1952にある．

155．ヤキーニは世間一般に偉大な学者にして「コンスタンチノープルで並ぶ者なき重要な説教師」とみなされていた，とサスポルタスは書いている（前掲書，160頁）．Hezekia Roman（225頁，注163参照）も同じことを示唆している．David Kahana のヤキーニにかんする報告 *Toledoth ha-Mekubbalim*, I, p. 61 と Rosanes（IV, p. 11）が伝えているまったく想像上の詳細とは，本気で反論するまでもない．

156．*Rasi Li* の（カタログに誤記されているように *Rasiel* 書のではない）自筆原稿，ニューヨークの Jewish Theological Seminary の MS. Adler 2360, fol. 20a のなかで，ヤキーニはコンスタンチノープルを「自分の生まれた町」としている．Fol. 193a も父の名エリヤに触れ，祖父はシェマリア・ヤキーニだと述べている．

157．Danon, 前掲書，30頁．ダノンはヤキーニの生年を1611年としているが，それは彼が資料を誤解したためである．*Me⊃ora ⊂Oth Zwi* に挙げられている日付はまったくのでたらめである．

158．S. Liebermann: *Tosefta ki-fschuta, Seder Zera⊂im*（1955）序文，p. 14参照．

159．MS. Oxford, Neubauer 2580, fol. 49.

160．彼の聖書訓話や注解の多くが含まれている写本のなかに．Danon が前掲書，29–47頁で用いた写本はその後消失した．

161．Danon, 前掲書，43頁．1663年の夢も参照されたい．

162．ヤキーニは普段著作や手紙にこう署名した．筆者が所蔵しているヤキーニの蔵書の一冊（アレッポのハイーム・コーヘン著 *Mekor Chajim. Schulchan⊂Aruch* へのカバラー的注解，コンスタンチノープル　1650年）にも同じ署名が見られる．

163．この冊子は八つ折り判の紙36枚を擁する．著者は序文で，近々モーセ五書にかんする書 *⊃Eschel Abraham* を刊行するつもりであることを告知している．Fol. 2 に認可と，詩人としても知られる（Pinsker, *Likkutei Kadmonioth*, p. 137参照）ラビ Hezekia Roman の序詩が記されている．Danon の前掲書はヤキーニの別の書簡も取り上げているが，その技巧的な，暗示に富む文体は甚だ理解しがたい．ヤキーニの *Hod Malchuth* は稀少で，三ないし四点の写ししか確認されていない．

164．MS. Jerusalem 1161, 8°, fol. 155a–157b. 写本は自筆原稿ではなく，18世紀初期の写しである．

165．MS. Adler 2360. *Rasi Li* への参照指示は Danon の用いた写本にも見られる．Adler 目録によれば，サバタイ・ツヴィの名は写本の312頁にも現われるというが，筆者には見つからなかった．1957年にその写本を調べてみたが，詳細に分析する値打ちのあるもので，夢や聖書訓話やその他の論文が含まれて

いる.

166. fol. 358a の巻末近く.

167. カルドーゾの Samuel de Paz 宛書簡（MS. Adler 1653, fol. 4a).

168. Carcassoni. この名前の正しい書き方はこうである. ド・ラ・クロワは Carcadchioné と書いている. エリヤ・カルカッソーニはヤキーニの自伝的な覚書ではカバリストと言われている（*Rasi Li* の自筆原稿, MS. Adler 2360, fol. 225a). これとは別に Caracachon とか Carcassoni という名はいろいろな歴史記録から知られている. David Carcassoni なる人物が, 囚われの身となっているポーランドやロシアのユダヤ人を自由の身にする身代金を集めに, 1651年ヴェネツィアへ来た. *RÉJ* 25, pp. 206–216参照.

169. *Ma ᶜassai Tobia*, fol. 26と Emden, p. 45.

170. たとえばラビ Moses Zacuto が著書 *Schoreschei ha-Schemoth* で. この書はいくつか写本が遺っている.

171. De la Croix, 前掲書, 270頁.

172. この記載（fol. 41a）がなされたのは1660年以前に相違ない. 100頁あとの別の記載ははっきりその年の日付になっているからである.

173. Danon, 前掲書, 30頁は自分が所持している写本からヤキーニの注を引用しているが,「偉大なるラビ, ダビデ王」はラビ・ダヴィド・カビロのことだとは認めず, 霊導師ダヴィドをコンスタンチノープルのラビたちのひとりとみなそうとした.

174. *Zion* 13–14, 1948/1949, p. 61の G. Scholem ならびに A. Jaᶜari: *Scheluchei ᵓErez Jisrael*. Jerusalem 1950, p. 287参照.

175. H. J. D. Asulai は彼の伝記事典 *Schem ha-Gedolim* にそれを採録している.

176. 1705年頃氏名不詳のサバタイ信者によって書かれたスミルナからの手紙（MS. Oxford 2211). *Zion*（年鑑）3, 1929, p. 178の G. Scholem を参照されたい.

177. 彼の死後相続権者の息子ユダ・カビロとエルサレムのコミュニティとのあいだに訴訟が起こった. ハイーム・ベンヴェニステのラビ回答書 *Baᶜei Chajjei, Choschen Mischpat*, I, no. 136に集録された記録文書からわかるように, ダヴィド・カビロは亡くなる時点で向こう3年間, スミルナでエルサレムへの喜捨を集める独占権を有していた. この訴訟時（1662年）のエルサレムのコミュニティの代表者は, のちにサバタイの最も重要な取巻きのひとりとなったサムエル・プリモだった.

178. 通常の三つ頭のシーン〔ヘブライ語の21番目の字母: ש〕とは違っていた. 額に巻きつける小さい革の函の上には三つ頭のシーンも四つ頭のシーンも押印されている. カビロが「シーンの四つ目の頭」を「聖性の悪魔」と等置していることはC. G. ユングの4のシンボルの解釈を説明する興味深い図であ

る．ユングによれば，4は悪魔かその類いの存在を表わしており，それにたいし3（あるいは三位一体）は神的完全性を表わす不完全な，あるいは一方的なシンボルである．

179．スミルナのラビ・エリヤ・コーヘン: ⊃*Esor* ⊃*Elijahu*. Saloniki 1846, fol. 3b. に引用されている．

180．ヘブライの日付では420．これは⊂*aschan*（煙）の数値でもある．首都のユダヤ人はこの語を聞くと火事を思い浮かべた．

181．De la Croix, 前掲書，272–273頁．

182．スミルナにある彼の墓碑による．Freimann, p. 141を参照されたい．

183．1653年から1662年までの期間にかんするレイーブ・ベン・オーザーの報告は従僕の「証言」に依っており，総じて無価値である．従僕は，サバタイについてエルサレムへ行った，サバタイはその地に13年か14年間滞在し，それからエジプトへ行って，そこで三度目の結婚をした，と主張した．コンスタンチノープルに滞在したことならびにスミルナへ戻ったことは，この不確かきわまる証言には述べられていない．Salomon Joseph Carpi の⊃*Ele Toledoth Perez*（『古い写本で知るサバタイ・ツヴィの歴史』，Brüll 編1879年14頁）――以後 Carpi として引用――も同様に混乱しており，価値がない．

184．*Be* ⊂*Ikwoth Maschiach*, p. 47.

185．De la Croix, 前掲書，273頁; Emden, p. 35.

186．ド・ラ・クロワの信憑性はここまでで，架空の手紙や又聞きの情報に基づく彼の1662–1665年間の話は歴史的に確実な報告というよりはむしろ小説のように読める．彼はどうやらこの時期の信頼できる目撃証人をもっていなかったようで，そのため――この主題について書く現代の多くのひとたちと同様――証拠不足を純然たる空想で埋め合わせようとした．それでもド・ラ・クロワにはときおりスミルナやコンスタンチノープルの出来事にかんして信頼するに足る詳細が含まれている．1666年のコンスタンチノープルでの出来事に話が及ぶと，彼は資料としての価値を取り戻す．エルサレムの使節やその任命状の諸条件にかんする正確な情報も集めていたようだ（彼の書273–274頁参照）．

187．MS. Günzburg 517. このなかにはセグレの名も挙がっている．この情報集のなかから傷みの激しいテクストを転載した（93–98頁）Freimann はそれをラビ・ベンヤミン・コーヘンのものとしている．

188．Freimann, p. 97.

189．サロモン・デ・ボッサールはサバタイ信者だったから，多くの預言を事後にサバタイに言わせた可能性もあろう．しかしながら，多くの話にはサバタイの空想の特異性が反映している．たとえば，サバタイは，将来イスラエルを解放するだろう，だがそのまえにパレスチナへ行き，そこで1年間ラビ・シモン・バル・ヨハイの洞穴に引き籠り，3年後に顕現するだろうという夢を見たといわれる．ひょっとするとサバタイは本当にメロン近郊のラビ・シモン・

バル・ヨハイの洞穴にしばらくのあいだ引き籠る考えを抱いていたかもしれない．注目すべきことに，デ・ボッサールは，ほかの信者たちと違って，メシアが将来の棄教を預言したとは言っていない．彼は個人的にも多くの預言をサバタイから聞いた．そのすべてが本当になったとデ・ボッサールは断言している．1682年にコンスタンチノープルに滞在した（Freimann, 97頁21行は422と言っているが，写本の正しい読み方は442である）サロモン・デ・ボッサールは1683年，サロニキでサバタイ信者の集団棄教があった年にそこにいた可能性が十分にある．Rosanes，前掲書，116頁は「棄教したラビ・モーセス・デ・ボッサールの息子」にかんする1683年頃のラビ・モーセス・ベン・ヤコブ・サルトンまたはシルトンのラビ回答書（*Benei Mosche*, no. 58）を引用している．このラビ回答書がサロモン・デ・ボッサールに（彼の兄弟にではなく）かかわるものだとすれば，彼が80年代にイタリアに滞在していたことの説明がつくだろう．イスラム教からユダヤ教への復帰はトルコでは重罪とみなされていたので，後悔した多くのサバタイ派の棄教者たちはイタリアへ逃げたのである．

190．２番目の「ヨセフ」という名は苗字だったようである．ラファエルの兄弟も用いているからである．本書のヘブライ語のオリジナル版（I, 143頁）で筆者は，家族の姓はバル・ヒンだったというRosanesの説の正しさについて疑問を述べた．その後M. Benajahu（H. J. D. *Asulaj*, 1959, p. 295）によってすべての疑問が除かれた．彼は，そのような名は存在せず，バル・ヒンは誤読であることを証明した．Benajahu, 295–298頁はラビ・ヨセフにかんする入手可能なすべての情報を集めている．

191．Rosanes, 前掲書，497–498頁．ラファエル・ヨセフは最後のチェレビーであった．1669年の彼の殺害後，後継者は任命されなかった（Sambari）．

192．Alliance Israélite Universelle, Paris所蔵の写本，fol. 95. この部分はNeubauerによって印刷されたテクストにはないが，（グレーツの利用している）*Me⊃ora⊂oth ⊂Olam*にはある．

193．その年にダマスカスで書かれたラビ回答書が彼のラビ回答書集（MS. Oxford 832）*Be⊃er Majim Chajim*, no. 54のなかにある．*Bechinoth,* no. 8, 1955, p. 88も参照されたい．

194．MS. Paris, 上記注192参照．

195．最初の訪問で「カイロに２年間」滞在したというのは（*Relation*, p. 13）年代的に不可能である．著者は二つの訪問を取り違えている．

196．この誤りの源は結局クーネンである．彼はサバタイの二度目のエジプト訪問のことを全然知らなかった．それで彼は「２年か３年まえに」，すなわち1665年に（クーネンが書いたのは1667年だから）ガザで起きた出来事はサバタイがエルサレムへ来るまえに起こったと思ったのである．レイーブ・ベン・オーザー（Emden, p. 4）はこの誤りを踏襲したうえさらに空想的な粉飾をそれにほどこした．サバタイはエルサレムへの旅を続けるまえに数週間ナータンの

家に身を隠した等々．のちの著者たちはさらに混迷に拍車をかけた．

197．サバタイのエルサレム滞在期間を Tobias Aschkenasi: *Ma^casei Tobia*（Emden, p. 45）はあやまって２年延ばしている．1665年に書かれたガザからの手紙は，そのまえの２年間をカイロで送ったとはっきり言っている．したがって彼がそこに来たのは1663年であろう．*Relation* 13頁にもコンスタンチノープルに出回っていた報告から出た同じ情報が挙がっている．さらに S. Simonsohn によって刊行されたイタリア語の手紙 *JJS* 12, 1961, p. 40にも．この手紙は1666年12月に書かれた．

198．1665年12月にスコピエ（マケドニアのユスキュブ）で書かれた，エルサレムとアレッポからの報告に基づいているイタリア語の手紙によれば，»Del quel si facevano burla«（「人びとは彼のことをからかった」）．*Zion* 10, 1945, p. 63参照．

199．Uriel Heydt によれば，1690年にはエルサレムの182人のユダヤ人（その大半は戸主）によって人頭税が支払われたことがトルコの古文書からわかる．ラビは人頭税を払わなかった．同年モルデカイ・マルキは「こんにちエルサレムにはおよそ300人の戸主がいる」と書いた．とするとおよそ人口1000人である．季刊誌 *Jerusalem* 4, 1952, p. 177参照．数はおそらくサバタイの頃もたいして違わなかっただろう．他の，あまりあてにならない資料はもっと低く見積もっている．ブーヘンレーダー（「ユダヤ人のメシア速報」1666）は地理学者ヨハネス・ボテルス（16世紀末期）の報告に触れているが，それによるとエルサレムにはユダヤ人世帯はわずかしかなかった．「なぜかというと，メシア来臨のまえには天から大火が降って来て，この町一帯を燃やし尽くし，異国の異教の民らが町を汚していたいっさいの穢れと嫌らしさを一掃するだろうと人びとは信じているからである．ユダヤ人のエルサレム流入がこんなに少ない理由はまさにこれなのである．」この説明は他の資料にはない．

200．サロニキのモーセス［・ベン・イサアク］・ベン・ハビブがエルサレム訪問中に行なった「ラビ裁判での証言」（Emden, p. 53）．注87に引用した Benajahu の論文参照．

201．Moses Chagis: *Mischnath Chachamim*. no. 624.

202．M. Benajahu は1662年の記録文書のなかにサムエル・ガルミザンとサウル・ザハウィン（またはサヒン）の署名を見つけた．

203．Emden, p. 35.

204．*Zion* 19, 1954, p. 173の D. Tamar の所見参照．

205．ある言い伝えによれば，彼は自著 *Mathok Ha[⊃]Or*（MS. Isaac Alter, no. 170. このコレクションについては第１章注160を参照されたい）を書き終えたあと，1664年に死去した．詳しくいうと，エルサレムで424年シェヴァト新月（1664年冬）にである．このばあいだと彼はエルサレムでサバタイに会った可能性がある．

206. 年代その他の点から考えて，ベンヤミン・ハ゠レーヴィを *Chemdath Yamim* の著者とする A. Ja⊂ari の説は成り立たない．A. Ja⊂ari: *Ta⊂alumath Sefer*（1954）, p. 57と *Bechinoth* 8, 1955, pp. 88–89の G. Scholem を参照．

207. ヤコブ・ツェマッハにかんする拙論（*Kirjath Sefer* 26, 1950, pp. 185–188）を参照されたい．

208. Coenen, 前掲書，94頁．

209. Emden, p. 35. ここでクウェンケは，サバタイが彼の家族から金を受け取ることをこばんだ，ないしはそれを貧乏人にあたえたとした以前の主張と矛盾している．

210. ヤコブ・カビロにたいしてエルサレムのコミュニティが起こした訴訟にかんする記録はハイーム・ベンヴェニステのラビ回答書（上記注177参照）に含まれている．ベンヴェニステはカビロに有利な判決を下したが，父の思い出を「少しでも盗みの嫌疑」で汚さないためにエルサレムの代表者たちと和解するよう彼に忠告した．使節たちはときに横領や濫用の疑いをかけられることがあった．

211. 一連のハイーム・ヴィタールの *Peri ⊂Ez Chajim* の手書きの写し（MS. München 31; MS. Jew's College, London［Neubauer no. 76］; MS. Goldschmidt, 以前はハンブルクに）には1652年か1653にエルサレムでペストが猛威を振るったとき，ラファエル・カピオがダマスカスへ逃げたという報告が載っている．彼はダマスカスに滞在中（1653年イッヤル新月から1654年イッヤル新月まで）サムエル・ヴィタールから彼の父の自筆原稿⊂*Ez Chajim* を書き写す許可をえようとしたが果たせなかった．結局彼は苦労して読んだものを暗記した．彼は1654年にエルサレムへ戻ったから，サバタイの家が彼の敷地にあった可能性はある．カピオという名はイタリアにも現われる．サラ・カピオ・スッラームとしても知られる（Geiger の *Jüdische Zeitschrift* III［1869］, pp. 179–182参照）有名な女流詩人サラ・カピオはこの一族であった．

212. この名称はある無名のサバタイ派著者の典礼祈禱書 *Chemdath Yamim* に現われる．

213. Elija de Vidas, »Scha ⊂ar ha-Keduscha«, 第６章 *Reschith Chochma*（Munkacz, o. J.）, 140d–141a.「孤独の部屋」は18世紀のハーシードの文学でもしばしば言われる．

214. クウェンケも同じことを伝えている．この伝統の名残はギリシアの僧メレティオスにも残っており，彼はサバタイとその従者たちが「パレスチナの」洞穴へ引き籠ったことを知っていた（Galanté, 前掲書，108頁）．

215. Sasportas, p. 271.

216. M. Benajahu: *Kirjath Sefer* 21, 1945, p. 313参照．年代学的には，ナータンがラビ・アブラハム・イブン・ハナニヤから盗んだ本をお手本にガザでカバラーを研究したというモーセス・ハギスの話は，ハギスが若かりし頃エルサレ

ムに流れていた噂であると推測される．

217．J. M. Toledano: *Sarid u-Falit* 1, 1945, p. 21参照．記録全体を調べてみれば（その真正さを疑う理由は見当たらない），サバタイの伝記にいくらか光を当てることがことができるだろう．しかし，トレダーノが引用しているはっきりしない部分をもとにして確かな結論を引き出すことはできない．

218．*ᵓErez Jisrael* 3, 1954, pp. 245–246の M. Benajahu を参照されたい．

219．*Hollandtze Merkurius* の特派員も同様に，サバタイが「市の首長や税関局長」ととても親しかったことを知っていた．クウェンケも同じことを伝えているが，名前をひっくり返して，ラファエル・ヨセフのかわりに「ヨセフ・ラファエル氏」と書いている．

220．クウェンケがエムデンから写し取った報告によれば，サバタイは「すぐれた賢者，高潔なる故 R. Aaron Abin のもとに」住んでいた．「それというのもこの賢者といっしょにいることが彼のたっての願いだったからである．」この書き方はたしかに誤りであり，Aaron Archa というべきだろう．この人物はルーリアの弟子のひとりの孫で，名高いカバリスト Eliezer ibn Archa の息子であった．3人ともヘブロンに住んでいた．

221．道案内人，それとも従僕イェヒエルか．サバタイは従僕を連れずにエルサレムへ来た，とクウェンケは報じているが，しかし彼はまた，サバタイが馬でヘブロンに来たとき「先を歩く従僕をひとり連れていた」と書いている．

222．ラビ・サロモン・カッツが1672年の手紙で同じ証言をしている．

223．*Schocken Volume*, p. 165, とくに p. 169を参照されたい．サバタイが1672年に逮捕されたとき，彼は詩篇をうたっていた（de la Croix, 前掲書，383頁）．

224．レイーブ・ベン・オーザーの *Beschreibung*（MS. Shazar, fol. 54b; 32b も）参照．アブラハム・コーケシュの妻はレイーブの二親等の従姉妹だった．サバタイの敵対者ネヘミア・コーヘンは，「サバタイが詩篇をうたうとき，彼の顔を正視することはできなかった」と著者に伝えた（同所，fol. 55b）．

225．Coenen, 前掲書，28–29頁．

226．Coenen, 前掲書，35頁のスミルナにおけるサバタイの青少年時代．イスラエル・ハッサン（MS. Kaufmann. *Schocken Volume*, p. 165参照）はサバタイの神秘的な恋愛詩をエロチックな歌と誤解した「愚か者たち」にたいして抗議をした．サバタイは一度，それも生涯の最もドラマチックな瞬間のひとつに，そのようなエロチックな歌をスミルナのシナゴーグでうたったことがある．427頁参照．

227．『竜にかんする論文』（*Be ᶜIkwoth Maschiach*, p. 15）．モーセス・ハギスのクウェンケの報告への注釈（Emden, p. 35）と *Relation*, p. 37（「旋律的な歌」）も参照されたい．

228．Coenen, 前掲書，90頁と *Hollandtze Merkurius*, 1666年1月，2頁（»dicklyvig van postuyr, dan wel geproportioneert van lichaem«）．

229．Emden, p. 3.

230．Lejb b. Oser, *Beschreibung*（MS. Shazar, fol. 54）.

231．同書，fol. 32b.

232．*Schocken Volume*, p. 166. この記述はユダヤ教に改宗したある占星術師にかんする長い報告のなかに見られる．彼は一冊の占星術の本を所蔵していて，そこからメシアの身体の状態をアドリアノープルのサバタイグループに読み聞かせた．ナータンはそこにサバタイの特徴をすべて認めた．

233．J. B. de Rocoles: *Les imposteurs Insignes, ou Histoires de plusieurs Hommes de Néant*（Amsterdam 1683; 大ペテン師たち，あるいは何人かのろくでなしたちの実話）はクーネンの下手なコピーであり，そこには特異な個性的特徴は消え失せている．Joschua Levinsohn は de Recoles の肖像を真の「サバタイのポートレート」として S. P. Rabinowitz 編: *Keneseth Jisrael* 3, 1898, p. 554 に転載した．作者不明のフランス語の *Relation*（1667）と de Rie, *Wonderlyke Leevens-Loop van Sabbatai-Zevi*（Leiden 1739『サバタイ・ツヴィの数奇な生涯』）――後者は Josef Kastein, *Sabbatai Zewi: Der Messias von Izmir*（Berlin 1930; サバタイ・ツェヴィ．スミルナのメシア）に転載されている――は純然たる空想の絵である．それらのあいだに見られるある種の類似性から判断すると，それらはすべて共通のオリジナル，おそらく1665年末頃に現われた宣伝パンフから出たものと思われる．二つの絵（濃い口ひげと薄いあごひげ）にぴったり一致するサバタイの描写が1665年12月のポーランドの「回報」に載っている．M. Balaban, *Sabataizm w Polsce*（ポーランドにおけるサバタイ主義）, p. 38. この回報は多分にオランダかドイツの資料の翻訳と思われ，そのサバタイの描写は想像であろう．直接の証言とは全然合わないからである．1665–1666年にアムステルダムで印刷された祈禱書に表紙絵として現われる肖像は玉座に座る王の姿しかえがかれない．そのほか軍師というサバタイの想像画については下記参照．イェサヤ・ゾンネは，1665年ヴェネツィアで印刷されたハラハー書の表紙にえがかれた獅子にまたがる（ひげを生やした？）禿頭の男の像はサバタイ・ツヴィの架空の肖像である，という仮説を唱えた．*Sefunoth* 3–4, 1960, pp. 68–69参照．1665年に同じ出版社から出た他の書――それらは総計425［1665］をメシアのゲマトリア（*Maschiach Nagid*）としている――についても同じことが言われている．筆者はこれを非常に疑問に思う．正確な日付（6月と7月初め）により，メシアの「即位」の報せがこの時期にヴェネツィアに届いていた可能性は排除されるからである．相当な観察力をもつ偉大なフランスのユダヤ人作家ベルナール・ラザールが,「サバタイ・セヴィの肖像考」を書く計画を果たさずに終ったことは惜しまれる．

234．サバタイのガザ通行についてはクウェンケが述べている（Emden, p. 36）．事後まもないうちに書かれたサバタイ主義者の手紙（Habermann, p. 208）は，サバタイがエジプトから戻ったあとナータンはサバタイが初めてガザを通

ったというのに表敬の挨拶をしなかったことに赦しを乞うた，と伝えている．これは，サバタイ信者や空想力旺盛な歴史家たちのとなえたありもしない報告や伝説を始末するに十分足りるだろう．

235．結婚の日付は未解決の問題であったが（本書205頁と *SZ*, I, p. 145, 注1参照），最近このテーマにかんする重要な信頼すべき記録が出版された（A. Amarillo『サウル・アマリリョコレクションのサバタイ文書』［ヘブライ語］，*Sefunoth* 5, 1961, p. 256の文書 no. 5）．サバタイの結婚式は5424年ニサン５日に行なわれた．これによって本書のヘブライ語のオリジナル版における筆者の推測と省察は斥けられた．７年目の結婚記念日，5431年ニサン５日にサバタイはアドリアノープルのカーディの前で妻と離婚したと記録は述べている．この記録は，結婚式はサバタイの二度目のエジプト滞在のあいだに行なわれたとするクウェンケとクーネンの報告が根本的に正しいことを証明している．

236．»The Story of Sabbatai Sevi«, in *Zwi Muddach*, p. 133.

237．Sasportas, p. 4. それによると，彼女はナータンが「モーセの娘レベッカ」のためにとっておいたメシアの伴侶の肩書きを要求した．本書294頁参照．

238．ド・ラ・クロワだけがあやまって彼女の名をミリアムとしている．彼が引用している（277–286頁）彼女にかんする報告や手紙は純然たるフィクションで，歴史的価値はまったくない．サスポルタスの簡略版（Emden 所収）もクーネンやレイーブ・ベン・オーザーのも，クウェンケ（Emden, p. 36）やモーセス・ベン・ハビブの説明（同書，p. 59）に述べられている彼女の名を挙げていない．*Me⊃ora⊂oth Zwi* の著者は名前をエムデンから取っている．

239．サスポルタスは「約14年まえ」と言っている．この年は *Zizath Nobel Zwi* の書き出しの作成日にかんするティシュビーの説得力のある説明をもとに決定することができる．

240．Sasportas. p. 5.

241．上記注235参照．

242．Graetz, 前掲書，440頁は彼の使用したラテン語の資料をあやまって訳している．フランクフルト近郊の *Hanovia* は Hannover ではなく Hanau である．この名はドイツ語版の，J. Ragstatt de Weile: *Theatrum Lucidum* の補遺では正しく表記されている．

243．ドイツ語版，59頁．

244．Emden, p. 5. 渾名はイディッシュ語のオリジナルのみに現われる（MS. Shazar, fol. 16 b）．

245．わたしたちが目にしうる四つの報告はすべて，サラがキリスト教徒として育ったという点で一致している．奇想天外な詳細が多々あるなかでそれらの報告は類似点や接点も示している．サラはおそらく行先によって話を変えたのだろう．

Ragstatt 版では，みなしごはあるポーランド貴族の養女になった．彼女が成

人したとき，父の霊が現われ，彼女がユダヤ人であることを告げ，父祖の宗教に帰るよう彼女に命じた．養父が死ぬと，家族は彼女を嫁がせようとしたが，彼女は不思議にも空中を飛んでペルシアへ運ばれた．そこは彼女の父がフミェルニツキイの皆殺しを避けて逃れた場所であった．彼女は父の墓を教えられた．そのあと不思議なことに彼女は「アジア」へ運ばれ，あるユダヤ人墓地へ降ろされた．そこで彼女は天使から神の名が書かれた「皮の外套」（羊の皮）を授けられた．この皮の外套は一般にアダムの衣服と考えられていた，と Ragstatt は言っている．天使は彼女に，いずれ王妃，メシアの妻になるだろうとも明かした（それがのちに「サバタイ・ツヴィの妻」になった）．

レイーブ・ベン・オーザーは（Emden, p. 5 と MS. Shazar, fols. 16–17）娘と面識があって，彼女の話を聞いたことがあった「信頼できる情報通とラビたち，そしてそうこうするうちに亡くなったわたしの父から」，彼女が6歳の頃から尼僧院で生活していたことを聞いた．彼女が16歳になったとき，ポーランドのあるコミュニティのラビをしていた死んだ父親が現われ，彼女の私室の窓越しに彼女に魔法をかけ，彼女を遠い町のユダヤ人墓地に置いた．彼女はそこで発見されたとき，一枚の肌着以外何も身につけていなかった．彼女の父は結婚相手のメシアが見つかるまで町から町へ移動するようにとも命じていた．彼女は最後にアムステルダムへ送られた．そこには彼女のきょうだいのサムエルがポーランドから逃れて来ていた．多くの目撃者は，父が娘を運んで空を飛んだとき彼女の身体に残した指の爪痕を見たと主張した．アレッツォのバルーフは，イタリアに広まっていた話を伝えている．おそらくサラがリヴォルノに住んでいたときに語ったものだろう．彼女はむりやり洗礼を受けさせられ，そのあとポーランドの貴族夫人に育てられた．夫人は彼女を息子の嫁にしようとした．結婚式の前日，2年まえに亡くなった彼女の父親が現われ，「彼女はメシアの妻になるだろう」と銘文のはいった「皮の衣装」を彼女にあたえた．それを着て，彼女はユダヤ人墓地に行った．そこで彼女は発見され，町から町へ連れ回されたあげく，数年間リヴォルノにとどまり，それからエジプトへ行った．

ド・ラ・クロワの報告（前掲書，277–281頁）は「リヴォルノのラビに宛てたドイツのラビの手紙」としてなされている．そこには1670年にコンスンチノープルで広まった話のなかにあるのと同じ基本モチーフがある．サラは名高いラビである養父の家から拉致され，あるポーランドの貴族のころへ連れて来られた．貴族は彼女に洗礼を授けようとした．夜，父の霊が現われて，彼女を養父のもとへ連れ戻した．彼女は家にいなかったことで叱られた．ふたたび死んだ父が現われて，彼女をもっと危なくないところへやりたいと望んだ．旅には二人の年配の婦人が付き添った．この部分は，二人の監視役の婦人をつけることによって，彼女は身持ちが悪いという噂に対処しようとした以前の試みを思わせる．しかし，ド・ラ・クロワ自身はこの噂を知らなかった．Ragstatt 版に加えて，ここでヨハネス・ブラウが「新しいメシアのことを考えて悦にいって

いるオランダの被割礼者たから」聞いたサラの天の外套にかんする記述を引用しておきたい．ブラウンのラテン語の作品 *Bigdei Kehunna, De vestitutu sacerudotum ebraeorum*（ヘブライ人司祭の衣服について），Amsterdam 1698, p. 69の一節を翻訳する．「どんな話でも信ずるユダヤ人がいまだに本当の話だと思っている趣味の悪い話を知らぬひとはこの世におるまいとわたしは思う．数年まえ，この新しいペテン師サバタイ・ツェビ［！］の妻はおよそ6000年まえにエヴァが作った皮の外套を受け取った．多くの聖人や族長の名が刺繍され，金の文字で飾られたその外套は摩訶不思議にも天から彼女が父の霊によって裸で横たえられた野の上へ降って来たのである．父はユダヤ人だったが，彼女は自分がキリスト教徒として育てられたことしか知らなかった．この天の衣は新しいメシアの新妻によって大切に櫃のなかにしまわれていたのかとか……こんにちそれは何に使用されるのか，ということはわからない．」筆者にブラウンの書をご教示下さったのは Chimen Abramsky（London）博士である．

246. Sasportas, p. 5.「リヴォルノでよく知られているアシュケナージの淫婦の情事」については197頁も．

247. *Zwi Muddach*, pp. 126–127.

248. Coenen, 前掲書，11頁．

249.「途中で［彼は］リヴォルノの女を拾い，彼女を 3 人目の妻にした．」（Rycaut, 前掲書，p. 202）．

250.「彼女は淫らな女の評判をレヴァントまでもたらした」（*Relation*, p. 14）．さらに10頁には「サバタイの最後の妻は本当に若い頃娼婦だった」．

251. サラがサバタイ派の医師 Doctor Carun の息子を誘惑しようとしたこと，ならびにそれにたいするサバタイの反応については Emden, p. 53を参照されたい（上記注87も参照）．しかし，ラビ・モーセス・ベン・ハビブのものと言われる証言は疑わしい．

252. Coenen, 前掲書，p. 15はレイーブ・ベン・オーザーの典拠でもある．クーネンは疑いを隠さず，その噂を「愚かな群衆」のせいにした．

253. *Be ᑦIkwoth Maschiach*, pp. 41–43.

254. このテーマのナータンの論考はᑦ*Ez Chajim* におけるヴィタールの記述（»Schaᑦar ha-Kelipoth«, ch. 2）に依っている．細かい点すら伝統的なルーリアのカバラーから借用されているのだから，もし『竜にかんする論文』全体に伝記的カバラー的要素が浸透していなかったら，一致する出来事をサバタイの生涯のなかに探し求めるのは無駄なことのように思われるかもしれない．

255. 1666年早春にスミルナからオランダへ送られた手紙は「4000レーヴェン［ターラー］」という金額に触れている．レアルやレーヴェンターラーの価値には変動があり，のちにはかなり下落した．しかし，サバタイの頃は 4 レアルは 1 ドゥカーテン金貨に相当した（この情報は L. A. マイヤー教授のご教示によるものである）．

第三章

1.「ガザのナータン」という呼び名を最初に用いたのはサバタイ信者たちである（1666年に「われらの師ラビ・ナータン・ガザッティ［ガザの］」を讃えて書かれたアンコーナの詩のラビ・マハラレル・ハレルヤ，*HUCA* 7, 1930, 512参照）．ナータンの棄教後はサバタイ信者たちはこの名を捨てたが，反対者たちはそれを受け継ぐとともに，以前使用していた名誉称号（「ラビ」など）を省いた（棄教まえに書かれたリヴォルノのラビ・ヨセフ・ハ゠レーヴィの手紙を参照）．この名の形式はサスポルタスとエムデンによって広められたが，のちに姓と誤解された．文献目録やカタログは書物にも Nathan Ghazzati を用いた．1656–1666年頃のいくつかのサバタイ主義の記録や祈禱書ならびにアブラハム・クウェンケはまだナータン・アシュケナージと呼んでいる（スペイン語のテクストではナータン・エスケナジ）が，通常サバタイ信者たちは彼のことを MOHARAN（ヘブライ語で「われらの師，ラビ・ナータン」の略）とか「聖なる灯」（ゾーハルのなかでラビ・シモン・バル・ヨハイの称号）と言っている．キリスト教の資料ではしばしばナータン・レーヴィと書かれ，この誤りは二，三の歴史家に踏襲された．ナータン・レーヴィというかたちは二人の立役者，ナータン・アシュケナージとサバタイ・ツヴィの名のミックスである．後半の名はキリスト教徒にはなじみのないものなので，自動的にレーヴィに「修正され」たのである．

2. A. Ja⊂ari: *Scheluchej ⊃Erez Jisra⊃el*, pp. 147, 281–282参照．サスポルタスは，モロッコでサレのラビだったとき，つまり40年代後半，いずれにせよ1651年以前に，エリシャにあったと，繰り返し述べている．1665年にアレクサンドリアからトリポリのエルサレムのラビ・モーセス・タルディオラに宛てて手紙を書いたラビ・ヨセフ・アゾビブは，ナータンは「サムエル・リッサボーナ，わたしの思い違いでなければラビ・エリシャの息子，の娘婿である」と述べている（*Zion* 6, 1941, p. 86）．どうやら「ラビ・エリシャ」はよく知られた人物だったらしい．

3. G. Scholem: *Kitvej Jad be-Kabbala*, p. 104と，エリシャのもう一人の息子（彼のことは何もわかっていない）のことを述べている Ja⊂ari 前掲書，157頁参照．

4. この著作にたいするモーセス・ザクートの賛同，さらに *Maggid Mescharim*（Venedig）の第２部への序文を参照されたい．この両著作の印刷日付は不確かだった．筆者が1649年を選んだのは（*SZ* p. 164, 注１参照）その間の確かな推論に基づくものである（Werblowsky: *Joseph Karo*, p. 25, 注５参照）．

5. エルサレムの国立図書館所蔵の出エジプト記のゾーハルにかんするアブラハム・ガランテの注釈書 *Jaresch Jakar* の写本は，エリシャが1672年にメク

ネスへもたらした写本に基づいて作成された写しである.

6. Emden, p. 36.

7. 運動の最盛期に彼は22歳だったという. クーネンは1667年4月に22歳だったとしている. ナータンの自伝的書簡によれば, 彼はカバラーの研究を20歳で始めたという. 年代で言えばこれは1664年だったに違いない. そうだとすると生まれた年は1644年であろう. 1665年ナータンは22歳だったというアレッツォのバルーフの情報(Freimann, p. 46)は間違っているかもしれない.

8. クウェンケも, 何度もヘブロンから訪れたけれどもエルサレムでサバタイには会わなかったと言っている.

9. クウェンケによれば(Emden, p. 36)ダマスカスの高い税金を避けるためと, ガザの「王」(おそらくトルコの役職者. 1666年のサバタイ派の記録も同様にガザの「王」とか「パシャ」について語っている)がユダヤ人に好意をもっていたからである.

10. クウェンケはそう言っているが, ここの描写は信用がおけない. ナータンはセファルディーのコミュニティから援助を受けた物貰いだったといわれる. アシュケナージのコミュニティが自分たちの使節として外国へ派遣した名僧の家族の面倒を見たことは確かなのだろう(Sasportas, p. 34, 136参照). サスポルタスは, ナータンは師であるヤコブ・ハギスに面倒を見てもらっていたと言っている.

11. Rosanes, 前掲書, 4, 357頁. ヤコブ・ナヤラは父のモーセス・ナヤラ(1666年歿)のあとを継いでガザのラビになった.

12. 1665年にガザで書かれた手紙は, その年の夏にナータンの息子が生まれたと述べている(Haberman, *Kobez* ᶜ*al Jad*[以下 Habermanと引用]3[新シリーズ], p. 20参照). アレッツォのバルーフもガザにおけるナータンの結婚式と彼の義父の名前を述べているが, この記述のなかには, たとえばナータンは1665年に数人の子供をもっていたという話など, 作為的, 非現実的な点が多い.

13. この手稿(ニューヨークのユダヤ神学大学所蔵)にはM. Benajahuの伝えるところによれば, ナータンの父の活動にかんする話も含まれている. だから, ナータンはラビの啓示については先述のヨセフ・カロの啓示のばあいとは違って, 直接知っていたのである. ナータンの父はもうひとつ同様の資料, 1492年直前にスペインで書かれたラビ・ヨセフ・タイタツァクの啓示を少なくとも一部所有していたが, 息子もこの写本を知っていたことを示す直接の証拠はない. エリシャ・アシュケナージの手稿からの写しはタイタツァクの啓示にかんする拙論(*Sefunoth* 11所収)に発表されている.

14. ナータンが難解なカバラーの資料をマスターした並外れた早さは驚きであるが, 他に例がないわけではない. ヴィルナのガーオン(18世紀), エリヤは9歳のときヴィタールの『エツ・ハイーム』を6カ月でものにしたといわれている. J. Dienstagの論文を参照. »The Preface to Elijah of Vilna's commentary

on ⊃*Orah Hayyim*, by his Sons«, in *Talpioth* 4, 1949, p. 262.

15. ハフサカと言われる．数日間続き，軽い夕食で中止される．

16. 神的セフィロースの領域．

17. これはマイモーニデスの *Mischne Tora, Hildhot Jessodei ha-Tora* 7, 3 からの引用である．

18. 筆者は最初若干省略のあるこのテクストを *Die jüdische Mystik in ihren Hauptströmungen*（Frankfurt/Main 1967, p. 322: 最初は英語版［1941］, p. 410）に発表したとき，その日付を1667年としたが，エルサレムのベン・ツヴィ研究所のアマリリョ写本のなかに発見した手紙の全文はわたしの推測を否定するものだった．完全なテクストは *Kobez* ⊂*al Jad* 6（新シリーズ）, 1966, pp. 419–456に公表した．

19. モーセス・ハギスでさえ，ナータンの父が「タルムードに精通していた」彼をラビに任命したことを認めている（Emden, p. 36）．

20. 毎日朝の祈禱のさいに着用される祭服．

21. いわゆる「聖句箱」．平日の朝の祈禱のさいに着用される．敬虔な禁欲者は一日じゅうタリスとテフィリンを身に着けている．

22. MS. New York. Freimann（p. 35）はテクストを短縮しすぎて，まったく理解不能にしてしまった．

23. ほかにも彼の預言経験の性質にかんする興味深い詳細が，ニューヨークのユダヤ神学大学の蔵書のなかにわたしが発見した（MS. Adler 494, p. 7）ナータンの（惜しいことに）断片的な書簡に述べられている．預言の言葉は最初レリーフのような文字のかたちで現われる．次にこれらの文字からひとりの天使が浮き上がって，神の託宣を告げる．全文については⊃*Erez Jisra*⊃*el* 6（新シリーズ），1966, pp. 419–456の G. Scholem を参照されたい．預言の本質にかんするナータンの独断的な言辞（*Zemir* ⊃*Arissim*, MS. 大英博物館, Margoliouth 856, fol. 72a）はみずからの経験から出たものであることがこの手紙からわかる．「……預言者は……神的光によって文字が創られるのを見た．預言をしたとき，文字は物質化して，ひとりの天使を生み出した……そして［天使の］言葉が預言者に届き，預言者は預言をしたのである……」クウェンケとアレッツォのバルーフの叙述はこの経験を語り継いでいるものの（Freimann, p. 47)，両著者は物語風の素材をつけ加え，日付を取り違えている．

24. イザヤ書42, 13. これか，もしくは似通った表現の預言が，いろいろな資料に現われる．たとえばアムステルダム宛のナータンの手紙（Sasportas, p. 138）や，クウェンケの，そのほかの点では物語風の出来事の記述に（Emden, p. 37）．

25. アレッツォのバルーフも，幻視は「425年籔祭」直前に起きたと言っている（Freimann, p. 46）．しかし，ナータンの手紙を含んでいるギュンツブルク写本517（モスクワ), fol. 99a は籔祭後の週を幻視の日付としており，それによ

るならこの出来事は3月中頃と定められよう．

26. Emden, p. 36. テクストは第1版，アルトナ，fol. 18aにしたがって修正した．第2版には誤りが多いので．

27. A. Ja⊂ari（前掲書，410頁）はハギスの空想を歴史的事実と受け取ったばかりか，さらに多くの誤りをつけ加えた．ハギスはただ，ラビ・アブラハムはガザで病気になり，ヘブロンで死ぬべくそこへ運んでくれるよう望んだ，と言っただけである．しかし，実際に彼が亡くなった地はガザでもヘブロンでもなく，エルサレムであった．彼がヘブロンに住んでいたことを示す証拠はない．ハギスの年代決定はそれでなくても非現実的である．ナータンは結婚後1663年末か1664年始めにガザに定住した．Ja⊂ariはFrumkin, *Toledoth Chachmei Jeruschalajim* II, p. 30に惑わされた．

28. 天の来訪者とマッギーディームは追放後の時代のカバラーの著作でしばしば言及される．コルドヴェロとヴィタールはそれらについて体系的に論じている．カバラーのテクストはマッギードの影響下で書かれたものが多い．たとえば，*Sefer ha-Meschib*（G. Scholem, *Kitvej Jad be-Kabbala*, pp. 86–89参照）とJoseph Karoの*Maggid Mescharim*. このテーマ全体についてはWerblowsky: *Joseph Karo*, pp. 75–83, 265–266, 283ff. 参照．

29. G. ショーレム『イスラエル・ザールーク――ルーリアの弟子か』（ヘブライ語），*Zion* 8, 1940, pp. 214–243参照．この論文にたいするS. A. Horodezkiの批判（*Torath ha-Kabbala schel ha-⊃Ari*［1947］, pp. 79–81）は事実や論証に何ひとつ反駁できなかった．第一章36頁も参照されたい．

30. Sanhedrin 98aに関連している．「ダビデの子は完全に正しいか，完全に罪深い世代にしか来ないだろう．」66頁も参照されたい．

31. *Zion* 3, 1938, p. 228のテクスト．

32. *Kobez Iggeroth ha-Rambam* II, 9b.

33. サバタイ伝説が出来事の年代順を変えることに成功した早さはハーバーマン（207頁）が公表した書簡のひとつからわかる．ナータンは「本」（すなわち『ラビ・アブラハムの幻視』）を発見し，そのあと預言の霊が乗り移った．ガンドゥールの書簡（同所）は逆の――正しい――順序を示している．

34. アレッツォのバルーフ（Freimann, p. 46）参照．クウェンケはパレスチナの言い伝えを報じている．「ガザの住民は彼の態度の変化に気づいた．彼は人びとに彼らの内密の罪を話して聞かせたりして悔い改めを説きはじめ，聖霊の宿りを証明した．」*Zion* 10, 1945, p. 58も参照されたい．

35. ガザの出来事にかんするわたしたちの知識の最も重要な典拠はHaberman, pp. 207 ff. によって公表された書簡である．

36. ガンドゥールがナータンの交流範囲に現われるのは70年代終りになってである．コロンビア大学図書館のサバタイ派のメモ帳と，*Zion* 7, 1942, p. 180に発表された*To⊂ej Ruach*の原文を参照されたい．彼はのちに，たぶん1680年

以後，エジプトへ戻り，高名なラビとしてその地で暮らした．1704年，彼はラビ Joseph b. Elija Chassan の著作⊂*Ein Jehosef* を承認する署名をした．彼がサバタイ信仰を棄てたことを示すものは何もない．

37．Frances は彼をハイームと呼んでいる（*Zwi Muddach*, p. 134）．ハナニヤ Chanania は，彼が兄のラファエル・ヨセフに書いた手紙の英語版（*Several New Letters concerning the Jews*, 1666, p. 1 所収）では *Hannie* というかたちで示されている．

38．年代決定は1665年後半にエジプトで書かれた手紙に見られる報告によって確証される（Haberman, p. 208）．

39．同所．

40．Emden, p. 36.

41．Cuenque（Emden, p. 37）．

42．目撃報告のなかでさえ歴史から伝説への移行が異常な早さで行なわれた．最初の記録からしてすでに日付や年代を取り違えていて，伝説めいた奇跡話にあふれている．1665年 7 月始めにガザで書かれ，7 月20日にアレッポに届いた一通の手紙はそのまえ 4 ヵ月間の出来事の記述と称しているが，この作り話への変形のプロセスを示すわたしたちの最初の証拠のひとつである．*Kirjath Sefer* 33, 1958, pp. 532–540の G. ショーレム『サバタイ運動の開始にかんする新しい記録』（ヘブライ語）を参照されたい．

43．*Zion* 7, 1942, p. 191.

44．*Relation*, 15頁，とくに 7–8 頁．「サバタイ・セイは数日後がザに到着した．ナータン・ベンヤミンはぬかりなく礼のかぎりを尽くして迎え，彼にたいして上司や主人，自分の大切な人にたいするように敬意を払った．そして彼がなんと言おうと，彼こそ本当にメシアなのだということを彼に納得させようとした．サバタイはしきりに言い訳して，顕職にある者の特性であるはずのそんな晴れがましい資格など自分にはまったくないと無邪気に言い張った．」サバタイの拒否の反響は，アレッツォのバルーフによって物語風に変形されてであるとはいえ長く続いた（Freimann, p. 47）．ガザからの手紙によれば（上記注42参照），サバタイはメシアとして迎えられることをこばんだ．彼はそれを馬鹿げた夢と見たのである（同書，534頁）．

45．Sasportas, pp. 3–4.

46．Haberman, p. 208.

47．ガザからの手紙（上記注42）が，サバタイは五旬節の 3 日後にガザに着いた（同書，534頁）と言っているのは誤りであろう．

48．アレッツォのバルーフ（Freimann, pp. 46–47）．彼がくどくどと書いているサバタイがガザに到着した折りの歓迎の模様はまったくのつくりごとである．

49．1668年にナータンから聞いた話にかんするアンコーナのマハラレル・ハレルヤの記述がいま知られている．ナータンが言うには，この機会にサバタイ

は彼の名をアブラハム・ナータンからベンヤミン・ナータンに変えた．のちの資料ではすべからくそう呼ばれている．それというのも，ナータンはこの夜そこに神秘的に現われる魂たちが属する十二部族のうちのベンヤミン族を代表するからである．筆者が *Wolfson* 記念論集（1965）ヘブライ語部門，234頁に発表したヘブライ語の報告を参照されたい．これはナータンの記憶違いなのか，それとも彼のパートナーの意識的な惑わしなのか，はっきり決めがたいところである．十二部族の選出にかんする下記注69参照．この名前の変更は，イエスが使徒の名をレビからマタイに変えたという福音書の報告を想起させる．

50．民数記12, 3. メシア役を引き受けるのをサバタイがこばんだことを指すのか．

51．ゾーハルの神秘的な英雄のひとり．ここでは象徴的にサバタイを表わすのだろう．ゾーハル III, 47b に関係すると思われる．

52．たとえば Sasportas（16頁）. 彼の情報提供者はもはやその出来事が1665年の五旬節に起こったのか，それとも 4 ヵ月後の仮庵祭に起こったのか知らなかった．Frances: *Zwi Muddach*, p. 134ではもっと物語風で混乱している．

53．アルカベーツの手紙は最初は *Jesaja Horovitz' SHeLaH*（1648）に，その後 Karo の *Maggid Mescharim* の序文として発表された．H. L. Gordon, *The Maggid of Karo*（1949）, pp. 104–111と Werblowsky: *Joseph Karo*, pp. 19–21参照．

54．ヘブロンのペレイラのイェシヴァについては，ヘブライ語の季刊誌 *Jeruschalajim* 4, 1952, pp. 185–202の A. Ja⊂ari を参照されたい．

55．メイール・ローフェは1674年から1678年のあいだリヴォルノにいたから，アレッツォのバルーフはその情報の多くを彼からもらっていたかもしれない．たとえば彼は，サバタイは五旬節の前夜その場にいなかったと報じているが，これは正しい（Freimann, p. 47）．サバタイ主義的内容をもつ一連（24通）のローフェ直筆の手紙は大英博物館にあり（Or. 9165），J. Tishby によって *Sefunoth* 3–4, 1960, pp. 71–130に公表された．妙なことに，アレッツォのバルーフはローフェの姓（もともとはデル・メディコ？）を職業名と誤解し，彼のことを医師と書いたらしい．彼が伝えている出来事はたしかにそれほど証明力はない．ナータンは預言のトランス状態で失神した．ラビ・メイールは「医者がするように彼の脈を取り，彼はもう生きていないと言った．すると人びとは死者のばあいと同じように彼の顔を覆ったが，それからまもなく低い声が聞こえたので，人びとが覆いを取ると，なんと彼の口から声がした．でも唇は動いていなかった」．

56．*Zion* 7, 1942, p. 191.

57．「甦らせる」という動詞の目的語が一人称複数で立っている本文の明瞭な意味に反して．

58．すなわち，それは子音の重複を表わす文法記号強ダゲシュをもっているのである．マソラ本文ではこの 2 語のなかの *N* はダゲシュをもっていない．

59. *Zion* 7, 同所．それによれば，サバタイはそこにいたという．

60. サバタイの照明の再開のことはガザからアレッポへの手紙（上記注42参照）にも述べられているが，そこではおよそ1週間ほど遅い日付になっている．

61. シヴァン17日はニューヨーク写本．フライマンはこれからサバタイ派の祝祭日の一覧表を印刷している．シヴァン15日は写本 Adler 493. これはしかし「ガザに」という重要な言葉を省いている．シヴァン14日は Emden, p. 75. ここでは「原因論」はまったく省かれ，*zemach*［「生育」ないし「枝」］という言葉だけ残っている．それとデンメーの祝祭暦．これはこの祭の意味をもはや知らなかった（Galanté, p. 47参照）．

62. 二つの良質の17世紀の写本ではそうなっている．のちの写本の歪曲（たとえば *ha ⊃aratho*「彼の照明」というかわりに *horatho*「彼の受胎」というなど）は多くの著者を惑わした．第二章，注3参照．

63. ティシュビー（Sasportas, p. 78への注）．彼は，タンムーツ17日は1666年の出来事に関連しているのであって，1665年とラニアードが伝えた出来事にではないと推測している．

64. Sasportas, pp. 78, 130. 2通目の手紙は「タンムーツ17日にわたしの精神と魂が甦ってから1週間後」のタンムーツ23ないし24日に関連している．

65. 彼がタンムーツ17日にはまだガザにいたと仮定してだが，これは非常に疑わしい．259–260頁参照．この日付（17日）のヘブライ語での書き方は「祭日」とも読むことができる．

66. *Kirjath Sefer* 33, 1958, p. 534.

67. ガザからアレッポへの手紙（同書）参照．「そしてエルサレムではみな彼を脆拝した．」

68. Haberman, p. 208.

69. 十二部族の選出のことはナータン（1666年末のアレッポへの書簡．Coenen, p. 101参照）や古い写本（Wilna 1879, p. 14）にしたがって N. ブリュルによって公刊された『サバタイ・ツヴィ物語』にも述べられている．イタリア人著者（たぶんラビ・サムソン・バッキー．403頁参照）はどうやらラニアードの記述を裏づける記録を見たらしい．というのも，こう報告しているからである．「わたしが耳にした，そして［また］書かれた記録で見たところによれば，サバタイはガザで悪しき道を歩みはじめ，12人の人を定め，彼らを十二部族と名づけた．」チューリヒのホッティンガー・コレクションにある手紙（vol. 30, fol. 349b）によれば，コンスタンチノープルの信者たちは，ナータンが1666年夏に「12人のラビをともなって」来るのを待っていた．上記注49も参照されたい．

70. *Kobez ⊂al Jad* 6, 新シリーズ., pt. 2, 1966, p. 433に公表されたナータンの手紙から．この手紙は1673–1674年頃に書かれたものであるから，のちの対話にも関係しているかもしれない．しかし，二人がパレスチナにいたときにそ

のような対話がなされた可能性も排除しきれない.

71. 翻訳は *Be⊂Ikwoth Maschiach*, pp. 59–61の確かと思われる本文に依っている. Sasportas, pp. 157–160の本文も参照されたい.

72. 雅歌から採られたこの表現は,「自動的なスピーチ」, すなわち天のマッギードの声というカリスマ的現象を叙述するためにどうやらヨセフ・カロが初めて使用し, のちに他の著者たちにも使用されたようだ.

73. あるいは「舟」(⊃*arba*⊃). たぶんノアの方舟を指しているのだろう. ティシュビー (Sasportasへの注, p. 158) は⊃*arka*⊃と読むほうがいいとしている. この文は意図的に曖昧にされているように思われる.

74. レビ記11, 30参照. MS. Adler 494はさらに「そしてとかげが」とつけ加えている. 不浄な動物はどうやらケリパーの象徴的代表らしい.

75. タルムード (*B. Mo⊂ed Katan* 18a) におけるファラオの侮蔑的な描写に基づいている. ナータンの逆説的な象徴表現ではメシアは真のファラオである. 319頁参照.

76. 明らかにサバタイの浮き沈み, 昂揚の気分と奈落, ケリポースの牢獄への「墜落」に関係している.

77. マルコ13, 32参照.「……だれも知らない. 天にいる御使いたちも (……) 知らない.」

78. サバタイの「神性の秘義」を指す.

79. ハバクク書2, 4. ヘブライ語の単語の頭文字がツヴィをかたちづくっている〔後半部分, וצדיק באמונתו יחיה . . .「義しき者はその信仰によって生きる」の3語の頭文字を取れば צבי ツヴィの綴りとなる〕.

80. 歴代志下15, 3. サバタイ派の著者たちが好んで用いた句.

81. レビ記3, 4に基づく表現. 卑劣な非道な導き手たちの描写はゾーハル (ラーヤ・メヘムナーとティックーニーム) から採られたもの. 本書251頁とゾーハル III, 124b参照.

82. サバタイの「奇矯な振舞い」との関連.

83. 夜の夢精から生まれた悪魔たち. ゾーハル III, 67bff. と本書133頁参照.

84. このことはすでにD. Kahana: *Toledoth ha-Mekubbalim*, vol. I, p. 71によって述べられている.

85. ド・ラ・クロワは, エルサレムのラビたちがナータンを責め立てたと言っている. (289頁と293頁. 彼らはナータンを殺そうと決めたが,『ラビ・アブラハムの幻視』を発見したあと, 決心を翻した.) 彼の詳細はすべて勝手なつくりごとである. ド・ラ・クロワはもっていたかもしれない信頼できる情報を救いようもなくごちゃごちゃにしてしまったか, それともコンスタンチノープルで聞いた話に基づいたのか, どちらかである. いずれにせよ, 彼は迫害をなんらかの律法違反のせいではなく, ユダヤ人コミュニティを危機におとしいれた「偽預言者」としてのナータンの策動のせいにしたのである.

86. Rosanes，前掲書，IV 411, 437頁．ロザーネスはこの途方もない理論の起源を明らかにすることはできなかった．サスポルタスの *Zizath Nobel Zwi* の完全なテクストをティシュビーが出版したことによって初めて謎が解けた．

87. サスポルタス（207頁）はアドリアノープルからの手紙を引用しているが，それによるとサバタイは公衆の面前でナータンを罵った．ナータンが嘘の幻視で彼をだましたからである．彼はまたヤキーニのことも「嘘とまやかし」だといって罵ったという．サスポルタスが自分の記述（157頁）を発表したとき，彼はいま一度その（207頁に正しく印刷された）手紙を見直すことをせず，自分の記憶に頼った．この怠慢の結果，彼は資料がはっきりナータンについて言っていることをヤキーニのことにしてしまい，ヤキーニは Emden（38頁）や作者不詳の *Me⊃ora⊂oth Zwi* から J. Kastein の *The Messiah of Izmir* にまで及ぶ文学作品で悪役としての経歴を開始した．

88. わたしはいろいろなヴァージョンを *Be⊂Ikwoth Maschiach*, pp. 54–56で論じた．⑴ラビ・ホセア・ナンタワによると，ナータンは「ソロモンの偉大な知恵」の一巻に預言を見出した（Sasportas, p. 157）．⑵ナータンは［預言者エリヤから？］ある場所へ行って本を見つけるよう命令を受けた（Freimann, p. 95）．⑶ある初期のエジプトからの手紙は『幻視』の発見をナータンの預言の開始と結びつけている．エリヤがナータンに現われ，ガザのシナゴーグ内のある場所で本を探すよう命じた．彼は所定の場所を掘ったとき洞穴を発見し，そのなかに本を見つけた．彼はそれを家に持ち帰って読んだ．そのあと預言が始まった．⑷サバタイ主義の唱導者マッターティアス・ブロッホ・アシュケナージは「彼［ナータン］が預言者サムエルの洞穴のなかに」，したがってガザではなく，エルサレムの近辺で「見つけたアブラハムの本」から引用している．（ついでに言えば，マッターティアス・ブロッホが引用した部分はわたしたちの『幻視』本文にではなく，それへの注釈のなかにある．*Zion* 7, 1942, p. 193参照．）サバタイと彼の仲間たちがサムエルの墓を詣でたという奇妙な話はモーセス［・ベン・イサアク］・ベン・ハビブの『証言』（Emden, p. 53）に伝えられている．⑸ド・ラ・クロワはとりとめのない話をしている．それによると，サバタイは彼を信じない数人のラビをともなって古い墓へ行き，そのなかのひとつを開けさせた．その穴のなかに彼は羊皮紙に書かれた本のはいったひとつの陶製の壺を見つけた．その本にはこう書かれていた．「モルデカイ・ツヴィに息子が生まれた．その子はイスラエルのメシアである．」⑹クウェンケの話はまったく違う．ナータンはサバタイに，エリヤが一冊の本をくれたと話した．そこにはサバタイから6000年末までの世界の話が載っていた．サバタイは彼にその本を持って来るよう命じ，その一頁目を破り取った．（彼はそれを読み，写し取ることを許した．）本の残りは墓地に埋めさせた（Emden, p. 38）．本の隠蔽の示唆は他のいろいろな資料にもある．たとえば，17世紀末頃エルサレムで（すなわち空間的にも時間的にもクウェンケの近くで）書かれた MS. Hal-

berstamm 40. Freimann（p. 99）によって写されたニューヨークの写本も同様に，ナータンに啓示された聖なる書物から引用している．彼はそれを「父親以外だれにも見せなかった．仲間たちにはこの［部分］だけ写させ，ほかは写させなかった……そして聖なるラビ・ナータンはほかにも天から啓示された書を２冊もっている」．このテクストは1667年夏に書かれた．というのも，写しは次の言葉で始まっているからである．「タンムーツ７日水曜日に，タンムーツ１日にオーフェン（すなわちブーダ）で書かれた手紙が［イタリアの］当地に届いた．」タンムーツ７日は1667年と1670年で水曜にあたっている．しかし周知のように，エリシャ・アシュケナージがブーダにいたのは1667年夏だけである．サスポルタス（207頁）によって写されたアドリアノープルからの手紙が主張するところによれば，サバタイは棄教後に，ナータンはメシアの解放にかんする古い写本を見つけ，そこからメシアの名を除いて，かわりにサバタイの名を挿入した，と語った．しかし，この証言はほとんど信じがたい．

89．*Zion* 3, 1938, p. 229. サバタイ派のメモ帳，コロンビア大学，fol. 18b も．『幻視』の一部隠蔽にかんする前注も参照されたい．

90．注88に引用されているブーダからの手紙参照．

91．巻物は「年ふりてぼろぼろになった紙の上に古文字で」書かれていたというクウェンケの証言はこの話の不確かな部分のひとつである．

92．たとえば，山に登ることと穴に落ちることの解釈．筆者は注釈のいまなお残存している部分を *Be⊂Ikwoth Maschiach*, pp. 61–65に発表した．

93．MS. Oxford, Neubauer, 1777.

94．アレッツォのバルーフ（Freimann, p. 58）．注49も参照されたい．

95．たとえば，ハーバーマンによって出版されたエジプトからの手紙のなかに．

96．Haberman, p. 209. 別の表示がないかぎり，本章での引用はすべてこの資料からである．

97．*Schocken Volume*, p. 165参照．

98．同，164頁（エルサレム，ユダヤ国立図書館の MS. 8° 1466から）．

99．同．

100．Karo の *Schulchan Aruch*の*Orach Chajjim* の部分への注釈書 *Turej Sahab* の著者．

101．Sasportas, p. 78.

102．『サウル・アマリリョコレクションのサバタイ文書』（ヘブライ語）．*Sefunoth* 5, 1961, 249所収．

103．年報 *Zion* 6, 1934, p. 56の Z. Rubashov-Shazar. ここに引用された語はアレッツォのバルーフの記念論集に載っているこの手紙の写しにはない（Freimann, p. 68）．

104．Erich Neumann: *The Origins and History of Consciousness*. New York

1955のウロボロスにかんする章を参照されたい.

105. Sohar II, 176b, 179a; III, 205b.

106. この記述は，サバタイはタンムーツ17日後までガザにいたという伝統的な推測にしたがっている．しかし，サバタイがアレッポに到着したのはアブ8日である，つまり3週間（その一部を彼はエルサレムで過ごした）後では絶対ないという事実に鑑みれば，この年代決定はけっして確かではない．アレッポからの手紙に挿入されたガザからの手紙は，支持者たちにたいするサバタイの「さあ立ってエルサレムへ行こう」という要請がメシア宣言の直後に言われたことを推測させる．それゆえ，彼はシヴァン終り頃かタンムーツ始め頃に到着した可能性がある．このばあい，断食はナータンによって中止されたのであって，サバタイによってではない．サバタイはこのときにはもうガザにおらず，たぶんパレスチナにもいなかっただろう．ガザからの手紙は，サバタイの照明の発作がことのほか強かったものの，比較的短かったことを示唆している．

107. Rycaut, p. 202と Coenen, p. 11参照．エジプトからの手紙を見れば，これが起こったのは1665年であり，グレーツが考えたように1666年ではないことに疑いをはさむ余地はない.

108. *Kirjath Sefer* 33, 1958, p. 534.

109. Rycaut, p. 202.

110. 始まりつつある運動のニュースが夏のあいだにヨーロッパへ届かなかったのはなぜなのか，いまだに謎である.

111. ガザからアレッポへのこの手紙はアヴ7日，7月20日に届いており（*Kirjath Sefer* 33, 1958, p. 532），したがって書かれたのはタンムーツ終り頃，1665年7月始めである.

112. この両ユダヤ人コミュニティの歴史はつねに密接に関係していた．おそらく地理的に近かったためだけでなく，家族的なつながりのためでもあったろう.

113. Haberman, p. 209と，アムステルダム出身の元教師，シャーローム・ベン・ヨセフの手紙（Sasportas, p. 242）を参照されたい.

114. しかし，本書271頁参照．サバタイがタンムーツ17日まえにエルサレムを通ったのなら，ガザでの断食の廃止は彼にたいするラビたちの反対の要因にならなかったはずである.

115. ゲマトリアによると，シャッダイ＝サバタイ・ツヴィ.

116. この大司祭への任命のほかに，ナヤラはルーベン族の代表にもさせられた．1672年モロッコ訪問中はまだルーベン・ヤコブ・ナヤラの名で署名していた．（Freimann, p. 98参照）

117. ラニアードの手紙（*Zion* 7, 1942, p. 192）．この詳細は，ヤコブ・ナヤラが他の数人のガザ出身者たちといっしょに最初の大司祭アアロンの墓に自分の名を書いた（彼はそこで神秘的なティックーンを行なっていたらしい）とい

う奇妙な事情に符合する．故ベン・ツヴィー世は初めてアアロンの墓詣でとサバタイによるナヤラの大司祭任命との結びつきを指摘した（*Zion* 8, 1943, pp. 156–157）．生け贄の再興の問題は実際に先代のハラハーの権威たちによって論議された．

118．エルサレム行きの日付については244頁参照．おそらく1665年６月半ばに行なわれたものと思われる．

119．*Kirjath Sefer* 33, 1958, p. 534.

120．Haberman, pp. 208–209参照．G. Scholem によって *Zion* 10, 1945, 63に公表された1665年12月の手紙．手紙には緑のマント，あるいはひょっとすると頭巾のことも述べられている．アレッツォのバルーフ（Freimann, p. 48）．フランス語の *Relation*（８頁）によれば，サバタイはパレスチナの町々を彼の預言者をともなわずに訪問した．彼がエジプトで集めた4000グロス（すなわちレアル）の金を貧者たちに分けあたえたことは *Hollandtze Merkurius* のオランダ人通信員によって報告されている．スミルナとコンスタンチノープルのほかのキリスト教の著者たちやレイーブ・ベン・オーザーも，密告や訴訟手続きのことは何も聞いていない．

121．*Ha-Tekufah* 23, 1925, p. 346 の Jakob Mann を参照．»The Scroll of Obadiah the Proselyte«（改宗者オバデヤの巻物）にかんする S. Goitein の論文（*Ha-Arez*, 1955年12月９日所収）も参照されたい．

122．Emden, p. 38.

123．*Hollandtze Merkurius*, 1666年１月．オランダ語の *lastering* は瀆神的な言動を指すのかもしれない．

124．ヘブロンはアブラハム・クウェンケの故郷の町であり，この方向を匂わす彼の示唆についてはすでに述べた．

125．Emden, p. 53.

126．ヘブロンの多くのラビたちはサバタイの棄教後も忠実な信者でありつづけた．

127．これらの手紙はもはや遺っていないが，その実質的内容は，アムステルダムから特定のポーランドの貴族たちに送られた，おそらくラテン語かドイツ語で書かれたキリスト教徒のニュース報道に遺っている．ポーランド語の本文は Balaban: *Sabataizm w Polsce*, p. 40に発表された．これらの書簡はほかの初期の報告と同様にナータンとサバタイを取り違えているが，報告が後者を指していることは明白である．

128．Sasportas, pp. 21, 46.

129．次のものを参照されたい．Framkin: *Toledoth Chachmej Jeruschalajim*, pt. II, pp. 33–34; *Kirjath Sefer* 25, 1949, pp. 113–114の Tishby. これはスミルナのエリヤ・コーヘン: *Misbeach ⊃Elijahu*, 1867, fol. 122c に引用されている．彼は1672年に亡くなった．*RÉJ* 4, 1882, p. 118に彼の死を悼む R. S. Graziano の悲歌

のことが述べられている．

130．当代初めの数世紀においてラビ学の重要な中心地であった．

131．エジプトからの手紙（Haberman, p. 210）．スコピエからの手紙（パレスチナからの手紙に基づいている），1665年12月11日付（*Zion* 10, 1945, p. 64）．クウェンケ（Emden, p. 38）．墓を見つけて，そこに埋葬されている聖人の霊から霊感を受けるというルーリアの習慣との類似性がすべての報告にはっきり表われている．ラビ・エリエーゼル・ヒルカノスの墓を発見したときの模様をのちにサムエル・ガンドゥールがカストリアのラビ，シェマヤ・デ・マヨに大変詳しく，生き生きと語った．ガンドゥールはナータンの旅のお供をしたグループのひとりだった．その報告は1815年トリポリのアブラハム・カルフォンがまとめた*Ma⊂asse Zaddikim* に保存されている．MS. Ben-Zwi Institute, §132.

132．Sasportas, p. 187, G. Scholem, *Zion* 6, 1941, pp. 87–88, 13/14, 1948, pp. 59–62参照．彼はサロニキで生まれ，そのあとパレスチナへ行き，そこで有名なカバリスト，ヘブロンのアブラハム・アズライの娘婿になった．エルサレムで死去したが，サバタイを知ったのはたぶん1662/1663年であろう．

133．ハーバーマンによって出版されたエジプトからの手紙は210頁10行目まではサムエル・ガンドゥールの手紙に基づいている．続き（210頁11行目から211頁 8 行目まで）の筆者がだれであるかは，次の考察から確かめられる．(a)エマニュエル・フランセスは（*Zwi Muddach*, p. 134）チェレビーが弟のハイーム・ヨセフをガザへ送ったと述べている．ハイーム・ヨセフの手紙（ないしはその抜粋）が英訳で *Several New Letters concerning the Jews*, p. 1 に掲載された．(b)1665年末に書かれたこの手紙はガザからの手紙（Haberman, p. 210下）と同じエルサレムのラビ・イスラエル・ベンヤミンにかんする話（本書284頁参照）を伝えている．このことから，両書簡は同一の通信者の手になるものと仮定するのが妥当であると思われる．チェレビーたちは報せをさらにイタリアへ伝えた．実際英語の手紙は，「全エジプト金庫番から当地［すなわちリヴォルノ］に住む彼の兄弟宛に書かれたユダヤ人にたいする預言にかんする手紙，リヴォルノ，1666年 1 月25日」という記述で結んでいる．チェレビー兄弟のひとり，サロモン・ヨセフが1665–1666年にリヴォルノにいたことはほかの資料からわかっている．アレッツォのバルーフはラビ・イスラエル・ベンヤミンの話もしているが（Freimann, p. 46），彼がそれを英語のパンフレットからではなく，カイロからリヴォルノやヴェネツィアへ送られた手紙の写しから採ったことは間違いない．

134．M. Benajahu, *Festschrift Asaf*, 1953, p. 116参照．彼は他の記録における書き方をもとに Kuta と Guta という名が同一のものであることを示した．

135．彼のフルネームは著書 *Kelal Katan*，コンスタンチノープル，1665年の表紙に「マッターティアス Mattathias, またの名リーバーマン Lieberman……クラクフのブロッホ家出身ラビ・ヴォルフ・ライヒ・ファイヴェルス Wolf Reich

Feiwelsの子」と記されている．*Kirjath Sefer* 36, 1961, pp. 525–534のA. Ja⊂ari『サバタイ派の預言者マッターティアス・ブロッホとは何者か』を参照されたい．彼はそれによると，クラクフの名門一家の出であった．ヤーアーリが示したように，ドイツ人の「リーバーマン」はユダヤ人のマッターティアスに相当するのである．»Wolf« という父の名は，彼が通常 »Mattathias ben Benjamin Ze⊃eb Aschkenasi Bloch« と署名する理由なのだろう．先述の *Kelab Katan*（その写しはわずかしか遺っていない）は彼の大著 *Kelal Gadol* の抜粋で，ブロッホがパレスチナへ戻る途中，1660年秋（Ja⊂ari, p. 529）——あるいは1665年か？——にルーマニアのヤッシイで行なった申命記32にかんする聖書訓話である．彼はカバラーの作品も書いている（Ja⊂ari, 同所）．ブロッホはクラクフのラビ・メナヘム・メンデル・クロッホマールの学校で学んだ．この人はクラクフのラビ・ヘッシェルの弟子で，ラビ回答書 *Zemach Zedek* の著者であるが，1661年ニコルスブルクで亡くなった．ラビ・マッターティアスは，彼の息子や弟子たちに宛てた韻文の倫理的な遺言からわかるように，1648–1655年の大虐殺を生き延びた（Ja⊂ari, pp. 531–532)．年代研究は，彼がサバタイに会ったのは（Ja⊂ari, p. 534で言われているような）1668年でも，（わたしが考えたような，*SZ*，p. 155）1663年でもなく，1665年，サバタイのエルサレム出立まえであったことを示しているように思われる．

136．モーセス・ハギスのクウェンケへの注（Emden, p. 38)．

137．Emden, p. 53. 混乱した作り話風の素材以外にも重要な信頼すべき情報をたくさん含んでいるこの言はサロニキのモーセス・ベン・イサアク・ベン・ハビブから出たものであり，1696年エルサレムで死去した，モーセス・ガランテの義理のきょうだいモーセス・ベン・サロモン・ベン・ハビブからではないことをM. Benajahuは示した．第2章，注87参照．

138．同所．サバタイの手紙とそれにたいするガランテの反応にかんする詳細はおそらくモーセス・ベン・ハビブから出たものだろう．サバタイが1666年においてもこんなふうに手紙に署名をしたことは周知の事実である．この発言のなかにあるもうひとつの詳細は，叙述がまったく作り話めいているけれども，価値ある真実の核心を含んでいるかもしれない．それによれば，サバタイと彼の仲間は預言者サムエルの墓に詣でたという．そこでサバタイはみんなと騒ぎまくったあと，杖で墓石を叩いた．そうすることによって彼はサムエルの預言能力を「奪い取り」，それを「あるどうしようもない放蕩者，サムエル・ラザバーニ」に移した．サバタイのそういう儀式好き（本書419頁参照）を考えるなら，そのような儀式が行なわれ，サバタイがナータンの舅サムエル・リッサボーナを「預言者サムエル」の位にまで高めたこともなきにしもあらずである．

139．元ウィーンのユダヤ人コミュニティ図書館にあった写本，141, no. 8. その写しを筆者は所蔵している．

140．Frumkin: *Toledoth Chachmej Jeruschalajim*, pt. II, pp. 54–55参照. H. J. D.

Asulaiは，コンスタンチノープルのラビたちが「深甚なる敬意をこめて」アミーゴに送った手紙を見た．コンスタンチノープルのラビ会議がエルサレムのラビ法廷から正式にナータンについて聞き取り調査を行なったときにアミーゴに送ったものである（Sasportas, p. 123）．

141．裁判で追放の判決に署名した3人はアミーゴ，ツェマッハ，ガルミザンだったらしい．この3人の名はモーセス・［ベン・イサアク・］ハビブの供述（Emden, p. 53）に述べられているが，3人目の名はサムエル・イブン・サーンと書かれている．フライマンはそれを（Frumkin: *Toledoth Chachmej Jeruschalajim* の補遺への注 pt. II, p. 17）複写をした人ないしは印刷者の誤りと推測したが，サウル・イブン・ザハウィンあるいはサヒンなるラビがエルサレムに在住したことは最近発見された記録によって確かめられている（第2章注202参照）．他方わたしたちはサムエル・ガルミザンが反サバタイの闘士であったことも知っている．M. ベナヤフは現在エルサレムの国立図書館にある Badhab コレクションの写本のなかに，1666年になされた反サバタイ・ツヴィの説教への言及を含むガルミザンの作品 ⊃*Imrei No* ⊂*am* を見つけた．モーセス・ベン・ハビブが言及しているのは彼であって，サウル・ザハウィンではないというほうが本当らしい．

142．ハーバーマンによって公表された Schocken 写本．大英博物館の写本 Margoliouth 1077. 同じく *Chochmej ha-Hesger*.

143．ニューヨーク，コロンビア大学の写本は *Chochmej ha-Sod* となっている．

144．複写した人がなじみのない *Hesger* からもっと知られている *Ha-Sod* に変えたのはその逆よりはありそうなことである．*Chochmej ha-Sod* という表現は，カバリストが *Chochmej ha-Kabbala* と呼ばれていた17世紀にはおよそありそうにない．

145．エルサレムの「僧院」については，M. Benajahu が *HUCA* 21, 1946, ヘブライ語部門 1–28頁に発表した重要な記録を参照されたい．

146．Galanté, p. 84と *Kirjath Sefer* 26, 1950, pp. 185–188の G. Scholem を参照されたい．自身の証言によれば，ツェマッハはポルトガルのよく知られたマラノの中心地ヴィアノ・デ・カミニャで生まれた．彼は当時70歳代であった．

147．De la Croix, p. 288; *Relation*, p. 14. この無名のフランス人著者はサバタイがエルサレムから追放されたことを知っていたが，彼はラビたちとのいさかいの原因を，サバタイがもう一度寄付を集めにエジプトに来いというのをこばんだためとした．

148．Coenen, p. 12. 報告の詳細は，Coenen がコンスタンチノープルからの手紙を見た（エルサレムの追放判決の写しも含めて）か，あるいは別の方法で同内容の非常に正確な信頼すべき報告を受け取ったことを示している．Coenen は記録を少なくとも大筋理解するのに十分なヘブライ語の知識を有してい

た．

149．ナータンの『竜にかんする論文』（*Be ⊂Ikwoth Maschiach*, p. 15所収）参照．「［宇宙の］安息日の聖性は417［1657］年以降始まった．そしてシェキーナーは追放から引き上げられた……それゆえ，わたしたちはもうこれまでしてきたように［真夜中の］祈祷を行ない，シェキーナーの運命を悲しまなくともよい．それよりもわたしたちは，あなたがたもよく知るように，AMIRAHによって定められた祈禱を［なすべきである］．」（傍点筆者）

150．印刷されたテクスト（*Zwi Muddach*, p. 134）は「ガザ」と言っているが，これは明らかな誤りである．数行後フランセスは「ガザの全教区民は深く信じていた．人びとはチェレビーの兄弟ハイーム・ヨセフをそそのかして，サバタイとナータンを信じさせた」とはっきり述べているからである．同所文末「……エルサレムのラビたち」も参照されたい．ひょっとするとフランセスのテクストで「ガザ」という言葉は間違いではないのかもしれない．方向の前置詞「へ」が脱落しただけなのだ．「ガザのコミュニティ［へ］も［人びとは］手紙を送った……」

151．アレッポからの手紙，*Kirjath Sefer* 33, 1958, p. 534.

152．ダマスカスからのサバタイにかんする手紙は，1665年12月11日付スコピエからの手紙に言及されている．*Zion* 10, 1945, p. 63参照．

153．Cassuto によって *Vessillo Israelitico* 55, 1907, p. 330に発表された，426年キスレブ18日の日付入りの記録を参照されたい．おまけにこれはサバタイ主義運動の年代記のなかで最初の確かなサーフェードへの言及である．折りしもサーフェードは長い衰退期を終え，ふたたび入植が始まったところであった．本書212頁参照．

154．彼はのちの，サバタイの棄教後に書かれた手紙（Freimann, p. 59）のなかでこれらの手紙に言及している．A. Ja⊂ari（*Bechnoth* 9, 1956, p. 78）はかくたる理由なしにこの手紙の信憑性を疑っている．

155．ド・ラ・クロワが言うには（288頁），エルサレムのラビたちは「サバタイと彼の妻と召使いたちに」町を去るのに3日の猶予をあたえた．召使いたちは複数形で述べられているが，ド・ラ・クロワの詳細はそれほど確かではない．サバタイの召使いの問題はまえに述べた（175頁以下）．ある興味深い，おそらく信頼できる詳細をド・ラ・クロワが伝えている．彼が述べるには，ラビたちはナータンに沈黙を誓わせようとした．彼のメシア説教がユダヤ民族にとって危険だとみなされたのである．彼が本当に神によってつかわされたのなら，黙っていても彼の使命はどっちみち遂行されるだろう，と（289頁）．ド・ラ・クロワの情報が正しいなら，それはおそらく，自分の父とナータンのあいだで交わされた文通にかんするモーセス・ハギスの証言（Emden, p. 36）と結びつけられよう．ひょっとしたらヤコブ・ハギスはラビ法廷に迫られて，ナータンに言うことを聞かせようとしたのかもしれない．ラビたちによるナータンの迫

害（とそのあとの彼らの謝罪）にかんする初期のいくつかのパンフレットの記述はサバタイの迫害との混同に基づいているように見える．なんらかの結論をそこから引き出すことはできない．本書284頁も参照されたい．

156．Laniadoの書簡，*Zion* 7, 1942, p. 192.

157．本書の（ヘブライ語の）原版（*SZ*, p. 208, 注２）で筆者はサバタイ・ツヴィにかんするラニアードのほかの書簡を含んでいると思われるエプシュタイン写本（ウィーン）が第二次世界大戦で遺失した（A. Z. Schwarz, *Die hebräischen Handschriften in Österreich*「オーストリアのヘブライ語写本」1, 1931参照）ことを嘆いた．ところが，そうこうするうちにこのとくべつな書簡の写本が現われ，エルサレムのユダヤ国立図書館が入手した．*Kirjath Sefer* 23, 1958, p. 534参照．

158．De la Cloix, pp. 289–292. このとくべつな手紙に述べられている詳細は別のアレッポからの手紙（その一部はスコピエで複写されてイタリアへ送られた）に含まれている情報に基づいて検証できる（G. Scholem, *Zion* 10, 1945, pp. 63–64参照）．この手紙が本物で書き手の文学的なフィクションなどではないことを示す外見的証拠もある．ド・ラ・クロワは事実無根の手紙はすべてイタリックで（つまり，「手紙」として）印刷させた．それにたいし，このとくべつな手紙は本文の一部として掲載されている．もしかするとド・ラ・クロワは一通の手紙を写したのではなく，アレッポからのいろいろな手紙を要約したのかもしれない．報告の物語的雰囲気はアレッポのメシア信仰復興気分を反映しているのであって，ド・ラ・クロワの編集のせいではないように思われる．

159．アレッポからの手紙，*Kirjath Sefer* 33, 1958, p. 534. サバタイはエルルの新月（1665年８月12日）にアレッポからスミルナへ旅した．

160．*Zion* 10, 1945, p. 64. 上記注157も参照されたい．上述の，元ウィーンのユダヤ人コミュニティの図書館にあったこのエプシュタイン写本にはアレッポの運動にかんする情報を蓄えた記録がまだほかにも含まれていた．たとえば，息子に宛てたアブラハム・コーヘンの手紙（A. Z. Schwarz Katalog no. 7のMS. 141）やシェム・トーヴ・ベン・サムエル・コーヘンのコンスタンチノープル宛の手紙（同所，no. 8）など．あとで引用される．

161．Freimann, p. 49. イェザーヤ・コーヘン，モーセス・ガランテ，ダニエル・ピント，ヨムトーヴ・ラニアードの妻，ニッシーム・ミズラーヒの妻，ラビ・アブラハム・シムホン（ケンブリッジ写本ではそうなっている．Freimannのようにアブラハム・タンマームムではない）．ダニエル・ピントはアレッポのラビで，1681年にその地で亡くなった．ハイーム・ヨセフの兄弟宛の手紙はアレッポに預言者が男女おのおの20人いたと述べている．キリスト教のパンフレットや情報紙はのちに数をふやした．1666年２月26日付の»*A New Letter concerning Jews*«の著者（C. Roth, *Anglo-Jewish Letters*, p. 71も参照されたい）は，スミルナのサバタイは「コンスタンチノープルへ直行するだろう，しかも

アレッポから送られて来た400人の預言者を引き連れて」と伝えている．これはもちろんでっちあげである．

162．MS. Epstein, no. 8

163．Sasportas. p. 73.

164．アレッポからのほかの手紙も，物語をつけ加えて，同じ話を伝えている．金持ちが慈善基金を設立して，貧乏人が学んだり祈ったりできるように金を分配した．一定期間過ぎてもっと金が必要になったとき，人びとは櫃をあけた．すると，いままでそこから一度も取ったことがなかったかのように，いっぱい金が詰まっていた（*Zion* 10, 1945, p. 64）．

165．元日の祝いと贖罪の日の終りに吹かれる羊の角笛．ド・ラ・クロワは「楽器の音を聞くと」と言っているが，楽器と大衆預言とのあいだにどんな関係があるのか，見きわめがたいところである．思うに，オリジナルのヘブライ語の手紙ではショファール *Schofar* となっていたのを，ド・ラ・クロワのユダヤ人情報提供者が楽器と訳したのだろう．ショファールに言及していることは預言は贖罪の日に始まったというアレッポからの手紙の記述と一致するだろう．

166．De la Croix, pp. 290–292.

167．同，p. 295. エリヤがシナゴーグに現われたことはシェム・トーヴ・コーヘンの手紙の終りにも述べられている．

168．ラビがいつも口にする言葉によれば，ヒゼキヤ王はメシアたるにふさわしい人物であった．

169．スコピエからの手紙，*Zion* 10, 1945, p. 64. Cassuto が *Vessillo Israelitico* 55, 1907, p. 329に発表したテクストには別の驚くべき出来事が述べられている．10人のユダヤ人がスミルナのモスクに現われ，番人を殺して，トルコ人たちに「祈るよう」命じたという．

170．二，三の資料はもっと遅い日付を示唆している．Coenen（p. 13）は「彼が帰ってから2ヵ月ほどたった」テベス4日［1665年12月6日］のことだった，と言っている．*Several New Letters concerning the Jews*, p. 6の1665年12月7日付の手紙も同様である．他方，カサーレの使節（Solomon Carpi, *Toledoth Peres*, Brüll 編，14頁）ならびに（*Hollandtze Merkurius* 1666, p. 3に引用されている）1666年4月付のスミルナからの手紙は，サバタイはエルルの月（9月）に到着したと言っている．彼は元日の祝いのまえに着きたかったので，急いでアレッポを出立したという．いまはもっと早い日付であることがアレッポからの手紙によって裏づけられている．彼がエルルの新月に町を出たのなら，9月始めには容易にスミルナに着けたはずだ．*Kirjath Sefer* 33, 1958, p. 540の G. Scholem を参照されたい．サバタイは1665年3月スミルナに着き，6ヵ月間身分を隠しつづけたというド・ラ・クロワの年代決定は（300頁）はありえない．

171．すなわち(a)クウェンケの回想録，(b)1665年9月と11月のあいだに書か

れた手紙，(c)(b)の写しに基づいている手紙．

172．Emden, pp. 38–39.

173．この肖像画は，サバタイ運動について報ずるとともに（一部本当で一部偽の）手紙の抜粋を発表した最初のドイツ語のパンフレットの表紙に載った．見出しにはこう書かれている．「新しいユダヤの預言者ナータンの実写．何人かの船乗りたちが目にし，その仲間のひとりが写生したもの．西暦1665年7月26日」ナータンの頭と頬は祈禱衣で覆われているが，ひげははっきり見える．おそらくパンフレットの発行者が初めにこの絵をもっていて，それに（ほかのキリスト教徒の通信書簡の流儀で）架空の「エルサレムのユダヤ人からヨーロッパのユダヤ人コミュニティに宛てた手紙」と十部族にかんするほかの物語風の手紙を付け足したのだろう．両肖像画の類似性はガザで画かれた肖像画の真正さにかんするいっさいの自然な疑念を吹き飛ばすのではないか．フランス語の *Relation*（p. 6）の描写は想像上の恐ろしい姿をえがいたもののようである．痩せて，醜く，死人のように青ざめ，ただれ目，やぶにらみで，はげ頭の「かたわ」．

174．Haberman, p. 209.

175．Sasportas, p. 142.

176．同所．クウェンケも参照されたい．「取引はいっさい行なわれない．みな――子供も老人も，若者も娘も，妊婦も出産したばかりの女も――日曜日から金曜日まで，苦痛をこうむることなく，断食をしている．」

177．Emden, p. 39.

178．ド・ラ・クロワが述べた（28頁），そしてグレーツが疑ったこの詳細は初期のエジプトからの手紙によって裏づけられる．

179．Haberman, 同所．

180．G. Scholem によって *Zion* 6, 1941, p. 86に発表されたアレクサンドリアからの手紙．この考えはラファエル・ヨセフ宛の1665年9月付書簡に述べられたナータンの説を反映しているようだ．この書簡についてはこのあと論ずる．

181．ラビ・ベンヤミン一世とその孫については，Frumkin: *Toledoth Chochmej Jeruschalajim*, pt. II, pp. 28, 62参照．ベンヤミン二世は1666年冬か早春にエルサレムのコミュニティから頼まれて（あるいはひょっとするとそこのサバタイグループにたのまれて？）国外へ行き，マルタで捕えられた．*Scritti in memoria di Sally Mayer*（サリー・マイヤー記念論集），1956, pp. 35–36の M. Benajahu を参照されたい．ヘブロン訪問はクウェンケ，40頁によって裏づけられている．

182．Freimann, p. 46.「ゼカリヤ［の殺害者］のギルグール（つまりメテンソーマトーシス「輪廻」)」などと言う写本はたしかにかたちが崩れている．

183．キリストも預言者たちを殺し十字架につけようとする律法学者やパリサイ人たちに向かっていう話のなかでこのモチーフを採り上げた．（わたしは

預言者，知者，律法学者たちをあなたがたに遣わすが……）「そのある者を会堂で鞭打ち，また町から町へと迫害して行くであろう．こうして義人アベルの血から，聖所と祭壇とのあいだであなたがたが殺したバラキヤの子ザカリヤの血にいたるまで，地上に流された義人の血の報いが，ことごとくあなたがたに及ぶであろう．」（マタイによる福音書23, 34–35）

184．*Lamentations Rabbathi Peticha* 23. ラビ伝説は「彼らはその刺したる者を見る」という句（ゼカリヤ書12, 10）を祭司イェホヤダの息子ゼカリヤの神殿での殺害（歴代志下24, 20–21）と結びつけた．B. Gittin 57b と哀歌 2, 20へのタールグームを参照．また *HUCA* 12–13, 1937–1938, pp. 327–346の S. Blank: »The Death of Zechariah« も参照されたい．しかし，ユダヤの伝説は，キリスト教の伝統が推測しているような，ゼカリヤの殺害とイスラエルの追放または第二神殿の破壊との関係を想定していない．David Flusser 教授は，ヨセフス〔紀元37年生まれのユダヤの年代記作者，ユダヤ・ローマ戦争での軍司令官，ガリラヤの防衛者．エルサレム陥落後はローマに住んだ．代表作，ギリシア語で書かれた『ユダヤ戦争』〕のヘブライ語の翻案改作（そこにはキリスト教の資料も使用されている）である中世の民衆本『ヨシッポン』〔作者不詳〕のなかのある箇所に筆者の注意を喚起された．この本の75章と80章にゼカリヤ殺しが述べられているが，その文脈はこの中世の作者がこの結びつきを意識していたことを推測させる．作者は使用しているキリスト教の資料のひとつ，すなわち『ヘゲシップス』〔ヨセフスの『ユダヤ戦争』のキリスト教的ラテン語の改作〕によってその結びつきを知った．

185．申命記21, 6–9 参照．ラビ伝説によると，大地は殺害された預言者の血を覆い隠すことをこばんだ．

186．Haberman, p. 210, Freimann. p. 46. これらの手紙は 9 月中頃に書かれた（*Hollandtze Merkurius*, 1666年 1 月，3 頁，脚注，ならびに *God's Love to His People Israel*, 3 頁［ヴィレンスキイによるリプリント，*Zion* 17, 1952, p. 170］参照）．ドイツ語のパンフレット『新しいユダヤの預言者ナータンの実写……』はすでに筋書きに若干の変更を加えている．墓地での不思議な出会いのさい，ナータンが居合わせたという．そしてラビ・ヤコブ・ハギス（「ラビ・ガガス」または「ゴガス」）がラビ・イスラエル・ベンヤミンにとってかわった．この交代は明らかにラビ・ハギスとエルサレムのラビたちによるメシアの「非道な」迫害にたいする償いの伝説を用意しておこうとするものであろう．英語の手紙は，ラビ・ハギスがのちに「そのかみ彼［サバタイ］に反抗したことを深く悔いた」とはっきり述べている（Wilenski, p. 170）．Sasportas, p. 15と Balaban, p. 41の手紙も参照されたい．

187．この結びつきは作者不詳の *Be᾿er ha-Gola*（Brüll 編，序文 S. Sachs, Mainz, p. 89）にはっきり言われ，詳述されているが，この作品の性格，起源，日付は不明である．ブリュルとザックスは，この作品はサバタイの棄教後の時

代への指示も含んでいると信じているが，彼らの論拠は納得のいくものではない．この作品が1665年以後に作られたのなら，ゼカリヤへの言及が広く知られていた墓地での出会いにかんする言い伝えによるものであることは確かだ．

188．*Several New Letters concerning the Jews*, p. 2（C. Roth, *Anglo-Jewish Letters*, p. 73にも）．Balaban, p. 40の同伝説の混乱したヴァージョン．サスポルタスは，1665年終り頃届いた，それ自体ハイーム・ヨセフの報告を拠り所にしていたと思われるエジプトからの手紙に基づいている．この伝説は「ハニー・ヨセフ」の手になるといわれる手紙（*Several New Letters*, Wilenski, p. 164）にも現われる．

189．民数記第19章参照．あらかじめ浄めの儀礼を行なわなければ，神殿での供儀祈禱を再開することはできなかった．

190．1年と数ヵ月後になるだろうとナータンが預言していた赤い雌牛の灰の発見（293頁参照）は *Several New Letters*（Wilenski, p. 171）ではもっと近い未来（1665年12月）に早められた．「12月3日（[ユダヤ人たちが] *Chanuke* [つまりハヌッカー「燈明祭」] と呼ぶ，マッカビーの時代に神殿が穢されたことを忘れないための祭日）に，王が生け贄を捧げるための祭壇が主に設けられるだろう，すると火が降りて来て，生け贄えを焼きつくす．そしてこのときに，それがなくては王が生け贄を捧げることができなかった赤い雌牛の灰が発見されるだろう．」同じ文言がドイツ語のパンフレット「実写」*Wahrhafte Abbildung* にも見られる．

191．Sasportas, p. 15.

192．Balaban, p. 39; Sasportas, p. 16.

193．Sasportas, p. 20. サスポルタスがこの数行を書いたのは1665年12月であったから，それらの根底にある手紙は10月，いやそれどころか，ひょっとすると9月に発送されたに相違ない．

194．*Several New Letters*（Wilenski, p. 165）．

195．*Several New Letters*, p. 4. Roth: *Anglo-Jewish Letters*, p. 73にも．G. Scholemが *Zion* 10, 1945, p. 66に発表したイタリア語のパンフレットに引用されているアムステルダムからの報告のなかの「呑み込まれた二つの高い場所」という指摘も参照されたい．

196．Balaban, p. 39. 1666年冬ヴェネツィアへ遣わされたエルサレムの使者ラビ・レンメルの証言も参照されたい（Sasportas, p. 122）．ナータンはエルサレムの異教徒の聖所から102の石が落ちるだろうと預言していた．「石の落下は本当にその日見られた．」

197．エルサレムのヘロデ王の神殿の残った外壁．これについてはしばしば「嘆きの壁」と言われる．

198．イエーメンの黙示録 *Gej Chissajon*（*Kobez ᶜal Jad* 4, N. F., 1946, p. 125）．

199．ヨハネス・プフェッファコルンがレムラインの預言を伝えている（グレーツによって発見された．Graetz, vol. IX, 4th edn.［1907］, p. 507参照）．

200．*Zwi Muddach*, p. 123. Frances はさらに注解で，突如偶像崇拝者の家々がことごとく破壊されたという報がイタリアにはいったと付言している．

201．ナータンはイプソラのラビ裁判への証言で啓示の日付を正確に定めている（Emden, p. 50）．天のメッセージのことは1666–1667年の手紙にたびたび述べられている．この関係の資料は Wirszubski によって *Zion* 3, 1938, pp. 217–219に収集されている．とくにナータンの自伝的な書簡，同所，p. 217と p. 227を参照．しかしこの書簡は本当は 2, 3 年後，1673/1674年に書かれたものである．後年，サバタイ派の著者たちは1665年春のナータンの最初の預言経験とメルカーバー幻視を 9 月 5 日の天の告知と混同し，その出来事の日付をエルル25日日曜日とした（アレッツォのバルーフ，Freimann, p. 47）．だが，実際は1665年エルル25日は日曜日ではなく，サバトにあたっている．サバタイ派の祝祭暦も「エルル25日に天の学院で告知が行なわれた」と言っている．もちろん告知を行なったのは天の御使いである．だからナータンは自分の最初の，厳密に「預言的な」経験とあとに続く啓示とをはっきり区別しているのである．

202．Haberman, p. 210.

203．Sasportas, p. 6.

204．ティシュビーのすぐれた原典批判的本文（Sasortas, pp. 7–12）はほかのどの稿にもまさっている．筆者はときに重要でない細かい点では後者の解釈を取ったけれども．レイーブ・ベン・オーザーの話のなかにある（Emden, p. 3）「われらの兄弟，イルラエルの子らへ」という手紙はけっして実在するものではなく，ここで扱われた手紙の要約である．相違はレイーブの勝手気ままな想像による書き換えのためであり，ティシュビーが考えたように，異文を使用したせいではない．サスポルタスはその本文を辛辣な嘲りをこめた，しばしば非常に興味深い感嘆詞で強調している．筆者は手紙を番号を付した節に分けたが，これはその構造と主題の配列をわかりやすくするためである．

205．Scholem, *Hauptströmungen*, p. 296（邦訳358頁）参照．

206．文字を組み合わせて神の複雑な名をかたちづくる伝統的なカバラーの手法を指す．

207．サスポルタスはこれについて軽蔑的にこう述べている．「彼［ナータン］はルーリアの著書を書き写したが……誤解した．」

208．聖四文字の W の文字が Y に変形することは初期のカバラーのテクストに述べられている．ラビ・ヤコブ・ヨレスのカバラー事典 *Koheleth Ja⊂akow*（Lvov 1870）で *jihejeh* という語を参照されたい．

209．追放の時代には神の名は二つに分断されているが，メシア時代にそれが永遠に結合し，かくして神的統一を表わす．

210．ルーリアの教義によれば，聖性の最後の火花がケリポースの領域から

引き上げられて初めてメシアは来るだろうという．本書64頁参照．

211．ハイーム・ヴィタールの，安息日前夜のための *Kawwanoth*.

212．ナータンはおそらくラビ・ヤコブ・アブーラーフィアのヴィタールにたいする猛反対について聞いていただろう．ヴィタールの自伝的な *Sefer ha-Cheionoth*, Jerusalem 1954の完全な本文を参照されたい．

213．多くの写本はこの部分が判読しにくい．Sasportas, p. 9 と同所ティシュビーの注を参照されたい．

214．本書247頁（『ラビ・アブラハムの幻視』）参照．「彼は武器をもたずに戦いへ赴くでしょう．」

215．サスポルタスは腹立たしげに，この語には「厚顔」という意味もあると付言している．

216．銀は慈悲を表わすカバラーの象徴（セフィラー・ヘセド）である．黄金は裁きとセフィラー・ゲブーラーを象徴する．

217．ゾーハル下，8 頁以下の長々と詳細をきわめた終末論的叙述のなかで．

218．B. Megilla 17b.

219．ティシュビーの提案したこの訳は1673–1674年のナータンの書簡，*Kobez ⊂al Jad* 6, p. 448を読めば裏づけられる．したがって，彼は失われた十部族のなかの一部族の女と結婚し，娘をもうけたのかもしれない．

220．これは，「モーセの娘レベッカ」というカバラーの象徴表現は口で説明しなくてはならないという意味か，それともサバタイの当時の妻にたいするそれとない批判をそれ以上詳しく書かないほうがいいという意味なのかもしれない．ナータンの著作のなかにサバタイの妻サラへの「謎めいた」言及はほかには見当たらない．

221．タルムードとゾーハルのいろいろな象徴の組合せ．「天の獅子」は B. Chullin 59b に象徴的表現として現われる．七つの頭の竜は B. Kidduschin 29b に，七つの頭の大蛇は *Sohar Chadasch* B. 45d に述べられている．ネブカドネザル王は獅子にまたがり，右手には蛇の手綱を握っていた（B. Sabbat 150a）．ヨハネの黙示録12, 3 の「七つの頭のある，大きな赤い竜」も参照．この象徴表現でメシアはケリパーの諸力を支配し，それらを聖性の領域へ引き上げ，それにしたがわせる．

222．ユダヤ伝説の伝統的な表象．それ以前の聖所は人間の手によって建てられたのにたいし，第三の神殿は天から降りてくるであろう，というもの．B. Sukka, 41a, Sohar I, 114a（*Midrasch ha-Ne⊂elam*）参照．

223．ティシュビーは，ナータンの報告のこの部分は復活の日にパレスチナにいる7000人のユダヤ人という数も含めて，ナータン・シャピラー・イェルシャルミの *Tuw ha-⊃Arez*（Venedig 1665), fol. 37に引用されているハイーム・ヴィタールのテクストによるものであることを示した．この作品はナータンがカバラー研究を始めるわずか数年まえに公刊された．当時著者はエルサレムの使

者としてイタリアを旅していた．おそらく彼の書はパレスチナで多く読まれたのであろう．

224．この署名はナータンが当時はまだ自分の著作で名前をベンヤミン・ナータンに変えていなかったことを示している．本書254頁参照．

225．*Scha⊂ar ha-Kawwanoth*（エルサレム版，fol. 19c）．このテーマについてはラビ・サムソン・バッキーに宛てたラビ・モーセス・ザクートの手紙がある．

226．ナータン『贖罪祈禱』（MSS. Coronel and Halberstamm）; Tishby: »Nathan of Gaza's Penitential Devotions«. *Tarbiz* 15, 1944, pp. 164–165参照．

227．ラファエル・スピーノのリヴォルノからの手紙（Sasportas, p. 73）．

228．『ティックーニーム』冒頭の有名な「エリヤの祈り」のなか（fol. 17a）．

229．アダム・カドモン・エリオン，宇宙を生み出した神的光の「直線光」が発する源．

230．後者の解釈はティシュビーによってSasportas, p. 8への注のなかで提唱された．わたしは前者の解釈を採る．のちのサバタイ神学はエン・ソーフを「第一原因」（＝聖なる老人）と同一視しなかった．ナータンの祈禱ではしばしば「第一原因のなかの［エン・ソーフの］光」と言われる．

231．Tishby, *Tarbiz* 15, 1944, p. 166も参照されたい．概してナータンの祈禱はカバラーの伝統的なパターンにしたがっている（*le-schem jihud* など）が，まさしく彼が採り入れた変更部分は興味深く，重要である．

232．Haberman, p. 210のガンドゥールの手紙参照．

233．G. Scholem が *Zion* 6, 1941, p. 127に発表したサバタイ派の転生の一覧表を参照されたい．

234．Haberman, p. 211.

235．Haberman,　p. 209. ラファエル・ヨセフ宛の手紙の穏やかな表現に比べ，同じラジカリズムはラビ・モーセス・タルディオラ宛のラビ・ヨセフ・アズビブの手紙の文中の引用にも現われる．*Zion* 6, 1941, p. 87も参照されたい．

236．1667年３月に書かれたナータンの手紙（Sasportas, p. 201）．サスポルタスは「これはキリスト教徒の信仰である」とコメントしている（同，p. 202）．

237．Wirszubski（*Zion* 3, 1938, p. 225）は，この受動形式はキリスト教の語法を反映していると指摘している．引用の文は1673–1674年頃に書かれたものである．

238．信仰によって（ルター），あるいは任意の選択によって（カルヴァン）．

239．Sasportas, p. 156. ナータンの書簡はもはや残存していないが，その一部はアレクサンドリアのラビ・ホセア・ナンタワによって引用された．

240．バル・コクバの名．タルムードでそう呼ばれていた．最近死海のそばで発見された文書は，これがバル・コクバの本名であったことを証している．

241．*Be⊂Ikwoth Maschiach*, p. 45参照．

242．*Sefer ha-Likkutim*（Jerusalem 1913），fol. 23c.

243. *Be⊂Ikwoth Maschiach*, p. 43. 本書329頁も参照されたい.

244. Sasportas, p. 9, p. 195, p. 311. この文は195頁に引用されている.

245. たとえば，スペイン追放直後に書かれた *Kaf ha-Ketoreth*．本書29頁参照.

246. そういう区別を聞くとサスポルタスの血は沸き立った．アシュケナージの血はセファルディーのそれよりも価値があるのか．イスラエルの迫害者たちへの復讐にかんする聖書の預言はセファルディーもアシュケナージも区別しない．どうやらナータンはつい最近非常な辛酸を舐めたアシュケナージのコミュニティをだまし，サバタイ信仰へ誘おうとしたようだ．サスポルタスはなかなかの論客だったようだが，ここでは非常にお粗末な心理学者ぶりを示している.

247. アシュケナージ全般にではない．*Wolfson* 記念論集，ヘブライ語部門（1965年），231頁の本文参照.

248. 第五章，注326参照.

249. *Kobez ⊂al Jad*, 4, 新シリーズ 1946, p. 125. 解放の主題をめぐる聖歌や祈禱を著した神秘主義的詩人でガザのラビ，イスラエル・ナヤラの功績がもうひとつの要因であるとラファエル・スピーノは考えた（Sasportas, p. 71）.

250. Haberman, p. 212.

251. Sasportas, p. 197.

252. 同，p. 327.

253. 同，p. 37, p. 70, p. 139.

254. イザヤ書59, 17; エペソ人への手紙 6, 14–17; テサロニケ人への第一の手紙 5, 8 参照.

255. Haberman, p. 211.

256. この贖罪冊子の第二のタイプにかんするティシュビーの重要な研究．*Tarbiz*, 1944, pp. 161–180所収．ティシュビーの分析――わたしの記述は多くをそれに負うている――は二つの写本の詳細な調査に基づいている．ほかの（とくにモスクワのギュンツブルク・コレクションの）写本の調査はこれからである（Thishby:『信仰と異端の道』［ヘブライ語］．1964, pp. 30–51に復刻されている）.

257.「毎夜の読誦」の神秘的な意図は天の花嫁，すなわちこれから夫のもとへ帰るシェキーナーを飾り立てることである.

258. 完全な文献表がいまだに欠けている．試験的に本書巻末に一覧表を掲げた.

259. シンシナチの Hebrew Union College 図書館蔵のスペイン語版の表紙（本書493頁に掲載）を参照されたい.

260. たとえば，1665年秋にコンスタンチノープルで印刷された版の表紙.

261. Tishby, *Tarbiz* 15, 1944, p. 162参照.

262. これと関係のあるカバラーの神話と儀礼については，G. Scholem: *Zur Kabbala und ihrer Symbolik*. Frankfurt am Main [6]1989, pp. 206–207参照.

263. たとえば，Menachem Asaria Fano: *Kanfej Jona*; Chajim Vital: *Scha⊂ar ha-Jichudim*; Abraham Zahalon: *Marpe le-nefesch* など.

264. Tishby, *Tarbiz* 同上，167–171頁.

265. これがヘブライ語の表現 *Tefillath Nedaba* の意味である.

266. 完全な本文は Tishby, *Tarbiz* 同上，179–78頁.

267. *Sefunoth* 3–4, 1960, p. 82の Tishby 参照.

268. 詩篇21のサバタイ主義的釈義の例については，本書310頁も参照されたい.

269. カバリストたちはさらにエジプト王のファラオという称号と悪魔たちの王アスモダイの名とのあいだにも類似性を見た．この二つの名の数値は同じである（*Tarbiz* 19, 1948, p. 160の G. Scholem を参照されたい)．アスモダイは悪魔たちの王の称号であって，個々人の固有名詞ではないと考えたカバリストもいた.

270. G. Scholem: *Be⊂Ikwoth Maschiach*, pp. 9–52に発表されている.

271. 冊子の終りのほう（51頁）で，ナータンは受取手に話しかけて，彼の魂の根について教えている.

272. MS. Badhab 160（エルサレム国立図書館）は『イサアク・ルーリアの竜について』の後世の写本である．アレッポのラビ・イサアク・メディナは自著の *Nefesch Dawid*（コンスタンチノープル 1763年）にこの『竜について』から引用しているが，彼はこれをハイーム・ヴィタールの作としている．ラビ・メイール・ポッパースはゾーハルへの注釈（MS. Mousaioff 35）で『竜の秘義』に言及し，「わたしたちはそれをラビ・ヨセフ・イブン・タブールの書類のなかに見つけた（……)．でも，わたしはそれを書き写しはしなかった．先生［つまりルーリアかヴィタール］の手になるもののようには見えなかったからである」．G. Scholem, *Zion* 5, 1940, pp. 154–160も参照されたい．このイブン・タブールの論文にかんする証言に当時わたしは気づかなかった.

273. 彼のテヒルーにかんする詳説はザールークの教義を反映している．彼はメナヘム・アザリヤ・ファーノの著作やバハラッハの『エメク・ハ＝メレク』，さらにはナータン・シャピラーの『メガレ・アムコース』(1637) や別人のナータン・シャピラー・イェルシャルミの著作も読んでいたようだ．ナータンがカバラーの研究を始めたのは1664年後半であったことを考えれば，彼の知的能力はまことに驚くべきものだったに違いない.

274. *Be⊂Ikwoth Maschiach*, p. 17.

275. もともとは「光輝」の意をもつゾーハルの概念．これはヘブライ語のゾーハルのアラム語形である.

276. この問題のさらに完全な分析については，ティシュビー『ルーリアの

カバラーにおける悪と「容器」にかんする教義』(ヘブライ語), エルサレム1942年, 21–28頁を参照されたい.

277. オール・ハ＝マハシャーバー〔思慮深い光〕という表現はナータンの贖罪祈禱の写本 Jerusalem 8° 159に現われる (注256に引用したティシュビーの論文参照). それによるとこの教義はサバタイの棄教後に生まれた.

278. 「悪の側」に属する勢力の象徴としての「蛇」はルーリアのテクストに現われる. *Machbereth ha-Kodesch*, Korzec 1783, fol. 56a 参照.

279. *Be⊂Ikwoth Maschiach*, pp. 45–46. 1575年のことを述べたこのくだりはバハラハの『エメク・ハ＝メレク』fol. 33a から採られた. 本書85–86頁も参照されたい.

280. たとえば, *Sefer ha-Gilgulim*, ch. 19とか, ヴィタールの創世記5, 22への *Likkutej Tora* を参照されたい.

281. 彼のすぐれた分析『ガザのナータンのサバタイ神学』*Keneseth* 8, 1944, pp. 210–246. これはナータンの (とくにサバタイ棄教後の) カバラー思想にかんする徹底的な研究である.

282. 『メシア王の秘義について』は「深淵のなかに」と言っているが, ほかのテクスト (*Be⊂Ikwoth Maschiach*, p. 105参照) は「深淵の上方に」と言っている.

283. *Be⊂Ikwoth Maschiach*, p. 43 (MS. Halberstamm, *ha-ra⊂ ha-gamur* に拠る解釈. MS. 大英博物館 856 *ra⊂ ha-gamur*). 本書306頁参照.

284. *Be⊂Ikwoth Maschiach*, p. 50.

285. 同書, p. 20.

286. *⊂Ez Chajjim, Scha⊂ar ha-Kelalim*, ch. 10と ch. 11, ならびにほかの箇所.

287. *Machbereth ha-Kodesch*, fol. 58b, 63a. (ヴィタールの作とされたこの書は実際はナータン・シャピラーの *Me⊃oroth Nathan* の第2部である.)

288. イスラエル・ハッサン (MS. Kaufmann 255, fol. 99b)「モルデカイはアミラーの火花であった.」理由はもちろんモルデカイがエステル書でになっている解放の役割であった.

289. David Chassan: *Koheleth ben David*. Saloniki 1748, fol. 18d に引用されているヴィタール.

290. Vital: *Scha⊂ar ha-Gilgulim*, fol. 28. 本書79–80頁参照.

291. 「聖蛇」という表現は『ティックーネ・ゾーハル』エルサレム1948年, fol. 43a に現われる. メシアのゲマトリア＝蛇 (すなわち358) と, 蛇・メシアは邪悪な蛇を滅ぼすだろうという考えは, つとに13世紀に, スペインのソリアのラビ・イサアク・コーヘンによって, G. Scholem の公表したテクストのなかで表明されている. *Madda⊂ej ha-Jahaduth*, 2, 1926, p. 273.

292. サロモン・モルコ (*Sefer ha-Mefo⊃ar*) は多くの典型的なキリスト教のアレゴリーをユダヤ教の説教学に採り入れた. 彼はまたメシア－ヨブのアレゴ

リーも述べている（1884, p. 33）．全般的にヨブをユダヤ民族の苦しみの象徴と解釈しているけれども．ティシュビーは（*Kirjath Sefer* 21, 1944–1945, p. 16），ナータンの形象世界はヴィタールの弟子アレッポのハイーム・コーヘンの説教（*Torath Chacham*, Venedig 1654）に影響されているかもしれないと推測しているが，しかし後者も広く読まれていたモルコの著作に影響を受けていたことは確かである．

293．*Be⊂Ikwoth Maschiach*, pp. 17–21.

294．G. Scholem: *Hauptströmungen*, p. 285（邦訳344頁），296（邦訳357頁）と J. Tishby: »Gnostic Doctrines in Sixteenth-Century Jewish Mysticism«. *JJS* 6, 1955, pp. 146–152参照．

295．G. Scholem: *Hauptströmungen*, pp. 195–196（邦訳234–235頁）と *Les origines de la Kabbale*（カバラーの起源），1965, pp. 480–504を参照されたい．*Ursprung und Anfänge der Kabbala*（カバラーの起源と開始），1962, pp. 407–419参照．

296．*Be⊂Ikwoth Maschiach*, p. 15.

297．M. Attias: *Romancero Sefaradi*. Jerusalem 1965, p. 84. 本書427頁も参照されたい．

298．ナータンはここで出エジプト記24, 10を引用し，この箇所をカバラー流にゲマトリアによってサバタイを示唆するものと解釈している．

299．G. Scholem: *Les origines de la Kabbale*, pp. 325, 408参照．

300．*Be⊂Ikwoth Maschiach*, p, 124と *Zion* 6, 1941, p. 183参照．

301．この表現は箴言31，8から出たもの〔すべてのみなしごの訴えのために〕．

302．あやまってアブラハム・ベン・ダヴィドの作とされたイェツィーラー書注解の著者．彼の執筆時期は14世紀初頭にあたっている．

303．*Be⊂Ikwoth Maschiach*, p. 39.

304．同書，pp. 67–68. この声明についてはいろいろな写本が遺っている．

305．『竜にかんする論文』はこういう言葉で始まっている．「さて，いまからあなたに，われらの主にして王なるサバタイ・ツヴィが王を玉座につかせられることをお知らせする.」（14頁）

306．アッティカ・カッディシャー，すなわち天の王．セフィラー・ケセルとエヘイェーという名で象徴的に表わされる．

307．これはヨナの船にかんするトラクトに依っている．ここに載せたテクストはシュヴァーガーとフレンケルの写本（11表120番）から採られた．この写本は現在 Jewish Theological Seminary of America にあり，そこでは『われらが主，ラビ・ナータンの信仰の秘義』と題されている．Freimann のテクスト（93頁）はその大部分を省いており，掲載されている分は手のつけようがないほど乱れていてわかりにくい．写本は完全に判読可能で，はっきりしているの

に.

308. *Be⊂Ikwoth Maschiach*, p. 316.

309. 『レーシース・ホクマー』(Munkacs 編), fol. 17a. コルドヴェロはこれらの考えを彼の『シウール・コーマー』で明らかにした. デ・ヴィーダスの古典的作品は1579年にヴェネツィアで初めて出版された.

310. *Chessed le-⊂Abraham*（*⊂Ejn ha-Kore⊃*XI).

311. *Be⊂Ikwoth Maschiach*, p. 50.

312. *Zemir ⊂Arizim*, 同書, 93頁.

313. J. Tishby, *Tarbiz* 15, 1944, p. 166参照.

314. ヤコブとラケルの合一とレビラト婚との連想は不明である. ゾーハルIII, 216b ではヨブはレビラト婚の芽としてえがかれ, 彼の苦悩は彼の母の最初の, 子のない夫の転生した魂の償いと説明される. ナータンの象徴体系ではヨブについて言われたことはすべてメシアにあてはまるとされた.

315. *Be⊂Ikwoth Maschiach*, pp. 51–52.

316. 同所.

317. ティシュビーはそう言ったが（*Kirjath Sefer* 21, 1944–1945, pp. 14–15).

318. この讃歌はペレツ・スモレンスキンによって, *Ha-Schachar*, 1873に（D. Kahana, *⊃Eben ha-Tho⊂im* の第 1 版, p. 88の補遺として), そして新たに D. Kahana: *Toledoth*, p. 72に, さらにこの書のヘブライ語のオリジナル版（第 1 巻, p. 261）に公表された. サバタイの棄教後に作成されたナータンの贖罪冊子の写本の写しはこの讃歌を省いている.

第四章

1. *Zwi Muddach*, p. 134.

2. Sasportas, p. 1.

3. Haberman, p. 207. Haberman の刊行した書簡集は Frances の *Zwi Muddach* に添付された.

4. *Vessillo Israelitico*（ユダヤの旗印）55, 1907, p. 330

5. 最終頁の実像 XIII.

6. Wilenski が *Zion* 17, 1952, p. 170に復刻している英語のパンフレット *God's Love to His People Israel* もそれに触れている. 報告はここ（あるいは類似の出典）から Eschkoli が *Dinaburg* 記念論集 p. 222に発表しているフランス語の回状に引用された.

7. *Zion* 7, 1942, pp. 86–87に発表されている. Sasportas, p. 55も参照されたい.

8. MS. Jerusalem 8° 1466, fol. 123a. さらに fol. 322a にも. この巻にはラビ・モーセス・ザクートを中心とするサークルの書簡や詩が多数含まれており, そのなかのいくつかはサバタイ主義運動に関係している.

9. *Nieuw Nederlandsch Biographisch Woordenboek*（新オランダ伝記事典）, X, 1937, pp. 911–913参照．彼の本名はピエール・セリュリエ Pierre Serrurier であった．

10. Cecil Roth: *Miscellanies[of the]Jewish Historical Society of England*, Vol. II, London 1935, pp. 100–104参照．

11. Henry Jesse: *De Heerlickheydt en Heyl van Jehuda en Israel*（ユダヤとイスラエルの栄光と安寧）. Amsterdam 5602. この発行年はフィクションである．翻訳が出版されたのはどう見ても1653年である．Wolf: *Bibliotheka Hebraica*. Vol. 4, p. 501参照．翻訳者名は頭文字で示されているが，それがP［eter］S［errarius］と一致するのは疑いない．

12. Serrarius のトラクト *God's Love to His People Israel* は1666年始めに印刷され（Wilenski によって *Zion* 17, 1952, pp. 169–172に復刻），1665年秋に書かれた手紙をもとにしている．一定の日付の誤りによって生じたと思われる内的矛盾があり，手紙の日付を正確に定めることができない．Wilenski は（同書，p. 158）パンフレットの著者"P. Secarius"の身元についてははっきりわかっていたが，セラリウスのサバタイ主義的結びつきと関心，ならびにアムステルダムからキリスト教徒の受取人に送られたこれらの手紙の多くが彼によって書かれたか，書くきっかけをあたえられたという事実に注意しなかった．また「ここアムステルダムでラビたちと親交があり」，このポーランド人の手紙の筆者にとってガザの預言者にかんする証人であった「キリスト教徒の良き友」というのもセラリウスにほかならなかったことは確かである．

13. MS. Zürich, Hottinger コレクション，vol. 30, fol. 360. ラテン語の原文については *SZ*, p. 269, 注 1 を参照されたい．

14. このパンフレットは Wilenski によって復刻された．同書，pp. 160–164.

15. Sasportas, p. 14. モッカはメッカの書き間違いであろう．図 I に上半分を表示したこのパンフレットの全文には 4 番目の挿絵は「ユダヤ軍に攻め落とされた」メッカをえがいていると説明されている．

16. *Kobez ᶜal Jad*. 4, 1888に収集されている資料と，ラビ・アブラハム・ハ＝レーヴィにかんするわたしの詳述 *Kirjath Sefer* 2, 1925, pp. 101–141, 269–273, および *Kirjath Sefer* 7, 1931, pp. 149–165, 440–456を参照されたい．

17. このテーマにかんする文献は A. Jaᶜari のバルーフ・ガドにかんする論文に詳しい（*Sinai* 6, 1940, pp. 170–177）．エルサレムのラビたちの署名はカトリックの司祭によっても認証された（1657年 7 月31日）．ひょっとすると回状の宣伝価値を高めるためかもしれない．書誌学者 H. J. D. アズライはその記録文書をレッジョのユダヤ人コミュニティの記録保管所で見た．そして署名の大部分がだれであるかわかったと証言した．バルーフ・ガドのことや「モーセの子らの手紙」が書かれた事情については，何もわかっていない．

18. *Mikwe Jisraᵓel*. Amsterdam 1650.

19. このような使用はアブラハム・イブン・エズラ（1098–1164）からイサアク・アバルバネル（1437–1508）まで認められる．

20. Cecil Roth: *A History of the Jews in England*, Oxford 1941, 同: *Transactions of the Jewish Historical Society of England* II, 1929, pp. 113–114参照．

21. MS. Zürich; セラリウスのフランス語の手紙（下記注29）; Wilenski, p. 162. 日付（6月1日）はチューリヒの写本に挙げられている．

22. 英語版では *comely*（立派な），そしてフランス語版では *d'un bon embompoint*（恰幅のいい）となっている．

23. *Last letters to the London Merchants... concerning the Restauration of the Jews*. London 1665, pp. 4–6. 英語のテクストはほかにも1666年に印刷されたパンフレット *The Congregating of the Dispersed Jews* にある．この手紙はそのほかドイツ語版（パンフレット「実像」）とフランス語版（Eschkoli, pp. 221–221）で遺されている．各種の版は相互に補完し合っている．かっこに入れた部分は英語版にはなく，Eschkoli のフランス語のテクストから訳した．ゴルトツィーアー *Goldziher* 回顧録（ブダペスト1948, pp. 399–411）のなかの M. Dercsénji のラテン語訳はドイツ語のテクストに基づいた自由訳の，非常に誤りの多い版である．

24. チャルトリスチ博物館，MS. 1656, fol. 489. Balaban, p. 38参照．クラクフのソフィア・アマイザヌヴァ教授はご親切にも全文を転写してくだされた．これは調べてわかるように，ドイツ語のパンフレットにあるエルサレムからの手紙の本文と根本的に一致しているように思われる．日付（1665年8月6日）は誤りである．ドイツ語のパンフレットではその日付は別表紙（「1665年8月6日付蕃地のサレからの手紙の内容」）に現われているが，それが指しているのは最初の手紙だけであり，ほかの二通には関係ないことははっきりしている．

25. ペルシアから進軍してくる部族ルベンとガドとの関連でも同じ数が述べられている．

26. 手紙の文体と内容から見て，セラリウスによって書かれたものであることは疑いない．彼の北オランダ訪問は，パンフレット「ユダヤ人にかんする新しい手紙」5–6頁に印刷されている同じ筆者のほかの（匿名の）手紙にも述べられている．手紙の筆者が同一人物であることはあとの手紙のなかの「スイスにあるベルン市のわたしたちの友人」，つまりドゥラエウスへの言及によってそれと知れる．この手紙はおそらくドゥラエウスが彼の10月28日付ラテン語の手紙のなかで引き合いに出している書簡のひとつであろう．フランス語のテクストは「Legorn からの手紙の内容」というまぎらわしい表題で印刷されている英語版のテクスト（Wilenski, p. 162）に非常に近い．聖書用語はセラリウスのほかの手紙にも見られるものと同じである．おおいにありうることだが，彼はまた「アントワープからの手紙」の筆者が唱えた異議にたいしてメシアの報告を擁護した——千年至福論者の——情報提供者でもあったのだろう（Wilen-

ski, pp. 160–162)．イスラエル人部族がアラビアやモロッコに現われたという噂がマナッセ・ベン・イスラエルの著作の影響下にあったキリスト教徒たちのあいだに起こったという Wilenski の主張（159頁）を裏づける資料はない．その噂はユダヤ人サークルから出たのであって，アムステルダムやロンドンのキリスト教徒たちがでっちあげたものではない．

27．ここまではフランス語のテクストは基本的に英語版と一致している．続き（チューリッヒ写本にのみ）は，アントワープの筆者がアムステルダムでいっしょに話した「イスラエル人たちのなかで起こった出来事をよく知っている」情報提供者の千年至福説的な気持ちに一致している．

28．Cecil Roth 教授はある報告書で彼をアムステルダムに住む有名な医師，アヴィニョン出身のイサアク・ド・ロカモーラであるとした．これはマナッセ・ベン・イスラエルの友人であるイサアク・ド・ロカモーラ博士（1864年歿）のことである．彼の人柄については Cecil Roth: *A Life of Manasseh ben Israel*. Philadelphia 1934, pp. 120–122を参照されたい．

29．フランス語のテクスト（MS. Zürich, Hottinger コレクション vol. 30, fol. 346a/b）はこうである．Extrait d'une lettre escrite d'Amsterdam. Touchant les particularité de la prise et siege de Meccha. Je m'en vay vous reciter ce qui semble estre incroyable, c'est que la ville de Meccha lensiége de la superstition Mahumetane est à presant assiegée par un peuple, qui se disent les enfans d'Israel, estans seulement les avant-troupes de tous le corps de leur frères qui suivent: les nouvelles nous vinirent(！)il y a 3 sepmaines de Livorne escrites par un Juif qui disoit avoir entendu cela d'un Juif venu d'Alexandrie en Egypte; qui raconta que le Bassa d'Alexandrie accompagné d'un Roy des Arabes, compose d'une caravane de quelque 60 mill. hommes, s'estoit acheminé vers Mecca;, ais qu'estant arrivé à une journée pres de la ville il y envoya un avant-troupe pour connoistre l'estat et les avenues de la ville, d'iceux il apprit que la ville estoit assiegée et prise en partie par des gens incognus, qui se disoient Israelites.sur ce le dit Bassa avec le gros de son armée et les dits Arabes prindrent la resolution de poursuivre leur chemin et d'attaquer ces gens comme ils firent, tirans sur eux musquets et flesches: mais tost apres furent saisis d'une frayeur et espouvantement et dirent entre eux; qui pourroit combatre contre ces gens, il semble que nos flesches retournent sur nous.Ainsi ces Turcs et Arabes retournerent chéz eux, et pour se revenger contre les Israelites ils imposerent sur tous les Juifs en Egypte et Alexandrie et Arabie une contribution de 5 Rsd.teste pour teste, au lieu d'une qu'ils souloyent donner.ces Juifs deputerent d'entre eux 10 hommes scavans vers Meccha pour scavoir la verité de tout ceci, ces dix hommes Juifs revenans parmi eux, trouverent qu'ils parloyent Hébreu, et que vrayement ils estoyent leur fréres, donc les six demeurerent là, mais les 4 restans retournerent en Alexandrie et apporterent ces nouvelles à leur fréres les Juifs.ceci nous est confirmé de Livorne

par trois postes.Et de Tunis est escrit aussi du 1.de Juin, que leur caravane, qui souloit aller tous les ans vers Meccha n'iroit cette année ci: à cause qu'ils avoyent appris que la ville estoit［Bl. 346v］assiegée par les Israelites. Et hier au soir me vint trouver Doctr Brecamera Juif pour me dire que les mesmes nouvelles estoient aussi d'Angleterre par un navire venu d'Alexandrie tellement que lui témoigna qu'il estoit assuré de la verité du rapport venu de Livorne.

Voila d'on nous viendra un ralliement et rassemblage universel de tous les peuples du Monde et une seule bergeoie qui sera en Sion. C'esticy que se termineront tous les diputes.

Nous avons ici en Nort Hollande un persoñage de bon renom qui nous assure de bone（！）conscience que Dieu luy a revelé par vive voix, que l'añée prochaine Babylon la grande doit tomber, et ce du commencement de l'Añée, ez qu'au milieu de la nuit il arrivera un tel jugement, que tout le monde sera effrayé, et tout culte divin public cessera à cause de cette consternation jusqu' à l'an 1672,, mais qu'a［prés］sera dressé un culte universel parmi tous peuples du Monde.

30. Wilenski, p. 163.「……アルサシア・ディパシーとラフェック・スーピーの手紙」. ディパシー Dipasi はたぶんデ・パス de Paz であろう. だとすると, リヴォルノのサムエル・デ・パスかも知れない. 彼はのちにこの町の最も有力なサバタイ信者のひとりとなった.

31. ウィーンからイタリアへ送られた1665年12月付の手紙（*Zion* 10, 1945, pp. 60–61に公表済み）と,「コンスタンチノープル, ヴェネツィア, マントヴァ, その他の諸都市からの手紙, ならびに印刷されたパンフレット」（同誌, 60頁）に基づいているイタリア語の手紙にこう書かれている. これらのパンフレットにはこんにち伝えられていないものもいくつかあるが, 1665年末ロンドンで印刷されたアバディーンからの手紙（Cecil Roth によって *Anglo-Jewish Letters*, pp. 72–74に覆刻されている）は一般の雰囲気を反映している. しかし Roth は, 出発点を誤り, この手紙の筆者はユダヤ人で, ロンドン最初のシナゴーグのカントル, ベンヤミン・ハ゠レーヴィに宛てられたものとしている. しかし本当はペーター・セラリウスが筆者で（上記注26参照）, 受取人はドゥラエウスの知り合いだったに相違ないと思われるあるキリスト教徒の千年至福論者であった. 同様の報告は, フランスの宮廷仲間で読まれた韻文の雑誌, Perdou de Subligny の *Muse de la Cour* にも現われた（*Semitic Studies in Memory of Immanuel Löw*, 1947, p. 185の N. Szabolcsi 参照）. この雑誌によれば, ユダヤ人の王は, アラブ人に侮辱されたためにメッカを略奪した. クーネンは（131頁）たぶんイタリア語のパンフレットに依拠したのだろうが, トスカーナ公とピエモン公は諸部族のアラブ進軍の報を受け, そのことを配下のユダヤ人（フィレンツェやトリノの）たちに知らせた, と書いている. それによると, 80万の軍勢がアラビアの砂漠から押し寄せてくるという.

32.「さる貴紳に宛てられたスコットランドのアバディーンからの新しい手紙．ユダヤ人の行動にかんする，これまでに公表された何よりも詳しい報告」R. R. 刊．Roth はこの手紙を「アバディーンの R. R.」というまぎらわしい表書きで刊行した．

33．Gershom Scholem: »Notes from Italy«. *Zion* 10, 1945, p. 60参照．1660年と1665年のあいだのいつかにカバリスト，エルサレムのラビ・ナータン・シャピラーによって行なわれた説教にかんする上記の指示（第一章注160）も参照されたい．

34．Sasportas（p. 14）と Emden（p. 6a）によれば，パンフレットはレカブの息子たちについて語っているのであり，モーセの息子たちについてではない．

35．F. Nau: *Fils de Jonadab, fils de Réchab*（ヨナダブの子，レカブの子）．Paris 1899参照．

36．Gershom Scholem: »Notes from Italy«. *Zion* 10, 1945, p. 61参照．

37．「Dom. Mareschalk Lira（？）によってウィーンから選帝侯宛に書かれた書簡中の……ペルシアやタタール地方からイスラエルへ旅するユダヤ人についての注目すべき数節にかんする手短な報告．ごく最近イギリスへ送付され，イスラエル再建の年と期待された1666年２月に印刷．」十部族にかんする他の初期の報告を補完するこのパンフレットを University College, London, Mocatta Library が一部所蔵している．セラリウスもタタールからの十部族の進軍に言及している．彼は11月２日にブリュッセルから，「当地の長官ドン・カッセル・デ・ロドリゴがローマのスペイン大使から，とてつもなく大勢の民にかんする報せがはいった……［そして］……新しい預言者たる王が立ち上がったという内容の手紙を受け取った」ことを聞いていた（Wilenski, p. 172）．

38．シェヴァト10日の日付は U. Cassuto が *Vessillo Israelitico* 55, 1907, p. 329に発表した1665年11月末の報告に述べられている．シェヴァト20日は1665年末頃印刷された英語のパンフレットに挙がっている（Cecil Roth: *Anglo-Jewish Letters*, p. 73）．それはルベンの長子の特権にも触れている．ルベン族が最初にパレスチナを征服するという考えはもっと古いテクスト，たとえばゾーハル I, 253b（この節の正確な異文は *Libnath ha-Sappir*. Jerusalem 1914, fol. 76c にある）にも見出される．

39．Haberman, p. 212. この文面は，そのまえにはいった手紙がすでにメッカ占拠などを報じていたことを前提にしている．

40．リヴォルノからラファエル・スピーノはサスポルタスに宛てて，部族の到着を待っていると書き送った（Sasportas, p. 74）．エマニュエル・フランセスは自作の詩の注のなかで，ナータンは「ガドとルベンの部族に，彼らは今年中にパレスチナを占拠するだろう，そして異教徒たちにとってコンスタンチノープルは３日間闇に支配されるだろう，しかしなべてのイスラエルの子らには家に光があふれるだろうと預言した」と説明した（*Zwi Muddach*, p. 106）．フラ

ンセスはたぶん，この種の預言は間違いなくナータンのものであるとした手紙に依拠したのだろう．たとえば，リヴォルノの兄弟に宛てたラファエル・ヨセフの手紙（*Several New Letters concerning the Jews*. London, Januar 1666; Wilenski の覆刻版，pp. 165–166所収）など．

41．Balaban, pp. 41–42. このポーランド人の手紙の筆者はハイーム・ヨセフの手紙を目にしていたが，それに自分の勝手な想像をつけ加えたのである．

42．ひとつの資料によれば（*Zion* 10, 1945, p. 66参照），彼は過越祭の33日後にラグ・ハ＝オーマーに旅立った．

43．サスポルタス（136頁）はエリシャの旅に二とおりの相反する表現を行なっている．「彼は蕃地（つまり北西アフリカ）から……来た．」ところがそのあとすぐ，彼はハンブルクにいて，ドイツとポーランドを通って「リヴォルノに来た」と言われる．

44．Sasportas, pp. 136–135と Haberman, p. 212の両報告（どちらもラビ・シャーロームの手紙に基づいている）を参照されたい．彼らは海路ではなく陸路でエジプトからガザへ行った．チェレビーは彼らに騎馬の儀仗兵をつけた．彼は「ラビ・エリシャに411グロス［つまりレアル］をあたえた．これはエリシャの名の数値と一致する額である」．ここからラビ・シャーロームがナータンの父とともにガザへ行ったことがはっきりするだろう．

45．この詩は「前述の問題」，すなわちサバタイ・ツヴィのことを論ずるアムステルダムからの手紙で（およそ1665/1666年）ラビ・ヤイール・ハイーム・バハラハに送られた．ダビデ王の魂の火花について述べたのはこの手紙が初めてである．ナータン一派はルーリアとナヤラの関係についてさらに非歴史的な，年代学的にありえない詳細をつけ加えた（ルーリアが死んだとき，ナヤラはまだ子供だったか，もしくは非常に若かった; サバタイ一派でしばしば聖歌が使用されたことについては *Goldziher-Gedenkbuch*, p. 42と *Bechinoth* 8, 1955, p. 85のわたしの詳述を参照されたい）．

46．Sasportas, p. 137.

47．シャーロームがアムステルダムへ送った最初の手紙の断片らしきものがドイツ語のパンフレット「実像」の末尾と1665年12月のセラリウスの手紙（*God's Love to His People Israel*. Wilenski, p. 171所収）のなかに引用のかたちで残っている．両パンフレットには次の数行が引用されている．「あなたがたにお知らせしますが，目下ガザ市に非常に思慮深い，誠実で謙虚な人がいます．その上に聖霊が宿っているような人です．その方は奇跡を行ない，人間の心の襞をすべて見通すことができます．それを聞いて，わたしも自分で彼のところへ行きました．ほかにラビが二人いっしょでした．その方は［本を？］指し示し，驚くようなことを話してくれました．ありがたいことに，わたし［たち］は格別のご好意をたまわり，わたしたちの父祖が見たこともないようなものを見せていただきました．」この数行はヘブライ語から直接訳したものらしく，

たしかに本当らしく聞こえる．その点「ユダヤの王，ラビ・サボタス・レーヴィと称するある独身男，模範的な生活を送る若者」の塗油のさまをえがいた，空想的な要素の多い，歪められた描写を含む手紙の残りの部分とは違う．この手紙はたしかにカイロへ送るために書かれたものではない．カイロではナータンの預言のことは初めから知られていた．また，預言者ゼカリヤの出現を自身の目で見たラビたちのひとりによって書かれたものでもない．この断片は実際にエルサレムから（カイロ経由で）アムステルダムへ送られた手紙から採られたもののように思える．その書き手はシャーロームであるという推測を否定するものは何もない．セラリウスはユダヤ人の友人から容易に写しを手に入れることができた．1669年初めにこの手紙を引用しているポーランド人の手紙の筆者（次の注を参照）とまったく同じように．上に引用された節の最後の文のヘブライ語の原文はモロッコの友人に宛てたサスポルタスのごく初期の書簡のひとつにほぼ字句どおりに見出される．ラビ・アアロン・サルファティの1665年12月付手紙もきわめて似た文言を示している（Sasportas, p. 26）．

48. 彼の手紙からの引用は二つのテクストで伝えられている．(a)アムステルダムからポーランド貴族の一員（当時一般に行なわれていたこのとくべつの個人的な情報紙の「予約注文者」）に宛てた回状．多くの重要な情報を含むこの手紙はBalaban（p. 42）によって公表された．これはR. シャーレームなる人物によって書かれ，カイロから送られたという．R. シャーロームがなんらかの理由でカイロへ戻っていたか，ないしはカイロで手紙を書き写したのかもしれない．しかし，手紙がパレスチナで書かれていたことは疑いない（前注参照）．Balaban所収の完全なテクストを読めば，R. シャーレームがアムステルダムのR. シャーローム・ベン・ヨセフにほかならぬことは疑いない．(b)このポーランドの手紙のなかの引用から，あやまってヘブロンのR. ソロモンがコンスタンチノープルにいる彼の「息子と義理の兄弟」に宛てた手紙の一節とされている *Diarium Europaeum* 16, 1668, p. 514の一節がだれの手になるものか同定できる．おそらくドイツの編者がいろいろなものを混同して，アムステルダムに代えてコンスタンチノープルとしたのだろう．R.「ソロモン」については，メシアの終末期を今年のキスレヴ月と計算して，家族のために用意していた家がまもなくやってくる集団に占拠されないうちにこっちへ来いと家族をせかしていたといわれている．R. シャーロームが本当にヘブロン訪問中に手紙を書いたのかもしれない．*Diarium Europaeum*（1668）のなかの報告は35年後に出典を示さずに *Theatrum Europaeum*（1703）に覆刻され，グレーツその他の人たちはこれを一次資料だと思った．モーリッツ・シュテルンによって *Magazin für die Wissenshaft des Judentums*（ユダヤ学雑誌），1888, p. 101で実情が説明されたが，彼の訂正はのちの著者たちによって無視された．

49.「ヘブロンのR. シャーローム」のこの手紙の（いまはもう遺されていない）写しはアムステルダムの友人らによってR. ヤイール・ハイーム・バハラ

ハに送られ，彼の *Collectanea zur Geschichte Sabbatai Zwis*（サバタイ・ツヴィ物語集）に採り上げられた．A. H. Weiss: *Beth ha-Midrasch*. Wien 1865 p. 92参照．

50．Emden, p. 40.

51．ポーランド人の手紙の筆者（Balaban, p. 42）．

52．コンスタンチノープルのラビたちは彼をラビ調査委員会委員に選び，ガザでナータンを調べさせることにした（Sasportas, p. 124）．Rosanes（Vol. 4. p. 316）はアレッツォのバルーフの叙述の損なわれて読みにくくなった異文（Freimann, p. 48）に惑わされてハイーム・アブーラーフィアをハギスと取り違えた．

53．Emden, p. 41.

54．ヘブロンのR. ハイーム・アブーラーフィアは，ナータンがパレスチナからスミルナへ行き，そこでイタリアからの使節を迎えた（Coenen, p. 135）ときの旅に同行した同名の人物とたぶん同じ人間ではないだろう．クウェンケは次のように主張している．ヘブロンの４人のラビがサバタイ・ツヴィの命を受けてナータンのお供をしたが，ハイーム・アブーラーフィアはそれをひどく残念がって，こう言った．「行くでない．王（すなわちサバタイ）の怒りが恐いのなら，わたしがあなたがたを守ってやろう．」したがって，ハイーム・アブーラーフィアは招かれた４人のラビのなかには間違いなくはいっていなかった．もし彼が主義主張を変えて，（棄教後も信仰を堅く守ったナータンの同伴者ハイーム・アブーラーフィアのように）サバタイ信仰に改宗したのだったら，クウェンケはきっとそのことに触れただろう．アブーラーフィアがのちに住まいをヘブロンからエルサレムへ移したことは，彼の同僚たちの大半がサバタイの棄教後も信仰を固持した事実と関係しているかもしれない．彼は1684年にエルサレムで死去した．周知のサバタイ思想の使者ネヘミヤ・ハイヨンはアブーラーフィアの家で育ったと言っている．

55．サスポルタス（p. 22）は1665年12月始めの返書のなかでこの手紙に触れている．この手紙は最初アムステルダムに着いたようだ．R. イサアク・アボアブは初期のサスポルタス宛の手紙のなかでその手紙の証言を引用している．サスポルタスは46頁（R. ヤコブ・ナヤラの書簡といっしょに）と82頁でいま一度その手紙に触れている．「R. ゲダリヤとその共闘者たちの教説は偉い学者たち［の異論］をまえにしてはいかなる権威ももたない．」この表現はR. ゲダリヤの手紙には「彼の共闘者たち」の何人かも署名していたという意味を含んでいる．しかし，サスポルタスは明らかにR. ヤコブ・ハギス（このひとのミシュナー注釈を彼は知っていた）の「教説」と不信仰者たちの説のほうを好んでいた．

56．Sasportas, p. 122.

57．Haberman, p. 211.

58．アレッポからか，スミルナからか？

59．モーセス・ベン・ハビブの詳述に引用されているガランテの供述．「初めわたしはサバタイ・ツヴィを非難していませんでした．でも彼の署名を見て［から］，わたしは毎日彼を罵っています」(Emden, p. 53)．しかし，すでに見たとおり，この言は控えめに受け取らねばならない．本文268–269頁参照．

60．写本で伝えられている説教（ᵓ*Imre No*ᵓ*am*. R. Samuel Garmizanの説教．MS. Badhab 32. ヘブライ大学図書館）を目にすることはできなかったので，わたしはM. Benajahuによって作成されたBadhabコレクションのカタログに依った．そこには表題として「わたしが426［1665–1666］年にエルサレムで行なった説教」と書かれている．

61．Sasportas, p. 122; *Zion* 10, 1945, p. 59も参照されたい．

62．サスポルタス（149頁）はこの日付を1年後に書かれた手紙のなかで述べている．

63．Sasportas, p. 84.

64．サスポルタス（42頁），1666年1月の手紙のなかで．この手紙は明らかに1665年に個人的に得た情報か，それともエジプトとエルサレムにおける「反対勢力」に触れたサバタイ信者たちの手紙（たとえば同掲書に引用されているラファエル・ヨセフに宛てたナータンの手紙．本文292頁参照）に依っている．

65．Sasportas, p. 138.

66．「われらの主がベンヤミンと呼ばれたラビ・ナータン」（アレッツォのバルーフ．Freiman p. 58）ラビ・サムエル・ガンドゥールの最初のエジプト宛の手紙では，ナータンは「預言者たちの子孫のひとりとして，新しい名前で呼ばれるにふさわしい人物である」と強調されている」(Haberman, p. 207)．

67．ブツィナー・カッディシャー．ゾーハルでラビ・シモン・バル・ヨハイにつけられた肩書き．

68．コンスタンチノープルのラビたちはこの肩書きを，預言者を調べるために調査委員会を提案した公式の書簡ですでに用いている（Sasportas, pp. 23–24)．この肩書きはナータンを真の預言者と思っていた信者たちのあいだで広く用いられていたとサスポルタスは断言している（p. 125)．

69．Gershom Scholem: *Notizen aus Italien*（イタリア覚書）参照．*Zion* 10, 1945, p. 66所収．

70．Sasportas, p. 6とp. 74.

71．Sasportas, p. 20.

72．ナータン・シャピラーの社会批判，本文90–91頁参照．

73．Sasportas, p. 23.

74．Sasportas, p. 303.

75．Sasportas, p. 6. 彼の主張は，現場にいた者によって書かれたものであるサンバリの年代記の証言とは矛盾している．

76. セラリウスのかなり自由な記述ではこうなっている．ドイツ語版はガザのパシャしか述べていない．

77. セラリウス．ドイツ語版にはキリスト教徒は現われない．

78. 英語のテクスト（Wilenski, p. 171に覆刻）は *Nature* としているが，明らかに誤植である．ドイツ語版では，いっさいのむなしい行為，とくに商行為と，ナータンが高利貸しと思っている両替商を差し控える，となっている．

79.「エルサレムの」という言葉はセラリウスにしか現われない．ドイツ語版のほうが読みやすい．

80. トラクト *God's Love to His People* の終りのほうで（Wilenski, p. 172）．

81. たとえば，「サーフェードがサバタイ主義運動に与しなかったのは怪しむに足りない」というような主張（Rosanes, Vol. 4, p. 362）．サーフェードのコミュニティの破壊にかんするロザーネスの叙述は彼が資料を誤解したことから生じている（*ᵓErez Jisraᵓel* 3, pp. 244–248の M. Benajahu を参照されたい）．1660年にサーフェードを訪れたフランスの商人ダルヴューはユダヤ人コミュニティを非常に生き生きとえがいている．ダルヴューはコミュニティを生き延びさせた宗教的要素を，すなわち「ガリラヤに生まれるメシアがサーフェードを彼の新しい地上の王国の首都にするだろう，そして彼が来たときにここにいた者たちは——死者も生者も——彼からとくべつの賜り物を期待することができる」と人びとが信じていたことをはっきり認識していた．ナータングループではガザがサーフェードの地位をになっていたことは間違いない．ナータンをイサアク・ルーリアの化身と見れば（このサバタイ派の考え方については本文300頁をされたい），サーフェード—ガザの連想はさらにわかりやすいだろう．

82. *Vessillo Israelitico* 55, 1907, p. 329の Cassuto.

83. Max Weinreich: *Bilder fun der Jiddischer Literaturgeschichte*. Wilna 1928, p. 244.

84. *Tikkun* は426［1665–1666］年にヨセフ・アッティアスによって印刷された．ある版（その一部がアムステルダム大学図書館にある）では，fol. 82のあとにいましがた述べた表題をもつ４枚が続いている．

85. 同一版，fol. 3b. 1666年夏の終りに印刷されたほかのいくつかの版は「サーフェードから」という言葉で一定の付加や変更を行なっている．

86. アレッツォのバルーフ（Freiman, p. 59）．この手紙はサバタイの棄教後に書かれた．（A. Jaᶜari が *Taᶜalumath Sefer*, p. 60と *Bechinoth* 9, 1956, p. 78でしているように）それが本物であるかどうかを疑う理由は何もない．

87. ティックーン・ハツォースとして知られる真夜中の祈りやショーバービーム・タースとして知られる冬期の贖罪断食など．この２番目の用語は出エジプト記の最初の八つの週間章節（シェモースからテツァウェーまで）の頭文字から成り立っているが〔トーラー全体は54の週間章節に分かれているが，そのうち出エジプト記は11の週間章節に分けられ，最初の八つの章節の始まり

は ⑴1, 1 שמות シェモース⑵6, 3 וארא ヴァエラー⑶10, 1 בא ボー⑷13, 17 בשלח ベシャラハ⑸18, 1 יתרו イスロー⑹21, 1 משפטים ミシュパーティーム⑺25, 2 תרומה テルーマー⑻27, 20 תצוה テツァウェーで，表示した最初の節に含まれる語の頭文字を組み合わせれば שובבים תת ショバービーム　タースとなる〕，ショーバービーム（背いた）という表現はカバリストの言語慣用では自慰によってつくられた悪魔（「背信の子ら」，エレミヤ書 3, 14と 3, 22参照）を表わしている．カバラーの倫理教義では最も重い罪のひとつであるこの罪を償うために，冬に一連の断食と贖罪祈禱が行なわれた．第 3 章の注262も参照されたい．

88．*Bechinoth* 9, 1956, p. 80参照．わたしはそこにラビ・ベンヤミン・ハ゠レーヴィと預言者ナータンの会談を公表した（MS. Adler 383. アメリカ・ユダヤ神学校）．A. Ja⊂ari（*Ta⊂alamath Sefer*, 1954）があやまってベンヤミン・ハ゠レーヴィのものとした周知の作品 *Chemdath Jamim* を論議の対象にすることはあえてしなかった．Ja⊂ari にたいするわたしの反論については *Bechinoth* 13, 1955, pp. 79–95; 9, 1956, pp. 71–84と，*Tarbis* 24, 1954–1955, pp. 441–445; 25, 1955–1956, pp. 66–92, 202–230におけるティシュビーの詳細な分析を参照されたい．また，第八章注80も参照のこと．

89．Sasportas, p. 124.

90．Sasportas, pp. 16–17. 実際にはガザのパシャというような職務はなかった．著者はトルコの地方役人のつもりで言ったのだろう．

91．1665年12月11日付ユスキュブからの手紙に述べられているエルサレムとアレッポからの手紙．したがって，オリジナルの手紙が書かれたのは1665年10月末よりもあとではあるまい．

92．本文280頁参照．サバタイは1665年 8 月12日にアレッポをあとにした．

93．Haberman, p. 212. わたしはハーバーマンのいくつかの異文を大英博物館とコロンビア大学の写本にあるかなり保存状態のよいテクストによって修正した．

94．Freiman, p. 48. サバタイの兄エリヤ・ツヴィは正式なラビ教育や叙階式を受けていなかったけれども，サバタイ主義の資料ではいつもラビの名誉称号で呼ばれている．

95．ド・ラ・クロワが行なっているスミルナでのサバタイ主義運動開始のロマンチックな描写は純然たる空想の産物で，のちの著者たち（たとえばカスタインなど）を惑わせた．同様に，クーネンの年代記を改竄したレイーブ・ベン・オーザーも信頼できない．

96．手紙はすべて，ユダヤ教徒のもキリスト教徒のも，1666年 2 月20日から25日のあいだに届いたものと思われる．どちらの手紙も同じ英語のトラクトで述べられている．先の引用が採られた英語の手紙は 2 月26日の日付になっている．次の注も参照されたい．サバタイが主の油を注がれた者として顕現するま

えしばらく身分を隠していたことはサスポルタスも聞いていた（85頁）

97．*A New Letter concerning the Jews*. London 1666, pp. 5–6. Cecil Roth: *Anglo-Jewish Letters*, p. 71に覆刻．「スミルナのわれらが商人たち」という決まり文句はこのオランダ人筆者と同じキリスト教徒のことを指すのであって，「われらがユダヤ人」という言い方で呼ばれるユダヤ商人を指すのではない．手紙の筆者がペーター・セラリウスであることは確かだ．彼は，周知のように，イギリスの千年至福論者と規則的に手紙のやりとりをしていた．この手紙の書き手は北オランダに或る神人を訪ねたことを述べ（本文374頁参照），サバタイ・ツヴィの名をセラリウスと同じように誤記している（「サバタイ・レーヴィ」Wilenski, p. 171参照）．イギリスの千年至福論者グループのメンバーに宛てたセラリウスの手紙のことは，そのなかのひとり，Thomas Chappell によって，ロンドンの公立記録保管所に保管されている手紙のなかではっきり述べられている．Calendar of State Papers 1665–1666（Domestic Affairs），p. 526（Vol. 12, 1666）に公表されている Chappell の手紙の縮約版ではセラリウスの名は省かれている．

98．サバタイは語った言葉の力だけで，彼のキャラバンを襲った賊たちを殺したといわれる．別のヴァージョンによれば，辻強盗たちは彼のまえにぬかずいた（Sasportas, p. 16と85）．

99．Sasportas, p. 85. モーセについては，*Pesikta Rabbathi* 15, fol. 73b 参照．

100．Coenen, pp. 13–45, 63–74．サバタイのスミルナ滞在を述べたド・ラ・クロワの記述は出来事の実際の年代記を混乱させるばかりか，それ以上に彼の空想の産物を非常にたくさん含んでもいるので，無視してよい．ド・ラ・クロワはいわゆる登場人物自身が書いた架空の手紙のかたちで話をするのが好きだ．多くの不正確な事柄やドラマチックな粉飾はたしかにド・ラ・クロワの物語の才能のなせるわざである．彼のユダヤ人の証人は多くの点で信頼できることがわかっており，つけ加えられた空想的な要素全般を彼のせいにするのは酷である．とはいえ，乱暴な誇張の氾濫のなかにもときには真の核心が見出せる．サバタイは5426年の元旦（ほかの資料による裏づけのない日付）にメシアとして顕現するまえに，スミルナに丸6ヵ月滞在したそうだが，ド・ラ・クロワは（p. 303），彼は「まるでまったく町にいないかのように」引き籠って暮らして（ひっそりと生きて）いた，と強調している．サバタイは支持者たちに彼が正式に許すまでは彼をメシアと呼ぶことを禁じた，といっているのは本当かもしれず，アレッポ滞在中の彼の態度とも一致している．他方，5425年エルールの月にサバタイのまえでナータンの手紙を公に読んで聞かせた話やサバタイが5425年末（1665年9月）までいっさいの断食を禁じた話，ならびにガザから手紙を持って来たといわれる使者にかんする詳細はまったくの作り話である．ド・ラ・クロワが描写している出来事のいくつかは実際に起こったが，もちろんのちの，1666年1月のことである．

101. Carpi: *Geschichte von Sabbatai Zwi, nach einer alten Handschrift*（サバタイ・ツヴィの歴史．ある古い写本から）. Wilna 1879, p. 20.「これはカサーレ市の御使者殿の言葉である.」カルピはこう言ってある報告からの引用をしめくくっている．しかし本文のなかには引用の始まりがはっきり示されていない．N. Brüll によって発表されたテクストはいろいろな断片から構成されているが，文体分析からするとどうやら，13頁（終り）から18頁4行目までは19頁9行目から20頁までと同じ資料から引用されているらしい．著者は彼だけが聞いた情報を伝えるときは単数形を用いているのにたいし（たとえば17頁），使者一行の経験は複数形で書いている．3人の使者のうちラビ・ハイーム・セグレは終始揺るぎない信者であった．使節のほかのメンバーはのちにマントヴァで暮らした．したがって，スミルナからの報告を書いたのは，ラビ・サムソン・バッキーであった．

102. 二つの報告をつぶさに調べてみても年代決定に二，三の著者が主張しているような矛盾は認められない．サムソン・バッキーの報告に気づかなかったグレーツはあやまって，クーネンの報告は事件の正しい経過をたどっているという点から出発したため，バッキーのに比べて1週間遅れの年代決定となった．バッキーの年代決定の正しさは別のラビ証言の決定的な日付によって裏づけられている．ロザーネスがカルピの *Geschichte von Sabbatai Zwi* の年代決定は正しいというのはそのとおりだが（彼は後者がバッキーの報告に基づいていることに気づかなかった），彼のいわゆる矛盾の論究は，彼がここでもほかの箇所でも自分では一度も目にしたことのない本から引用していることによって損なわれている．彼の孫引きの癖は彼の典拠の調査をおよそ見込みのない，きわめて腹立たしい企てにしてしまう．こうしてロザーネスはクーネンの非常な稀覯本も一度も目にせず，そのかわりグレーツがクーネンのテクストから引き出した誤った結論をクーネン自身の証言として引用しているのである．クーネンはめったに明確な日付を言わないが，彼が挙げる日付はグレーツが下す年代決定とは明らかにくいちがっている．たとえばクーネンは，テベス9日にハイーム・ペニャの娘が預言をし，そのときペニャはメシアを見た，とはっきり述べているが，それからすれば，ペニャにたいするサバタイの暴力行為がテベス11日に行なわれたというのはありえないことになる．クーネンの話をつぶさに検討してみれば，彼は叙述するさいに厳密な年代順にしたがっていないことがわかる．彼の報告（14–17頁）はテベス6–8日の出来事から始まり（これはちょっとした間違いかもしれない．彼は4日から始めなくてはならなかったのだから）それから（17–39頁）――なんら日付を示さずに――報告のはじめの日付よりもまえのテベス6日に起こった出来事の叙述を続ける（すなわち，ナータンの手紙についての論争，ラビたちの協議，ハイーム・ペニャ襲撃，ポルトガルのシナゴーグへの闖入，ラビ・アアロン・ラパーパの解雇，サバタイの――おそらくのちに行なわれたのであろう――カーディ訪問等々）．クーネン

はこれらのことがテベス8日以後に行なわれたとはどこにも言っていない．グレーツが間違えたのも無理からぬことであるが，クーネンを注意深く読めば，彼が17頁で年代順の記述を中止したことがわかるだろう．それはナータンの預言が「その間に」――これはたしかに前節で述べられた日付，テベス 8 日のことではない――たどった展開について何か言うためであった．（あとの出来事からまえのことへ飛ぶクーネンの癖を表わすもうひとつの例は63–74頁に見られる．そこには年代的な関係をいっさい無視してサバタイのスミルナ滞在について詳しく報じられている．39頁でクーネンは17頁で脱線を始めた時点に戻り，一般の預言の風潮をえがいている．そのさい彼はまたしても明確な日付（テベス 9 日）を挙げているが，それが正しいことは疑いない．クーネンは事実をユダヤ人の情報提供者から手に入れており，それゆえ彼の記す出来事はキリスト教の暦ではなく，ユダヤ教の暦によって日付が付されていることに注意せねばならないだろう．クーネンの叙述の構造をひとたび理解すれば，いわゆる矛盾は解消し，不一致はわずかしか残らない．クーネンの描写が書簡形式，彼が1667年夏に彼の貿易会社の社長宛に送った手紙のかたちでなされていることを忘れてはなるまい．手紙を本のかたちで編集し出版したことについてはクーネンの監修を経ていない．

103．Sasportas（pp. 61, 85–86）と1666年始めに印刷された英語のパンフレット．1666年 4 月始めにスミルナで書かれた手紙の内容はオランダの年代記1666年1月の *Hollandtze Merkurius*（もちろん印刷されたのはずっとあと）に，そしていま一度 *Diarium Europaeum*. Vol. 16, pp. 509–512（1668年印刷）に伝えられている．

104．これらの事実は二つの文書の相互補完的な証言からはっきりする．(a)スミルナの R. Abraham Palache が所有していた427（1666–1667）年の手書きのラビ回答書．彼はそれを彼の *Abraham ⊃Askir* に転載した（S. Bernfeld によって彼のサバタイ・ツヴィにかんする証言集に覆刻された．*Kobez ⊂al Jad*, 15, 1899, pp. 1–11)．(b)ベンヴェニステが428（1688）年に友人のラビ・ダニエル・ベン・サムエルに宛てたラビ回答書．Benveniste の *Ba⊂ei Chajei* vol. 3, no. 172 に掲載されている．そのラビ回答書は名前を出していない．そのため Bernfeld も Rosanes もその自伝的な性格を見逃した．H. J. D. Asulai は彼の伝記事典（*Schem ha-Gedolim*, Chajim Benveniste の項を見よ）に，ベンヴェニステは自著 *Keneseth ha-Gedola* でこの件について詳しく書いたが，「敬意を払うという理由でそれを印刷版には入れなかった」と述べている．アズライはまたラビ・モーセス・ベンヴェニステのラビ回答書 *Penej Mosche*（*ad Choschen Mischpat*), no.　2 と no. 31にも触れている．ベンヴェニステは多くの感情とつらい気持ちを抱いて書いている．彼は明らかに，サバタイ・ツヴィを支持したこととラパーパの扱いに関係して彼にたいしてあがった非難から身を守ろうとしている．ベンヴェニステはコミュニティの長老たちを，不当な扱いだ，いやそれどころ

かだましだ，といって非難し，彼，すなわちベンヴェニステも共に署名を連ねた招請に応じないようラパーパにそれとなく知らせたことを示唆している．別のラビ回答書も同様に弁明的性格をもっているが，しかし観点は違っている．サバタイの棄教後，著者はベンヴェニステを支持したことを深く悔い，ラパーパを元の職に戻そうとした．このラビ回答書を書いたのはラビ・ヤコブ・パラへだという Bernfeld の推測は論破されたとみなしてよい．ヤコブ・パラへについてはサバタイの棄教後も信仰を堅持したが，実際には棄教者になったと疑われていたことが知られているからである．著者はスミルナの名の知れたラビだったに違いない．彼の影響でほかの多くのひとたちもベンヴェニステを支持しはじめたと彼が認めているからである．彼はラパーパの解任にみずから関与したことについて大変遺憾の意を表している．スミルナのラビたちの著作をさらに調査してみれば，ひょっとすると筆者の身元を明らかにするのに役立つかもしれない．

105．Carpi（p. 15, 下）:「ラビ・アアロンはコミュニティに雇われた上級ラビであった［……］．要するに，サバタイはラビ・アアロンが解任されるまで策謀をめぐらしたのである．」「要するに」で始まる文のまえにいくらか——たぶん二人のラビ間の争いの描写など——消された部分があるようだ．

106．ド・ラ・クロワは（p. 292），メシアの第一報がはいったすぐあと，対立する両陣営は「不信仰者」（*kofrim*），「信者」（*Ma⊃aminim*）と呼ばれたと報告している．この用語はたぶんガザとアレッポから来た手紙から採られたのだろう．

107．わたしは長いあいだ，どうしてサバタイはヤキーニが確固とした信者のひとりであることを確とは知らずに第一人者のひとりとして王に任命することができたのか自問していた（Coenen, p. 45参照）．この謎はヤキーニの1673年のナータン宛手紙を丹念に読んでいるうちに解けた．ヤキーニがそこに書かれたスミルナの出来事にみずから関与していたことがわかったのである．*RÉJ* 26, 1893, p. 215参照．

108．*Zion* 10, 1945, p. 64: *In Constantina vi e anco profeta*（コンスタンチナには預言者もいる）参照．

109．ほかの資料は彼の名を Sarviel とか Sarraval と書いている．注248参照．

110．この文言（雅歌 3, 10の語呂合せに基づいた）はヘシェル・ツォーレフに関係するテクストから借用された．G. Scholem: *Cat. Cod. Cabbal.* ヘブライ語 Jerusalem 1930, p. 239参照．

111．ド・ラ・クロワは（p. 292）メシアの報せを公の場で議論することをいっさい禁じようとする試みについて報じているが，彼が言うことの正しさを疑う理由は何もない．

112．*Several New Letters concerning the Jews*, p. 6.

113．Coenen, p. 14.

114. サムエル記上, 22, 2（ダビデについて）参照. *Hollandtze Merkurius* 1666年 1 月号（p. 3）の報告の素材を提供した1666年 4 月付書簡の書き手は, サバタイへの共鳴者を作るために金持ちの同胞たちが喜捨を施したと示唆している. レイーブ・ベン・オーザーによれば, この同胞たちはサバタイのメシア的使命をカバラーの書物によって証明することもできたというが, しかしレイーブの話は, 信憑性を増すために「カバラー」で粉飾する癖があることは別としても, 誇張と民衆の作り話が多すぎる.

115. サムソン・バッキーの報告に基づいている二つの叙述における日付は互いに異なっており, たぶんどちらも正しくないのだろう.「木曜日, ハヌッカーの 3 日目」（アレッツォのバルーフ）というのはありえない. この祭日の 3 日目はサバトにあたっているからである. 木曜日にあたっているのは初日と 8 日目, すなわち1665年12月 3 日か10日であった. カルピも「ハヌッカーの 3 日目」と明確な日付を挙げているが, しかし彼がサバタイの祭礼服と「王の身なり」にかんする話をとくに強調しているという事情は異例の登場が平日になされたことを示している.

116. ド・ラ・クロワ（p. 306）も, サバタイの王の身なりに触れ, サバタイが公衆のまえで「白い繻子」の衣装を身に着けていたと記している. しかし, この白服は通常カバリストが安息日に着る衣装であって, もしサバタイがそれを安息日に着用したのだったら, これはたしかに驚きを呼んだり, 論評を惹き起こしたりはしなかっただろう. 非常に信頼できる証言によれば, 彼はガリポリで使節を迎えたとき, 赤いガウンをまとっていた. そしてこの色の意味をイザヤ書63, 2 を解釈しながら説明した.「あなたの服はどうしてそのように赤いのですか（……）」赤色はメシア時代のヘセド（恩寵, 白）という説よりも, むしろセフィラー・ゲブーラー（裁き, 赤）の優勢というナータンの説に一致する. ド・ラ・クロワの言うことが誤りなのか, サバタイがのちに彼の服の色を変えたのかどちらかである.

117. Carpi, pp. 14–15.

118. Freimann, p. 48.

119. Coenen（p. 19）が, スミルナのユダヤ人たちはナータンを知っていて, 彼の預言者の使命を信じていたが, 彼のメシアの預言がだれのことを指しているのかは知らなかったというのは矛盾している. アレッポの使者が「ヤコブの神の油を注がれた人」のもとへ連れて行ってくれと頼んだとき, 返事はこうだったという.「あなたがたはだれのことを言っているのですか.」正確な日付はないけれども, クーネンの報告は, ナータンの手紙がスミルナで知られており, ハヌッカーのまえにラビたちによって検閲されたことを示している.

120. 本文447頁参照. 彼らのスミルナ到着の時点はほぼ確定できる. テベス 4日というクーネンの日付は誤りに違いない. この日はサバトだからである〔サバトは金曜日日没に始まって土曜日日没に終る聖日〕. テベス 3 日金曜日と

いうほうが本当らしい．「6日目にラビ・ガランテがそこへ来て，彼［サバタイ］を支持し，彼のために証言をした」というラビ・サムソン・バッキーの証言もこの日付を指している（Carpi, p. 15; Freimann, p. 48）．「6日目」というのは6番目の平日，金曜日か，ハヌッカー祭の6日目を指している．サバタイの出立がハヌッカー祭の初日（木曜日）に行なわれたのだったら，翌日（金曜日，1665年12月4日，ハヌッカー祭2日目）に使節が到着したことはさだめしメシア的興奮をいっそう高めたことだろう．しかし，同様にアレッポの使節が翌週の1665年12月11日に到着した可能性もある．いずれにせよ話はすぐに作り変えられた．1666年4月にスミルナから書いた *Hollandtze Merkurius* の手紙の筆者は，当地のラビたちが預言者にひどい扱いをしたことの詫びを伝えにエルサレムから使者がやってきた，と報告している．彼の報告はエルサレムの高名なラビをラビ・モーセス・ガランテとしているが，それはまったく正しい．このオランダの報告は派遣団はサバタイがスミルナに到着した2, 3日後，すなわち9月に到着したと主張し，派遣団を12月の公のメシア運動勃発と関係づけていない．

121．アレッツォのバルーフ（Freimann, p. 48）．

122．Emden, p. 53. サバタイみずから，妻の部屋へ行ってくれと医者の息子を説得した．彼が――ヨセフのように――家の外へ逃げたとき，サバタイは「もし彼が妻の意にしたがっていたら，彼は偉大なティックーンをなしとげただろうに」と嘆いた．この証言を注意深く読めば，Rosanes（Vol. 4, p. 403）がハビブの「宣誓証言」を偽誓といって斥けたのは不当であることがわかるだろう．エムデンは証言記録をラビ・ハイーム・ヨナから受け取ったのであるが，テクストのなかの外来語の書き方は典型的にアシュケナージ風なのにたいし，彼の一族全体は「セファルディー一族として知られている」という彼の論議（Rosanes, vol. 4, p. 403）は奇妙な誤りを露呈している．ハイーム・ヨナ・テーオミーンはポーランドのラビで生粋のアシュケナージであった．証言のテクストは史的原典批判的分析に耐えるものである．第二章注87参照．

123．『サファイアをちりばめた』雅歌5, 14参照．この作品は一度しか印刷されていない（コンスタンチノープル1660）．書誌学者によってリストアップされた，スミルナで出版されたという後世の版は存在しなかった．図書目録の誤った記載にわたしも（*Bibliograhia Kabbalistica*. Leipzig 1927, p. 204），さらにこの作品を1665年以前のサバタイ主義宣伝と結びつけるZ. Rubashov（*Tarbiz* 5, 1934, pp. 352–353）も惑わされた．

124．*A New Letter*, p. 5; Cecil Roth: *Anglo-Jewish Letters*, p. 71に再掲載．

125．Coenen, p. 35.

126．Carpi, p. 15.

127．Coenen, p. 26. クーネンは日付を述べておらず，彼の報告はハヌッカーの開始にサバタイがおごそかにシナゴーグに姿を現わすことを言っているので

あって，何か別の機会のことを言っているのではないという可能性を閉め出すものではない．「一般の祈禱の日」という言い方が断食を表わしているのだとしたら，これはハヌッカーの典礼規定に矛盾するだろう．断食の可能な最も早い日付はテベス 3 日（12月11日）金曜日，ハヌッカー後の最初の日であったろう．他方，サバタイには思いもよらず勝手に儀礼を改める癖があることも無視してはならないだろう．もちろん，クーネンの言い回しを必ずしも断食を指すものと理解する必要はない．

128．ド・ラ・クロワ，フランス語の *Relation*, p. 38. そこでは，サバタイは彼の愚かな信者たちにたいする笑いを隠すために扇子を使ったと言われている．Coenen, p. 15.

129．Coenen, p. 26.

130．Coenen, p. 34; de la Croix, p. 307; Galanté（p. 97）によって引用されたアルメニアの資料（サバタイの王のような儀式の決まりにかんする詳細な記述がある）．

131．Bernfeld, p. 7.

132．クーネンは日付を挙げていないが，彼の報告（pp. 26–27）から察するに，二度呼び集められたラビの協議の一度目はシナゴーグの座席が人で塞がったサバト（テベス 4 日）のまえに行なわれ，もう一回は次週の日曜日に行なわれた．たぶんそういう会議はもっとあっただろう．クーネンはこれについては人づてに聞いて知ったので，彼の年代決定や個々の供述は少し混乱している．スミルナのラビ会議の手紙が読まれたのは最初の協議のさいで，ベンヴェニステとラパーパが決定的に袂を分かったサバト後の会合の折り――あるいは少なくともクーネンが書いている状況のもとで――ではないことは確かである．他方，クーネンの供述の多くは基本的に正しい．ラビたちはラビ・ユダ・ムルシアの家に集まったとクーネンは述べているが，これは明らかにベンヴェニステが1671年にラビ回答書を送った相手ラビ・ユダ・ムルシアにほかならない（*Ba⊂ej-Chajej*. Vol. 4 no. 68）このラビ回答書からわかるように，ムルシアは1662年にコンスタンチノープルでさる裕福な女性と結婚し，豪邸に住んでいた．のちにラパーパはこの家に身を隠した（Coenen, p. 39）．名前の正しい綴りはスペインの同名の町に倣って Murcia と書く．クーネンの書に見られる誤植ないし間違いはさらに Emden における名前の書き方の歪曲へとつながり，Rosanes を誤らせて Juda Morteiro などと，どう見てもおかしい「修正」を行なわせる結果になってしまった．ラビたちの集会にかんする報告は捏造であるという Bernfeld の見方（p. 4）を受け容れるべき理由はどこにもない．

133．Emden, p. 7.

134．彼はベンヴェニステの作品 *Keneseth ha-Gedola*（Livorno 1657）の第 1 部の出版費用を出した．Graetz, p. 445参照．彼あるいは彼のきょうだいヤコブ・ペニャがサバタイと姻戚関係であった可能性については本文128頁を参照

されたい.

135. レイーブ・ベン・オーザーの話（Emden, p. 7）はクーネンの叙述をかなり勝手に潤色したものである．サバタイはペニャ襲撃をみずから指揮したという．ペニャは家をバリケードで塞ぎ，樽の下に身を隠した．メシアの支持者が戸をこじあけようとしたとき，「さいわいだれかが来て，サバトのミサがシナゴーグで始まったと言った.」それで襲撃者たちはいなくなった.

136. Carpi, pp. 15–17.

137. Carpi, p. 16.「ガランテと呼ばれる」．同じ報告を縮約したアレッツォのバルーフの稿では（Freimann, p. 48）「アルガージーと呼ばれる」．シナゴーグはしばしばそれを建立したり維持した一族の名で呼ばれた（たとえばスミルナのピント－シナゴーグなど）．しかし，ガランテ一家は町の名家にはいっていなかった．間違いはその数行まえでモーセス・ガランテの名が言及されたことによるのかもしれない．「アルガージー」はラビ・サロモン・アルガージーが普段そのシナゴーグに通っていたことと関係があるかもしれない．だがクーネンは，このとくべつなサバトにはラビ・アルガージーはポルトガルのシナゴーグにいたと断言している.

138. ペニャの名はクーネンによって挙げられているが，情報の念入りな修正版であるように思われるサムソン・バッキーの報告には現われない．バッキーはポルトガルのシナゴーグに通うメンバーをすべて不信仰者としてえがいている．この単純化しすぎた光景を裏づける資料はほかにはない．1666年にスミルナから書かれた手紙は，メンバーの大半が不信仰者であったことよりも，むしろ不信仰者の大半がこのとくべつなシナゴーグのメンバーであったことを理解させる．エマニュエル・フランセスの脚注の説明参照．「サバタイは……ポルトガルのシナゴーグにいた大半の反対者たちを皆殺しにするよう命じた.」

139. クーネン他が詳しく伝えているこの詳細を熱烈な信者であるアレッツォのバルーフは省いている.

140. エマニュエル・フランセスとヤコブ・フランセスも同じことを伝えている.

141. フランセス「彼は印刷した聖書からトーラーの章節を読んだ」，つまり彼はラビの掟に反したのである.

142. ここでバッキーの元の報告は二人の上級ラビの緊張関係について何か言っていたに違いない．本文403–405頁参照.

143. すなわち著者ラビ・サムソン・バッキーに.

144. この高い数字はあとからつけ加えられたものではない．なぜなら，スミルナからハンブルクへの最初の手紙（1665年12月）にすでに「500人のユダヤ人」がサバタイにつきしたがったと語られているからである（Sasportas, p. 61）.

145. 詩篇119, 126のよく知られているラビの説教学的解釈.

146. Frances（p. 110），スミルナからの手紙による．手をラッパのように丸めて口にあてて大声を出すことはクーネンも述べている，36頁．

147. これに言及しているのはレイーブ・ベン・オーザー（Emden, p. 8）ひとりである．

148. Emden, p. 8. 本来の出所はクーネン，37頁である．

149. Coenen, pp. 35–36.

150. Graetz: *Geschichte der Juden*（ユダヤ人の歴史）（第3版）. Vol. 5, pp. 403–406, 417–418.

151. これを述べているのはSasportas（p. 61, スミルナからの第一報による）だけである．

152. Sasportas（p. 89）は即座にこの点を取り上げた．あのメシアス・ベン・ヨセフが非ユダヤ人同士の戦いで死を望んだなんて聞いたこともない，彼はイスラエル軍の先頭に立ってはなばなしく戦って死ぬだろう，と．

153. クーネンは*Romanza*の一部だけみずからオランダ語に訳して引用している．彼は「できるだけ正確に」訳すことを心がけた．スペイン語の原文は二つの版で伝えられている（M. Attias: *Romancero Sefardi*. 第2版　1961, pp. 82–83). そのうち二つ目の版（Attias, no. 13a）はサロニキのサバタイ一派によって保存された（サバタイが普段うたったといわれるデンメー版）．だがこの主張は疑うことができる．クーネンのオランダ語のテクストははるかに第一の版に近いからである．もともとサロニキのデンメーが所持していた写本のなかにこの歌の興味深いヘブライ語版が見つかった．これはA. Amarilloによって*Sefunoth* 5, 1961, p. 245に発表された．タイトルはこうなっている．「ラビ・アブラハム・ヤキーニのアミラーにかんする聖歌集から．アミラーはこれを普段メリセルダの曲に合わせてうたった．」12のシュタンツェはそれぞれ，*Meliẓ*ᵓ*el da*（「神にとりなし給うはかの者」――すなわちサバタイ）という言葉を含む同じリフレーンで終っている．これは明らかにMeliseldaとの神秘的な語呂合せである．ヘブライ語版のエロチックな形象世界は独創ではなく，雅歌からの借用である．シュタンツェの頭文字はアブラハム（・ヤキーニ）の名をかたちづくっている．

154. Sasportas, p. 85とGershom Scholem: »Notizen aus Italien«（イタリア覚書）（ヘブライ語）*Zion* 10, 1945, p. 65所収．ここでは日付を定めたのはナータンとされている．他の資料はシヴァン15日とは特定せず，ただ一般的に征服は間近いというサバタイの預言について語っているだけである．疑いなく，セラリウスはこの預言を正確に記憶していた．1666年2月26日付の彼の手紙（Cecil Roth: *Anglo-Jewish Letters*, p. 71）の文言はほとんどサスポルタスが引用したヘブライ語の原文の翻訳であるように読める．

155. イザヤ書11, 3のラビ的解釈についてはB. Sanhedrin 93b参照．

156. これを述べているのはサスポルタス（p. 16）ただ一人であるが，しか

しスミルナからの第一報に基づいている彼の説明が正しいことはまったく疑いない．ラビ・アブラハム・シェビリがだれなのか，わたしはまだ明らかにしえていない．

157．Coenen, p. 32.

158．Sasportas, p. 80; Frances, pp. 124–126. 彼は「えもいわれず」いやらしい歌をうたおうとしたという非難（同，135頁）はサバタイのロマンセ・メリセルダ好きからくる誇張であるように思われる．

159．Frances, p. 125.

160．サバタイがこの詩行を彼のメリセルダ，「王の娘」の神秘主義的釈義と関連して引用したことは疑いない．

161．Coenen, p. 33.

162．ヘブライ語ADaMの綴りは*A*dam, *Da*vid, *M*essiasの頭文字で構成されている．本文327頁参照．

163．Coenen, p. 38.

164．*Kobez ᶜal Jad* 9, p. 7（別丁付）.

165．*Kobez ᶜal Jad* 9, p. 6.

166．レイーブ・ベン・オーザーはクーネンの叙述にしたがっているが，彼がオリエントから帰ってきた旅行者から聞いていた情報を補っている．彼の情報提供者はスミルナにもいた．民話的な，半ばフィクション風の特徴をそなえているにもかかわらず，レイーブの話はときとして真実も含んでいる．レイーブのヴァージョンによると，サバタイは支持者たちに，彼が非難を浴びせたのはベンヴェニステのためになると考えたからだ，ベンヴェニステもそれをそのような意味で理解している，彼は「偉大なラビ」であり，「2（月）［日］以内に考えを改め信仰するようになるだろう」と説明した．この言葉はベンヴェニステに伝えられた．そしてサバタイの追従が信者たちの暴力行為にたいする恐れと相俟ってベンヴェニステに考えを改めさせ，こう叫ばせた．「長いあいだ，わたしは間違っていた，でもいまは自分が罪を犯していたことを告白する」（Emden, p. 8）と．レイーブの話が本当なら，それは仲裁者が双方の調停に積極的にたずさわったという推測を裏づけるものだろう．レイーブがベンヴェニステの翻意のために挙げた理由は必ずしも彼の性格に有利にはたらくものではない．ラビ・サムソン・バッキーも同じ判断を下したようだ．たしかにベンヴェニステはのちに彼の改宗をおおいに批判された．しかし，追従や恐怖とは別の要因もはたらいて，正真正銘メシア信仰への改宗が行なわれた可能性もおおいにある．

167．Bernfeld, p. 4. サムソン・バッキーは月曜日よりもむしろ日曜日を考えているようだ．なぜなら，彼はシナゴーグ占拠の「翌日」の大きな喜びについて語っているからである．クーネンはラパーパの罷免（シナゴーグ占拠翌日の）とベンヴェニステの単独上級ラビへの任命（翌日の）とを区別している．

彼の年代決定は匿名のラビ回答書のそれと一致しており，それによって間接的にテベス6日の日付を裏づけている．他方，クーネンがベンヴェニステのサバタイへの服従を職務就任後としているのは自己矛盾のように思われる．

168．Coenen, p. 14.

169．Samson Bacchi，本文423頁に引用．

170．サバタイと彼の支持者はベンヴェニステの思いがけない改宗によっておおいに勇気づけられたとクーネンは述べている（39頁）．

171．サバタイはこの時期まだトルコ語が堪能ではなかった．この点にかんするクーネンの証言はきわめてはっきりしている．サバタイはスルタンの前に引き立てられたとき，もう一度通訳を要求した．彼がトルコ語を自在に話せるようになったのは棄教後のことである．

172．Rycaut, p. 205.

173．Galanté, p. 85, 98. 賄賂のことはド・ラ・クロワも述べている（p. 325）．カーディとラパーパの事件にかんする彼の詳細な報告の残りを民話と断じることはできない．それは自由な作り話である．Rycaut によれば（p. 205），信者たちはラパーパについてカーディに苦情を言ったが，カーディは双方から賄賂を受け取った．

174．アレッツォのバルーフ．彼はサムソン・バッキーの報告に自分の説明を挿入している．

175．Coenen, p. 30. 同様に Rycaut, p. 207. だが，彼には事件のことがはっきりわかっていないようだ．奇跡の話は手紙によってまちまちであるが，スミルナからの最初の回状にすでに見られる．ある手紙は12月18日（テベス10日）にサバタイが王のように通りを練り歩いたと報じている．トルコ人たちはカーディに苦情を言い，カーディはこの「政治的」事件をスミルナのパシャに知らせた．するとパシャは「すべてのユダヤ人を殺す」ことにし，「そのために明朝準備をしておくよう隊長に命じた」．ところがまさにその晩，預言者エリヤが火の柱に包まれて現われ，彼に言った．「ユダヤ人に手を出さぬようくれぐれも気をつけなさい」と（Wilenski, p. 168）．1665年12月にリヴォルノへ送られた手紙では（Eschkoli, pp. 226–227）奇跡話と事実とがさらに大きくかけ離れている．カーディとパシャは一人の人間に融合し，トルコ人たちは事件を町の首席説教師に訴え出る．事件は12月25–26日，すなわちサバタイの出立直前に移されている．

176．これまでサバタイ・ツヴィを扱った公式のトルコの記録はひとつも見つかっていない．これから見つかるとも思われない．ウーリエル・ハイト教授は，1665年10月から1678年４月までの期間の政令を含む数巻がイスタンブールの国立文書館に欠けていることを確認された（*Tarbiz* 25, 1956, p. 337参照）．

177．Coenen, p. 16. 男はテベス７日に，女は８日に忠順を誓った．バッキーは儀式の正確な場所を述べていないが，話しぶりからするとシナゴーグである．

178. レイーブ・ベン・オーザー（Emden, p. 6）．レイーブとサムソン・バッキー（p. 17）は儀式の一部としてサバタイの足に接吻することを述べているが，クーネン（p. 16）は手に接吻することしか語っていない．

179. 資料には正規のシナゴーグのミサで用いられる祝福の形式，ミ・シェベラハのことが語られている．これも儀式がシナゴーグで行なわれたことを示すものである．

180. *Hollandtze Merkurius*, 1666年1月，p. 3（ここにはしかし，一般市民の忠順の誓いの儀式のことははっきりとは語られていない）．Coenen, p. 17も参照されたい．

181. Sasportas, p. 61に引用されたスミルナからの手紙．

182. J. B. de Rocoles（1683），章の始め．

183. Coenen, p. 15.

184. 彼の息子にかんするさらなる情報は*Schocken Volume*（ヘブライ語）の拙論 pp. 172–173と本書第七章と第八章を参照されたい．

185. Coenen, p. 32.

186. *Hollandtze Merkurius*, 1666年1月，3頁に発表されたスミルナからの報告は町の恐怖政治について述べ，「不信仰者の親玉はザルデス［マグネージアのことらしい］へ逃げざるをえず，彼の家は略奪された」．これは半年まえにマグネージア〔ギリシア東海岸のパガシティコス湾を囲む半島地域〕からスミルナへ来たラパーパのことを指しているようだ．彼の逃亡にかんする噂はおそらく，彼が町に隠れていることから一般の注意をそらすために，友人らによって意図的に流されたのだろう．ラパーパのマグネージア逃亡について述べているド・ラ・クロワ（p. 336）は，ひょっとすると実際に流布していた噂を引用しているのかもしれない．彼の残りの話（p. 342）は勝手な作り話であるが．

187. スミルナからの手紙．Sasportas（pp. 61, 86）とFrances（p. 110）による要約．クーネンはテベス10日の断食の廃止については何も言っていないが，3人の名前のわからないラビの逃亡のことは述べている（39頁）．サスポルタスは，ハンブルクに着いた最初の手紙には断食の廃止が述べられていたと報じている．のちの手紙はラビ・サロモン・アルガージーに率いられた少数派の反対についても語っている．サスポルタスは，手紙を引用し出来事を報告する順序にかんするかぎり，それほど正確ではない．出来事の正しい順序を解明するのに役立つかもしれないスミルナからの最も早い時期の手紙も*Zizath Nobel Zwi*に取り上げられていない．それでも，だいたいにおいて彼の記述から判明する年代はここに掲げたものと一致している．ラパーパはメシアに忠順を誓い，手に接吻することをこばんだために罷免された．アルガージーは断食を廃止する決定に反対した．廃止が押し通されたとき，アルガージーは町から逃げ出した．

188. 署名は偽造されたという推測を，非常に慎重にではあるが，サスポル

タスは口にしている（p. 133）．彼の疑惑は，2週間後に同じラビたちによってエルサレムへ送られた手紙と比較することによって裏づけられる．本文651-653頁も参照されたい．

189．Coenen のヘブライ語の手紙のオランダ語要約（p. 112）．

190．Sasportas, pp. 133–134. アレッツォのバルーフ（Freimann, pp. 53–54. しかしここでは不信仰者の名前が曲げられている）．これらの名は名高い名門の名である．このことからも，反対者たちは「読み書きが堪能ではな」かったという主張はまことに奇妙である．

191．割礼式にはいつも預言者エリヤが臨むと考えられている．それゆえ，彼にはとくべつな貴賓席が用意されている．

192．Coenen, pp. 66, 73; Rycaut, p. 212. Rycaut によれば，グーチェレスは「サバタイの縁者」であった．

193．このように，アムステルダムからの手紙は1666年3月13日にスミルナから30通の手紙が届いたことを述べている（Eschkoli, p. 228）．アムステルダムのセファルディーのコミュニティの多くのひとたちがスミルナに近親者をもっていた．

194．Coenen, p. 31.

195．*Hollandtze Merkurius*, 1666年1月［実際に公表されたのは1667年］，3頁．同様に，わずかばかり変更されてドイツ語でも *Diarium Europaeum* 16, 1688, p. 510に．*Diarium* の編者はもしかすると実際にオリジナルの手紙を目にしていたのかもしれない．サスポルタスも預言者の数を挙げている（p. 60）．

196．アレッツォのバルーフ（Freimann, p. 49）．彼はハイーム・ペニャの義理の姉妹（ヤコブ・ペニャの妻でことによるとサバタイの妹）のことも述べているが，彼の娘たちには触れていない．「預言をする不信仰者の娘たち」のことはスミルナからの手紙にも述べられている．

197．Coenen, p. 41. ペニャの改宗の日付であるテベス9日とベンヴェニステの上級ラビへの任命の日付であるテベス6日とは，スミルナでの出来事の正確な年代を定める決定的な定点となっている．Coenen の報告は，サバタイとペニャの和解は娘たちの預言よりまえに行なわれたことを示唆している．両者のなごやかな会談のあいだにサバタイはペニャに，母親の死を悲しんでいた彼の娘たちに取って置きの晴れ着を着せてやりなさいと言った．それをしたとたんに，彼女たちは預言を始めた．ことによると，ベンヴェニステがサバタイ陣営に与したテベス6日にはもう和解にいたっていたかもしれない．

198．アレッツォのバルーフ（Freimann, pp. 49–50）．アムステルダムにも同じような預言のテクストが届いた．たとえば，1666年3月10日に届いたスミルナからの手紙．主としてヘブライ語で書かれ，聖書の章句からなるいろいろな女性の預言が含まれていた．ある少女の預言はスペイン語であった（Eschkoli, p. 227）．この手紙のことはサスポルタスも知っていた，pp. 148, 162.

199. Coenen はどうしてだれもメシアのことを「つつましく，ロバにまたがって」と言わないのかと不思議がっている（p. 32）.

200. Sasportas, p. 148. 同じ事件が Eschkoli の発表した手紙にも書かれている．一人の祭司が呼ばれて，彼女から悪霊を追い出すように言われたとき，少女はキリスト教徒やトルコ人の面前で彼を罵り，サバタイ・ツヴィこそメシアであると明かした.

201. Sasportas, p. 96.

202. Sasportas, p. 147.

203. Sasportas, p. 96.

204. Sasportas, p. 156（アレクサンドリアからのラビ・ホセア・ナンタワの手紙）と p. 182. レイーブ・ベン・オーザーの記述（Emden, p. 10）は例によって誇張している．女たちはアラム語でゾーハルの預言を口にした（おそらくモーセス・スリエルの預言と取り違えているのだろう．本文463–465頁参照）とか，アドリアノープルには「何百人も預言者」がいる，など.

205. ロドス島とキオス島．カイモ（ハイーム）・ベン・アアロンなる人物の娘が1666年にコルフ島で預言をした．次の著作参照．*Sefunoth* 3–4, 1960, pp. 537–540所収 Ch. Misrachi のヘブライ語の論文 *Belege für die messianische Unruhe auf Korfu, nach einer christlichen Quelle*（コルフ島のメシア騒ぎの証拠文書，キリスト教の資料から），Andrea Marmora の *Historia di Corfu*（Venedig 1672）から.

206. フランス語の *Relation*, p. 17. 訴訟は中止されるか無視された．1668年，仲買人サバタイ・ハ＝レーヴィがスミルナのラビ法廷に，自分が2年まえに請求を出さなかったのは「例の騒動とからんで何もかも混乱していたからです」と説明した（ベンヴェニステのラビ回答書 *Ba⊂ei Chajei* ad *Choschen Mischpat*, no. 175）.

207. Coenen, pp. 58–59.

208. Coenen（p. 34）は事件の異常性を強調している．通常夜に明かりをもって通りを歩いていいのはフランク人，つまりヨーロッパ人だけだからである．トルコ警察（たぶん賄賂を受けていたのだろう）の寛大さを信者たちはさらなる奇跡と考えた．*Hollandtze Merkurius*, 1666年1月号，3頁参照．ド・ラ・クロワ（315頁）も「スルタン・ツヴィ万歳」という歓声について述べている.

209. Coenen, p. 63.

210. ラビの言い回し．アラム語 *Tawja*「鹿」はヘブライ語の *Zwi* に相当する.

211. Coenen はこの祈りをオランダ語に訳している．Rosanes によって印刷されたヘブライ語の原文はスミルナで用いられたヴァージョンであると彼は主張しているが，実際はレイーブ・ベン・オーザーから出たものである（Emden, p. 8）．もちろんオーザーが引用しているのはこの祈りのアムステルダム版で,

彼はその一部を情報提供者から読み聞かされたのである．

212．これを述べているのはFrances（p. 110）だけである．

213．Coenenはただ，サバタイと彼の妻は愛顧を求めてやってきた多くの者たちから献上物を受け取ったと言っているだけであるが，一方のRycautは（p. 207），サバタイは「スミルナの全財産を要求することもできただろうが，ずる賢いから，欲の皮を突っ張らせて金目当てだとかんぐられることを恐れ，金を受け取らなかった」と述べている．レイーブ・ベン・オーザーは（Emden, p. 8）クーネンの献上物についての簡単な言及を長たらしい，まったく信ずるに足らない話にふくらませている．支持者たちが群れをなして献上物をもってやってきて――なかには3週間も4週間も，したがってサバタイがメシア宣言後「メシアとして（町に）いた」期間よりも長く――王に目通りを許されるのを待ったという．高価な献上物を遠近から携えてくる多くの使節についてEmdenが語っていること（28頁――自分ではクーネンの翻訳と言っている）はオランダ語の原文にはどこにも見当たらない．ド・ラ・クロワの記述（308頁）も，実際にはあとになってコンスタンチノープルやガリポリで起こったことをスミルナへ移している．

214．ただひとりド・ラ・クロワ（300頁）は，サバタイは彼にしたがうために家族を捨てた二人の（エルサレムの！　343頁）ラビをともなってスミルナに到着したと報告している．ド・ラ・クロワはひょっとするとラビ・モーセス・ガランテとダニエル・ピント（二人ともアレッポ出身）を考えていたのかもしれないが，この期間全体の彼の情報は混乱していて，信頼できない．

215．1673年のナータン宛ヤキーニの手紙のラビ・エリヤにかんする部分を参照されたい（*RÉJ* 26, 1893, p. 215）．

216．Coenen, pp. 43–45, 78参照．一次資料とみなすことができるのはCoenenのリストのみである．グレーツはRycautの*Geschichte*に触れているが，この著作の初版（London 1680）にはこのようなリストは見当たらない．もしかするとこのリストはJohn Evelynの*History*（初版1669年，64頁）の（グレーツが利用した）フランス語訳でつけ加えられたのかもしれない．Evelynはこのリストを Coenenか，Rycautの記述の補遺から書き写した．彼はそれを剽窃し，自分の名で印刷したのである．名前の綴りの改変は，彼の資料がクーネンのオランダ語の本であったことを示唆している．

217．5442（1681）年ヘシュヴァン11日歿．彼の墓碑銘は「敬虔にして謙虚なる」という敬語を含んでいる（Freimann, p. 142と R. Elija Kohen: *Jado bakol*. Smyrna 1867, fol. 231a 参照）．

218．1682年歿．サバタイが「メシア王信仰を受け容れること」をヤキーニに納得させた奇妙な神秘的な儀式を描写したもの（ことによるとフィクションかもしれない）が或る創世記12–17へのサバタイ主義的注釈のなかに見られる．*Sefunoth* 3–4, 1966, p. 441のI. R. Molkho参照．Evelynのリストはヤキーニの名

を除いているが，そのかわりサロモン・ラニアードという名の二人の王を載せている．

219. *Zion* 7, 1942, pp. 174, 190–193参照．1714年には彼はまだ生きていた（*SZ* p. 348, 注 3 参照）．

220. Evelyn はこの名をモーセス・コーヘンとしている——この誤りはさらなる誤りを惹き起こした．たとえば，この人物をこの町におけるサバタイののちの信奉者のひとりであるアドリアノープルのラビ・モーセス・コーヘンとする提唱など（Tishby, サスポルタスへの注206参照）．

221. 彼は当時コンスタンチノープルに住んでいた．その年のヤキーニの手紙では彼は信者といわれている．印刷されたテクスト（*REJ* 26, 1893, p. 213）はこの名をマンダールに改変している．ハンダリーは有名なラビ一家の名である．A. R. ヨシュア・ベン・ヨセフ・ハンダリーはサバタイの時代のエルサレムのラビのひとりといわれている（Frumkin, vol. 2, p. 32）．ほかにもこの名の学者がサロニキに住んでいた．

222. ラビ・エリヤはヤキーニの手紙に述べられている．Coenen のリストにある指摘はきわめて注目すべきことにことごとく彼にあてはまる．Evelyn はオランダ語の *Berisper*（「勧告者」ヘブライ語 *Mochiach* を Coenen が訳したもの．人びとに悔い改めを呼びかける説教師のこと）を誤解し，それを架空の Mochiach Gasper という名のラビにした．エリヤはサバタイのもとでとくべつ目をかけられ，コンスタンチノープルへ彼のお供をした．アレッツォのバルーフは（Freimann, p. 50）彼のことをもっぱら「ゼデキヤ王」の肩書きで述べている．

223. Coenen, p. 134. 彼の名は1648年から1677年にかけてベンヴェニステのラビ回答書 *Ba*⊂*ei Chajei* にたびたび登場する（たとえば vol. 2, p. 52; vol. 4, p. 35）．

224. 彼のことはベンヴェニステのラビ回答書（vol. 2, p. 50）とラビ・サロモン・ハ゠レーヴィのラビ回答書（*Lew Schlomo* no. 26）に述べられている．1677年にアブラハム・レオンとアルディッティはコミュニティの長老たちにかわってサーフェードの使節のマニュアルの一文書に署名をした（J. M. Toledano: *Sarid u-Falit*. ファクシミリ 1, p. 50参照）．

225. Evelyn は書き写すさいに Coenen の綴り方を借用してカルモーナとしている（p. 66）．Rycaut はサロモン・クレモーナと呼んでいる．

226. 拙論 *Zion* 7, 1942, pp. 175–178, 193–195と A. Ja⊂ari, *Kirjath Sefer* 36, 1961, pp. 525–534を参照されたい．

227. Cardoso の自伝的な書簡（*Sefunoth* 3–4, 1960, p. 230）参照．

228. *Ba*⊂*ei Chajei*. vol. 4, no. 35, 68.

229. 他方，ペニャの任命には侮辱の意図があったと論証することもできるだろう．イェロボアムはユダヤの伝承ではダビデ家への反逆者，大罪人とされ

ているからである．そうなら，改宗後ペニャはその新しい名を彼のなかに転生しているイェロボアムの魂の神秘的なティックーンを経ることによって保持したのだろう．しかし，この説明はこじつけのように思える．早くからの熱心な信奉者であったクレモーナは躊躇なく「アハブ王」に指名された．

230．*Ba⊂ei Chajei*. vol. 1（*Eben ha-⊃Eser*, no. 20の補足）．

231．Sasportas, p. 206. イスラエル・ハッサンの詩篇注釈（*Schocken Volume*（ヘブライ語）, p. 166, p. 206）; カルドーゾのトラクト（*Abhandlungen zur Erinnerung an H. P. Chajis*（H. P. ハイス追悼論文集）. Wien 1933, p. 345と A. H. Weiss: *Beth ha-Midrasch*. Wien 1865, p. 65）．サバタイ・ツヴィが生涯の終りに「わが親愛なる伴侶にして友」カリリョに宛てた手紙が Freimann, p. 68に掲載されている．*Sefunoth* 5, 1961, p. 259に彼の棄教にかんする報告が載っている．彼の子孫はサロニキのデンメー一派に属していた．

232．ヘブライ語ではシャベタイ（すなわちサバタイ）．

233．Sasportas, pp. 165–166. 彼の叙述はいつのまにか遺失してしまったスミルナとコンスタンチノープルからの手紙に基づいているが，当時ヤキーニがスミルナにいたこと，およびヤキーニがサバタイによって預言者に「列せられ」たのちに王に任命されたことを前提としている．イタリア語の手紙（*JJS* 12, 1961, p. 51）は彼を「ポルトガル生れのドクター・モラノ」と呼んでいる．

234．*Relation*, p. 29. イタリア語版はもっと長く，おそらく本文ももっといいだろう．彼の治療はキリスト教徒のあいだで引っ張りだこだったと Coenen は言っている（p. 78）．彼は Coenen が93頁で述べている Dr. Barut と同一人間かもしれない．ナータンはサバタイの棄教後にスミルナを訪ねたとき，この医師の家に身を隠していた．サスポルタスによれば（200頁），彼の名はカルドーゾであったが，これはアブラハム・ミゲル・カルドーゾと取り違えているようだ．この人も医者であったが，当時はスミルナに住んでいなかった．他方，名前は合っているかもしれない．カルドーゾ家の者たちがスミルナに住んでいたからである．彼らのなかのひとりが医者だったのかもしれない（ベンヴェニステのラビ回答書がスミルナのラビ・モーセス・カルドーゾに宛てられている．*Ba⊂ei Chajei*. vol. 4, no. 24; 第七章，注95参照）．

235．これまでこの点で Rycaut の説明は利用されてこなかった．Rycaut は事件当時スミルナにおらず，彼の知識は（口伝えや書面で）Coenen から手に入れたものだった．彼のクーネン依存性はクーネンを誤解するやり方にすら表われている．彼の年代決定はひどく混乱している．たとえば，彼はクーネンからナータンが棄教後に書いたある手紙を借用しているが，丸１年まえの日付にしている（1665年12月）．アブ９日の断食を廃止した手紙はスミルナで出された布告になる（Rycaut, p. 205）．同じ手紙があとで今一度詳しく引用され，その結果，実際は一つにすぎない典拠がまるで二つのように見える仕儀となる．ときに Rycaut は，クーネンにはない，それでいて捏造とも間違いともわからぬ

ことを伝えている．章の冒頭（201頁）でRycautは，彼のサバタイ・ツヴィの話はすでにだれかほかのひとによって公表されていると示唆している——どうやらEvelynの*History of the Three Late Famous Impostors*を指すらしい．これはクーネンの本と同じ年（1669）に出たものであるから，Rycautは，1667年夏に完結したクーネンの報告をそのオリジナルなかたち（すなわちオランダにあるレヴァントの貿易会社宛に送られた書簡集）で知っていたに違いない．Rycautはおそらく，クーネンが自分用に取った手紙の写しを用いたのだろう，そしてそれから1668年に彼自身の報告を英国の友人たちに送った．Evelynはそれから海賊版を作ったのである．

236．*Hollandtze Merkurius*, 1666年1月，3頁．この時点まで彼の逮捕命令は届いていなかった．

237．Rycaut, p. 207.

238．地方の資料は一致してこの日付を挙げている（Coenen, p. 46とサバタイの出立直後に書かれたスミルナからの手紙）．サスポルタス（74頁）が述べた手紙はすでに旅にともなって起こった奇跡について語っている．サスポルタスとエマニュエル・フランセス（アブ9日のための*Heggada*, p. 201）は，サバタイは3人の支持者をともなって出かけたと報じている．アレッツォのバルーフ（Freimann, p. 50）は4人挙げている．イェホシャハファト王（モーセス・ガランテ），ゼデキヤ王（ラビ・エリヤ，説教師）「そしてイスラエルの王二人」である．サスポルタスが非常に短く縮めて掲載している手紙の全文がEschkoliが出版したフランドルからの回状のなかに見出される．そこで（227頁）サバタイに随行したと言われている「二人のアレッポの預言者」は，ド・ラ・クロワが述べている（343頁）「エルサレムのラビ二人」と同一人物である．むろんド・ラ・クロワはガランテとピントのことをいっているのであるが，彼らの出生地については必ずしも正しい情報をつかんでいない様子である．英語のパンフレット*A New Letter concerning the Jews*は誤った日付（「1月5日か6日」を挙げているものの，「王が彼の4人の預言者たちとともにコンスタンチノープルめざして船に乗った」ことを知っている．「（何人かのひとが言うには）ほかの乗組員や船長はいなかった．彼が乗船すると，船は火柱に包まれ，すばやく進んだ．それで王は港へ向かうよう命じた．シェヴァト17日（あるいは1月21日）以前にコンスタンチノープルに着いてはならなかったからである」（Wilenski, p. 168）．レイーブ・ベン・オーザーの耳にはいった報告によると，サバタイは兄のヨセフ・ツヴィ（Emden, p. 11）も連れていたと言うが，これはありえそうもないことである．

239．*Hollandtze Merkurius*, 1666年1月，134頁．この報告によれば，サラは夏まえには着かなかった．したがって，サバタイは拘禁生活の大部分を彼女なしで過ごした．

240．Rycaut, p 208. *A Brief Relation of Several Remarkable Passages of the Jews*

(p. 8）の著者は1666年２月にこう書いている．ロンドンとアムステルダムに届いた手紙によれば，スミルナのユダヤ人は４人のラビを陸路でコンスタンチノープルへ送った，当地の情勢を観察し，それを報告させるためである．陸路の旅は10日以上はかからなかったので，この使者たちはサバタイよりもすでにずっとまえに到着していたに違いない．だからコンスタンチノープルのユダヤ人たちに王と会う準備をさせる時間がたっぷりあっただろう――報告が正しいなら．

241．これはすでに1665年12月末にイタリアにはいった報告に述べられている（*Vessillo Israelitico* 55, 1907, p. 330参照）．その正しさを疑う理由は何もない．

242．アレッツォのバルーフ（Freimann, p. 50）．本文473–474頁も参照されたい．

243．Carpi, p. 17.

244．Galanté, p. 86. この二人のアルメニアの書き手はスミルナの出来事を描写するのに事実と作り話をごちゃ混ぜにしている．だが，両者は一致してある奇妙なエピソードを語っている．サバタイは側女に３人の娘を差し出された．彼はしばらく彼女らを手もとに置き，それから手つかずのまま彼女らを送り返した．この報告はひょっとすると，ガリポリでサバタイを待っていた70人の美しい乙女たちにかんするクウェンケの証言（Emden, p. 41）とつながりがあるかもしれない．

245．De la Croix, p. 296.

246．*Relation*, p. 17: »*transports d'une joye qu'on ne comprendra pas si on ne l'a veüe*«.

247．*Relation*, p. 17.

248．Moses Serviel（Coenen, p. 54と――彼に倣って――Lejb b. Oser）; Moses Serupel（*Hollandtze Merkurius*, 1666年１月, p. 135）; Moyse Suriel（de la Croix, p. 357）. Suriel（Surviel）という姓は *Midrasch Talpioth* の初版の人名索引に現われるが，本文そのもの（fol. 10d）では学者の名は Abr. Saraval となっている．わたしはこれまで同時代のカバリストの著作のなかに Moses Suriel への言及しか見つけていない．それは R. Israel Jaffe von Shklov の*ᵓOr Jisraᵓel*（1702）のなかのアブ９日の部分にある．そこに（fol. 151b）引用されている「コンスタンチノープルのラビ・モーセス・サルヴァル」の終末論的言葉はゾーハルの一節を解説するもので，追放の終りを427年，すなわち1667年と定めている．（この本のサバタイ主義的傾向を隠そうとして，印刷された本文ではわざと「誤植」にして457, すなわち1697になっている．この本の「疑いを晴ら」そうとする Zwi Harkawi の試み（*Le-Cheker Mischpachoth*. Jerusalem 1943, p. 21）は無意味である．

249．Lejb b. Oser の（イディッシュ語の）オリジナルテクスト（MS. Schasar,

fol. 28ff.）のなかの報告．ヘブライ語版（Emden, p. 10）は重要な細部を省いている．イディッシュ語のテクストには，スリエルはブルッサ出身であるとも書かれている．

250．彼の陶酔的な踊りとそれに続く失神も，ガザでの五旬節の夜ミサ時のナータンの同様のパフォーマンスに相応するものである．本文241頁参照．

251．これがおそらくフランス語の言い回し *»il leur faisoit des leçons et leur donnait des règles de vertu«* の意味であろう．

252．De la Croix, pp. 357–359.

253．Emden, p. 9（レイーブ・ベン・オーザーのテクストへの彼の注）．彼は，「無教養な男や女たちがゾーハルを引用し，それを本当のカバリスト流のやり方で解釈した」ことも聞いていた．

254．ヨブ記32, 8 を示唆するもの．

255．列王記下 4, 10を示唆するもの．

256．*Kobez⊂al Jad* 4 新シリーズ, 1947, p. 119と p. 120.

257．文言がほとんど同じの説教が Abudiente の *Fin de los Dias*（日々の終り）にある．この説教の著者はひょっとすると——だれかスミルナとかコンスタンチノープルの説教師ではなく——アブディエンテかもしれない．彼がそれをハンブルクからアムステルダムにいる多くの友人たちに送ったのかもしれない．

258．Abudiente（*Fin de los Dias*, pp. 79–80）にあるテクストはこの点ではもっと詳しい．「幻視と預言が封印されるまで——（預言の）幻視や預言者は封印され隠されていたのだから．しかしいま，5425（1665）年から封印は取り除かれた．そして（これらのことは）すべての人びとに明らかにされた．わたしたちは幻視と真の預言者をもっている．このことは本年中に一般に知れることとなった．」

259．このテクストは Eschkoli によって公表された（pp. 223–226）．遺憾ながら，Eschkoli のフランス語からのヘブライ語訳（同書，232–233頁）は，疑いなくヘブライ語で書かれていたオリジナルの文体をまったく再現していない．Eschkoli は，説教がもとはスペイン語かほかのヨーロッパ言語で書かれていたことを証明したと思っていた．彼はもちろん Abudiente の *Fin de los Dias* のことは知らなかった．そのなかで著者は，この説教を最初はヘブライ語で書き，そのあとスペイン語に訳したと，はっきり言っているのだが．

260．Eschkoli, pp. 227–229．遺憾ながら，このテクストのほかの写本は知られていない．フランドルからの回状のなかのフランス語訳は急いでおざなりになされたしるしが見えるだけに，なおのことこれは残念である．

261．ガマリエルはカルドーゾの反棄教者論争のなかにカリリョといっしょに名指しされている（*Sefunoth* 5, 1961, p. 259）．ポーランドの使節（ガリポリ訪問記のなか，Emden, p. 15）と de la Croix（p. 364）は彼をガリポリからコン

スタンチノープルへ送られたサバタイの使者と言っている．

262．*A New Letter concerning the Jews*（Wilenski, pp. 168–169）の稿はフランドルからの回状のそれに似ているが，ラビ・ガマリエルの話が欠けている．フランドルからの回状は，1665年12月14日付でサバタイの奇跡行為とスルタンの招待について語るベルギーのリエージュからの報告も引用している（p. 220）．その報告がスミルナからの手紙に基づいているのなら，日付が合わない．12月半ばないしは12月後半に起こった出来事がこの月の14日にベルギーで知られたはずはなかろう．ことによると，元の報告はパレスチナの出来事のことを言っていたのかもしれない．ベルギーの書き手は少しばかり事実を取り違え，メシアはスミルナに来て，しばらくそこにいた，と書いたが，彼の情報源はひょっとするとただ，メシアははじめスミルナから来た，あるいはスミルナへ行くだろう，と伝えていただけかもしれない．いずれにせよ，ベルギーの手紙に正確な日時場所を記さずに報告されている奇跡のほとんどは実際にはパレスチナにおけるサバタイの奇跡行為にかんする作り話である．スルタンの使いにかんする話は例外であるが，この詳細は3月18日の手紙に語られているスルタンの招待にかんする話とはまったく無関係である．

263．Frances, p. 135. 報告全体（同書，134–135頁）は誤った記述や歪曲だらけである．

264．Carpi, p. 17. 本書461頁も参照されたい．「彼のあとから行く」という言い回しはヘブライ語では用いられず，バッキーの母国語であるイタリア語の（英語に似た）慣用を反映している．

265．Sasportas, p. 86.「ひょっとするとラビと世俗の長たちがいっしょになってこれを準備したのかもしれない．」

266．Coenen, p. 64.

267．*Relation*, p. 19. Galanté が引用している（86頁）アルメニアの歌も同様である．

268．Galanté, p. 99.

269．de la Croix（p. 345）が語っている二つの話のうち一つは信頼すべきサバタイ主義の資料に基づいているかもしれない．サバタイは次のようにして嵐を鎮めたという．まず供の者たちに詩篇116を28行目まで朗誦するよう命じ，そのあと自分で言った．すると海の荒れはおさまった．詩篇116は19行目までしかないので，元の話は詩篇107（29行目「主が嵐を鎮められると，海の波は穏やかになった」）か詩篇118に関係していたと推測できよう．もし後者であるなら，サバタイは彼の愛唱句（詩篇118, 16）を朗誦しただろう．「主の右の手は高くあがった」など．Sasportas が74–75頁で述べている同様の報告と彼のコメント（86頁）も参照されたい．

270．この手紙は遺失したが，要約は遺っている．*Zion* 10, 1945, p. 63参照．

271．*Relation*, p. 18.

272．スミルナの出来事にかんしては資料として依拠できるのは主にCoenenだけであるが，コンスタンチノープルについてはほかのかなり信頼するに足る資料が使える．サバタイの拘禁はフランス語の*Relation*（pp. 17–21），イタリア語の書簡（*JJS* 12, 1961, pp. 43–47），およびド・ラ・クロワ（pp. 345–355）に見られる．これにかんするド・ラ・クロワの情報は信頼できる資料から出ており，ガランテによって発見されたアルメニア語のテクスト（エレミヤ・クマルジャンのアルメニア語の詩，Galanté, pp. 86–88と祭司アラカルの散文中の報告，Galanté, pp. 98–100）によって裏づけられる．これらにさらにRycaut（pp. 208–209），3月中頃に書かれたヴェネツィアの使節Giambattista Ballarinoのヴェネツィアのドージェ宛報告，および（ハンブルクに届いた書簡に基づいている）Sasportas, p. 75とp. 86をつけ加えるべきだろう．そのほかコンスタンチノープルからの手紙も，当時流布していた話や集団的期待を伝えることによって全体像を完全なものにしている．とくに，1666年夏におそらくアウクスブルクで公刊されたと思われるドイツ語のパンフレット*Neues von dem erhöheten Josvahel Cam*（高く上げられたヨスヴァヘル・カームにかんするニュース）などに印刷された1666年3月7日付の手紙．

273．Coenen（p. 46）とSasportas（p. 86）はサバタイのスミルナ出立と彼の拘禁のあいだには39日あったと語っている．Sasportasは別の箇所（p. 75）では36日と言っている．この日数は両方とも正しい．サバタイはコンスタンチノープルに到着する3日まえに海上で捕えられたからである．アルメニア語の資料はより正確に逮捕は日曜日に行なわれたと述べているが，彼のマルマラ到着を1週間早めている（2月4日のかわりに1月28日）．コンスタンチノープルからのイタリア語の手紙は2月6日を彼の到着の日としている．*JJS* 12, 1961, p. 45参照．

274．アルメニア語の報告には，サバタイは（嵐を避けるために寄港した港のひとつで）彼を逮捕せよとの指令を聞き，サロニキへ逃げようとしたが，海上で捕えられたと書かれている．1666年2月20日にアレッポから書かれた手紙は，彼はガリポリで捕えられ，コンスタンチノープルへ連行されたと述べている（*Kirjath Sefer* 33, 1958, p. 537）．

275．この記述にもド・ラ・クロワの多彩な報告のほかの記述にもいっさい信憑性が欠けている．ド・ラ・クロワによれば，トルコ人がサバタイの上陸後ガリポリで彼を見つけたとき，彼は馬に乗っていた．トルコの衛兵はそれから彼を首都から3マイル離れたクチュク・チェクメーゼへ連行した．そこで乗り物が馬から舟に取り換えられた．トルコの暴徒がサバタイにリンチを加えようとしていた．その準備を伝え聞いたひとりの信者がカイマカムから囚人を海路でコンスタンチノープルへ運ぶ許しをえたのだった．サスポルタスも，サバタイはマルマラに到着後身を隠し（ガリポリに？），律法を研究していたが，やがてトルコ人に捕えられたと報告している（86頁）．ド・ラ・クロワによって

伝えられた対話や談話，絵のような美しい細部はまったくの作り話である（たとえば，トルコの衛兵が彼の頰を殴ったら，彼はもう一方の頰を差し出したという出来事など）．

276．Coenen, p. 47; de la Croix, p. 346; Sasportas, p. 86ととくにドージェ宛バラリーノの手紙（*RÉJ* 34, 1897, p. 308）．信者たちは鎖につながれた彼らのメシアを皮肉る者たちにたいし，聖書（雅歌 7, 6「王はその垂れ髪にとらわれた」）がこのように実現されているのだと答えた．

277．*Relation*, p. 19.

278．亡くなった筆者の同僚ウリエル・ハイトはスルタンの動静記録を調べ，メフメット四世がクレータへ行くために1666年４月12日に首都を発ったことを証するいくつかの文書をトルコの歴史家ラシッドに見つけた．

279．ド・ラ・クロワが主張するような上陸直後ではない．ド・ラ・クロワの報告をバラリーノのと比べてみると，前者はあてにならぬことがいっそうはっきりする．ド・ラ・クロワ（pp. 350–355）はあくまでグランド・ワジールではなく，その代理カイマカムだというが，実際には当時カイマカムは空席であった．次のカイマカム，カーラ・ムスタファが任命されたのは，スルタンとワジールが1666年４月12日にクレータへ旅立ってからであった．ド・ラ・クロワの報告はあとからたっぷり潤色をほどこされた出来事の描写であるが，バラリーノの手紙はえがかれた出来事が起こった時点に書かれたものである．サスポルタスは正しくグランド・ワジールだと言っている．アレッポからの手紙（注274参照）が，サバタイはアダル３日にワジールの前に引き出されたと述べているのは十分信用できる．ドイツ語のパンフレット（注272参照）はバラリーノの報告の11日まえに書かれたある話を引用している．それによると，スルタンとワジールは数日間狩りに出た．そしてその間実際に公務を任されたカイマカムはサバタイを投獄する決定を下した．サバタイの上陸がユダヤ人やトルコ帝国の軍団イェニチェリのあいだに大騒動を惹き起こしたからである．しかし，この話の進展に見られるまったく作り話めいた特徴はその始めの部分も胡散臭く思わせる．この頃のグランド・ワジールの職務代行のことについてはなんら証拠記録はない．

280．フランス語の *Relation*（p. 20）と *Hollandtze Merkurius*, 1666年１月，４頁のスミルナからの手紙は，サバタイの件がトルコ枢密院に持ち出されたことを認めている．

281．Ballarino, 同掲書．アレッツォのバルーフもサバタイのアラビア語は見事であったと述べている（注286参照）．それと正反対の主張をしているのがレイーブ・ベンで，サバタイはスミルナに同行し，通訳を務めた弟ヨセフ・ツヴィの助けによりワジールと話をしたというサバタイ派の資料を引用している．

282．*Relation*, p. 20.

283．本文437–439頁参照．尋問にスミルナのカーディが同席したことを述べ

ているのはサスポルタス（75頁）だけである．

284．バラリーノもサバタイの感じのいい外見を強調している．「非常に見かけのいいユダヤ人．」

285．Rycaut, p. 208.

286．明かりの現象については他の著者も述べている．ド・ラ・クロワ（p. 356）は明かりがサバタイの頭上で星とオリーブの樹に変わったことを聞いた．アレッツォのバルーフは（Freimann, p. 50），サバタイは牢屋で２日と一晩過ごしたあと，「大きな照明をえ，彼の顔は松明のように輝いた」と語っている．バルーフはどうやらサバタイの「照明状態」にかんする知識を背景にして奇跡話を解釈したようだ．したがって彼の報告は，牢獄に現われた光にかんする奇跡話を合理化しようとする試みと解すべきであって――バラリーノによれば――枢密院でのサバタイの尋問のあとに新しい照明があったことを示す証拠と理解すべきではないだろう．バラリーノの記述とアレッツォのバルーフの記述のあいだにはほかにも類似点がある．後者によれば，サバタイはワジールに，対話する言葉を選んでくれとたのんだ．ワジールは四つか五つの異なる言語で彼に話をした．どの言語でもサバタイは答えることができたが，結局アラビア語に落ち着いた．サバタイの見事な言語の伎倆は「大罪を犯したけれども死なすには惜しいほどの満足」（p. 51）をワジールにあたえた．ヴェネツィアに住んでいたアレッツォのバルーフはバラリーノの手紙のことを聞いたか（ヴェネツィアの元老院議員たちがユダヤ人の知人にそのことを話したのかもしれない），それとも内容的にバラリーノの報告と通ずるところのあるサバタイ派の書簡から知識を得たのか，どちらかである．

287．*RÉJ* 34, 1897, pp. 307–308.

288．バラリーノの報告にかんするDavid Kaufmannの論考，*Allgemeine Zeitung des Judentums*（ユダヤ教の一般新聞），1898, p. 365.

289．少なくとも幽囚の始めの時期には．

290．Coenen（p. 47）をパラフレーズしているRycaut（p. 208）. Coenenはこの名をアナクワギアとしているが，Rycautはアナカーゴとしている．

291．おそらくワジールの財政顧問のユダヤ人銀行家のことであろう．ワジールの銀行家はユダ・ベン・モルデカイ・ハ＝コーエンなる人物であったと，Rosanes（vol. 4, p. 68）は言っている．この人は「信者」だったようだ．

292．日付については下記注311参照．

293．Sasportas, p. 75.

294．1666年１月 *Hollandtze Merkurius* に発表された1665年４月２日のオランダ語の手紙にも，多くのでっちあげの，まったく無意味な情報と並んで，バラリーノの情報のいくつかが見出せる．この手紙は，サバタイの刑罰はすでにまえもって決まっていたと報告している（同書，72頁）．舌を切り落とし，驢馬に乗せて町じゅうを引き回したあと，吊るし首にして遺体を四つに切断すると

いうものだった．10万レアルの賄賂の金を払えば，刑を軽減できた．さらに10万レアル出せば，釈放を約束された．だが，それでも彼は終身禁固の判決を言い渡された．二つの賄賂の金にかんする話はバラリーノの報告を思い出させるが，全般的にこのオランダ語の手紙の年代決定や個々の情報は混乱していて，信用できない．このオランダの手紙の筆者やサスポルタスは伏せているが，バラリーノが強調している，ワジールは，いかなる理由にせよ，サバタイのことが気に入っていた，という事実は認めぬわけにはいかない．オランダの手紙の筆者はスルタンがまだ首都にいたことを知っていたようだ．それで，ほかの資料とは反対に，（ワジールではなく）スルタンに枢密院での審問の主審をやらせたのである．

295．スミルナからの手紙はセラリウスによって利用された．彼の手紙の英語の要約がトーマス・チャッペルによって友人であるチェスターのジェイムズ・フィットンに送られた．「わたしは意図したことをなすまえに，友人を通じて，ユダヤ人にかかわる，オランダのペーター・セラリウス宛のいくつかの書簡を入手した．」1666年５月12日に書かれたチャッペルの手紙のオリジナルがロンドンの公立記録保管所に保管されている（S. P. 29–162–85）．

296．ダニエル書11, 6参照．文字どおりには「ツヴィの国」das Land von *Zwi*（ヘブライ語のZwiには「栄光」の意味もある）．すべて大文字で書かれた語はサバタイ・ツヴィ，ナータンあるいは1666年の示唆を含んでいる．

297．この本の１冊（非常に小さい判型の47紙葉）がBodleian Library, Oxfordにある（Oppenh. 12° 364）．

298．非常に小さい判型の56紙葉，同様にBodleian Library, Oxfordにある（Oppenh. 12° 363）．

299．ヘブライ語でナータン．

300．数値426で，印刷年1666に相当する．

301．ゲマトリアによればサバタイ・ツヴィに一致する．

302．数値426．

303．あとになって欠けていた表紙が見つかり，この本が本当に1666年に印刷され，それ以前ではなかったことが証明された．*Kirjath Sefer* 30, 1955, pp. 414–416の拙論を参照されたい．

304．Rycaut, p. 212, またCoenen, p. 68とフランス語の*Relation*, p. 16．ガラタとコンスタンチノープルにおける改革は，とくに子供たちにたいして，厳格に守られたとフランスの僧は証言している．イタリアでは，房をつけた服を着用せよという要請はナータンのものとされた（*Zion* 10, 1945, p. 64の拙論*Notizen aus Italien*を参照されたい）．*Notizen aus Italien*は1665年12月にユスキュブで書かれた手紙のことに関係しているので，改革はもともとガザから出たのであり，コンスタンチノープルではただとくにセンセーショナルに取り上げられただけであるというのもありえないことではない．このばあい，「贖罪の胸当て

を正しく着けていない者には大きな災いが降りかかるだろう」(Haberman, p. 211; 本書313頁も参照されたい) というナータンの警告は一般的なメタファーというよりはむしろツィツィト〔祈禱服の四隅についている房．神とその戒めを思い起こさせるしるしとなるもの．民数記15, 37–41参照〕着用の具体的な指示と解することができよう．

305．長いびんを生やす習慣の起源にかんするはっきりした情報はない．中世のイコンの描写によれば，イエーメンとアシュケナージのユダヤ人に「特徴的な」この表徴は中世後期以来知られている．*Lexikon der christlichen Ikonographie*．第2巻，Freiburg 1970の「ユダヤ人」の項参照．このように，サバタイの改革はドイツとポーランドのユダヤ人全体に広まっていた習慣の再導入であった．カバリスト仲間のあいだでびんを伸ばすことについては次のものを参照されたい．Salomon Schechter: »Safed in the 16th Century«, *Studies in Judaism* 2, 1908所収，p. 298 (イサアク・ルーリアの親友関係について); J. M. Toledano: ɔ*Ozar Genasim*, p. 50 (1577年のテクストから引用している)．

306．Rycaut, p. 212.

307．Rycaut, p. 208.

308．サバタイがガリポリ半島の要塞に拘禁されていたという点ですべての資料は一致している．Rosanes が牢獄をクムカレとして知られるダーダネルス海峡のアジア側に位置づけているのは明らかな間違いである．自分の主張を証明するために彼は Rycaut を参照するよう指示しているが，そこには正反対のことが書かれている．「彼をダーダネルス海峡の城のひとつ，アビドゥスという名の城 (ヘレスポントスのヨーロッパ側，ギリシャの詩人たちのあいだで同様によく知られていたセストスの真向かいに位する) へ連れて行くようにと……．」ド・ラ・クロワ (355頁) も「ダーダネルス海峡のヨーロッパ側にある新しい要塞」について語っている．

309．エルサレムの外で生け贄を捧げるのを禁じた戒律にたいする違反．

310．聖書の厳しい禁止にたいする違反．本文265頁参照．

311．Sasportas (p. 2)．彼はニサン12日の日付も挙げている (同掲書，p. 75)．しかし，ニサン12日はサバトにあたっており，サバタイがこの日にガリポリへ移されたということはおよそありえない (夜，サバトが終ってから移されたというのでないかぎり)．Coenen (p. 48) は日付をニサン3日としているが，おそらくニサン13日の書き間違いか，誤植であろう．この日付は，コンスタンチノープルでのサバタイの拘禁は2ヵ月続いた，そして彼の獄吏はユダヤ人の面会者から1レアル (約1ドル) の入場料を徴収して金持ちになった，というド・ラ・クロワのコメント (p. 354) によって裏づけられる．サバタイはニサン3日まで自由に町を歩きまわっていて (この日付はどうやらクーネンから借用したものらしい)，スミルナから彼について来ていた兄といっしょにワジールのところへ行った，というレイーブ・ベン・オーザーの報告 (MS. Schasar,

fols. 29b–30a）はまったく使い物にならない．レイーブ・ベン・オーザーは全般的にクーネンの報告の空白をかつての信者が彼に話した，往年の情熱がどうやら完全には消え去っていない話からの情報で埋めている．

312．Emden, p. 53.

313．権限を有しているのはカイマカムで，ワジールではないとしているのはド・ラ・クロワの報告だけである（pp. 354–355）．カイマカムと看守のあいだの会話で，看守はこの囚人がいることで汚い牢獄が光り輝くパラダイスに変わったさまを述べているが，この会話は言うまでもなく，この本のなかのすべての会話と同様，勝手な作り話である．

314．ユダヤの長老たちはこの危険なメシア騒動の扇動者を厄介払いしようとしたというサスポルタスの示唆（2 頁）は結果論であろう．数多くの——大半のとまではいかなくとも——コミュニティの長たちがサバタイを信じた，あるいは少なくとも彼にシンパシーをもったことを示す証拠がある．彼らはサバタイのアビドス移送を彼自身の安全と快適さのために望んだのであろう．

315．物語に関係する挿絵は次のように説明されている．ただＤとＥの細部はごちゃ混ぜになっている．

A．ユダヤ人の王の入城にたいして反抗するイェニチェリ．

B．数人のトルコ人によって牢へ引き立てられるユダヤ人の王．大勢のユダヤ人がそれを嘆き悲しんでいる．

C．牢の屋上を散歩するユダヤ人の王．

D．異様な輝きに包まれたユダヤ人の王が扉の閉まった牢のなかに見える．牢の閂や錠は壊れて地面に落ちている．

E．ユダヤ人の王が炎に包まれた牢の屋上で祈りを捧げている．

F．豪華な園亭に導かれるユダヤ人の王．トルコ人やユダヤ人が彼におおいに敬意を表している．

G．夜，ユダヤ人の王が偉大なトルコ皇帝の寝室にやってくる．

ヘブライ語の字母の転写表

ᵓ	א
b	ב, בּ
g	ג
d	ד
h（語末では無表示）	ה
w	ו
s	ז
ch	ח
t	ט
j (i)	י
k	כּ
ch	כ
l	ל
m	מ
n	נ
s（語の中間では ss）	ס
ᶜ	ע
p	פּ
f	פ
z	צ
k	ק
r	ר
sch	שׁ
s	שׂ
th	ת
t	תּ

ヘブライ語を転写する際，技術的な理由から，発音区分符を無視し表記を簡略化することを旨とした．

ヘブライ語の人名，書名，用語でその英語表記が慣用されているものについては，それにしたがった．

収録図版一覧

（原書にはないが図版説明を簡略化して訳者が付した．数字は頁数）